PC 진단 문제해결
무작정 따라하기

이순원 지음

길벗

PC 진단 문제해결 무작정 따라하기 (윈도우 10)

The Cakewalk Series - Maintaining and Fixing Your PC (Windows 10)

초판 발행 · 2016년 7월 11일
초판 5쇄 발행 · 2022년 1월 26일

지은이 · 이순원
발행인 · 이종원
발행처 · (주) 도서출판 길벗
출판사 등록일 · 1990년 12월 24일
주소 · 서울시 마포구 월드컵로 10길 56(서교동)
대표 전화 · 02) 332-0931 | **팩스** · 02) 323-0586
홈페이지 · www.gilbut.co.kr | **이메일** · gilbut@gilbut.co.kr

기획 및 책임 편집 · 안윤주(anyj@gilbut.co.kr) | **표지 디자인** · 신세진
제작 · 이준호, 손일순, 이진혁 | **영업마케팅** · 전선하, 차명환 | **영업관리** · 김명자 | **독자지원** · 윤정아, 홍혜진

기획 및 편집 진행 · 앤미디어(master@nmadiabook.com) | **전산편집** · 앤미디어 | **CTP 출력 및 인쇄** · 북토리 | **제본** · 북토리

ISBN 979-11-87345-39-8 03000
(길벗 도서번호 006847)

정가 29,000원

독자의 1초를 아껴주는 정성 길벗출판사

길벗 | IT단행본, IT교육서, 교양&실용서, 경제경영서
길벗스쿨 | 어린이학습, 어린이어학

페이스북 | www.facebook.com/gilbutzigy
네이버 포스트 | post.naver.com/gilbutzigy

윈도우 10, 과연 편리하고 유용할까요?

마이크로소프트는 2015년 여름 새로운 운영체제인 '윈도우10'을 출시했습니다. 윈도우 10 개발 코드명은 스레시홀드(Threshold)입니다. 우리말로 번역하면 '문턱'이라는 의미입니다.

윈도우 10은 무료 업그레이드 정책으로 많은 사용자 군단을 만들었고 〈시작〉 버튼, 시작 메뉴가 다시 생겨 익숙한 운영체제입니다.

PC, 태블릿, 노트북, 맥북 모든 장치에 구분 없이 설치되는 윈도우 10, 웹 표준인 HTML5에 중점을 둔 웹브라우저인 마이크로소프트 엣지는 웹 표준과 속도를 모두 해결했습니다. 이렇게 변모한 윈도우 10은 과연 편리하고 유용할까요?

결론부터 내리면 '그렇다'입니다. 하지만 사용자 모르게 진단·복구·관리 기능이 자동으로 진행되므로 사용 중인 기기에 어떤 문제가 있는지 모르고 넘어가는 경우가 대다수입니다. 결국 방치하다 심각한 손상에 이르기도 합니다. 운영체제가 똑똑해져 모든 것이 쉽게 해결되지만, 사용자는 PC를 구성하는 하드웨어에 대한 기본 정보를 알아야 하고 윈도우 10에 대한 전문가가 되어야 합니다.

내 PC는 스스로 지킨다!

기기를 구성하는 하드웨어를 직접 수리하는 것은 전문가의 몫이지만 내 PC를 스스로 지키기 위한 기본 수칙은 다음과 같습니다.

① 내가 사용하는 기기에 어떤 문제점이 있는지 진단할 수 있어야 합니다.
② 내가 사용하는 기기에 잦은 문제, 대표적인 오류 증상이 발생할 때 응급조치 방법을 알아야 합니다.
③ 내가 사용하는 기기에 보관된 데이터를 안전하게 관리할 수 있어야 합니다.
④ 내가 사용하는 기기에 악성 코드가 설치되지 않도록 예방하고, 감염될 경우 치료할 줄 알아야 합니다.
⑤ 내가 사용하는 기기가 최고의 성능을 발휘하도록 최적화할 줄 알아야 합니다.
⑥ 내가 사용하는 기기 사이 데이터 공유를 자유자재로 할 줄 알아야 합니다.

이 책을 통해 터득한 하드웨어와 윈도우 10, 윈도우 8에 대한 이해는 PC 문제를 스스로 진단하고 해결하고 디지털 기기 효율을 최적화하는 데 도움을 줄 것입니다.

1998년부터 시작된 아홉 번째 〈PC 진단 문제해결 무작정 따라하기〉의 빛을 발하게 도와준 길벗출판사, 앤미디어의 모든 분들께 감사의 마음을 전합니다. 항상 옆에서 바쁜 엄마에게 힘이 되는 아들 승모, 준모와 든든한 남편 동건 씨에게 고마움을 전하며, 아울러 독자분들의 PC가 제 역할을 하는 데 이 책이 유용하게 사용되길 바랍니다.

이순원

이 책은 내 PC 문제를 진단하고 해결하기 위한 내용과 따라하기로 구성되어 있습니다. 준비 운동에서 PC에 대한 개념과 윈도우 10 신기능을 살펴보고, 이론에서 자가 진단 방법과 문제 해결 방법을 알아보겠습니다.

장치 부품 명칭

문제를 해결하기 전에 내가 사용하는 장치를 구성하는 부품 명칭과 역할, 연결 구조를 알아보겠습니다.

윈도우 10 신기능

활용성이 높아진 윈도우 10의 새로운 기능을 알아보겠습니다.

진단

내 PC에 생긴 문제를 통해 직접적인 원인을 진단해 봅니다.

이론

PC를 사용하면서 꼭 알아야 할 이론을 간단하면서도 이해하기 쉽게 설명합니다.

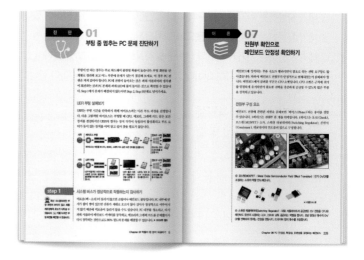

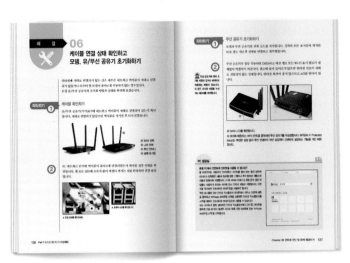

해결

파악한 문제를 직접 따라하면서 해결할 수 있습니다.

PC 응급실

가장 많이 발생하는 오류를 정리하여 상황별 해결 방법을 알려 줍니다.

Check! Check!

알면 유익하고 모르면 손해인 세부 기능, 유용한 활용 팁 등이 담겨 있습니다.

도전 파워 유저

중고급 기능, 컴퓨터를 좀 더 효율적으로 사용할 수 있도록 활용 비법을 알려 줍니다. 하나씩 도전해서 스마트한 파워 유저가 되세요.

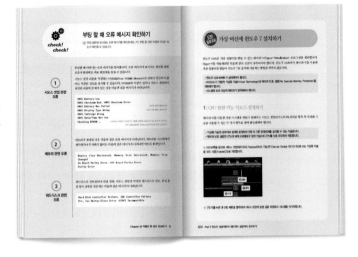

이 책에서는 PC 문제를 파악하고 하드웨어에서 윈도우까지 문제를 진단 및 해결하는 방법을 알아본 다음 윈도우 재설치와 네트워크를 설정하는 방법까지 알아봅니다. 본격적인 학습에 들어가기 전에 핵심 내용을 살펴보세요.

1 S.O.S 내 PC가 이상해요   41쪽 ▶

PC를 사용하면서 당황스러웠던 경우는 언제인가요? PC 전원 버튼을 눌렀을 때 켜지지 않거나 윈도우가 실행되지 않는 등 다양한 문제가 있었을 것입니다.

Part 1에서는 PC를 사용하면서 접할 수 있는 대표적인 문제들을 정리했습니다. 문제를 일으킨 원인을 찾기 위한 진단 방법을 배우고 진단에 따른 해결 방법을 확인하세요.

먹통이 되어버린 장치 되살리기 | 윈도우 복구, 초기화 정복하기 | 악성 코드 진단하고 치료하기 | 문제가 발생한 시스템을 정상으로 되돌리기 | 인터넷 진단 및 문제 해결하기 | 손상을 대비한 안전 장치 만들기

5 윈도우 재설치부터 네트워크 설정까지 완료하기   539쪽 ▶

운영체제가 윈도우 3.1에서 윈도우 10(버전 8.1)으로 업그레이드되어도 사용 중 문제를 해결하기 위해 윈도우를 재설치해야 하는 경우가 있습니다.

윈도우를 재설치하기 위해서는 '데이터 백업 → 포맷 → 설치 → 마무리' 과정을 거칩니다. 윈도우 8부터 제공하는 윈도우 초기화를 통해 윈도우 재설치가 자동으로 이루어지기도 하지만 수동으로 재설치를 진행해야 하는 경우도 생깁니다.

Part 5에서는 하드디스크 또는 SSD를 포맷하고 윈도우를 재설치하는 방법을 알아보겠습니다. 데이터 백업까지 해결되는 안전한 데이터 보관 방법부터 네트워크 설정법까지 알아보겠습니다.

하드디스크 포맷, 파티션 작업하기 | 윈도우 재설치하기 | 윈도우 재설치 마무리하기 | 데이터 공유, 네트워크 설정 무작정 따라하기

2 하드웨어 기초, 진단 · 문제 해결 · 관리하기 209쪽 ▶

내 PC를 내가 지키려면 PC를 구성하는 부품부터 이해해야 합니다. CPU, 메인보드, 하드디스크, SSD, 메모리, 그래픽 카드 등 각 부품이 성능을 높이기 위해 어떻게 발전해 왔는지, 부품 성능을 결정하는 척도는 무엇인지, 부품 수명을 늘리기 위해서는 어떻게 관리해야 할지, 꼭 짚고 넘어가야 할 부품 신기술에 대해 알아보겠습니다.

CPU 구조와 역할 알아보기 | 안정성, 확장성, 호환성을 결정하는 메인보드 | 메모리 속도 경쟁은 시작됐다 | 그래픽 카드와 모니터로 보기 편한 화면 만들기 | 하드디스크와 SSD 진단 · 문제 해결 따라하기

4 윈도우 최적화, 트러블 슈팅하기 449쪽 ▶

윈도우를 만든 마이크로소프트는 윈도우 최적화의 끝은 '윈도우의 어떤 설정도 건드리지 않는 것이다'라고 명시해 놓습니다. 하지만 윈도우를 사용하다보면 설정은 알게, 모르게 변하거나 속도가 점점 느려지기까지 합니다. 윈도우를 안전하게 사용하는 방법과, 안전한 인터넷 서핑법, 인터넷을 발생할 수 있는 문제의 해결책까지 자세히 알아보겠습니다.

시모스 셋업 조절, 빠른 시작으로 부팅 시간 단축하기 | '보안 및 유지 관리'로 쓸수록 나타나는 윈도우 이상 현상 줄이기 | 악성 프로그램 예방으로 안전한 윈도우 만들기 | 누구나 할 수 있는 윈도우 트러블 슈팅 따라하기

3 하드웨어 진단 · 문제 해결하기 327쪽 ▶

하드웨어 수리에 꼭 전문 장비가 필요한 것이 아닙니다. 드라이버, 바이오스, 펌웨어 업데이트만으로도 하드웨어 문제의 70%는 해결할 수 있습니다. 하드웨어 문제를 어떻게 해결하는지 알아보겠습니다.

부품 고장 여부 알아내는 진단하기 | 하드디스크 진단, 문제 해결 따라하기 | 조립 분해 따라하기 | 디바이스 스테이지, 드라이버 업데이트로 주변기기 관리하기 | PC 부품, 주변기기 수명 늘리기

PC에는 다양한 문제가 생길 수 있습니다. 문제 유형에 따라 표시된 파트로 이동하면 훨씬 빠르게 문제를 해결할 수 있습니다.

● 부팅 관련 문제

"부팅 중에 PC가 멈춰요." ❶ ② ③ ④ ⑤

"부팅 시간이 느려요." ① ② ③ ❹ ⑤

● 하드웨어 관련 문제

"입력 장치가 작동되지 않아요." ❶ ② ③ ④ ⑤

"CPU가 불량이에요." ① ② ❸ ④ ⑤

"메인보드에 이상이 있어요." ① ② ❸ ④ ⑤

"그래픽 카드에 이상이 있어요." ① ② ❸ ④ ⑤

● 네트워크 관련 문제

"인터넷이 안 돼요." ❶ ② ③ ④ ⑤

"네트워크에 PC가 보이지 않아요." ① ② ③ ④ ❺

"파일을 공유하고 싶어요." ① ② ③ ④ ❺

● 운영체제 및 프로그램 관련 문제

"필요한 파일을 실수로 삭제했어요." **1** 2 3 4 5

"프로그램 설치 후 윈도우가 이상해요." **1** 2 3 4 5

"윈도우가 갑자기 멈췄어요." **1** 2 3 4 5

"오류 원인을 확인하고 싶어요." **1** 2 3 4 5

"윈도우를 이전으로 되돌리고 싶어요." **1** 2 3 4 5

"로그인 암호가 기억나지 않아요." **1** 2 3 4 5

"바이러스에 감염되었어요." 1 2 3 **4** 5

"시스템이 불안정해요." 1 2 **3** **4** 5

"필요한 드라이버를 모르겠어요." 1 2 **3** 4 5

"사용하지 않는 시작 프로그램을 정리하고 싶어요." 1 2 3 **4** 5

"프로그램 호환에 문제가 있어요." 1 2 3 **4** 5

목차

준비 운동

내 PC, 스마트폰은 어떻게 움직일까?

노트북, 태블릿 PC, 스마트폰 모두를 다스린다 – 윈도우 10

PART 1

S.O.S 내 PC가 이상해요

PART 2

하드웨어 기초, 진단·문제 해결·관리하기

PART 3 하드웨어 진단·문제 해결·최적화하기

PART 4

윈도우 최적화, 트러블 슈팅 무작정 따라하기

윈도우 재설치부터 네트워크 설정까지 완료하기

책 속에 있는 웹사이트 주소 참고하기

길벗 출판사 웹사이트(https://www.gilbut.co.kr)에 접속한 다음 오른쪽 위의 돋보기 모양 아이콘을 클릭하여 표시된 검색창에서 [PC 진단 문제해결 무작정 따라하기 윈도우 10]을 입력합니다. 도서 소개 페이지에서 〈자료실〉 버튼을 클릭한 다음 학습 자료를 다운로드하여 책 속의 웹사이트 주소에 간편하게 접속할 수 있습니다.

준비운동 1

내 PC, 스마트폰은
어떻게 움직일까?

내 PC, 노트북, 스마트폰을 진단하고 문제를 해결하려면 가장 먼저 각 장치를 구성하는 부품 명칭과
역할, 연결 구조를 알아야 합니다.
각 장치들은 여러 개의 부품을 모아 조립한 것입니다. 직접 조립할 필요는 없어도 어떤 부품으로 구
성되어 있고 어떤 역할을 하는지, 어떻게 맞물려 돌아가는지는 알아야겠죠?

01

데스크톱 PC 살펴보기

① 파워 서플라이

② 광학 드라이브

③ 하드디스크

④ SSD

⑤ 메모리

⑥ 메인보드

⑦ 그래픽 카드

⑧ CPU

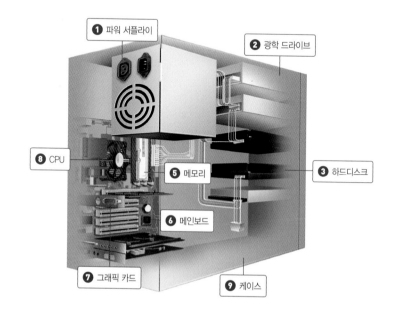

① **파워 서플라이** : 컴퓨터에 전원을 공급하는 장치로, 전원을 제대로 전달해야만 컴퓨터를 사용할 수 있습니다. 이 장치로 들어온 220V 전압을 PC에 맞는 전압으로 바꿉니다.

② **광학 드라이브** : CD, DVD 등 광학 미디어에 저장된 데이터를 읽거나 기록하는 장치입니다.

③ **하드디스크** : 컴퓨터의 저장 창고로, 사용하는 프로그램과 데이터가 이곳에 저장됩니다. 용량이 클수록, 속도가 빠를수록 좋습니다.

④ **SSD** : 하드디스크를 대신할 수 있는 플래시 메모리를 이용한 저장 장치입니다.

⑤ **메모리** : 길이가 긴 부품으로, 흔히 '램(RAM)'이라고 합니다. CPU가 처리할 데이터를 임시로 보관합니다. 장착된 램의 속도가 빠르고 용량이 클수록 좋습니다.

⑥ **메인보드** : PC의 모든 부품이 장착 · 연결되는 곳으로, 엄마 품에 비유해 '마더 보드(Mother Board)'라고도 합니다. PC의 안정성을 결정하는 중요한 부품이며, 메인보드에는 컴퓨터의 소리를 내는 사운드 기능과 인터넷에 연결하는 랜 기능이 포함됩니다.

⑦ **그래픽 카드** : 모니터로 보이는 화면은 그래픽 카드에서 만듭니다. 3D 연산 능력이 좋은 그래픽 프로세서가 장착된 그래픽 카드가 좋으며 메인보드에 내장되기도 합니다.

⑧ **CPU** : PC의 두뇌 역할을 하는 부품으로, 사용자가 마우스나 키보드를 통해 내린 명령을 처리하는 장치입니다. CPU에서 발생하는 열을 식히기 위해 커다란 냉각팬이 설치되어 있습니다.

⑨ **케이스** : 각종 컴퓨터 부품을 장착하는 장치로, 마음에 드는 디자인을 선택합니다. 케이스 크기는 점차 작아지고 있습니다.

준비운동

02
노트북 살펴보기

노트북은 일본 도시바에서 개발한 랩톱 컴퓨터(무릎에 올릴 수 있는 작은 컴퓨터)가 노트만큼 작다는 뜻에서 붙여진 이름입니다. 데스크톱 PC 본체에 비해 노트북의 크기는 얇고 작지만, 성능은 그에 버금갑니다. 노트북의 내부를 살펴보겠습니다.

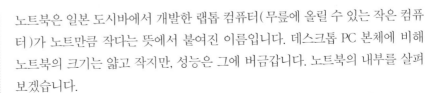

② 메인보드

❶ **무선 랜** : 노트북에 필수적인 무선 랜은 일반적으로 표준 규격인 802.11a/b/g를 지원합니다. 3m 이내일 경우 최대 480Mbps 속도로 작동하고 6m 이내에서는 200Mbps, 10m 이내에서는 110Mbps의 전송 속도로 작동합니다.

❷ **메인보드** : 일반 데스크톱 PC용 메인보드와 같은 역할을 하지만 크기는 절반도 채 안 됩니다. 그래픽 프로세서 칩이 메인보드에 고정 장착되어 있습니다.

❸ **승압 회로** : 노트북용 12V 직류 전압을 액정 화면에 필요한 고전압의 교류 전원으로 바꿉니다.

④ 하드디스크

❹ **하드디스크** : 데스크톱용 하드디스크와 같은 역할을 하지만, 크기는 1.8~2.5인치 사이이고 두께도 9~19mm가량으로 얇습니다. 한정된 공간에 들어가는 부품인 만큼 소음, 발열 등도 데스크톱용보다 적습니다.

⑤ CPU

❺ **CPU** : 노트북용 CPU는 일반 데스크톱 CPU보다 크기가 작고 소비 전력도 적습니다. 노트북용 CPU는 2.9V 이하의 저전력에서 작동해 노트북 사용 시간을 늘립니다.

⑥ 포인팅 디바이스

❻ **포인팅 디바이스** : 마우스와 같은 역할을 합니다. 터치 패드 형태로 제공되며 노트북 키보드 아래에 네모난 공간을 배치한 형태입니다. 이 네모난 공간에서 손가락을 움직이면 커서가 움직이며, 손가락으로 두 번 톡톡 누르면 더블클릭할 수 있습니다. 마우스와 마찬가지로 두 개의 단추가 있습니다.

⑦ 메모리

❼ **메모리** : 노트북용 메모리는 데스크톱 PC용 메모리에 비해 크기가 절반 이하로 작습니다. 작은 기판 위에 대용량 메모리 칩 2~4개를 탑재합니다.

03

스마트폰 살펴보기

❶ SoC, AP

❷ 3GB 모바일 D램

❸ 8GB 원낸드(OneNAND)

❹ SD 카드 슬롯

❺ 카메라

❻ Wi-Fi

❽ 블루투스 칩

❾ HDMI/MHL 커넥터

❿ 배터리

손안의 작은 PC인 스마트폰은 이제 필수 디지털 기기입니다. 스마트폰을 왜 손안의 작은 PC라고 하는지 내부 구조를 살펴보겠습니다.

❶ **SoC, AP** : PC의 CPU와 같은 기능을 하는 스마트폰의 두뇌입니다. 스마트폰용 CPU는 일반 연산 기능 외에도 그래픽 처리, 통신 기능 등을 하나의 칩에서 처리하는 경우가 많기 때문에 스마트폰용 CPU는 SoC(System on Chip), 또는 AP(Application Processor)라고 합니다. 여기서는 스마트폰에 장착된 프로세서를 'AP'라고 합니다.

❷ **시스템 메모리(램, RAM)** : 스마트폰에서 실행되는 각종 프로그램을 읽어 AP에 데이터를 전달합니다. 스마트폰에 장착된 메모리 용량이 클수록 좋습니다.

❸ **내장 메모리(롬, ROM)** : PC의 하드디스크와 같은 역할을 하는 스마트폰의 보조 기억장치입니다. 스마트폰에서는 하드디스크 대신 플래시 메모리(Flash Memory)를 사용합니다.

❹ **SD 카드 슬롯** : SD 카드를 장착해 스마트폰의 저장 용량을 확장할 수 있습니다.

❺ **카메라/플래시** : 스마트폰에는 기본적으로 카메라와 플래시가 장착되어 있습니다. 대부분의 스마트폰이 500만 화소 이상의 카메라를 탑재합니다. 플래시는 'LED' 방식, 디지털카메라에 장착되는 플래시와 같은 '제논' 방식이 있습니다.

❻ **Wi-Fi(와이파이)** : PC에서 인터넷에 접속할 때 이용하는 랜(LAN)을 무선화한 것입니다.

❼ **디스플레이** : 흔히 '액정'이라고 합니다. LCD 방식이나 AMOLED 방식의 패널을 사용합니다.

❽ **블루투스(Bluetooth)** : 무선 헤드폰이나 무선 키보드와 같은 장치를 사용하기 위한 근거리 무선 통신 규격입니다. 근거리의 스마트폰끼리 자료를 주고받을 때도 사용합니다. 대부분의 스마트폰에 블루투스 3.0 이상이 탑재되어 있습니다.

❾ **HDMI/MHL** : PC와 스마트폰을 연결하기 위한 포트입니다.

❿ **배터리** : 스마트폰에 전원을 공급합니다. 배터리를 교체할 수 있는 스마트폰이 있고, 배터리와 일체화된 스마트폰도 있습니다.

준 비 운 동

04

태블릿, 울트라북, 컨버터블 PC
살펴보기

태블릿(Tablet) PC는 터치스크린이 장착된 노트북이라고 할 수 있습니다. 마우스나 키보드 없이 전자펜이나 손가락으로 화면을 터치해 입력할 수 있는 제품입니다.

모바일과 PC의 경계는 어디일까요? 이전에는 운영체제에 따라 구분했지만 이제 윈도우 태블릿의 등장으로 모바일과 PC의 경계는 없어졌습니다.

운영체제를 모바일용과 데스크톱용 윈도우로 동시에 부팅이 가능한 구조의 태블릿이 선보였고 대중화되고 있습니다.

태블릿 PC는 1차적으로 보는 데 중점을 둔 제품입니다. 그렇기에 디스플레이가 가장 중요합니다.

▲ 듀얼 OS 사용을 장점으로 내세우는
태블릿 PC 아이뮤즈 Converter9

TIP 팬텍에서 처음 선보인 5.3인치 화면을 장착한 베가 R3는 아예 스마트폰과 태블릿 PC의 중간 위치라는 의미로 '패블릿(Phablet)'이라고 부르기도 했습니다.

태블릿 PC와 스마트폰을 화면 크기로 구분할 수 있을까요? 5인치 이상 화면을 장착한 스마트폰이 인기를 끌고, 7인치 화면을 장착한 아이패드 미니가 등장하고, 5.3인치 삼성 갤럭시 노트가 태블릿 PC로 많이 사용되면서 스마트폰과 태블릿 PC를 화면 크기로 구분하기는 정말 어렵습니다.

이 둘을 구분하는 기준을 정하자면 스마트폰은 한 손 사용이 쉬워야 한다는 점이고 태블릿 PC는 두 손으로 능숙하게 사용할 수 있다는 점입니다.

휴대해야 하고 한 손으로 사용해야 한다는 핸드폰인 스마트폰에 6인치 이상의 화면을 장착하는 것은 어렵지 않을까요?

◀ 스마트폰과 태블릿 PC는 운영체제와 기본 사양이 비슷합
니다. 아이패드 프로 내부 사진으로, 아이패드 프로는 12.9
인치 디스플레이를 사용합니다.

태블릿과 노트북을 합한 2 in 1 PC

태블릿은 터치 기반의 제품입니다. PC에서 마우스로 처리하는 동작을 손가락
으로 터치하거나 터치펜을 이용해서 처리합니다. 하지만 터치스크린에 키보드
가 장착되어 나오는 노트북도 있습니다. 태블릿과 노트북의 경계가 없다고 볼
수 있습니다.

이런 태블릿 노트북은 태블릿처럼 배터리 수명이 오래가면서도, 태블릿이 구현
하지 못하는 기존 노트북의 성능을 지니면서, 초슬림, 초경량으로 구현된 노트
북을 말합니다.

인텔은 2012년 울트라북(태블릿+노트북)의 표준으로 '13인치 화면에 두께는
20mm 이하로 얇고, 가벼우면서 성능은 뛰어나며, 최소 5시간 이상 연속으로
사용할 수 있어야 한다'고 했습니다.

요즘은 이런 성능을 뛰어넘어 터치스크린을 장착해 평소에는 노트북처럼 사용
하다가 사용자의 취향이나 환경에 따라 태블릿 PC 형태로 변경해 사용할 수 있
습니다. 키보드를 장착했다 붙였다 할 수 있죠. 울트라북이란 이름대신 '컨버터
블 PC'란 명칭을 사용했는데 이젠 그 성능이 노트북을 생산성을 버금가고 태블
릿의 휴대성을 갖춰 2 in 1 PC 라는 이름으로 사용합니다.

▲ 노트북   ▲ 울트라북   ▲ 컨버터블 PC

▲ 6세대 인텔 코어를 기반으로 한 대표적인 2 in 1 PC인 마이크로소프트 서피스 프로 4

터치스크린, 스마트 기기와의 호환성을 목적으로 한 윈도우 운영체제의 등장은 데스크톱 PC에도 터치스크린과 본체를 탑재한 올인원 PC, 본체 모니터 일체형 PC로의 변화를 가져왔습니다.

◀ 아수스 올인원 PC인 에이수스 젠 아이오 S

윈도우 10의 컨티뉴엄 기능

윈도우 10은 설치된 기기에서 환경에 따라 윈도우 설정이 바뀌는 '컨티뉴엄(Continuum)' 기능이 있습니다. 데스크톱이나 노트북처럼 고정된 기기보다 키보드를 붙이거나 뗄 수 있는 컨버터블 PC를 위한 기능으로 착탈식 키보드를 떼면 태블릿 모드로, 키보드를 장착하면 데스크톱 모드로 자동 전환됩니다. 물론 터치스크린이 장착된 데스크톱 PC라면 태블릿 모드, 데스크톱 모드를 오가며 자유롭게 사용할 수 있습니다.

TIP 태블릿 모드는 터치스크린을 손가락을 이용해 조절하는 상태, 데스크톱 모드는 키보드, 마우스를 통해 조작하는 상태를 말합니다.

▲ 컨티튜넘 기능

05

전원 공급부터 윈도우가 실행되기까지

TIP '운영체제'는 하드웨어를 제어하고 관리하는 시스템 소프트웨어를 말합니다.

컴퓨터가 작동하기 위해서는 PC를 구성하는 부품인 하드웨어와 흔글, 오피스와 같은 소프트웨어가 작동하는 운영체제(OS; Operating System)가 반드시 필요합니다. PC의 모든 부품은 프로그램에 의해 작동하며, 컴퓨터 전원을 켜고 어떤 일을 진행하는가에 따른 명령어들은 메인보드에 있는 바이오스(BIOS; Basic Input Output System)에 의해 윈도우 실행 준비가 완료됩니다. 컴퓨터 전원을 켜고 윈도우가 실행되는 과정을 통틀어 '부팅(Booting)'이라고 합니다. 부팅 과정을 알면 PC가 어떤 원리로 작동하는지 알 수 있습니다.

▲ 컴퓨터에서 프로그램이 실행될 때 필요한 요소

컴퓨터에 공급된 전원

파워 서플라이는 메인보드와 CPU, 하드디스크, 광학 드라이브 등 PC 부품에 필요한 전원을 공급합니다. CPU, 하드디스크 등 작동에 필요한 전원은 부품별로 다르기 때문에 전원 커넥터가 각각 다릅니다.

전원 연결 상태가 올바른데 PC에 전원이 들어오지 않으면 파워 서플라이가 손상됐을 수 있으며, 파워 서플라이 손상 여부는 전원을 켰을 때 파워 서플라이의 냉각팬이 회전하는지에 따라 알 수 있습니다.

TIP 부트(Boot), 부팅에서 부트는 '부트스트랩(Boot Strap)'의 약칭입니다. 부트는 '장화를 신기 쉽도록 만든 작은 손잡이'로, 부팅은 무엇을 하기 전에 준비하는 것을 말합니다. 컴퓨터 전원을 켜고 작업 환경이 갖춰질 때까지의 과정을 '부팅 과정'이라고 합니다.

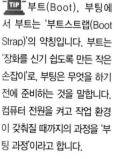

운영체제　가죽 손잡이

바이오스

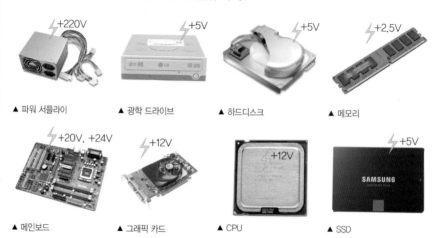

▲ 파워 서플라이　　▲ 광학 드라이브　　▲ 하드디스크　　▲ 메모리

▲ 메인보드　　▲ 그래픽 카드　　▲ CPU　　▲ SSD

하드웨어에 이상이 없는지 확인 후 윈도우 실행

메인보드 바이오스에는 PC의 전원이 들어온 순간부터 확인해야 할 작업들이 저장되어 있습니다. 오래전부터 바이오스는 시스템이 시작할 때 CPU, 메모리, 그래픽 카드 등 여러 부품에 이상이 없는지 점검하고 메인보드에 연결된 장치들을 사용할 준비를 한 다음 윈도우를 실행할 부팅 장치를 검색합니다.

하지만 윈도우 10이 설치된 최신 시스템은 이런 부팅 과정을 볼 수 없습니다. 바이오스의 새로운 규격인 UEFI 바이오스가 윈도우 10의 부트 로더를 바로 읽어 들여 바로 윈도우가 시작되기 때문입니다.

구형 바이오스 + 윈도우 7	UEFI 바이오스 + 윈도우 10

❶ 메인보드에 연결된 부품들의 연결 상태가 정상적으로 작동하는지 확인합니다. 아무 문제가 없다면 컴퓨터는 '삑-'하는 경고음을 내고 다음 과정으로 넘어갑니다.

❷ 그래픽 카드를 확인합니다.	❷ 윈도우 부트 매니저가 실행됩니다.

❸ 메모리의 이상 유무를 확인합니다.	❸ 드라이버, 서비스를 읽어 들여 장치를 준비하고 현재 시스템을 초기화합니다.

❹ 키보드, 하드디스크, 광학 드라이브 등 연결된 장치를 점검하고 어떤 장치가 설치되어 있는지 확인합니다.	❹ 윈도우10 잠금 화면이 나타납니다.

❺ USB 등 외부 단자를 통해 메인보드에 연결된 장치를 검색합니다.

❺ 윈도우에 로그인할 계정을 선택하고 비밀번호를 입력합니다.

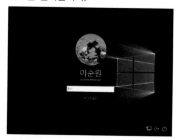

❻ PC 부품에 이상이 없다고 판단하면 운영체제가 설치된 하드디스크를 찾아 메모리로 윈도우 부트 로더를 읽어 들여 윈도우 실행 준비를 합니다.

❻ 윈도우 10 바탕 화면이 나타납니다.

TIP 윈도우 10은 부팅 시간을 단축하기 위해 최대 절전 모드를 활용합니다. 시스템이 시작될 때마다 시스템을 매번 초기화할 필요가 없어 부팅 시간이 단축됩니다. ▶ 41쪽 참고

노트북, 태블릿 PC, 스마트폰 모두를 다스린다 - 윈도우 10

사용자들은 더 이상 키보드와 마우스가 아닌 손가락으로 PC를 제어하고 싶어 합니다. 스마트폰을 사용하는 습관대로 PC 모니터 화면을 손가락으로 터치하면서 왜 안 될까? 하는 경우가 종종 있지 않나요? 이런 사용자의 요구를 받아 들여 윈도우 10은 PC를 스마트폰처럼 변신하게 합니다. 터치스크린이 장착된 PC라면 활용성을 한층 높일 수 있습니다.

물론 터치스크린이 장착되지 않은 PC라도 문제될 것은 없습니다. 모든 디지털 기기에 잘 어울리는 윈도우 10을 살펴볼까요?

윈도우 10에 다시 등장한 시작 메뉴

윈도우 10은 인텔 CPU뿐 아니라 AMD의 CPU, 스마트폰 같은 각종 전자제품에 사용되는 ARM CPU도 지원합니다. 때문에 윈도우 10은 데스크톱과 태블릿, 스마트폰 등 여러 기기에서 똑같은 방법으로 자유롭게 사용할 수 있습니다. 달라진 윈도우 10에 대해 알아보겠습니다.

다시 등장한 〈시작〉 버튼

윈도우 8은 터치스크린에 최적화된 메트로 사용자 인터페이스를 제공했지만 사용자에게 외면 받았죠. 그래서인지 윈도우 10은 다시 시작 메뉴를 도입했습니다. 윈도우 10으로 다시 되돌아 온 시작 메뉴는 윈도우 7의 시작 메뉴와 윈도우 8.1의 시작 화면이 잘 어우러져서 모든 환경에서 윈도우를 쉽게 사용할 수 있게 지원합니다.

▲ 넓은 화면의 '시작' 메뉴

▲ 좁은 화면의 '시작' 메뉴

가상 데스크톱

윈도우 10은 '가상 데스크톱' 기능을 제공합니다. 현재 보고 있는 바탕 화면 외에 아무것도 실행되지 않은 깨끗한 바탕 화면을 열고 또 다른 작업을 할 수 있습니다. 또한 여러 개의 가상 데스크톱을 만들어 놓은 상태에서 서로 전환하면서 사용할 수도 있고 하나의 데스크톱 안에서 실행 중인 다양한 앱을 왔다 갔다 하면서 사용할 수도 있습니다.

작업 표시줄의 '작업 보기(▢)'를 클릭해 하나의 데스크톱 안에서 여러 개의 데스크톱을 만들어 다양하게 앱을 실행할 수 있습니다.

관리 센터에서 알림 센터로

작업 표시줄의 가장 오른쪽에 나타나는 알림 센터(💬)는 메일이나 일정, 시스템 설정뿐만 아니라 경고 메시지 등 사용자가 알아야 할 내용을 빠르게 전달해줍니다. 윈도우 8까지 있던 관리 센터의 기능이 강화된 것입니다.

알림 센터를 통해 인터넷 연결, 블루투스(Bluetooth) 설정, 밝기 조절, 배터리 절약 모드 등을 간단하게 조절할 수 있습니다.

▲ 알림 센터

제어판 대신 '설정' 앱

윈도우는 시스템 설정을 확인하거나 수정하기 위해 오랫동안 '제어판'을 사용해 왔습니다. 윈도우 10에서는 제어판에서 자주 사용하는 기능을 '설정' 앱으로 만들어 제공합니다. 기존의 제어판보다 이해하기도 쉽고 사용하기도 편리합니다. 물론 윈도우 10에서도 일부 기능은 제어판을 이용해 조절해야 합니다.

▲ '설정' 앱

창으로 실행되는 '앱'

윈도우 8.1에서는 앱이 전체 화면으로 실행되고 데스크톱 모드에서는 실행되지 않아 데스크톱 사용자들은 불편했습니다. 하지만 윈도우 10에서는 윈도우 7에서 프로그램을 실행할 때처럼 앱이 창으로 실행되기 때문에 앱 위치나 크기 등을 조절할 수도 있고 '닫기' 아이콘(☒)을 클릭해 앱을 쉽게 종료할 수도 있습니다. 윈도우 10의 앱을 유니버설 윈도우 플래폼 앱(UWP; Universal Windows Platform App)이라고 합니다.

윈도우 10에서 앱을 실행하면 중간 크기의 창으로 열립니다. 이 창의 크기가 커지거나 작아질 때마다 화면 크기에 맞게 내용이 배치되므로 어떤 화면 크기의 장치에서든지 불필요한 스크롤 없애 앱 화면을 편리하게 볼 수 있습니다.

▲ 창으로 실행되는 윈도우 스토어입니다. 최대화, 닫기, 최소화 아이콘이 있습니다.

▲ 장치 화면 크기에 상관없이 UWP 앱이 실행됩니다.

윈도우 10 UWP 앱은 자바스크립트, 이미 알고 있는 C#, HTML, C++5, DirectX 또는 XAML(Extensible Application Markup Language) 등 가장 친숙한 프로그래밍 언어를 사용하여 만들어집니다. 그리고 윈도우 런타임 API를 기반으로 만들어졌습니다. 그리고 UWP 앱은 데스크톱 프로그램을 위한 필수 프로그램인 넷 프레임워크(Net. Framework)도 지원합니다. 그래서 PC, 태블릿, 휴대폰 등 모든 윈도우 10 장치에서 상용할 수 있습니다. 다양한 화면 크기뿐만 아니라 터치, 마우스 및 키보드, 게임 킨트롤러, 펜 등 다양한 조작 모델을 손쉽게 지원합니다.

데스크톱 프로그램에서 보면 프로그램을 돌릴 수 있는 최소 사양이 나올 수 있지만 UWP 앱은 하드웨어 최소 요구 사양이 없습니다.

▲ UWP 앱 개발 언어

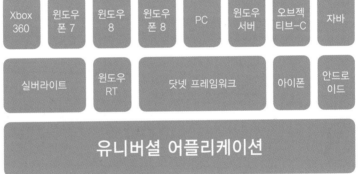

▲ UWP 앱이 돌아가는 윈도우 장치와 환경

02

마이크로소프트 계정 하나로 공유하기

💡TIP 사용 중인 윈도우 마이크로 소프트 계정이 없다면 윈도우를 설치할 때 새로 만들면 됩니다. 571쪽을 참고하세요. OneDrive를 이용하는 방법은 Part 5 Chapter 04에서 자세하게 설명하겠습니다.

윈도우를 설치할 때 사용자 계정을 만들 때 '마이크로소프트 온라인 계정'(이후 '마이크로소프트 계정')을 사용할 수 있습니다. 물론 해당 PC에서만 사용할 수 있는 '로컬 계정'도 사용할 수 있습니다. 마이크로소프트 계정은 기존 윈도우 라이브 계정과 동일한 것으로 마이크로소프트에서 제공하는 핫메일과 메신저, 윈도우 라이브 로그인이 필요한 게임 등을 할 때 사용하는 ID를 말합니다.

윈도우에서 사용하는 마이크로소프트 계정은 관리자(Administrator) 권한을 가진 계정입니다. 마이크로소프트 계정을 윈도우 관리자 계정으로 등록해 사용하면 여러 장치에서 동일한 계정으로 로그인해 장치 사이 데이터 공유를 자유롭게 할 수 있습니다. 윈도우를 재설치해도 마이크로소프트 계정으로 로그인하면 이전에 사용된 데이터와 개인 설정이 바로 적용됩니다.

마이크로소프트에서 제공하는 클라우드 스토리지 서비스인 'OneDrive'를 통해 데이터 공유, PC 제어가 이뤄집니다.

또한 윈도우 10부터는 마이크로소프트 계정으로 로그인하면 업그레이드하거나 클린 설치할 때 한번 정품 인증되면 인증키를 이력하지 않아도 자동적으로 메인보드 정보와 정품 인증 정보가 저장되어 바로 자동 인증됩니다.

💡TIP 마이크로소프트 온라인 계정 하나로 데이터를 공유할 수 있기 때문에 가정용 컴퓨터와 직장 노트북 등으로 옮기더라도 사용자가 설정과 파일을 분실하지 않게 하는 장점이 있습니다.

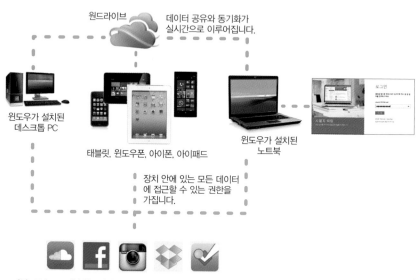

원드라이브
데이터 공유와 동기화가 실시간으로 이루어집니다.

윈도우가 설치된 데스크톱 PC

태블릿, 윈도우폰, 아이폰, 아이패드

윈도우가 설치된 노트북

장치 안에 있는 모든 데이터에 접근할 수 있는 권한을 가집니다.

▲ 마이크로소프트 계정/원드라이브를 통해 데이터 공유, PC 제어가 이뤄집니다.

03

완전 초기화 기능

윈도우 10은 누구나 손쉽게 그리고 좀 더 빠르게 윈도우를 재설치할 수 있는 방법을 제공합니다. 태블릿 PC, 모바일 기기는 데스크톱 PC와 비교해 재설치가 어려운 구조입니다. 태블릿 PC, 모바일 기기까지 포함하는 운영체제인 윈도우 10이라면 재설치가 쉬워야 합니다.

이런 이유에서 윈도우 10은 'PC 초기화'라는 쉬운 재설치 기능을 제공합니다. PC 초기화는 운영체제가 설치된 드라이브에 들은 모든 개인 데이터, 앱 및 중요 PC 설정을 유지한 상태로 윈도우를 다시 설치하는 방법과 모든 개인 데이터, 앱 및 PC 설정을 제거하고 완전한 초기 상태로 윈도우를 다시 설치하는 방법을 제공합니다.

두 작업 모두 윈도우를 다시 설치하는 작업이기 때문에 윈도우 설치 파일이 들어있는 DVD나 USB 메모리가 필요합니다.

윈도우 10의 '설정'에서 '업데이트 및 복구' → '복구'를 클릭하면 윈도우 10이 제공하는 복구 메뉴를 확인할 수 있습니다.

TIP 윈도우 설치 파일을 PC로 복사해 두면 굳이 윈도우 설치 미디어를 준비하지 않아도 작업이 진행됩니다. 96쪽을 참고하세요.

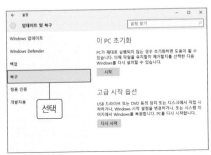

▲ 윈도우 10이 제공하는 PC 초기화 메뉴

▲ 고급 시작 옵션

PART
1

S.O.S
내 PC가 이상해요

PC를 사용하면서 당황스러웠던 경우는 언제인가요? PC 전원 버튼을 눌렀을 때 켜지지 않거나 윈도우가 실행되지 않는 등 다양한 문제가 있었을 것입니다.

Part 1에서는 PC를 사용하면서 접할 수 있는 대표적인 문제들을 정리했습니다. 문제를 일으킨 원인을 찾기 위한 진단 방법을 배우고 진단에 따른 해결 방법을 확인하세요.

Chapter 01

먹통이 된 장치 되살리기

PC가 부팅되지 않을 때, PC에 전원이 들어오지 않을 때, 키보드나 마우스가 작동하지 않을 때, 필요한 파일이나 파티션이 삭제되었을 때, USB 장치를 인식하지 못할 때와 같은 응급 상황에 대한 대처 방안을 알아보겠습니다.

01

부팅 중 멈추는 PC 문제 진단하기

부팅이 안 되는 경우는 주로 하드웨어 불량일 확률이 높습니다. 부팅 화면을 단계별로 정리해 보고 어느 부분에 문제가 있는지 점검해 보세요. 이 경우 PC 전원은 켜져 있어야 합니다. PC에 전원이 들어오는 것은 파워 서플라이 냉각팬이 회전하는 것과 PC 본체 파워 LED에 불이 들어온 것으로 확인할 수 있습니다. **step 1**에서 문제가 해결되지 않는다면 **step 2**, **step 3**로 넘어가세요.

UEFI 부팅 살펴보기

UEFI는 부팅 시간을 단축하기 위해 바이오스와는 다른 부트 과정을 진행합니다. 다음 그림처럼 바이오스는 부팅할 때 CPU, 메모리, 그래픽 카드 같은 모든 장치를 점검하지만 UEFI의 경우는 장치 각각이 독립되어 활성화되고 부트 로더가 들어 있는 장치를 이미 알고 있어 찾을 필요가 없습니다.

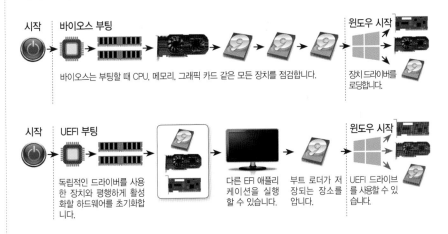

시작　바이오스 부팅　　　　　　　　　　　　　　　　　　윈도우 시작

바이오스는 부팅할 때 CPU, 메모리, 그래픽 카드 같은 모든 장치를 점검합니다.　　장치 드라이버를 로딩합니다.

시작　UEFI 부팅　　　　　　　　　　　　　　　　　　　윈도우 시작

독립적인 드라이버를 사용한 장치와 평행하게 활성화할 하드웨어를 초기화합니다.　다른 EFI 애플리케이션을 실행할 수 있습니다.　부트 로더가 저장되는 장소를 압니다.　UEFI 드라이브를 사용할 수 있습니다.

step 1　　시스템 버스가 정상적으로 작동하는지 검사하기

비프음(삐~ 소리)이 들리지 않으면 조립이나 메인보드 불량입니다. PC 내부에 먼지가 많이 쌓여 있으면 전류가 제대로 흐르지 않아 검사가 정상적으로 이루어지지 않기 때문에 비프음이 들리지 않을 수도 있습니다. PC 내부를 청소하고, 다시 파워 서플라이 메인보드 커넥터를 장착하고, 메모리와 그래픽 카드를 분해했다가 다시 장착하는 것만으로도 문제를 80% 정도 해결할 수 있습니다. ▶ 50쪽 참고

TIP 최신 시스템이라면 부팅 화면이 보이지 않고 제품 제조업체의 로고가 나타날 수 있습니다. Esc를 누르면 부팅 화면을 확인할 수 있습니다.

그래픽 카드, 메모리 검사하기

CPU를 확인하고 메모리 이상 유무를 검사합니다. 이 단계에서 시스템이 멈추면 PC에 장착된 스피커에서 비프음이 울립니다. 만약 비프음이 울리지 않으면 메인보드가 불안정한 상태입니다. 메인보드 이상으로 결론 내기 전에 그래픽 카드와 메모리 카드 조립 상태를 확인합니다.

▲ 그래픽 카드가 슬롯에 올바르게 꽂혔는지 확인합니다. 전원 및 커넥터 연결을 확인하세요.

▲ 메모리 카드가 올바르게 장착되었는지 확인합니다.

▲ 메인보드에 타거나 손상된 부품은 없는지 확인합니다.

기존 부팅	UEFI 부팅
그래픽 카드, 메모리에 이상이 없으면 메모리 검사를 진행합니다. 주유소 주유 미터기처럼 숫자가 0부터 올라가는 것을 확인할 수 있습니다. 검사가 끝나면 모니터에 메모리 크기가 표시됩니다.	윈도우 부팅 관리자가 하드웨어 실행 드라이버를 메모리에 로딩한 상태입니다. UEFI 부팅에서는 윈도우가 바로 시작되므로 하드웨어 기존 부팅처럼 준비 메시지를 확인할 수 없습니다. 하드웨어에 이상이 있으면 시스템이 다시 시작되고 자동 복구 프로그램을 시작합니다.

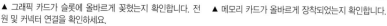

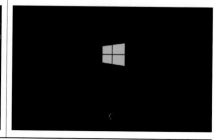

step 3

TIP 하드디스크가 불안정하면 344쪽 하드디스크 진단 과정을 따라하세요.

키보드, 하드디스크, 광학 드라이브, USB 장치 점검하기

메인보드에 연결된 장치인 키보드, 마우스, 하드디스크, 광학 드라이브, SSD 등을 확인하고 USB 포트에 연결된 장치들을 점검합니다. 부팅 과정 중 가장 오랜 시간이 걸리는 단계입니다. 메인보드에 연결된 장치에 이상이 있거나 조립 상태 또는 메인보드 이상이 감지되면 시스템이 멈춥니다.

기존 부팅	UEFI 부팅
이 상태에서 멈추면 하드디스크와 광학 드라이브 연결에 문제가 있는 경우입니다. 연결된 하드디스크가 불안정한 경우 하드디스크를 찾는 데 오랜 시간이 걸리기 때문에 하드디스크와 광학 드라이브 조립 상태를 확인합니다.	윈도우가 설치된 하드디스크나 SSD에 이상이 있으면 PC를 다시 시작해야 한다는 블루 스크린이 나타납니다.

step 4

윈도우 실행하기

부팅 과정에서 윈도우가 설치된 정보를 읽어 올 차례입니다. 하드디스크나 SSD에 있는 윈도우 기본 정보를 읽은 후에 윈도우 로고가 뜨면서 부팅이 됩니다.

이 정보는 하드디스크나 SSD 마스터 부트 레코드(MBR; Master Boot Record)에 있습니다. 이 영역은 하드디스크 제일 안쪽에 있는 영역으로 이 부분이 손상이 되거나 삭제된다면 윈도우 부팅이 안 될 수 있습니다. 이 부분은 바이러스에 의해 손상될 수도 있고 하드디스크 자체 문제에 의해 손상될 수도 있습니다. 하드디스크 이상이 아닌 MBR 영역 손상 문제로 윈도우가 실행이 안 되는 문제는 98쪽에서 설명합니다. 이를 통해 해결하세요.

64비트 운영체제인 윈도우 10/8은 GPT(GUID Partition Table)을 사용합니다. 이곳에 부팅 정보도 담고 디스크 정보도 담겨 있고 복구에 사용할 수 있는 정보도 들어 있습니다.

윈도우 10과 윈도우 8은 윈도우가 정상적으로 실행되지 않는 경우를 대비해 손쉽게 윈도우 재설치를 진행하는 PC 복구 기능을 제공합니다.

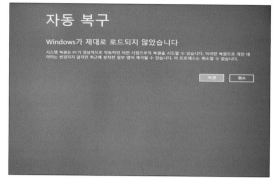

▲ 시스템이 자동으로 재부팅되고, 자동 복구 진행 여부를 확인합니다.

PC 응급실

포스트 메시지 대신 로고 화면이 나타나요. 포스트 메시지를 확인하려면 어떻게 하죠?

PC 전원을 켜면 메인보드 제조업체 로고 화면이 나타나고 바로 윈도우 시동 상태로 들어가는 경우가 있습니다. 하드웨어를 검사하는 포스트 과정을 확인할 수 없으면 시모스 셋업을 실행하여 해당 과정이 표시되도록 변경해야 합니다.

로고 화면 대신 포스트 과정이 나타나도록 변경하는 시모스 셋업 설정 항목을 알아보겠습니다.

▲ Advanced BIOS Features → Full Screen LOGO Show를 '사용하지 않음'으로 지정

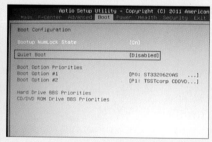

▲ Advanced BIOS Features → Quiet Boot를 'Disabled'로 지정

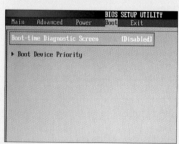

▲ Boot → Boot-time Diagnostic Screen 을 'Disabled'로 지정

check! check!

부팅할 때 오류 메시지 확인하기

☑ 부팅 화면에 표시되는 오류 메시지를 확인하세요. PC 부품 중 어떤 부품에 이상이 있는지 확인할 수 있습니다.

부팅할 때 나타나는 오류 메시지를 알아봅니다. 오류 메시지가 표시되는 원인을 알면 오류가 발생해도 바로 해결책을 찾을 수 있습니다.

시모스 셋업 관련 오류

시모스 셋업 내용을 저장하는 NVRAM(Non-Volatile Memory)은 전원이 공급되지 않아도 저장된 정보를 유지할 수 있습니다. NVRAM에 이상이 있거나 시모스 셋업에서 설정한 내용에 문제가 있는 경우 다음과 같은 메시지가 나타납니다.

```
CMOS Battery Low
CMOS Checksum Bad, CMOS Checksum Error
CMOS Battery Has Failed
CMOS Display Type Wrong
CMOS Settings Wrong
CMOS Date/Time Not Set
Checking NVRAM...
```

배터리 교체가 필요한 경우
시모스 셋업 설정이 잘못된 경우

NVRAM이 유효한지 검사합니다. 오류를 수정하면 'Update OK'라는 메시지가 나타나며, 오류 수정에 실패하면 'Updated Failed'라는 메시지가 나타납니다.

메모리 관련 오류

메모리가 불량일 경우 다음과 같은 오류 메시지가 나타납니다. 메모리를 시스템에서 제거하거나 추가하지 않아도 다음과 같은 메시지가 나타나면 메모리 불량입니다.

```
Memory Size Decreased, Memory Size Increased, Memory Size
Changed
On Board Parity Error, Off Board Parity Error
Parity Error
```

하드디스크 관련 오류

하드디스크 컨트롤러나 연결 상태, 시모스 셋업에 저장된 하드디스크 정보, 설정 옵션 등이 잘못된 경우에는 다음과 같은 메시지가 나타납니다.

```
Hard Disk Controller Failure, IDE Controller Failure
Pri, Sec Master/Slave Drive -ATAPI Incompatible
```

```
Hard Disk Controller Failure, IDE Controller Failure
Pri, Sec Master/Slave Drive -ATAPI Incompatible
Hard Disk Controller Failure, IDE Controller Failure
Pri, Sec Master/Slave Drive -ATAPI Incompatible
Hard Disk Controller Failure, IDE Controller Failure
Pri, Sec Master/Slave Drive -ATAPI Incompatible
Hard Disk Controller Failure, IDE Controller Failure
Pri, Sec Master/Slave Drive -ATAPI Incompatible
Primary Hdd failure, press F1 to resume
Hard disk failed (80)
Error Encountered Initializing Hard Drive
Primary Hdd failure press F1 to continue, DEL to enter SETUP
```
하드디스크 컨트롤러 자체에 문제가 있는 경우

```
Disk Drive or Mismatch Hard Disk Type
```
시모스 셋업에 기록된 디스크 유형과 시스템에 장착된 드라이브가 다른 경우

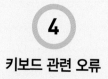

키보드 관련 오류

다음과 같은 오류 메시지가 나타나는 경우 가장 먼저 컴퓨터 본체에 키보드가 제대로 연결되어 있는지 살펴봐야 합니다. 키보드가 제대로 연결되었더라도 사용자 실수, 혹은 물건 등에 의해 특정 키가 눌린 경우가 있습니다. F1 이나 리셋 버튼을 눌러 컴퓨터를 다시 시작합니다.

```
Gate A20 Error
```
키보드 컨트롤러 이상인 경우
```
Keyboard error or no keyboard present
```
키보드가 제대로 연결되지 않은 경우
```
Keyboard is locked out - Unlock the key
```
키보드에서 키가 하나 이상 눌린 경우

운영체제를 찾을 수 없는 경우

부팅 장치를 찾을 수 없을 때 다음과 같은 오류 메시지가 나타납니다. 시모스 셋업에서 부팅 장치가 올바르게 설정되지 않았거나 부팅에 필요한 하드디스크 시스템 영역이 손상된 경우, 하드디스크 자체에 문제가 있는 경우에 나타납니다.

```
BOOTMGR is missing
Press Ctrl+Alt+Del to restart
BOOT: Couldn't find NTLDR
NTLDR is missing
Press Ctrl+Alt+Del to restart
No Boot Device Available
Disk Boot Failure, Insert System Disk and Press Enter
Invalid system diskette
F1 키를 눌러 다시 부팅하십시오.
또는 시스템이 응답하지 않습니다.
```
하드디스크 시스템 영역이 손상된 경우

시모스 셋업 설정이 잘못된 경우

하드디스크가 손상된 경우

02
비프음만 들릴 때 문제 진단하기

메인보드 바이오스에는 부팅할 때 하드웨어를 검사하고 어떤 부품에 문제가 있는지 알려 주는 기능이 있습니다. 오류가 있으면 PC에 장착된 스피커로 삐~ 소리를 냅니다. 이를 '비프음'이라고 하는데 바이오스 종류별로 비프음을 통해 알려주는 오류 메시지가 다릅니다.

비프음이 울리는 것은 하드웨어 오류를 의미하며, 이것은 PC 조립 상태가 잘못되었거나 먼지 등이 원인일 수 있습니다. 비프음으로 진단이 가능한 문제를 알아보겠습니다.

사용 중인 바이오스 확인하기

부팅할 때 포스트 과정을 확인할 수 없고 제조업체의 로고가 나타나면 Esc를 누릅니다.

사용 중인 바이오스는 부팅할 때 나타나는 첫 화면을 통해 알 수 있습니다. 그래픽 카드를 검사하고 바로 다음 화면에서 메모리 검사 전에 어느 회사의 바이오스를 사용하는지 화면에 표시됩니다.

▲ 피닉스-어워드 바이오스

▲ 아미 바이오스

아미(AMI) 바이오스의 경우

아미 바이오스의 경우 부팅할 때 삐~ 소리가 한 번 울리고 부팅이 시작되면 모든 장치가 정상입니다. PC를 시작할 때 비프음이 들리지 않으면 메인보드나 기본 스피커, 케이스 전원에 문제가 있는 것입니다.

비프음 횟수	원인
한 번	시스템이 정상입니다.
두 번	패리티 확인 실패, 메모리가 잘못 꽂혀 있거나 메인보드 메모리 소켓이 망가진 경우입니다. 재생 실패, 메모리 초기화 실패의 경우로 램을 다시 꽂습니다. 메모리를 다른 메인보드에 꽂아 보고 이상이 없으면, 소켓 문제이므로 수리합니다.
세 번	기본 메모리 확인 실패의 경우로, 메모리가 제대로 꽂혀 있는지, 메모리가 제대로 작동하는지 검사합니다.
네 번	메인보드 배터리가 손상된 경우입니다. 배터리를 교체하거나 A/S를 받습니다.
다섯 번	CPU 오류로, CPU를 뺐다 다시 꽂은 후에도 비프음이 들리면 다른 CPU를 설치합니다.
여섯 번	키보드가 제대로 꽂혀 있는지 확인합니다. 연결에 이상이 없으면 키보드를 교체합니다.
일곱 번	CPU 인터럽트 오류로 CPU가 손상된 경우입니다.
여덟 번	그래픽 카드가 손상되었거나 슬롯에 잘못 꽂힌 경우입니다.
아홉 번	시모스 셋업에 설정된 내용과 실제 설치된 장치들이 다른 경우로, 시모스 셋업을 조절합니다.
열 번	메인보드가 손상되어 시모스를 읽거나 쓰지 못하므로 A/S가 필요합니다.
열한 번	CPU나 메인보드의 L2 캐시가 손상된 경우입니다.

어워드(AWARD), 피닉스-어워드 바이오스의 경우

어워드 바이오스의 경우 비프음 횟수보다는 소리 길이를 확인해야 합니다. 비프음이 발생하는 것은 셀프 수리를 할 수 있는 경우가 대부분이지만, 비프음도 들리지 않고 화면에 아무것도 나타나지 않으면 A/S가 필요한 심각한 상태일 수 있습니다.

비프음 횟수	진단
짧게 한 번	모든 장치가 정상입니다.
짧게 두 번	치명적이지 않은 오류로, 예를 들어 하드디스크 드라이브는 하나인데 시모스 셋업에 등록된 정보와 일치하지 않은 경우입니다. 시모스 셋업을 조절해 바로 지정합니다.
짧게 세 번	키보드가 잘못 연결되었습니다. 제대로 연결되었는데도 울리면 키보드 고장입니다.
길게 한 번, 짧게 한 번	부품이 메인보드에 제대로 연결되지 않은 경우입니다. 하드디스크, 광학 드라이브 케이블이 빠지지 않았는지, 그래픽 카드나 사운드 카드가 슬롯에 제대로 꽂혀 있는지 확인합니다.
길게 한 번, 짧게 두 번	그래픽 카드 오류입니다. 그래픽 카드를 뺐다가 다시 꽂거나 교체합니다.
사이렌 음	시스템 오류입니다. 램 이상이나 CPU 조립 불량, 그래픽 카드나 사운드 카드가 잘못 꽂혀진 경우입니다.

TIP 컴퓨터 사용 중에 비프음이 계속 울리면 CPU나 시스템 온도가 높거나 파워 서플라이에서 공급되는 전력이 부족한 경우입니다.
비프음이 울리면 본체 케이스를 열고 부품 장착 상태를 확인합니다.

아무 소리 없이 화면이 나타나지 않을 때	시스템에 전원이 제대로 공급되지 않거나 CPU 또는 메모리가 불량인 경우입니다. 파워 서플라이, 램, CPU를 바꿔서 검사하고 그래도 해결되지 않으면 메인보드 A/S가 필요합니다.

 메인보드 제조업체 사이트에 접속해 비프음이 무엇을 의미하는지 확인하는 것도 문제를 진단할 수 있는 좋은 방법입니다.

아미 UEFI 바이오스의 경우

UEFI 바이오스의 경우 비프음 발생 문제는 대부분 조립 불량 상태와 연결됩니다. 조립 상태를 확인해 보세요.

비프음 횟수	원인
짧게 한 번	모든 장치가 정상입니다.
없음	CPU나 메모리 불량입니다.
길게 세 번	메모리가 장착되지 않은 경우입니다.
길게 다섯 번	그래픽 카드가 장착되지 않은 경우입니다.
전원이 켜지지 않고 비프음 없음	CPU가 없는 경우입니다.

PC 응급실

윈도우 10 업그레이드 설치를 할 때 제품키를 몰라요

윈도우 7 이상의 버전에서 업그레이드 형식으로 윈도우 10을 설치한다면 로그인한 마이크로소프트 계정으로 인증 관련 정보가 입력되지만 사용자는 윈도우 10 제품키를 알지 못합니다.

윈도우 10 업그레이드 설치를 할 때 입력할 윈도우 10의 제품키는 다음과 같습니다.

윈도우 10을 재설치할 때 제품키를 요구하는 경우 이 문제를 해결하기 위해 마이크로소프트에서 만든 제품키로 불법이 아닙니다. 현재 사용하고 있는 윈도우 에디션에 맞는 제품키를 입력하면 됩니다.

윈도우 10 프로페셔널	W269N–WFGWX–YVC9B–4J6C9–T83GX
윈도우 10 프로페셔널 N	MH37W–N47XK–V7XM9–C7227–GCQG9
윈도우 10 에듀케이션	NW6C2–QMPVW–D7KKK–3GKT6–VCFB2
윈도우 10 에듀케이션 N	2WH4N–8QGBV–H22JP–CT43Q–MDWWJ
윈도우 10 엔터프라이즈	NPPR9–FWDCX–D2C8J–H872K–2YT43
윈도우 10 엔터프라이즈 N	DPH2V–TTNVB–4X9Q3–TJR4H–KHJW4
윈도우 10 엔터프라이즈 2015 LTSB	WNMTR–4C88C–JK8YV–HQ7T2–76DF9
윈도우 10 엔터프라이즈 2015 LTSB N	2F77B–TNFGY–69QQF–B8YKP–D69TJ
윈도우 10 홈	TX9XD–98N7V–6WMQ6–BX7FG–H8Q99
윈도우 10 홈 N	3KHY7–WNT83–DGQKR–F7HPR–844BM
윈도우 10 홈 싱글 랭귀지	7HNRX–D7KGG–3K4RQ–4WPJ4–YTDFH
윈도우 10 홈 컨트리 스페시픽	PVMJN–6DFY6–9CCP6–7BKTT–D3WVR

03
전원이 켜지지 않는 PC 살리기

잘 작동하던 PC가 전원 버튼을 눌렀는데도 켜지지 않으면 당황할 수 있지만, 조급하게 생각하지 말고 전원 코드를 뽑은 상태에서 잠시 기다렸다가 PC를 켜 보세요. 부품 사이에 흐른 과전압이나 정전기에 의해 쇼트(전원이 흐르지 않는 상태)된 부분이 발생해 전원이 켜지지 않았는데 시간이 흘러 방전되면 전원이 켜집니다.

위와 같이 실행했는데도 여전히 PC가 켜지지 않으면 메인보드 전원 커넥터를 뽑은 상태로 잠시 기다렸다가 PC를 켜 보세요. 역시 PC가 켜지지 않으면 메인보드 전원 커넥터를 뽑았다가 다시 꽂으면 대부분 정상적으로 실행됩니다. 이때 그래픽 카드와 메모리의 장착 상태도 확인하세요.

따라하기 ① PC 본체에 연결된 전원 케이블을 뽑아 분리합니다.

전원 케이블 분리

② 메인보드에 연결된 전원 케이블 잠금 장치를 누르고 케이블을 뽑아 분리합니다.

TIP 전원 케이블을 강제로 잡아 당기면 커넥터나 메인보드가 손상될 수 있으므로 케이블 앞부분 잠금 장치를 누르고 메인보드에서 케이블을 뽑아 분리합니다. 노치(잠금 장치의 이름)를 누른 다음 잡아 당기면 쉽게 커넥터가 분리됩니다.

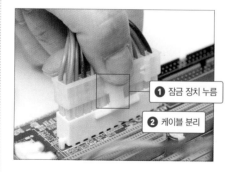

❶ 잠금 장치 누름
❷ 케이블 분리

③ 드라이버와 같은 금속성 물질로 PC 본체를 건드려 남아 있는 전기를 방전시킵니다.

④ 그래픽 카드가 고정된 슬롯 나사를 제거하고 그래픽 카드 잠금 장치를 풀어 그래픽 카드를 분리합니다.

❶ 나사 제거

❸ 그래픽 카드 분리

❷ 잠금 장치 풀기

⑤ 램이 장착된 소켓의 레버를 양쪽으로 밀어 젖혀서 메모리가 올라오면 꺼내어 분리합니다. DDR3 메모리는 소켓 오른쪽에 있는 레버만 밀어 젖힙니다. 그래픽 카드와 램 연결 부분을 지우개로 지워 먼지를 제거하면 부팅이 원활해집니다. 소켓이나 슬롯에 장착되는 부분을 청소합니다.

TIP 오랫동안 PC를 사용하지 않다가 전원을 켜면 작동이 안 되는 경우가 많습니다. PC를 사용하지 않는 동안 관리와 청소에 소홀하면 PC 부품의 최대 적인 먼지로부터 쉽게 노출되기 때문입니다. 사용하지 않는 PC는 주기적으로 청소해야 고장 없이 사용할 수 있습니다.

❷ 메모리 분리하기

❶ 소켓 젖히기

⑥ 그래픽 카드 양옆을 잡고 수직으로 가볍게 눌러 꽂습니다. 이때 그래픽 카드가 슬롯에 맞게 잘 들어가는지, 잠금 장치가 올바르게 장착되었는지 확인합니다.

⑦ 설치할 램의 핀 부분이 슬롯에서 길고 짧은 부분과 일치하도록 방향을 지정합니다. 램은 램 소켓에 맞춰 수직으로 세워 밀어 넣습니다. 완전히 삽입되면 열렸던 레버가 저절로 닫히면서 램을 고정합니다.

⑧ 분리했던 메인보드 전원 케이블을 다시 연결하고 PC 본체 전원 케이블을 연결합니다.

PC 응급실

모니터 화면에 아무것도 나타나지 않고 비프음만 울려요

윈도우 10 또는 8이 설치된 시스템에서 모니터 화면에 아무것도 나타나지 않고 비프음만 울리는 경우가 있습니다. 이것은 메인보드가 RGB 커넥터에 연결되는 구형 모니터를 지원하지 않아 발생하는 문제입니다.

기존 시스템에서는 메인보드가 모니터를 지원하지 않는 경우 어떤 현상도 나타나지 않았지만, 윈도우 10과 8은 UEFI 부팅을 지원하면서 화면에 아무것도 나타나지 않은 상태로 비프음이 울립니다. 메인보드 불량으로 오해하지 말고 모니터를 교체해 보세요. UEFI 부팅은 포스트 과정을 눈으로 확인할 수 없어 시스템 점검이 어렵습니다.

04
작동되지 않는 입력 장치 확인하기

키보드나 마우스 등 입력 장치가 작동되지 않아 하드웨어적인 이상이 있는지를 진단할 때는 제일 먼저 키보드와 광마우스 LED에 불이 켜지는지 확인해야 합니다. 키보드와 광마우스 LED가 정상적으로 작동하면 하드웨어적인 이상은 없는 것입니다. 작동되지 않는 키보드나 마우스를 다른 시스템에 연결하여 간단하게 상태를 확인할 수도 있습니다.

메인보드 이상으로 작동하지 않는 경우

TIP 최신 시스템이라면 부팅 화면이 보이지 않고 제품 제조업체의 로고가 나타날 수 있습니다. Esc를 누르면 부팅 화면을 확인할 수 있습니다.

부팅도 잘 되고 윈도우도 잘 실행되는데 키보드나 마우스와 같은 입력 장치만 안 되는 경우가 있습니다. 이런 경우 대부분 키보드나 마우스가 고장난 것이라고 생각하지만 원인은 '메인보드'일 확률이 높습니다.

메인보드는 고장나기 쉬운 부품으로 부품이 망가지는 것을 막기 위해 과전류를 차단하는 저항이 장착되어 있습니다. 이러한 작은 부품의 손상이 키보드, 마우스와 같은 입력 장치 이상으로 나타날 수 있습니다.

▲ 퓨즈 대용, 과전류 차단용 저항 이상으로 키보드나 마우스가 작동하지 않을 수 있습니다.

이물질에 의해 작동하지 않는 경우

키보드로 문자를 입력할 때 잘못 입력되면 이것은 키보드 속에 이물질이 들어가서 오작동하는 것으로, 키보드 이물질을 제거해야 합니다.

마우스도 센서 부분에 이물질이 들어가 오작동할 수 있으므로 면봉 등을 이용하여 이물질을 제거합니다.

▲ 마우스 이물질 제거

05

USB 장치를 인식하지 못할 때 ①
– 충분한 전원 공급하기

데스크톱 PC에 장착하는 USB 포트는 기본적으로 여덟 개 이상입니다. 이 중에서 어떤 USB 포트를 즐겨 사용하나요? 장착이 쉽다는 이유로 본체 앞에 있는 USB 포트를 즐겨 사용하지는 않나요? 안정적인 USB 장치 인식을 위한 방법을 알아보겠습니다.

안정적인 USB 포트 사용하기

PC에 사용할 수 있는 USB 포트가 여덟 개라면 키보드, 마우스가 사용해야 하는 기본 포트 두 개를 제외했을 때 여섯 개가 남습니다. USB 포트 여섯 개 중 편리한 연결을 위해 메인보드 USB 확장 커넥터에서 케이블로 연결한 케이스 앞면 USB 포트를 제외하세요. 케이스에서 직접 연결되는 USB 포트가 메인보드에 직접 연결된 USB 포트보다 전원 공급 등에서 불안정하고 고장 확률이 높기 때문입니다.

▲ 메인보드에 직접 장착된 USB 포트

▲ 본체 전면부 USB 포트

▲ 메인보드 USB 확장 커넥터

메인보드 백 패널에 있는 USB 포트를 '네이티브(Native) USB'라고 합니다. PC에서 안전하게 사용할 수 있는 메인보드 뒷면 USB 포트는 몇 개인가요? PC 본체에 장착된 파워 서플라이 용량보다 다양한 장치 연결에 의한 전압 사용이 많으면 USB 포트에 연결되는 장치를 제대로 인식하지 못할 수도 있습니다. 장치여러 대가 연결된 경우 사용하지 않는 장치를 제거한 다음 사용해야 안전합니다.

USB 포트의 하드웨어적인 특징은 연결되는 장치에 자체 전류를 제공하는 것입니다. 전류가 흐르기 때문에 함부로 사용하면 문제가 발생할 수 있습니다. 하드웨어적인 오류라기보다는 소프트웨어적인 오류라고 볼 수 있으므로 윈도우에설치된 USB 루트 허브를 제거하고 시스템에 남아 있는 잔류 전원을 해결하면정상적으로 인식됩니다.

USB 장치에 전원을 제대로 공급하기

USB 장치에 안정적으로 전원을 공급하기 위해서는 Y자 형태 USB 케이블을 이용합니다. 장치 하나를 USB 포트 두 개로 사용하므로 보다 안정적입니다.

▲ Y자 형태 USB 케이블을 이용하면 충분한 전원이 공급되어 장치가 안전하게 작동합니다.

USB 포트 색깔로 구분하기

일반적으로 메인보드는 2.0 버전, 3.0 버전, 3.1 버전 이렇게 세 개 버전 USB 포트를 지원합니다. 각 USB 버전은 같은 모양의 포트를 사용하고 서로 다른 버전기기끼리 연결해도 작동이 가능합니다. 하지만 성능은 하위 호환성에 의해 낮은 버전 성능으로 작동합니다.

그래서인지 언제부터인가 USB 3.0 포트는 파란색 포트를 사용하고 USB 3.1은빨간색 포트를 사용해 구분합니다.

USB 3.0, 3.1의 경우 포트 모양은 같아도 내부적으로 배선이 늘었기 때문에 케이블을 USB 3.0, 3.1 버전 전용으로 사용해야 최대 속도를 낼 수 있습니다.

▲ USB 3.1 버전 포트는 빨간색, 3.0 버전 포트는 파란색, 2.0 버전은 검은색입니다.

2.0 Type A Jack

2.0 Type B Jack

3.0 Type A Jack

3.0 Type B Jack

2.0 Mini Type B Jack
(4 position)

2.0 Mini Type B Jack
(5 position)

2.0 Micro Type B Jack

3.0 Micro Type B Jack

▲ 다양한 형태의 USB 커넥터

PC 응급실

USB 포트가 부족해요

부족한 USB 포트를 늘리는 방법은 USB 허브를 사용하는 것입니다. USB 허브는 무전원 허브와 유전원 허브로 나뉩니다. 어댑터 연결이 가능한 허브는 유전원 허브이고, 별도로 전원을 공급할 수 없는 허브는 무전원 허브라고 합니다.

USB 장치를 안정적으로 사용하려면 전원을 안정적으로 공급할 수 있는 유전원 허브를 구입하고 어댑터로 전원을 공급해야 합니다. 가격은 무전원 허브보다 유전원 허브가 서너 배 정도 비쌉니다.

▲ 전원 어댑터를 연결할 수 있는 유전원 USB 허브

▲ 전원 어댑터를 연결할 수 없는 무전원 USB 허브

06

USB 장치를 인식하지 못할 때 ②
– USB 컨트롤러 재설치하기

USB 컨트롤러를 재설치해도 USB 장치 인식에 문제가 발생하면 메인보드 문제일 수 있습니다. 메인보드에 장착된 USB 포트가 헐거워져서 인식되지 않는 간단한 문제일 수 있고, 심각한 경우 메인보드 칩셋 문제일 수도 있습니다. USB 장치가 인식되지 않을 때는 다음 과정을 따라해 보세요.

USB 루트 허브 재설치하기

따라하기

① 제어판에서 '시스템 및 보안' → '장치 관리자'를 클릭하거나 ⊞+X를 눌러 표시되는 메뉴에서 '장치 관리자'를 실행합니다.

②

> **TIP** USB 루트 허브(xHCI)는 USB 버전 3.0 이상의 컨트롤러입니다. 만일 USB 3.0 포트에 꽂힌 장치가 인식되지 않는다면 USB 루트 허브(xHCI)를 제거하고 재설치하세요.

장치 관리자에서 '범용 직렬 버스 컨트롤러'를 확장합니다. 'USB Root Hub'를 마우스 오른쪽 버튼으로 클릭하고 표시되는 메뉴에서 '제거'를 실행합니다.

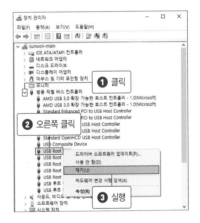

③

> **TIP** 숨김 파일, 시스템 파일이 보이지 않는 경우 제어판에서 검색창에 '파일 탐색기 옵션'을 입력합니다. '보기' 탭의 고급 설정 항목에서 '숨김 파일 폴더 및 드라이브 표시'를 선택하고 〈확인〉 버튼을 클릭하세요.

파일 탐색기를 실행한 후 ₩Windows₩INF 폴더에서 'oem*.inf', 'oem*.pnf' 파일들을 모두 찾아 선택합니다. 선택된 파일을 마우스 오른쪽 버튼으로 클릭하고 표시되는 메뉴에서 '삭제'를 실행합니다.

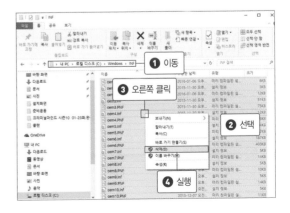

④ 시스템을 재시작하면 USB 허브 컨트롤러가 다시 설치됩니다.

잔류 전원 제거하기

따라하기

① 시스템에 남아 있을지도 모르는 잔류 전원을 모두 제거하기 위해 전원 버튼을 5초 이상 꾹 눌러 시스템을 종료합니다.

노트북의 경우 전원 케이블을 분리하고 배터리를 분리합니다. 데스크톱 PC의 경우 멀티탭 전원을 끄거나 전원 케이블을 본체로부터 분리합니다.

❶ 배터리 잠금 장치 열기

❷ 배터리 분리하기

② 잠시 후 다시 전원 버튼을 5초 이상 꾹 눌러 시스템을 시작합니다. 이 과정을 반복해 시스템에 남아 있을 수 있는 잔류 전원을 제거합니다.

PC 응급실

파워 서플라이 고장 여부를 어떻게 확인하죠?

파워 서플라이 고장 여부를 확인하기 위해서는 PC 본체에서 파워 서플라이만 분리하고 확인해야 합니다. 파워 서플라이, PC와 연결된 모든 전원 케이블을 해제하고, 파워 서플라이만 준비하세요.

전원을 연결한 상태에서 전원 커넥터 녹색 선(⑭)과 검은색 선(⑮) 전극을 철사나 클립 등을 이용하여 일시적으로 연결했을 때 파워 서플라이 냉각팬이 작동하면 이상이 없는 것입니다.

❶ 파워 서플라이 녹색 선과 검은색 선 전극을 클립으로 연결

❷ 냉각팬이 돌아가면 파워 서플라이에 이상 없음

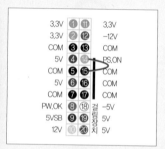

▲ 전원 커넥터

3.3V	❶ ⑪	3.3V	
3.3V	❷ ⑫	-12V	
COM	❸ ⑬	COM	
5V	❹ ⑭	PS.ON	
COM	❺ ⑮	COM	
5V	❻ ⑯	COM	
COM	❼ ⑰	COM	
PW.OK	❽ ⑱	-5V	걸림장치
5VSB	❾ ⑲	5V	
12V	❿ ⑳	5V	

▲ 전원 커넥터 구조

07

USB 장치를 인식하지 못할 때 ③ – USB 선택적 절전 모드 끄기

장치 관리자는 〈시작〉 버튼 옆 검색창에서 '장치 관리자'를 검색하여 쉽게 찾아 열 수 있습니다.

윈도우는 전기를 절약하기 위해 일정 시간 동안 사용하지 않는 장치가 있으면 절전 모드로 자동 전환합니다. USB 장치의 경우 이를 'USB 선택적 절전 모드'라고 합니다.

장치 관리자에서 '범용 직렬 버스 컨트롤러'를 확장하고 'USB Root Hub'에서 마우스 오른쪽 버튼을 눌러 표시되는 메뉴에서 '속성'을 실행합니다. 'USB Root Hub 속성' 창이 표시되면 '전원 관리' 탭을 선택하고 '전원을 절약하기 위해 컴퓨터가 이 장치를 끌 수 있음'에 체크 표시되어 있으면 USB 선택적 절전 모드가 활성화된 것입니다.

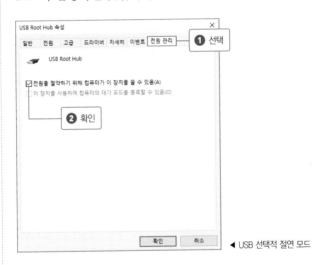

◀ USB 선택적 절연 모드

사용하지 않는 USB 장치와 포트를 절전 모드로 자동 전환하여 간혹 USB 장치가 인식되지 않는 문제가 발생할 수 있습니다. USB 장치를 사용하는 데 문제가 발생하면 '전원을 절약하기 위해 컴퓨터가 이 장치를 끌 수 있음'의 체크 표시를 해제하여 USB 선택적 절전 모드를 비활성화하는 것이 좋습니다.

TIP 〈시작〉 버튼을 마우스 오른쪽 버튼으로 클릭하거나 ⊞+Ⅹ를 눌러 표시되는 메뉴에서 제어판을 실행할 수 있습니다.

제어판을 실행하고 '시스템 및 보안' → '전원 옵션'을 클릭합니다. 기본 전원 관리 옵션 항목에서 '균형 조정(권장)'을 선택한 후 오른쪽 '설정 변경'을 클릭합니다.

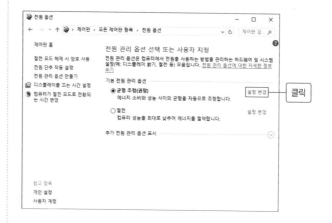

② 변경할 전원 관리 옵션: 균형 조정 항목에서 '고급 전원 관리 옵션 설정 변경'을 클릭합니다.

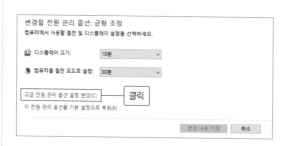

③ '전원 옵션' 창이 표시되면 'USB 설정'을 확장합니다. USB 선택적 절전 모드 설정의 설정을 확장하고 '사용 안 함'으로 선택한 다음 〈확인〉 버튼을 클릭합니다. 윈도우를 다시 시작합니다.

TIP USB 장치가 연결되는 모든 USB 포트가 아니라 특정 USB 포트 절전 기능을 사용하지 않으려면 '장치 관리자' 창에서 절전 기능을 사용하지 않을 'USB Root Hub'의 '속성' 창을 표시한 다음 '전원 관리' 탭 화면에서 '전원을 절약하기 위해 컴퓨터가 이 장치를 끌 수 있음'에 체크 표시하고 〈확인〉 버튼을 클릭합니다.

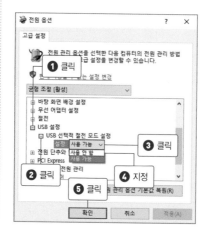

외장 하드디스크를 인식하지 못하는
문제 진단하기

외장 하드디스크를 USB 포트에 연결한다고 해서 USB 메모리와 동일하게 취급해서는 안 되며, 물리적인 기계 장치인 하드디스크가 들어 있으므로 조심해서 다뤄야 합니다.

외장 하드디스크는 USB 포트 또는 eSATA 포트를 사용해 시스템에 연결됩니다.

▲ USB 포트에 연결되는 외장 하드디스크

▲ USB 연결 포트

▲ eSATA 포트에 연결되는 외장 하드디스크

외장 하드디스크로 공급되는 전원 확인하기

외장 하드디스크에 공급되는 전원이 부족하면 인식되지 않고 다음과 같은 여러 가지 증상이 나타납니다.

- 윈도우에 외장 하드디스크를 연결할 때 작업 표시줄 시스템 트레이 영역에 '하드웨어 안전하게 제거 및 미디어 꺼내기' 아이콘(📷)이 나타나지 않습니다.
- 외장 하드디스크를 손으로 가볍게 들었을 때 작동이 느껴지지 않습니다.
- 외장 하드디스크 작동 LED에 불이 켜지지 않습니다.

외장 하드디스크는 PC 본체 하드디스크와 같습니다. 하드디스크가 작동하기 위해서는 입출력 전원 공급이 중요합니다. 외장 하드디스크에 공급되는 전원이 부족하지 않도록 보조 전원을 공급하는 것이 좋습니다.

▲ 외장 하드디스크 보조 전원

하드디스크 기계적 고장 확인하기

💡 **TIP** 윈도우에서 외장 하드디스크는 인식하는데 파일 탐색기에 나타나지 않으면 윈도우 불량입니다.
57쪽에서 설명한 'USB 장치를 인식하지 못할 때'를 따라해 문제를 해결하세요.

안정적인 전원 공급 후에도 다음과 같은 증상이 나타나면 외장 하드디스크 자체 또는 케이블 불량입니다.

- 외장 하드디스크에서 규칙적으로 클릭 소리가 납니다.
- 작동 LED에 불이 정상적으로 켜지고 다른 PC에서도 연결되는데, 특정 PC에서만 연결되지 않습니다.
- 작동 LED에 불이 켜지지만 아무런 반응이 없습니다.

외장 하드디스크는 하드디스크에 케이스를 씌운 것입니다. 진단, 수리 방법은 PC에 장착되는 하드디스크와 같으므로 Part 3 Chapter 02에서 해결 방법을 알아보겠습니다.

PC 응급실

PS/2 포트에 USB 키보드를 연결할 수 있나요?

사용 중인 USB 장치가 많으면 부족한 USB 포트를 확보해야 합니다. USB 포트 대신 다른 인터페이스 포트를 사용하는 것이 안전하면 변환 젠더를 이용해 변경합니다.
키보드를 안전하게 사용하는 가장 좋은 방법은 PS/2 포트에 연결하는 것입니다. USB → PS/2 변환 젠더를 이용해 모자란 USB 포트 대신 비어 있는 PS/2 포트를 사용하는 것이 좋습니다.

▲ USB → PS/2 변환 젠더

삭제된 파일 복구율 진단하기

☑ 복구율 100%에 도전하기 위해 다음 항목을 모두 점검하세요.

순간의 실수로 중요한 데이터가 손상 또는 손실되었을 때 데이터 복구율을 높이기 위해서는 다음 항목을 모두 준수해야 합니다.

☐ 데이터가 삭제된 드라이브에 프로그램을 설치하면 복구율이 떨어집니다.

☐ 삭제된 파일이 있는 드라이브에 불량 섹터가 있을 때 치료하면 복구율이 떨어집니다. 불량 섹터 부분에 데이터가 있으면 완전히 삭제될 수 있습니다.

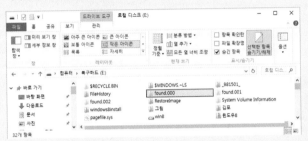

▲ 불량 섹터를 치료하면 복구할 데이터가 있는 하드디스크에 숨겨진 'found.xxx' 폴더가 만들어집니다.

☐ 복구할 데이터가 있는 드라이브에 쓰기 작업을 진행하면 안 됩니다. 복구하고자 하는 데이터가 덮어쓰기 되면 데이터를 살릴 수 없습니다.

☐ 윈도우가 설치된 드라이브에 있는 데이터를 복구하는 경우 윈도우 사용 시간이 길수록 복구율이 낮아질 수 있습니다. 바로 복구 작업을 진행하거나 중요한 데이터라면 파일 복구 전문 업체에 의뢰하는 것이 좋습니다. 이런 경우에 대비하여 윈도우가 설치된 드라이브와 개인용 데이터가 저장되는 드라이브는 따로 분류해 보관하는 것이 좋습니다.

☐ 하드디스크에서 긁히는 소리나 틱틱거리는 소리가 들리면 PC를 종료합니다. 전원을 공급하면 하드디스크 손상률이 높아져 데이터 복구율이 떨어집니다.

☐ 침수된 하드디스크는 절대 전원을 켜서는 안 됩니다.

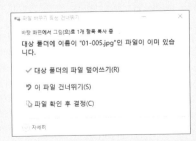

▲ 데이터 복구율을 높이려면 덮어쓰기 작업을 진행하지 마세요.

09
삭제된 파일 복구하기 - Recuva

 USB에서 삭제된 파일도 덮어쓰지 않았으면 Recuva를 이용하여 복구할 수 있지만, SSD에서 삭제한 파일은 복구할 수 없습니다.

필요한 파일을 실수로 삭제한 경우 정말 난감합니다. 윈도우 10 또는 8이 제공하는 '파일 히스토리(File History)' 기능을 사용하면 삭제된 파일을 되돌릴 수 있지만, 복구할 방법이 없는 경우에는 어떻게 해야 할까요?

삭제된 파일을 덮어씌우지(Overwrite) 않았다면 전문 파일 복구 프로그램을 이용하여 100% 복구할 수 있습니다. 무료로 제공되는 복구 프로그램인 'Recuva'를 이용한 복구 방법을 알아보겠습니다. Recuva 프로그램으로 파일 복구가 불가능하면 유료 프로그램인 'Final Data', 'R-Studio'를 사용하거나 파일 복구 전문 업체에 문의합니다.

따라하기

Recuva 제작사 사이트(http://www.piriform.com/recuva)에 접속하여 최신 버전의 프로그램을 다운로드합니다. 무료 버전은 FileHippo.com(http://www.filehippo.com/download_recuva)이나 Piriform.com(http://www.piriform.com/recuva/download/standard)에서 다운로드할 수 있습니다.

프로그램을 설치할 때 복구할 파일이 있는 드라이브는 피해서 설치합니다. 먼저 언어를 지정한 다음 〈Advanced〉 버튼을 클릭하고 사용자를 지정합니다. 〈Browse〉 버튼을 클릭하여 설치 경로를 변경합니다. 〈Next〉 버튼을 클릭합니다. 이후 프로그램 설치를 진행합니다.

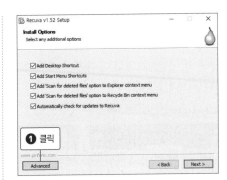
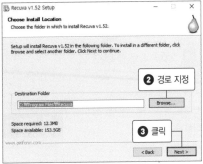

③ 설치한 프로그램을 실행하여 복구 마법사가 진행되면 〈Next〉 버튼을 클릭합니다. 복구할 파일 유형을 선택하고 〈Next〉 버튼을 클릭합니다.

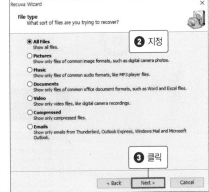

④ 복구할 파일 경로를 선택합니다. 삭제된 파일 경로를 알고 있는 경우 'In a specific location'을 선택한 후 〈Browse〉 버튼을 클릭하여 경로를 지정합니다. 〈Next〉 버튼을 클릭하고 〈Start〉 버튼을 클릭하여 검사를 진행합니다.

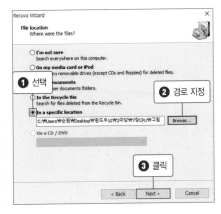

⑤

'State' 탭을 클릭하면
'Excellent → Poor → Very
Poor → Unrecoverable' 순
서대로 복구 가능 여부를 확
인할 수 있습니다.

삭제된 파일이 표시되면 〈Switch to advanced mode〉 버튼을 클릭합니다. 삭제
된 파일이 이미지인 경우 미리 보기 기능을 제공하므로 미리 보기가 가능한 경
우 복구율은 100%입니다. 초록색 아이콘이 파일명 앞에 붙으면 복구가 가능하
다는 의미입니다.

⑥ 삭제된 복구할 파일을 찾았다면 파일명 앞 체크 상자에 체크 표시한 다음
〈Recover〉 버튼을 클릭합니다.

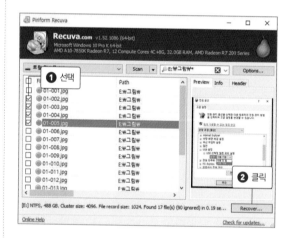

⑦ 복구된 파일이 저장될 폴더를 지정합니다. 파일을 복구할 때는 작업 중인 드라
이브가 아닌 다른 드라이브로 경로를 지정하고 〈확인〉 버튼을 클릭합니다. 만
약 여러분의 드라이브가 없다면 USB 메모리 등 다른 저장 장치를 임시로 사용하
여 복구하는 것이 안전합니다. 복구에 성공했음을 알리는 메시지 대화상자가
표시되면 〈확인〉 버튼을 클릭합니다.

해 결

10

삭제된 파티션 복구하기 – TestDisk

잘 사용하던 하드디스크 파티션을 순간의 실수로 삭제하면 매우 난감합니다. 삭제된 파티션을 덮어쓰지 않은 경우 'TestDisk' 유틸리티를 이용하여 삭제된 파티션을 되살릴 수 있으며, 갑자기 파티션에 오류가 생겨 접근이 불가능한 경우에도 복구할 수 있습니다. 삭제된 파티션을 되살리면 파티션 안 폴더와 파일까지 완벽하게 되살릴 수 있습니다.

USB 메모리를 연결할 때마다 포맷하라거나 포맷할 수 없다는 오류 메시지가 나타나는 경우가 있습니다. 이것은 USB 메모리 파티션에 문제가 있는 경우로, 'TestDisk' 유틸리티를 이용하여 문제를 해결할 수 있습니다.

따라하기 ①

웹브라우저를 실행하고 다음 사이트에 접속하여 〈TestDisk〉 버튼을 클릭해 'TestDisk' 유틸리티를 다운로드한 다음 압축을 해제합니다.

TIP TestDisk는 오픈 소스 유틸리티로 무료 프로그램입니다. 파티션을 삭제하고 아무런 작업도 하지 않았다면 파티션 복구율이 높습니다.

http://www.cgsecurity.org/wiki/TestDisk_Download

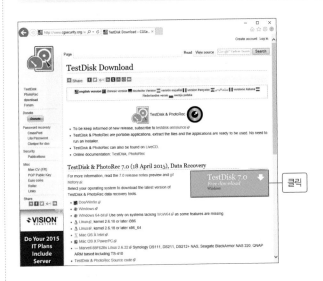

TIP 〈시작〉 버튼을 마우스 오른쪽 버튼으로 클릭하거나 ⊞+X를 눌러 표시되는 메뉴에서 디스크 관리를 실행할 수 있습니다.

② 삭제되기 전의 파티션, 안에 들어있는 폴더, 파일 목록입니다. 디스크 관리를 이용하여 해당 드라이브를 삭제했습니다. 디스크 관리로 볼륨을 삭제하고 파티션 삭제 작업까지 진행합니다.

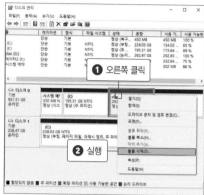

③ 다운로드한 파일의 압축을 해제합니다. 'testdisk_win' 실행 파일을 마우스 오른쪽 버튼을 클릭하고 표시되는 메뉴에서 '관리자 권한으로 실행'을 실행합니다.

④ 파일이 실행되면 로그 파일을 만들지 확인합니다. ↓를 이용해 '[No Log]'를 선택한 후 Enter를 누릅니다.

⑤ 하드디스크 용량이나 모델 번호를 확인하고 방향키를 눌러 복구할 하드디스크를 선택한 다음 Enter를 누릅니다.

⑥ 방향키를 눌러 하드디스크가 사용하는 파티션 테이블 형식을 선택하고 Enter 를
누릅니다.

```
stDisk 6.14-WIP, Data Recovery Utility, December 2012
ristophe GRENIER <grenier@cgsecurity.org>
tp://www.cgsecurity.org

sk /dev/sdd - 200 GB / 186 GiB - ST3200826AS

ease select    [선택]  tition table type, press Enter when done.
[Intel  ] Int        artition
[EFI GPT] EFI        artition map (Mac i386, some x86_64...)
[Humax  ] Humax partition table
[Mac    ] Apple partition map
[None   ] Non partitioned media
[Sun    ] Sun Solaris partition
[XBox   ] XBox partition
[Return ] Return to disk selection


nt: Intel partition table type has been detected.
te: Do NOT select 'None' for media with only a single partition. It's very
re for a drive to be 'Non-partitioned'.
```

⑦ '[Analyse]'를 선택하고 Enter 를 누릅니다.

```
stDisk 6.14-WIP, Data Recovery Utility, December 2012
ristophe GRENIER <grenier@cgsecurity.org>
tp://www.cgsecurity.org

sk /dev/sdd - 200 GB / 186 GiB - ST3200826AS
     CHS 24321 255 63 - sector size=512

[Analyse ] Anal  [선택]  rent partition structure and search for lost partitions
[Advanced] File        tils
[Geometry] Change disk geometry
[Options ] Modify options
[MBR Code] Write TestDisk MBR code to first sector
[Delete  ] Delete all data in the partition table
[Quit    ] Return to disk selection


te: Correct disk geometry is required for a successful recovery. 'Analyse'
rocess may give some warnings if it thinks the logical geometry is mismatched.
```

⑧ 선택한 하드디스크의 파티션 구조가 표시됩니다. '[Quick Search]'를 선택하고
Enter 를 누릅니다.

```
stDisk 6.14-WIP, Data Recovery Utility, December 2012
ristophe GRENIER <grenier@cgsecurity.org>
tp://www.cgsecurity.org

sk /dev/sdd - 200 GB / 186 GiB - CHS 24321 255 63
rrent partition structure:
     Partition               Start        End     Size in sectors

 P HPFS - NTFS             0  32 33 23015 190 23  369745920
 partition is bootable




   [선택]



>Primary bootable  P=Primary  L=Logical  E=Extended  D=Deleted
[Quick Search]  [ Backup ]
                        Try to locate partition_
```

⑨ 해당 디스크의 파티션이 표시되면 Enter 를 누릅니다. 복구가 가능하면 초록색으로 표시됩니다.

⑩ 복구하려면 '[Write]'를 선택합니다. 삭제된 파티션이 보이지 않으면 '[Deeper Search]'를 선택한 후 Enter 를 누릅니다. 정밀 검사를 진행하기 위해 Y 를 누릅니다.

⑪ 시스템을 다시 시작하면 파티션이 복구된다는 메시지가 표시됩니다. '[Ok]'를 선택하고 Enter 를 눌러 시스템을 다시 시작합니다.

⑫ 삭제된 파티션이 복구되었으며 파티션 안 폴더, 파일도 모두 복구되었습니다.

노트북, 데스크톱 PC 자가진단하기

☑ 인터넷에 연결되어 있으면 PC나 노트북 증상을 확인하고, 전문 A/S를 받아야 하는지 확인하세요.

삼성전자는 국내 최대 반도체 회사인 만큼 하드디스크, 메모리 카드 등 A/S를 받기 전에 사용자가 할 수 있는 조치와 자가진단법이 잘 정리되어 있습니다.

check! check!

1

인터넷 익스플로러를 실행한 후 다음 주소를 입력해 삼성전자 서비스 웹사이트를 방문합니다. '빠른 해결' → '자가진단'을 실행하세요.

http://www.samsungsvc.co.kr

> **TIP** 삼성전자 사이트뿐만 아니라 많은 PC 부품 제조업체 사이트가 자가진단을 위한 코너를 마련해 놓고 있습니다. 웹사이트 정책에 따라 화면 및 기능이 바뀔 수 있습니다.

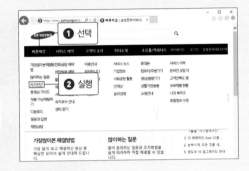

2

자가진단할 항목을 차례대로 선택합니다. 여기서는 'PC/프린터' → '노트북/태블릿 PC'를 선택했습니다.

> **TIP** 자가진단을 통해 원하는 해답을 얻지 못했다면 왼쪽 메뉴의 '많이하는 질문'을 통해 원하는 해답을 얻을 수 있는지 다시 살펴보세요.

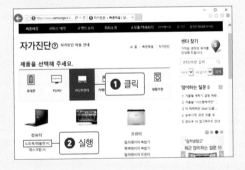

3

노트북에 이상이 있을 때 발생할 수 있는 증상이 나열됩니다. 선택한 증상에 대한 원인과 이를 해결할 수 있는 조치 방법을 자세하게 보여줍니다.

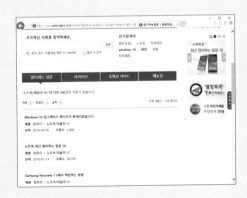

USB 메모리 고장 여부 확인하기

☑ 하드웨어적인 메모리 고장은 어떻게 발생하는지 확인하세요.

USB 메모리는 직접 전원이 연결되고 휴대성이 뛰어나므로 여러 가지 원인에 의해 고장이 발생할 수 있습니다. USB 장치가 인식되지 않을 경우 응급조치를 시도해도 나아지지 않으면 기계적인 고장을 의심할 수 있습니다. USB 메모리의 어떤 부분에 손상이 발생하는지 알아보겠습니다.

TIP USB 메모리가 인식되지 않는 경우 하드웨어적인 원인을 의심하기 전에 54~59쪽을 참고해 응급조치를 따라해 보세요.

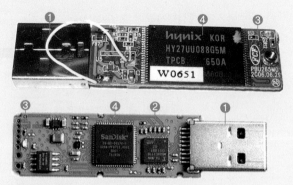

▲ USB 메모리 내부

❶ **USB 접촉 불량** : 전원 공급 및 데이터 전송 부분으로 과도한 힘이 가해지거나 기타 원인으로 고장이 발생합니다.

❷ **MCU(Memory Controller Unit) 고장** : 메모리를 제어하는 해당 부품에 손상이 생기면 작동하지 않습니다.

❸ **PCB 고장** : PCB 부품이 하나라도 고장나면 작동하지 않습니다.

❹ **메모리 불량** : 메모리에 과전압이 흐르거나 자체 불량 등 여러 가지 원인에 의해 손상될 수 있습니다. 메모리가 불량인 경우 데이터 복구가 불가능합니다.

복구가 어려운 COB 형식의 USB 메모리

USB 메모리는 TSOP(Thin Small Outline Package) 형식으로, 일반적으로 많이 사용되는 형태입니다. 이 경우 기판에서 데이터가 저장되어 있는 메모리만을 분리해 다른 메모리에 이식하거나 전문 장비로 복구할 수 있습니다. 하지만 메모리 자체가 고장인 경우에는 복구할 수 없습니다.

작은 USB 메모리도 메모리와 기판이 붙어 있는 COB(Chip On Board) 형식입니다. TSOP 형식보다 신뢰성이 높고, 방습, 방진 효과가 뛰어나지만 물리적인 고장이 발생했을 때 메모리를 분리하기가 어려워 복구가 어렵습니다.

▲ 물리적인 손상이 됐을 때 복구가 어려운 3~4cm 의 COB 형식 USB 메모리

해 결 11

USB 메모리가 불량인 경우 포맷하기

USB 메모리의 경우 데이터 기록 중 시스템이 비정상적으로 종료되면 쓰기 금지 상태가 발생할 수 있습니다. 다른 USB 장치들은 정상 인식되는데 USB 메모리 용량이 이상하게 나오거나 이상이 있다는 팝업창이 열린다면 USB 메모리 초기화로 문제를 해결할 수 있습니다. 다음 해결책은 USB 메모리에 담긴 데이터를 복구할 필요가 없을 때 진행하세요.

 따라하기 1

〈시작〉 버튼을 클릭하고 검색창에 'cmd'를 입력한 다음 '명령 프롬프트'를 선택해 실행합니다. 명령 프롬프트가 실행되면 'diskpart'를 입력해 디스크 관리자를 실행합니다.

디스크 관리자가 실행되면 'list disk'를 입력합니다. PC에 설치된 디스크들이 나열됩니다.

2

나열된 디스크 중 작업할 USB 메모리를 선택합니다. 디스크 2가 USB 메모리라면 'sel disk 2'라고 입력합니다.

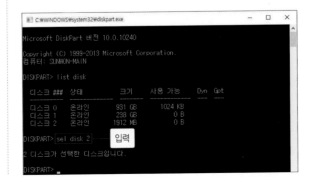

다음 명령을 입력해 선택한 USB 메모리를 정리하고 파티션 작업, 포맷 작업을 순서대로 진행합니다.

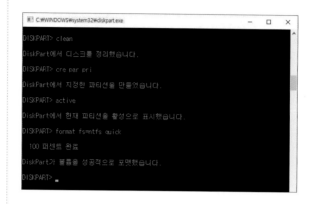

```
clean Enter
cre par pri Enter
active Enter
format fs=ntfs
quick Enter
```

인식되지 않는 USB 메모리 데이터 복구하기

USB 메모리 인식은 되지만 안에 들은 데이터를 정상적으로 인식하지 못하는 경우가 있습니다. USB 메모리 안에 들은 플래시 메모리에 이상이 발생한 경우로 메모리를 분리해 덤핑하여 데이터를 복구하는 방법입니다. 꼭 필요한 데이터라면 복구 업체에 비용을 지불하고 데이터를 복구해야 합니다. 데이터 복구율을 높이려면 하드디스크와 마찬가지로 디스크 쓰기 작업이나 포맷, chkdsk 같은 작업을 하면 안 됩니다. 메모리칩 일체형인 COB(Chip On Board) 형태 USB 메모리인 경우 복구 비용도 비싸고 복구율도 낮습니다.

▲ 메모리 복구 장비 PC3000-Flash

PC 응급실

정품, 벌크, 벌크 정품의 차이점은 무엇인가요?

장치는 '정품', '벌크', '벌크 정품'으로 구분되는데, 제품별 차이점은 무엇일까요? 품질에는 차이가 없지만 가격, A/S, 포장 상태가 다릅니다. 가격은 '정품' → '벌크 정품' → '벌크' 순서대로 비쌉니다.

- 정품 : A/S가 완벽하게 지원되는 제조업체 정식 소매 유통을 거친 제품입니다.
- 벌크 : 대량 수입 제품으로 박스 포장이 되지 않고, 수입 업체를 통해 수입됩니다. 공식 A/S 센터에서 A/S되지 않습니다.
- 벌크 정품 : 대규모 수입되어 포장되지 않은 제품이지만, 정식 유통사가 수입하는 제품입니다. 포장만 없을 뿐 정식 A/S는 가능합니다.
- 병행 제품 : 포장은 정품과 똑같지만 정식 유통사가 아닌 수입 업체가 가격 차이를 이용하여 해외에서 들여온 제품입니다. A/S는 불가능합니다.

Chapter 02

윈도우 복구,
초기화 정복하기

윈도우에 문제가 생기는 것은 흔한 일입니다. 쉽게 해결할 수 있는 문제가 있는 반면, 어떤 문제는 해결 방법조차 찾을 수 없습니다. 윈도우가 실행된 다음 생기는 문제라면 인터넷이나 원격 지원을 통해 도움 받을 수 있지만 윈도우가 시작조차 되지 않으면 정말 막막합니다.

이번 챕터에서는 윈도우가 정상적으로 부팅되지 않을 때, 윈도우 시스템이 이상할 때, 로그인에 사용할 암호를 잊어버렸을 때 해결 방법을 알아보겠습니다.

갑자기 멈춘 윈도우 문제 진단하기

윈도우는 정상 상태였던 이전 상태로 되돌릴 수 있는 다양한 시스템 복구 도구를 제공합니다. 시동이 안 되는 경우 사용할 수 있는 시스템 복구 도구는 '시스템 이미지 복구', 'PC 초기화', '시스템 복원', '안전 모드'입니다.

▲ 윈도우 10 'PC 초기화' 앱 실행 화면

▲ 윈도우 10 '고급 시작 옵션' 실행 화면

> **TIP** 윈도우에 문제를 일으키는 대표적인 원인으로 '악성 코드'도 꼽을 수 있지만 악성 코드는 윈도우 자체 설계 문제는 아닙니다. 악성 코드에 대한 해결 방법은 Part 1 Chapter 03에서 설명합니다.

❶ **이 PC 초기화** : 하드디스크를 포맷하고 윈도우를 초기 설치 상태로 되돌리거나 개인 데이터를 제외하고 윈도우를 되돌릴 수 있습니다.

❷ **시스템 복원** : 시스템에 변화가 있을 때마다 저장해 놓은 데이터를 이용해 시스템에 변화가 있기 전 상태로 되돌립니다.

❸ **명령 프롬프트** : 서비스 종료, 하드디스크 포맷 등 명령어를 사용할 수 있는 명령 프롬프트를 실행합니다.

❹ **시스템 이미지 복구** : 사용자가 만들어 놓은 복구 가능한 백업 이미지 파일을 이용해 이전 상태로 복구합니다.

❺ **UEFI 펌웨어 설정** : 시모스 셋업 설정 작업이 필요할 때 이 옵션을 선택합니다.

❻ **시동 복구** : 윈도우를 시작할 때 문제가 발생했다면 이 옵션으로 문제를 해결할 수 있습니다.

❼ **시작 설정** : UEFI 부팅 등을 사용하지 않고 안전 모드로 부팅하거나 문제를 해결할 수 있는 '고급 시작 옵션'을 실행합니다.

> **TIP** 초보자는 어떤 원인이 윈도우 시동 문제를 일으키는지 확인하기 어렵습니다. 시동 문제가 발생했을 때 쉽게 해결하는 방법은 문제가 생긴 윈도우를 원래 상태로 되돌리는 'PC 초기화'를 진행하는 것입니다.

윈도우가 정상적으로 시작되지 않거나 시작 화면이 나타나지 않는다면, 원인은 크게 세 가지로 압축할 수 있고 윈도우가 제공하는 도구를 이용해 해결할 수 있습니다.

- 레지스트리의 손상 → 시스템 복원, PC 초기화, 자동 복구
- 드라이버의 손상이나 비호환성 → 안전 모드, PC 초기화, 시스템 복원, 자동 복구
- 윈도우를 부팅시키는 부트 매니저의 손상 → PC 초기화, 자동 복구

BBS POPUP 메뉴에서 부팅 장치 선택하기

☑ 사용 중인 PC의 부팅 화면에서 BBS POPUP 메뉴를 지원하는지 확인하세요.
☑ 부팅할 때 Del, F2, F12, F8 을 눌러 윈도우로 바로 부팅되는지 확인하세요.

최근 출시된 메인보드의 경우에는 시스템을 시작할 때 특정 키를 눌러 부팅 장치를 선택할 수 있는 BBS POPUP 메뉴를 제공합니다. 일반적으로 F8 또는 F12 를 누르거나 Delete 또는 F2 를 눌러 실행할 수 있습니다.

컴퓨터 전원을 켜고 하드웨어를 점검하는 포스트가 성공적으로 끝났음을 알리는 삐~ 소리가 울리면 바로 해당 키를 누릅니다. 부팅 장치를 선택할 수 있는 팝업 창이 표시되면 방향키를 이용하여 부팅 미디어로 사용할 장치를 선택하고 Enter 를 누릅니다.

기존 바이오스	UEFI 바이오스

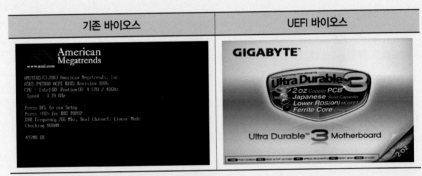

▲ (BBS POPUP) 메뉴를 표시하기 위해 눌러야 하는 키를 확인합니다.

기존 바이오스	UEFI 바이오스

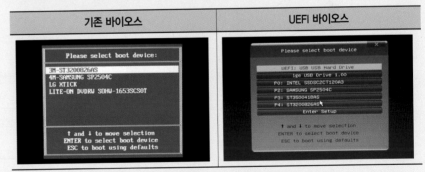

▲ 부팅에 사용될 장치 목록 창이 표시되면 부팅 모델명을 선택하고 Enter 를 누릅니다.

PC 브랜드별 BBS POPUP 메뉴(Boot 메뉴) 호출 키

메뉴 키	제조사
Esc	FOXCONN, 삼성, 소니, SOYO
F7	BIOSTAR, 앱솔루트/이엠텍/ECS/ESTAR 신형 메인보드
F8	ASUS
F9	COMPAQ, HP, BIOSTAR/ECS 구형 메인보드
F10	Intel, LG Xnote
F11	ASROCK, MSI
F12	ACER, DELL, 기가바이트, Lenovo, LG(데스크톱), TG 삼보, 도시바
전원 아래쪽 버튼	Lenovo 노트북

시스템을 부팅할 때 하드웨어를 점검하는 포스트가 성공적으로 끝났음을 알리는 삐
~ 소리가 울리면 바로 해당 키를 눌러도 윈도우로 부팅되나요? 이것은 UEFI 바이오
스와 윈도우 10/8이 결합된 빠른 부팅을 사용하기 때문입니다. 이런 경우의 해결책
은 79쪽에서 설명합니다.

02

BBS POPUP 메뉴 키를 눌러도
윈도우가 시작되는 문제 해결하기

윈도우 10 또는 8에서 UEFI 부팅, 즉 빠른 시작 모드를 사용하나요? PC 전원 버튼을 클릭하고 삐~ 소리가 들린 다음 바로 F2, Del, F12, F8 등 BBS POPUP 메뉴 이동 키를 눌렀지만, 시모스 셋업이 실행되거나 부팅 미디어를 선택할 팝업 창이 표시되지 않고 윈도우 실행을 준비하는 화면이 나타나나요?

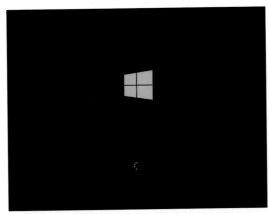

▲ 윈도우 10 준비 화면

부팅 시간을 좀 더 늦춰 시모스 셋업을 조절하거나 복구 도구를 실행하는 BBS POPUP 메뉴에서 해당 키를 사용할 수 없으면 다음과 같은 방법으로 윈도우를 종료하고 시스템을 다시 시작하세요.

따라하기 ①

다음 세 가지 방법에서 선택해 '문제 해결' 앱을 실행합니다.

- ⊞+I를 눌러 표시되는 '설정' 창 이용하기 → 81쪽 참고
- Shift 이용하기 → 82쪽 참고
- 명령 프롬프트에서 실행하기 → 83쪽 참고

② '문제 해결' 앱이 실행되면 '고급 옵션'을 선택합니다. '고급 옵션' 앱에서 'UEFI 펌웨어 설정'을 선택합니다.

③ 시스템이 다시 시작되면 삐~ 소리가 울리고, 바로 Del 또는 F2 를 눌러 시모스 셋업을 실행합니다. 부팅에 사용될 미디어를 선택하기 위해서는 F8 또는 F2 를 누릅니다.

PC 응급실

잠금 화면을 없애고 싶어요

태블릿 PC라면 잠금 화면이 필요하지만 일반 데스크톱 PC라면 윈도우 10 잠금 화면은 필요하지 않습니다. 잠금 화면을 없애려면 〈시작〉 버튼을 클릭한 다음 설정으로 들어갑니다. '계정'으로 들어가 왼쪽 메뉴에서 '로그인 옵션'을 선택합니다.

'로그인 필요' 항목에서 'Windows를 사용하지 않을 경우 언제 다시 로그인해야 하나요?'를 '표시 안 함'으로 지정합니다.

절전 모드로 들어가고 시스템이 다시 시작될 때 잠금 화면, 암호 입력 창이 나타나지 않습니다.

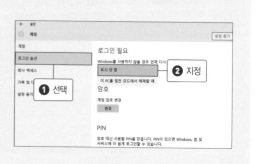

03
'문제 해결' 앱 실행하기 ①
– 윈도우에서 실행하기

윈도우 10의 '문제 해결' 앱은 시스템 복구, 초기화, 윈도우의 시작 형태 변경, 안전 모드 부팅 등 다양한 도구를 제공합니다. 시스템에 문제가 생기면 자동으로 복구 모드에서 '문제 해결' 앱이 실행되지만, '문제 해결' 앱을 직접 실행하는 방법은 다음과 같습니다.

PC 설정 변경 메뉴 이용하기

따라하기 ①

'설정' 창에서 '업데이트 및 복구'를 클릭합니다.

TIP 〈시작〉 버튼을 클릭하고 설정을 실행하면 '설정' 창을 표시할 수 있습니다.

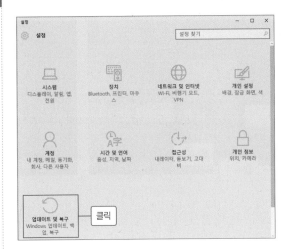

②

왼쪽에서 '복구'를 클릭하고 고급 시작 옵션 항목에서 〈다시 시작〉 버튼을 클릭합니다.

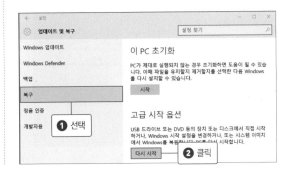

③ 시스템이 재부팅되지 않고 '옵션 선택' 화면이 표시됩니다. '문제 해결'을 선택
하여 '문제 해결' 앱을 실행합니다.

Shift 이용하기

따라하기

① 〈시작〉 버튼을 클릭하고 '전원'을 클릭한 다음 Shift를 누른 채 '다시 시작'을 실
행합니다. 또는 윈도우 로그인 화면에서 '종료' 아이콘을 클릭하고 Shift를 누른
채 '다시 시작'을 실행합니다.

② Shift를 누른 채 잠시 기다리면 '옵션 선택' 화면이 표시됩니다. '문제 해결'을 선
택하여 '문제 해결' 앱을 실행합니다.

명령 프롬프트 이용하기

따라하기 ①

검색창에 '명령 프롬프트'를 입력해 명령 프롬프트를 실행합니다. 명령 프롬프트가 실행되면 다음 명령을 입력하고 Enter를 누릅니다.

```
shutdown.exe /r /o Enter
```

TIP '/r'는 다시 시작한다는 뜻이고 '/o'는 '옵션 선택' 창을 연다는 뜻입니다.

② 잠시 후 '로그오프합니다.'라는 메시지 화면이 나타나면 〈닫기〉 버튼을 클릭합니다.

③ 시스템이 다시 시작되고 옵션 선택 화면이 나타나면 '문제 해결'을 선택하여 앱을 실행합니다.

해 결

04
'문제 해결' 앱 실행하기 ②
– 윈도우로 부팅되지 않을 때

윈도우에 심각한 문제가 생겨 PC 복구나 초기화를 진행하고 싶은데 실행되지 않고 로그인 화면조차 나타나지 않으면 어떻게 해야 할까요?

이 경우 윈도우 설치 미디어(DVD, USB)로 부팅한 후 컴퓨터 복구를 실행해야 합니다. 또는 190쪽을 따라해 USB 메모리 복구 드라이브를 만들면 윈도우가 실행되지 않을 때 USB 메모리로 부팅해 '문제 해결' 앱을 실행할 수 있습니다.

따라하기 ①

부팅할 때 [F12], [F8]을 눌러 표시되는 창에서 부팅 미디어로 윈도우 설치 미디어를 선택하여 복구를 준비합니다.

TIP 부팅 미디어를 선택하기 위해 시스템을 시작할 때 누르는 BBS POPUP 관련 키는 바이오스에 따라 다릅니다. 78쪽을 참고하여 사용하는 단축키를 확인하세요.

②

사용할 키보드 레이아웃으로 'Microsoft 한글 입력기'를 선택합니다.

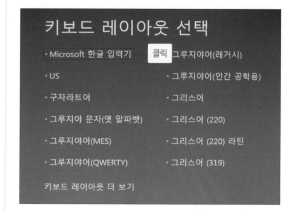

③ 옵션 선택 화면이 나타나면 '문제 해결'을 클릭합니다.

④ '문제 해결' 앱에서 'PC 복구'나 'PC 초기화'를 선택합니다. 개인 데이터를 백업하고 보호할 필요가 있다면 'PC 복구'를 선택하고, 하드디스크를 포맷한 다음 윈도우 설치를 진행하려면 'PC 초기화'를 선택하여 문제를 해결합니다.

TIP 윈도우 10의 경우 PC 복구 메뉴는 없습니다. PC 초기화는 93쪽에서 설명합니다.

▲ 윈도우 8

▲ 윈도우 10

PC 응급실

윈도우 10에서 자동 업데이트 기능을 끄고 싶어요

윈도우 업데이트를 자동으로 할지 수동으로 할지 정하려면 로컬 그룹 정책 편집기를 이용하면 됩니다.

[⊞]+[R]을 누르고 '실행' 창에서 'gpedit.msc'를 입력해 로컬 그룹 정책 편집기를 실행합니다. '컴퓨터 구성' → '관리 템플릿' → 'Windows 구성 요소' → 'Windows 업데이트'를 더블클릭합니다.

오른쪽에서 '자동 업데이트 구성'을 더블클릭하고 사용자 편의에 맞게 지정합니다.

자동 업데이트 구성 ▶

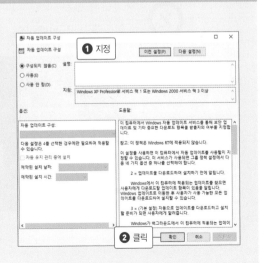

05

'문제 해결' 앱 실행하기 ③
– 윈도우 로그인 중 멈출 때

윈도우로 부팅은 되는데 로그인 화면에서 멈추면 다음과 같은 방법으로 '문제 해결' 앱을 실행합니다.

윈도우 10 잠금 화면이 정상적으로 나오는 경우에도 로그인하기 전에 윈도우 복구를 위한 '문제 해결' 앱을 실행할 수 있습니다. 안전 모드로 부팅하는 것도 '문제 해결' 앱을 실행하는 방법입니다.

따라하기

윈도우 로그인 화면에서 '종료' 아이콘을 클릭한 다음, 메뉴가 표시되면 Shift 를 누른 채 '다시 시작'을 실행합니다.

② Shift 를 누른 채 다음과 같은 '옵션 선택' 화면이 표시될 때까지 기다립니다. '문제 해결'을 선택하여 앱을 실행합니다.

해 결 **06**

시스템 복원 실행하기

시스템 복원이란 윈도우의 중요한 시스템 파일 및 윈도우 설정 내용을 저장했다가 시스템이 불안정해지거나 오류가 발생한 경우 이전 설정 내용으로 복원하는 기능입니다. 윈도우가 부팅되지 않거나 윈도우를 업데이트한 후 또는 특정 프로그램이 설치된 후에 시스템 오류가 발생하면 이전 시점으로 복원할 수 있습니다. 시스템에 문제가 생겼을 때 정상적으로 작동하던 지점으로 되돌릴 수 있는 것입니다.

윈도우가 정상적으로 실행되지 않을 때 복구하는 방법을 알아보겠습니다. '시스템 복원'을 이용한 복구 방법을 사용하기 위해서는 다음과 같이 설정되어 있어야 합니다.

• 시스템 보호 기능을 사용해야 합니다.
• 윈도우가 정상적으로 작동할 때 만든 복원 지점이 있어야 합니다.

따라하기 ①

윈도우 로그인이 되는 경우는 81~83쪽을 참고하고, 윈도우 로그인이 불가능한 경우에는 84쪽이나 86쪽을 참고해 '문제 해결' 앱을 실행합니다. '고급 옵션'을 선택합니다.

②

고급 옵션 화면에서 '시스템 복원'을 선택합니다.

③ '시스템 복원' 창이 표시되면 〈다음〉 버튼을 클릭합니다.

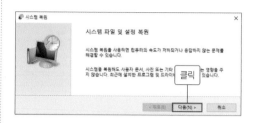

④ 사용할 수 있는 복원 지점이 나열됩니다. 문제가 발생한 시기와 되돌릴 지점을 알면 백업된 '날짜 및 시간' 탭 부분을 확인하여 복원 지점을 선택합니다.
복원 지점을 모르는 경우에는 가장 최근에 백업된 복원 지점을 선택합니다. '추가 복원 지점 표시'가 있는 경우 체크 표시합니다.
〈영향을 받는 프로그램 검색〉 버튼을 클릭합니다.

TIP 윈도우가 정상적으로 작동할 때 윈도우에서 시스템 복원을 실행하려면 제어판에서 '시스템 및 보안'을 클릭하고 '시스템'을 클릭한 다음 '시스템 보호'를 클릭합니다. '시스템 속성' 창이 표시되면 '시스템 보호' 탭을 선택한 후 〈시스템 복원〉 버튼을 클릭합니다.

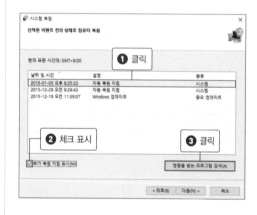

⑤ 제거 또는 복원되는 프로그램이나 드라이버를 확인하고 〈닫기〉 버튼을 클릭합니다. '시스템 복원' 창에서 〈다음〉 버튼을 클릭합니다.
복원 지점이 확인되면 〈마침〉 버튼을 클릭하여 복원 작업을 진행합니다.

TIP 윈도우 보호를 위해 시스템 보호, 파일 히스토리 기능을 사용하는 방법은 179쪽을 참고하세요.

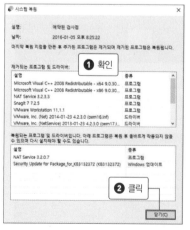

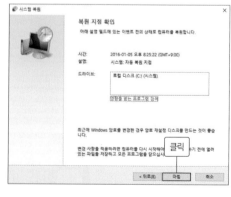

07

F8 을 눌러
'시작 설정' 메뉴로 들어가기

윈도우 10과 8은 부팅 시간을 단축하기 위해 윈도우를 시작할 때 F8 을 눌러 부팅 형태를 조절하는 '시작 설정' 메뉴를 비활성화했습니다.
안전 모드로 부팅하거나 시모스 셋업 설정을 변경하는 작업이 필요하면 윈도우에서 '문제 해결' 앱을 실행하여 윈도우의 시작 형태를 변경해야 합니다.

윈도우 로그인이 가능한 경우에는 81~83쪽을 참고하고, 윈도우 로그인이 불가능한 경우에는 84쪽이나 86쪽을 참고해 '문제 해결' 앱을 실행합니다.
'문제 해결' 앱에서 '고급 옵션'을 선택하고 '고급 옵션' 앱에서 '시작 설정'을 선택합니다.

②

시작 설정 화면에서 〈다시 시작〉 버튼을 클릭합니다.

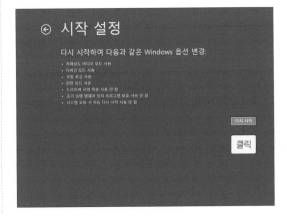

③ 시스템이 다시 시작된 후 부팅될 때 F8 을 누릅니다. 시작 설정 화면이 나타나면 원하는 부팅 모드 번호를 입력하거나 해당 키(F1 ~ F9)를 누릅니다.

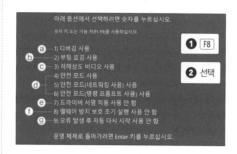

ⓐ **디버깅 사용** : 네트워크로 연결된 경우 컴퓨터 관리자에서 해당 컴퓨터 디버그 정보를 보내고 시작합니다.

ⓑ **부팅 로깅 사용** : 시작 중에 설치되며, 고급 문제 해결에 유용하게 사용할 수 있는 윈도우가 시작되면서 읽어 들이는 로그 파일(ntbtlog.txt)을 만듭니다. 이 파일을 확인해 부팅할 때 어떤 장치에 문제가 있는지 확인할 수 있습니다.

ⓒ **저해상도 비디오 사용** : 비디오 드라이버에서 낮은 해상도 및 새로 고침 빈도를 낮게 설정하여 윈도우를 시작합니다. 이 모드를 사용하여 디스플레이를 재설정할 수 있습니다. 잘못된 해상도나 모니터 주사율 설정으로 부팅되지 않을 때 사용합니다.

ⓓ **안전 모드 사용/안전 모드(네트워킹 사용) 사용/안전 모드(명령 프롬프트 사용) 사용** : 안전 모드는 기본 파일과 드라이버(마우스, 모니터, 키보드, 대용량 저장소, 기본 비디오, 기본 시스템 서비스)만 읽어 들여 윈도우를 실행합니다. 안전 모드로 부팅할 때 네트워크를 사용할 수 있도록 하려면 '안전 모드(네트워킹 사용) 사용', 명령 프롬프트를 사용하려면 '안전 모드(명령 프롬프트 사용) 사용'을 선택합니다.

ⓔ **드라이버 서명 적용 사용 안 함** : 부적절한 서명이 포함된 마이크로소프트 인증을 받지 않은 드라이버를 설치할 수 있습니다.

ⓕ **맬웨어 방지 보호 조기 실행 사용 안 함** : 윈도우 시스템 영역에 변경이 필요한 경우, 펌웨어 구성을 변경하고 싶거나 다른 장치에서 부팅하려는 경우에는 이 모드를 사용하여 부팅합니다.

ⓖ **오류 발생 후 자동 다시 시작 사용 안 함** : 오류 때문에 윈도우에 문제가 생긴 경우 윈도우가 자동으로 다시 시작되는 현상을 방지합니다. 윈도우가 다시 시작하는 것을 무한 반복하는 경우에 선택합니다.

 F10 을 누르면 '1) 복구 환경 시작' 메뉴가 실행됩니다. '1'을 입력하면 '문제 해결' 앱을 실행하기 전인 옵션 선택 화면이 나타납니다.

안전 모드로 바로 부팅해 윈도우 오류 원인 확인하기

안전 모드는 윈도우를 실행하는 데 필요한 기본 파일, 설정 및 드라이버 등을 제한하여 최소한의 설정만으로 윈도우가 시작되는 것을 말합니다. 안전 모드로 부팅하면 마우스, 키보드, 표준 VGA, 디바이스 관리자 드라이버만 사용할 수 있고, 네트워크 환경이나 CD-롬 드라이브, 사운드 카드, 모뎀 등은 사용할 수 없습니다. 시스템이 정상적으로 실행되지 않고 안전 모드로는 부팅되는 경우에는 안전 모드로 부팅하여 윈도우 문제의 원인을 찾을 수 있습니다. 윈도우 10 또는 8의 '시작 설정' 메뉴를 이용해 안전 모드로 부팅할 수 있지만, 여기서는 간편하게 시스템 구성 유틸리티로 안전 모드를 실행하는 방법을 알아보겠습니다.

따라하기 ①

🔧**TIP** 윈도우 로그인이 진행되지 않는 경우에는 84쪽이나 86쪽을 참고해 '문제 해결' 앱을 실행합니다. '문제 해결' 앱에서 '고급 옵션'을 선택하고 '고급 옵션' 앱에서 '시작 설정'을 선택합니다.

⊞+ R을 눌러 '실행' 창이 표시되면 'msconfig'를 입력하고 〈확인〉 버튼을 클릭합니다.

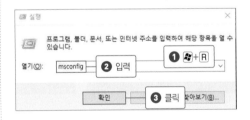

② '시스템 구성' 창이 표시되면 '부팅' 탭을 선택한 후 부팅 옵션 항목에서 '안전 부팅'에 체크 표시합니다. 옵션을 선택하고 〈확인〉 버튼을 클릭합니다.

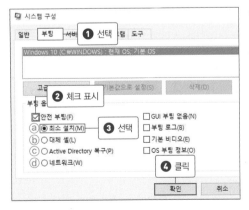

ⓐ **최소 설치** : 기본 안전 모드로 부팅합니다.

ⓑ **대체 셸** : 안전 모드로 부팅되고 명령 프롬프트가 실행됩니다.

ⓒ **Active Directory 복구** : 서버에서 사용하는 디렉토리 서비스입니다.

ⓓ **네트워크** : 네트워크에 연결된 채 안전 모드로 부팅합니다.

③

💡**TIP** 안전 모드로 부팅한 후 일반 모드로 부팅하려면 '시스템 구성' 대화상자를 표시합니다. '부팅' 탭을 선택하고 부팅 옵션 항목에서 '안전 부팅'의 체크 표시를 해제합니다. 시스템이 다시 시작되고, 시스템에 아무 이상이 없으면 윈도우로 정상 부팅됩니다.

'시스템 구성' 대화상자가 표시되면 〈다시 시작〉 버튼을 클릭하여 안전 모드로 부팅합니다.

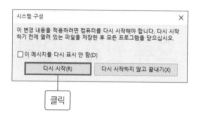

④

💡**TIP** 프로그램을 제거하는 방법은 130쪽에서 설명합니다. 장치 관리자에서 문제를 일으키는 장치를 제거하는 방법은 133쪽, 업데이트된 드라이버를 되돌리는 방법은 134쪽을 참고하세요.

시스템에 여전히 같은 문제가 발생하는지 확인합니다. 문제가 없으면 윈도우 기본 설정, 파일 및 드라이버는 원인이 아닙니다.

문제가 지속되면 PC를 복구하거나 초기화해야 합니다. 윈도우에 설치된 특정 프로그램이 문제의 원인일 확률이 높으므로 오류가 발생하는 프로그램을 하나씩 제거하거나 장치 관리자를 실행한 후 문제의 장치를 제거합니다.

 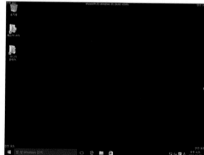

PC 응급실

글자 크기가 너무 작아 안 보여요

디스플레이 기술이 발달해 10~12인치 밖에 되지 않는 디스플레이 장치들도 1080p 이상의 해상도가 기본으로 지원됩니다. 고화질 해상도를 사용하는 것은 좋지만 글자가 너무 작아 보기가 힘들다면 글자를 보기 편하게 바꿔 보세요.

1 | 바탕화면 빈 공간에서 마우스 오른쪽 버튼을 클릭하고 '디스플레이 설정'을 실행합니다.
2 | '고급 디스플레이 설정'을 선택하고 '텍스트 및 기타 항목의 고급 크기 조정'을 선택합니다.
3 | 텍스트 크기만 변경 항목에서 글자 크기를 변경할 항목을 선택하고 글자 크기를 적절하게 조절합니다. 조절 작업이 끝나면 〈적용〉 버튼을 클릭합니다.

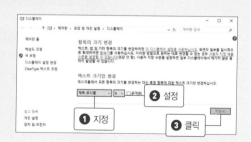

해 결

09
'PC 초기화'로 윈도우 되돌리기

윈도우가 설치된 드라이브의 데이터를 제거하고 윈도우를 재설치하겠습니다. 설치 미디어 없이 PC 복구와 PC 초기화를 진행하도록 복구 이미지를 만들어 사용하는 방법은 96쪽에서 설명하겠습니다.

따라하기 ①

⊞+Ⅰ를 눌러 '설정' 창을 표시한 다음 '업데이트 및 복구'를 클릭하고 왼쪽에서 '복구'를 선택합니다. 이 PC 초기화 항목에서 〈시작〉 버튼을 클릭하세요.

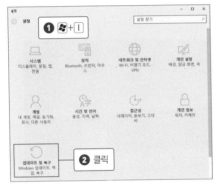 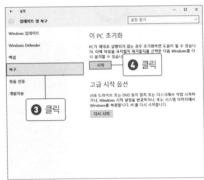

② '옵션 선택' 창이 표시됩니다. 개인 파일을 보존하려면 '내 파일 유지'를, 개인 파일, 앱 및, 설정 등을 삭제하려면 '모든 항목 제거'를 클릭합니다.

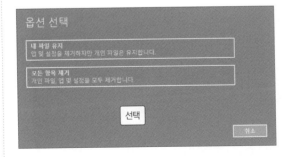

③

TIP '드라이브 완전히 정리'는 드라이브의 모든 섹터에 무작위 패턴 쓰기를 진행해 복구 유틸리티를 통해 데이터를 복구할 수 없도록 만듭니다. 데이터를 제거하는데 시간이 오래 걸립니다.

드라이브에 있는 모든 데이터를 제거하려면 '파일 제거 및 드라이브 정리'를 클릭합니다. 개인 파일과 앱만 제거하고 설정 값을 기본으로 되돌리려면 '내 파일만 제거'를 선택합니다. 옵션 두 개 모두 하드디스크를 포맷하는 것은 동일하지만 '내 파일만 제거'는 빠른 포맷을, '드라이브 완전히 정리'는 드라이브의 데이터들을 정밀하게 삭제하는 작업을 진행합니다.

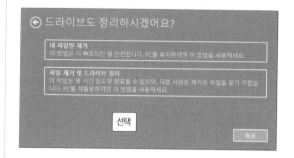

④

PC를 초기화할 준비가 완료되었음을 알리는 창이 표시되면 〈초기화〉 버튼을 클릭합니다.

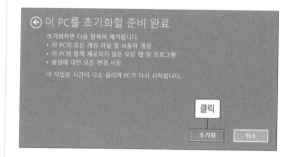

⑤

TIP 과정 ③에서 '내 파일만 제거'를 선택한 경우 빠르게 데이터를 삭제하고 단순히 윈도우 이미지를 풀어 주는 작업이기 때문에 PC 복구보다 소요되는 시간이 짧습니다.

시스템이 다시 시작됩니다. 선택한 드라이브를 포맷하고 장착된 설치 미디어를 통해 윈도우를 재설치합니다.

원도우 재설치가 끝나면 윈도우 설정 작업을 다시 해야 합니다. 법적 고지 사항을 확인하고 〈적용〉 버튼을 클릭합니다.

클릭

 개인 설정, 로그인 설정 작업 등을 차례로 진행합니다. 571쪽 윈도우 재설치 과정을 참고하세요.

TIP 계정을 만들 때 마이크로소프트 라이브 계정으로 로그인하면 윈도우를 새로 설치해도 자동으로 이전 설정이 동기화되어 유지됩니다.

PC 응급실

PC 복구한 다음 만들어지는 'Windows.old' 폴더를 처리하고 싶어요

PC 복구를 진행하면 윈도우가 설치된 드라이브에 'Windows.old'라는 폴더가 만들어지고 이전 윈도우 및 프로그램 데이터가 백업됩니다. Windows.old 폴더를 삭제하려면 삭제를 위한 권한 관련 메시지 창이 표시되고 정상적으로 삭제되지 않습니다. 이 경우 디스크 정리를 이용하면 백업 데이터가 깨끗하게 제거됩니다.

1 | 작업 표시줄의 검색 상자에 '디스크 정리'를 입력해 실행합니다.
2 | 디스크 정리가 실행되면 정리할 드라이브로 윈도우가 설치된 드라이브를 선택한 다음 〈확인〉 버튼을 클릭합니다.
3 | 삭제할 파일 항목에서 '이전 Windows 설치'에 체크 표시하고 〈확인〉 버튼을 클릭합니다.

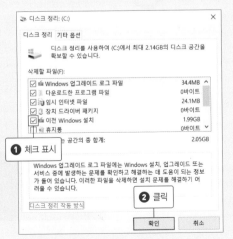

❶ 체크 표시
❷ 클릭

10

PC 초기화를 할 때
윈도우 설치 미디어 없이 진행하기

윈도우 설치 이미지 파일을 윈도우가 설치되지 않은 하드디스크에 만들어 놓으면 복구 작업마다 윈도우 설치 파일이 있는 USB나 DVD를 준비할 필요가 없습니다. 윈도우 10의 경우 윈도우가 설치된 드라이브에 윈도우 설치 이미지 파일을 만들어도 PC 복구, 초기화 작업이 문제 없이 이뤄집니다.

따라하기

TIP 가지고 있는 설치 미디어에 따라 'Install.wim' 파일이 없을 수 있습니다.
Windows to go 작업으로 이 부분을 대신할 수 있습니다.

TIP 〈시작〉 버튼을 마우스 오른쪽 버튼으로 클릭하거나 ⊞+X를 눌러 표시되는 메뉴에서 파일 탐색기를 실행할 수 있습니다.

파일 탐색기를 실행한 다음 윈도우가 설치되지 않은 드라이브에 'Windows10install'이라는 이름으로 폴더를 만듭니다. 폴더 이름은 임의로 지정해도 되지만 영문으로 설정합니다. 윈도우 10 설치 미디어의 Sources 폴더에 있는 'Install.wim' 파일을 새 폴더로 복사합니다.

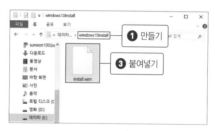 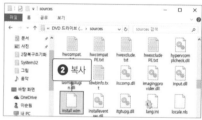

윈도우에서 ⊞+X를 누른 다음 '명령 프롬프트(관리자)'를 실행합니다.
명령 프롬프트가 실행되면 다음 명령을 입력하고 Enter를 누릅니다. 이미지 파일 만들기에 성공하면 '작업 성공'이라는 메시지가 표시됩니다. 이제는 PC 복구, PC 초기화 작업을 할 때 따로 설치 미디어를 준비하지 않아도 됩니다.

```
reagentc /setosimage /path c:\Windows10install /target C:\Windows
/index 1 Enter            ⓐ                         ⓑ
    ⓒ
```

입력

ⓐ **/Path** : 윈도우 설치 이미지 파일이 포함된 폴더 경로

ⓑ **/Target** : 해당 이미지 파일을 사용할 대상 윈도우

ⓒ **/Index** : 작업에 사용할 이미지 인덱스 번호

노트북 복구 솔루션 사용하기

☑ 내가 사용하는 노트북 복구 솔루션 진입 키를 확인하세요.

노트북에 있는 복구 솔루션을 이용해 윈도우를 노트북 사용 초기 상태로 되돌릴 수 있습니다. 노트북 제조업체마다 이에 따른 복구 솔루션 단축키가 다릅니다. 노트북의 경우 데스크톱 PC처럼 여러 부품들을 자유롭게 선택해 만들 수 있는 오픈(Open) 시스템이 아니며 부품 업그레이드가 메모리, 하드디스크만으로 한정되어 있습니다.

노트북은 사용자 편의를 위한 복구 솔루션을 제공합니다.

> • 삼성전자 : 전원을 켠 후 F4 누름
> • LG전자 : 전원을 켠 후 F11 누름
> • 컴팩, HP : 전원을 켠 후 F11 누름
> • 도시바 : 전원을 켠 후 복구 솔루션에 진입할 때까지 숫자 0 누름
> • 델(DELL) : 전원을 켠 후 Ctrl+F11 누름
> • 소니(SONY) : 전원을 켠 후 F10 누름
> • 아수스(ASUS) : 전원을 켠 후 F9 누름
> • 에이서(ACER) : 전원을 켠 후 Alt+F10 누름
> • 고진샤 : 전원을 켠 후 Fn+F4 누름

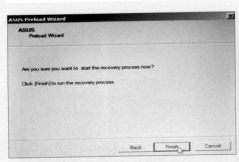

▲ 부팅할 때 F9 를 눌러 복구 솔루션을 진행합니다.

국내에서 판매되는 노트북 대부분은 한글이 지원됩니다. 노트북 복구 솔루션에 사용되는 파일들은 하드디스크에 미리 만들어져 있는 복구 전용 파티션(윈도우를 설치할 때 자동으로 만들어지는 시스템 예약 파티션 앞)에 있습니다. 자세히 읽고 따라하면 혼자서도 충분히 복구할 수 있으므로 노트북 윈도우에서 문제가 발생했을 때 '복구 솔루션'을 이용해 문제를 해결해 보세요.

> **TIP** 노트북 복구 솔루션은 유용합니다. 복구 솔루션을 위한 복구용 파티션이 손상되지 않도록 관리하세요.

윈도우가 시작되지 않을 때

윈도우 부팅 과정을 살펴보면 윈도우 정보를 읽는 과정 중 MBR(Master Boot Record)에 있는 운영체제 기본 정보를 읽은 다음에야 윈도우 로고가 뜨면서 부팅이 진행됩니다. 물리적인 하드디스크 손상인 경우는 어쩔 수 없지만 바이러스 등에 의해 MBR 영역이 손상되는 경우 복구가 가능합니다.

윈도우로 갑자기 부팅이 안 되는 경우라면 일단 344쪽을 참고해 윈도우가 설치된 하드디스크나 SSD에 물리적인 오류가 생긴 것은 아닌지 확인하세요.

저장 장치가 정상이라면 MBR 영역에 있는 부팅 정보를 복구합니다. MBR 파티션인 경우와 UEFI 모드 GPT 파티션인 경우에 따라 영역 복구 방법을 알아보겠습니다.

MBR 복구하기

윈도우 설치 미디어를 부팅합니다. 화면이 표시되면 Shift+F10을 눌러 명령 프롬프트를 실행합니다.

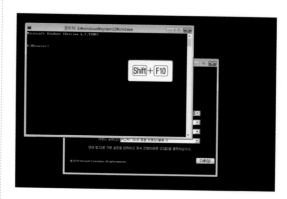

② 명령 프롬프트에서 다음 명령어를 차례로 입력해 MBR 영역을 복구합니다.

```
bootrec /fixmbr Enter
bootrec /fixboot Enter
```

③ 다른 윈도우가 같이 설치된 멀티 부팅 환경이라면 다음 명령어를 차례로 입력해 부팅 정보가 들은 BCD 파일을 복구해 줍니다. 기존 BCD를 삭제하고 새로운 BCD를 만드는 방법으로 부팅 목록을 찾아 추가할지 물으면 'Y'를 입력합니다.

```
del c:₩boot₩bcd /q Enter 기존의 BCD 파일을 삭제합니다.
bootrec /RebuildBCD Enter 시스템에 설치된 운영체제를 모두 검색해 BCD 파일을 다시 만듭니다.
y Enter 'Y'를 입력해 복구합니다.
```

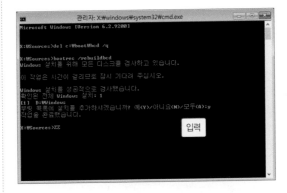

UEFI 모드 GPT 환경 복구하기

① 윈도우 설치 미디어를 부팅하세요. 아래 설치 화면이 나오면 Shift + F10 을 눌러 명령 프롬프트 창을 엽니다.

명령 프롬프트에서 다음 명령어를 차례로 입력해 작업할 윈도우가 설치된 디스크를 선택해 이름을 변경합니다.

```
diskpart  Enter  디스크 파트를 실행합니다.
list vol  Enter  하드디스크 볼륨 목록을 확인합니다.
sel vol 3  Enter  '복구'라는 레이블이 붙은 볼륨을 선택합니다. 레이블이 없다면 '숨김'으로 된 450MB 용량의 볼륨을 선택합니다.
그림에서는 볼륨 3라서 '3'을 입력했습니다.
assign letter=b:  Enter  드라이브 문자를 재지정합니다.
exit  Enter  디스크 파트를 종료합니다.
```

 다음 명령을 순서대로 입력해 부트 폴더로 이동한 다음 부팅 영역을 복구합니다. BCD 백업 및 삭제를 위해 기존 BCD 파일의 이름을 변경해 백업하고 다시 만듭니다.

```
cd /d b:\EFI\Microsoft\Boot\  Enter  부팅 정보가 들은 폴더로 이동합니다.
bootrec /fixboot  Enter  부팅 정보를 복구합니다.
ren BCD BCD.bak  Enter  BCD 파일의 이름을 변경해 백업합니다.
bcdboot c:\windows /l ko-KR /s b: /f ALL  Enter  BCD 파일을 다시 만듭니다.
```

12

작업 관리자로 시스템 상태 진단하기

아무 작업도 하지 않는데 하드디스크가 작업 중이라면 현재 하드디스크를 사용하고 있는 프로세스가 무엇인지 파악해야 합니다. 윈도우 10 작업 관리자에서 시스템 상태를 한눈에 파악할 수 있습니다.

작업 관리자 실행하기

'자세히'를 클릭하면 작업 관리자에서 시스템 자원 사용률을 확인할 수 있습니다.

윈도우에서 '작업 표시줄'의 빈 공간을 마우스 오른쪽 버튼으로 클릭한 다음 작업 관리자를 실행하거나 Ctrl+Shift+Esc를 눌러 '작업 관리자' 창을 표시합니다.

❶ **프로세스** : 윈도우에서 실행 중인 프로세스가 나열되고 CPU, 메모리, 디스크, 네트워크 사용 현황을 한눈에 볼 수 있습니다.

❷ **성능** : CPU와 메모리, 디스크, Wi-Fi, 블루투스, 이더넷과 같은 자원 사용 현황을 확인할 수 있습니다. '리소스 모니터 열기'를 클릭하면 시스템 자원 사용 현황을 더욱 자세하게 살펴볼 수 있습니다.

❸ **앱 기록** : PC에서 실행한 프로그램이 나열되고, CPU, 네트워크와 같은 시스템 자원 사용 현황이 나타납니다. '사용 현황 삭제'를 클릭해 기록을 지울 수 있습니다.

❹ **시작프로그램** : 윈도우를 시작할 때 실행되는 시작 프로그램 목록이 나타납니다.

❺ **사용자** : 로그인된 사용자를 확인할 수 있습니다.

❻ **세부 정보** : 윈도우에서 실행 중인 프로세스 파일 이름과 프로그램 이름을 확인할 수 있습니다. CPU 사용률이 높은 '시스템 유휴 시간 프로세스'는 아무런 작업도 안 하는 여유 자원을 표시한 것입니다.

❼ **서비스** : 윈도우에서 실행 중인 서비스 목록이 나열됩니다.

TIP 작업 관리자의 업데이트 속도가 너무 빨라 항목을 선택하는 데 문제가 있으면 메뉴에서 '보기' → '업데이트 속도' → '느림'을 실행하세요.

작업 관리자로 시스템 상태 확인하기

작업 관리자의 옵션 메뉴의 '전환할 때 최소화'를 선택하세요. 작업 관리자 최소화 아이콘을 클릭하면 작업 표시줄 시스템 트레이를 통해 CPU 사용률과 하드디스크 사용률을 확인할 수 있습니다.

PC 응급실

가상 메모리 필요한가요?

'가상 메모리'는 실제 메모리로 있지는 않지만 메모리가 부족할 때 하드디스크 일부 공간을 메모리로 사용하는 것을 말합니다. SSD와 함께 8GB 이상 메모리가 장착된 시스템의 경우에는 가상 메모리를 사용하지 않는 것이 좋습니다.

4GB 이하 메모리가 장착된 시스템이라면 윈도우가 알아서 관리하도록 설정하는 것이 더 효율적입니다. 가상 메모리를 사용하지 않도록 설정하겠습니다.

1 | 제어판에서 '시스템 및 보안' → '시스템'을 실행한 다음 왼쪽 작업창에서 '고급 시스템 설정'을 선택합니다.

2 | '시스템 속성' 창이 표시되면 '고급' 탭에서 '성능' 항목의 〈설정〉 버튼을 클릭합니다.

3 | '성능 옵션' 창이 표시되면 '고급' 탭을 선택한 다음 '가상 메모리' 항목의 〈변경〉 버튼을 클릭합니다.

4 | '가상 메모리' 창이 표시되면 '모든 드라이브에 대한 페이징 파일 크기 자동 관리'의 체크 표시를 해제한 다음 '페이징 파일 없음'을 선택하고 〈확인〉 버튼을 클릭합니다. 시스템을 다시 시작하면 변경된 내용이 적용됩니다.

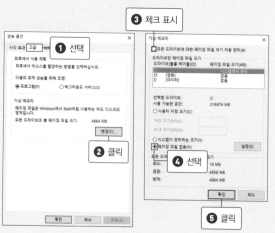

13

작업 관리자로 윈도우 응급조치하기

윈도우에 이상이 있거나 프로그램 실행이 느려졌으면 '작업 관리자'를 실행해 보세요. 작업 관리자에서 CPU, 메모리, 하드디스크, 네트워크 등 자원을 비정상 적으로 사용하는 프로세서, 프로그램이 있으면 강제로 종료합니다. 실행 중 다 운된 프로그램이 있으면 작업 관리자에서 강제 종료하고 프로그램이 차지하는 CPU, 메모리, 디스크 자원 등을 윈도우에 되돌립니다.

다운된 프로그램 종료하기

윈도우 10 또는 8의 데스크톱 모드에서 Ctrl + Shift + Esc 를 눌러 작업 관리자를 실 행합니다. '자세히'를 클릭하여 작업 관리자를 고급 모드로 전환합니다. 실행 중인 프로그램 중 '(응답 없음)'이 표시된 프로그램을 선택하고 〈작업 끝내기〉 버튼을 클릭합니다.

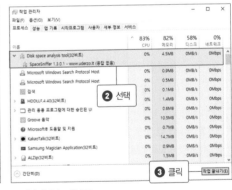

▲ 작업 관리자 고급 모드

의심 가는 프로세스 강제 종료하기

따라하기 ①

작업 관리자의 '프로세스' 탭에서 CPU와 메모리, 디스크, 네트워크 점유율이 이 상하게 높은 프로세스를 확인합니다. CPU 항목을 클릭하여 사용률이 높은 프 로세스순으로 나열합니다.

실행 중인 프로세스에서 메모리, 디스크 등을 많이 사용하는 서비스를 확인합 니다. 의심 가는 서비스에서 마우스 오른쪽 버튼을 클릭하고 표시되는 메뉴에 서 '세부 정보로 이동'을 실행합니다.

TIP 작업 관리자에 있는 프로세스 목록 중 '서비스 호스트' 프로세서는 윈도우 바탕 화면이 실행되기 전에 실행되는 서비스, 프로그램 목록입니다. 각 서비스 호스트 왼쪽의 '>'를 클릭하면 실행 중인 서비스 목록을 확인할 수 있습니다.

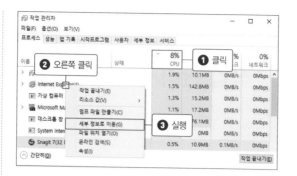

②

TIP '세부 정보' 탭에서 CPU 점유율이 가장 높은 '시스템 유휴 시간 프로세스'는 프로세스가 쉬고 있는 상태를 백분율로 나타낸 것입니다. CPU 점유율이 높다고 의심하지 마세요.

작업 관리자에서 '세부 정보' 탭을 선택하면 익숙한 프로그램의 실행 파일명을 확인할 수 있습니다. 설명 항목에서 프로그램 정보를 확인할 수 있으며, 사용자 이름 항목에서는 실행한 개체를 확인할 수 있습니다.

프로그램 정보가 나타나지 않으면 문제가 있는 프로그램입니다. 의심되는 프로그램을 선택하고 〈작업 끝내기〉 버튼을 클릭합니다.

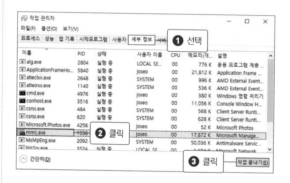

윈도우 초기화하기

의심 가는 프로그램을 종료했지만 여전히 윈도우가 비정상적이면 작업 관리자의 '프로세스' 탭을 선택하고 'Windows 탐색기'를 클릭한 후 〈다시 시작〉 버튼을 클릭합니다.

Windows 탐색기를 다시 시작하면 초기화된 바탕 화면이 나타납니다.

TIP 'Windows 탐색기'는 윈도우를 부팅할 때 바탕 화면을 실행하는 파일로 인터넷 브라우저인 'iexplorer.exe'와 다릅니다.

'explorer.exe'의 하위 항목은 바탕 화면이 열린 후 실행되는 시작 프로그램이나 현재 실행 중인 프로그램과 같습니다.

TIP 만약 Windows 탐색기가 두 개 있다면 메모리를 더 많이 사용하고 있는 것을 종료하면 됩니다.

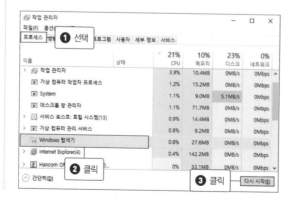

마이크로소프트 계정과 로컬 계정 확인하기

☑ 내가 사용하는 계정에 관리자 권한이 있는지 확인하세요.
☑ 내가 사용하는 계정이 마이크로소프트 계정인지 확인하세요.
☑ 내가 사용하는 계정이 로컬 계정인지 확인하세요.

제어판에서 '사용자 계정' → '사용자 계정' → '다른 계정 관리'를 클릭합니다. 사용 중인 사용자 계정 정보가 나타납니다. 내가 사용하는 사용자 계정의 유형을 확인해 볼까요?

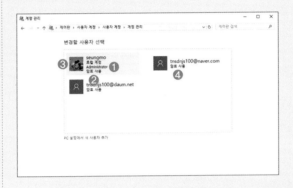

❶ 시스템 환경을 변경할 수 있는 권한을 가진 관리자 계정인 경우 'Administrator'나 '관리자'라는 표시가 나옵니다.

❷ 로그인 암호를 사용하는 경우 '암호 사용'이라는 표시가 붙습니다.

❸ 마이크로소프트 계정과 동일한 로그인 계정 사진을 사용하는 '로컬 계정'입니다.

❹ 시스템 설정이나 보안 설정을 변경할 수 없는 '표준' 계정인 경우 아무런 표시가 붙지 않습니다.

한 대의 PC를 여러 명이 같이 사용한다면

윈도우 10에서 PC 한 대를 여러 명이 사용하는 경우라면 '설정' 창을 표시하고 '계정' → '가족 및 다른 사용자'에서 마이크로소프트 계정을 사용하는 가족 구성원을 추가하거나 전자 메일 주소를 이용해 PC를 같이 이용할 수 있는 사용자를 추가할 수 있습니다.

가족 구성원의 경우 인터넷 검색 시간, 검색 가능한 사이트, 시간 제한 등과 관련된 설정이 가능합니다.

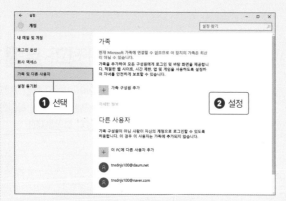

▲ 전자 우편 주소를 이용해 새로운 사용자를 추가합니다.

또한 윈도우 10 사용자라면 관리자 권한을 가진 전자 메일 주소 계정(마이크로소프트 계정, 윈도우 라이브 계정) 외에 해당 장치에서만 사용 권한을 가진 로컬 계정을 만들어 사용할 수 있습니다. 이 로컬 계정을 관리자 계정 하나와 로컬 계정을 표준 계정으로 만들어 사용자별로 등록해 사용하는 것이 PC를 가장 안전하게 오랫동안 사용할 수 있습니다.

▲ 마이크로소프트 계정 아래 로컬 계정을 둬서 PC 한 대를 여러 명이 사용하도록 설정합니다.

check!
check!

마이크로소프트 계정을 이용한
동기화 유형 정하기

☑ 설정 작업까지 동기화되는 것을 바라지 않는다면 동기화되는 항목을 선택합니다.

마이크로소프트 계정을 사용하면 설정 작업의 동기화(Synchronize)도 이루어집니다. 둘 이상의 기기에서 서로의 상태를 똑같이 설정하는 것으로, '싱크(Sync)'라고도 합니다. 윈도우 10에서는 마이크로소프트 계정을 사용하는 기기끼리 동기화되도록 기본 설정되어 있는데, 윈도우 테마와 언어 설정, 웹브라우저 설정, 윈도우 설정, 암호 설정 등이 동기화되는 항목입니다. 동기화되는 항목 중 원하는 항목만 동기화되고 나머지는 동기화되지 않도록 설정할 수 있습니다.

1 작업 표시줄에서 '알림 센터' 아이콘(▤)을 클릭하고 '모든 설정'을 클릭한 다음 '계정'을 클릭합니다. 또는 〈시작〉 버튼 → '설정'을 실행하고 왼쪽 목록에서 '설정 동기화'를 선택하세요.

2 오른쪽 목록을 살펴보면 '설정 동기화'가 켜짐으로 지정되어 있습니다. 이것은 기본적으로 윈도우 10의 '동기화' 기능을 사용할 것이고 '개별 동기화 설정'에 있는 항목들이 동기화된다는 의미입니다. '설정 동기화'를 '끔' 또는 '꺼짐'으로 바꾸면 '동기화' 기능을 설정할 수 없게 되어 하나의 기기에서 변경한 윈도우 10의 설정 값이 다른 기기에는 적용되지 않습니다. '개별 동기화 설정'에서 동기화할 항목을 선택해 '켬' 또는 '켜짐'으로 놓습니다. 동기화하지 않을 항목은 '끔' 또는 '꺼짐'으로 선택합니다.

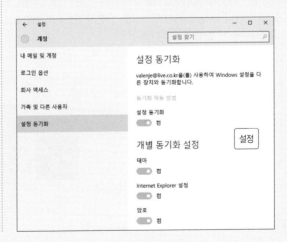

14
윈도우 로그인 암호를 잊었다면

보안을 위해 로그인 암호를 사용하지만 암호를 잘못 관리해 유출되거나 잊어버리면 정말 난감합니다. 로그인 암호를 잊어버린 경우의 응급조치를 알아보겠습니다.

윈도우 10은 두 가지 유형의 계정을 제공합니다. 윈도우 7까지 사용했던 해당 PC에만 적용되는 '로컬 계정'과 함께 윈도우 10이 설치된 모든 장치에서 사용할 수 있는 마이크로소프트 온라인 계정(이후 마이크로소프트 계정)입니다. 마이크로소프트 계정을 사용하면 암호를 잊었을 때 복구하기 쉽습니다.

사용자 계정 형태에 따라 대처하는 방법이 다릅니다. 다음 세 가지 경우를 제외하고는 윈도우 설치 미디어로 부팅해 윈도우를 재설치하는 방법 외에 없습니다.

• 마이크로소프트 계정을 사용하는 경우 온라인에서 암호를 재설정할 수 있습니다. ▶ 109쪽 참고

• 로컬 계정의 경우 관리자 권한을 가진 계정이 따로 있다면 관리자 계정으로 로그인하여 로컬 계정의 표준 계정 암호를 변경합니다. 관리자 권한을 가진 계정으로 암호를 변경할 수 있는 계정은 표준 계정입니다. 로컬 계정이며 관리자 권한을 가진 계정의 암호를 잊은 경우는 윈도우를 재설치해야 합니다.

• 로컬 계정을 사용하는 경우에는 암호 힌트를 사용하여 기억할 수 있습니다. 로컬 계정을 사용하는 경우에 대비해 암호를 변경할 수 있는 '암호 설정 디스크'를 만들면 유용하게 사용할 수 있습니다. '암호 설정 디스크'를 실행하려면 제어판에서 '사용자 계정' → '암호 재설정 디스크 만들기'를 클릭하여 실행합니다.

▲ 윈도우 로그인 암호를 잊어버리지 않게 관리하세요.

해 결 **15**

마이크로소프트 계정으로 온라인에서
암호 재설정하기

윈도우에 로그인할 때 마이크로소프트 계정을 사용할 경우 암호를 잊어버리면
다음과 같은 방법으로 인터넷에 연결된 다른 PC를 이용해 재설정할 수 있습니다.

따라하기 ①

웹브라우저를 실행하고 다음 주소를 입력하여 'Microsoft 계정' 페이지에 접속
합니다.

http://account.live.com/password/reset

② 로그인할 수 없는 이유를 하나 선택하고 〈다음〉 버튼을 클릭합니다.

③ 마이크로소프트 계정으로 사용하고 있는 전자 우편 주소나 전화번호를 입력하
고 그림에 보이는 문자를 차례대로 입력합니다. 입력이 모두 끝나면 〈다음〉 버
튼을 클릭합니다.

④

계정을 만들 때 등록한 보안 코드를 받을 방법을 하나 선택합니다. 등록된 휴대폰으로 문자 메시지 받기를 클릭하고 휴대폰 마지막 번호 네 자리를 입력한 다음 〈코드 전송〉 버튼을 클릭합니다.

TIP 윈도우 XP/비스타/7
에서 윈도우 라이브 계정(마이크로소프트 온라인 계정)을 사용했으면 휴대폰 번호를 등록하지 않았을 수도 있습니다. 이 경우 585쪽을 참고해 보안 인증에 사용할 휴대폰 번호를 등록합니다.

⑤ 휴대폰으로 전송 받은 코드를 입력하고 〈다음〉 버튼을 클릭합니다.

⑥ 새로운 암호를 입력합니다.

16

마이크로소프트 계정과
로컬 계정 오가기

노트북을 이동하며 사용하는 경우 인터넷이 연결되지 않은 공간에서 사용할 때가 있습니다. 이럴 때 마이크로소프트 계정을 로그아웃하고 로컬 계정으로 로그인하는 방법을 알아보겠습니다. 반대의 경우도 마찬가지입니다.

따라하기 ①

'설정' 창에서 '계정'으로 들어갑니다. 마이크로소프트 계정으로 로그인되어 있습니다. 로컬 계정으로 전환하기 위해 '대신 로컬 계정으로 로그인'을 클릭합니다.

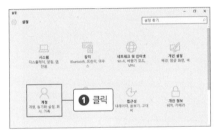

②

'로컬 계정 사용' 팝업창이 열리면 마이크로소프트 계정 암호를 입력하고 〈다음〉 버튼을 클릭합니다.

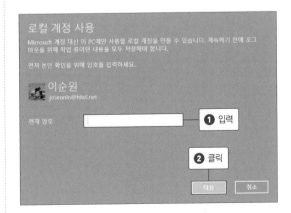

③ 사용할 로컬 계정을 선택하고 암호가 있다면 암호를 연달아 두 번 입력한 다음 암호 힌트까지 입력합니다. 〈다음〉 버튼을 클릭합니다.

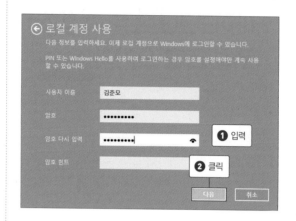

④ 〈로그아웃 및 마침〉 버튼을 클릭하여 로컬 계정으로 로그인합니다.

⑤ 로컬 계정에서 마이크로소프트 계정으로 로그인하는 경우는 마이크로소프트 계정 아이디와 현재 로그인한 로컬 계정 암호를 입력하면 됩니다.

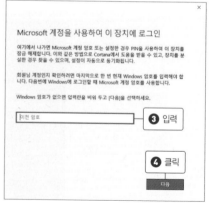

Chapter 03

악성 코드
진단하고 치료하기

윈도우 8부터 시스템 영역에 악성 코드가 침투하는 것을 원천봉쇄했지만, 나날이 발전하는 악성 코드를 완벽하게 막기에는 여전히 역부족입니다. 열린 인터넷 환경에서 악성 코드 예방과 개인 정보 보호 중요성은 수차례 강조해도 부족합니다. 악성 코드에 감염되었다면 어떻게 치료해야 하는지 알아보겠습니다.

01
악성 코드 감염 경로 살펴보기

악성 프로그램 전성시대라고 할 만큼 유행인 악성 프로그램은 종류와 형태가 다양해지고 더욱 복잡하고 강력하게 변모하고 있습니다. 악성 코드에 대처하기 위해 우선 어떤 악성 코드가 있는지, 감염 경로와 함께 알아보겠습니다.

컴퓨터 바이러스

TIP 인체에 몰래 스며들어 병을 일으키는 생물학적인 바이러스와 비슷한 존재라는 뜻에서 '컴퓨터 바이러스'라고 합니다.

컴퓨터 바이러스(Computer Virus)는 컴퓨터의 다른 프로그램 파일에 자신을 복사하여 엉뚱한 작업을 수행하도록 만드는 프로그램입니다. 보통은 실행 파일 (*.com, *.exe)에 첨부되어 이 파일이 작동할 때 다른 파일로 전염됩니다. 바이러스는 PC에 저장된 데이터를 파괴하고 업무에 지장을 주는 직접적인 파괴 작업을 합니다. 바이러스는 바이러스가 심어진 실행 파일이나 전자 우편 첨부 파일 등을 통해 인터넷으로 퍼집니다.

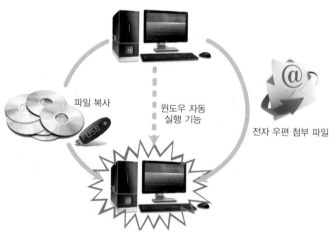

파일 복사
윈도우 자동 실행 기능
전자 우편 첨부 파일

▲ 바이러스 전파 경로

해킹 툴, 루트킷(RootKit)

해킹 툴은 해커가 시스템을 해킹해 개인 정보를 빼내기 위한 도구나 프로그램을 말하고, 루트킷(RootKit)은 시스템을 해킹할 때 사용자가 해킹당하는 것을

TIP 노트북 웹 캠은 해상도
가 높아 해킹을 통한 사생활
침해 문제가 심각합니다. 실
행하지 않은 웹 캠에 작동 불
빛이 들어온다면 악성 코드
감염을 의심해야 합니다.

알지 못하게 하는 도구를 말합니다. 주로 인터넷을 통해 음란물이나 영화 등을
무료로 제공하는 것처럼 유인하거나 정식 사이트와 비슷한 피싱 사이트로 유
인하여 사용자 모르게 시스템에 설치됩니다.

해킹 툴은 자주 방문하는 웹사이트에 악성 코드를 감염시키는 공격 코드가 삽
입되어 있어 웹사이트에 접속만 해도 감염됩니다. 이런 악성 코드에 감염되면
화면 캡처, 파일 전송, 키보드 정보 절취, 원격 제어, 웹 캠 원격 감시까지 아주
큰 피해를 입을 수 있습니다.

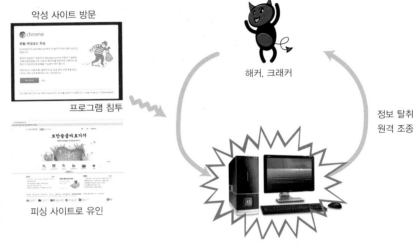

악성 사이트 방문

프로그램 침투

피싱 사이트로 유인

해커, 크래커

정보 탈취
원격 조종

▲ 해킹 툴 전파 경로

스파이웨어, 그레이웨어

스파이웨어는 '스파이(Spy)'라는 단어에서 알 수 있듯이 어떤 사람이나 조직에
대한 정보를 수집하는 목적으로 만들어진 프로그램을 말합니다. 미국 광고 회
사에서 개인 취향을 파악하기 위해 만든 것으로 시작되어 다운로드한 체험판
(셰어웨어) 프로그램을 통해 설치되는데 처음에는 사용자 컴퓨터에 번호를 매
겨 몇 명이 광고를 보는지 확인하는 단순한 수준이었습니다. 최근에는 사용자
이름은 물론 IP 주소, 즐겨찾기, 아이디와 암호까지 알아낼 만큼 발전해 악의적
으로 이용되기도 합니다.

그레이웨어는 합법적인 프로그램으로 위장하여 사용자 동의에 의해 설치되는
프로그램이지만 설치할 때 동의한 내용과 다른 악의적인 행위를 일으키는 경
우도 있습니다.

스파이웨어, 그레이웨어는 특정 라이브러리 파일(*.dll, *.ocx 등)이나 특정 레지
스트리 키를 가지므로 전용 검색 프로그램을 이용해 쉽게 제거할 수 있습니다.

악성 스크립트

TIP 악성봇에 감염되었는지 확인하려면 백신 프로그램을 이용해 바이러스 검사를 합니다.
인터넷진흥원에서 제공하는 '보호나라' 사이트에 접속하여 메뉴에서 '점검하기' → '악성봇 감염 확인'을 실행하면 감염 확인 결과가 나타납니다.

스크립트(Script)는 일괄적인 작업 처리를 위해 만들어진 언어로 운영체제를 조작할 수 있는 명령어를 포함하며, 자동으로 명령이 실행되는 특징을 가집니다. 이러한 특성 때문에 바이러스나 웜을 만드는 도구로 많이 사용됩니다.

스크립트는 소스 코드 형태로 감염 및 전파되므로 소스를 쉽게 얻을 수 있고 변형할 수 있다는 점에서 다수의 변종이 만들어집니다. 인터넷에서 특정 페이지를 열 때마다 자동 실행되는 스크립트에 의해 악성 코드에 감염될 수 있습니다. 대표적으로 비주얼 베이직 스크립트(VBS; Visual Basic Script)가 사용됩니다.

악성 코드 제작자, 배포자들은 인터넷 게시판에 악의적인 스크립트를 추가합니다. 윈도우 보안 기능이 강화되어 원치 않는 액티브X를 다운로드하는 것이 어렵고 액티브X 자동 설치가 어려워지자 사용자가 직접 제작한 콘텐츠인 UCC, 플래시 동영상, 배너 광고 등에 악성 스크립트를 추가해 배포하고 있습니다.

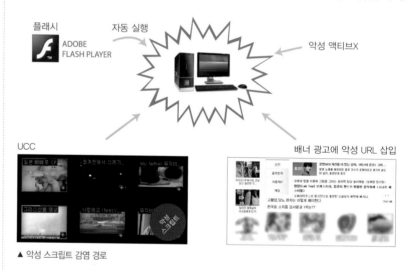

▲ 악성 스크립트 감염 경로

웜(인터넷 웜), 봇

TIP 웜은 인터넷을 통해 전파되므로 '인터넷-웜'이라고도 합니다.
웜이 네트워크에 침투하면 눈 깜짝할 사이에 네트워크 전체 컴퓨터가 감염될 수 있습니다. 또한 마지막 파일 하나까지 치료하지 않으면 자가 증식을 반복하기 때문에 컴퓨터에 남아 있을 가능성이 상당히 높습니다.

웜(Worm)은 네트워크를 통해 자신을 복제하여 전파되는 악성 프로그램입니다. 메모리에서 자가 증식해 네트워크에 악영향을 끼치며 네트워크를 통해 매우 빠르게 전파되며, 즉시 처리하지 못하면 네트워크 시스템이 다운됩니다.

보통 웹사이트를 이용해 특정 취약점을 공격, 감염시키며 추가적인 악성 파일을 다운로드해 설치함으로써 개인 정보를 훔치거나 서버에 뒷문, 즉 백도어를 설치해 나중에 공격할 수 있는 발판을 마련합니다.

봇(Bot)은 웜이 만든 백도어, 운영체제 보안 구멍, 비밀번호 취약점 등을 이용해 전파됩니다. 스스로 움직이지 못하지만 해커 의도, 명령에 따라 원격 제어나 실행이 가능한 프로그램이나 코드를 말합니다. 사용자 모르게 봇에 감염된 PC는 해커에 의해 악용되어 심각한 피해를 줄 수 있습니다.

랜섬웨어(Ransomeware)

랜섬웨어는 1989년 조셉 루이스 팝이라는 사람이 하드디스크 루트 디렉토리 정보를 암호화해 못쓰게 만든 다음 복호화해 주는 것을 빌미로 돈을 요구하는 악성 코드를 만들어 배포한 것이 시초입니다.

랜섬웨어는 Ransom(몸값)과 Ware(제품)의 합성어로 컴퓨터 사용자 PC나 문서를 '인질'로 잡고 돈을 요구한다고 해서 붙여진 명칭입니다.

2005년부터 랜섬웨어가 유행하기 시작했습니다. 랜섬웨어는 주로 성인 사이트에 접속하거나 불법 소프트웨어를 다운로드할 때 감염됩니다. 랜섬웨어 피해를 막기 위해 마이크로소프트가 보안 패치, 시스템 복원, 안전 모드 부팅 등 대응법을 개발해 쉽게 해결이 가능해지자 2013년 중요 문서들을 암호화하는 크립토락커(CrytoLocker)가 출현합니다. 크립토락커는 공격자가 아니면 암호화를 해제하기 어렵게 만들어져 피해가 점점 커지고 있습니다.

보안 패치가 되지 않은 사용자가 PC에서 감염된 웹사이트에 접속하면 즉시 감염되는 방식입니다. 웹사이트를 통해 감염되는 방식을 드라이브 바이 다운로드 기법이라고 합니다. 그리고 감염되면 네트워크 공유 폴더를 통해 전파됩니다. 계속해서 CryptWall, Critroni, ConValut 등 변조된 랜섬웨어가 연이어 등장하고 있습니다.

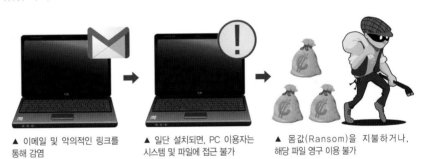

▲ 이메일 및 악의적인 링크를 통해 감염 　　▲ 일단 설치되면, PC 이용자는 시스템 및 파일에 접근 불가 　　▲ 몸값(Ransom)을 지불하거나, 해당 파일 영구 이용 불가

PC 응급실

웹 캠 해킹을 막을 방법을 없을까요?

노트북에 장착된 웹 캠은 해상도도 높고 자율적이기 때문에 노트북 웹 캠을 통한 해킹은 사생활 침해하는 심각한 사회 문제입니다. 노트북 웹 캠이 작동하지 않도록 장치 관리자에서 제거해도 불안하죠. 웹 캠에 스티커를 붙여 아무 정보도 보낼 수 없도록 할 수 있습니다. 스티글 같이 웹 캠을 가렸다 보였다 할 수 있는 장치를 이용하는 것도 좋은 방법입니다.

▲ 웹 캠 해킹 방지 도구인 스티글이 장착된 화면

02

랜섬웨어 치료 가능할까?

랜섬웨어는 감염된 웹사이트를 방문하거나 스팸 메일을 통해 전염됩니다. 전염되면 네트워크 공유 폴더를 통해 전파되므로 감염 증상이 나타나면 빠르게 랜선을 뽑고 분리해야 다른 시스템에 감염되는 것을 방지할 수 있습니다.

파일 암호화형 랜섬웨어의 경우 감염 동작 과정에서 드라이브 전체를 탐색해 파일을 암호화하므로 시스템이 느려지면서 하드디스크 LED가 빠른 속도로 깜빡인다면 감염을 의심해 볼 수 있습니다.

랜섬웨어에 감염되었다면 하드디스크를 포맷하고 백업된 데이터를 이용해 복구하면 됩니다.

변형된 파일 복구는 불가능하다고 할 수 있습니다. 복구가 가능하다고 하지만 이는 몇 가지 알려진 키로 복원이 가능한 경우입니다.

중요 문서 및 파일을 백업하세요. 랜섬웨어에 감염되면 암호화된 파일은 복호화 키가 없으면 복구가 불가능합니다. 랜섬웨어 복구를 시도하는 경우는 이미 알려진 몇몇 저장된 키와 매칭이 되었을 경우입니다.

따라서 중요한 문서나 데이터는 물리적으로 분리된 저장소에 정기적으로 백업해 두어야 감염되어도 피해를 최소화할 수 있습니다.

트렌드 마이크로 위협 제거 도구는 온라인 뱅킹 정보 탈취 악성 코드 P2PZeus와 파일 암호화 후 몸값을 요구하는 CryptoLocker에 감염되었는지 확인하고 제거합니다.

따라하기 ① 인터넷 익스플로러를 실행한 다음 다음 주소를 방문해 사용하는 운영체제에 맞는 프로그램을 선택합니다.

http://www.trendmicro.co.kr/
kr/security-intelligence/
anti-threat-toolkit

② 저작권에 동의하기 위해 〈I Accept〉 버튼을 클릭하면 프로그램을 다운로드할지
묻습니다. 〈실행〉 버튼을 클릭하세요.
프로그램 다운로드가 시작됩니다. 프로그램을 실행 여부를 묻는 계정 컨트롤
창이 열리면 〈예〉 버튼을 클릭하세요.

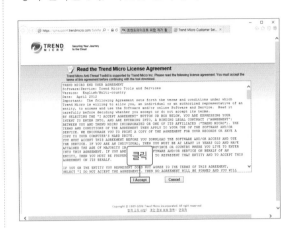

③ 프로그램 실행 화면이 열리면 〈Scan Now〉 버튼을 클릭합니다.

④ 검사가 진행되고 컴퓨터가 악성 코드에 감염되었는지 확인합니다.

**check!
check!**

악성 코드 감염 여부 확인하기

☑ 악성 코드 감염 증상에 해당하는 항목을 확인하세요. 여섯 개 이상 항목에 체크 표시했다면 바로 악성 코드를 검사한 후 치료해야 합니다.

악성 코드를 퇴치하는 안티 바이러스 프로그램 작동 원리와 올바른 사용법을 익혔다면 이제 내 PC는 안전한지 진단할 차례입니다. 다음은 악성 코드에 감염되면 나타나는 이상 증상을 정리한 것입니다. 다음과 같은 증상이 나타나면 컴퓨터가 악성 코드에 감염된 것은 아닌지 의심해야 합니다.

☐ 윈도우가 갑자기 느려졌습니다.

☐ 윈도우나 응용 프로그램이 이상하게 작동합니다.

☐ 특정 작업을 하지 않아도 CPU와 하드디스크 사용률이 높습니다.

☐ 멀쩡했던 프로그램에 갑자기 실행 오류 메시지가 나타납니다.

☐ 몇몇 파일이나 프로그램이 갑자기 사라졌습니다.

☐ 만든 적이 없는 파일, 바로 가기 등이 생겼습니다.

☐ 사용 중이 아닌 웹 캠에 작동 불빛이 나옵니다.

☐ 웹브라우저에 추가하지 않은 새 도구 모음, 링크 또는 즐겨찾기가 나타납니다.

☐ 시작 페이지가 강제로 변경되거나 고정되어 특정 사이트로 유도합니다.

☐ 특정 웹사이트 주소(예 : 검색 엔진)를 입력하는데 예고 없이 다른 웹사이트로 이동합니다.

☐ 인터넷에 연결되지 않아도 성인 사이트 팝업 광고가 나타납니다.

☐ 인터넷 익스플로러 홈페이지, 바로 가기 URL이 임의로 변경됩니다.

☐ 임의의 프로그램이 자동으로 실행됩니다.

☐ 인터넷 익스플로러에서 마우스 오른쪽 버튼을 클릭하여 표시되는 메뉴에 부가 서비스가 추가됩니다.

☐ 사용자를 속여 결제를 유도합니다.

☐ 프로그램을 삭제 또는 종료해도 여전히 남아 있습니다.

악성 코드 감염이 의심되는 증상이 나타나면 백신 프로그램으로 검사한 후 치료합니다. 100% 치료된다고 장담할 수 없으므로 항상 최선을 다해 예방하는 것이 중요합니다.

03

윈도우 디펜더로 악성 코드 검사 및 치료하기

TIP 윈도우 디펜더는 윈도우 8부터 설치할 때 서비스에 등록되어 부팅하면 자동으로 실행됩니다. 윈도우 로그인 화면이 나타나기 전, 시스템 드라이버를 읽기 전에 실행되어 루트킷과 같은 운영체제보다 먼저 실행되는 악성 코드 감염으로부터 시스템을 원천 봉쇄합니다.

윈도우 디펜더는 마이크로소프트가 윈도우 비스타에서부터 제공한 맬웨어 치료 프로그램입니다. 윈도우 비스타/7에서는 윈도우 디펜더가 안티 스파이웨어 기능만 있었으므로 별도의 안티 바이러스 프로그램을 설치해야 했기 때문에 대부분 V3 Lite나 시큐리티 에센셜(Security Essentials)을 필수 백신 프로그램으로 사용했습니다.

윈도우 8부터 윈도우 디펜더는 시큐리티 에센셜을 포함하여 실행 화면과 방법이 같습니다. 윈도우 디펜더가 어떻게 강화되었는지 살펴보고 시스템 검사를 시작하겠습니다.

악성 코드 검사하기

따라하기 ①

TIP 윈도우 디펜더는 컴퓨터에 다른 백신 프로그램이 없어야 실행할 수 있습니다.

작업 표시줄의 검색 창에 'Windows Defender'를 입력해 윈도우 디펜더를 실행합니다.

②

TIP 바이러스 및 스파이웨어 정의 파일 항목이 '최신 상태'가 아니라면 '업데이트' 탭을 선택하여 업데이트합니다.

TIP 윈도우 디펜더의 실행 파일 위치는 ₩ProgramFiles₩ Windows Defender₩ MsMpEng.exe입니다. 윈도우 서비스에 등록되어 있으며, 같은 폴더의 'MSASCui.exe'가 실제 윈도우 디펜더를 구동하는 파일입니다.

실시간 보호 항목은 '사용', 바이러스 및 스파이웨어 정의 파일 항목이 '최신 상태'인지 확인합니다. 검사 옵션 항목에서 '사용자 지정'을 선택하고 〈검사 시작〉 버튼을 클릭합니다.

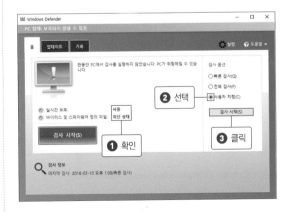

③ 검사할 드라이브 및 폴더를 선택하고 〈확인〉 버튼을 클릭합니다. 〈검사 시작〉 버튼을 클릭하여 검사를 시작합니다.

악성 코드가 감지된 경우 치료하기

따라하기

① 검사가 완료되고 악성 코드를 발견했다면 〈PC 정리〉 버튼이 보입니다. 이를 클릭해 문제를 해결하세요.

② Windows Defender가 실시간 감시 중일 때 맬웨어나 악성 코드가 감지되면 Windows Defender를 실행하고 '기록' 탭을 선택합니다. '검색된 모든 항목'을 선택하고 〈자세히 보기〉 버튼을 클릭합니다.

TIP 악성 코드를 감지하면 작업 표시줄 시스템 트레이에서 '관리 센터' 아이콘에 컴퓨터에 손상을 줄 수 있는 소프트웨어가 검색되었다는 메시지가 나타납니다.

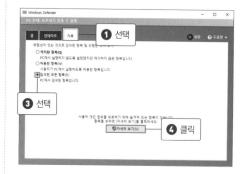

'검색된 모든 항목'을 확인하고 제거할 항목을 선택한 후 〈모두 제거〉 버튼을 클릭합니다.

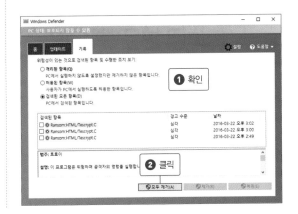

PC 응급실

파밍 예방을 위해 피싱 사이트에 주의하세요

파밍(Pharming)은 새로운 피싱 기법으로 사용자가 웹브라우저에 정확한 웹 페이지 주소를 입력해도 가짜 웹 페이지에 접속하게 만들어 개인 정보를 빼내는 것을 말합니다. PC에 악성 코드가 설치되어 가짜 사이트로 이동합니다. 무력화하는 악성 코드에 감염되면 PC에 설치한 백신 프로그램도 정상적으로 작동하지 않습니다.

PC에서 금융 거래를 할 경우 평소와 다른 개인 정보를 요구할 때는 인터넷에서 제공하는 온라인 백신 프로그램을 이용하여 시스템을 점검합니다.

▲ 가짜 은행 홈페이지에 연결된 경우로, 개인 정보 확인 절차를 요구하는 메시지와 함께 보안 카드 번호를 입력하는 화면이 표시됩니다.

04

무료 온라인 백신 사용하기
– AhnLab Online Security

해 결

백신 프로그램도 성능이 떨어지는 경우가 많습니다. 방송통신위원회와 인터넷진흥원이 백신 프로그램 성능 테스트를 진행한 결과 절반 정도가 악성 코드 탐지와 치료 기능이 전혀 없는 백신 프로그램으로 판정되었고 백신 프로그램에 대한 고객 지원 및 프로그램 관리가 허술하다고 합니다.

최근 악성 코드는 백신 프로그램 실행을 무력화할 정도로 강력해졌습니다. PC에 이상 증상이 발견되어 바이러스 검사를 시도했는데 백신 프로그램까지 실행되지 않으면 온라인 백신 프로그램을 이용해 바이러스 검사를 시도합니다.

방송통신위원회와 인터넷진흥원은 치료율이 2/3 이상이며, 이용 약관 고지 등 필수 항목을 준수하고 실시간 탐지 기능을 지원하는 V3 Lite(안랩), 알약(이스트소프트), 바이러스체이서 8.0(SGA) 등 열 개 업체 열한 개 제품(이 중 일곱 종은 무료)을 우수 백신 프로그램으로 선정했습니다.

여기서는 안랩에서 제공하는 'V3 Online Security'를 사용하여 설명합니다.

따라하기 ① 웹브라우저를 실행하고 다음 주소를 입력하여 V3 Online Security 사이트로 이동합니다.

> http://v3.nonghyup.com

② 바이러스 PC보안 프로그램 받기 항목에서 AOS Anti-Virus&Spyware의 〈실행하기〉 버튼을 클릭합니다.

③ 설치하면 'AhnLab Online Security' 창이 표시됩니다. 〈PC 검사〉 버튼을 클릭하면 바이러스 검사를 진행합니다.

05
모르고 설치한 그레이웨어 치료하기

인터넷 서핑을 할 때 이상한 사이트가 열리거나 결제를 유도하나요? 이런 현상은 자신도 모르게 설치된 '그레이웨어(Greyware)' 때문입니다. 그레이웨어는 직접 약관에 동의해 설치하는 과정을 거쳤지만 약관 내용과 다른 활동을 하는 악성 프로그램입니다. 수시로 이름이 변경되고 특정 사이트를 방문하거나 무료 프로그램을 설치할 때 사용자 모르게 설치됩니다.

제어판에서 '프로그램' → '프로그램 및 기능'을 클릭해 보면 프로그램 제거 또는 변경 화면에 나열된 프로그램 중 여러분이 모르게 설치된 프로그램이 있나요? 정식 프로그램과 구분하기 어렵게 프로그램명에 'Windows, Driver, Micorosoft(Microsoft와 비슷해 혼동)'와 같은 이름이 포함된 경우도 있습니다. 프로그램명을 꼼꼼히 살펴보고 그레이웨어인지를 판단합니다. 프로그램 설명, 프로그램명에 다음과 같은 항목이 있다면 그레이웨어를 의심해야 합니다.

- 얼핏보면 'Microsoft'로 잘못 인식해 정상 프로그램으로 착각하는 경우가 있습니다.
- Micronames, Micoro로 시작, Microwebad Installer 프로그램, Microsoft 또는 Windows로 시작하는데 게시자가 'Microsoft Corporation'이 아닌 프로그램, Microsoft와 비슷한 프로그램명(예 : Miconsoft), Microsoft가 아닌 Micro로 시작하는 프로그램, Microsolution, Moadisc, Minefilter 등 단어 포함
- 'Secure'와 비슷한 철자라서 보안 관련 프로그램으로 착각하는 경우가 있습니다.
- XocureWeb, SocureWeb, Tip, Search, Goorma, Pot, Hopping(Shopper) 등 단어 포함
- QuickDownloadService, NAT Service 등 무료 다운로드 사이트를 방문했을 때 설치되는 프로그램
- Bar, Guide, Tab 등 단어 포함
- DownloadGet, Point, Tool, Popup, Keypang~, KPUPDATE~, Cash, Pluslook, Windows Suggestions, Top, Info scan, ~프라이버시~, DDosClean 등 포함
- Smartmode, G코덱, 웹컴파스, Addendum, Winggo, Abouttopbar
- Mozen, Moden, Modern으로 시작되는 프로그램(예 : ModenChang, MozenTuos)
- LGuide, WinPnP 2.0 프로그램
- 게시자가 'PT.USENET'으로 된 경우
- 프로그램명 끝에 마침표가 있는 경우(예 : system count lab.)

TIP 알약, V3, 네이버 백신 등을 제외하고 알 수 없는 악성 코드 제거 프로그램이 설치되었다면 삭제합니다. 신뢰할 수 있는 백신 프로그램은 502쪽에서 설명합니다.

그레이웨어는 레지스트리에서 직접 삭제하거나 작업 관리자의 '시작 프로그램' 탭에서 실행하지 못하게 하고, 제어판에서 '프로그램 및 기능'을 실행하여 프로그램을 삭제할 수 있습니다.

① ⊞+R을 눌러 표시되는 '실행' 창에서 'regedit'을 입력하고 〈확인〉 버튼을 클릭합니다.

② 레지스트리 편집기가 실행되면 왼쪽 탐색 창에서 'HKEY_LOCAL_MACHINE' → 'SOFTWARE' → 'WOW6432Node' → 'Microsoft' → 'Windows' → 'CurrentVersion' → 'Explorer' → 'Browser Helper Objects'를 선택합니다.

③ 하위 목록에 등록된 폴더를 하나씩 선택한 후 Del 를 눌러 삭제합니다. '키 삭제 확인' 대화상자가 표시되면 〈예〉 버튼을 클릭합니다.

④ 등록된 폴더가 모두 사라질 때까지 과정 ②~③을 반복합니다.

⑤ Ctrl+Shift+Esc 를 눌러 작업 관리자를 실행합니다. 또는 작업 표시줄 빈 공간을 마우스 오른쪽 버튼으로 클릭한 다음 '작업 관리자'를 실행합니다. 작업 관리자에서 '시작프로그램' 탭을 선택합니다. 게시자 항목에 아무런 정보가 없는 항목을 선택하고 〈사용 안 함〉 버튼을 클릭합니다.

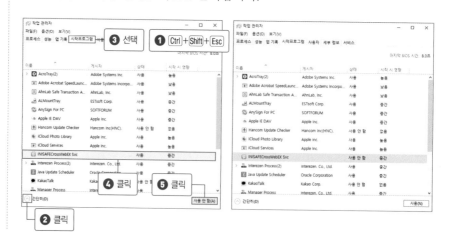

⑥ 시스템을 다시 시작합니다. 제어판에서 '프로그램' → '프로그램 및 기능'을 실행합니다. 불법 애드웨어로 의심되면 해당 파일에서 마우스 오른쪽 버튼을 클릭하여 표시되는 메뉴에서 '제거/변경'을 실행하거나 해당 파일을 선택하고 '제거'를 클릭합니다. 제거와 관련된 창이 표시되면 〈제거〉 또는 〈Uninstall〉 버튼을 클릭합니다. 게시자 항목에 아무런 정보가 없으면 프로그램 이름과 설치 날짜를 기억하고 무조건 제거합니다.

⑦ 파일 탐색기를 실행하고 ₩Program Files 또는 ₩Program Files(x86) 폴더의 하위 폴더로 이동합니다. 제거한 폴더가 남아 있으므로 폴더를 선택하고 Shift + Del 를 눌러 완전히 삭제합니다.

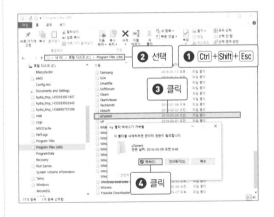

⑧ 같은 방법으로 악성 프로그램의 설치 폴더를 찾아 완전히 삭제합니다. 과정 ⑥에서 확인한 프로그램명과 설치 날짜를 비교하여 폴더가 만들어진 날짜가 일치하면서 이름이 비슷한 프로그램의 설치 폴더를 찾습니다. 삭제할 때 관리자 권한을 요구하는 메시지 창이 표시되면 '모든 항목에 같은 작업 실행'에 체크 표시하고 〈계속〉 버튼을 클릭합니다.

TIP 'Windowsfast'는 윈도우 최적화 프로그램처럼 보이지만 치료할 때 결제를 요구하는 맬웨어입니다.

백신 프로그램의 실시간 감시 기능 사용하기

☑ 윈도우 디펜더가 활성화되어 있는지 확인하고 비활성 상태라면 윈도우 디펜더의 실시간 감시 기능을 활성화하세요.

☑ 서드파티 백신 프로그램을 사용한다면 실시간 감시 기능이 활성화되어 있는지 확인하세요.

백신 프로그램의 실시간 감시 기능을 확인하는지 제어판을 통해 확인하고 실시간 감시 기능이 사용되지 않는다면 윈도우 디펜더 실시간 감시 기능을 활성화하겠습니다.

①

제어판에서 '시스템 및 보안' → '보안 및 유지 관리'를 클릭합니다. '보안' 항목을 확인하세요. '바이러스 방지'에서 사용 중인 백신 프로그램을 확인할 수 있습니다. '스파이웨어 및 사용자 동의 없이 설치된 소프트웨어 방지'에서 백신 프로그램 실시간 감시 기능이 사용 중인지 확인 가능합니다.

 윈도우가 제공하는 윈도우 디펜더는 다른 업체보안 솔루션을 사용하는 경우 비활성화 상태로 설정할 수 있습니다.
서드 파티 백신 프로그램을 설치한 경우 윈도우 디펜더 실시간 기능은 작동하지 않습니다.

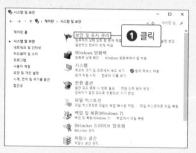

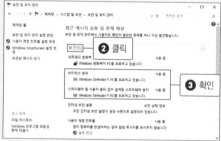

②

윈도우 디펜더 실시간 감시 기능을 사용하려면 '설정' 창을 열고 '업데이트 및 복구'를 클릭합니다. 왼쪽에서 'Windows Defender'를 선택하고 실시간 보호를 '켜짐'또는 '켬'으로 설정합니다.

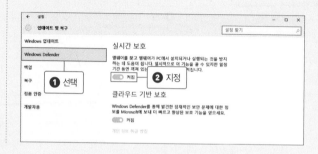

Chapter 04

문제가 발생한 시스템을
정상으로 되돌리기

특정 프로그램이나 드라이버를 설치한 후 PC가 오작동한다면 이전 상태로 되돌려 문제
를 해결합니다. 윈도우 3.1~10은 여덟 번이 넘는 업그레이드 과정을 거치면서 문제 발
생에 대비해 미리 안전장치를 준비했습니다.
이번 챕터에서는 문제가 발생한 시스템을 정상적으로 되돌리는 방법을 알아보겠습니다.

프로그램 설치 후
문제가 발생한 경우 해결하기

특정 프로그램을 설치한 다음 시스템이 이상해지는 경우가 있습니다. 시스템 복원을 이용하여 이전 상태로 되돌리는 응급조치를 취할 수 있지만, 복원으로 원하지 않는 설정과 프로그램까지도 변경될 수 있습니다.

가장 좋은 해결책은 문제를 일으키는 프로그램을 찾아 정상적인 방법으로 제거하는 것입니다.

윈도우에서 프로그램을 설치하면 제어판에서 '프로그램' → '프로그램 및 기능'에 등록됩니다. '프로그램 제거 또는 변경'에는 날짜순으로 설치된 프로그램을 정렬할 수 있는 '날짜 또는 날짜 범위 선택' 기능이 있습니다. 특정 프로그램을 설치한 후 윈도우가 이상하게 작동하면 프로그램을 날짜순으로 정렬하여 해당 시점에 설치된 프로그램이 없는지 확인하고, 설치된 프로그램이 있으면 제거합니다.

프로그램 제거 또는 변경에서 '날짜 또는 날짜 범위 선택' 기능을 이용하여 최근에 설치한 프로그램 중 문제가 있는 프로그램을 찾아 삭제하는 방법을 알아보겠습니다.

따라하기 ①

제어판에서 '프로그램' → '프로그램 및 기능'을 클릭합니다.

②

윈도우에 설치된 프로그램 목록이 나열됩니다. 설치 날짜 항목의 목록 버튼을 클릭하여 표시되는 메뉴에서 특정 날짜 이전에 설치된 프로그램을 확인하기 위해 '날짜 또는 날짜 범위 선택'에 체크 표시하고 달력에서 날짜를 선택합니다. 이때 여러 날짜를 선택하려면 원하는 날짜를 드래그하여 선택합니다.

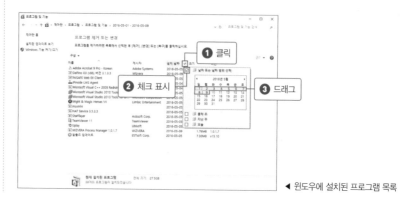

◀ 윈도우에 설치된 프로그램 목록

③ 해당 날짜에 설치한 프로그램이 나타나면 삭제할 프로그램을 선택하고 위쪽에서 '제거/변경' 또는 '제거'를 클릭하거나 마우스 오른쪽 버튼을 클릭한 다음 메뉴를 실행합니다.

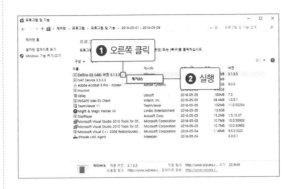

④ 프로그램 삭제 관련 대화상자가 표시되면 제거에 동의합니다. 삭제를 확인하는 메시지 창이 표시되기도 하지만 바로 삭제 작업을 시작하기도 합니다.

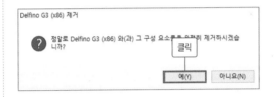

⑤ 프로그램 제거가 진행됩니다. 프로그램 제거를 성공적으로 마쳤다는 메시지가 나타나면 〈닫음〉 또는 〈확인〉 버튼을 클릭합니다. 이때 프로그램에 따라 메시지가 나타나지 않는 경우도 있습니다.

TIP 프로그램 제거 중 특정 DLL 파일을 삭제해도 되는지 묻는 창이 표시될 수 있습니다. 132쪽을 참고하여 삭제 여부를 결정하세요.

PC 응급실

인터넷 전송 속도 100메가는 메가비트? 메가바이트?

초고속 인터넷 전송 속도는 보통 '100메가'라고 합니다. 여기서 메가의 단위는 메가비트일까요? 메가바이트일까요?

인터넷 속도를 나타내는 단위는 'bps(bit per second)'로, 초당 수신하는 비트를 말합니다. 결국 크기는 비트와 같지만 단위로 표기할 때는 'bps'를 사용해야 합니다. 인터넷 속도가 100메가면 '100메가=100Mbps=약 12MB'로, 초당 12MB 정도의 데이터를 다운로드할 수 있다는 뜻입니다.

인터넷 속도뿐 아니라 장치들의 전송 속도는 bps 단위를 사용합니다. bps 단위로 표시된 수치를 '8'로 나누면 초당 몇 메가바이트 데이터가 전송되는지 계산할 수 있습니다. 예를 들어 USB 3.0 인터페이스의 기준 속도는 4,800Mbps로 '600MB/s(4800/8)'입니다.

파일을 삭제해도 되는지 확인하기

☑ DLL 파일 폴더 위치를 확인하세요.
☑ 믿을 만한 회사에서 배포한 시스템 파일인지 확인하세요.
☑ DLL 파일이 사용하는 언어가 '한국어'인지 확인하세요.

프로그램을 설치할 때 버전이 다른 DLL 파일을 발견하고 새로 덮어쓸 것인지 묻는 메시지가 종종 나타납니다. 이런 경우 덮어쓰는 것이 좋을까요? 아니면 기존 파일을 보존하는 것이 좋을까요?

프로그램을 삭제하는 경우에 따라 ₩Windows₩System32 폴더에 설치한 시스템 파일도 같이 삭제할 것인지 물어보는 메시지 창이 표시됩니다. 이 경우 파일의 '속성' 창을 표시하고 다음의 몇 가지 기준을 참고하여 설치, 삭제 여부를 판단하는 것이 좋습니다.

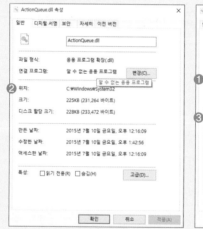
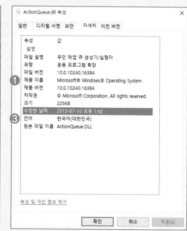

▲ DLL 파일의 '속성' 창에서 파일 정보를 확인합니다.

❶ **제품 이름** : 신뢰할 수 있는 DLL 파일인지 확인합니다. 업데이트된 DLL 파일 중 마이크로소프트에서 개발한 신뢰할 만한 제품이라면 설치합니다. 윈도우 출시 이후에 출시된 마이크로소프트에서 개발한 새로운 버전의 프로그램(오피스, 익스플러러 등)을 설치하면 무조건 덮어쓰는 것이 좋으며, 설치 프로그램이 평소에 자주 사용하는 중요한 프로그램인 경우 무조건 덮어쓰는 것이 좋습니다.

❷ **위치** : 공유 폴더 DLL 파일은 덮어쓰지 않습니다. 프로그램 설치 폴더가 ₩Windows₩System32 또는 ₩Program Files₩Common Files₩Microsoft Shared 폴더라면 설치하지 않습니다.

❸ **언어** : 사용하는 언어에 맞는 DLL 파일을 사용합니다. 한글과 영문 윈도우에 각각 적당한 언어를 지원하는 DLL 파일을 설치해야 합니다. 한글 윈도우를 사용하면 당연히 한글을 지원하는 DLL 파일을 사용해야 합니다. 한글 버전 DLL 파일인지 확인하기 위해서는 해당 파일 '속성' 창을 표시하여 '자세히' 탭 언어가 '한국어'인지 확인합니다.

해　결 **02**

드라이버 업데이트 후
이상해진 윈도우 복구하기

정상적인 드라이버 롤백이 되지 않고 여전히 문제가 해결되지 않으면 사용자가 일일이 설치된 드라이버를 제거해야 합니다. 이 부분은 134쪽에서 설명하겠습니다.

드라이버 설치 또는 업데이트한 다음 시스템이 불안정해졌을 때 원래대로 되돌리는 방법을 알아봅니다. 드라이버가 설치되면서 변경된 레지스트리를 되돌리고 설치된 드라이버를 이전 드라이버로 변경하는 '드라이버 롤백' 기능을 제공합니다. 설치를 완벽하게 되돌리기 위해서는 안전 모드로 부팅한 후 작업해야 합니다.

따라하기 ①

91쪽을 참고하여 안전 모드로 부팅합니다.
안전 모드로 부팅이 되면 🪟+X를 누른 다음 '장치 관리자'를 실행합니다. '장치 관리자' 창이 표시되면 드라이버를 업데이트한 다음 문제가 발생한 장치를 찾아 더블클릭합니다.

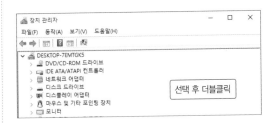

②

장치의 '속성' 대화상자가 표시되면 '드라이버' 탭을 선택한 다음 〈드라이버 롤백〉 버튼을 클릭합니다. 드라이버 롤백을 여부를 확인하는 대화상자가 표시됩니다. 〈예〉 버튼을 클릭합니다.

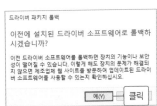

03
드라이버 설치 전으로 되돌리기

윈도우에서 잘못 설치된 드라이버나 문제가 있는 드라이버를 삭제하려면 여러 작업 과정을 거쳐야 합니다. 다음과 같은 작업을 실행하지 않으면 윈도우는 플러그 앤 플레이 기능에 의해 잘못된 드라이버를 설치합니다. 프로그램 형태 통합 드라이버는 제어판에서 '프로그램 및 기능'을 이용해 해당 드라이버를 삭제합니다.

'드라이버 롤백' 기능을 실행했는데도 정상적으로 돌아오지 않으면 다음과 같은 방법으로 잘못된 드라이버를 완벽하게 제거하고 다시 설치하세요.

따라하기

① 91쪽을 참고하여 안전 모드로 부팅합니다.

② 안전 모드로 부팅되면 ⊞+Ⓧ를 눌러 표시되는 메뉴에서 '장치 관리자'를 실행합니다. 장치 관리자에서 문제가 발생하는 장치를 찾아 더블클릭합니다.

③ 해당 장치에 관한 속성 창이 표시되면 '드라이버' 탭을 선택하고 〈드라이버 정보〉 버튼을 클릭합니다.

④ '드라이버 파일 정보' 창이 표시되면 어떤 파일이 설치되었는지 확인합니다. 드라이버 파일이 많아도 어떤 폴더에 어떤 파일이 있는지 꼼꼼하게 메모한 후 〈확인〉 버튼을 클릭합니다.

> **TIP** 설치된 드라이버 파일의 폴더명과 파일 이름을 메모합니다.

드라이버 파일 정보

AMD Radeon R7 200 Series **①** 확인 후 메모

드라이버 파일(D):

- C:\Program Files\AMD\amdkmpfd\amdkmpfd.ctz
- C:\Program Files\AMD\amdkmpfd\amdkmpfd.itz
- C:\Program Files\AMD\amdkmpfd\amdkmpfd.stz
- C:\Program Files\AMD\CCC2\Install\ccc2_install.exe
- C:\Program Files\Common Files\ATI Technologies\Multin
- C:\Program Files\Common Files\ATI Technologies\Multin
- C:\Windows\system32\amdave64.dll

공급자:	알 수 없음
파일 버전:	알 수 없음
저작권:	알 수 없음
디지털 서명자:	Microsoft Windows Hardware Compatibility

② 클릭

확인

⑤ 장치 관리자의 문제를 일으킨 장치에서 마우스 오른쪽 버튼을 클릭하고 표시되는 메뉴에서 '제거'를 실행합니다.

⑥ '장치 제거 확인' 창이 표시되면 '이 장치의 드라이버 소프트웨어를 삭제합니다.'에 체크 표시한 다음 〈확인〉 버튼을 클릭합니다.

TIP 드라이버 '속성' 창의 〈제거〉 버튼을 클릭하여 설치된 드라이버를 자동으로 제거할 수도 있습니다. 하지만 수동으로 드라이버 파일까지 완벽하게 하고 싶다면 과정 ⑧ 이후도 따라해야 합니다.

⑦ 윈도우 탐색기를 실행합니다. 과정 ④에서 확인한 드라이버 파일이 들어 있는 지워지지 않은 폴더를 찾아 삭제합니다.

TIP 시스템 폴더나 숨김 파일을 확인하기 위해서는 폴더 옵션을 조절해야 합니다. 제어판에서 '모양 및 개인 설정' → '숨김 파일 및 폴더 표시'를 실행합니다. '보기' 탭에서 '보호된 운영체제 파일 숨기기(권장)'의 체크 표시를 해제하고 '숨김 파일, 폴더 및 드라이브 표시'를 선택한 다음 〈확인〉 버튼을 클릭하여 드라이버 파일을 표시합니다.

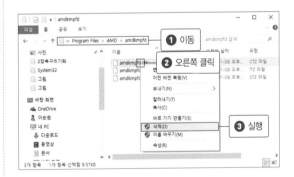

⑧ 'WWindowsWSystem32Wdrivers', 'WWindowsWSysWow64' 폴더에서 해당 드라이버와 관련된 파일을 모두 삭제합니다. 파일 이름에 제조업체명이나 장치 명이 포함된 파일을 삭제합니다. 예를 들어, 디스플레이 드라이버 데이터를 삭제하기 위해서는 'nv'로 시작되는 파일, ATI의 카탈리스트를 삭제하려면 'ati'로 시작되는 파일을 삭제합니다.

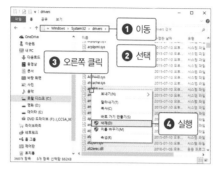 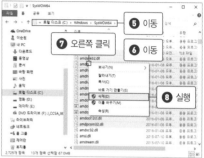

▲ 드라이버와 관련된 파일을 삭제합니다.

⑨ 시스템을 다시 시작하면 새로운 드라이버 설치를 요구할 수 있습니다. Part 3 Chapter 04에서 설명한 내용을 참고하여 올바른 드라이버를 설치합니다.

PC 응급실

내 시스템은 윈도우 10에 적당한지 확인하고 싶어요

윈도우 10에서도 시스템이 윈도우 10에 얼마나 적당한지 윈도우 10 체험 지수를 확인해 볼 수 있습니다.

1 | 윈도우 작업 표시줄을 표시하고 검색창에 'powershell'을 입력합니다. 'Windows PowerShell'을 실행합니다.
2 | 파워셀이 실행되면 다음 명령을 입력해 윈도우 10 성능 점수 측정 앱을 실행합니다.

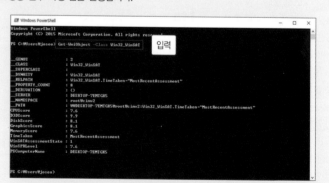

```
Get-WmiObject-Class Win32_WinSAT [Enter]
```

파워셀에서 위의 명령어를 입력하면 윈도우 10에서 CPU, 메모리, 하드디스크 등 성능 점수를 확인할 수 있습니다.
만일 한눈에 성능 지수가 들어오지 않는다면 윈도우 체험 지수 프로그램인 'ExperienceIndexOK.zip' 파일을 다운로드할 수 있는 사이트(http://www.softwareok.com/?Microsoft/ExperienceIndexOK)를 방문해 프로그램을 실행합니다.

해 결 04

윈도우 업데이트 후
이상해진 시스템 복구하기

윈도우 업데이트는 테스트를 거친 후 배포되더라도 현재 윈도우 상태에 따라 오작동할 수 있습니다. 업데이트 후 시스템이 이상하면 설치된 업데이트 파일을 제거해 시스템을 원상복구할 수 있습니다.

따라하기

① 제어판에서 '프로그램'을 클릭하고 '프로그램 및 기능' 항목에서 '설치된 업데이트 보기'를 클릭합니다.

② 윈도우에 설치된 업데이트 목록이 나타납니다. 설치 날짜 항목의 목록 버튼을 클릭하여 날짜 또는 날짜 범위를 선택합니다.

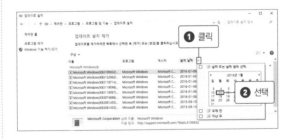

③ 지정한 날짜별로 정렬되어 윈도우 업데이트 목록이 나열됩니다. 업데이트 설치를 제거할 목록을 선택하고 '제거'를 클릭합니다. '업데이트 설치 제거' 대화상자가 표시되면 〈예〉 버튼을 클릭하여 삭제합니다.

05

느려진 내 PC 원상 복구하기
– 프로세스 초기화

악성 코드, 그레이웨어 등은 치료하는 데 오랜 시간이 걸립니다. 느려진 내 PC를 당장 원상복구하기 위해서는 윈도우에서 실행 중인 프로그램 목록인 프로세스를 초기화하여 시스템 메모리를 차지하고 하드디스크 자원, 네트워크 자원 등을 점유하는 검색 도우미, 툴바, BHO, 그레이웨어 등을 한번에 자동으로 정리합니다.

사용자 모르게 실행되는 불법 프로그램 때문에 시스템에 이상이 생기는 경우 프로세스를 초기화하는 '프로세스 클린' 프로그램에 대해 알아보겠습니다.

 따라하기 ①

웹브라우저를 실행하고 '프로세스 클린'을 다운로드한 후 실행합니다.

> http://www.pooqoo.co.kr

TIP 프로세스 클린을 설치할 때 추천 쇼핑몰 즐겨찾기와 프로세스 초기화 시작 페이지 선택창이 표시됩니다. 원하지 않는다면 선택을 해제하고 설치하세요.

프로세스 클린은 윈도우 기본 프로세스 및 마이크로소프트에서 제공하는 서비스를 제외한 모든 프로세서 실행을 차단하는 기능입니다. 사용자가 프로세스의 실행 여부를 결정할 수 있어 사용자 모르게 실행되는 프로세스를 차단할 수 있습니다.

프로세스 클린이 실행되면 〈환경 설정〉 버튼을 클릭합니다.

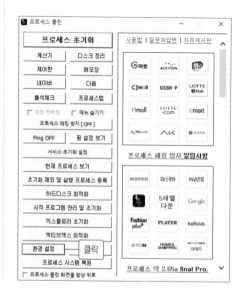

②

TIP 환경 설정 항목에 체크 표시하지 않으면 프로세스를 초기화할 때 시작 프로그램과 익스플로러 초기화는 제외됩니다. 시작 프로그램으로 등록해 사용하기 위해서는 '시작 프로그램 등록 후 컴퓨터 부팅시 실행'에 체크 표시합니다.

'환경설정' 창이 표시되면 '프로세스 초기화 시 시작 프로그램 초기화', '프로세스 초기화 시 익스플로러 초기화'에 체크 표시합니다. 설정이 끝나면 〈저장〉 버튼을 클릭하고 저장되었다는 메시지 창이 표시되면 〈OK〉 버튼을 클릭합니다.

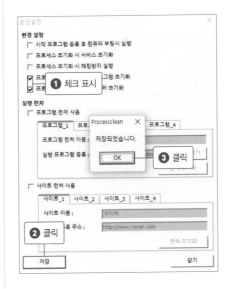

③

TIP 프로세스 초기화 후 프로세스 크랙 사이트(http://www.pooqoo.co.kr)로 연결됩니다. 새로운 업데이트 소식이나 사용법은 해당 사이트를 참고하세요.

다시 프로세스 클린에서 〈프로세스 초기화〉 버튼을 클릭합니다. 초기화 작업이 진행되면 실행 중인 모든 프로그램이 종료된다는 '프로세스 초기화' 대화상자가 표시됩니다. 작업 중인 문서 등을 저장하고 〈예〉 버튼을 클릭합니다.

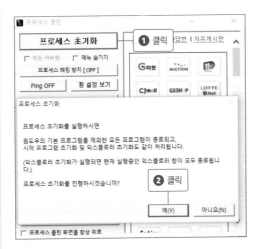

④ 프로세스 클린의 실시간 감시 기능을 사용하려면 프로세스 클린에서 〈프로세스 해킹 방지 [OFF]〉 버튼을 클릭합니다. 해킹 방지를 실행할지 묻는 메시지 대화상자가 표시되면 〈예〉 버튼을 클릭합니다.

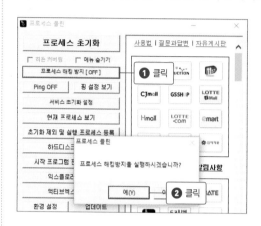

⑤ 프로세스 클린 해킹 방지 기능이 실행 중이면 프로그램을 실행할 때 해당 '프로세스 실행 여부 확인' 대화상자가 표시됩니다. 실행 여부를 선택하고 자주 사용하는 안전한 프로그램이면 〈항상 실행 가능 프로세스로 등록〉 버튼을 클릭하여 해당 프로그램을 실행할 때 실행 여부를 묻지 않도록 합니다.

PC 응급실

프로그램이 설치되지 않아요

윈도우는 임시 폴더 위치가 기본적으로 정해져 있습니다. 임시 폴더 위치를 윈도우가 설치되지 않은 다른 파티션에 두면 윈도우가 설치된 파티션을 보다 여유 있게 사용할 수 있습니다.

사용자명으로 지정된 폴더 하위 폴더에 자동으로 임시 폴더가 만들어집니다. 만약 사용자명이 한글로 설정된 경우 영문 프로그램을 설치할 때 문제가 생길 수 있습니다. 임시 폴더의 이름을 사용자가 임의로 지정하면 임시 폴더에 있는 내용을 정리할 때 편리합니다.

1 | 제어판에서 '시스템 및 보안' → '시스템'을 실행하고, '고급 시스템 설정'을 선택합니다.
2 | '시스템 속성' 창이 표시되면 '고급' 탭에서 〈환경 변수〉 버튼을 클릭합니다.
3 | '환경 변수' 창이 표시되면 ○○에 대한 사용자 변수 항목에서 'TEMP'를 선택하고 〈편집〉 버튼을 클릭합니다.
  '사용자 변수 편집' 대화상자가 표시되면 변수 값 항목에 임시 폴더의 경로를 지정하고 〈확인〉 버튼을 클릭합니다.

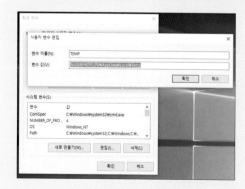

06

PC를 느리게 하는 주범, 그리드 딜리버리 알아보기

인터넷에서 드라마나 영화를 보고, 음악 파일이나 필요한 자료를 다운로드하기 위해 무료 웹하드를 사용해 본적이 있을 것입니다. 무료 다운로드라는 달콤한 유혹에 넘어가 순간의 실수로 내 PC가 허락없이 좀비 PC로 변하거나 속도가 낮아지는 등 PC 수명이 현저히 줄어들 수 있습니다. 이것은 설치하는 프로그램과 함께 설치되는 악성 그리드 딜리버리(Grid Delivery) 프로그램 때문입니다.

악성 그리드 딜리버리 프로그램 설치 경로

그리드 딜리버리(Grid Delivery)는 사용자 자원을 공유하여 다른 사용자에게 데이터를 전송하는 분산 컴퓨팅 기술입니다. 웹하드 사용자 약관을 자세히 보면 그리드 딜리버리 프로그램을 이용한다는 내용이 있습니다.

본 서비스 사용에 동의한 회원에 한하여 더 나은 서비스 사용 환경 제공을 목적으로 회원의 네트워크 및 PC 자원을 부분적으로 활용할 수 있습니다. – 파일노리, 위디스크

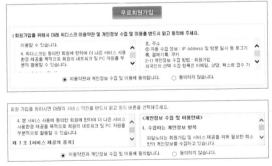

◀ 회원 약관에서 회원 네트워크 및 PC 자원을 활용한다는 내용을 확인할 수 있습니다.

CNN 전송 기술 : 회사가 서비스 전송 속도 및 전송 효율 향상을 위하여 사용자 PC 유휴 자원 등을 활용하여 가상화한 분산 컴퓨팅 기술 – 가제트 파일

◀ 회원 약관에서 CNN 전송 기술로 명시된 '분산 컴퓨팅' 기술을 확인하세요.

그리드 딜리버리 프로그램은 무료 다운로드 쿠폰을 통해 설치됩니다. 무료 다운로드 쿠폰을 사용하기 위해서는 회원 가입 후 해당 사이트의 소프트웨어를 설치해야 하는데 바로 이 프로그램에 그리드 딜리버리 솔루션 포함되어 있습니다.

웹하드 사이트 대부분이 그리드 딜리버리 프로그램을 사용합니다. 문제가 되는 악성 그리드 딜리버리 프로그램은 시작 프로그램으로 자동 등록되어 다운로드가 종료되어도 메모리에서 시스템 자원을 낭비합니다. 실행된 악성 그리드 딜리버리 프로그램에 의해 검색 도우미, 특정 사이트로의 이동, 바탕 화면에 쇼핑몰 아이콘 설치 등 원하지 않는 작업이 사용자 모르게 진행됩니다.

아무 작업도 하지 않았는데 하드디스크의 LED가 열심히 작업 중인 경우가 있나요? 여러분 모르게 설치된 그리드 딜리버리 프로그램이 원인일 수 있습니다.

악성 그리드 딜리버리에 의한 피해를 줄이려면

그리드 딜리버리의 작동 원리는 사용자가 웹하드에서 동영상을 다운로드하면 사용자 컴퓨터에 데이터를 저장하고 다른 사용자가 같은 동영상을 볼 때 그 자료를 활용하는 방식입니다.

웹하드를 운영하는 회사 입장에서는 동영상을 분산시켜 저장할 수 있으므로 데이터를 빠른 속도로 보낼 수 있지만, 사용자는 그만큼 컴퓨터 자원을 손실해 컴퓨터 속도가 느려질 수 있습니다. 시스템 속도 저하는 동영상을 다운로드하려는 사용자가 많은 경우 파일을 계속 조각내어 전송하기 때문에 인터넷 속도가 현저히 느려집니다.

아무도 다운로드하지 않는 파일은 그리드 딜리버리가 작동해도 파일이 전송되지 않습니다. 다운로드가 완료된 파일을 다른 폴더로 옮기면 그리드 딜리버리가 작동해도 전송할 파일이 없으므로 하드디스크를 계속 읽는 등의 문제를 줄일 수 있습니다.

웹하드에서 필요한 파일을 다운로드한 후 '프로세스 클린'을 이용해 프로세스 초기화를 진행하는 것도 그리드 딜리버리에 의한 피해를 막을 수 있는 좋은 방법입니다.

안전한 웹하드 서비스에 가입하려면

회원가입할 때 서비스 약관을 꼼꼼하게 확인해야 합니다. 대부분 어떤 불평등한 조약이 있는지 확인하지 않고 '동의함'에 체크 표시하여 회원으로 가입합니다. PC 보호를 위해서는 무료 다운로드를 제공하는 웹하드 서비스에 가입하지 않는 것이 좋습니다.

악성 그리드 딜리버리 삭제하기

악성 그리드 딜리버리는 일반적으로 제어판의 '프로그램 추가 및 기능'에 등록되어 있지 않으므로 제거하기 어렵습니다. 직접 프로그램 설치 경로에서 'Uninstall.exe' 파일을 찾아 삭제 프로그램으로 삭제해야 합니다. '₩Program Files' 폴더에서 처음 자료를 다운로드한 날짜에 만들어진 프로그램 폴더를 찾아 삭제 프로그램을 실행하고, 함께 설치된 서비스 파일을 찾아 실행되지 않도록 지정합니다. 그리드 딜리버리를 완전히 삭제해 보세요.

따라하기 ①

파일 탐색기를 실행한 후 '₩Program Files' 폴더로 이동합니다. 폴더가 만들어진 날짜와 웹하드 이름을 확인하여 의심되는 폴더를 더블클릭해서 이동합니다. 삭제 파일(주로 Uninstall 또는 Uninst)을 더블클릭하여 실행합니다.
프로그램 제거 창이 표시되면 〈제거〉 버튼을 클릭해서 프로그램을 제거합니다.

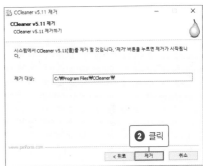

②

⊞+R을 눌러 '실행' 창이 표시되면 'services.msc'를 입력하고 〈확인〉 버튼을 클릭합니다.

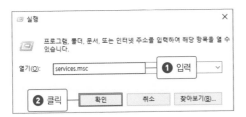

③

TIP 서비스 설명을 확인하
세요. 명확한 설명이 없는 서
비스의 시작 유형이 '자동'으
로 지정되었다면 악성 프로그
램일 확률이 높습니다.

'서비스' 창이 표시되면 먼저 의심되는 서비스를 찾습니다. '이름' 탭을 선택하
여 서비스를 이름순으로 정렬하고 제일 위쪽 서비스부터 선택합니다.

프로그램에 대한 자세한 설명이 표시되면 안전한 서비스지만, 설명 부분에 아
무런 내용이 없으면 인증되지 않은 프로그램일 확률이 높으므로 사용을 중지
하는 것이 좋습니다. 의심되는 해당 서비스를 더블클릭합니다.

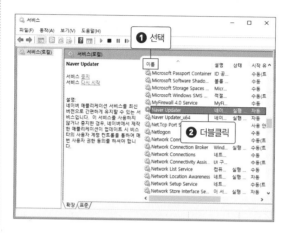

④

속성 창이 표시되면 시작 유형을 '사용 안 함'으로 지정합니다. 실행 파일 경로
항목에서 프로그램이 설치된 경로와 실행 파일 이름을 확인한 후 〈확인〉 버튼을
클릭합니다.

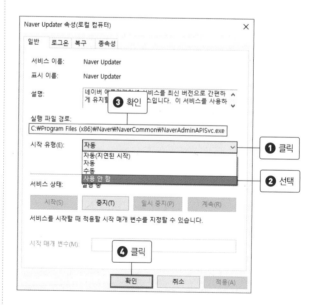

⑤ 파일 탐색기를 실행한 후 프로그램이 설치된 경로로 이동합니다. 'Uninstall. exe' 파일이 있으면 더블클릭합니다. 프로그램을 완전히 제거하겠느냐는 경고 메시지 창이 표시되면 〈예〉 버튼을 클릭합니다.

⑥ 해당 서비스가 제거되지 않았으면 명령 프롬프트에서 서비스 파일을 수동으로 삭제합니다. ⊞+X를 눌러 표시되는 메뉴에서 '명령 프롬프트(관리자)'를 실행합니다.

⑦ 명령 프롬프트(관리자)에서 다음과 같이 해당 서비스를 삭제하는 명령어를 입력하고 Enter를 누릅니다.

services delete xxxxxx Enter 5번에서 확인한 설명이 없는 서비스의 실행 파일명으로, 대소문자 구분 없이 입력하세요.

08
메인보드 암호 초기화하기

바이오스는 윈도우 로그인 암호 외에도 PC 보안을 위해 암호 설정 기능이 있으며, 이 암호를 잊어버리면 부팅조차 불가능합니다. 이런 경우 복구하기 위해서는 어떻게 해야 하는지 알아보겠습니다.

따라하기

① PC 전원 케이블을 분리합니다.

전원 케이블 분리

② 드라이버로 나사를 풀어 분리한 후 PC 케이스를 엽니다.

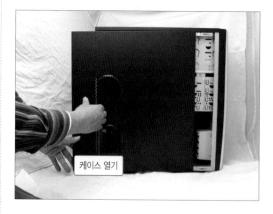

케이스 열기

메인보드 전원 케이블을 분리합니다.

메인보드를 살펴보고 500원 동전과 비슷한 크기의 건전지가 장착된 부분을 찾습니다.

일자 드라이버를 사용해 건전지를 분리합니다.

⑥ 건전지를 분리하면 전력을 받기 위한 접촉부가 보입니다. 남아 있는 전기를 흘려보내기 위해 이 접촉부에 5~10초 동안 드라이버를 댑니다.

접촉부에 드라이버 대기

⑦ 건전지를 메인보드에 장착합니다.

건전지 장착

⑧ 메인보드 전원 케이블과 PC 전원 케이블을 연결하고 전원 버튼을 눌러 PC를 켭니다. 바이오스 설정 화면에서 암호가 초기화되었는지 확인합니다.

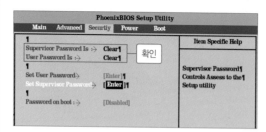

⑨ 초기화되지 않았으면 메인보드 설명서를 참고하여 'CLR-CMOS'라는 점퍼 설정 장치를 찾습니다. 이 부분에 점퍼를 꽂으면 바이오스가 초기화됩니다.

점퍼 설정 장치에 점퍼 꽂기

⑩ 5~10초 후 점퍼를 원래대로 되돌리고 PC를 켜서 암호가 초기화되었는지 확인합니다.

원래대로 점퍼 돌림

PC 응급실

창 전환 속도가 너무 느려요

윈도우에서 작업을 실행하는데 작업 속도가 느리고 시스템 리소스가 부족하다는 느낌이 든다면 윈도우를 화려하게 하는 시각 효과를 조절하여 작업 속도를 향상할 수 있습니다. 메뉴 및 창의 표시 방법을 변경하여 시스템 리소스를 프로그램을 실행하는 데 사용해서 성능을 최적화합니다.

1 | 제어판에서 '시스템 및 보안' → '시스템'을 클릭하고 '고급 시스템 설정'을 선택합니다.
2 | '시스템 속성' 창이 표시되면 '고급' 탭을 선택한 후 성능 항목의 〈설정〉 버튼을 클릭합니다.
3 | '성능 옵션' 대화상자가 표시되면 '시각 효과' 탭에서 '최적 성능으로 조정'을 선택하고 〈확인〉 버튼을 클릭하여 모든 시각 효과를 사용하지 않습니다.

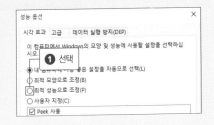

09
시모스 셋업 되돌리기

시모스 셋업을 설정한 후 시스템에 문제가 발생하면 설정을 원래대로 돌립니다. 어떤 항목의 설정 값을 어떻게 변경했는지 모른다면 시모스 셋업을 기본 값으로 되돌린 후 같은 문제가 발생하는지 확인합니다. 메인보드 제조업체마다 최상의 기본 값을 제공하는데 이를 이용해 시스템을 되돌리는 것도 좋습니다.

따라하기

① 시스템을 부팅할 때 F2 나 Del 를 눌러 시모스 셋업을 실행합니다.

② 저장 및 종료 메뉴를 실행합니다. 'Load Optimized Defaults'를 클릭하고 Enter 를 누르거나 F5 를 눌러 이전 설정 값으로 되돌립니다. F7 을 눌러 최상의 기본 값으로 설정합니다.

TIP 시스템을 부팅할 때 단축키를 누를 시간도 없이 윈도우로 부팅되면 82쪽을 참고하여 Shift 를 누른 채 시스템을 종료하거나 고급 옵션을 실행하세요.

기존 바이오스	UEFI 바이오스
이 상태에서 멈추면 하드디스크와 광학 드라이브 연결에 문제가 있는 경우입니다. 연결된 하드디스크가 불안정한 경우 하드디스크를 찾는 데 오랜 시간이 걸리기 때문에 하드디스크와 광학 드라이브의 조립 상태를 확인합니다.	윈도우가 설치된 하드디스크나 SSD에 이상이 있으면 PC를 다시 시작해야 한다는 블루 스크린이 나타납니다.
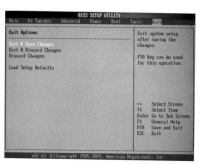	
▲ 'Load Setup Defaults'를 선택하거나 F5 를 누릅니다.	▲ 'Load Optimited Defaults'를 선택하거나 F5 를 누릅니다.

③ 〈예〉 버튼을 클릭하여 메인보드 제조업체에서 제공하는 최상의 설정 값으로 되돌리고 F10 을 눌러 변경된 설정 값을 저장한 후 시스템을 재시작합니다.

Chapter 05

인터넷 진단 및
문제 해결하기

PC에 오피스가 설치되지 않아도 인터넷에서 오피스 프로그램을 실행할 수 있으며, 인터넷으로 PC에 있던 중요 문서를 가져와 작업할 수 있습니다. 인터넷이 안 되면 이와 같은 작업이 어려워 얼마나 답답할까요? 이번 챕터에서는 인터넷이 안 될 때 어떻게 문제를 해결하는지 알아보겠습니다.

엣지 브라우저와
인터넷 익스플로러 오가기

웹사이트를 통해 음악을 듣거나 영화를 예매하고 물건을 사려고 하면 다양한 기술이 필요합니다. 우리나라에서는 '액티브X(ActiveX)'라는 기술을 사용해 이 문제를 해결합니다. 액티브X를 사용하는 방법은 인터넷 익스플로러에서만 이용할 수 있습니다.

하지만 이젠 PC뿐 아니라 스마트폰이나 태블릿 같은 모바일 기기를 통한 인터넷 접속이 더 많아졌고, 기기마다 사용하는 웹브라우저가 서로 다르기 때문에 오로지 인터넷 익스플로러에서만 사용할 수 있는 액티브X 기술을 사용한 우리나라 웹사이트에 큰 문제가 생겼습니다.

액티브X 기술은 매우 오래 전부터 비표준 기술로 분류되었습니다. 이에 따라 이미 전 세계의 웹사이트들은 이런 비표준 기술을 사용하지 않기 때문에 원하는 모든 환경에서 어떤 기기를 이용해서 접속해도 웹사이트를 사용하는 데 불편함이 없습니다. 하지만 아직까지 우리나라 웹 환경은 액티브X가 많은 부분을 차지하고 있습니다. 하지만 얼마 전부터 액티브X 기술에 대한 대안으로 EXE 파일을 실행하는 방식으로 바뀌면서 기존 사이트를 인터넷 익스플로러뿐만 아니라 다른 웹브라우저에서도 사용할 수 있게 되었습니다. 하지만 이 방법 또한 액티브X와 크게 다르지 않고 이렇게 바꾼 사이트도 웹 표준에는 맞지 않기 때문에 엣지 브라우저에서는 사용할 수 없습니다.

윈도우 10에는 최신 웹 표준에 맞는 새로운 웹브라우저인 '마이크로소프트 엣지'가 포함되어 있고 엣지 브라우저를 기본으로 사용합니다.

하지만 엣지 브라우저에서는 액티브X나 EXE 실행 파일이 포함된 사이트를 보여줄 수 없기 때문에 이 경우에는 인터넷 익스플로러 브라우저로 변경해서 사용해야 합니다.

▲ 액티브X나 실행 파일이 포함된 경우

엣지 브라우저가 실행된 경우 인터넷 익스플로러가 필요하면 엣지 화면에서
'Internet Explorer에서 열기'를 클릭하면 됩니다. 그러면 자동으로 인터넷 익스
플로러가 실행되면서 해당 사이트가 나타납니다.

아직까지 국내 인터넷 환경은 액티브X를 사용한 환경이므로 인터넷 익스플로
러를 기본 브라우저로 설정하는 것이 편리합니다.

기본 브라우저를 인터넷 익스플로러로 변경하기

작업 표시줄에서 '새 알림' 또는 '새 알림 없음' 아이콘(🔂)을 클릭하고 '모든 설
정' → '시스템'을 클릭합니다. '시스템' 창이 표시되면 왼쪽 목록에서 '기본 앱'
을 선택하고 오른쪽 목록에서 아래쪽으로 이동합니다.

웹브라우저 항목에 'Microsoft Edge'가 지정되어 있는데, 이 부분을 클릭하고
'Internet Explorer'를 선택합니다.

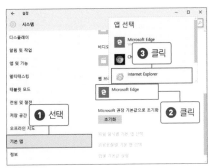

◀ 기본 브라우저 변경

개인 정보 보호 기능이 강화된 익스플로러 11 살펴보기

익스플로러 11은 개인 정보를 보호할 수 있는 기능이 추가된 웹브라우저입니
다. 대표적인 기능을 알아보고 인터넷을 안전하게 사용하기 위한 방법을 알아
보겠습니다.

- 인터넷 사용 중에 입력한 암호, 검색 기록, 웹 페이지 기록 등이 자동 삭제되는 'InPrivate
검색' 기능을 제공합니다.
- 인터넷을 사용하면 만들어지는 각종 정보(웹 페이지 기록, 저장된 모든 암호, 임시 파일, 검
색할 때 수집된 쿠키 등)를 한 번에 삭제할 수 있습니다.
- 사이트 방문 정보가 수집되지 않도록 '추적 방지 헤더'를 보낼 수 있습니다. 추적 방지(DNT,
Do Not Track) 모드는 기본적으로 활성화되어 있습니다. 익스플로러 11부터는 DNT 기능 사
용 여부를 사용자가 직접 결정할 수 있습니다. DNT 기능을 사용하지 않으려면 '도구' 아이콘
을 클릭하고 표시되는 메뉴에서 '안전' → 'DO Not Track 요청 끄기'를 실행합니다.
- 향상된 'SmartScreen 필터' 기능을 제공합니다. 의심스러운 사이트를 방문했을 때는 앱을
다운로드하거나 계정 또는 개인 정보를 제공하지 않습니다.

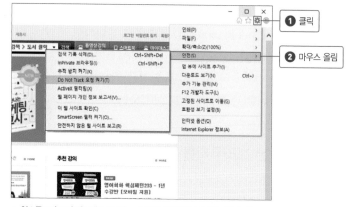

▲ 익스플로러 11의 메뉴에서 '도구' → 안전을 실행하여 표시되는 세부 메뉴

PC 응급실

익스플로러에서 특정 페이지를 보는 데 오류가 발생합니다

익스플로러는 계속해서 버전이 업그레이드되지만 사이트는 이전 버전 웹브라우저에 맞게 만들어져 최신 웹브라우저에서 문제가 발생할 수 있습니다.

익스플로러는 최신 버전을 개발할 때마다 몇몇 사이트에서의 호환성 문제가 발생하는 경우를 대비해 '호환성 보기' 기능이 있습니다.

1 | 익스플로러에서 특정 사이트를 볼 때 이미지가 자리를 벗어나거나 글자가 제 위치에 없는 등 문제가 발생된다면 주소 입력 상자에 보이는 '호환성 보기()' 아이콘이 나타나는지 확인합니다. 아이콘을 클릭하세요.

2 | 문제가 계속해 해결되지 않으면 F12를 누르세요. 개발자 도구가 화면 아랫부분에 출력됩니다. 오른쪽 문서 모드 에뮬레이터 도구(▣)를 클릭해 '10'이나 '9'와 같은 이전 버전의 숫자를 선택합니다.

02
액티브X의 장단점 알아보기

인터넷 서핑은 단순히 정보 검색 외에도 동영상이나 음악 감상, 은행 업무를 처리하는 등 다양한 작업을 할 수 있습니다. 이와 같이 여러 작업이 가능한 이유는 웹브라우저와 연동되는 플러그인(Plug-In) 덕분입니다. 인터넷 익스플로러용 플러그인 중 가장 대표적인 것에는 액티브X가 있습니다.

액티브X 장점

가장 큰 액티브X 장점은 서비스 제공자의 편의성입니다. 액티브X가 설치되면 사용자의 PC에서 이를 실행하는 것만으로도 손쉽게 웹사이트와 기능이 연동되므로, 웹사이트에서 사용자의 PC를 제어하는 과정도 매우 간단합니다. 여러 가지 액티브X를 설치하면 웹브라우저 및 웹사이트의 기능을 대부분 제한 없이 확장할 수 있습니다.

액티브X 단점

가장 큰 액티브X 단점은 마이크로소프트 인터넷 익스플로러에서만 사용할 수 있다는 점입니다. 2011년 이후 인터넷 익스플로러의 시장 점유율은 60% 이하로 떨어졌습니다. 윈도우 기반의 PC가 아닌 스마트폰이나 태블릿 PC에서는 액티브X를 전혀 사용할 수 없으므로 불편합니다.

- 인터넷 익스플로러에서만 사용 가능하여 태블릿 PC 등에서는 사용이 불가능합니다.
- 보안에 취약하여 악성 코드에 감염되거나 개인 정보가 유출될 수 있습니다.
- 과도하게 많은 액티브X를 설치할 경우 PC 속도가 저하됩니다.

과도하게 많은 액티브X를 설치하면 PC의 처리 속도가 크게 느려집니다. 액티브X는 PC 메모리 자원을 소모하며, 기본 사양이 낮은 PC일 경우 전원이 꺼지는 등 피해도 발생합니다.

사용자의 PC에 직접 설치되는 액티브X 특징을 악용해 해커들은 악성 코드를 심거나 개인 정보를 유출하기도 합니다. 액티브X는 보안 문제에 취약하므로 바이러스 및 악성 코드 유포, 분산 서비스 공격(DDoS) 등이 보안 문제의 주범입니다. 분산 서비스 공격(DDoS; Distributed Denial of Serbice)은 여러 대의 컴퓨터에 공격 도구를 심어 놓고(좀비 PC를 분산 배치한 후) 동시에 작동해 특정 사이트를 공격하는 해킹 기법입니다. 공격 목표인 사이트의 컴퓨터 시스템이 처리할 수 없을 정도로 엄청난 분량의 패킷을 동시에 보내 네트워크 성능을 저하하거나 시스템을 마비시킵니다.

간혹 액티브X 설치와 실행을 위해 웹브라우저 자체 보안 등급을 낮춰야 하기도 합니다. 인터넷 뱅킹과 같은 보안이 필요한 웹사이트는 액티브X를 이용해 보안 프로그램을 설치해야 합니다.

▲ 보안이 필요한 웹사이트는 액티브X 보안 프로그램을 설치하세요.

TIP HTML5는 2008년에 W3C(World Wide Web Consortium, WWW 표준 지정 단체)를 통해 초안이 발표되었습니다.

액티브X를 대신하는 HTML5

'HTML5(Hyper Text Markup Language 5)'는 웹 문서를 만들기 위한 기본 프로그래밍 언어인 HTML 최신 규격으로 액티브X 단점을 극복할 수 있습니다. HTML5로 개발된 웹사이트는 각기 다른 웹브라우저나 운영체제를 사용하더라도 동일하게 웹 페이지를 표시할 수 있습니다. 플러그인 설치, 플래시, 자바, 실버라이트 등이 없어도 자체적으로 음악이나 동영상 재생이 가능하며 화려한 그래픽 효과를 적용할 수 있습니다. 또한, 개발자가 특수한 목적으로 부득이하게 플러그인을 추가하더라도 웹브라우저 사이 호환성 문제가 거의 발생하지 않습니다.

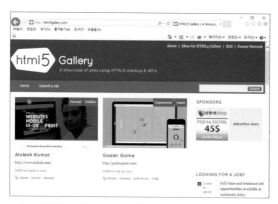

▲ 'html5 갤러리(http://html5gallery.com)'를 방문하면 HTML5로 만들어진 다양한 사이트를 확인할 수 있습니다. HTML5는 익스플로러보다 사파리, 크롬 브라우저에서 더 원활하게 작동합니다.

해 결

03
익스플로러 11 기본 검색 엔진 바꾸기

인터넷 익스플로러 11은 기본적으로 마이크로소프트 검색 엔진인 '빙(Bing)'을 사용합니다. 여기서 검색 엔진을 바꾸려면 다음 과정을 따라 합니다.

익스플로러를 실행하고 '도구' 아이콘(⚙)을 클릭한 다음 '추가 기능 관리'를 실행합니다. 왼쪽 추가 기능 유형 항목에서 '검색 공급자'를 선택하고 아래쪽에서 '추가 검색 공급자 찾기'를 클릭합니다.

② Internet Explorer 갤러리 사이트의 '추가 기능'에서 대체할 검색 엔진을 선택하고 〈추가〉 버튼을 클릭합니다. '검색 공급자 추가' 대화상자가 표시되면 '이 공급자의 검색 제안을 사용'에 체크 표시하고 〈추가〉 버튼을 클릭하여 기본 검색 엔진을 변경합니다.

인터넷 익스플로러 초기화하기

인터넷 익스플로러를 실행하여 방문한 웹사이트 목록과 각종 콘텐츠는 사용자 하드디스크에 고스란히 저장됩니다. 이렇게 저장된 파일을 분석하면 사용자가 어떤 사이트에 접속했고 거기서 무엇을 확인했는지 알 수 있습니다.

인터넷 정보 기록과 인터넷을 사용하면서 불필요하게 쌓인 쿠키 및 파일, 다운로드한 프로그램 등은 인터넷 속도를 느리게 하는 원인입니다. 이러한 데이터를 삭제하고 인터넷을 초기 상태로 복구하는 방법을 알아보겠습니다.

인터넷 익스플로러에서 불필요한 데이터 삭제하기

익스플로러를 실행하고 '도구' 아이콘(⚙)을 클릭한 다음 표시되는 메뉴에서 '인터넷 옵션'을 실행합니다.

② '인터넷 옵션' 창이 표시되면 '일반' 탭에서 검색 기록 항목의 〈삭제〉 버튼을 클릭합니다.

TIP '종료할 때 검색 기록 삭제'에 체크 표시하면 검색 기록이 남지 않게 할 수 있습니다.

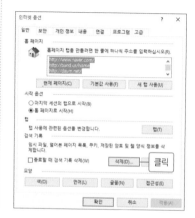

'검색 기록 삭제' 창이 표시되면 임시 파일, 쿠키, 히스토리, 암호, 자동 완성 기능 등에 기록된 데이터를 항목별로 삭제할 수 있습니다. 삭제할 항목에 체크 표시하고 〈삭제〉 버튼을 클릭합니다.

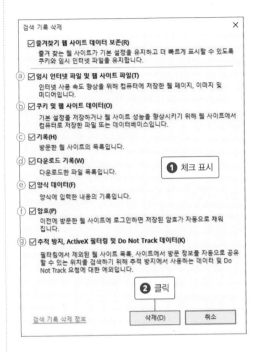

ⓐ **임시 인터넷 파일 및 웹사이트 파일** : 웹브라우저는 한번 방문한 사이트에 다시 방문할 때 빠른 접속을 위해 캐시와 히스토리 파일을 사용합니다. 그대로 두면 자신이 열어본 홈페이지 등에 대한 정보가 타인에게 노출될 수 있으므로 삭제하는 것이 좋습니다.

ⓑ **쿠키 및 웹사이트 데이터** : 쿠키는 웹사이트에서 사용자 하드디스크에 저장하는 특수한 텍스트 파일로, 사이트를 한 번이라도 방문했던 사용자를 기억합니다. 사용자의 컴퓨터 이름이나 ID, 암호 등 해당 사이트가 원하는 정보를 쿠키에 기록하여 보관합니다. 이후 같은 사용자가 접속하면 쿠키로 사용자 확인 과정을 생략할 수 있습니다.

ⓒ **기록** : 방문한 웹사이트 정보나 주소 표시줄에 입력한 정보, 저장된 웹사이트의 로그인 기록 등을 삭제합니다.

ⓓ **다운로드 기록** : 다운로드한 파일 목록을 삭제합니다.

ⓔ **양식 데이터** : 익스플로러를 사용해 ID와 암호를 묻는 웹사이트에 접속하는 경우 ID를 입력할 때 첫 글자만 입력해도 자동 완성 기능이 적용됩니다. 이것은 익스플로러의 자동 완성 기능으로, 개인 컴퓨터를 사용하는 환경이 아니라면 비활성화하는 것이 좋습니다.

ⓕ **암호** : 사이트에 로그인할 때 저장한 암호가 있으면 삭제합니다.

ⓖ **추적 방지, ActiveX 필터링 및 Do Not Track 데이터** : 액티브X 필터링, 추적 방지 데이터를 사용하지 않도록 설정한 웹사이트 목록을 삭제합니다.

익스플로러 초기화하기

따라하기 ①

익스플로러가 이상하게 작동하면 모든 액티브X 컨트롤과 플러그인을 지우고 변경된 설정 내용까지 처음 상태로 되돌립니다. '인터넷 옵션' 창의 '고급' 탭을 선택하고 Internet Explorer 기본 설정 복원 항목에서 〈원래대로〉 버튼을 클릭합니다.

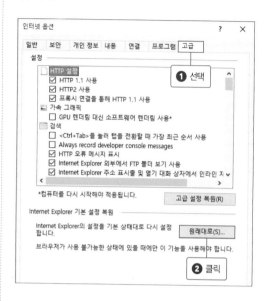

② 익스플로러의 모든 설정을 원래대로 복원할지 묻는 창이 표시되면 임의로 설정한 홈페이지, 검색 엔진 등이 저장된 개인 설정도 삭제할지 선택합니다. 삭제하려면 '개인 설정 삭제'에 체크 표시하고 〈다시 설정〉 버튼을 클릭합니다.

TIP 임시 인터넷 파일, 열어본 페이지 목록, 쿠키, 웹 양식 정보, 암호 및 필터링 데이터를 삭제하지 않기 위해서는 '개인 설정 삭제'에 체크 표시하지 않습니다.

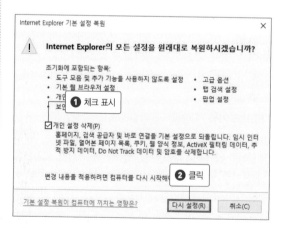

③ 익스플로러의 기본 설정이 복원되면 〈닫기〉 버튼을 클릭합니다.

인터넷이 안 되는 문제 해결하기

윈도우는 인터넷이 안 되는 경우에 대비하여 운영체제에 네트워크 진단 도구를 제공합니다. 윈도우 8이상 사용자라면 제어판에서 '문제 찾기 및 해결' → '네트워크 및 인터넷'을 클릭하고 인터넷이 되지 않는 원인을 찾을 수 있습니다.

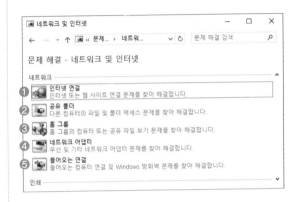

❶ **인터넷 연결** : 인터넷이 안 되거나 특정 웹사이트에 연결되지 않은 경우

❷ **공유 폴더** : 공유 폴더 설정에 문제가 있는 경우

❸ **홈 그룹** : 집 안에서 같은 네트워크를 사용하는 장치끼리 데이터 공유가 되지 않는 경우

❹ **네트워크 어댑터** : 네트워크 어댑터에 문제가 있는 경우

❺ **들어오는 연결** : 네트워크 연결이나 방화벽 설정 등에 문제가 있는 경우

갑자기 인터넷이 안 되는 경우는 네트워크 어댑터의 손상, 인터넷 서비스 업체에 문제가 있거나 인터넷 연결에 문제가 있기 때문입니다. 인터넷 연결에 문제가 있을 때 해결하는 방법을 알아보겠습니다.

따라하기 ①

작업 표시줄 시스템 트레이에서 '느낌표' 표시가 나타난 문제가 있는 '네트워크' 아이콘(🖥)을 마우스 오른쪽 버튼을 클릭하고 표시되는 메뉴에서 '문제 해결'을 실행합니다.

'Windows 네트워크 진단' 창이 표시되고 진단을 시작합니다. 진단이 끝나고 오류 수정이 끝나면 정상적으로 동작하는지 확인합니다.

③ '문제 해결사 닫기'를 클릭하세요.

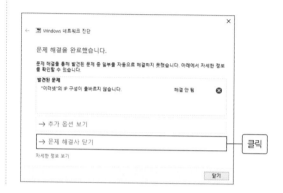

PC 응급실

와이파이 우선순위를 변경하고 싶어요

무선 네트워크를 연결할 때 원하지 않는 무선 네트워크에 자동으로 연결되면 다음과 같은 방법으로 연결할 무선 네트워크에 우선순위를 부여합니다.

1 | ⊞+X를 눌러 표시되는 메뉴에서 '명령 프롬프트(관리자)'를 실행합니다.

2 | 명령 프롬프트(관리자)가 실행되면 다음과 같은 명령어를 입력하여 사용 가능한 무선 네트워크를 확인합니다. 맨 위쪽에 표시된 무선 네트워크가 우선적으로 연결됩니다.

```
netsh wlan show profiles Enter
```

3 | 제일 먼저 연결을 시도할 무선 네트워크가 처음에 나타나지 않으면 다음과 같은 명령어를 입력하여 우선순위를 부여합니다.

```
netsh wlan set profileorder name="w1r3l3$$" interface="Wi-Fi" priority=1 Enter
                                ⓐ                                    ⓑ
```

ⓐ 우선순위를 부여할 무선 네트워크 이름
ⓑ 우선순위

06
강화된 보안 기능으로 문제가 발생한 경우 임시 조치하기

갈수록 사이버 범죄가 발전하고 있는 요즘 '보안 강화'는 웹브라우저의 필수 조건입니다. 하지만 보안 강화로 다음과 같은 몇 가지 기능이 제대로 작동하지 않는 경우가 발생합니다.

- 사용 중에 사이트 호환 문제가 발생합니다.
- 액티브X가 설치되지 않습니다.
- 웹사이트에 접속할 때 오작동하는 경우가 있습니다.

익스플로러 보안 기능은 꼭 필요하지만 다음과 같은 방법으로 임시 조치하여 문제를 해결할 수 있습니다. 문제가 해결되면 반드시 보안 기능을 원상 복구해야 합니다.

 따라하기 ① 익스플로러에서 '도구' 아이콘(⚙)을 클릭하여 표시되는 메뉴에서 '인터넷 옵션'을 실행합니다.

② '인터넷 옵션' 창이 표시되면 '보안' 탭을 선택합니다.
이 영역에 허용할 보안 수준 항목의 슬라이더를 조정하여 '보통'으로 지정하고 '보호 모드 사용(Internet Explorer를 다시 시작해야 함)'의 체크 표시를 해제합니다.

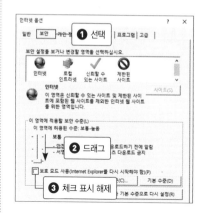

③ '개인 정보' 탭을 선택하고 설정 항목에서 〈고급〉 버튼을 클릭하세요.
현재 사이트와 링크된 사이트의 쿠키 항목을 '허용'으로 선택하고 〈확인〉 버튼을 클릭합니다.

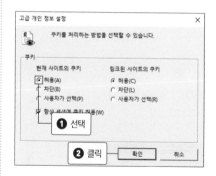

④ '고급' 탭을 선택하고 설정 항목의 국제에서 'UTF-8 URL 보내기'의 체크 표시를 해제한 후 〈확인〉 버튼을 클릭합니다.

⑤ '경고!' 대화상자가 표시되면 〈확인〉 버튼을 클릭합니다.

⑥ 문제가 해결되면 보안 설정을 되돌립니다. 익스플로러 아래쪽에 표시된 알림 표시줄에서 〈보호 모드 켜기〉 버튼을 클릭합니다.

⑦ '인터넷 옵션' 대화상자가 표시되면 '보안', '개인 정보', '고급' 탭의 설정을 기본 값으로 복원한 후 〈확인〉 버튼을 클릭합니다.

PC 응급실

윈도우 10에서 자동 업데이트 기능을 끄고 싶어요

윈도우 10은 자동으로 업데이트되는 환경 때문에 강제로 재부팅되는 경우가 있습니다. 윈도우 업데이트 기능을 아예 사용하지 않으려면 다음과 같이 작업하세요.

1 | 윈도우 작업 표시줄을 표시하고 검색창에 '서비스'를 입력한 다음 **서비스**를 실행합니다.

2 | 서비스가 실행되면 'Windows Update' 서비스를 더블클릭합니다. 서비스 속성 상자가 열리면 시작 유형을 '사용 안 함'으로 지정하세요.

07

노트북에서 무선 인터넷이 안 되는
문제 해결하기

노트북으로 항상 무선 인터넷을 사용했던 장소에서 갑자기 무선 네트워크에
연결되지 않을 때 확인해야 할 사항을 알아봅니다.

step 1 ▶ 무선 공유기 위치 바꾸기

무선 랜은 전파를 사용하여 데이터를 송수신하므로 유선 랜보다 노이즈에 쉽
게 영향을 받습니다. 무선 공유기 근처에 전파 흐름을 방해하는 장애물은 없는
지 확인합니다.

step 2 ▶ 노트북 무선 네트워크 스위치 확인하기

노트북에서 무선 랜카드의 활성/비활성 여부를 확인할 수 있는 LED 램프에 불
이 들어오는지 확인합니다. 노트북, 태블릿 PC는 보안을 위해 무선 네트워크 스
위치가 외부에 있습니다. 무선 랜 램프 주변에 있거나 램프를 터치하면 켜지기
도 합니다. 노트북의 Fn 을 눌러 무선 인터넷을 켜거나 끌 수도 있습니다.

◀ 노트북 무선 스위치를 확인하세요.

step 3 ▶ 무선 공유기와 무선 랜 재부팅하기

무선 공유기 초기화 버튼을 이용해 무선 랜 기능을 껐다가 다시 켜는 과정만으
로도 무선 공유기와 무선 랜이 초기화됩니다. ▶ 169쪽 참고

step 4 ▸ 새로운 IP 부여하기

🚨 **TIP** 인터넷 환경보다 웹브
라우저에 문제가 있어 인터넷
이 안 되는 경우도 있습니다.
158쪽을 따라해 익스플로러
를 초기화하세요.

DHCP 서버에 접속하지 못해 IP를 할당받지 못하면 컴퓨터가 임의로 IP를 할당
받는데 이 과정에서 문제가 발생하면 인터넷이 안 될 수 있습니다. 윈도우 '인
터넷 연결' 문제 해결사로 해결할 수 있습니다. ▶ 170쪽 참고

step 5 ▸ Ping 검사 진행하기

step 4까지 진행했지만 무선 인터넷이 안 되면 무선 공유기의 문제입니다. 무
선 공유기가 제대로 작동하는지 확인하세요. 시스템에 부여된 IP 주소를 찾아
Ping 검사를 진행합니다. ▶ 171쪽 참고

PC 응급실

내 인터넷 속도는 정상일까요?

인터넷을 사용하다 보면 끊기거나 느려질 때가 있습니다. 실제로도 인터넷 속도가 느린지 확인하고 싶으면 인터넷 속도를 측정해 보세요.

1 | 웹브라우저를 실행하고 한국정보화진흥원 인터넷 품질측정 사이트(http://speed.nia.or.kr)에 접속한 후 '유선인터넷'의 하위 메뉴 또
는 '무선인터넷'을 클릭하여 인터넷 품질 측정에 필요한 프로그램을 설치합니다.
2 | 설치가 끝나면 다시 원하는 측정을 선택한 다음 서비스 이용 환경을 지정하고 〈다음〉 버튼을 클릭하여 품질을 측정합니다.

케이블 연결 상태 확인하고
모뎀, 유/무선 공유기 초기화하기

인터넷에 제대로 연결되지 않는 것은 대부분 네트워크 케이블이 제대로 연결
되지 않았거나 라우터 및 모뎀이 올바르게 작동하지 않는 경우입니다.
모뎀 유/무선 공유기의 초기화 방법과 상태를 확인해 보겠습니다.

따라하기 ①

케이블 확인하기

유/무선 공유기(무선AP)에 네트워크 케이블이 제대로 연결되어 있는지 확인합
니다. 제대로 연결되지 않았으면 케이블을 제거한 후 다시 연결합니다.

❶ WAN 포트
❷ LAN 포트
❸ 무선 안테나
❹ 상태 표시등

② PC 네트워크 단자에 케이블이 올바르게 연결되었는지 케이블 접촉 상태를 확
인합니다. 랜 포트 LED에 초록색 불이 켜졌다 꺼지는 것을 반복하면 연결 불량
입니다.

▲ 연결 상태를 확인하세요.

▲ 초록색 LED를 확인합니다.

무선 공유기 초기화하기

모뎀과 무선 공유기의 전원 코드를 제거합니다. 장치의 모든 표시등이 꺼지면 10초 정도 지난 후 전원을 연결하고 재부팅합니다.

②

무선 공유기가 정상 작동하면 DATA라고 써진 램프 또는 Wi-Fi 표시 램프가 쉴 새없이 꺼졌다가 켜집니다. 램프에 불이 들어오지 않으면 인터넷 신호가 제대로 전달되지 않는 상태입니다. 인터넷 회선이 좋지 않으므로 A/S를 받아야 합니다.

TIP 무선 공유기에 따라 초기화 버튼이 있거나 배터리로 작동하는 제품이 있습니다. 이 경우 초기화 버튼을 누르거나 배터리를 제거합니다.

ⓐ DATA LED를 확인합니다.

ⓑ 초기화 버튼(또는 WPS 버튼)을 클릭하여 무선 공유기를 재설정합니다. WPS(Wi-Fi Protected Setup)는 복잡한 설정 없이 무선 연결부터 보안 설정까지 간편하게 설정되는 기능을 가진 버튼입니다.

PC 응급실

공용 PC에서 안전하게 인터넷을 사용할 수 없나요?

웹브라우저는 사용자가 인터넷에서 사이트를 둘러 보는 동안 방문한 사이트나 입력했던 사용자 정보를 방문 기록이나 쿠키 형태로 자동으로 사용자 컴퓨터에 저장합니다. 이때 사이트 이미지나 배경 음악 같은 파일들도 사용자가 모르는 사이에 임시 인터넷 파일로 저장됩니다. 이런 것을 막으려면 인프라이빗 브라우징을 이용하면 됩니다.

작업 표시줄에 있는 인터넷 익스플로러 아이콘에서 마우스 오른쪽 버튼을 클릭하고 'InPrivate 브라우징 시작'을 실행하면 인터넷 익스플로러를 시작할 때부터 인프라이빗 브라우징으로 사용할 수 있습니다.

또는 사이트가 열린 상태라면 인터넷 익스플로러에서 '새 탭' 아이콘을 클릭한 다음 새 탭이 열리면 사이트 목록 가장 아래쪽에 있는 'InPrivate 브라우징 시작'을 선택합니다.

InPrivate 브라우징 시작 ▶

새로운 IP 주소 부여하고 검사하기

네트워크 어댑터, 무선 공유기 등이 정상으로 작동하지만 유효한 IP 주소가 할 당되지 않으면 인터넷에 연결되지 않습니다. IP 주소를 갱신하는 방법을 알아 보겠습니다.

따라하기

① ⊞+X 를 누른 다음 '명령 프롬프트(관리자)'를 실행합니다.

② 명령 프롬프트(관리자)에서 다음 내용을 입력하고 Enter 를 누릅니다. 현재의 IP 주소가 해제됩니다.

```
ipconfig /release Enter
```

③ 새로운 IP를 부여하기 위해 다음 내용을 입력하고 Enter 를 누릅니다.

```
ipconfig /renew Enter
```

④

TIP IP 주소가 변경되지 않 았거나 무선 공유기를 사용하 면 175쪽 공유기 관리자 페이 지에서 작업하세요.

IP가 표시되면 인터넷에 정상적으로 연결된 것입니다. 표시되는 IPv4의 주소가 '169'로 시작하면 아직 인터넷에 연결되지 않은 것으로 다시 과정 ②부터 반복합니다. 이 작업으로 모든 어댑터에 대한 DHCP 구성이 갱신됩니다.

IPv4 주소 옆에 나온 숫자가 내 PC의 IP 주소입니다.

⑤

TIP '요청 시간이 만료되었습니다.'라는 메시지가 나타나면 네트워크 어댑터, 공유기가 정상 작동하지 않는 경우입니다. 장치 관리자에서 네트워크 어댑터를 제거한 후 재설치하거나 무선 공유기를 다시 설정합니다.

이전 과정에서 확인한 IPv4 주소와 기본 게이트웨이 주소로 'ping' 검사를 진행합니다. 명령 프롬프트에서 'ping (IP 주소)'를 입력하고 Enter를 눌러 작업을 마무리합니다.

PC 응급실

'인터넷 옵션' 창이 표시되지 않아요

익스플로러에서 발생하는 모든 문제는 '인터넷 옵션' 창을 표시하여 다시 설정하거나 기본 값으로 되돌려 해결할 수 있습니다. '인터넷 옵션' 창이 표시되지 않거나 제어판에서 '인터넷 옵션'이 사라진 경우에는 다음과 같은 순서로 작업합니다.

1 | Ctrl + Shift + Esc를 눌러 작업 관리자를 실행하고, '자세히'를 클릭하여 확장합니다.

2 | 작업 관리자의 메뉴에서 '파일' → '새 작업 실행'을 실행합니다.

3 | '새 작업 실행' 대화상자에서 'inetcpl.cpl'을 입력하고 〈확인〉 버튼을 클릭하면 '인터넷 옵션' 창이 표시됩니다.

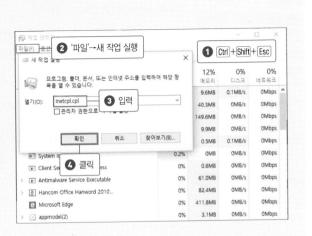

우리 집 무선 네트워크 보안 확인하기

☑ 무선 네트워크 보안 기술로 'WPA2'를 사용하는지 확인하세요.
☑ 무선 네트워크에 접속하려면 암호를 입력해야 하는지 확인하세요.

무선 랜을 이용하기 위해 사용하는 무선 공유기에는 대부분 자체 보안 기술이 적용되어 있습니다. 일반적으로 무선 공유기에 어떤 보안 기술이 적용되었는지 확인해 볼까요?

	WEP (Wired Equivalent Privacy)	WPA (Wi-Fi Protected Access)	WPA2 (Wi-Fi Protected Access2)
인증	사전 공유된 비밀 키 사용(64/128비트)	사전에 공유된 비밀 키를 사용하거나 별도의 인증 서버 이용	사전에 공유된 비밀 키를 사용하거나 별도의 인증 서버 이용
암호 방법	고정 암호 키 사용 RC4 알고리즘 사용	암호 키 동적 변경(TKIP) RC4 알고리즘 사용	암호 키 동적 변경 AES 등 강력한 암호 알고리즘 사용
보안성	가장 취약하므로 널리 사용되지 않음	WEP 방식보다 안전하지만 불완전한 RC4 알고리즘 사용	가장 강력한 보안 기능 제공

▲ 무선 공유기가 제공하는 보안 기술

💡 보안 설정을 하지 않은 무선 공유기는 타인이 무단으로 사용할 수 있고 해킹이나 개인 정보 유출 등 다양한 문제가 발생할 수 있습니다. 어떤 무선 공유기를 사용하는가에 따라 설정법이 다르므로 무선 공유기 설명서를 확인한 후 설정합니다. 보안 기능이 있는 와이파이 구축 방법은 175쪽에서 설명합니다.

무선 네트워크 연결 장치가 사용하는 무선 네트워크에 커서를 위치시키면 현재 연결된 무선 공유기와 보안 설정 여부를 확인할 수 있습니다. 보안 기능이 없는 와이파이는 느낌표가 나타납니다.

▲ 무선 네트워크의 보안 설정을 확인하세요.

해   결

10
와이파이 연결 암호 찾기

보안 설정된 와이파이에 연결하려면 암호를 입력해야 합니다. 공유기 암호는 한번 입력하면 이후 자동으로 연결되기 때문에 잊어버리기 쉽습니다. 와이파이 연결 암호가 필요한데 잊었다면 암호를 알아내고자 하는 공유기에 연결된 PC 나 노트북에서 작업해 암호를 찾을 수 있습니다.

따라하기

① 윈도우 작업 표시줄 검색 상자에 'ncpa.cpl'을 입력하고 Enter 를 누릅니다.

② '네트워크 연결' 창이 표시되면 '와이파이 아이콘'에서 마우스 오른쪽 버튼을 클릭하고 표시되는 메뉴에서 '상태'를 실행합니다.

③ 와이파이 상태 창이 표시되면 〈무선 속성〉 버튼을 클릭합니다.

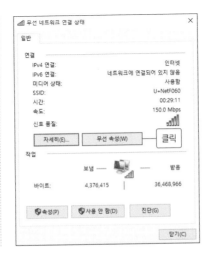

사용 중인 무선 네트워크 속성 창에서 '보안' 탭을 선택합니다. '문자 표시'에 체크 표시하면 네트워크 보안 키(암호)를 확인할 수 있습니다.

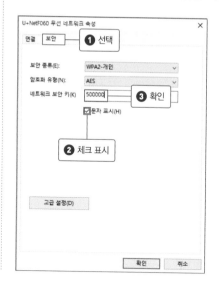

PC 응급실

웹사이트 보안 인증서에 문제가 있다는 메시지가 나와요

익스플로러로 특정 페이지에 접속했을 때 '이 웹사이트의 보안 인증서에 문제가 있습니다'라는 메시지가 표시되고 페이지가 전송이 안되는 문제가 발생하는 경우가 있습니다.

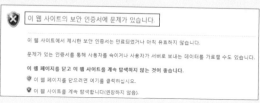

◀ 보안 인증서 문제 메시지

이 문제는 컴퓨터 시간을 맞춰 주면 쉽게 해결됩니다. 작업 표시줄의 시간을 클릭한 다음 '날짜 및 시간 설정'을 클릭하세요. 자동으로 시간 설정을 '꺼짐' 또는 '켬'으로 지정하여 시간을 자동 동기화하세요. 설정한 다음에도 날짜나 시간이 초기화된다면 메인보드 배터리 불량이나 메인보드 불량 문제일 수 있습니다.

◀ 시간 자동 동기화

무선 네트워크 설정하기

☑ 사용하는 무선 네트워크의 SSID를 확인하세요.
☑ 무선 네트워크 비밀번호를 바꾸려면 어떻게 해야 하는지 확인하세요.

check!
check!

유무선 공유기의 SSID 변경 및 암호 설정 방법을 알아보겠습니다. 기본 설정을 사용하면 보통 SSID는 iptime, zio, KTxx, U+Netxx 등 제조사 이름이나 인터넷 서비스 업체 이름을 사용합니다. 동일한 SSID는 서로 간섭이 있을 수 있고 구분하기 어려우므로 중복 안 되게 고유한 이름으로 바꾸는 것이 좋습니다. 유무선 공유기를 초기화했을 때도 설정 작업을 다시 해야 합니다.

무선 네트워크 설정 요령을 알아보겠습니다.

1

⊞+X를 누른 다음 '명령 프롬프트'를 실행하세요. 'ipconfig' 명령을 실행한 후 게이트웨이에 보이는 주소를 확인합니다.

2

웹브라우저를 실행한 다음 과정 1에서 확인한 IP 주소를 입력하세요. 공유기 설정 페이지가 전송됩니다. 설정을 변경하기 위해 로그인해야 합니다. 기본적으로 암호는 'admin'으로 설정되어 있습니다. 암호를 모른다면 인터넷 서비스 업체나 공유기 제조업체에 문의하세요.

TIP 공유기 업체마다 설정
화면이 조금씩 다릅니다.

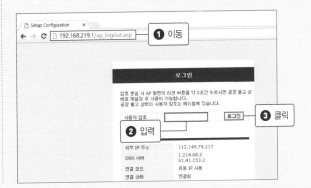

3 '무선 설정' 부분을 클릭한 다음 SSID(네트워크 이름)를 변경합니다. 원하는 영문 아이디로 바꿔야 합니다.

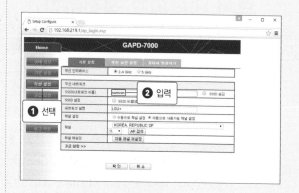

4 암호 설정은 '무선 설정' → '무선 보안 설정'에서 진행합니다. 보안 규칙 설정을 지정하고 공유키에서 사용할 암호를 입력하세요. 모든 설정이 끝나면 〈확인〉 버튼을 클릭합니다.

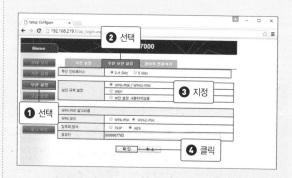

5 다른 사용자가 공유기 설정을 변경하는 것을 막으려면 '시스템 설정'으로 들어가 '비밀번호 변경'에서 로그인 암호를 바꾸면 됩니다.

Chapter 06

손상을 대비한
안전 장치 만들기

옛말에 '소 잃고 외양간 고친다'는 말이 있죠. 뒤늦게 후회하고 망가진 곳을 고쳐 봤자 이미 늦었다는 의미인데요. 윈도우는 손상될 경우를 대비한 여러 가지 예비 장치를 마련해 놓았습니다. 이런 예비 장치들이 제대로 작동해야 망가진 시스템을 원상태로 쉽게 복구할 수 있습니다. 어떤 예비 장치들이 있는지 알아보고 이 장치들을 가동해 보겠습니다.

01

백업 드라이브 필요성 알아보기

윈도우를 어떤 드라이브에 설치하고, 어떤 드라이브에 프로그램을 설치하는가에 따라 프로그램 실행 속도가 확연히 달라집니다.

윈도우에서 프로그램이 실행될 때는 본체 프로그램 파일(EXE)뿐만 아니라 서브 프로그램이나 다수의 프로그램에서 공통으로 사용하는 기능을 모은 DLL(Dynamic Link Library) 파일을 참고하면서 작동합니다. 또한, 응용 프로그램을 실행하면 레지스트리도 자주 읽습니다. 윈도우를 오래 사용하면 레지스트리 파일도 커지므로 파일을 읽는 데 오랜 시간이 걸립니다. '내 컴퓨터'를 실행하여 폴더 하나를 열어도 내 컴퓨터가 레지스트리를 몇 십 번씩 읽기도 합니다.

> **TIP** 레지스트리(Registry)는 시스템의 모든 설정 데이터를 모은 중앙 저장소라고 할 수 있습니다. 윈도우가 작동되는 구성 값과 설정, 프로그램과 관련된 모든 정보가 저장되어 있습니다.

▲ 프로그램을 실행할 때 파일 접근

> **TIP** 시스템 성능 향상을 위해 SSD에 윈도우를 설치하는 사용자가 많습니다. SSD에 데이터까지 저장하면 삭제할 때 복구할 수 없으므로 데이터는 하드디스크에 저장하세요.

윈도우가 설치된 C 드라이브에 작업용 데이터까지 저장하면 작업 속도는 점점 더 느려지기 때문에 별도로 데이터 저장과 백업을 위한 드라이브를 마련하는 것이 좋습니다.

백업은 윈도우가 설치되지 않았거나 부팅에 사용되지 않는 드라이브에 하여 드라이브가 고장날 확률을 줄입니다. 그러면 윈도우를 재설치하고 윈도우가 설치된 드라이브를 포맷하더라도 데이터를 별도로 보관할 필요가 없습니다.

파일 히스토리로 라이브러리 개인 데이터 보호하기

윈도우 10은 파일 원본이 손상된 경우에 대비해 복원할 수 있도록 복사본을 저장하는 '파일 히스토리(File History)' 기능을 윈도우가 설치된 드라이브 전체가 아닌 '라이브러리', '바탕 화면', '연락처', '즐겨찾기', 'OneDrive'에서 제공합니다. '라이브러리' 폴더 복사본은 왜 만들까요?

윈도우 10은 라이브러리(Library) 개념을 확장하여 사용자가 만든 다양한 데이터 폴더를 라이브러리에 등록해 빠르게 접근하고 관리할 수 있습니다. 라이브러리를 활용하면 사진 파일을 찾을 때 하드디스크 전체를 검색하는 것이 아닌 라이브러리에 등록된 '사진'을 클릭해 쉽게 찾을 수 있습니다. 개인 데이터를 보호하기 위해 라이브러리 폴더 복사본을 저장하는 것입니다.

파일 히스토리를 이용해 백업하기 위해서는 먼저 저장할 드라이브를 지정합니다. 이때 파일 저장 드라이브는 외장형을 사용하는 것이 좋습니다. 파일 복사본이 저장될 드라이브를 선택하고 파일 히스토리 기능을 활성화하겠습니다. 덧붙여 나만의 개인 폴더를 '파일 히스토리' 기능으로 보호하는 방법도 알아보겠습니다.

나만의 라이브러리 만들기

따라하기 ①

TIP 오른쪽 윗부분 '닫기' 아이콘 아래에 있는 화살표 모양을 클릭하여 리본 메뉴를 확장할 수 있습니다.

〈시작〉 버튼을 클릭한 다음 '파일 탐색기'를 실행합니다. '보기' 탭 → '창' 그룹에서 '탐색 창'을 클릭한 다음 '라이브러리 표시'에 체크 표시하고 왼쪽 폴더 영역에서 '라이브러리'를 클릭하세요.

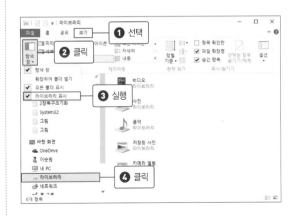

② 라이브러리 폴더 공간에서 마우스 오른쪽 버튼을 클릭하고 표시되는 메뉴에서 '새로 만들기' → '라이브러리'를 실행합니다.

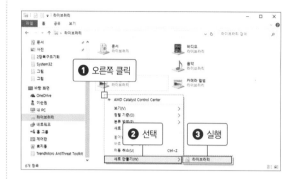

③ '새 라이브러리' 아이콘이 만들어지면 임의의 이름을 입력합니다. 새로운 라이브러리 아이콘을 더블클릭합니다.

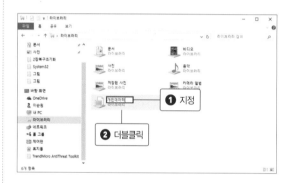

④ 라이브러리에 폴더를 포함시키기 위해 〈폴더 포함〉 버튼을 클릭합니다.

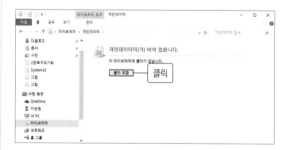

⑤ 라이브러리에 등록하여 파일 히스토리 기능을 사용할 폴더를 선택한 후 〈폴더 포함〉 버튼을 클릭합니다.

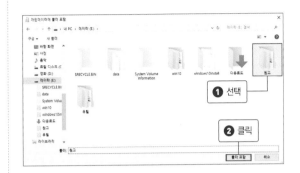

파일 히스토리 기능 켜기

따라하기 ①

제어판에서 '시스템 및 보안' → '보안 및 유지 관리'로 들어갑니다. '유지 관리' 를 확장하고 파일 히스토리 항목에서 '사용'을 클릭하세요.

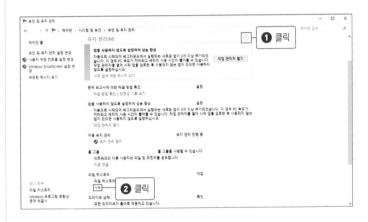

② '드라이브 선택'을 선택하면 윈도우가 설치되지 않은 하드디스크나 외장형 하드 디스크 목록이 표시됩니다. 사용할 장치를 선택하고 〈켜기〉 버튼을 클릭하세요.

TIP '폴더 제외'를 선택하 여 파일 히스토리 기능을 사 용하지 않으려는 폴더를 지정 하면 백업용 하드디스크 공간 을 줄일 수 있습니다.

③ '고급 설정'을 클릭합니다. 파일 복사본 저장 시간 간격을 지정합니다. 폴더에 저장되는 파일 특성에 따라 백업 기간을 지정합니다. 오프라인 캐시 크기에서는 백업에 사용할 하드디스크 최대 크기를 지정합니다. 저장된 버전 유지에서는 공간이 허용될 때까지 특정 기간의 백업본을 저장할지 결정하고 〈변경 내용 저장〉 버튼을 클릭합니다.

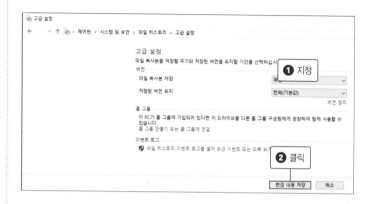

④ '파일 히스토리가 켜져 있습니다.'라는 메시지가 나타나면 성공입니다.

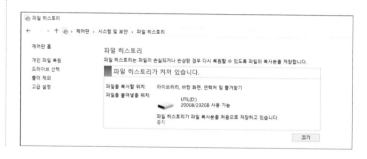

PC 응급실

미리 보기 기능을 사용하지 않아서 불필요한 thumbs.db 섬네일 파일이 만들어지지 않게 하려면 어떻게 해야 하나요?

윈도우 10의 탐색기로 이미지 미리 보기를 사용하지 않는다면 이미지 미리 보기 정보가 저장되는 thumbs.db 파일이 필요 없게 됩니다. 필요 없어진 thumbs.db 파일을 삭제하면 되는데 로컬 그룹 정책 편집기를 이용해 아예 만들어지지 않도록 설정할 수 있습니다.

1 | ▨+ℝ을 눌러 '실행' 창이 표시되면 'gpedit.msc'를 입력해 로컬 그룹 정책 편집기를 실행합니다.
2 | '로컬 컴퓨터 정책' → '사용자 구성' → '관리 템플릿' → 'Windows 구성 요소' → '파일 탐색기'를 클릭한 다음 '숨겨진 thumbs.db 파일에서 미리 보기 캐싱 끄기'를 더블클릭합니다. 왼쪽 윗부분에서 '사용'을 선택한 다음 〈확인〉 버튼을 클릭하세요.

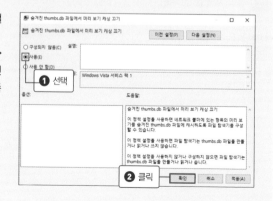

해 결
03

시스템 복원 기능 켜기

윈도우에 문제가 생기면 이전 상태로 되돌릴 수 있는 '시스템 복원' 기능을 사용합니다. 윈도우 7부터는 시스템 복원 안전성이 향상되었고, 파일 변경 내용까지 되돌릴 수 있는 '섀도우 카피' 기능까지 추가되었습니다. 이러한 시스템 복원 기능을 사용하지 않을 이유가 없죠.

시스템 보호 기능을 설정하는 데도 요령이 있습니다. 관리 센터를 통해 시스템 보호 기능을 켜기 위한 최적화된 보호 설정 방법을 알아보겠습니다.

따라하기 ①

제어판에서 '시스템 및 보안' → '보안 및 유지관리'를 선택하고 '복구'를 클릭합니다.

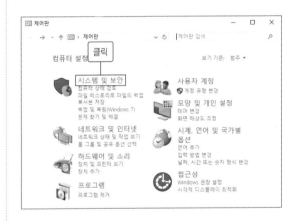

② 고급 복구 도구 화면이 나타나면 '시스템 복원 구성'을 클릭합니다.

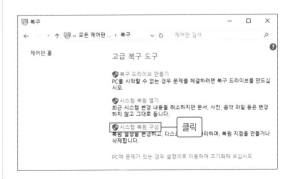

TIP 〈만들기〉 버튼을 클릭
하면 시스템 복원 지점을 만
들 수 있습니다.

③ '시스템 속성' 창이 표시되면 '시스템 보호' 탭에서 시스템 보호 기능을 사용할
하드디스크를 선택하고 〈구성〉 버튼을 클릭합니다.

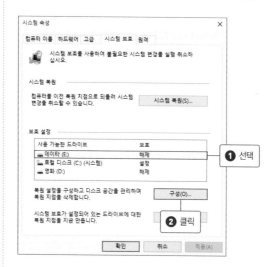

④ 시스템 복원이 사용할 디스크 공간을 조절할 차례입니다. 복원 설정 항목에서
'시스템 보호 사용'을 선택하고, 디스크 공간 사용 항목에서 슬라이더를 조절
해 하드디스크 크기를 설정합니다. 윈도우가 설치된 하드디스크는 시스템 보호
에 '10GB' 정도로 설정하는 것이 좋습니다. 데이터 보호를 위한 하드디스크는
'5~30GB' 정도로 설정하고 〈확인〉 버튼을 클릭합니다.

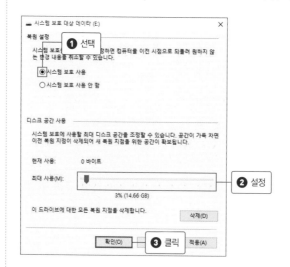

⑤ 과정 ③~④를 반복해 하드디스크 설정 작업을 진행합니다. 모든 설정이 끝나
면 〈확인〉 버튼을 클릭합니다.

자동 백업 진행하기

윈도우 7부터는 데이터를 쉽게 백업할 수 있도록 백업 도구를 제공하며, 윈도우 10과 윈도우 8에서도 윈도우 7 백업 솔루션을 사용할 수 있습니다.

자동으로 필요한 데이터만 백업되도록 지정하기 위해서는 윈도우가 제공하는 백업 도구를 이용합니다. 백업 위치를 디스크 관리에서 만든 가상 하드디스크로 설정하면 비밀 장소에 데이터를 저장할 수 있습니다. 데이터가 저장된 가상 하드디스크 복사본을 여러 개 만들면 보다 안전하게 데이터를 백업할 수 있습니다.

따라하기 ① 제어판의 '시스템 및 보안' 항목에서 '백업 및 복원(Windows 7)'을 선택합니다. 백업될 항목을 선택하기 위해 '백업 설정'을 클릭하세요.

② 백업을 저장할 저장소를 선택합니다. 193쪽에서 볼륨 축소를 이용해 만드는 새 드라이브를 선택하거나 197쪽에서 만드는 가상 디스크를 이용하는 것이 좋습니다. 백업 저장소 선택이 끝나면 〈다음〉 버튼을 클릭하세요.

TIP '이 드라이브의 시스템 이미지를 저장할 공간이 부족합니다.'라는 메시지가 표시되도 무시하고 작업하세요. 이미지 백업은 제외하고 백업을 진행합니다.

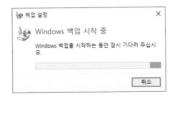

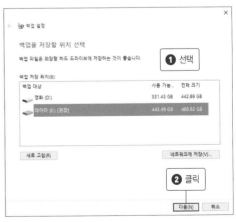

③ '직접 선택'을 클릭하고 〈다음〉 버튼을 클릭하여 자동 백업할 항목을 선택합니다.

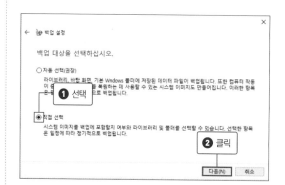

④ 'EFI 파티션 시스템, (C:), Windows 복구 환경 드라이브의 시스템 이미지 포함' 의 체크 표시를 해지하고, '새로 생성된 사용자에 대한 데이터 백업'을 클릭해 선택을 해제합니다. 자동 백업할 항목의 선택이 끝나면 〈다음〉 버튼을 클릭합니다.

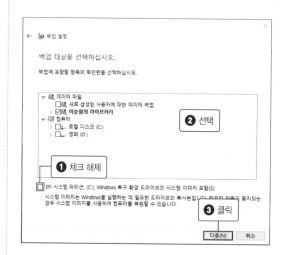

⑤ '일정 변경'을 클릭해 백업을 언제, 어떻게 진행할지 선택합니다.

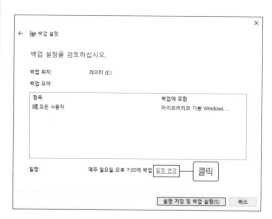

⑥ '예약 백업 실행(권장)'에 체크 표시하고 백업 간격, 시간 등을 지정한 다음 〈확인〉 버튼을 클릭합니다.

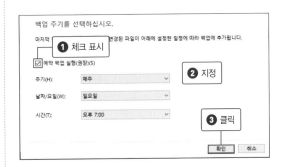

⑦ 백업이 진행됩니다.

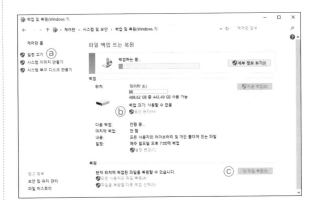

ⓐ **일정 끄기** : 자동으로 백업이 진행되는 것을 멈춥니다.

ⓑ **공간 관리** : 이전 백업 파일들을 삭제할 수 있습니다.

ⓒ **내 파일 복원** : 파일을 복원합니다.

PC 응급실

무심코 닫은 익스플로러의 탭을 다시 열고 싶어요

탭 브라우저인 익스플로러에서 여러 탭을 열어 두고 작업하다가 실수로 사용 중인 중요한 탭을 닫는 경우가 있습니다. 해당 탭을 다시 보려면 어떻게 해야 할까요?

1 | 인터넷이 실행되어 있는 상태에서 Internet Explorer 아이콘을 마우스 오른쪽 버튼으로 클릭하고 '새 탭 열기'를 실행하면 새 탭이 표시됩니다.

2 | 익스플로러를 사용하면서 자주 방문했던 사이트 목록이 나타납니다. 아래쪽에서 '닫은 탭 다시 열기'를 클릭하여 표시되는 메뉴에서 방문할 사이트를 선택합니다.

3 | 복구할 항목을 선택하면 해당 사이트가 새 탭으로 열립니다.

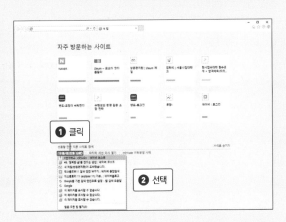

05
시스템 복구 드라이브 만들기

윈도우가 정상적으로 시작되지 않을 때 유용하게 사용할 수 있는 복구 드라이브를 만들겠습니다.

용량이 8GB 이상 되는 USB 메모리를 준비하세요.

따라하기

① 제어판을 아이콘으로 표시한 다음 '보안 및 유지 관리'를 선택하고 '복구'를 클릭합니다. '고급 복구 도구'가 열리면 '복구 드라이브 만들기'를 선택합니다.

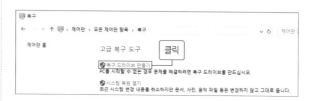

② '복구 드라이브 만들기' 창이 열리면 '시스템 파일을 복구 드라이브에 백업합니다.'에 체크 표시된 채로 〈다음〉 버튼을 클릭합니다.

③ 복구 드라이브로 사용할 USB 메모리를 연결하세요. 복구 드라이브로 사용할 USB 메모리를 선택하고 〈다음〉 버튼을 클릭합니다.

④ 드라이브에 있는 모든 파일이 삭제된다는 메시지가 나옵니다. 〈만들기〉 버튼을 클릭하여 진행합니다.

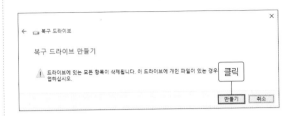

⑤ 복구 드라이브가 준비되었다는 메시지가 나오면 〈마침〉 버튼을 클릭합니다. '복구 파티션 삭제'를 클릭하여 하드디스크에 있는 복구 파티션을 삭제할 수 있습니다.

💡 **TIP** 하드디스크 여유 공간이 부족하다면 복구 파티션을 삭제하세요.

⑥ 77쪽을 참고해 USB 메모리로 부팅하도록 설정합니다. 만들어진 USB 복구 메모리로 부팅되면 사용할 키보드 레이아웃 선택 화면에서 'Microsoft 한글 입력기'를 선택합니다.
옵션 선택 화면에서 '문제 해결'을 선택하여 '문제 해결' 앱에서 복구 작업을 진행합니다.

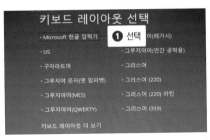 

06
윈도우 USB 설치 미디어 준비하기

TIP 클린 설치란 하드디스크 모든 파티션을 삭제하고 윈도우만 설치하는 것을 의미합니다.

윈도우 클린 설치를 위해서는 윈도우 10 설치용 부팅 가능한 USB 미디어를 만들어야 합니다. 마이크로소프트 사이트에서 필요한 도구를 다운로드하여 USB 미디어를 만드는 방법을 알아보겠습니다.

따라하기 ①

웹브라우저를 실행한 다음 다음 사이트를 방문합니다. 〈지금 도구 다운로드〉 버튼을 클릭하세요.

http://www.microsoft.com/ko-kr/software-download/windows10

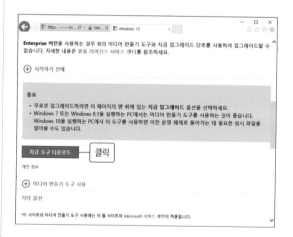

② 다운로드 받은 도구를 실행합니다. 사용 조건 '다른 PC용 설치 미디어 만들기'를 선택하고 〈다음〉 버튼을 클릭합니다.

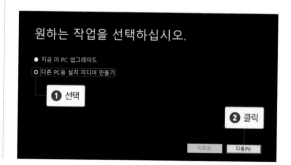

③

TIP 만일 이 과정에서 문제가 발생한다면 '이 PC에 권장 옵션 사용'의 체크 표시를 해지하고 언어를 '한국어'에서 타국가 언어로 변경한 다음 다시 '한국어'로 순서를 변경해 진행하면 문제가 해결됩니다.

언어, 버전 및 아키텍처를 지정하고 〈다음〉 버튼을 클릭합니다. 사용하는 윈도우 버전은 제어판의 시스템 및 보안 시스템에서 확인할 수 있습니다.

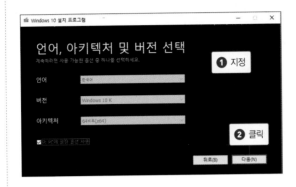

윈도우 7, 8 버전별 업그레이드 가능한 윈도우 10을 다음 표를 확인해 선택하세요.

윈도우 7에서 윈도우 10으로

다음 에디션에서	다음 에디션으로
Windows 7 Starter	Windows 10 Home
Windows 7 Home Basic	
Windows 7 Home Premium	
Windows 7 Professional	Windows 10 Pro
Windows 7 Ultimate	

윈도우 8에서 윈도우 10으로

다음 에디션에서	다음 에디션으로
Windows 8.1	Windows 10 Pro
Windows 8.1 Pro	
Windows 8.1 Pro Student	
Windows 8.1 Pro WMC	
Windows Phone 8.1	Windows 10 Mobile

④

USB 설치 미디어를 만들려면 'USB 플래시 드라이브'를 선택하고, ISO 파일로 만들려면 'ISO 파일'을 선택한 다음 〈다음〉 버튼을 클릭합니다.

⑤ 설치 미디어로 만들 USB 드라이브를 선택하고 〈다음〉 버튼을 클릭합니다.

⑥ 미디어 만들기가 완료되면 〈마침〉 버튼을 클릭합니다.

PC 응급실

윈도우 설치용 ISO 파일은 어디서 구하나요?

윈도우 10 설치용 ISO 파일이 있다면 쉽게 윈도우 10을 클린 설치할 수 있습니다. 정품 인증은 가지고 있는 제품 키를 입력하면 됩니다.

1 | 마이크로소프트 다운로드 사이트(http://www.microsoft.com/en-us/software-download/techbench)를 방문합니다.
2 | 다운로드할 윈도우 에디션을 선택하고 〈Confirm〉 버튼을 클릭하세요.
3 | 언어를 지정하고 〈Confirm〉 버튼을 클릭합니다.
4 | 윈도우 버전을 선택하면 다운로드가 진행됩니다.

 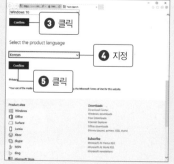 

07

백업할 드라이브 만들기 – 볼륨 축소

제대로 백업하기 위해서는 윈도우가 설치되지 않은 드라이브, 프로그램이 설치되지 않은 드라이브, 부팅에 사용되지 않는 드라이브에 실행하는 것이 좋습니다.
만약 하드디스크가 하나의 드라이브로 되어 있어 백업용 드라이브가 따로 없으면, 디스크 관리에서 '볼륨 축소' 기능을 사용해 새 드라이브를 만든 후 데이터 백업용으로 사용합니다.

따라하기

① 데스크톱 모드에서 ⊞+X를 누르고 표시되는 메뉴에서 '디스크 관리'를 실행합니다.

② 디스크 관리가 실행되면 '사용 가능한 공간' 탭에서 20GB 이상의 볼륨을 확인합니다. 여유 공간이 있는 디스크에서 마우스 오른쪽 버튼을 클릭하고 표시되는 메뉴에서 '볼륨 축소'를 실행합니다.

TIP 시스템에 하드디스크가 몇 개 장착되었고, 어떻게 분할되어 있는지 알아보기 위해서는 먼저 ⊞+X를 누르고 표시되는 메뉴에서 '컴퓨터 관리'를 실행합니다. 탐색 창에서 저장소 아래쪽의 '디스크 관리'를 선택하여 확인할 수 있습니다.

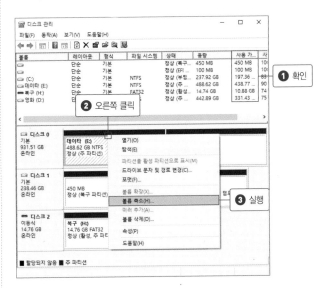

③ 축소할 디스크 공간을 계산해서 보여줍니다. 현재 드라이브에 저장된 데이터 양에 의해 크기가 결정됩니다. 드라이브 전체 크기에서 데이터 저장에 사용할 공간을 뺀 나머지 크기가 축소 후 전체 크기 항목입니다. 데이터가 저장될 드 라이브 크기는 축소할 공간 입력 항목에 나타납니다. 축소할 공간을 입력한 후 〈축소〉 버튼을 클릭합니다.

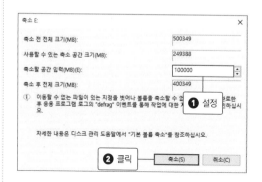

④ '할당되지 않음'으로 표시된 영역이 나타납니다. 이 파티션에서 포맷 작업을 진 행하기 위해 마우스 오른쪽 버튼을 클릭하고 표시되는 메뉴에서 '새 단순 볼륨' 을 실행합니다.

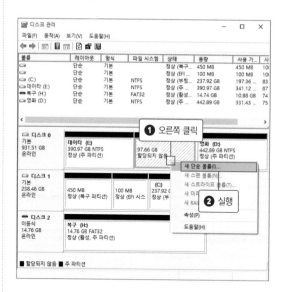

⑤ '단순 볼륨 만들기 마법사' 창이 표시되면 〈다음〉 버튼을 클릭합니다. 단순 볼륨 크기를 입력한 후 전체를 하나의 드라이브로 지정하기 위해 〈다음〉 버튼을 클릭합니다.

⑥ 드라이브 문자를 할당하기 위해 원하는 드라이브 문자를 지정한 후 〈다음〉 버튼을 클릭합니다.

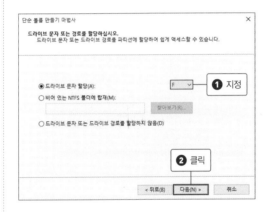

⑦ 해당 볼륨을 포맷하기 위해 파일 시스템과 할당 단위 크기를 지정하고 〈다음〉 버튼을 클릭합니다. 이때 할당 단위 크기는 기본 값으로 지정하는 것이 좋습니다.

TIP '빠른 포맷 실행'에 체크 표시하면 포맷 시간을 단축할 수 있습니다. 시간적인 여유가 있으면 '빠른 포맷 실행'의 체크 표시를 해제하여 빠른 포맷을 사용하지 않고 전체 포맷을 진행하는 것이 좋습니다.

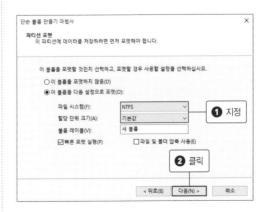

⑧ '단순 볼륨 만들기 마법사 완료'가 표시되면 〈마침〉 버튼을 클릭합니다.

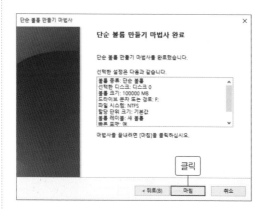

⑨ 새로 만든 파티션의 포맷 작업이 진행됩니다. 새로 만들어진 데이터 저장용 드라이브에서 드라이브명을 확인합니다.

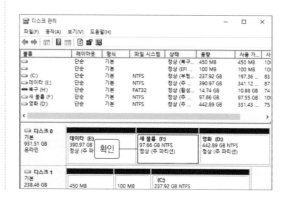

PC 응급실

드라이브 이름(볼륨명)을 바꾸고 싶어요

드라이브를 포맷할 때는 포맷 방법과 함께 볼륨 레이블에 '데이터-백업'과 같은 드라이브 이름을 입력해 드라이브 용도를 명확하게 지정할 수 있습니다.

볼륨 레이블을 변경해야 하면 파일 탐색기에서 해당 드라이브를 클릭해 선택한 후 마우스 오른쪽 버튼을 클릭하고 표시되는 메뉴에서 '속성'을 실행합니다. 속성 창이 표시되면 볼륨명을 변경하고 〈확인〉 버튼을 클릭합니다.

드라이브 이름을 변경할 수 있는 속성 창 ▶

08
데이터를 보관할 가상 하드디스크 만들기

윈도우는 하드디스크가 하나 더 있는 것처럼 사용할 수 있는 가상 하드디스크 제작 프로그램이 있습니다. 가상 하드디스크는 'xxx.vhd', 'xxx.vhdx'와 같은 형태의 가상 파일일 뿐이지만 윈도우에서는 마치 또 다른 하드디스크처럼 디스크 안에 파일을 기록하고 삭제하는 등의 모든 작업이 가능합니다.

가상 하드디스크에 필요한 데이터를 복사한 후 분리하면 다른 사람이 모르게 데이터를 보관할 수 있습니다. 가상 하드디스크 파일 하나를 여러 개로 복제하면 안전하게 데이터를 백업할 수도 있습니다. 일석이조의 작업을 가능하게 하는 가상 하드디스크를 만들고 연결 및 해제하는 방법을 알아보겠습니다.

가상 하드디스크 만들기

따라하기 ① 제어판에서 '시스템 및 보안' → '관리 도구' 항목의 '하드 디스크 파티션 만들기 및 포맷'을 실행합니다. 또는 🏁+☒를 누른 후 표시되는 메뉴에서 '디스크 관리'를 실행합니다.

② 디스크 관리가 실행되면 메뉴에서 '동작' → 'VHD 만들기'를 실행합니다.

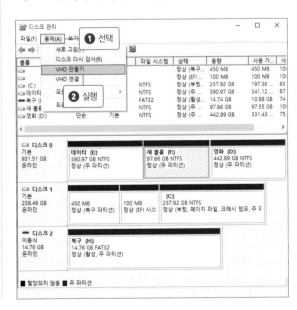

③ '가상 하드 디스크 만들기 및 연결' 창이 표시되면 〈찾아보기〉 버튼을 클릭하여 가상 하드디스크가 만들어질 위치를 지정합니다. 파일 이름에 가상 하드디스크의 이름을 입력하고 〈저장〉 버튼을 클릭합니다.

④ 가상 하드 디스크 유형 항목에서 '고정 크기 (권장)'을 선택합니다. 위쪽의 가상 하드 디스크 크기 항목에서 용량 단위를 설정한 후 〈확인〉 버튼을 클릭합니다.

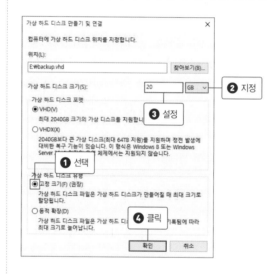

가상 하드디스크 초기화하기

따라하기 ① 디스크 관리의 상태 표시줄에서 가상 하드디스크 제작 과정을 확인할 수 있습니다. 가상 하드디스크가 만들어지면 할당되지 않은 디스크가 하나 더 생깁니다. 만들어진 가상 하드디스크에서 마우스 오른쪽 버튼을 클릭하고 표시되는 메뉴에서 '디스크 초기화'를 실행합니다.

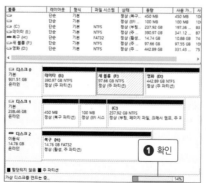

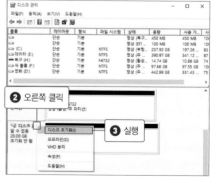

② '디스크 초기화' 창이 표시되면 선택한 디스크에 사용할 파티션 형식 항목에서 'MBR(마스터 부트 레코드)'를 선택한 후 〈확인〉 버튼을 클릭합니다.

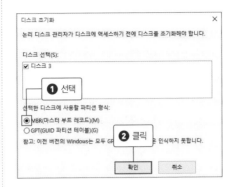

③ 새로 만들어진 가상 하드디스크는 '온라인' 상태입니다. 다시 가상 하드디스크에서 마우스 오른쪽 버튼을 클릭하고 표시되는 메뉴에서 '새 단순 볼륨'을 실행합니다.

④ 단순 볼륨 만들기 마법사가 시작됩니다. 드라이브에 문자를 할당하고 포맷하는 과정은 549쪽을 참고합니다.

⑤ 개인 데이터를 보관할 가상 하드디스크가 만들어집니다. 가상 하드디스크는 에메랄드 색으로 표시됩니다.

▲ 새로 만들어진 가상 하드디스크

가상 하드디스크 분리 연결하기

 따라하기 ①

가상 하드디스크 내용을 파일 탐색기에서 확인할 수 있습니다. 가상 하드디스크는 분리하면 볼 수 없으므로 가상 하드디스크에서 마우스 오른쪽 버튼을 클릭하고 표시되는 메뉴에서 'VHD 분리'를 실행합니다. '가상 하드 디스크 분리' 대화상자가 표시되면 〈확인〉 버튼을 클릭합니다.

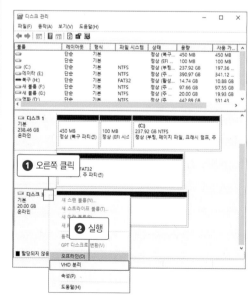

② 가상 하드디스크 내용을 확인하기 위해서는 메뉴에서 '동작' → 'VHD 연결'을
실행합니다.

③ '가상 하드 디스크 연결' 대화상자가 표시되면 〈찾아보기〉 버튼을 클릭합니다.
가상 하드디스크 파일(*.VHD, *.VHDX) 경로로 이동하여 선택한 후 〈열기〉 버
튼을 클릭합니다. 가상 하드디스크 파일 선택을 마치면 〈확인〉 버튼을 클릭합
니다.

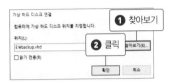

④ 파일 탐색기에서 가상 하드디스크 파일을 찾아 마우스 오른쪽 버튼을 클릭하
고 표시되는 메뉴에서 '탑재'를 실행하면 가상 하드디스크가 바로 연결됩니다.

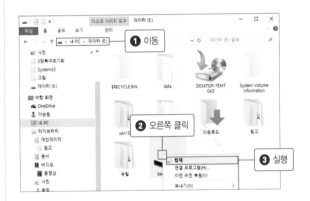

⑤ 가상 하드디스크를 분리하기 위해서는 가상 하드디스크에서 마우스 오른쪽 버
튼을 클릭하고 표시되는 메뉴에서 '꺼내기'를 실행합니다.

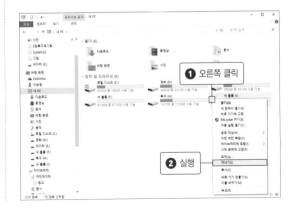

복사본 만들어 안전하게 데이터 백업하기

윈도우 10에는 '저장소 공간'이라는 기능이 있습니다. 저장소 공간은 'Thin Provisioning 스토리지 가상화'를 이용해 저장 공간 여러 개를 다양한 방식으로 사용하는 기능입니다. 예를 들어, 저장소 공간을 이용해 드라이브 두 개 이상에 파일을 저장하여 드라이브 오류에서 파일을 보호하거나 하드디스크를 여러 개 단순하게 묶어 작은 하드디스크를 확장해서 사용할 수 있습니다. 또한, 하드디스크 용량이 부족할 때 포맷 작업 없이 간편하게 드라이브를 추가할 수 있습니다. 저장소 관리를 이용해 데이터 복사본을 안전하게 백업하는 방법을 알아보겠습니다. 저장소 관리의 양방향 미러, 3방향 미러를 통해 중요한 데이터를 이중, 삼중으로 보관할 수 있습니다.

미러 기능을 이용해 복사본을 저장하려면 드라이브가 최소 두 개 이상 필요합니다.

따라하기

① 시작 메뉴의 검색창에 '저장소' 또는 '저장소 공간'을 입력한 다음 '저장소 공간'을 실행합니다. 또는 제어판에서 '시스템 및 보안' → '저장소 공간'을 클릭합니다. '새 풀 및 저장소 공간 만들기'를 클릭합니다.

② 저장소 드라이브를 체크 표시합니다. 선택한 드라이브가 모두 포맷되고 내부 데이터가 삭제되면 〈풀 만들기〉 버튼을 클릭합니다.

③ 복원 유형은 단순히 합치는 목적이면 '단순(복원 없음)'으로 지정합니다. 중요한 데이터라면 '양방향 미러'나 '3방향 미러'로 지정해 보관할 수 있으며, 이 경우 하드디스크가 두 개 이상이어야 합니다.

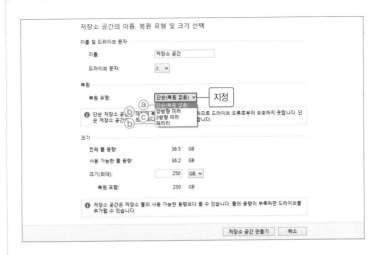

ⓐ **단순(복원 없음)** : 단순 저장소 공간은 데이터 복사본을 하나만 기록하므로 드라이브 오류에서 보호하지 못합니다. 단순 저장소 공간에는 드라이브가 하나 이상 필요합니다.
ⓑ **양방향 미러** : 데이터 복사본을 두 개로 기록하여 단일 드라이브 오류에서 보호합니다. 양방향 미러 저장소 공간에는 드라이브가 두 개 이상 필요합니다.
ⓒ **3방향 미러** : 데이터 복사본을 세 개로 기록하여 두 개의 드라이브 동시 오류에서 보호합니다. 3방향 미러 저장소 공간에는 드라이브가 다섯 개 이상 필요합니다.
ⓓ **패리티** : 패리티 정보와 함께 데이터를 기록하여 단일 드라이브 오류에서 보호합니다. 패리티 저장소 공간에는 드라이브가 세 개 이상 필요합니다.

④ 크기 항목에서 백업 데이터 크기에 맞게 저장소 크기(최대)를 설정하고 이름 및 드라이브 문자 항목에서 이름에 원하는 이름을 입력합니다. 드라이브 문자는 저장소 공간의 드라이브 이름입니다. 설정을 마치면 〈저장소 공간 만들기〉 버튼을 클릭합니다.

> **TIP** 단순히 저장 공간을 만드는 경우 크기(최대)에는 사전 가상화 드라이브의 용량을 지정합니다. 63TB까지 설정할 수 있으며, 드라이브 용량을 늘릴 때마다 크기를 함께 늘려야 하는 번거로움이 있으므로 미리 크게 설정합니다.

⑤

저장소 공간이 만들어지고 데이터를 백업합니다.

TIP 'Thin Provisioning 스토리지 가상화'의 가장 큰 장점은 4GB USB 메모리를 이용해 늘어날 데이터 용량을 감안하여 63TB까지 확장해서 가상 공간을 미리 예약할 수 있는 점입니다. 용량이 부족하면 저장 장치를 추가할 수 있습니다.

PC 응급실

라이브러리가 작동하지 않는다는 오류 메시지가 나타나요

라이브러리 폴더에 손상된 파일이 있거나 링크가 손상된 경우 라이브러리가 작동하지 않는다는 오류 메시지가 나타날 수 있습니다. 파일 탐색기의 '라이브러리'에서 마우스 오른쪽 버튼을 클릭하고 표시되는 메뉴에서 '기본 라이브러리 복원'을 실행하면 문제를 해결할 수 있습니다. 라이브러리를 초기화하는 과정이며 데이터를 삭제하는 과정은 아니기 때문에 라이브러리 설정 작업을 다시 진행해야 합니다.

라이브러리 복원을 진행해도 사용할 수 없다는 메시지가 나타나면 해당 라이브러리 항목에서 마우스 오른쪽 버튼을 클릭하고 표시되는 메뉴에서 '삭제'를 실행해 제거합니다. 라이브러리에 등록된 모든 항목을 제거한 후 '기본 라이브러리 복원'을 재실행하면 라이브러리가 완벽하게 복원됩니다.

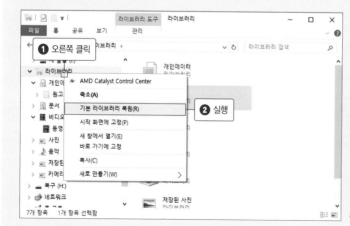

◀ 기본 라이브러리 복원

check!
check!

노트북 복구 솔루션 사용하기

☑ 문서, 음악, 사진, 동영상 저장 위치를 확인하세요.
☑ 앱이 기본적으로 설치되는 저장 위치를 확인하세요.

윈도우는 재설치가 필요한 운영체제입니다. 윈도우를 재설치할 때는 윈도우가 설치된 드라이브를 포맷하고 설치합니다. 때문에 윈도우가 설치된 드라이브에 같이 저장된 백업하지 않은 데이터는 자동으로 지워집니다.
데이터가 손실되지 않도록 앱, 문서, 음악, 사진, 동영상 등 개인 데이터가 저장되는 위치를 변경해 보겠습니다.

1

윈도우 〈시작〉 버튼을 클릭한 다음 '설정'을 실행합니다. '설정' 창이 열리면 '시스템' → '저장 공간'을 클릭합니다.

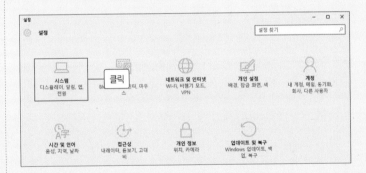

2

'저장 공간'을 클릭하고 저장 위치 항목에서 앱, 문서, 음악, 사진, 동영상 등 저장 위치의 목록 버튼을 클릭하고 저장 폴더를 변경합니다.

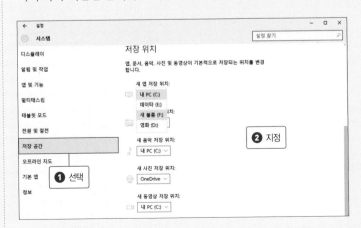

PART
2

하드웨어 기초, 진단 · 문제 해결 · 관리하기

내 PC를 내가 지키려면 PC를 구성하는 부품부터 이해해야 합니다. CPU, 메인보드, 하드디스크, SSD, 메모리, 그래픽 카드 등 각 부품이 성능을 높이기 위해 어떻게 발전해 왔는지, 부품 성능을 결정하는 척도는 무엇인지, 부품 수명을 늘리기 위해서는 어떻게 관리해야 할지, 꼭 짚고 넘어가야 할 부품 신기술에 대해 알아보겠습니다.

Chapter 01

CPU 구조와 역할
알아보기

PC에 장착된 CPU 이름을 PC 명칭으로 사용할 정도로 CPU는 PC에서 핵심이 되는 부품입니다. CPU는 모든 장치를 제어하고 모든 프로그램 명령을 해석해서 실행합니다. 최신 CPU에는 계산을 처리하는 코어가 두 개 이상 있습니다. 멀티코어 CPU를 이해해야 멀티태스킹 작업을 보다 효율적으로 할 수 있으며 시스템을 보다 빠르게 사용할 수 있습니다. CPU를 구별하는 방법부터 CPU 성능을 확인하는 방법까지 알아보겠습니다.

01
CPU는 어떻게 빨라지는가?

CPU는 Central Processing Unit의 약자로 글자 그대로 중앙처리 장치를 의미합니다. CPU는 컴퓨터 두뇌에 해당하는 장치로 PC 정중앙에서 모든 데이터를 처리하는 장치입니다. CPU는 마이크로프로세서, APU, SoC, AP라는 여러 이름으로 불립니다. CPU가 어떻게 빨라지고 진화를 거듭하는지 알아보겠습니다.

CPU = 마이크로프로세서, APU, SoC, AP

CPU는 사용자가 입력한 명령어를 해석, 연산하고 그 결과를 출력하는 역할을 합니다. 이렇게 부품 하나에 연산 장치, 해독 장치, 제어 장치가 집적되어 있는 형태이기에 마이크로프로세서(Micro-Prodcessor)라고 합니다.

CPU와 마이크로프로세서는 같은 의미로 사용되지만 마이크로프로세서는 PC 뿐 아니라 전기밥솥, 세탁기 등 제품의 제어용으로도 쓰입니다. 특별히 PC에 장착되는 마이크로프로세서는 CPU라고 불립니다.

PC에 장착되는 CPU는 발전을 거듭해 최근에는 CPU에 GPU(그래픽 처리 장치)와 각종 장치용 제어기가 함께 들어가 있습니다. AMD는 CPU와 GPU 기능을 융합한 PC용 통합용 프로세서를 APU(Accelerated Processing Unit)라고 부르기도 합니다.

그리고 스마트폰과 같은 소형기기에 주로 사용되는 통합형 프로세서는 CPU보다는 SoC(System on a Chip), 혹은 AP(Application Processor)라고 부릅니다.

▲ CPU(i7-6700k)   ▲ APU(A10-7800)   ▲ SoC

작동 클럭보다 코어 수가 중요해진 CPU

TIP 코어란 CPU에 내장된 처리 회로 핵심 부분으로서, 예전에는 CPU 한 개 당 코어 한 개(단일 코어, Single Core)만을 가지고 있는 것이 당연했지만 2005년, 코어를 두 개 갖춘 듀얼 코어(Dual Core) CPU인 인텔 '펜티엄(Pentium) D'와 AMD '애슬론(Athlon)64 ×2'가 등장하면서 일반 PC에서도 다중 코어 CPU 대중화가 시작되었습니다.

CPU 속도를 나타내는 대표적인 단위는 '클럭(Clock)'으로, 이는 1초당 CPU 내부에서 몇 단계 작업이 처리되는지를 측정해 이를 주파수 단위인 'Hz(헤르츠)'로 나타낸 것입니다. 따라서, 이 클럭 수치가 높을수록 빠른 CPU라고 할 수 있습니다.

1971년에 등장한 세계 최초 컴퓨터 CPU인 '인텔(Intel) 4004'의 최대 동작 클럭은 740KHz(74만Hz)였으며, 2015년 판매 중인 CPU '인텔 코어(Core) i7 4790K'의 동작 클럭은 4GHz(약 40억Hz)입니다.

인텔에서 인터넷 활용을 위한 CPU인 넷버스트 아키텍처를 이용한 펜티엄4를 내놓을 때만 해도 2010년에는 20GHz 프로세서를 내놓을 수 있을 것으로 전망했습니다. 그러나 인텔은 4GHz(코드명 테자스, Tejas)로 동작하는 CPU 개발을 포기합니다. CPU 클럭 속도가 증가함에 따라 발열과 전력 소모량도 엄청나게 증가하는 문제점을 해결할 방법이 없고 클럭 향상에 따른 성능 차이가 별로 없기 때문입니다. 새로운 돌파구를 찾던 인텔은 결국 클럭이 아닌 멀티 코어로 CPU 성능을 올리기 시작했습니다.

똑똑한 CPU는 CPU 안에 들은 코어가 많은 CPU라고 할 수 있습니다.

코어 두 개를 갖춘 듀얼 코어(Dual Core), 코어 네 개를 갖춘 쿼드 코어(Quad Core) CPU, 코어 여섯 개를 갖춘 헥사 코어(Hexa Core) CPU, 그리고 코어 여덟 개를 갖춘 옥타 코어(Octa Core) CPU도 차례로 PC 시장에 등장했습니다.

TIP 멀티 코어 CPU는 동시에 여러 가지 작업을 하거나 다중 코어 연산에 최적화된 소프트웨어를 구동할 때 비로소 큰 효과를 볼 수 있습니다. 다중 코어 연산을 지원하지 않는 소프트웨어를 사용하거나 한 가지 작업만 집중적으로 할 때는 코어가 많고 클럭 수치는 낮은 CPU보다는 코어 수가 적어도 클럭 수치가 높은 CPU를 사용하는 것이 오히려 나은 결과를 내는 경우도 많습니다. 그래픽 편집 프로그램이나 동영상 인코딩 프로그램, 혹은 파일 압축 프로그램 중 다중 코어를 지원하는 프로그램이 많은 이유입니다.

인터넷 처리 성능 향상

넷버스트 아키텍처 → 코어 마이크로 아키텍처 →

펜티엄 D(두 개)   코어 2 듀오(두 개)   코어 2 쿼드(네 개)

코어 마이크로 아키텍처

하이퍼스레딩 지원

i7(여덟 개)   i5(여덟 개)   i3

멀티미디어 처리 성능 향상

코어 개수는 몇 개까지 늘어날 수 있을까요? 인텔과 AMD는 코어 수를 두 개에서 네 개, 여덟 개, 열여섯 개로 늘려 가고 있습니다. 코어 개수가 많으면 멀티태스킹 작업에 유리합니다. 클럭을 높이거나 새로운 아키텍처를 개발하지 않아도 코어를 늘리면 쉽게 성능을 이끌어낼 수 있습니다.

다중 코어 CPU는 내장된 코어 수와 같은 수의 단일 코어 CPU를 동시에 설치한 것과 유사한 성능을 냅니다. 이를테면 듀얼 코어 CPU는 기존 단일 코어 CPU가 두 번에 걸쳐 처리해야 하는 작업을 듀얼 코어 CPU는 한 번에 끝낼 수 있어 전반적인 처리 효율을 높일 수 있습니다.

하지만 코어 개수를 늘리는 데 있어 중요한 것은 어떤 방식으로 코어 수를 늘려 성능을 올리는가에 달려 있습니다.

CPU 등급과 가격을 결정하는 캐시 메모리

CPU와 램 사이에는 데이터를 임시로 저장해 두고, 램보다 빠르게 접근할 수 있는 캐시 메모리(Cache Memory)가 있습니다. '캐시'라 줄여 부르는데, CPU 내부 임시 저장 공간으로, CPU가 데이터를 처리할 때 자주 사용하는 데이터를 임시 보관하는 곳입니다. 이 캐시 메모리 용량이 적으면 CPU보다 동작 속도가 훨씬 느린 주기억장치(RAM, 메모리)나 보조기억장치(하드디스크, CD-ROM, SSD 등) 데이터를 직접 불러들이는 빈도가 높아지는데, 이런 경우 컴퓨터의 전반적인 처리 속도가 크게 저하됩니다. 결론적으로 CPU 캐시 메모리는 크면 클수록 성능 향상에 유리합니다. 캐시 메모리는 크게 CPU 코어와의 위치에 따라 1차 캐시 메모리(Level 1 Cache Memory)와 2차 캐시 메모리(Level 2 Cache Memory), 3차 캐시 메모리(Level 3 Cache Memory)로 나눌 수 있습니다. 효율성 좋은 캐시 메모리가 장착되어 있을수록 성능이 좋으며, 캐시가 똑똑하면 컴퓨터 사용 중 생긴 버벅거림이나 멈춤, 다운 현상 등을 줄일 수 있습니다.

TIP CPU 코어와 가까운 곳에 위치한 캐시 메모리가 많을수록 성능 향상에 유리하지만 그만큼 제조가 어렵고 생산 단가도 높아집니다.

▲ CPU 안에는 다양한 레벨의 캐시 메모리가 있습니다.

2010년대 이후에 나온 PC용 CPU들은 2차 캐시보다 상대적으로 확장이 쉬운 3차 캐시 용량 확대에 더 신경을 쓰고 있습니다. 2015년 현재 판매 중인 인텔 PC

용 CPU는 거의 모든 모델이 코어당 동일한 256KB의 2차 캐시를 탑재하고 있으나 3차 캐시는 2MB(셀러론 G1840)~20MB(코어 i7 5960X)로 제품 등급이나 가격대에 따라 용량 차이가 큽니다.

미세 공정으로 CPU 만들기

CPU는 아주 낮은 전압으로 작동합니다. 코어 2 듀오, 코어 2 쿼드, i7, i5, i3의 경우 0.85~1.35V 정도로 낮은 전압으로 동작하지만 내부에는 수백만 개 트랜지스터가 집적되어 있어 작동되면서 많은 열이 발생합니다. 마치 한정된 공간에 사람이 많이 들어가거나 더 많이 움직일 때 많은 열이 발생하는 것과 같은 원리입니다.

발열량을 줄이려면 CPU를 만들 때 전류가 흐르는 CPU 내부 전선 폭과 길이를 줄여야 합니다. 다시 말해 제조 공정이 세밀해야 하는 것입니다. CPU 사양을 살펴보면 제조 공정 수치가 나오는데, 고성능 CPU일수록 제조 공정 수치가 낮습니다. 제조 공정 수치가 낮을수록 발열 원인이 되는 선 폭과 길이가 줄어듭니다.

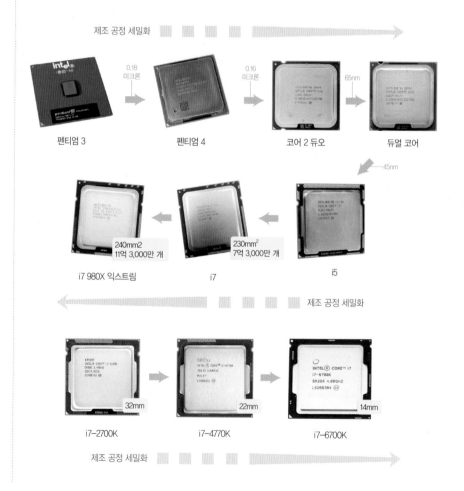

제조 공정 세밀화

펜티엄 3 → 0.18 미크론 → 펜티엄 4 → 0.16 미크론 → 코어 2 듀오 → 65nm → 듀얼 코어

45nm

i7 980X 익스트림 ← 240mm2 11억 3,000만 개 ← i7 ← 230mm² 7억 3,000만 개 ← i5

제조 공정 세밀화

i7-2700K 32mm → i7-4770K 22mm → i7-6700K 14mm

제조 공정 세밀화

메모리에서 데이터를 빠르게 가져올 수 있어야 하는 CPU

CPU는 메모리에서 데이터를 가져와 처리하기 때문에 메모리와 CPU 데이터 전송 대역폭이 클수록 좋습니다. 전송 대역폭을 늘리기 위해 CPU는 시스템 버스 클럭(CPU와 메모리 버스 작동 클럭)을 빠르게 했습니다.

최고로 빠른 CPU인 i7은 기존 메모리 대역폭을 두 배 이상 강화한 QPI(Quick Path Interconnect, 퀵패스) 기술이 적용되었습니다. 전송 속도를 높였지만 전력 소모량 증가는 없고 작업 속도가 최대 40% 향상된다고 합니다. 또한 메인보드가 담당하던 메모리 컨트롤러 기능을 CPU에 내장시켜 CPU가 메인보드를 거치지 않고 직접 데이터를 가져오기 때문에 성능과 속도가 향상되었습니다. 한 걸음 더 나아가 작업량을 두 배로 처리하는 PCI Express 2.0 ×16 컨트롤러까지 내장해 CPU와 그래픽 카드 사이 빠른 전송을 구현했습니다.

성능이 높은 CPU일수록 빠른 속도의 메모리를 지원합니다.

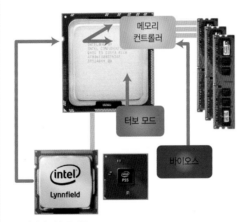

▲ 데이터 전송 플랫폼 구조

메모리 컨트롤러가 CPU에 내장되어 있어 메모리에서 빠르게 데이터를 가져와 처리하기 때문에 CPU는 메모리를 통해 통신해야 하는 각종 주변 기기, 랜카드보다 빠르게 통신할 수 있게 되었으며, PCIe 컨트롤러를 내장 지원합니다.

02
CPU 등급, 성능, 가격을 결정하는 아키텍처

인텔은 작동 클럭이 3GHz가 넘는 CPU를 개발했지만 작동 클럭 향상에 따른 CPU 성능 향상이 미비함을 알게 됩니다. 그 후 CPU 성능을 높이기 위해 2007년에 멀티 코어, 버스 구조 등을 개선한 '코어 마이크로 아키텍처'가 적용된 CPU를 개발합니다. 사용자에게 익숙한 CPU 브랜드 이름인 코어 2 듀오, 코어 2 쿼드가 '코어 마이크로 아키텍처'의 시작입니다.

인텔은 CPU 개발에 '틱-톡(Tick-Tock) 법칙'을 적용합니다. 틱톡 계획은 제조 공정과 아키텍처를 번갈아가며 2년에 한 번씩 개선하는 것입니다. 제조 공정 미세화를 꾀하여 성능 향상을 이루고 제조 공정이 안정화되면 아키텍처를 대폭 뜯어 고쳐 CPU 성능을 도모한다는 전략입니다.

> **TIP** 틱-톡 법칙을 통해 프로세서 크기가 작아지고, 두께가 얇아지며, 전력 소모량도 이전보다 줄어듭니다.

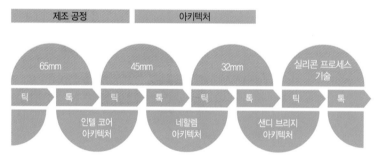

▲ 틱-톡 법칙은 생산 공정과 아키텍처를 번갈아가며 2년에 한 번씩 개선하는 것입니다.

틱-톡 법칙에 의해 출시된 인텔 CPU

	코드명	대표 제품	작동 클럭	출시 연도	제조 공정	GPU	소켓
톡	스카이 레이크	i7-6700K	4.0~4.2	2015	14nm	HD530	LGA1151
틱	브로드웰	i7-5775C	3.3~3.7	2015	14nm	Iris Pro 6200	LGA1150
리프레시	데빌스 캐넌	i7-4790K	4.0~4.4	2014	22nm	HD4600	LGA1150
톡	하스웰	i7-4770K	3.5~3.9	2013	22nm	HD4600	LGA1150
틱	아이비 브리지	i7-3770K	3.4~3.8	2012	22nm	HD4000	LGA1155
톡	샌디 브리지	i7-2600K	3.4~3.8	2011	32nm	HD3000	LGA1155

새로운 아키텍처가 CPU 등급, 성능, 가격을 결정합니다

CPU 아키텍처 차이에 의해 성능, 가격이 결정됩니다. 아키텍처란 컴퓨터 시스템 기본 구조 및 설계 방식 그리고 제조 공정까지 포함하는 개념입니다. 클럭 속도나 코어 수, 캐시 용량이 같아도 아키텍처가 다르면 성능 차이가 납니다.

인텔과 AMD PC용 CPU 아키텍처와 대표 제품

출시 년도	인텔		AMD	
	아키텍처	제품명(코드명)	아키텍처	제품명(코드명)
2004	넷버스트	펜티엄 4(프레스캇)	K8	애슬론 64(뉴캐슬)
2005	넷버스트	펜티엄 D(스미스필드)	K8	애슬론 64 ×2(맨체스터)
2006	코어	코어 2 듀오(콘로)	K8	애스론64 ×2(윈저)
2007	코어	코어 2 쿼드(켄츠필드)	K10	페넘 ×4(아제나)
2008	네할렘	1세대 코어 i7(불룸필드)	K10	페넘 ×3(톨리만)
2009	네할렘	1세대 코어 i5/i7(린필드)	K10	페넘II ×4(데네브)
2010	네할렘	1세대 코어 i3(클락데일)	K10	페넘II ×6(투반)
2011	샌디 브리지	2세대 코어 i3/i5/i7(샌디 브리지)	불도저	FX(잠베지)
2012	샌디 브리지	3세대 코어 i3/i5/i7(아이비브리지)	파일 드라이버	A4/A6/A8/A10(트리니티)
2013	하스웰	4세대 코어 i3/i5/i7(하스웰)	파일 드라이버	A4/A6/A8/A10(리치랜드)
2014	하스웰	4세대 코어 i3/i5/i7(하스웰 리프레시)	스팀롤러	A4/A6/A8/A10(카베리)
2015	브로드웰	5세대 코어 i3/i5/i7(브로드웰)	엑스카베이터	A4/A6/A8/A10(카리조)
2015	스카이 레이크	6세대 코너 i3/i5/i7		
2016	캐논레이크	7세대 코어 i3/i5/i7		

인텔 CPU가 아키텍처별로 어떻게 발전해 왔는지 표로 정리해 보겠습니다.

인텔 CPU 비교

아키텍처	샌디 브리지	아이비 브리지	하스웰	브로드웰	스카이 레이크	캐논레이크
제조공정	32nm	22nm	22nm	14nm	14nm	10nm
코어 수	4	4	4	4	4	
내장 그래픽 코어			HD5500– HD6000		HD530 (GT2)	
소켓	LGA1155			LGA 1150	LGA1151	
지원 메모리	DDR3				DDR3/ DDR4	DDR4
출시년도	2011	2012	2013–2014	2015	2015	2016

자동차로 비유하면 엔진 배기량이나 차체 크기가 유사한 모델이라도, 연식이나 시리즈에 따라 출력, 편의 기능 등에서 차이가 나는 것과 유사합니다. 즉 몇 기통 엔진을 장착했는가, 차체 뼈대를 어떻게 설계했는가, 어떤 옵션과 부품을 내장했는가 등 기준에 따라 전반적인 성능 및 기능이 달라지는 것입니다. 이와 같은 기준들이 자동차 생산에 있어 하나의 '아키텍처'인 셈이죠.

따라서 CPU끼리 성능을 비교하고자 할 때는 일단 아키텍처가 같은 제품끼리 분류한 후에 클럭이나 코어, 캐시 메모리 등의 우열을 따져 CPU 성능을 비교해야 합니다. 그리고 모델 사이 가격 차이를 확인해 보는 것도 좋습니다.

CPU 모델 번호 확인하기

☑ 내가 사용하는 노트북 복구 솔루션 진입 키를 확인하세요.
☑ CPU 모델 번호로 정확한 CPU 제원을 파악하세요.

'코어'라는 브랜드 이름을 최초로 사용한 코어 마이크로 아키텍처에서 '1세대 코어 프로세서'로 카운트되기 시작한 네할렘 아키텍처가 적용된 CPU를 시작으로 현재 6세대 코어 프로세서까지 시중에 판매되고 있습니다. 이제 i3, i5, i7이란 이름만으로는 CPU 성능 구분이 되지 않습니다. CPU의 정확한 모델명을 안다면 내 PC에 장착된 CPU가 몇 세대인지 어떤 특징을 가지고 있는지 알 수 있습니다.

CPU 살펴보기

CPU 코어 위에 적힌 일련번호를 파악하는 것만으로 내 PC 특징을 확인할 수 있습니다. 일련번호를 확인하기 위해 PC를 열고 CPU 코어 위에 장착된 냉각팬을 제거하는 불편함이 있지만 내 CPU를 확인하는 가장 정확한 방법입니다.

❶ **저작권 표시, 프로세서 번호** : 인텔이 만든 개인 컴퓨터용 CPU 브랜드입니다. '코어', '코어 2', '코어 i' 시리즈 등 이름이 사용됩니다.

❷ **상표 및 브랜드, 프로세서 제품군** : i3는 저가로 업무/사무용인 보급형이고, i5는 중저가 제품으로 가정/엔터테이너용입니다. i7는 고가 제품으로 전문가/마니아용입니다. 제품군을 나누는 기준은 L3 캐시 메모리 용량으로, i3와 i5는 3MB, i7은 4~8MB의 L3 캐시 메모리가 장착됩니다.

❸ **sSpec, 작동 클럭** : 'sSpec' 번호는 프로세서를 식별하는 데 사용되는 사양 번호로 SL 또는 SR 코드로 불립니다. SL 또는 SR 뒤 세 자리 영문과 숫자는 실제 CPU 역사를 알려 줍니다. 박스형 제품인지 벌크 제품인지 인텔 홈페이지에 'sSpec' 번호를 입력해 사양을 확인할 수 있습니다.

❹ **제조 국가** : 제조 국가를 의미합니다.

❺ **Finished Procesor Order(FPO)** : 인텔 CPU 정품 여부를 알 수 있는 코드 번호입니다.

CPU 모델명 파악하기

2010년까지 판매되던 1세대 인텔 코어 시리즈는 '코어 i3 560', '코어 i5 750', 그리고 '코어 i7 870'과 같이 '브랜드명+세 자리 숫자' 형식 모델명이 붙습니다. 하지만 2세대, 3세대 이후 인텔 코어 시리즈는 '코어 i3 2100, i3 3200', '코어 i5 2500, i5 3600', 그리고 '코어 i7 2600, i73800'과 같이 '브랜드명+네 자리 숫자' 모델명이 붙는다는 점이 다릅니다.

코어	i5 ❶	–	3 ❷	3 ❸	3 ❹	7 ❺	M ❻	(2.0Ghz) ❼

❶ 숫자가 높을수록 고성능입니다. (i3 < i5 < i7)

❷ 숫자가 높을수록 고성능이고 숫자로 세대를 나타내기도 합니다. '2'는 2세대, '3'은 3세대 제품임을 나타내며, 숫자가 없으면 1세대 모델입니다.

❸ '5'는 코어 i3, i5, i7 제품군을 의미합니다. 코어 i3는 3, 코어 i5는 4~5, 코어 i7에는 6~8으로 표기합니다(드문 제품이지만 코어 i7 익스트림은 9로 표기합니다).

❹ ❷번에 나온 숫자가 동일하다면, 세대가 동일하다면 숫자가 높을수록 고성능입니다. '7'은 성능을 의미합니다. 1~7 사이의 숫자로 표기하며, 일반적으로 숫자가 높을수록 프로세서 성능이 높습니다. 1~4는 하위 모델, 5~7은 상위모델에 붙습니다.

❺ '0'은 해당 프로세서 전력 소모량을 의미합니다.
'0'의 경우, 35W, 45W, 65W, 77W(아이버 브리지의 경우), 99W(샌디 브리지의 경우)의 전력을 소모하는 프로세서입니다. '7'의 경우, 17W 전력을 소모하는 초저전력(ULV; Ultra Low Voltage) 프로세서로 최근 인텔이 강조하고 있는 울트라북에 사용되고 있습니다. '9'의 경우, 25W 전력을 소모하는 저전력 프로세서로 울트라북과 일반 노트북 중간에 위치하는 제품입니다. 간혹 '5'가 쓰이는 경우가 있습니다. '5'의 경우, 전력 소모량과는 상관없이 프로세서에 내장된 그래픽 칩셋(GPU) 성능이 조금 더 향상된 프로세서를 의미합니다.

❻ U, M, QM, UM, K, S, T, XM, X 등 여러 알파벳이 붙습니다.
  - U : 저전력 노트북 CPU
  - M : 일반 노트북 CPU
  - QM : 쿼드코어 노트북 CPU
  - UM : 초전압판 노트북 CPU
  - K : 오버클럭에 유리한 CPU
  - HK : 6세대 인텔 CPU부터 최초 등장한 모바일 제품군
  - XM, X : 익스트림 에디션, 최상위급 노트북 CPU
  - S, T : 프로세서 전력량을 뜻합니다. 'S'는 저전력, 'T'는 초저전력 모델로 2세대 코어 시리즈가 95W의 전력을 소비하고 3세대 코어 시리즈가 77W의 전력을 소비하는 데 비해 'S' 저전력 모델은 65W, 'T' 초저전력 모델은 35W(또는 45W)를 소비합니다.

고성능 PC를 원하면 'K'가 붙은 제품을 선택해야 합니다. 'K'는 배수 제한(Lock, 잠금) 해제 모델로 프로세서 오버클러킹이 가능한 제품입니다. 대부분의 프로세서는 이 배수 설정을 변경하지 못하도록 잠그는데, 'K'가 붙은 모델은 잠금 설정이 해제되어 있습니다.

❼ 기본적인 CPU의 작동 클럭입니다.

TIP 소비 전력이 많을수록 PC 내부에서 발생하는 열이 많아 이를 식히기 위해 냉각 시스템이 빠르게 작동하여 소비 전력이 증가하고 PC에서 발생하는 소음도 증가합니다. 반대로 소비 전력이 낮으면 발열이 적고 소음도 줄어듭니다.

03
동세대별 CPU 성능 확인하기

같은 아키텍처로 만들어진 CPU라면 장착된 작동 클럭, 코어 수, 캐시 용량, TDP(Thurmal Design Power)에 의해 성능, 가격이 결정됩니다. 6세대 CPU인 스카이레이크는 H, Y, U 시리즈와 하이엔드급 DT 시리즈로 제품군을 나누어 출시했는데 이들 차이는 내장된 그래픽 코어와 코어 수 TDP에 의해 결정됩니다. 6세대 CPU 스카이 레이크 제품군에 따른 차이와 보급형 i3 CPU, 중급형 i5 CPU, 고급형 i7 CPU 차이점을 표로 정리해 보겠습니다.

▲ 왼쪽부터 Devils Canyon i7-4790K, Haswell-E i7-5820K, Haswell-E i7-5960X, Broadwell i7-5775C, Skylake i5-6600K, Skylake i7-6700K입니다.

스카이레이크 제품군 성능 비교표

모델	i3-6300	i5-6600K	i7-6700K
코어 수	2	4	
스레드 수	4	4	8
기본 클럭	3.8GHz	3.5GHz	4.0GHz
터보 부스터 작동 클럭	×	3.9GHz	4.2GHz
L3 캐시	4MB	6MB	8MB
지원 메모리	1600MHz DDR3L/2133MHz DDR4, 최대 64GB		
GPU	HD 530(GT2) 그래픽		
GPU 기본 클럭	350(1150)MHz		
TDP	47W	91W	91W

인텔 말을 빌리자면 2010년 제품 대비 CPU 성능은 2.5배, GPU 성능은 30배 증가했다고 주장합니다.

동일 세대군, 동일한 아키텍처 CPU를 비교해 본 결과 작동 클럭이 아닌 코어 수와 캐시 크기 등에서 차이가 있음을 알 수 있습니다. 이로 인한 성능 차이가 나는 것입니다. 6세대 인텔 CPU에는 9세대 내장 그래픽(iGPU)가 내장되어 있습니다. DirectX 12를 지원하고 Open GL 4.4, OpenCL 2.0을 지원합니다. 샌디 브리지(3세대)에서 스카이레이크(6세대) 인텔 CPU를 비교해 보면 연산 능력 차이는 별로 없지만 그래픽과 전력 소모량(TDP)은 엄청난 차이를 보입니다. 샌디 브리지가 95W TDP임에 반해 스카이레이크는 47W TDP로 발열 및 전력 소모량에서 현격한 격차를 드러내고 있으며, 그래픽의 성능 면에서도 하스웰의 두 배 이상. 샌디 브리지와는 비교 불가능할 정도의 성능 향상이 있습니다.

TDP는 작은 것이 좋은 것이다?

인텔 아톰 시리즈 4세대 베이트레일부터는 인텔이 공개한 데이터에서 TDP 대신에 SDP(Scenario Design Power)라는 용어를 사용합니다. 이는 SDP 이내에서 GPU와 CPU 전력 사용 비율에 맞추는 기술이 포함되었기 때문입니다.

TDP(열 설계 전력, Thurmal Design Power)는 부품 속의 열이 빠져 나오는 데 필요한 시스템 냉각 최대 전력을 의미합니다. 모든 회로가 동작하는 동안에 최대한 어느 정도 열이 나오는지를 나타내는 성능 지표입니다. 같은 아키텍처의 같은 성능 제품이라면 TDP가 적은 것이 좋습니다. TDP가 적어야 전력 효율이 높은 것입니다.

보통 TDP가 높다는 것은 발열이 높을 가능성이 있다는 것이고 전력 소모가 많을 가능성이 있다는 것입니다.

CPU에서 소비된 전력은 최종적으로 열 에너지가 되기 때문에 전력 소비량에 정비례하여 발열량도 증가합니다. 발열량이 증가하면 기기의 안정적인 작동을 위해 배출해야 하는 열의 양도 증가하기 때문에 TDP가 높을수록 발열량이나 전력 소모가 크다고 볼 수 있습니다.

그래서 TDP를 일반적으로 최대로 소비하는 전력량이나 발열량 단위로 사용합니다.

하지만 그렇다고 TDP가 높다는 것이 발열이나 전력 소모가 높다는 공식이 성립되지 않습니다.

TDP의 기준은 설계 단계에서 설정된 작동 기준에 따르기 때문에 실제로는 더 높을 수도, 낮을 수도 있습니다.

TDP라는 수치는 컴퓨터의 실제 전력 소모와도 연관이 있지만 각 회사별, 모델별로 기준이 달라 비교하기도 어렵습니다.

예를 들어 인텔의 65W TDP 제품이 AMD 95W TDP 제품보다 30W 더 적게 전력을 소비한다는 의미는 아닙니다. 실제 사용에 따라 이보다 차이가 커질 수도, 아니면 더 작아질 수도 있습니다.

04
CPU 작동 클럭 알아보기

PC가 안정적으로 작동하려면 PC에서 두뇌 역할을 하는 CPU 작동 클럭이 안정적이어야 합니다. CPU와 같은 반도체 물질은 미세한 먼지나 작은 실수 등에 의해 오류가 발생할 수 있습니다.

CPU 작동 클럭은 제품을 완성한 후 '한계 검사'를 거쳐 결정됩니다. 예를 들어, CPU가 한계 검사에서 1.6GHz 속도를 내면 안정성 검사를 한 번 더 거쳐 가장 안정적으로 작동하는 속도를 최종 클럭으로 결정합니다. 만약 1.0GHz에서 안정적으로 작동하면 그 속도를 CPU 최종 클럭으로 결정하는 것입니다.

CPU 작동 클럭 결정 방식에 의해 항상 여유 작동 클럭을 가집니다. 이를 악용해 CPU의 작동 클럭을 일부러 높여 판매하는 경우도 있으므로 주의합니다.

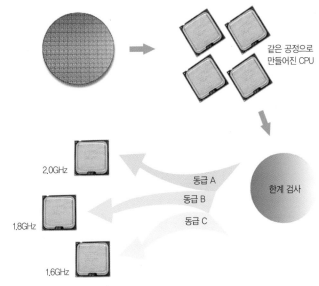

▲ 똑같은 기술과 공정으로 만들어진 CPU라도 온도와 청결 등 제조 환경에 따라 클럭 속도가 달라집니다.

CPU 작동 클럭 계산

네할렘 아키텍처가 적용된 i3/5/7 CPU는 메인보드 칩셋에서 CPU로 공급되는 '기본 클럭(Base Clock)'을 증가시켜 사용합니다. 메인보드 칩셋(PCH)에서 CPU로 공급되는 기본 클럭에 몇 배 이상 클럭 배수를 적용해 CPU 작동 클럭이 결정됩니다.

CPU 작동 속도=베이스 클럭×클럭 배수
예) i5 3750(기본 작동 클럭 3.4GHz)=100×34

▲ CPU 속도 계산

💡 **TIP** 내가 사용하는 CPU의 베이스 클럭 속도와 배수를 확인하려면 258쪽을 참고해 'CPU-Z 프로그램'을 이용합니다.

2세대 코어 CPU부터는 임의로 클럭 배수를 조절해 작동 속도를 높일 수 있는 클럭 배수 제한을 해제한 'K' 버전 CPU 제품군이 별도로 존재합니다.

▲ 시모스 셋업에서 CPU가 사용하는 클럭 배수를 확인할 수 있습니다.

PC 응급실

정품 CPU인지 확인하고 싶어요

내가 사용하는 CPU가 정품인지 어떻게 알 수 있을까요?
인텔은 정품 CPU를 체계적으로 관리하기 위해 공식 유통업체인 인텍앤 컴퍼니와 피씨디렉트, 코잇 등 3사에서 수입하는 CPU에 정품 인증 바코드가 추가된 스티커를 붙여 판매하고 있습니다. CPU에 정품 인증 바코드가 붙은 제품인지 확인하고, 시리얼 번호를 확인해 인텔이 운영하는 리얼 CPU 사이트(http://www.realcpu.co.kr)에서 시리얼 번호를 입력하여 정품인지 확인합니다. 또는 인텔 CPU 포장 박스의 QR 코드를 이용해 정품 여부를 확인할 수 있습니다. 정품이 아닌 경우 A/S가 제대로 안될 수 있으므로 좀 더 비싼 가격에 구입하더라도 정품을 사용하는 것이 좋습니다.

▲ 리얼 CPU 사이트에서 정품 여부를 확인할 수 있습니다.

05
CPU 작동 클럭 안전성 진단하기

인텔에서 제공하는 'Intel 프로세서 식별 유틸리티'를 이용하여 컴퓨터 본체를 열지 않고도 CPU의 작동 클럭을 파악할 수 있습니다. CPU 속도가 정상인지 확인하기 위해서는 인텔 홈페이지에서 CPU 규격을 확인해야 합니다. 인텔 홈페이지에서 CPU 규격표를 다운로드하여 올바른 작동 클럭을 확인하세요.

CPU 주파수 확인하기

따라하기 ① 웹브라우저를 실행하고 다음 사이트에 접속하여 'Intel 프로세서 식별 유틸리티'를 다운로드한 다음 설치합니다.

http://www.intel.com/p/ko_KR/support/highlights/processors/toolspiu

② 정확한 검사를 위해 실행 중인 다른 프로그램은 종료합니다.

③ Intel 프로세서 식별 유틸리티가 시작되면 〈승인〉 버튼을 클릭하여 사용권 계약서에 동의합니다.

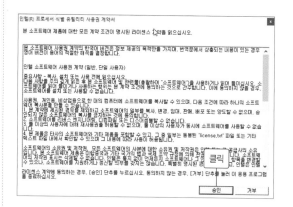

④ '주파수 테스트' 탭에서 CPU 제품명과 작동 클릭, 코어 수, L3 캐시 등을 확인할 수 있습니다. 보고된 주파수와 예상 주파수를 확인하여 클릭 주파수가 크게 다르면 실제 CPU 작동 클릭이 표시된 프로세서 일련번호를 확인해야 합니다. 직접 PC 본체를 열어야 하므로 작업하기 어려우면 구입 업체에 CPU를 문의합니다.

사용하는 CPU에 따라 정보가 다르게 표시될 수 있습니다.

CPU 제원 비교 확인하기

따라하기 ①

CPU 제원을 확인하기 위해 웹브라우저를 실행하고 다음 사이트에 접속하여 사양을 확인하고 싶은 CPU 제품군을 클릭합니다.

http://ark.intel.com

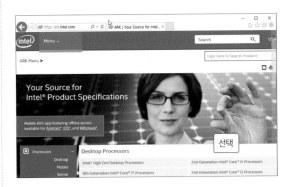

② CPU 제품군이 나열되면 상세 제원을 확인할 CPU명을 클릭합니다. CPU의 제품군별로 비교할 항목을 결정합니다. 비교 항목에서 제외하려면 〈Compare〉 버튼을 클릭합니다. 모두 비교해 보려면 〈Compare All〉 버튼을 클릭하고 선택한 제품만 비교하려면 〈Compare Specification〉 버튼을 클릭하세요.

③ 상세 제원이 나열됩니다. Clock Speed(기본 클럭) 항목과 Max Turbo Frequency(최대 작동 클럭) 항목을 찾아 CPU 작동 클럭이 규격에 맞는지 확인합니다.

▲ CPU 상세 제원

터보 부스트 작동 여부 확인하기

check!
check!

☑ 게임을 즐겨하세요? 터보 부스트가 켜져 있는지 확인하세요.
☑ 전기를 절약하려면 터보 부스트를 켜야 하므로 확인하세요.

> **TIP** 터보 부스트 기술은 다중 코어를 제대로 활용하지 못하는 프로그램인 경우 유용하게 사용할 수 있습니다.

똑똑한 CPU를 만들기 위해서는 정해진 시간에 처리할 수 있는 데이터 양을 늘려야 합니다. 데이터 양을 늘리려면 CPU 작동 클럭을 올려야 합니다. '터보 부스트(Turbo Boost)'는 CPU 성능을 올리기 위해 사용하는 자동 오버클러킹 기술입니다. 멀티 코어 CPU의 경우 코어 수보다 작동 클럭이 중요한 작업을 할 때 사용하지 않는 코어 전력을 특정 코어에 집중시켜 작업 효율을 높입니다. 작동하는 코어의 수가 적을수록 더 높은 주파수가 증가합니다.

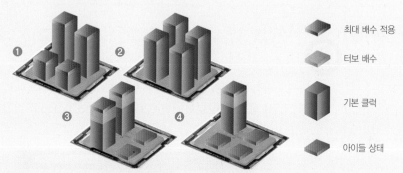

최대 배수 적용
터보 배수
기본 클럭
아이들 상태

▲ 아이비 브리지 CPU에는 터보 부스트 2.0이 적용되었습니다. 짧은 시간 안에 TDP의 제한을 넘어 작동하다가 바로 안정적인 상태로 돌아올 수 있고, CPU 클럭뿐만 아니라 내장된 GPU도 똑같이 가속 작동하여 성능 향상이 높습니다.

❶ 일반적인 작업 상황에서는 기본 클럭으로 작동합니다.

❷ 비디오 렌더링 작업 등으로 풀로드(자원 점유율 100%)가 걸리면 터보 부스트 클럭이 적용되어 고클럭으로 작동합니다.

❸ 2코어를 사용하는 3D 게임 등을 수행할 때는 기본 배수보다 높은 클럭 배수가 적용되어 고클럭으로 작동합니다.

❹ 1코어만 사용하는 작업 중일 때는 최대 배수가 적용되어 최대 클럭으로 작동합니다.

터보 부스트는 바이오스를 통해 켜고 끌 수 있습니다. 시모스 셋업에서 터보 부스트 기능을 'On'으로 변경하면 됩니다.

PC 전원을 켜고 삐~ 소리가 나면 바로 `Del` 또는 `F2`를 눌러 시모스 셋업을 실행합니다.

2

UEFI 모드 부팅으로 시 모스 셋업을 실행할 수 없으 면 457쪽을 참고하세요.

시모스 셋업에서 CPU와 관련된 설정은 Cell Menu 또는 BIOS Features Setup, CPU Configuration 메뉴에 포함됩니다. UEFI 바이오스의 경우 CPU, 메모리의 작동 클럭, 온도 모니터 등을 제공하는 메뉴에서 CPU와 관련된 설정을 할 수 있습니다. 대부분 Turbo Boost라는 단어가 들어 있습니다. Intel Turbo Boost 기술 항목을 '사용'으로 지정합니다.

구형 바이오스	UEFI 바이오스
Advanced → Configure advanced CPU Setting	M.I.T. → Advanced 주파수 설정 → Advanced CPU 코어 Feature 설정

3

고성능을 원한다고 해 서 Turbo Ratio #의 값을 임 의로 설정하지 마세요. 오버 클러킹은 발열, 공급 전압 등 고려해야 할 항목이 많으므로 함부로 설정하면 안 됩니다.

오버클러킹에 신경 쓴 메인보드를 사용하면 터보 부스트 설정 항목을 제공하기도 합니다. 메뉴에서 'M.I.T.' → 'Advanced 주파수 설정' → 'Advanced CPU 코어 Feature 설정'을 실행하여 확인할 수 있습니다. F10을 눌러 설정을 저장할지 물으면 〈Yes〉 버튼을 선택한 후 Enter를 누릅니다. 시스템이 다시 시작됩니다.

❶ **Inter(R) Turbo Boost 기술** : 터보 부스트가 작동할 때 사용하는 코어 수에 따라 CPU 클럭 배수를 결정하는 항목으로 현재 설정된 기본 값이 표시됩니다. 클럭 배수를 변경하기 위해서는 Enter를 눌러 클럭 배수 값을 조절합니다. Turbo Ratio #을 'Auto'로 지정하면 인텔이 정한 CPU 규격에 맞게 자동 설정됩니다.

❷ **Turbo 파워 Limit(Watts) 설정** : 터보 부스트가 작동할 때 최대 전력량을 설정합니다. 정해진 값보다 많은 전력을 사용하면 클럭 배수를 자동으로 낮춥니다.

인텔일까? AMD일까?

알뜰한 소비자가 물건을 살 때 가장 중요하게 생각하는 점은 역시 '가격 대비 성능'입니다. 다만 최근 PC, 특히 데스크톱 시장은 가격 대비 성능보다 저렴한 가격을 중시하는 보급형, 혹은 높은 성능을 중시하는 고급형 제품만 판매되는 양극화가 두드러지고 있습니다.

1990년대 말이나 2000년대 초까지만 하더라도 소비자들은 어떻게 하면 최소한의 비용으로 최대로 활용할 수 있는 PC를 장만할 수 있을지 연구하며 부품 하나의 정보까지 꼼꼼하게 따졌습니다. 이때 가격대 성능비가 뛰어난 CPU(중앙처리장치)는 제조업체인 AMD가 인정을 받았죠.

AMD(암드)의 CPU는 경쟁사인 인텔 제품에 비하면 인지도와 코어 성능이 떨어지지만, 상대적으로 가격이 저렴하면서 쓸 만한 성능을 제공하는 것으로 평가받고 있습니다.

하드웨어 성능이 평준화된 요즘은 가성비가 뛰어난 AMD CPU가 다시 주목받고 있습니다.

AMD CPU는 그래픽 코어가 내장된 AMD A 시리즈와 그래픽 코어가 내장되지 않은 FX CPU 시리즈, 그리고 저렴한 CPU인 애슬론, 셈프론 등으로 분류됩니다.

AMD CPU Sempron AMD CPU – AMD A 시리즈 A4/A6/A8/A10 AMD CPU – AMD AthlonII ×2/ ×3/×4 AMD CPU – AMD Phenom II ×2/×3/×4/×6

AMD CPU – FX 4xxx/6xxx/8xxx/9xxx

Opteron

▲ 왼쪽에서 오른쪽으로 갈수록 성능이 높아집니다.

AMD CPU 중 옵테론
(Opteron)은 개인 서버용이나
워크스테이션에 적합한 제품
군입니다.

멀티코어가 강세인 AMD CPU

AMD CPU의 경우 모델명 중 x는 코어 수를 의미합니다. AMD CPU A 시리즈의
경우 A4는 듀얼 코어, A6는 쿼드/듀얼 코어, A10은 쿼드 코어입니다.

FX 시리즈 경우는 맨 앞의 숫자가 코어 수를 의미합니다. FX 9xxx는 9(옥타)코
어 고클럭 버전입니다.

AMD의 FX 브랜드는 비슷한 가격대 인텔 제품보다 코
어 수가 두 배 정도 많은 것이 특징입니다. 이 때문에
멀티태스킹이나 동영상 인코딩 등 다중 작업에 뛰어난
성능을 보입니다.

▲AMD CPU Sempron

하지만 단일 코어당 성능은 인텔 제품보다 떨어지기
때문에 게임 등 한 가지 작업에 집중할 때는 인텔의
CPU가 낫다는 평가입니다.

❶ AMD CPU 브랜드명입니다.

❷ CPU를 식별하는 OPN(Ordering Part Number) 코드, 즉 부품 주문 번호로, 브랜드, TDP,
모델 번호, 패키지 구분, 코어 전압, 캐시 정보를 담고 있습니다.

❸ CPU 생산 시기를 알 수 있는 주차 코드입니다. 해당 연도 몇 주차에 생산된 제품인지 알 수
있습니다.

❹ 제품 시리얼 코드로 국내 정품 여부는 여기서 구별합니다.

대표적인 CPU 벤치마킹 사이트인 CPU BOSS(http://cpuboss.com)를 방문해
CPU의 성능을 비교해 볼 수 있습니다.

일반적으로 성능을 놓고 볼 때 다음과 같은 방법으로 인텔과 AMD 제품을 다음
과 같은 등급으로 분류 비교합니다.

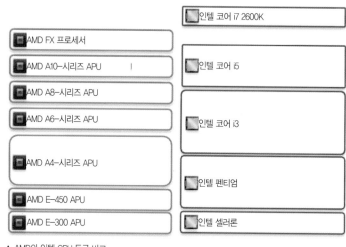

▲ AMD와 인텔 CPU 등급 비교

AMD는 인텔과 달리 제품군마다 코드명(코드 네임)이 있고 높은 성능일수록 높은 숫자 제품명을 붙입니다. 앞으로 AMD CPU는 인텔 하이퍼스레딩과 비슷한 멀티스레딩 기술인 SMT(Simultaneous Multithreading) 기술이 적용된 새로운 코드명 '젠(ZEN)'을 준비하고 있습니다. 저전력, 고성능을 만족하는 새로운 AMD CPU가 기대됩니다.

AMD A시리즈 CPU 제원

모델	Radepn 브랜드	TDP	코어 수	CPU Boost	CPU Base	L2 캐시	GPU 클럭	듀얼 그래픽
A10-5800K	HD 7660D	100W	4	4.2GHz	3.8GHz	4MB	800MHz	○
A10-5700	HD 7660D	65W	4	4.0GHz	3.4GHz	4MB	760MHz	○
A8-5600K	HD 7560D	100W	4	3.9GHz	3.6Ghz	4MB	760MHz	○
A8-5500	HD 7560D	65W	4	3.7GHz	3.2GHz	4MB	760MHz	×
A6-5400K	HD 7540D	65W	2			1MB		○
A4-5300	HD 7480D	65W	2			1MB		×

옥타 코어 AMD FX CPU 제원

	FX-9550	FX-9370	FX-8370	FX-8350	FX-8320	FX-8370E	FX-8320E
코어 수	8						
Max/ Base(GHz)	5/4.7	4.7/4.4	4.3/4	4.2/4	4/3.5	4.3/3.3	4/3.2
TDP	220W		125W				
지원 메모리	DDR3-2133		DDR3-1866				

07

시모스 셋업에서 CPU 정보 보기

메인보드의 지능적 트위커를 의미하는 'M.I.T.(MB Intelligent Tweaker)' 메뉴에는 시스템 성능 설정과 관련된 옵션들이 있습니다. 오버클러킹 작업을 진행할 때는 바로 이 메뉴에서 진행합니다. CPU와 관련된 정보는 'M.I.T. 기본 상태' 메뉴를 통해 확인합니다.

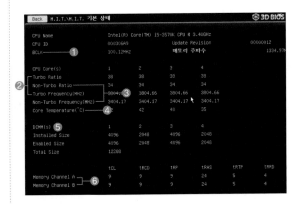

❶ **BCLK** : 베이스 클럭(Base CLocK) 상태를 나타냅니다. 이 시스템의 기본 값은 100MHz입니다. 시모스 셋업 화면에는 100.12MHz로, 실시간 측정 값이 표시됩니다.

❷ **Turbo Ratio/Turbo Frequency(MHz)** : CPU 코어당 터보 부스트 클럭 배율과 속도가 표시됩니다.

❸ **Non-Turbo Ratio/Non-Turbo Frequency(MHz)** : CPU 코어당 터보 부스트가 적용되지 않았을 때 기본 클럭 배율과 속도가 표시됩니다.

❹ **Core Temperature** : CPU 각각 코어 온도가 표시됩니다.

❺ **DIMM(s)** : 메인보드 메모리 슬롯에 꽂혀 있는 메모리 용량을 확인할 수 있습니다. 단위는 MB이며, 'Total Size'에서 총 메모리 용량을 알 수 있습니다.

❻ **Memory Channel A/B** : 메모리 채널을 나타냅니다. 오버클러킹 작업을 할 때 메모리 램 타이밍을 조절합니다. 주로 tCL, tRCD, tRP, tRAS 값을 수정해 메모리 타이밍을 조절합니다.

08

시모스 셋업 조절로
CPU 신기능 사용하기

시모스 셋업을 통해 CPU 관련 기술이 활성화되도록 설정하세요. 바이러스 방지 기술인 '데이터 실행 방지' 기술로 불리는 XD 비트, 절전 기능인 스피드 스텝(EIST; Enhanced Intel SpeedsTep)과 같은 기술이 제공됩니다. 운영체제 안에 또 다른 운영체제를 설치할 수 있는 가상화, 공식 오버클러킹인 터보 부스트 기능 사용 여부 등을 결정할 수 있습니다.

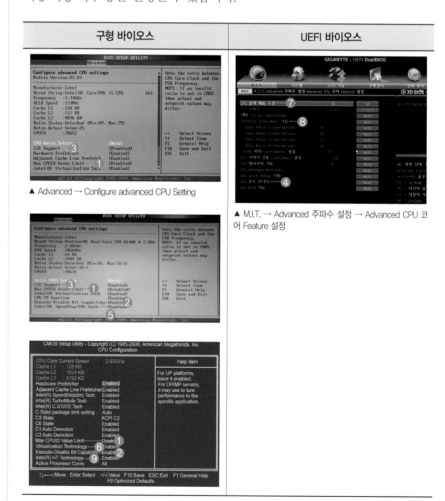

❶ **Max CPUID Value Limit(Limit CPUID Max. to 3)** : 확장된 CPUIP 인식이 불가능한 윈도우 9x와 같은 운영체제를 사용할 때 필요한 항목입니다. 윈도우 XP/2000을 사용하면 'Disabled'로 지정합니다.

❷ **Execute-Disable Bit Capability(No-Execute Memory Protect)** : CPU 버퍼 오버플로우 방지 기능을 지정하는 항목으로 안티 바이러스 소프트웨어를 함께 사용할 때 고의적인 버퍼 과잉 공격을 막을 수 있습니다. 쉽게 말해 바이러스 감염에서 보호하는 기능으로 '실행 방지 기술'이라고 합니다. 바이러스 예방을 위해서는 'Enabled'로 지정합니다.

❸ **C1E Support(CPU Enhanced Halt)** : CPU 절전 기능을 활성화할지 결정합니다. PC를 사용할 때 CPU가 아무 일도 하지 않으면 CPU 클럭을 낮춰 전기를 덜 사용하도록 자동으로 조절합니다.

❹ **CPU 온도 모니터(CPU Thermal Monitor 2)** : CPU 내부 온도 조절 기능과 관련된 항목입니다. 이 항목을 'Auto'로 지정하면 CPU 온도가 높거나 낮을 때 냉각팬 작동 속도가 달라집니다. 온도가 일정 이상 올라가면 CPU 작동 클럭을 조절해 온도를 낮춥니다.

❺ **Intel(R) SpeedStep(TM) Tech(CPU EIST function)** : 절전 능력입니다. PC가 처리하는 작업에 따라 CPU 클럭을 낮춰 소비 전력을 줄여서 발열과 소음까지 잡는 기술입니다. 예를 들어 스피드 스텝 기술을 지원하지 않으면 3GHz의 펜티엄 4는 인터넷 검색을 하든 3D 게임을 즐기든 3GHz로 작동했지만 스피드 스텝이 적용되면 자유롭게 클럭을 조절합니다. 소비 전력이 60%까지 절약되는 효과가 있으므로 'Enabled'로 지정합니다.

❻ **Virtualization Technology(Vanderpool Technology)** : PC 하나에 가상 시스템을 만들고 여러 개의 운영체제를 한 번에 돌리는 가상화 기술을 CPU가 직접 도와줍니다. 64비트 윈도우가 설치되었으면 하이퍼-V를 설치해 가상 시스템을 만들 수 있습니다.

❼ **CPU 클럭 배율 조절** : CPU 작동 클럭은 CPU로 공급되는 '베이스 클럭(BSCK)'에 특정 배수를 적용해 결정합니다. 인텔 i 시리즈 이전 CPU는 FSB(Front Side Bus) 작동 클럭에 클럭 배수를 곱한 것이 작동 속도였습니다. 오버클러킹이 가능한 'K' 버전 CPU는 여기에 시스템 클럭을 곱할 배수를 임의로 결정할 수 있습니다. CPU 클럭 배수를 올려도 시스템이 안정적으로 작동하면 배수를 올려 사용합니다.

❽ **Intel(R) Turbo Boost 기술** : 터보 부스트 기능을 활성화하려면 'Enable'으로 지정합니다. CPU 코어가 사용하는 배수를 올려 코어 작동 클럭을 높이는 기술입니다. 하위 메뉴인 Turbo Ratio에서 CPU 코어 1~4개를 사용할 때 사용할 배수를 조절할 수 있습니다. 인텔에서 권장하는 배수 값이 있지만 수동으로 설정하는 것보다 사용하려면 'Auto'로 지정하는 것이 좋습니다.

❾ **Intel(R) HT Technology(Hyper Threading Technology)** : 코어 하나를 마치 두 개처럼 활용할 수 있는 기술입니다. 작업이 할당되지 않은 실행 단위에 다른 스레드 작업을 할당하는 기술로 이 기술이 활성화되면 코어 네 개가 있는 CPU는 윈도우에서 총 코어(스레드) 여덟 개를 사용하는 것과 같은 효과를 볼 수 있습니다.

하이퍼스레딩은 각 CPU 모델마다 지원 여부가 다릅니다. 내가 사용하는 CPU 상세 제원에서 지원 여부를 확인하세요.

check! check!

내 PC 시스템 사양을 확인하기

☑ 내 PC에 장착된 CPU, 메모리 용량, 하드디스크 용량, 그래픽 카드는 무엇인지 확인
하세요.

PC를 사용하기 위해 가장 먼저 하는 작업은 PC 본체의 전원을 켜는 것입니다. 전원을 켜면 검은색 바탕에 흰색 글자로 여러 가지 내용들이 나오고 화면이 바뀝니다. 이들 메시지만 분석할 줄 알아도 대부분의 시스템 사양을 알 수 있고 어떤 부품에 문제가 있는지 알 수 있습니다. 부팅 화면은 대부분 아래처럼 나옵니다. 어떤 시스템 정보를 알 수 있는지 알아보겠습니다.

TIP UEFI 모드로 윈도우를 설치한 경우 부팅할 때 나타나는 포스트 화면을 확인하기 어렵습니다. 바이오스 모드로 윈도우를 설치한 경우는 포스트 화면을 쉽게 만날 수 있습니다.

구형 바이오스	UEFI 바이오스
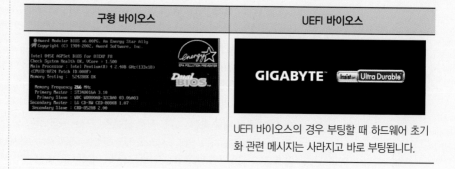	

UEFI 바이오스의 경우 부팅할 때 하드웨어 초기화 관련 메시지는 사라지고 바로 부팅됩니다.

▲ 모니터는 뒷면 스티커를 통해 제조업체와 모델명을 확인할 수 있습니다.

부팅했을 때 메시지가 아닌 메인보드 제품의 로고 화면이 나온다면 Esc 를 누르거나 로고 화면이 나오지 않도록 시모스 셋업을 조절하면 됩니다. 모니터 제조업체와 모델명은 뒷면 스티커를 분석해 확인할 수 있습니다. 모니터를 제대로 사용하려면 드라이버를 설치해야 하는데, 이때 필요한 것이 제조업체와 모델명입니다. A/S를 받을 때도 모니터 정보가 필요합니다. 윈도우에서 시스템 사양을 확인하려면 'DirectX 진단 도구'를 이용하면 됩니다. 검색창에 'dxdiag'를 입력해 DirectX 진단 도구를 실행하세요.

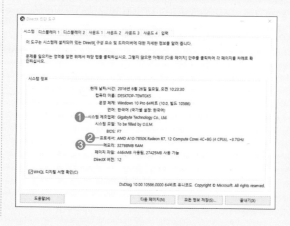

❶ 메인보드 제조업체
❷ CPU
❸ 메모리

Chapter 02

안정성, 확장성, 호환성을 결정하는 메인보드

컴퓨터를 구성하는 모든 부품은 메인보드에 연결해야 사용할 수 있습니다. 따라서 메인보드는 컴퓨터를 구성하는 가장 기초가 되는 부품으로 메인보드를 마더보드(MotherBoard)라고 부릅니다. 이번 챕터를 통해 요즘 출시되는 메인보드가 안정성, 호환성, 확장성에서 얼마나 많은 발전을 했는지 알아보겠습니다.

01
안정성, 호환성을 책임지는
메인보드 이해하기

컴퓨터가 안정성이 높다는 것은 시스템이 아무런 이유 없이 다운되는 현상이 없고 새로운 프로그램을 설치하거나 여러 가지 작업을 동시에 진행해도 시스템에 무리가 가지 않는 경우를 말합니다. 컴퓨터 안정성에 가장 기반이 되는 부품은 '메인보드'입니다.

메인보드가 불안정하면 컴퓨터가 오작동을 하거나 아예 작동이 안 되는 경우가 많습니다. 또한 성능 좋은 CPU와 램을 구입했는데 메인보드가 이를 뒷받침하지 못한다면 낭패이기 때문에 다양한 부품을 지원하는 호환성과 메인보드에 새로운 장치, 기능을 쉽게 추가할 수 있는 '확장성'이 보장되는 메인보드가 좋은 제품이라고 할 수 있습니다.

낮은 품질 메인보드를 사용하면 나머지 구성품 사양이 높아도 그 PC는 제대로 성능을 발휘하지 못하거나, 사용 중에 각종 오류나 고장을 일으킬 가능성이 커집니다.

자동차로 비유하자면, 고출력 엔진과 실력 좋은 운전자가 있다 하더라도 차체가 부실하다면 제 성능을 낼 수 없는 것과 마찬가지인거죠.

메인보드는 만능 기판입니다. 단순히 부품을 연결하고 서로 충돌 없이 돌아가도록 돕는 기능을 하던 것 외에 사운드 카드, 랜카드, 입 · 출력 기능을 흡수했을 뿐만 아니라 하드디스크를 더 빠르게 만들기도 합니다.

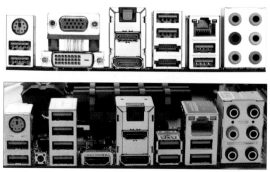

▲ 사운드는 물론 네트워크, 그래픽 단자, USB 등이 포함된 메인보드 백 패널

메인보드 레이아웃

2012년부터 데스크톱 PC 대부분에 장착되는 데스크톱용 메인보드는 1995년에 정해진 ATX(Advanced Technology Extended) 규격에 따라 기판 크기 및 슬롯이나 포트 등 구성을 결정하는 전반적인 레이아웃이 정해집니다. 물론 P의 크기에 따라 ATX 레이아웃에서 변화를 준 다양한 규격의 메인보드가 있습니다.

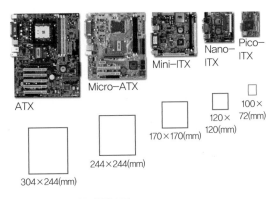

▲ 메인보드 기판에 따른 다양한 규격

메인보드에서 지원하는 기능이 많으므로 단순히 메인보드가 커질 것이라고 생각할 수 있지만, 메인보드에 장착되는 CPU가 똑똑해져 메인보드 역할을 대신하고 있습니다.

CPU가 똑똑해지기 전의 메인보드(코어 2 듀오, 코어 2 쿼드 CPU까지 장착할 수 있는 메인보드)와 i5, i7 CPU를 장착할 수 있는 메인보드를 살펴보세요. 메인보드 중앙을 차지했던 가장 큰 칩이었던 메모리 컨트롤러 허브(Memory Controller Hub)인 '노스 브리지(North Bridge)'가 없어졌습니다. PCI 슬롯 옆의 '사우스 브리지(South Bridge)'는 있지만 사우스 브리지의 I/O Controller Hub라는 명칭 대신 'PCH(Platform Controller Hub)'로 바뀌었습니다.

두뇌 역할을 하는 칩이 하나로 줄었지만, 연결된 장치와 통신 속도가 향상되었음은 물론 더 많은 장치를 연결할 수 있는 확장성이 넓어졌습니다.

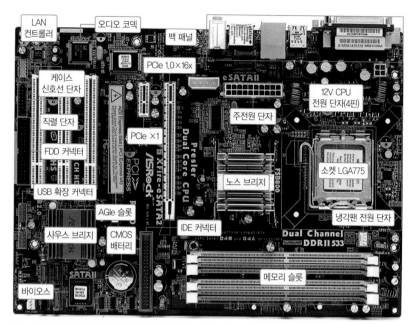

▲ 노스 브리지/사우스 브리지 칩 두 개가 메인보드 두뇌 역할을 하는 코어 2 듀오 장착 메인보드

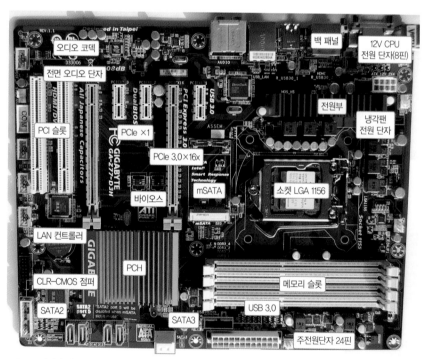

▲ 노스 브리지가 사라지고 그래픽 카드 슬롯이 CPU 소켓 옆과 메모리 소켓 옆에 바로 붙어 빠른 데이터 처리가 가능한 i5 장착 메인보드

02
메인보드 살펴보기

메인보드에는 CPU 소켓, 메모리 슬롯, 칩셋, 그리고 각종 확장 카드 슬롯 및 저장 장치 포트 등이 위치하고 있습니다. 각각의 용도를 알아볼까요?

TIP 요즘 메인보드는 슬롯마다 지정된 색이 있어 쉽게 구분이 가능합니다.

❶ **PCI 슬롯** : PCI(Peripheral Component Interconnect)는 사운드 카드, 랜카드, TV 수신 카드 등의 부품을 꽂는 곳입니다. 플러그 앤 플레이를 지원하고 64비트, 66MHz 속도로 작동합니다.

❷ **PCI Express ×4** : PCI Express 인터페이스를 사용하는 확장 카드를 꽂는 슬롯입니다. PCOExpress ×1에서 PCI Express ×4 규격까지 지원합니다.

❸ **PCI Express 2.0 ×16 슬롯** : 그래픽 카드를 꽂는 슬롯입니다. 초당 16GB 데이터를 주고받을 수 있습니다. 요즘은 SLI, 크로스 파이어 구성을 위해 슬롯이 두 개 장착된 메인보드도 있습니다.

❹ **CPU 보조 전원 단자** : CPU가 사용하는 전력을 공급합니다. 보통 4핀 커넥터를 가지며 8핀짜리 커넥터도 있습니다.

❺ **램 소켓** : 메모리가 장착되는 곳입니다. DDR, DDR2, DDR3 등 종류에 따라 슬롯 규격이 달라 혼용하지 못합니다. 슬롯에 같은 색깔 메모리를 함께 장착해야 듀얼로 구성할 수 있습니다.

❻ **주 전원 단자** : 파워 서플라이 주 커넥터를 꽂는 곳입니다. 요즘은 24핀을 사용합니다.

❼ **IDE 포트** : IDE 방식 하드디스크와 CD 드라이브 같은 저장 장치를 메인보드에 연결하는 케이블 커넥터를 꽂는 곳으로, 인텔 965부터는 사라졌고, 엔비디아 칩셋도 커넥터 수를 줄이고 있습니다.

❽ **시리얼 ATA 커넥터** : SATA 하드디스크를 연결하는 커넥터입니다. 두 개에서 여덟 개까지 연결할 수 있습니다. IDE보다 차지하는 면적이 적고, 케이블을 꽂고 빼기 쉽습니다.

❾ **USB 확장 커넥터** : USB 확장 브래킷을 꽂으면 USB 포트가 최대 여섯 개까지 늘어납니다. 브래킷은 메인보드 슬롯이 아닌 커넥터에 연결하며, 슬롯 한 개 자리를 차지합니다.

▲ USB 포트를 늘리는 USB 확장 브래킷

TIP DDR SDRAM의 경우는 184핀 소켓이 사용됩니다. DDR2 SDRAM의 경우 240핀 소켓이 사용됩니다. DDR3 SDRAM도 동일한 240핀이지만 사용하는 모듈이 다릅니다.

03
메인보드 칩 살펴보기

커다란 메인보드 기판 위에 장착되어 있는 칩의 역할은 무엇일까요? 칩이 많은
만큼 기판도 복잡해 보이는데, 메인보드 위에 있는 칩이 어떤 역할을 수행하는
지 자세히 살펴보겠습니다.

❶ **오디오 코덱** : 사운드 카드를 대체하기 위해 메인보드에 내장된 사운드 코덱 칩입니다. 사운
드 카드를 대신해 디지털 신호를 전기 신호로 바꿔 스피커나 헤드셋을 거쳐 사람이 들을 수 있는
소리로 바꾸어 줍니다. PCH에 내장된 사운드 코어와 연계되어 오디오 장치를 구동합니다. 요즘
은 8채널 HD 코덱을 많이 사용합니다.

❷ **랜 PHY 칩** : 랜카드를 대신하는 칩입니다. 리얼텍(Realtek)이나 3COM 이더넷 컨트롤러를 장
착한 메인보드도 있지만 몇몇 메인보드는 컨트롤러를 사우스 브리지에 두고 신호 변환만 하는
칩(PHY)을 장착하기도 합니다. 주로 10/100Mbit와 1Gbit 규격 칩이 사용되며, 일반적으로 메인보
드 백 패널에는 USB 포트 위에 케이블을 꽂을 수 있는 랜 포트가 설치되어 있습니다.

❸ **플래시 롬, 미니 바이오스 칩** : 컴퓨터 운영의 기본이 되는 바이오스(BIOS; Basic Input Output System)를 담고 있는 칩입니다. 바이오스는 컴퓨터에 전원을 넣었을 때 가장 먼저 작동하는 부분으로, 바이오스에는 키보드 입력을 처리하는 방법과 화면 표시 방법, 하드디스크나 메모리에서 프로그램을 어떻게 읽어 오는지에 대한 방법 등, 컴퓨터 운영 기본 정보가 프로그램 형태로 기록되어 있습니다. EEP 롬은 전기 신호에 따라 데이터를 쓰고 지울 수 있기 때문에 프로그램을 이용해 바이오스 내용을 쉽게 업그레이드할 수 있습니다.

❹ **배터리** : 바이오스 안에는 컴퓨터를 구성하는 하드웨어 환경을 저장한 시모스(CMOS; Complementary Metal Oxide Semiconductor) 램이 있습니다. 시모스 램에 컴퓨터를 구성하고 있는 그래픽 카드, 하드디스크 종류, 각 부품 정보를 기록해야 합니다. 이를 바탕으로 바이오스가 시스템 기본 입·출력을 담당하기 때문입니다. 배터리는 컴퓨터 전원을 꺼도 시모스 램에 저장된 내용이 지워지지 않도록 하기 위해 시모스 램에 전원을 공급합니다. 그리고 메인보드가 지닌 시계에 전기를 공급합니다. 최근에는 시모스 배터리 가격을 낮추기 위해 수은 전지처럼 생긴 작은 리튬 전지를 많이 사용합니다. 이들 전지의 수명은 보통 5년 정도입니다.

❺ **PCH(사우스 브리지, PlatformController Hub)** : 하드디스크와 USB, 사운드, PCI, PCI Express 등을 책임지는 컨트롤러입니다. 어떤 PCH가 장착되어 있는가에 따라 확장성이 달라집니다. 메인보드에 있는 가장 큰 칩으로 CPU와 주변 장치 사이의 원활한 데이터 전송이 이루어지도록 중재하는 역할을 하고 있습니다. 따라서 메인보드에 장착된 칩셋 종류를 알면 대략적인 메인보드 성능과 기능을 알 수 있습니다.

04
메인보드 백 패널 살펴보기

키보드, 마우스, USB 장치가 연결되는 메인보드 입출력 포트를 살펴보겠습니다. 최근에는 병렬 포트를 빼고 IEEE 1394 포트와 사운드 칩셋, 랜 기능이 포함된 통합 메인보드를 주로 사용합니다.

❶ **PS/2 방식 키보드와 마우스 포트** : 초록색은 마우스, 보라색은 키보드가 장착됩니다. 요즘은 USB 방식으로 대체되고 있습니다.

❷ **광/동축 포트** : 사운드 코덱 신호를 외부 오디오 기기로 손실 없이 뽑는 단자입니다. 디코더 내장 스피커, 리시버 등에 연결합니다.

❸ **IEEE 1394 포트** : 컴퓨터 사용을 중단하지 않고서도 연결할 수 있는 핫 플러그와 플러그 앤 플레이를 지원하고 종단 장치나 복잡한 설정 조건 없이도 여러 가지 방법을 통해 주변 장치들을 사슬 엮듯이 연결할 수 있습니다. 디지털 캠코더, 외장 하드디스크 등에서 많이 사용합니다.

❹ **랜 포트** : 네트워크 케이블이 연결되는 곳입니다. 메인보드 랜 컨트롤러와 연결되어 있습니다. 속도 LED에 초록색 불이 들어오면 1Gbps로, 주황색 불이 들어오면 100Mbps로 연결된 상태입니다. 활성화 LED가 깜빡거리면 현재 데이터가 전송 중이라는 의미입니다.

❺ **USB 포트/USB 3.0 포트** : 주변 기기를 연결할 때 많이 사용되는 포트입니다. USB는 핫 플러깅(Hot Plugging)을 지원하고 바로 연결된 장치는 플러그 앤 플레이를 지원합니다. 예를 들어, USB 방식 스캐너는 컴퓨터에 전원이 켜져 있는 상태에서 케이블을 꽂으면 장치를 인식하고 빼면 인식하지 않습니다. USB 3.0 포트는 USB 2.0보다 열 배나 빠른 최대 전송 속도 5Gb/s를 지원합니다.

❻ **eSATA포트** : 외장형 SATA 하드디스크 연결 포트입니다.

❼ **사운드 포트** : 색깔별로 용도가 다릅니다. 7.1채널을 지원한다면 단자가 다섯 개 이상입니다. 스피커는 초록색, 우퍼는 주황색, 리어 스피커는 검은색, 사이드 스피커는 회색, 마이크는 분홍색, 테이프나 CD 플레이어 등 오디오 음원 장치는 하늘색 포트에 연결합니다.

> TIP 핫 플러깅은 PC 전원이 켜져 있어도 장치를 설치하거나 제거할 수 있습니다.

**check!
check!**

메인보드 소켓에 어울리는 CPU 고르기 – AMD

☑ 소켓별로 장착 가능한 AMD CPU를 확인하세요.
☑ 소켓별로 추가된 기능은 무엇인지 확인하세요.

AMD CPU 소켓 규격부터 살펴보겠습니다. AMD CPU는 소비자에게 혼란만 줬던 소켓 규격을 2006년 통일해 '소켓 AM2'규격을 발표했습니다. 이후 개발되는 AMD CPU는 모두 이 소켓을 사용하니 선택하기가 쉽습니다.

이후 AM2 소켓 규격은 데이터 전송 속도를 높인 AM2+ → AM3 → AM3+ 소켓으로 발전했습니다.

AM3 소켓은 DDR3 메모리를 지원합니다.

▲ AM2 소켓

▲ AM2+ 소켓

▲ AM3 소켓

▲ AM3+ 소켓

소켓별 지원 CPU

소켓 규격	지원 CPU
AM2	셈프론, 셈프론 ×2, 애슬론 64, 애슬론 64 ×2, 애슬론 X23250e–5050e, 4450B–5600B

AM2+	애슬론 ×2 6500 이상 페넘 ×3 8250e 이상 페넘 ×4 9100e 이상
AM3	셈프론 140, 애슬론 Ⅱ ×2 215 이상, 애슬론 Ⅱ ×3 400e 이상, 애슬론 Ⅱ ×4 600e 이상, 페넘 Ⅱ ×2 545 이상, 페넘 Ⅱ ×3 700e 이상, 페넘 Ⅲ ×4 805 이상, 페넘 Ⅱ ×6 1055T 이상
AM3+	고급형 CPU인 FX 시리즈
FM1	CPU와 GPU(Graphic Processor Unit, 그래픽 처리 장치) 일체형 프로세서인 A4 / A6 / A8 'APU(Accelerated Processing Unit)'를 위한 소켓

AMD CPU의 경우 AM2, AM2+, AM3, AM3+ 이렇게 네 가지 CPU 소켓 규격이 있지만 네 가지 소켓은 물리적인 형태가 거의 같고, 경우에 따라서는 하위 제품뿐만 아니라 상위 제품 호환도 가능합니다.

예를 들자면 AM2+ 규격 소켓에 AM2 CPU를 꽂아도 됩니다. 반대로 AM2 메인보드에 바이오스를 업데이트할 경우 AM2+ 규격의 CPU를 꽂아도 작동이 가능합니다. 하지만 AM2+ 소켓을 지원하는 CPU 최대 성능을 발휘할 수는 없습니다. AM3 소켓 규격 CPU라고 해도 938개 핀이 장착된 CPU라면 AM3 CPU를 AM2/AM2+ 규격 메인보드 소켓에 꽂아도 작동하지만 반대 경우는 작동하지 않습니다.

> • 소켓 AM2 메인보드에서 사용할 수 있는 CPU : AM2, AM2+(성능 저하), AM3(성능 저하) 규격 CPU
> • 소켓 AM2+ 메인보드에서 사용할 수 있는 CPU : AM2, AM2+, AM3 규격 CPU
> • 소켓 AM3 메인보드에서 사용할 수 있는 CPU : AM3 규격 CPU, AM3+ 규격의 몇몇 CPU
> • 소켓 AM3+ 메인보드에서 사용할 수 있는 CPU : AM3 규격 CPU

이론상 AMD CPU에 어울리는 메인보드 칩셋을 선택하려면 칩셋 제원에서 다음 사항들을 확인해야 합니다.

> • 칩셋이 지원하는 CPU 소켓 규격
> • DDR3 메모리 지원 여부
> • USB 3.0, SATA3 등 최신 인터페이스 지원 여부
> • 내장 그래픽 성능

AMD CPU 지원 메인보드 칩셋 내장 그래픽은 성능이 비교적 우수해 별도로 외장 그래픽 카드를 꽂지 않더라도 그래픽 성능이 만족스럽습니다.

고급형 PC를 만들 경우 AMD CPU는 인텔 CPU보다 경쟁력이 떨어지지만 가격 대비 성능이 중요한 보급형 PC를 만들 경우 AMD CPU는 좋은 선택입니다.

메인보드 소켓에 어울리는 CPU 고르기 – 인텔

☑ 인텔 CPU 세대별 장착 가능한 소켓을 확인하세요.
☑ 소켓별로 추가된 기능은 무엇인지 확인하세요.

인텔 CPU를 장착할 수 있는 메인보드는 LGA(Land Grid Array) 방식 소켓을 가지고 있습니다. 인텔 CPU는 핀이 아닌 접점을 가지고 있고 소켓에 CPU 접점에 연결되는 핀이 있습니다.

CPU 밑면에 있는 접점이 몇 개인가에 따라 소켓명이 결정됩니다. 접점이 775개면 LGA 775, 1156개면 LGA 1156, 1366개면 LGA 1366라고 합니다.

▲ LGA 775   ▲ LGA 1366

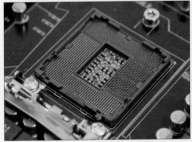

▲ LGA 1156

▲ LGA 2011

> **TIP** 메인보드에 소켓이나 칩셋 등 하드웨어적 사양이 CPU를 지원하더라도 메인보드 내부의 바이오스에 CPU를 인식하는 정보가 들어 있지 않으면 역시 그 CPU를 사용하지 못합니다.
> 해당 메인보드 출시 이후에 나온 CPU로 업그레이드를 하려면 반드시 그 CPU에 대한 인식 정보가 추가된 메인보드 바이오스로 업데이트해야 합니다.

소켓별 지원 CPU

소켓	CPU
LGA 775	펜티엄 4 프레스캇, 펜티엄 D, 코어 2 듀오, 코어 2 쿼드, 셀러론 콘로
LGA 1156	i3 전 시리즈, i5 600 시리즈, i5 700 시리즈, i7 800 시리즈
LGA 1366	i7 900 시리즈, i7 980x
LGA 2011	서버용 CPU인 제옴(Xeon) E5 시리즈

소켓 규격만 맞으면 아무 CPU나 장착해도 되는 걸까요? 대답은 '아니요'입니다. 236쪽에서 배웠듯이 메인보드에 CPU가 제 성능을 발휘하도록 제어할 수 있는 칩셋이 장착되어야 합니다.

CPU 지원 정식 칩셋 확인하기

CPU별로 지원 칩셋을 확인하려면 인텔 홈페이지(http://www.intel.com/kr)를 방문해 '제품' → '칩셋'에서 CPU 지원 칩셋에 대한 정보를 찾아보는 것이 가장 좋은 방법입니다.

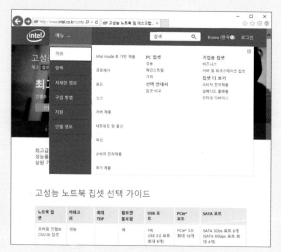

▲ '제품'과 관련된 부분에서 칩셋에 대한 정보를 확인할 수 있습니다.

칩셋 제조사 홈페이지에서 샌디 브리지 CPU를 지원하지 않는 칩셋인데 메인보드 제조업체에서는 샌디 브리지 CPU를 지원한다고 하는 경우가 있습니다.

이는 메인보드 제조업체에서 새로 출시된 정식 지원 칩셋 가격이 비싸 많이 보급된 기존 칩셋에 CPU 지원 기능을 별도로 넣은 것입니다. 메인보드 가격은 저렴하지만 제 성능을 발휘할지는 미지수입니다.

따라서 칩셋 제조업체에서 사이트에서 여러분이 선택한 CPU와 궁합을 맞춘 정식 칩셋이 무엇인지 확인하는 작업부터 해야 합니다.

05
'칩셋'에 의해 변화하는 메인보드

메인보드에서 방열판이 장착된 가장 큰 칩은 메인보드 두뇌 역할을 하는 칩셋(Chipset)입니다. 정확한 명칭은 '플랫폼 컨트롤러 허브', 'PCH(Platform Controller Hub)'입니다. 칩셋이 얼마나 똑똑한가에 따라 메인보드 확장성이 결정되고 메인보드에 연결될 수 있는 부품이 달라집니다.

메인보드에는 다양한 장치들이 한꺼번에 설치되기 때문에 이들을 제어하고 역할을 조율하는 기능을 갖춰야 합니다. 초기 메인보드에는 각 장치들을 별도로 담당하는 제어 회로를 여러 개 달아 이러한 역할을 수행했습니다. 그러다 보니 컴퓨터 기능이 확장될 때마다 더 많은 제어 회로가 필요해져서 메인보드 크기도 커지고 가격도 올라갑니다.

이러한 문제점을 극복하기 위해 각 제어 회로들을 통합하려는 시도가 계속되었고 그 결과물로 나온 것이 칩셋입니다.

▲ 컴퓨터 전체 핵심이 CPU라면 메인보드 핵심이 칩셋입니다. 메인보드 칩셋은 열이 많이 나기 때문에 방열판이나 냉각팬에 덮여 있는 경우가 많습니다.

새 CPU가 나올 때마다 CPU를 지원하는 새로운 칩셋이 나옵니다. 새 칩셋은 최신 장치를 지원할 뿐 아니라 최신 기술을 지원하고 기존 기술은 더 발전합니다. 점점 똑똑해지는 칩셋이 어떻게 변화했는지 살펴보겠습니다.

CPU와 지원 칩셋

인텔 CPU 세대	지원 칩셋	AMD CPU	지원 칩셋
1세대	P55/H57/H61	AM2+, AM3, Am3+ 소켓 CPU	7시리즈 칩셋 740, 740G, 760G
2세대	P67/H67/H61	AM3, AM3+ 소켓 CPU	8시리즈 칩셋
3세대	Z77/H77/B75/H81	AM3, AM3+ 소켓 CPU	9시리즈 칩셋
4세대	Z87/H87/B85/H81		
5세대	Z97/H97		
6세대	Z170/H170/H110		

칩셋에 의해 변화하는 메인보드

TIP PCH가 정확한 명칭이지만 오래전부터 칩셋으로 불립니다. 여기서도 PCH 대신 '칩셋'이란 용어로 설명합니다.

최신 CPU를 사용하려면 그와 짝을 이루는 최신 칩셋과 해당 칩셋을 탑재한 메인보드가 필요합니다.

인텔은 메인보드 칩셋을 최상위 라인업 제품을 먼저 선보이고 다음 중급 및 보급형 칩셋을 출시합니다. 칩셋 보급형과 고급형, 중급형은 어떤 차이가 있을까요? 차이라면 오버클러킹 사용 유무, 인터페이스 발전, 지원하는 포트 개수 차이 등입니다.

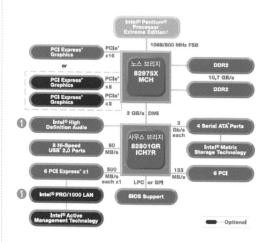

▲ 펜티엄4 CPU 지원 메인보드(975 칩셋)

❶ 메인보드는 사운드 카드, 네트워크 카드 기능을 흡수한 올인원(All-in-One) 부품으로 발전했습니다. 메인보드 보조 칩 장착으로 사운드, 네트워크 기능이 메인보드에 추가되었습니다.

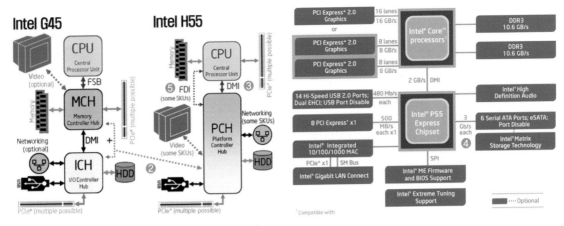

▲ 린필드, 클락데일 CPU 지원 메인보드(5시리즈 칩셋, P57, P55, H57, H55)

❷ CPU에 메모리 컨트롤러, PCI Express 2.0 그래픽 인터페이스까지 내장되어 메인보드 두뇌 역할을 하는 칩셋이 두 개였지만 하나로 줄었습니다.

❸ CPU와 칩셋이 제어하는 장치들이 빠르게 데이터를 주고받을 수 있도록 최대 10Gb/s 양방향 대역폭이 보장되는 'DMI(Direct Media Interface)'로 연결됩니다.

❹ 하드디스크 두 개 이상을 드라이브 하나로 결합해 RAID(Redundant Array Independent Disks)를 지원합니다. 인텔 Matrix RAID라는 기술로, 메모리 구성이 듀얼 채널에서 트리플 채널까지 지원합니다.

❺ CPU 내장 그래픽을 이용한 디스플레이 출력을 지원하는 FDI(Flexible Display Interface)라고 불리는 그래픽 인터페이스가 추가되었습니다.

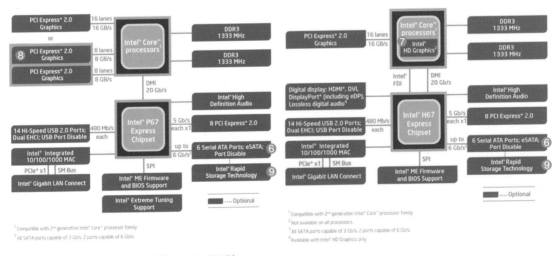

▲ 샌디 브리지 CPU 지원 메인보드(6시리즈 칩셋, Z68, P67, H67, H61)

❻ 빠른 하드디스크 인터페이스인 SATA3를 지원합니다.

❼ CPU 내장 그래픽 컨트롤러와 그래픽 카드를 같이 사용하거나 선택해 사용할 수 있는 그래픽 스위처블 기능인 '루시드 버추(Lucid Virtu) Universal MVP'를 지원합니다.

❽ 그래픽 카드 두 개를 연결해 하나처럼 사용하여 그래픽 성능을 올릴 수 있는 엔비디아 SLI나 ATI Cross Fire를 지원합니다.

❾ RAID 기술이 향상되었고 인텔 Matrix RAID에서 인텔 Rapid Storage Technology로 이름을 바꿨습니다.

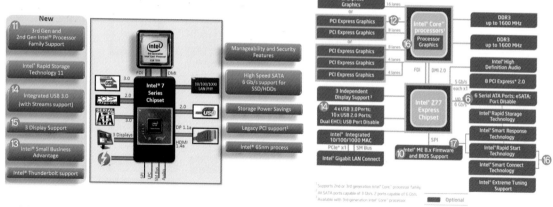

▲ 아이비 브리지 CPU 지원 메인보드(7시리즈 칩셋, Z77, Q77, Q75, B75)

⑩ 그래픽 사용자 인터페이스를 사용하는 UEFI 바이오스가 탑재되었고 윈도우 부팅 속도가 단축되었습니다.

⑪ 동일한 LGA1155 소켓을 사용하는 샌디 브리지와 아이비 브리지 CPU 모두 지원합니다. 기업용과 개인용 칩셋으로 구분됩니다.

⑫ 향상된 그래픽 카드 인터페이스인 PCI Express 3.0을 지원합니다.

⑬ 칩셋을 통해 CPU 작동 클럭을 올려 오버클러킹해서 사용할 수 있도록 설정이 가능합니다. 저전력, 보안과 원격 제어 기능이 추가된 기업용 칩셋 제품을 개발했습니다. 칩셋 이름은 'Q'로 시작됩니다. 인텔은 기업용 칩셋과 함께 SBA(Small Business Advantage : 소규모 비즈니스 혜택) 솔루션을 무료로 제공합니다. SBA 솔루션은 보안 및 시스템 관리를 자동으로 하는 프로그램입니다.

⑭ USB 2.0 → USB 3.0으로 진화된 빠른 인터페이스를 지원합니다.

⑮ 모니터 세 대를 지원하고 HDMI/디스플레이 포트를 지원합니다.

⑯ 아이비 브리지 CPU 지원 기술인 부팅 시간을 단축하기 위한 Rapid Start, 시스템이 절전 상태에서도 네트워크를 통한 업데이트가 진행되는 스마트 연결 기술(Smart Connect Technology)을 지원합니다.

⑰ 하드디스크에 저장된 사용 빈도가 높은 대용량 자료를 SSD에 저장해 빠르게 자료를 가져올 수 있는 인텔 스마트 응답 기술(Smart Respond Technology)을 지원합니다.

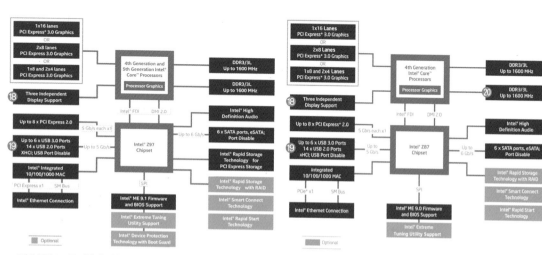

▲ 4세대 인텔 CPU를 지원하는 칩셋 Z87   ▲ 5세대 인텔 CPU를 지원하는 칩셋 Z97

⓲ 세 개 이상 독립된 디스플레이를 연결해 사용할 수 있습니다.

⓳ USB 2.0을 지원하는 xHCI를 칩셋에서 지원하지 않습니다.

⓴ DDR 3L 메모리를 지원합니다.

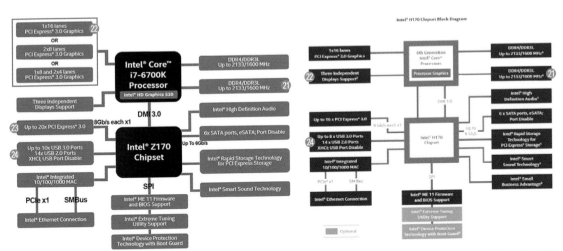

▲ 6세대 인텔 CPU(스카이레이크)를 지원하는 칩셋 Z170/H170입니다. 인텔 6세대 스카이레이크 CPU는 새로운 '100 시리즈' 칩셋과 짝을 이룹니다. Z170은 고급형, H170은 중급형 칩셋입니다.

㉑ 저전력, 고효율이 DDR4 메모리를 정식으로 지원합니다. DDR4뿐만 아니라 저전력 제품인 DDR3L도 지원합니다.

㉒ 내부적인 변화는 PCI 익스프레스 3.0 레인(Lane) 수 증가를 들 수 있습니다. 비유하자면 제한 속도가 향상된 고속도로가 왕복 4차선에서 8차선으로 확장된 셈입니다.

일단 Z170 칩셋은 스무 개의 PCI 익스프레스 3.0 레인을 지원하며, 그 수는 하위 칩셋으로 내려갈수록 줄어듭니다. PCI 익스프레스 레인 수가 늘어나면서 좋아진 점은 'SLI'나 '크로스파이어' 같은 다중 그래픽 카드 환경을 구현할 때보다 최적의 성능을 발휘할 수 있습니다.

기존에는 다중 그래픽 카드 환경을 구성하면 '1+1=2' 성능이 아닌 '1+1=1.5~1.8' 성능만 구현할 수 있었습니다. 해당 기술 자체 한계도 있지만, PCI 익스프레스 레인 수 제한으로 모든 그래픽 카드 슬롯이 최대 배속인 ×16을 제대로 지원하지 못해 그로 인한 성능 저하도 있었기 때문입니다. 하지만 레인 수 확대로 보다 많은 그래픽 카드용 슬롯이 보다 높은 배속을 온전하게 지원할 수 있게 되면서 다중 그래픽 카드 환경 효율도 더욱 개선될 수 있게 되어 21 DDR4 메모리를 지원합니다.

㉓ 비슷한 이유로 고성능 저장 장치 지원도 강화됐습니다. 이미 SSD 성능은 기존 SATA 인터페이스의 한계를 초월한지 오래입니다. 그런 고성능 SSD를 위한 M.2(NGFF)와 SATA 익스프레스라는 새로운 인터페이스가 90 시리즈 칩셋 보드부터 등장했지만, 역시나 PCI 익스프레스 레인 제한으로 M.2나 SATA 익스프레스를 하나 사용하면 기존 SATA 두 개를 쓸 수 없었습니다.

하지만 PCI 익스프레스 레인 수가 확장되면서 더 이상 기존 SATA 희생 없이 M.2 인터페이스를 쓸 수 있게 됐으며, 두 개 이상 SATA 익스프레스도 지원할 수 있게 됐습니다. 최대 SATA 수는 여섯 개로 큰 변화는 없지만, 실제로는 최대 저장 장치 지원 수가 더 늘어난 셈입니다.

㉔ 100 시리즈 칩셋은 내부 인터페이스만 확장된 것이 아니며, 대표적인 외부 인터페이스인 USB 3.0에 대한 지원도 강화됐습니다. 하이퍼포먼스급 칩셋과 메인스트림 칩셋의 차이는 네이티브 USB 3.0 포트 개수 차이입니다. 기존 90 시리즈 칩셋만 하더라도 USB 2.0 수가 3.0보다 많았지만, 이번 100 시리즈부터는 역전됐습니다. Z170 칩셋을 예로 들면 USB 2.0 지원 개수는 네 개로 오히려 줄어든 반면, 네이티브 USB 3.0 지원 개수는 열 개로 배 가까이 늘었습니다. 물론 USB 3.0은 USB 2.0을 하위 호환으로 지원하기 때문에 기존 주변 기기 활용에 큰 불편함은 없습니다.

기존 USB 3.0보다 배 이상 빠른 차세대 USB 3.1 지원도 눈여겨볼 만합니다. 사실 USB 3.1은 최근 표준이 확정되긴 했지만 100 시리즈 칩셋에서는 아직 정식으로 지원하지 않습니다. 즉 별도로 USB 3.1 컨트롤러를 통해 지원하는 방식입니다.

PC 응급실

메모리 용량이 충분한지 어떻게 알 수 있죠?

시스템에 어울리는 적절한 메모리 용량은 정해지지 않았습니다. 설치된 운영체제 버전, 작업 환경, 작업 종류에 따라 필요한 메모리 사용량이 다르기 때문입니다.

메모리 용량이 부족하거나 넉넉한지 확인하기 위해서는 작업 관리자를 실행한 후 '성능' 탭을 선택합니다. 작업 관리자에서 작업을 진행하면서 메모리의 사용 가능한 여유 용량을 확인하세요. 예를 들어 2.8/10.9GB(26%)라고 표시되면 '현재 사용량/사용 가능한 전체 메모리 양(사용률)'을 의미합니다. 사용률이 항상 70% 이상이라면 부족한 상태이며, 50% 이하라면 메모리 용량에 아직 여유가 있습니다.

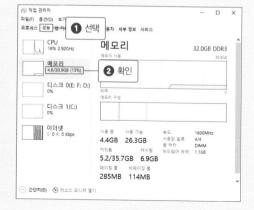

메모리 용량을 확인할 수 있는 '작업 관리자' 창 ▶

언버퍼드(Unbuffered), ECC, Registered 메모리가 무엇인가요?

'언버퍼드(Unbuffered) 메모리'는 가격이 저렴하여 일반 PC에 많이 사용합니다. 여덟 개 또는 열여섯 개 칩이 장착되어 있습니다.

'ECC(Error Correcting Code) 메모리'는 오류를 정정하거나 검출하는 기능이 있습니다. 주로 서버용 PC를 위한 메모리로, 성능 상의 이유보다는 데이터를 전송할 때 오류 발생을 막아 시스템의 안정성을 높이기 위해 사용합니다. 일반 언버퍼드 메모리보다 가격이 비싸며, 아홉 개 또는 열 여덟 개 칩이 장착되어 있습니다.

'레지스터드(Registered) 메모리'는 부가적인 컨트롤러 칩(레지스터)이 장착되어 있습니다. 서버용으로 개발된 메모리로, 레지스터에서 메모리를 제어하기 때문에 고용량 메모리를 사용할 수 있습니다. 가격은 비싼 편이며, ECC 메모리에 레지스터를 추가한 것으로 '레지스터드 ECC 메모리'라고도 합니다.

06
메인보드에 장착된 파이 칩 확인하기

메인보드에 사운드 및 네트워크 기능이 통합된 것은 메인보드 사우스 브리지를 돕는 물리 계층칩 또는 파이(PHY; PHysical Layer) 칩이 장착되었기 때문입니다. 이들 파이 칩이 사운드 카드와 네트워크 카드 핵심 기능을 제공하고 나머지 부분은 CPU가 처리합니다. CPU 성능과 메인보드 칩셋 성능이 향상되었기에 가능한 일입니다. 메인보드에 사운드 카드와 네트워크 카드 기능을 대신할 파이 칩은 신뢰성 있는 제품이 장착되어야 하며 파이 칩 기능도 확인해야 합니다.

▲ 메인보드 제원에서 사운드와 네트워크 카드 기능을 대신할 파이 칩 제조업체와 기능을 확인합니다.

메인보드 가격은 장착된 파이 칩이 제공하는 기능에 의해 결정됩니다. 소켓과 칩셋 규격이 같은 메인보드라면 기본적인 사용을 할 때는 성능 차이가 크지 않습니다. 하지만 보급형 모델과 값이 비싼 고급형 모델이 함께 시장에 공존하는 이유는 고급형 메인보드는 더 많은 확장 카드나 하드디스크를 장착할 수 있으며 와이파이나 블루투스와 같은 기능이 더해지기도 하기 때문입니다.

파이 랜 칩
• 기가비트 이더넷 인터페이스를 장착하면 1Gbps 고속 통신이 가능합니다.
• 사우스 브리지 랜 컨트롤러는 기가비트 급 속도까지 지원하고 랜 컨트롤러 두 개를 지원하지만 이를 돕는 파이 칩이 장착되어 있지 않으면 네트워크 신호조차 주고받을 수 없습니다.

▲ 마벨 88E8053 PCI Express | ▲ 리얼텍 RTL8112L Gigabit LAN | ▲ 기가비트 이더넷 지원 리얼텍 8110S | ▲ 인텔 WG82578DC

오디오 코덱

• 5.1채널 AC'97부터 7.1+2/8채널 HD 오디오를 지원하는 다양한 제품이 있습니다. 메인보드에 장착된 오디오 코덱은 대부분 HD 8 채널을 지원합니다. HD 오디오의 장점은 블루레이나 HD-DVD 사운드 포맷 수준 192KHz 고품질 사운드 데이터를 음성 신호로 바꿀 수 있다는 것입니다.

▲ 아날로그 디바이스 AD 1888 ▲ 리얼텍 ALC883 HD-Audio 코덱 ▲ 시그마텔 ▲ 비아 VT1708S

ATA 컨트롤러

• 메인보드 사우스 브리지가 지원하지 않는 인터페이스를 추가하고자 할 때 별도의 파이 칩을 장착합니다.
• 사우스 브리지가 지원하지 않는 병렬 IDE 포트를 지원하고 시리얼 ATA 포트를 확장합니다.
• 고급 메인보드에는 SATA3와 USB 3.0을 지원하는 별도의 파이 칩이 장착되어 있습니다.

▲ 제이마이크론 20330 ▲ 제이마이크론 JMB361 컨트롤러 칩셋

PC 응급실

스카이레이크 시스템에 USB 메모리로 윈도우 7이 설치되지 않아요. 왜 그렇죠?

스카이레이크 CPU를 지원하는 100 시리즈 메인보드 칩셋부터 인텔은 EHCI(Enhanced Host Controller Interface) 컨트롤러를 없애고 XHCI(eXtensible Host Controller Interface) 컨트롤러만 지원합니다. 쉽게 말해 EHCI는 USB2.0, XHCI는 USB 3.0을 말합니다.

USB 3.0을 기본 지원하는 윈도우 8 이상 운영체제에서는 문제될 것이 없지만 윈도우 7은 네이티브 XHCI 컨트롤러를 지원하지 않습니다. 따라서 EHCI가 없는 스카이레이크에선 윈도우 7을 설치할 때 USB 포트를 인식하지 못해 USB 메모리나 USB 외장 하드디스크, USB 광학 드라이브를 이용해 윈도우 7을 설치할 수 없으며, PS/2 포트 키보드와 마우스도 사용할 수 없습니다.

▲ 스카이레이크 CUP 시스템에서 윈도우 7을 설치할 수 있는 프로그램

그래서 메인보드 업체들은 스카이레이크 CPU 시스템에서 윈도우 7을 설치할 수 있는 프로그램을 만들어 배포합니다. 기가바이트 메인보드의 경우 'Windows USB Installation Tool'을 설치한 다음 윈도우 7 설치 파일이 들어 있는 미디어 경로를 지정하면 되며, ASRock은 Win 7 Usb Patcher 프로그램을 이용하면 됩니다.

07
전원부 확인으로
메인보드 안정성 확인하기

메인보드에 장착되는 부품 속도가 빨라지면서 필요로 하는 전력 요구량도 많아졌습니다. 따라서 메인보드 전원부가 안정적으로 설계되었는지 살펴봐야 합니다. 메인보드에서 살펴볼 부분은 CPU 소켓입니다. CPU 소켓은 근처에 전기를 일정하게 유지하면서 필요한 전력을 충분하게 공급할 수 있도록 많은 부품을 장착하고 있습니다.

전원부 구성 요소

메인보드 전원에 관련된 제원을 살펴보면 '페이즈(Phase)'라는 용어를 접할 수 있습니다. 1페이즈는 전원부 한 개를 의미합니다. 1페이즈는 초크(Chock), 모스펫(MOSFET) 소자, 스위칭 레귤레이터(Switching Regulator), 콘덴서(Condenser), 레귤레이터 컨트롤러 칩으로 구성됩니다.

❶ **모스펫(MOSFET; Metal Oxide Semiconductor Field Effect Transistor)** : 전기 On/Off를 조절하는 스위치 역할 반도체입니다.

◀ 다양한 모스펫

❷ **스위칭 레귤레이터(Switching Regulator)** : 파워 서플라이에서 공급받은 12V 전원을 CPU와 메인보드 칩셋이 사용하는 3.3V, 2.8V로 낮춰 공급하는 역할을 합니다. 초당 엄청난 횟수의 On/Off를 반복하여 원하는 전압을 만듭니다. 드라이버 칩이 횟수를 조절합니다.

❸ **콘덴서(Condensor)** : 전하(전기를 띤 입자)를 충전, 방전하는 장치로 쉽게 말해 전기를 보관하는 임시 창고입니다. 콘덴서를 통해 과전압이나 전압이 부족할 때 충전, 방전으로 일정하게 전기를 공급할 수 있습니다. 안정성을 높인 고급 제품은 콘덴서를 알루미늄 캔 형식으로 장착했습니다. CPU에 들어가는 전압을 일정하게 공급할 뿐만 아니라 메인보드의 발열을 줄입니다. 크기가 작아 메인보드를 만지다가 잘못 건드려 문제가 발생하는 일도 없습니다.

◀ 고급 콘덴서

❹ **초크(Choke)** : 전기의 수많은 On/Off 스위칭 과정에서 노이즈가 심하게 발생할 때 거르는 역할을 합니다. 고급형 메인보드는 코일이 드러나는 금속제 초크 대신 코일 주변을 차폐 장치로 감싼 페라이트 초크(Ferrite Choke)를 사용합니다.

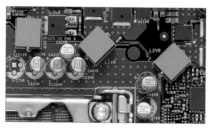

▲ 코일 초크

▲ 페라이트 초크

디지털로 고급화된 전원부

고가의 메인보드는 스위칭 레귤레이터와 스위칭 레귤레이터 컨트롤러 칩을 대신하는 디지털 전원부를 사용합니다. 디지털 전원부를 사용하면 대량 생산에 유리하고, 전력 효율도 높으며 전압이 안정적이며 노이즈도 줄일 수 있습니다. 수명도 길지만 발열에 문제가 있어 디지털 전원부에 냉각을 위한 방열판을 설치합니다. 고급형 그래픽 카드, 메인보드는 디지털 전원부를 사용합니다.

▲ 디지털 방식으로 전류를 다듬는 디지털 PWM 회로를 장착한 메인보드로, 전원 부분 고급화를 꾀합니다. 전원 회로 품질을 높이기 위해 디지털 전원 회로(PWM, 펄스폭 변조) 장착까지 합니다.

전원부의 페이즈 구성 확인

페이즈 수가 늘어날수록 구성하는 페이즈당 할 일이 줄어듭니다. 즉, 부품별 부하가 줄면 그만큼 수명이 연장되는 것이고, 페이즈별 전압 또한 적기 때문에 노이즈가 적습니다.

기본적으로 메인보드는 5페이즈 전원부로 설계되어 있습니다. 고급 제품은 8단계, 12단계 전원부까지 지원합니다. 페이즈 구성이 클수록 효율적이지만 이보다는 1페이즈당 공급되는 전류 양이 더 중요합니다.

> TIP 메인보드 전원부 구성이 탄탄해야 시스템이 안정됩니다. PC가 아무 이유 없이 다운되면 메인보드 안정성에 문제가 있는 것으로, 전원부 구성이 탄탄하고 안정적인지 확인해야 합니다.

▲ 24페이즈 전원 구성을 적용한 기가바이트 메인보드

PC 응급실

시스템이 과열된 것 같아요

시스템이 다운되는 이유는 CPU, 그래픽 프로세서, 메인보드 칩셋 등 주요 부품 온도 상승 때문입니다. 온도가 상승하는 이유는 냉각 시스템에 문제가 있을 수 있고, 냉각 시스템 능력이 떨어져 열을 제대로 식히지 못하기 때문입니다. CPU 냉각팬 고장으로 CPU 온도가 높은 경우에는 사용 중에 컴퓨터가 꺼집니다.

PC를 다시 켰을 때 바로 안 켜지면 각 부품 열을 식히는 냉각 시스템이 정상적으로 작동하는지 확인해야 합니다. 냉각팬이 정상적으로 작동하지만 시스템이 다운되면 보다 효율적인 냉각 시스템으로 업그레이드해야 합니다. 메인보드 제조업체에서 제공하는 메인보드 상태 모니터링 프로그램을 설치해 메인보드, CPU 온도와 냉각팬의 회전 속도를 모니터링할 수 있습니다. 내 시스템에는 문제가 없는지 점검해 보세요.

제조업체	사이트	유틸리티 이름
MSI	http://kr.msi.com	MSI Control Center, Dual Core Center
ASUS	http://asus.com/kr	AI Suite, PC Probe
기가바이트	http://www.gigabyte.kr	Smart6, Easy Tune
ASRock	http://www.asrock.com	OC Tuner
인텔	http://www.intel.com	데스크톱 제어센터(Intel Desktop Control Center)

▲ 메인보드 제조업체에서 제공하는 모니터링 프로그램

check!
check!

메인보드 확장성 확인하기

☑ 내가 사용하는 메인보드에 장착된 칩셋을 확인하세요.
☑ 내가 사용하는 메인보드에 USB 3.0 인터페이스가 있는지 확인하세요.
☑ 내가 사용하는 메인보드가 SATA3.0을 지원하는지 확인하세요.
☑ 내가 사용하는 메인보드에 장착할 수 있는 최대 메모리 용량을 확인하세요.

메인보드에서 우선적으로 확인해야 할 부품은 메인보드 두뇌 역할을 하는 '칩셋'입니다. 칩셋에 의해 장착할 수 있는 메모리, CPU, 주변기기 등이 결정됩니다.

칩셋 확인하기

내 메인보드에 장착된 칩셋은 'CPU-Z' 프로그램으로 확인할 수 있습니다.

1

웹브라우저를 실행하고 다음 사이트에 접속하여 최신 버전의 'CPU-Z'를 다운로드합니다. 압축을 해제하고 실행 파일을 더블클릭합니다.

http://www.cpuid.com/softwares/cpu-z/versions-history.html

2

CPU-Z를 실행한 후 'Mainboard' 탭을 선택하여 Chipset, Southbridge를 확인합니다.

i3, i5, i7 이름을 사용하는 CPU 지원 메인보드는 CPU에 메모리 컨트롤러가 통합되어 칩 하나만 장착되었습니다. 이 경우 칩셋 이름은 Southbridge에서 확인할 수 있습니다.

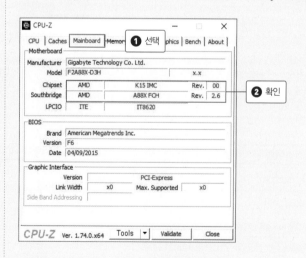

메인보드 확장성 확인하기

메인보드를 살펴보면 메인보드에 장착된 '칩셋' 이름은 같은데 가격이 20만 원 이상 차이나는 경우가 있습니다. 안정성을 결정짓는 전원부와 확장 슬롯 구성 차이 때문이므로 메인보드를 살펴 업그레이드 유무를 확인하세요.

▲ Z77 칩셋이 장착된 메인보드는 10~50만 원대 다양한 제품이 판매됩니다.

☐ 메모리 슬롯이 몇 개인지와 최대 몇 GB 메모리를 꽂을 수 있는지 확인합니다.

☐ USB 3.0 인터페이스를 지원하는 USB 3.0 포트 유무와 포트가 몇 개인지 확인합니다. 제공되는 USB 포트 중 메인보드 칩셋이 제공하는 네이티브 USB 포트가 몇 개인지 확인하세요. USB 메모리를 이용해 윈도우를 설치할 때는 USB 메모리로 부팅해야 하는데 칩셋에 직접 연결된 네이티브 USB 포트에 설치된 USB 메모리만 부팅, 설치가 가능합니다.

▲ 네이티브 USB 포트 개수를 확인하세요.

☐ 고속 하드디스크 장착이 가능한 SATA3(리비전3.0) 포트 유무를 확인합니다. 제공되면 몇 개인지 확인하고 블루투스 장치를 연결해야 하는 경우 블루투스 지원 여부를 확인하세요.

08

시스템 안정성을 높이는
메인보드 패치 작업하기

윈도우에서 사운드 카드를 사용하기 위해서는 사운드 카드에 맞는 드라이버를 설치해야 하는 것처럼 메인보드 CPU에 해당하는 칩셋 기능을 모두 활용하려면 칩셋 기능을 활용할 수 있는 드라이버를 설치해야 합니다. 이를 '칩셋 패치'라고 하며, 여기서 패치(Patch)는 헝겊으로 기우는 작업을 뜻하는 단어로, 프로그램이나 데이터 장애 부분을 응급조치로 수정하는 것을 말합니다.

패치는 프로그램이라기보다 대부분 기존 프로그램에서 잘못된 부분을 고치는 일을 하므로 드라이버 업데이트와 다릅니다. 칩셋 패치를 실행하면 메인보드와 관련된 장치 설치 정보가 있는 INF 파일을 최신으로 교체합니다.

인텔 칩셋 패치를 위한 드라이버는 'INF 업데이트 유틸리티'입니다. INF 업데이트 유틸리티는 인텔 칩셋을 장착한 메인보드 INF 파일을 최신 정보로 바꾸는 프로그램으로 윈도우와 칩셋 호환성을 위해 설치해야 합니다.

따라하기 ① 웹브라우저를 실행하고 다음 사이트에 접속하여 드라이버 업데이트를 자동으로 진행하는 페이지에 방문합니다.

http://www.intel.com/p/ko_KR/support/detect

② 〈지금 다운로드〉 버튼을 클릭합니다.

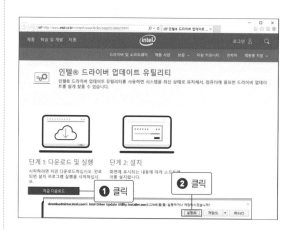

③ 설치 창이 표시되면 〈설치〉 버튼을 클릭합니다.

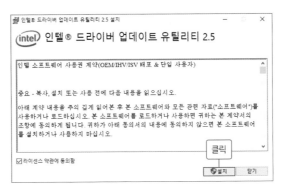

④ 설치를 진행합니다.

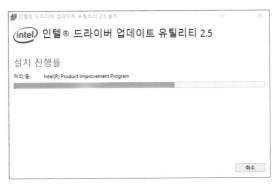

⑤ 설치된 드라이버 업데이트 유틸리티를 실행하고 〈검색 시작〉 버튼을 클릭합니다.

〈다운로드〉 버튼을 클릭하고 〈설치〉 버튼을 클릭합니다.

설치 창이 표시되면 〈다음〉 버튼을 클릭하여 설치를 진행합니다.

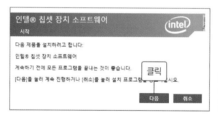

PC 응급실

메모리 이름이 헷갈려요. DDR3 1066은 PC3 12800인가요?

DDR3 1066과 PC3 12800은 같은 메모리입니다. DDR(Double Data Rate)은 데이터 전송을 두 배로 늘리고, DDR2 SDRAM은 DDR SDRAM과 제원은 같지만 속도 면에서 크게 향상된 메모리를 DDR2로 구분합니다. DDR SDRAM보다 속도와 성능이 두 배 이상 향상되었고, DDR3는 세 배 속도 향상이 있다는 뜻입니다.

데이터 입출력 수를 늘려 같은 클럭에서 빠르게 데이터를 처리합니다. 작동 클럭에 이름을 붙여 사용하면 숫자가 작아 성능이 떨어진다고 생각해 대역폭을 이용한 이름이 등장했습니다.

	메모리 이름	작동 클럭	사용 전압
DDR2	PC2-3200	400	1.8V
	PC2-4200	533	
	PC2-5300	667	
	PC2-6400	800	
DDR3	PC3-6400	800	1.5V
	PC3-8500	1066	
	PC3-10600	1333	
	PC3-12800	1600	

▲ DDR2, DDR3 사양

Chapter 03

메모리 속도 경쟁은
시작됐다

PC에 사용되는 메모리를 흔히 '램(RAM)'이라고 부릅니다. 램은 CPU, 메인보드와 함께 PC를 구성하는 핵심 부품 가운데 하나인 CPU가 처리할 데이터가 임시 저장되는 곳입니다. 현재 사용자가 실행하는 모든 프로그램은 하드디스크에서 메모리로 올려져 실행되고 있는 것입니다. CPU 발전 속도에 맞춰 메모리도 속도 경쟁을 벌이고 있습니다.

01
PC를 구성하는 다양한 기억장치

PC가 자료를 처리하려면 그 자료와 이를 처리할 수 있는 프로그램을 저장할 수 있는 곳이 있어야 합니다. 이러한 저장 기능을 담당하는 장치를 통틀어 기억장치라고 부르죠. 기억장치는 다시 주기억장치와 보조기억장치로 나눌 수 있습니다. PC의 메모리 계층 구조를 살펴볼까요? 기억장치는 읽고 쓰는 속도에 비례하여 가격이 비싸기 때문에, 처리 장치인 CPU와 직접 연결된 기억장치는 용량은 작지만 속도가 빠른 것으로 구성하여 처리 속도를 높이고, 대량의 자료 저장을 위해서는 속도는 느리지만 가격이 싼 것으로 구성해 처리 속도를 높입니다.

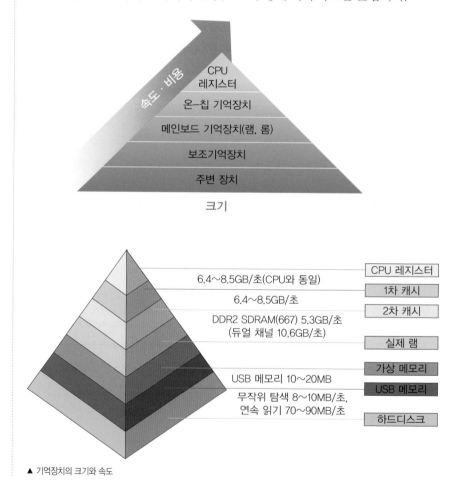

▲ 기억장치의 크기와 속도

02
CPU 속도를 넘어서 점점 더 빨라지는 메모리

TIP DDR1 → DDR2 → DDR3 → DDR4로 바뀔 때마다 동작 속도는 두 배씩 증가 합니다. DDR4가 DDR3보다 두 배가량 빠르다고 할 수 있 습니다. DDR1이 데이터 입출 력 통로가 각각 하나인 2차선 도로라고 하면 DDR3는 8차선, DDR4는 16차선 도로를 가진 D램이라고 볼 수 있습니다.

메모리는 흔히 '램(RAM; Random Access Memory)'이라고 불리는데, 공부할 때 필요한 책과 공책을 올리는 책상처럼 CPU가 처리할 데이터나 명령어가 펼 쳐지는 곳이 램입니다. 램은 CPU가 처리할 데이터가 저장되기 때문에 시스템 에 설치된 램 속도가 빠를수록, 용량이 크면 클수록 좋습니다.

PC에 사용되는 메모리는 일정한 규격 기판 위에 메모리 칩 여러 개가 장착되 어 있는 모듈 램입니다. 모듈 램 중 현재 PC에 사용되는 메모리 이름은 DDR SDRAM(Double Data Rate Synchronous Dynamic RAM)입니다. DDR은 메모리 표준 규격을 정하는 JEDEC(Joint Electron Device Engineering Council)에서 동 작 속도 등으로 규정한 D램 반도체 규격입니다.

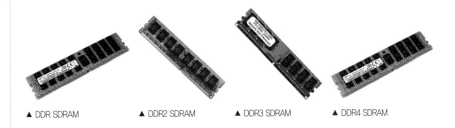

▲ DDR SDRAM   ▲ DDR2 SDRAM   ▲ DDR3 SDRAM   ▲ DDR4 SDRAM

DDR2 SDRAM과 DDR3 SDRAM은 동일한 핀을 가지고 있지만 중간에 있는 홈 위치가 달라 혼용이 불가능합니다.

▲ 노트북에 사용되는 소형 DIMM 규격인 SO-DIMM에서는 DDR, DDR2는 200핀, DDR3는 204핀을 사용합니다.

TIP DDR3 1066은 PC3 12800과 같은 메모리입니다. 작동 클럭을 이름으로 붙여 사 용할 경우 숫자가 적어 성능이 떨어진다 생각해 대역폭을 이 용한 이름이 등장했습니다.

2011년 1월 삼성전자에서 개발에 성공했다고 발표하고 2013년부터 9월부터 생산에 들어간 DDR4 SDRAM은 284핀을 사용하며, DDR4 SO-DIMM은 256핀 을 사용합니다. 2012년 9월 25일, 메모리 표준 규격을 정하는 JEDEC는 차기 메 모리인 DDR4 최종 규격을 발표했고 이제는 제6세대 CPU인 스카이레이크 짝 궁으로 대중화되었습니다.

메모리 사양 구분

	SDRAM	DDR	DDR2	DDR3	DDR3L	DDR4	DDR4L
처리 데이터 비트	1	2	4	8	8	8	8
필요 전압	3.3V	2.5V	1.8V	1.5V	1.35V	1.2V	1V
Max Clock Freq./Data Rate	66 – 133	200MHz/ DDR400	533MHz/ DDR1066	933MHz/DDR1866 1066MHz/DDR2133(L)		1600MHz+/DDR3200+	
핀 수	168	184	240	240	240	284	284

메모리는 점점 더 빨라지며 저전력 고효율성을 목표로 발전하고 있습니다. 앞으로 빨라진 메모리가 언제 출시될 예정인지 Jedec(www.jedec.org, 국제 반도체 공학 표준 협의 기구)에 나온 메모리 로드맵을 살펴보겠습니다.

	2016	2017	2018	2019	2020
프로세스		1x_H		1x_M	
DDR3					
DDR3L					
DDR4	2667				
DDR4L	2400	2667	2667	2932	3200
디바이스		8GB			16GB
DIMM	64GB	64GB			128GB
3DS/TSV	DDR4_2H	DDR4_4H	DDR4_8H		

* DRAM 속도 : Device raw speed, in Mbps.
　3x = 30~39nm, 2xH = high 20's nm, 1xH = high teen nm, 1xM = mid teen nm.
　DDR4L : 1.0V, TBD

PC 응급실

DDR3 메모리가 DDR4 메모리보다 비싸요

왜 최신 제품이랑 이전 제품이랑 가격 차이가 없을까요? PC 부품 중 메모리는 새로운 기술이 나오면 이전 기술을 바탕으로 출시됐던 부품들은 서서히 단종되거나 유통 물량이 줄어듭니다. 동시에 새로운 기술 제품들은 대거 출시되고, 본격적으로 유통되기 시작합니다. 요즘 시장에서 DDR4 메모리가 6세대 i3/i5/i7 CPU와 함께 궁합을 맞추고 잘 팔리기 때문에 DDR4 메모리 공급양이 늘고 있습니다. 대신 DDR3 메모리는 구하고 싶어도 구하기가 힘들어집니다. 오래된 제품은 시간이 지날수록 구하기가 힘들어지고, 수요는 있지만 공급이 부족해 가격이 자연스럽게 오르는 것입니다. 결국 특정 시점에는 DDR3 메모리가 DDR4보다 비싸질 수 있습니다. 여러분이 사용할 메인보드가 DDR3 메모리만 지원한다면 어쩔 수 없지만 DDR4 메모리까지 지원한다면 DDR4 메모리를 구입하는 것이 가장 좋습니다.

03
병목 현상을 해결하는
듀얼 · 트리플 · 쿼드 채널

TIP 병목 현상이란 시스템 전체 성능이나 용량이 하나 혹은 소수 개의 구성 요소나 자원에 의해 제한 받는 현상을 말합니다.

새롭게 개발되는 64비트 멀티 코어 CPU 아키텍처 기본은 메모리 컨트롤러를 CPU 안에 내장하는 것입니다. CPU가 메모리에서 데이터를 직접 가져와 속도를 향상하기 위한 것이죠.

또한 64비트 운영체제는 최대 16GB 메모리까지 사용할 수 있습니다. 기본 모듈 램의 용량이 2GB이니 시스템에 메모리가 네 개 이상 장착될 수 있어야 합니다. 요즘은 램 소켓이 여섯 개 달린 메인보드를 쉽게 찾아볼 수 있습니다.

메모리 속도를 늘리는 것보다 CPU와 데이터 전송 통로를 한 개에서 두 개, 세 개, 네 개……로 늘려 더 많은 데이터를 가져오도록 하는 것이 더 쉬운 방법입니다.

CPU가 듀얼 채널(Dual Channel)을 통해 메모리에서 데이터를 가져오면 데이터 전송량이 두 배로 늘어납니다. i7 CPU는 메모리에서 데이터를 더 빨리 많이 가져오기 위해 통로를 하나 더 추가해 트리플 채널(Triple Channel)을 사용합니다.

◀ 램 소켓이 두 개씩 쌍을 이뤄 구성된 듀얼 채널

◀ 램 소켓 여섯 개가 두 개씩 짝을 이뤄 구성된 트리플 채널

◀ 램 소켓 여덟 개가 두 개씩 짝을 이뤄 구성된 쿼드 채널

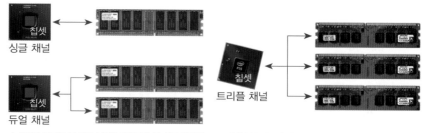

싱글 채널

듀얼 채널

트리플 채널

▲ 데이터 통로를 두 개로 늘리면 대역폭이 두 배로 확장됩니다.

▲ 데이터 통로를 세 개로 늘리면 대역폭이 세 배로 확장됩니다.

듀얼 · 트리플 · 쿼드 채널을 구성할 때 주의하기

메모리 슬롯에 메모리를 장착하는 방법은 385쪽을 참고하세요.

채널이 늘어나는 만큼 대역폭도 2, 3배수로 늘어납니다. 메모리 속도가 빠른 덕분인지 데스크톱 PC 메인스트림 CPU인 i5는 아직 듀얼 채널 구성으로 만족하고 있습니다.

듀얼 채널로 구성하려면 집적도가 같은 램 두 개를 사용해야 합니다. 집적도는 4GB, 8GB 등 메모리 용량을 말합니다. 그리고 속도가 같거나 빠른 메모리를 사용해야 합니다. 속도가 다르면 속도가 낮은 메모리 속도로 동작하기 때문입니다.

PC 응급실

메모리 SPD가 손상되었다고 나와요

바이오스는 메모리에 관한 정보가 기록된 SPD(Serial Presence Detector) 칩을 읽어 메모리 정보를 표시합니다. SPD는 메모리에 장착된 8핀짜리 직렬 EEPROM 칩을 말하며 DIMM 크기, 속도, 전압, DIMM과 RAM 제작자 등에 관한 구체적인 정보를 담습니다. 바이오스는 메모리 SPD 칩을 읽어 메모리가 최적의 성능을 발휘하도록 메모리를 설정하고 이에 맞게 메모리 컨트롤러가 구성되어 작동합니다.

또한 사용자가 시모스 셋업을 통해 SPD 칩에 기록된 메모리 작동 설정 값을 변경할 수 있습니다. 메모리 SPD 칩이 제공하는 최적 값에 어긋나는 전압, 클럭 등을 사용하면 시스템 안정성이 떨어질 수 있습니다.

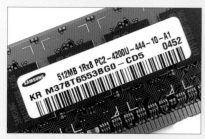

제조 날짜와 메모리 속도

▲ 제조 날짜, 속도 등을 확인할 수 있는 메모리 스티커

▲ 메모리 정보

check!
check!

듀얼 · 트리플 메모리 채널 구성 알아보기

☑ CPU 내장 그래픽을 사용하는지 확인하세요.
☑ 메인보드가 듀얼, 트리플 채널을 지원하는지 확인하세요.

듀얼 채널이라고 하는 건 어디까지나 가용할 수 있는 '대역폭'이 두 배가 되는 것이지, 정말로 메모리 '동작 속도'가 두 배로 빨라지는 것이 아닙니다. 그렇기 때문에 듀얼 채널을 한다고 해서 평상시 시스템 전체 속도가 엄청 빨라지진 않습니다. 인터넷 서핑이라든가 문서 작업과 같은 일상적인 PC 이용에서 메모리 대역폭을 한계까지 이용하는 경우는 드뭅니다. 이 때문에 듀얼 채널 체감 효과가 거의 없는 경우도 많습니다. 다만, 듀얼 채널 구성을 추천하는 시스템도 있습니다.

내장 그래픽 기반 시스템이라면 듀얼 채널로 구성합니다

별도의 그래픽 카드를 탑재하지 않고 메인 프로세서(CPU) 내장 그래픽 기능으로 구동하는 PC입니다. 별도로 꽂는 그래픽 카드는 카드 자체적으로 그래픽 전용 메모리를 가지고 있기 때문에 이를 이용해 그래픽 데이터를 처리합니다. 하지만 내장 그래픽 기능은 시스템 메인 메모리의 일부를 끌어와서 그래픽 메모리로 이용하죠. 때문에 메인 메모리 성능이 곧 그래픽 성능으로 이어집니다. 특히 게임과 같이 고성능을 요구하는 프로그램은 대역폭에 따라 체감 성능이 크게 달라집니다.

특히 AMD A시리즈 APU(A4/A6/A8/A10 등)를 메인 프로세서로 탑재한 PC는 내장 그래픽 성능이 상당히 괜찮은 편이라 별도로 그래픽 카드 없이 시스템을 운용하는 경우가 많은데, 이런 시스템은 꼭 메모리를 듀얼 채널로 구성하는 것이 훨씬 성능(특히 게임을 구동할 때)이 좋습니다.

▲ 듀얼 채널 구성

듀얼 채널 확인하기

듀얼 채널 구성을 하려면 반드시 메모리 모듈을 2의 배수로 꽂아야 합니다. 두 개나 네 개를 꽂으면 듀얼 채널이 활성화되지만, 한 개나 세 개를 꽂으면 듀얼 채널이 활성화되지 않죠. 현재 자신이 쓰는 시스템이 듀얼 채널로 구동되고 있는지 확인하려면 CPU-Z 같은 시스템 정보 확인 프로그램을 이용해 보세요.

CPUID 사이트(http://www.cpuid.com)를 방문해 CPU-Z를 다운로드한 다음 다운로드한 프로그램을 실행하고 'Memory' 탭의 Channel # 항목을 확인하세요. 'Dual'이라고 되어 있으면 듀얼 채널로 구성된 것입니다.

▲ CPUID 사이트

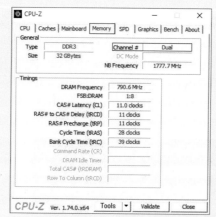

▲ CPU-Z

Chapter 04

그래픽 카드와 모니터로
보기 편한 화면 만들기

그래픽 카드는 사용자가 모니터로 보는 정보를 최종적으로 계산해 처리하는 부품입니다. 그래픽 카드가 좋아야 선명하고 끊김 없는 화면을 볼 수 있으며, 모니터 성능도 보기 편한 화면을 만드는 데 한 몫합니다. 그래픽 카드 성능을 결정하는 요소를 이해하는 것부터 출발해 최고의 화면을 만들기 위해 그래픽 카드가 어떻게 발전했는지, 그래픽 카드 성능과 CPU, 모니터 관계를 알아보겠습니다.

01
빨라지는 그래픽 카드 이해하기

그래픽 프로세서

모니터에 나타난 영상 화질이나 색상 등은 그래픽 카드와 모니터 성능에 의해 결정되는데, 그래픽 카드 성능을 결정하는 것이 그래픽 프로세서(GPU; Graphic Processing Unit)입니다.

그래픽 카드를 봤을 때 제일 먼저 눈에 띄는 것이 냉각팬과 방열판이 장착된 부분으로 그 아래 그래픽 프로세서가 들어 있습니다.

▲ 그래픽 프로세서입니다. 열을 식히기 위해 방열판이나 냉각팬이 장착되어 있습니다.

그래픽 카드 발전

초창기 그래픽 카드는 단순히 CPU를 보조해 CPU 연산 결과를 그림이나 글자 신호로 변환하여 모니터로 화면을 출력하는 어댑터와 같은 부품이었습니다. 하지만 PC 멀티미디어 콘텐츠, 특히 게임이 주목을 받으면서 그래픽 카드 역할도 점차 변하기 시작했습니다.

게임에 입체감을 부여하고자 3D 그래픽이 본격적으로 도입되었고, 화면을 보다 현실적으로 만들기 위한 각종 광원 효과 및 질감 표현 기법이 발전하고 컴퓨터 그래픽 기술이 발전하기 시작했습니다. 이러한 작업들을 CPU만으로 처리하기는 어려워 이를 보조할 3D 그래픽 연산 전용 프로세서, GPU가 개발되어 발전하고 있습니다.

▲ 엔비디아 지포스 GPU

▲ AMD(ATI) 라데온 GPU

그래픽 카드 양대 두 제조업체인 엔비디아와 AMD(ATI)의 경우 각자의 그래픽 카드에 장착되는 GPU를 전자는 지포스(Geforce), 후자는 라데온(Radeon)이라고 합니다. GPU 개발로 인해 그래픽 카드는 단순한 화면 출력 장치가 아닌 게임 성능 가속 장치로 성격이 변하게 된 것입니다.

AMD의 경우 CPU에 내장된 내장 그래픽과 외장 그래픽을 동시에 사용할 수 있는 듀얼 그래픽스 기술을 구현해 그래픽 성능을 높입니다. 286쪽을 참고하세요.

SLI나 크로스파이어 모드를 구성하면 그래픽 성능이 향상되지만, 그래픽 카드 구매 비용이 많이 들고 그만큼 전력 소모가 커집니다. 그래서 일부 게임 매니아 층을 제외하면 대중적으로 많이 사용하지 않습니다.

GPU가 빠르게 발전하는 것은 3D 화면을 더 빠르게 처리하고 고화질, 고해상도 화면을 더 빠르고 자연스럽게 보이도록 처리하기 위함입니다.

GPU 성능을 올리기 위해 보다 미세한 공정으로 제조되고 기판 하나에 두 개 이상 GPU를 동시에 탑재해 성능을 높이는 멀티 GPU 환경을 구현하기도 합니다. 또한 PC 한 대에 그래픽 카드 두 개 이상을 함께 꽂아 멀티 GPU 환경을 구현해 성능을 올리기도 합니다.

이를 엔비디아 지포스에서는 SLI(Scalable Link Interface), ADM 라데온에서는 크로스파이어(CrossFire) 모드라고 부릅니다.

▲ SLI 기술로 연결된 그래픽 카드 두 개

▲ SLI 기술로 연결된 그래픽 카드 네 개

왜 그래픽 카드가 두 개일 때 화면 구현이 빨라질까요? 그래픽 카드 두 개가 동일한 화면을 나누어 계산해 보여주기 때문에 더 빠른 화면을 볼 수 있는 것입니다.

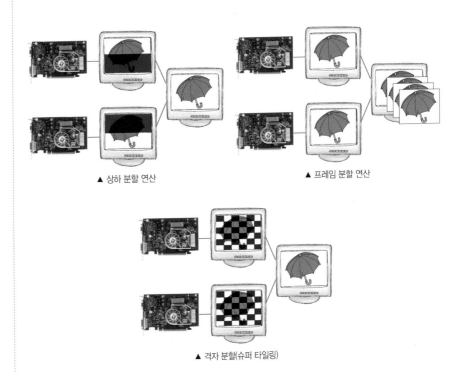

▲ 상하 분할 연산

▲ 프레임 분할 연산

▲ 격자 분할(슈퍼 타일링)

▲ 지포스 GTx 750 GPU가 장착된 다양한 제조사 그래픽 카드입니다. 각 제조사의 독자적인 튜닝에 의해 부가 기능이나 디자인이 달라지는 경우가 많습니다.

GPU에 따른 성능

동일한 GPU가 장착되었다면 서로 다른 회사 그래픽 카드가 똑같은 성능을 낼까요? 우선 GPU를 제조하는 회사는 해당 GPU를 이용해 그래픽 카드를 만들 수 있는 설계 기본이 되는 보드인 '레퍼런스 보드(Reference Bpard)'를 그래픽 프로세서 제조회사에서 직접 만들어 제한된 수량을 공급합니다. 그러면 그래픽 카드 제조회사는 자사 제품을 특화하기 위해 이 설계도를 약간 변형하거나 아니면 그대로 그래픽 카드를 만듭니다. 그래서 서로 다른 회사에서 만든 그래픽 카드라도 성능 차이는 미비하지만 사용하는 메모리 종류, 아웃단자, 방열 대책, 바이오스, 드라이버가 얼마나 잘 만들어졌는가에 따라 성능 차이가 나고 가격이 결정됩니다.

내장형 GPU 발전

최근에는 인텔과 AMD 모두 CPU 안에 GPU를 넣어 별도로 그래픽 카드를 장착하지 않아도 화면을 출력하고 그래픽 가속을 할 수 있도록 했습니다. 내장 GPU 성능은 보급형 그래픽 카드와 비슷한 성능을 보여줍니다. AMD에서는 이러한 새로운 통합 프로세서를 기존 CPU나 GPU와 구분하기 위해 'APU(Accelerated Processing Unit, 가속처리장치)'라는 이름으로 부르고 있습니다. 현재, 내장 그래픽 성능 자체로는 인텔보다 AMD가 앞선다는 평가를 받습니다. 인텔도 3D 및 미디어 가속을 지원하지만 AMD는 자사의 GPU인 '라데온' 기술을 CPU에 탑재했기 때문입니다. AMD가 2020년까지 선보일 CPU GPU 및 APU 로드맵을 보면 AMD는 앞으로 1년 6개월에서 2년마다 완전히 새로운 GPU를 공개하면서 APU가 멀티 테라플롭스(TFLOPS) 성능을 낼 수 있게 될 것이라고 했습니다.

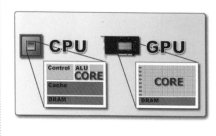

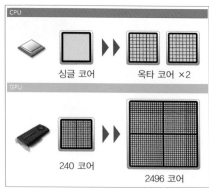

▲ CPU와 GPU 차이
인텔 내장 GPU와 비교해 AMD APU가 가진 우수성을 강조한 다이어그램

02
CPU 영역을 침범하고 있는 'GPGPU'

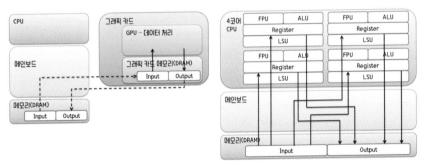

TIP 물리 연산 가속이란, 3D 물체의 움직임을 그때그때 계산해 내는 것을 말합니다. 총탄에 흙이 튀거나 벽이 무너지는 등의 효과를 지금까지는 CPU가 담당했지만 시스템 성능이 떨어지는 것을 막으려고 최소한의 움직임을 표현하는 데 그쳤습니다. 하지만 그래픽 프로세서가 발달해 3D 연산을 하고도 남는 자원을 물리 연산에까지 이용합니다.

GPU의 주된 역할은 2D 및 3D 그래픽 연산 및 생성이지만 현재 GPU는 그 외에도 다양한 기능이 더해졌습니다. 대표적인 것이 동영상 재생 품질 및 인코딩(변환) 속도를 향상시키는 엔비디아 퓨어비디오(PureVideo), AMD의 Avivo(Advance Video in Video out) 기술 등입니다. 2005년을 전후하여 GPU 부동소수점 연산(주로 멀티미디어 처리나 과학적 계산에 활용) 능력이 CPU를 능가하게 되면서 그래픽 처리뿐 아니라 일반 작업에도 GPU를 활용하고자 하는 움직임이 나타나기 시작했습니다. 즉 정수 연산에 능한 CPU가 제대로 처리하지 못하는 부동 소수점 연산, 데이터 병렬성이 많은 작업을 처리하는 데 능숙한 것이 GPU입니다. 이렇게 GPU 자원을 이용해 그래픽 작업 이외의 범용 작업를 하는 것을 'GPGPU(General Purpose computing on Graphics Processing Units)'라고 합니다.

GPGPU를 구현하는 프로세서를 엔비디아는 쿠다 프로세서(CUDA Processor)라고 부르고, AMD(ATI)는 스트림 프로세서(Stream Processor)라고 말합니다.

GPGPU가 발달할수록 더 실감나는 환경에서 게임을 즐길 수 있습니다.

NVIDIA가 제공하는 GPGPU 전용 통합 개발 환경 'CUDA'는 간단한 데이터를 한 번에 대량으로 처리하는 데 매우 높은 성능을 발휘합니다. CPU는 싱글 코어 프로세서에서 멀티 코어 프로세서로 전환하고 있지만 GPU는 더 많은 코어를 탑재하고 이를 효과적으로 이용함으로써 지금까지 얻을 수 없었던 연산 성능을 달성할 수 있습니다.

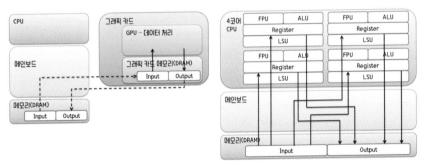

▲ CPU만으로 처리하는 경우로, 그림이 복잡하듯이 프로그래밍도 복잡하고 처리 시간도 늦습니다. CUDA를 이용하면 GPU가 있는 경우는 GPU가 해결하므로 데이터 처리 속도가 빠릅니다. 데이터가 대용량일수록 CUDA를 이용한 작업 속도가 빠릅니다.

03
동일 GPU를 사용하는 그래픽 카드 성능 결정하기

윈도우 10은 22인치 와이드 모니터에 최적화되었습니다. 22인치 모니터는 1,920×1,200px 해상도를 지원하므로 그래픽 카드에 장착되는 비디오 메모리 용량은 최소 256MB 이상이어야 합니다.

실시간 3D 화면을 구현하기 위해서는 3차원 데이터를 처리하기 위한 메모리가 많이 필요합니다. 그래픽 프로세서에 맞는 메모리 대역폭을 지원하기 위해 메모리 용량이 늘어나는 것입니다. 그래픽 카드가 제 성능을 발휘하려면 비디오 램은 다음 조건을 만족해야 합니다.

클수록 좋은 메모리 용량

비디오 램 용량은 클수록 좋기 때문에 해상도가 높으면 무리 없이 화면을 볼 수 있습니다. 그래픽 메모리는 모니터에서 사용 가능한 해상도와 색상 수를 결정합니다. 모니터 한 화면을 프레임(Frame)이라고 하며 프레임 정보 하나를 표현하는 데 필요한 메모리 크기는 다음과 같이 계산합니다.

> 해상도(수평 픽셀 × 수직 픽셀) × 색상 수

그래픽 카드 하나로 동시에 디스플레이를 두 개 이상 사용하는 기능인 다중 디스플레이 기능도 그래픽 메모리 용량에 따라 달라집니다. 다중 디스플레이 기능을 원활하게 사용하려면 디스플레이별로 사용하는 해상도와 색상 수를 지원할 수 있어야 하므로 충분한 그래픽 메모리가 필요합니다. 또한 3D 영상을 위한 3D 정보 처리에 필요한 데이터를 저장하는 용도로 그래픽 메모리를 사용하기 때문에 그래픽 카드에 장착되는 그래픽 메모리 용량은 넉넉한 것이 좋습니다. 최근에 출시되는 그래픽 카드는 그래픽 메모리를 512MB 이상 제공합니다. CPU 코어에 내장된 그래픽 코어는 시스템에 장착된 메모리를 그래픽 메모리로 사용합니다. 내장 그래픽 카드를 사용하면 시모스 셋업을 통해 메인 메모리에서 그래픽 메모리로 사용할 용량을 넉넉하게 설정하는 것이 좋습니다.

클수록 좋은 비디오 메모리 버스 폭

그래픽 프로세스와 비디오 램 관계는 CPU와 메인 메모리 관계와 비슷합니다. CPU와 메인 메모리 사이 버스 폭이 넓을수록 같은 시간에 더 많은 데이터를 주고받을 수 있는 것처럼 그래픽 프로세서와 비디오 램 사이 버스 폭 또한 넓을수록 좋습니다.

메모리 버스 폭은 64~512bit가 있으며, 버스 폭을 비교하는 것은 같은 제품군에서만 가능합니다. 단적인 예로 AMD(ATI)의 HD5770은 128bit지만, 256bit GTS250보다 성능이 뛰어납니다.

그래픽 카드에 장착된 메모리 버스 폭은 클수록 좋습니다. 같은 제품군에 장착된 비디오 램 용량이 같은 경우 비디오 램 네 개보다 여덟 개가 장착된 그래픽 카드가 좋습니다. 그래픽 카드에 장착되는 비디오 램 패키지는 다음에 설명하는 그림 중에 하나로, 비디오 램이 그래픽 카드에 몇 개 장착되었는지 확인합니다.

▲ TSOP 86(핀 : 86개, 8/16bit), 여덟 개

▲ TSOP 66(핀 : 66개, 32bit), 네 개

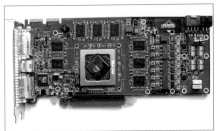

▲ TQFP 100(핀 : 100개, 32bit), 여덟 개

▲ BGA 144(144개 접점, 32bit), 네 개

빠를수록 좋은 비디오 메모리 속도

DDR SDRAM → DDR2 SDRAM → GDDR SDRAM 순서로 그래픽 카드 성능이 뛰어납니다. GDDR SDRAM은 GDDR3 → GDDR4 → GDDR5로 속도 향상을 가져왔습니다. 최고 빠른 GDDR5는 앞으로 최대 전송 속도 7.0Gbps까지 로드맵이 완성되어 있습니다.

메인 메모리 속도가 빨라야 CPU가 제 성능을 발휘하는 것처럼, 비디오 램도 속도가 빨라야 합니다. 비디오 램은 용량보다는 속도가 더 중요합니다.

보급형 제품에는 일반적으로 DDR2 SD 램을 장착합니다. 고급형에는 G(Graphic)DDR 메모리를 사용하는데 GDDR은 고속 그래픽 처리가 필요할 때 사용하는 메모리로 데이터 처리 속도가 빠릅니다.

▲ GDDR5 DRAM

GDDR 성능

	GDDR3	GDDR4	GDDR5
DRAM 용량	256Mb~1Gb	512Mb	512Mb~2Gb
데이터 레이트	1.0Gb/s to 2Gb/s	1.6Gb/s to 3.2Gb/s	3.6Gb/s to 6.0Gb/s
사용 전압	1.8v	1.5v 또는 1.8v	1.5v
버스트	4bit 또는 8bit	8bit	8bit

PC 응급실

내가 사용하는 그래픽 카드 성능을 알고 싶어요

하드웨어 성능이 상향 평준화되고 있지만, 여전히 부품 사이 성능 차이는 있습니다. 부품 성능을 테스트하는 벤치마크 사이트를 방문하면 내가 사용하는 그래픽 카드 성능 순위를 확인할 수 있습니다.

벤치마크 사이트 패스마크(http://www.passmark.com)에서는 신뢰할 수 있는 벤치마크 결과를 제공하여 많은 업체가 이 사이트에서 제공하는 정보를 참고합니다.

그래픽 카드는 'Benchmarks' → 'Video Card Benchmarks'에서 확인할 수 있습니다. 고성능, 중간, 하위 제품별로 벤치마크 정보를 제공합니다.

▲ 패스마크 사이트에서 그래픽 카드 성능을 확인하세요.

그래픽 카드 확인하기

☑ 그래픽 카드에 장착된 비디오 램 용량 → 버스 폭 → 램 종류를 확인하세요.

check!
check!

사용 중인 그래픽 카드를 확인해 그래픽 프로세서에 어울리는 비디오 램이 장착되어 있는지 확인하세요. 그래픽 카드에 장착된 비디오 램 용량이 적으면 상대적으로 느린 메인보드에 장착된 메모리에서 데이터를 가져오기 때문에 그래픽 처리 능력이 떨어지고 시스템 전체 성능을 떨어트리는 원인이 됩니다.

그래픽 카드에 장착된 '메모리 용량 → 메모리 버스 폭 → 메모리 종류'순으로 확인하여 내가 사용하는 그래픽 카드가 쓸 만한 제품인지 파악하세요.

1

웹브라우저를 실행하고 다음 사이트에 접속하여 'GPU-Z'를 다운로드합니다.

http://www.techpowerup.com/downloads/2718/techpowerup-gpu-z-v0-8-9

💡**TIP** 최신 버전을 찾아 설치
해도 됩니다.

2

다운로드한 파일을 더블클릭하여 실행합니다. 설치할지 묻는 메시지 창이 표시되면 〈No〉 버튼을 클릭합니다.

3

GPU-Z 창이 표시되면 버스 폭인 Bus Width와 메모리 대역폭인 Bandwidth를 확인하고 Memory Type에서 그래픽 카드에 장착된 메모리 종류를 확인합니다.

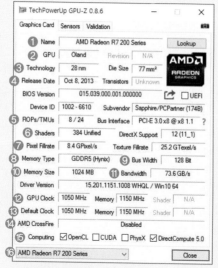
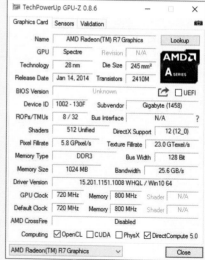

▲ AMD Radeon R7 200 Series　　　　　▲ AMD Radeon R7 200 Graphics

❶ **Name** : 그래픽 프로세서 이름입니다.

❷ **GPU/Revisison** : GPU 개발 코드와 개정(Revision) 여부를 표시합니다.

❸ **Technology/Die Size** : 제조공정과 그래픽 프로세서 크기입니다.

❹ **Release Date/Transistors** : 발표일과 트랜지스터 개수입니다.

❺ **ROPs/TMUs/Bus Interface** : ROPs(Raster Operations Pipelines)는 2차원 화면 출력용 래스터 연산을 수행하는 파이프라인 수가 나타납니다. 버스 인터페이스는 그래픽 버스 인터페이스입니다.

❻ **Shaders/DirectX Support** : 스트림 프로세서 수와 DirectX 지원 버전입니다.

❼ **Pixel Fillrate/Texture Fillrate** : 그래픽 프로세서가 처리할 수 있는 시간당 최대 픽셀 수를 말합니다. 채우기 속도(Fillrate)가 높을수록 성능이 좋습니다.

❽ **Memory Type** : 장착된 비디오 램의 종류입니다.

❾ **Bus Width** : 메모리 버스 폭입니다.

❿ **Memory Size** : 장착된 메모리 용량입니다.

⓫ **Bandwidth** : 장착된 비디오 램 대역폭입니다.

⓬ **GPU Clock/Memory** : 현재 그래픽 프로세서, 메모리, 스트림 프로세서 작동 클럭입니다. 그래픽 카드를 오버클러킹하면 이곳에 작동 클럭이 표시됩니다. 그림에서는 오버클러킹하지 않은 상태입니다.

⓭ **Default Clock/Memory** : 그래픽 프로세서, 메모리, 스트림 프로세서 기본 작동 클럭입니다.

⓮ **NVIDIA SLI/AMD CrossFire** : 멀티 VGA 적용 여부를 나타냅니다.

⓯ **Computing** : 그래픽 카드가 지원하는 주요 연산 특징입니다.

　ⓐ **OpenCL(Open Computing Language)** : 애플이 정의한 GPU 연산을 범용 처리에 확장하는 기술입니다.

　ⓑ **CUDA** : GPU에서 수행하는 처리 속도를 빠르게 하는 엔비디아 API입니다.

　ⓒ **PhysX** : 엔비디아가 지원하는 물리 엔진입니다. 바람결에 흔들리는 갈대와 나뭇잎, 모락모락 피어나는 굴뚝 연기와 같은 물리적 현상을 실제처럼 시뮬레이션하는 엔진입니다.

　ⓓ **Direct Compute 5.0** : 윈도우 DirectX 기반에서 GPU를 범용 처리에 확장하는 기술입니다.

⓰ **그래픽 카드** : 시스템에 그래픽 코어 두 개 이상 있으면 정보를 확인할 그래픽 카드를 선택합니다.

'Sensors' 탭을 선택하면 작동 클럭과 그래픽 프로세서 온도, 비디오 메모리 사용량 등을 확인할 수 있으며, 그래픽 카드 모니터링에 유용합니다.

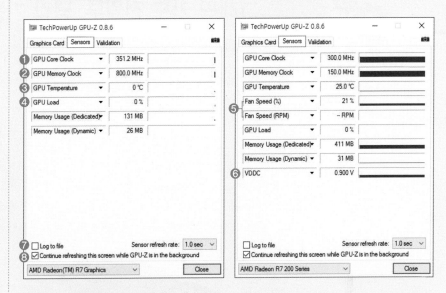

❶ **GPU Core Clock** : 실시간 GPU 코어 작동 속도를 나타냅니다. 그래픽 카드 Power Play 기능에 의해 GPU가 쉴 때는 클럭 속도를 낮춰 전력 소모를 줄이므로 기본 값보다 낮은 속도로 작동합니다. 작동 중일 때는 높은 클럭으로 작동합니다.

❷ **GPU Memory Clock** : 그래픽 메모리 클럭 속도입니다.

❸ **GPU Temperature** : 현재 GPU 코어 온도입니다.

❹ **GPU Load** : GPU 부하 상태를 실시간으로 나타냅니다.

❺ **Fan Speed (%)/Fan Speed (RPM)** : 그래픽 카드 냉각팬 작동 상태입니다. 최대 회전 속도 대비 작동 상태를 '%'로 나타내며 현재 그래픽 냉각팬 회전 속도를 보여줍니다.

❻ **VDDC** : 실시간 GPU 코어 전압 값을 나타냅니다.

❼ **Log to file** : 실시간 그래픽 카드 정보를 파일로 저장합니다.

❽ **Continue refreshing this screen while GPU–Z is in the background** : 백그라운드에서 GPU–Z가 작동할 때 계속해서 실시간 갱신이 이뤄지도록 설정합니다.

그래픽 카드 전원부, 냉각 기능 확인하기

☑ 내 PC에 장착된 그래픽 카드 전원부가 안정적인지 확인하세요.
☑ 그래픽 카드 최대 사용 전력량을 확인하세요.
☑ 그래픽 카드 냉각 성능이 뛰어난지 확인하세요.

3D 게임 산업 성장으로 인해 최근에 출시되는 그래픽 카드를 살펴보면 CPU보다 빠르게 작동하는 GPU(Graphic Processor Unit)를 장착합니다. 빠른 그래픽 메모리가 사용되기 때문에 사용 전압이 높고 그만큼 많은 열이 발생합니다. 발열 문제를 해결하기 위해 그래픽 카드는 대부분 냉각팬을 장착해 출시됩니다.

▲ 엔비디아의 GTX 660 그래픽 카드

그래픽 카드 전원부

그래픽 카드는 파워 서플라이로부터 6핀 보조 전원 단자 한 개나 두 개를 통해 전원을 공급 받습니다. 고성능 그래픽 카드 중에는 8핀 보조 전원 단자를 사용하는 제품도 있습니다. 고성능 그래픽 카드는 CPU보다 더 많은 전원을 사용해야 하므로 그래픽 카드를 구입할 때는 최대 사용 전력과 권장 파워 서플라이 용량을 반드시 확인해야 합니다.

그래픽 카드 전원부 구성 제품이 신뢰할 수 있는 부품인지 살펴보세요.

▲ 그래픽 카드(엔비디아 GTX660) 전원부

❶ 캐퍼시티 : 솔리드 캐퍼시터는 전압을 안정적으로 유지하며 내구성이 좋습니다.

❷ 슈퍼 페라이트 초크 : 메탈 박스로 감싼 페라이트 코어는 전류를 안정화하고 부하가 높아졌을 때 울리는 고주파 노이즈를 막아 줍니다. 슈퍼 페라이트 초크(SFC; Super Ferrite Choke)는 기존 초크보다 30% 향상된 전류 저장 능력 및 오버클러킹 환경에서도 안정적인 전원을 공급합니다.

❸ 6핀 보조 전원 단자 : 6핀 전원 커넥터가 연결되어 그래픽 카드에 추가 전원을 공급합니다.

그래픽 카드 냉각 솔루션

그래픽 카드 CPU라고 할 수 있는 GPU는 고속 연산을 하므로 발열이 높고 그래픽 메모리, 전원부 등에서 발생하는 열도 식혀야 그래픽 카드가 안정적으로 작동합니다. 그래픽 카드 제품에 따라서는 기존 모델보다 높은 클럭으로 아예 오버클러킹되어 출시된 제품이 있습니다. 이러한 제품들이 안전하게 작동하기 위해서는 커다란 냉각 시스템이 필요합니다.

냉각 시스템이 크면 소음 문제가 발생하기 때문에 요즘은 제조업체에서 특화된 냉각 솔루션을 제공하기도 합니다.

그래픽 카드 열을 식히기 위해 냉각팬이 세 개까지 장착됩니다. 그래픽 카드에 장착된 냉각팬이 전체적인 열을 식히는지 확인하고 소음 발생 여부를 살펴보세요.

▲ 냉각팬 한 개   ▲ 냉각팬 두 개   ▲ 냉각팬 세 개

check! check!

그래픽 카드 이름으로 성능 확인하기

☑ 내 PC에 장착된 그래픽 카드 이름을 확인하세요.
☑ 내가 사용하는 그래픽 카드 성능은 어떤지 확인하세요.

그래픽 카드는 크게 그래픽 카드에 장착된 가장 큰 칩인 그래픽 프로세서 유닛 (GPU; Graphic Processor Unit) 제조업체인 엔비디아(nVidia)와 ATI, 둘 중 하나를 선택하며, 성능에 따라 로우엔드(Low END), 메인스트림(Mainstream), 퍼포먼스 (Performance), 하이엔드(High END)와 같이 네 가지 등급으로 구분합니다.
시간이 흐르고 성능이 뛰어난 신제품이 출시되면 등급은 내려가기 마련입니다. 라데온과 지포스 제품은 그래픽 카드 이름으로 성능을 파악할 수 있습니다. 그래픽 카드 이름으로 제품군을 파악하는 방법을 알아봅니다.

> **TIP** 그래픽 프로세서 제조업체인 ATI는 CPU 제조업체인 AMD에 합병되어 ATI라는 이름 대신 라데온(Radeon)이라는 이름을 사용합니다.

> **TIP** 그래픽 카드 제품군을 분석하면서 두 제품의 특징을 구분하면 게임에 최적화된 GPU는 엔비디아 제품이고, 가격 대비 성능이 높은 제품은 ATI 제품입니다.

> **TIP** 그래픽 카드 성능 순위는 탐스하드웨어 사이트 (http://www.tomshardware.com/charts)에서 확인할 수 있습니다.

엔비디아(Nvidia) 그래픽 카드 시리즈

▲ 엔비디아 지포스 시리즈 : 오른쪽으로 갈수록 성능, 가격이 올라갑니다. G → GT → GTS → GTX순으로, 알파벳 배열 순서에서 뒷자리가 높을수록 성능은 올라갑니다.

▲ 보급형 제품은 Ti라는 꼬리표가 붙습니다.

◀ 엔비디아 GPU 로드맵

HD 5450 HD 5550 HD 5570 HD 5670 HD 5750 HD 5770

AMD(ATI) 5000번대 제품의 성능과 가격

HD 5830 HD 5850 HD 5970 HD 6850 HD 6870

▲ AMD 라데온 시리즈 : 숫자가 커지면 성능, 가격이 증가합니다.

AMD 라데온 시리즈는 HD7000대에서 R9 xxx/7 xxx/5 xxx로 전환되었습니다. R9 xxx 시리즈는 고가/고성능 라인업이고, R7 xxx 시리즈는 중가 라인업, R5 xxx 시리즈는 저가 라인업입니다.

2013년 R9 200 시리즈가 출시되고 2015년 R9 300 시리즈가 출시되었습니다. 그리고 2016년 RX 400 시리즈가 출시되었습니다.

R9 285 R9 380 R9 380

▲ 신형 라데온 R 시리즈

예를 들어 '지포스 GT 730'과 '지포스 GTX 680'을 비교한다면, 지포스 GT 730이 보다 신제품(맨 앞자리 수가 크므로)이긴 하지만, 성능 등급은 지포스 GTX 680이 더 우수(앞에서 두 번째 자릿수가 크므로)하다는 것을 파악할 수 있습니다. 따라서 무조건 숫자가 큰 제품이 성능이 우수한 것이 아닙니다. 'GTX'나 'R9' 등 성능 지표도 어느 정도 참고는 할 수 있지만, 동일한 성능 지표의 제품이라도 실제 성능 차이가 큰 경우가 많아 모델 번호보다 변별력이 크게 떨어집니다.

다만, 아무리 성능 등급이 높더라도 나온 지 5~6년이 넘은 구형 제품이라면 오히려 새로 나온 낮은 등급 제품보다 실제 성능이 뒤떨어지는 경우도 있습니다. 특히 3D 게임의 경우, 신작일수록 새로운 그래픽 기술을 다수 포함하는 경우가 많습니다. 하지만 나온 지 오래된 GPU라면 등급이 아무리 높아도 신작 게임에서 원하는 그래픽 기술을 구현할 수 있는 능력을 갖추지 못해, 해당 게임 구동이 제대로 되지 않는 경우도 많습니다. 따라서 최신 게임을 하고 싶은데 가지고 있는 그래픽 카드가 너무 구형이라면, 게임 제작사에서 제공하는 '권장 사양'을 확인하여 그래픽 카드를 업그레이드해야 합니다.

이 론

04

내장 그래픽, 외장 그래픽 같이 사용하기

TIP 내장, 외장 그래픽을 같이 사용하는 경우 2D 작업은 큰 문제가 없는데, 게임과 같은 3D 작업에선 오류나 성능 저하가 발생할 수 있고 메인보드 내장 그래픽에 연결한 모니터에서 실행한 게임은 제대로 구동되지 않을 수도 있습니다.

TIP 2009년 이후 출시된 라데온 HD5000 시리즈 이후 AMD 라데온 그래픽 카드 대부분은 아이피니티(Eyefinity) 기술이 적용되어 있습니다. 이들 제품은 단독으로 모니터 세 대 출력이 가능합니다. 모니터를 네 대 이상 사용하지 않는다면 굳이 내장 그래픽을 활성화할 필요가 없습니다. 또한 고급형 라데온 그래픽 카드는 모니터 여섯 대 동시 출력을 지원하기도 합니다. 엔비디아는 2012년에 출시된 지포스 600 시리즈 이후부터 그래픽 카드 한 대로 모니터 세 대 이상 출력이 가능합니다.

PC에 별도로 외장 그래픽 카드를 장착하면 내장 그래픽 기능은 자동으로 비활성화됩니다. 하지만 바이오스 설정을 변경해 내장 그래픽 기능을 활성화한다면 내장, 외장 그래픽 기능을 같이 사용할 수 있습니다.

예를 들어 외장 그래픽 카드로 최대 두 대까지 모니터를 연결하고 내장 그래픽 출력 포트를 활성화해 모니터를 연결한다면 내장+외장 그래픽 조합으로 모니터 세 대 이상을 같이 사용할 수 있습니다.

내장 그래픽 기능 활성화하기

최신 시스템은 사용할 수 있는 그래픽 컨트롤러가 두 개 이상이기도 합니다. CPU에 그래픽 컨트롤러가 내장되고 PCI Express 슬롯에 그래픽 카드가 장착되는 경우입니다. 또한 그래픽 컨트롤러 두 개를 함께 사용할 수도 있습니다. 시모스 셋업을 통해 내·외장 그래픽을 함께 사용할 수 있는 설정 방법을 알아보겠습니다. 주 디스플레이로 사용하는 모니터가 연결된 그래픽 컨트롤러가 우선순위를 가지도록 설정하여 부팅 시간을 단축할 수 있습니다.

❶ **Init Display First** : 어떤 그래픽 컨트롤러에 연결된 모니터를 처음으로 초기화할지 결정합니다. 시스템을 부팅할 때 화면이 나타날 모니터가 연결된 그래픽 컨트롤러를 지정합니다. 내장 그래픽 컨트롤러는 'IGFX', PCI Express 슬롯에 장착된 외장 그래픽 카드는 'PEG', PCI 슬롯에 장착된 구형 그래픽 카드는 'PCI'로 지정합니다.

❷ **내장된 그래픽 우선(Internal Graphics)** : 내장 그래픽 컨트롤러를 사용하면 '사용'으로 지정합니다.

❸ **내장된 그래픽 메모리 용량(Internal Graphics Memory Size)** : 내장 그래픽 컨트롤러가 사용할 그래픽 메모리 크기를 32~1,024MB까지 설정할 수 있습니다.

❹ **DVMT 전체 메모리 용량(DVMT Total Memory Size)** : 내장 그래픽 컨트롤러가 사용할 메모리가 부족하면 시스템 메모리를 사용할 수 있습니다. 사용할 수 있는 메모리 크기를 결정할 때 'MAX'로 지정하면 내장 그래픽이 원활하게 작동합니다.

AMD 듀얼 그래픽 기술 사용하기

내장 그래픽과 외장 그래픽 성능을 합쳐 게임 성능을 향상하는 건 대체로 불가능하지만 예외도 있습니다.

AMD APU를 탑재한 메인보드에 라데온 그래픽 카드를 장착하면 APU 내장 GPU 와 외장 그래픽 카드 GPU를 묶어 크로스 파이어 모드로 구성할 수 있습니다.

내장 그래픽 + 외장 그래픽 조합으로 게임 성능을 향상할 수 있습니다. 물론 아무 APU나 라데온 그래픽 카드나 조합해서 듀얼 그래픽이 가능한 것은 아닙니다.

AMD 홈페이지(http://www.amd.com/ko-kr/innovations/software-technologies/processors-for-business/dual-graphics)를 방문하면 어떤 APU와 라데온을 조합해야 할지 정보를 얻을 수 있습니다.

AMD 듀얼 그래픽의 경우 게임 성능이 30~40%정도 향상됩니다.

▲ APU와 라데온 그래픽 카드를 이용해 듀얼 그래픽 기능을 사용할 수 있습니다.

PC 응급실

터보캐시, 하이퍼메모리를 활성화해야 하나요?

그래픽 카드 값을 조금이라도 낮추고 싶어 하는 보급형 제품은 그래픽 카드에 다는 메모리 용량을 줄이고 PC 메모리를 빌려 쓰는 기술을 넣기도 합니다. 그 기술이 엔비디아 터보캐시(Turbocache)와 AMD(ATI) 하이퍼메모리(HyperMemory)입니다. 두 기술 모두 보급형 그래픽 카드에 적은 메모리를 달고도 큰 메모리를 붙인 것 같은 효과를 내는 것으로서 세부 기술은 다르지만 그래픽 카드에 16~128MB 메모리만 달고도 256~384MB 메모리를 쓴 것 같은 효과가 있습니다.

하지만 작동 속도가 느린 PC 메모리를 빌려 쓰기 때문에 고해상도 게임을 실행할 수는 있어도 3D 성능은 그리 나아지지 않거나 오히려 떨어집니다. 그렇기 때문에 이 기술은 보급형 그래픽 카드에만 쓰고 10만 원 이상 그래픽 카드에 들어가는 그래픽 프로세서는 쓰지 않습니다.

게임용 모니터 확인하기

☑ 프리싱크, 지싱크 기능이 무엇인지 확인하세요.
☑ 디스플레이 포트 2.1, HDMI 2.0 인터페이스가 장착되어 있는지 확인하세요.

모니터의 경우 이전에는 단순히 화면 크기나 브랜드 정도만 확인하면 그만이었지만, 요즘은 풀 HD급 이상 해상도 지원은 기본이고 이보다 한 단계 높은 WQHD급(2,560×1,440) 해상도 모니터, 4K UHD급(3,840×2,160) 해상도 모니터도 대중화되고 있습니다. 또한 게임에 특화되었다는 이른바 '게이밍 모니터'도 있습니다. 여러분이 사용하는 모니터가 '게이밍 모니터'인지 알아볼까요?

게이밍 모니터라면 반응 속도가 빠른 패널을 탑재하거나 복수의 하드웨어(PC, 비디오 게임기)를 연결하기 위해 DP나 HDMI와 같은 입력 인터페이스를 여러 개 가지고 있습니다. DP 1.2, HDMI 2.0과 같은 버전이 높은 인터페이스를 채용했다면 4K UHD와 같은 초고해상도 모드에서도 끊김 없는 게임 화면을 볼 수 있습니다.

▲ DP1.2, HDMI 2.0 인터페이스가 장착되어 있습니다.

프리싱크, 지싱크 기능을 확인하세요

게임을 할 때 그래픽 옵션 설정 메뉴를 보면 '수직 동기화(V Sync)'라는 옵션이 있습니다.

시중에 팔리는 모니터 대부분은 60Hz 주사율(초당 화면 변경 빈도)로 구동합니다. 그런데 PC 그래픽 카드에서 전송하는 초당 프레임이 60을 초과할 경우, 화면이 갈라지듯 왜곡되는 현상이 종종 일어나는데, 이를 '테어링 현상'이라고 합니다. 이를 방지하려면 게임 그래픽 옵션에서 수직 동기화(V Sync)라는 기능을 활성화하면 됩니다. 이를 이용하면 그래픽 카드 성능을 제한해 60이상으로 프레임이 올라가는 것을 막습니다. 다만, 수직 동기화를 활성화하면 게임 중 프레임이 비정상적으로 변하거나 마우스 입력 속도가 지연되는 현상이 발생하기도 합니다.

그래서 최근에는 수직 동기화 없이도 그래픽 카드 프레임과 모니터 주사율을 실시간으로 동기화하여 테어링 현상을 막는 기술이 적용됩니다.

많이 쓰이는 기술은 AMD 그래픽 카드 및 APU(CPU와 GPU의 통합 칩)에서 쓸 수 있는 '프리싱크(FreeSync)' 기술입니다. 이 기술은 라이선스 비용을 지불할 필요가 없고, 모니터에 별도로 하드웨어 추가 없이 모니터 펌웨어 수정만으로 탑재할 수 있습니다.

엔비디아 그래픽 카드에는 '지싱크(G-Sync)' 기술이 있습니다. 하지만 이 기술은 라이선스 비용이나 전용 하드웨어 탑재의 부담 때문인지 출시된 지원 모니터 수가 적은 편입니다.

▲ 왼쪽은 프리싱크 기술이 적용된 화면이고, 오른쪽은 프리싱크 기술이 오프된 화면입니다.

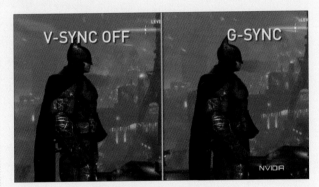

▲ 오른쪽은 엔비디아 그래픽 카드 지싱크 기술이 적용된 화면입니다.

**check!
check!**

사용 중인 모니터 크기 확인하기

☑ 모니터가 4:3, 16:9, 16:10 중 어떤 비율인지 확인하세요.

2012년 말 아날로그 방송이 막을 내렸습니다. 아날로그 방송이 종료되었다는 것은 익숙했던 CRT(브라운관) 방식 모니터나 TV는 더 이상 만들어지지 않는다는 것을 의미합니다. 대신 LCD, PDP와 같은 평판 디스플레이가 자리를 잡았습니다.

CRT 시절에는 20인치 정도면 TV라면 평균, PC 모니터라면 매우 큰 화면이었지만 평판 디스플레이 시대가 열리면서 TV는 32인치 정도가 기본이고, PC 모니터 역시 23인치 이상은 되어야 기본이라고 합니다.

이상하게도 23인치 LCD 모니터를 사용하지만, CRT 20인치 모니터보다 크게 느껴지지 않는 것은 왜일까요?

모니터 화면 비율

구입하는 모니터 인치 숫자는 커지는데 작게 느껴지는 것은 화면 비의 변화에 의한 영향이 큽니다. 화면 비는 모니터 가로 및 세로 길이 비율을 나타내는 것으로 CRT 시절에는 대부분의 TV나 모니터가 4:3(가로:세로) 비율이었습니다.

평판 디스플레이 시대가 열리면서 16:10, 16:9와 같이 세로 길이가 줄어들고 가로 길이가 길어진 '와이드(Wide)' 디스플레이 기기가 주류를 이루었습니다.

> **TIP** 와이드 화면은 기존 4:3 화면과 같은 인치 수라도 화면 크기가 훨씬 작게 느껴집니다.

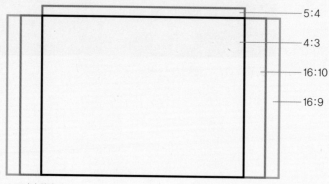

- 5:4
- 4:3
- 16:10
- 16:9

▲ 모니터 화면 비

PC 모니터는 글자 크기가 화면 세로 길이에 비례해 커지는데, 와이드 비율은 화면 세로 길이가 짧아지므로 같은 인치 4:3 모니터보다 글자가 매우 작아 보입니다. 실제로 22인치 크기 와이드 모니터 체감 크기는 17인치 4:3 모니터와 비슷합니다.

기존의 19인치와 비슷한 크기 와이드 디스플레이 기기를 구매하려면 24인치 정도 제품, 29인치와 비슷한 크기를 원하면 32인치 제품을 구매합니다.

모니터 크기 확인

모니터 크기 차이를 확인하기 어려우면 웹브라우저를 실행하고 다음 사이트 주소를 입력해 모니터 크기를 직접 비교할 수 있는 'Display War' 사이트를 방문하세요. 적용된 사양에 따라 모니터 크기가 어떻게 다른지 확인할 수 있습니다.

http://www.displaywars.com

▲ 첫 번째 모니터 크기 지정

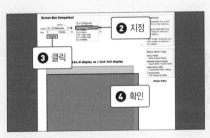

▲ 두 번째 모니터 크기 지정 및 비교

HDMI, 디스플레이 포트, 썬더볼트, Wi-Di 차이점

check!
check!

☑ 내 모니터에 장착 가능한 포트는 무엇인지 확인하세요.
D-SUB 포트 : ( )개, DVI : ( )개, HDMI : ( )개, 디스플레이 포트 : ( )개, 썬더볼트 : ( )개

TIP 최근 공개된 HDMI 1.4 규격은 최대 100Mb/s 이더넷 연결 기능을 지원하고, 오디오 업스트림이 추가되었으며, 1,080p의 네 배 정도가 되는 고화질 영상 전송 기능을 제공합니다.

더 좋은 화질의 영상을 시청하고자 하는 욕구는 끝이 없습니다.

CRT 모니터로 아날로그 신호를 보내는 D-SUB 인터페이스에서 LCD 모니터에 장착되어 디지털 데이터를 처리하는 DVI 인터페이스로 개선된 지 얼마 되지 않아 풀 HD 동영상 재생이 가능한 HDMI 인터페이스 등장으로 HDMI 포트가 장착된 모니터와 TV가 출시되었습니다. 가전과 PC의 경계가 허물어지는 듯했지만 고해상도 영상이 등장하면서 전송 대역폭 한계에 부딪혔습니다.

그 결과 등장한 것이 '디스플레이 포트(Display Port)' 인터페이스이며, 디스플레이 포트에 전력 공급용 전선, USB 단자를 하나로 합친 '썬더볼트(Thunderbolt)' 인터페이스가 최신 모니터, TV에 장착되었습니다.

▲ HDMI, DVI   ▲ 디스플레이 포트   ▲ 썬더볼트

TIP HDMI는 라이선스 비용을 지불해야 되지만 Display-Port는 사용료가 없습니다. HDMI와 Display- Port는 서로 호환되지 않으므로 젠더를 사용해야 합니다.

▲ 호환 젠더

❶ **HDMI** : HDMI(High Definition Multimedia Interface)는 2002년 말에 디지털 인터페이스였던 기존 DVI(Digital Video Interface)를 오디오/비디오 전자제품용으로 변경한 것입니다. 영상과 음성을 케이블 하나에서 동시에 전송하고, 영상, 음성을 압축하지 않으면서 전송하므로 디코더 칩이나 소프트웨어가 필요 없습니다. HDMI는 1.0~1.4 버전이 있으며 상위 버전일수록 데이터 처리량이 많고 하위 기능을 모두 포함합니다. HDMI는 가전 업계가 중심이 되어 개발된 디지털 포트입니다.

❷ **디스플레이 포트** : 디스플레이(Display) 포트는 PC 업계가 중심이 된 새로운 디지털 인터페이스 표준입니다. HDMI와 같이 영상과 음성을 케이블 하나에서 동시에 전송할 수 있습니다. HDMI와 다른 점은 데이터가 패킷화되어 있어 기기 여러 대를 케이블 한 대에 연결하여 기기 각각으로 신호를 보낼 수 있어 케이블 하나에 네트워크 신호까지 실을 수 있습니다. 덧붙여 디스플레이 포트 1.2 규격은 최대 전송률이 10.8Gbps에서 21.6Gbps로 향상되었습니다. 전송률 확대로 인해 모니터 두 대에 출력이 가능해졌고, 모니터 네 대에는 1,920×1,200 해상도 지원이 가능합니다. 이러한 장점으로 인해 3D 영상과 초고해상도 디스플레이, 다중 모니터 구현에 있어 HDMI를 제치고 선택받고 있습니다.

▲ 썬더볼트 디스플레이

❸ **썬더볼트** : 썬더볼트는 애플과 인텔이 만든 새로운 고속 인터페이스로 USB 3.0 규격보다 두 배 이상 빠른 데이터 전송 속도(10Gbps/s)를 가지고 모니터도 연결 지원되는 새로운 포트입니다. 썬더볼트 단자는 DP(Display Port)와 USB 단자, 그리고 전력 공급용 전선을 하나로 합친 것이라고 생각할 수 있습니다. 애플이 내세우는 최상위 모니터 '썬더볼트 디스플레이'에는 PC 모니터라면 당연히 갖춰야 하는 DVI, HDMI, VGA 단자 대신 화면 신호와 데이터 전송을 동시에 수행하는 썬더볼트 단자가 있습니다. 썬더볼트 모니터에서 전력과 인터넷 신호를 공급해 주기 때문에 모니터를 연결하기 위해 전원 단자도 연결할 필요가 없으므로 모니터 뒷부분 복잡한 선들을 없앨 수 있습니다.

작아진 그래픽 출력 포트

모바일 기기, 노트북 크기는 점점 더 작아지고 있습니다. 기존 PC에 사용되는 HDMI 커넥터나 디스플레이 포트를 장착하기 어려울 만큼 작아져 크기가 작은 그래픽 출력 (Mini HDMI, Micro HDMI, Mini 디스플레이) 포트가 등장했습니다.

▲ Mini/Micro HDMI 커넥터

▲ Mini 디스플레이/썬더볼트 포트

작아진 포트 크기 덕분에 그래픽 카드에서 두 개 이상 미니 디스플레이 포트를 제공한 제품도 등장했습니다. 기존 HDMI, 디스플레이 포트가 장착된 모니터와 연결하기 위해서는 미니 디스플레이 포트-HDMI 케이블을 사용합니다.

▲ 미니 디스플레이 포트 –
HDMI 케이블

▲ 미니 디스플레이 포트가 장착된 라데온 HD
7xxxx 시리즈

그래픽 출력 포트도 필요 없는 WiDi

각종 모바일 기기에서 랜 포트를 없애고 와이파이를 전용으로 이용하듯 인텔도 HDMI를 무선 방식으로 연결하는 방법인 'Wireless Display(WiDi)'를 개발했습니다. 무선 지원을 위한 별도 장치가 필요 없고 센트리노 무선랜 칩셋에서 WiDi를 지원합니다. WiDi를 지원해도 네트워크 속도가 저하되지는 않습니다.

코어 I 시리즈(i3, i5, i7) CPU에 인텔 HD 그래픽, 인텔 센트리노 무선랜 칩셋, 윈도우 7 이상 운영체제를 사용하면 WiDi를 이용할 수 있습니다.

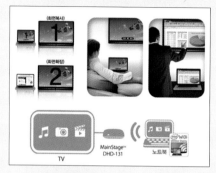

▲ WiDi 기술을 이용해 선이나 랜 포트 없이 무선으로 스트리밍할 수 있습니다.

Wi-Di를 이용해 Wi-Di 기능이 없는 TV와 연결하기 위해서는 Wi-Di를 지원하는 수신기를 TV와 HDMI 케이블로 연결해야 합니다.
디스플레이 확장 기능을 이용해 TV를 추가된 모니터처럼 사용할 수 있습니다.

▲ Wi–Di 수신기

HDMI 포트 진화

HDMI 포트는 4K UHD급 해상도 영상을 초당 60프레임으로 입력 받을 수 있는 HDMI(4K/60P) 규격이라, 최근 서비스가 시작된 UHD급 IPTV나 케이블 TV와 궁합이 좋습니다. 구형 HDMI 포트는 4K UHD급 영상을 초당 30프레임으로만 표시할 수 있어, 움직임이 부드럽지 않습니다.

HDMI Licensing은 4K/울트라 HD(Ultra HD) 전송을 지원하는 HDMI 케이블 '프리미엄 HDMI 케이블(Premium HDMI Cable)' 인증을 시작합니다.

프리미엄 HDMI 케이블 사양은 기존 HDMI 2.0과 비슷하지만, 18Gbps 대역폭과 4K 영상 전송, HDR 영상 지원이 필수 조건입니다.

기존 테스트 외에도 EMI 수준을 억제하는 새로운 기준 등을 담고 있으며, 인증을 취득한 HDMI 케이블 제조업체는 '프리미엄 하이 스피드 HDMI 케이블(Premium High Speed HDMI Cables)'로 4K/UHD 지원 케이블 로고를 붙여 판매할 수 있습니다.

▲ HDMI 케이블

**check!
check!**

화질 확인하기

☑ UHD, 풀 HD, HD 영상인지 확인하세요.

TV나 모니터와 같은 영상 기기는 화면 정밀도가 높을수록 화질이 우수하며 가격도 비쌉니다. 화면 정밀도는 화면 해상도(Display Resolution)에 의해 결정됩니다. 화면 해상도는 화면을 구성하는 점인 화소(Pixel)가 얼마나 많은지를 나타내는 것입니다. 예를 들어 1,280×720 해상도라면 화면 전체에 가로 1,280줄, 세로 720줄 화소가 배열되어 약 90만 개 화소가 화면 전체를 채우고 있다는 뜻입니다.

따라서 동일 화면에 해상도가 높다면 보다 정밀한 화면을 볼 수 있습니다. 1,280×720이나 1,920×1,080 이상 해상도는 HD(High Definition, 고선명도)급에 해당됩니다.

하지만 같은 해상도라도 화면을 출력하는 방식에 따라 두 가지로 분류됩니다. 화면을 출력하는 방식은 '비월 주사', '순차 주사' 두 가지입니다.

주사 방식에 따라 해상도 표기 방법도 다릅니다. 비월 주사 방식 영상은 세로 해상도 표시 뒤에 Interlaced(비월) 약자인 'i'가 붙으며, 순차 주사 방식의 영상은 Progressive(순차) 약자인 'p'가 붙습니다. 예를 들면 1,920×1,080 해상도라면 비월 주사 방식은 '1080i'라고 표기하며, 순차 주사 방식은 '1080p'라고 표기하는 것입니다.

▲ 비월 주사

▲ 순차 주사

'HD급'으로 분류하는 해상도는 720p와 1080i, 그리고 1080p입니다. 그 중에서도 1080p는 완전한 형태의 HD 해상도를 감상할 수 있다는 의미에서 '풀 HD(Full High Definition)급' 영상으로 따로 분류합니다. 따라서 시장에서 '풀 HD TV', 혹은 '풀 HD 모니터'라고 부르는 기기들은 1080p 영상을 표시할 수 있는 기기라는 의미입니다.

HD → 풀 HD → 4K(UHD) 해상도

2015년을 전후해 이보다 한층 높은 선명도를 갖춘 초고해상도 영상 기기가 본격적으로 등장했습니다. 2,048×1,080 해상도의 2K 규격, 2,160×1,440 해상도의 QHD 규격, 2,560×1,440 해상도의 WQHD 규격, 그리고 3,840×2,160, 4,000×2,000 해상도의 4K 규격이 대표적입니다. 풀 HD급보다 네 배 정도 높은 화면 정밀도를 보입니다. 3,840×2,160 해상도는 가정용 TV에서, 4,000×2,000 해상도는 극장 영화 상영용으로 주로 이용합니다.

▲ 해상도 차이

▲ 4K와 풀 HD 정밀도 비교

TIP 3,840×2,160은 업체에 따라 4K나 QFHD, UD 등 다양한 이름으로 부르곤 했는데, 2012년부터 CEA(Consumer Electronics Association, 미국 소비자 가전 협회)에서 'UHD(Ultra High Definition, 울트라HD)'라는 이름으로 이 해상도를 부를 것을 업체에게 제의했습니다. 이후 3,840×2,160 해상도는 UHD(간혹 업체에 따라서는 4K UHD) 규격이라는 이름으로 시장에 정착되는 추세입니다.

Chapter 05

하드디스크와 SSD
진단 · 문제 해결 따라하기

하드디스크는 PC에 있는 부품 중에서 데이터를 가장 많이 읽고 쓰는 장치로, 가장 중요한 '보조기억장치'입니다. 빠른 속도 저장 장치인 SSD가 등장해도 대용량 하드디스크를 버릴 수는 없습니다. SSD와 하드디스크를 같이 사용해야 하는 요즘 SSD와 하드디스크를 이해하고 진단하는 방법과 문제 해결 요령까지 알아보겠습니다.

01

여전히 느리지만 포기할 수 없는 하드디스크

3TB 이상 하드디스크
를 제대로 사용하려면 UEFI
바이오스가 지원되는 메인보
드에 윈도우 64비트 버전 이
상을 사용해야 합니다.

CPU가 빨라지면서 메모리 컨트롤러를 내장하고, 작동 클럭이 높은 DDR3 메모리 등장과 트리플 채널 구성으로 CPU와 부품 사이 병목 현상이 해결되었습니다. 메인보드 칩셋도 상향평준화되었습니다.

하지만 윈도우에서 파일 탐색기를 실행한 채 대용량 파일을 복사하면 여전히 느립니다. 이는 하드디스크 성능이 여전히 다른 부품 성능을 뒷받침하지 못하기 때문입니다. PC에서 작업 중 멈칫하는 순간이 발생하는 것은 대부분 느린 하드디스크 전송 속도 때문입니다.

하드디스크는 왜 느릴까요? 하드디스크 내부 구조를 살펴보면 왜 느릴 수밖에 없는지, 왜 속도 향상이 어려운지 알 수 있습니다. 하드디스크는 모터가 있는 기계적인 장치이기 때문입니다. 하드디스크는 느리지만 대용량이 주는 매력은 포기할 수 없습니다.

하드디스크 드라이브 내부

❶ **하드디스크 덮개** : 하드디스크 내부에는 디스크 회전을 이용해 헤드를 올릴 수 있도록 공기가 밀봉되어 있는데, 이 공기는 하드디스크 공기 순환부를 통해 공급됩니다. 공기 필터가 있어 내부로 먼지가 들어가는 것을 막아 주며 제품 중에는 공기 대신 가스로 밀봉된 것도 있습니다.

❷ **플래터** : 하드디스크 외부는 견고한 금속 케이스로 되어 있습니다. 내부에는 알루미늄과 같은 금속으로 만들어진 원반 디스크가 여러 장 있는데, 이 금속 디스크를 '플래터(Platter)'라고 합니다. 플래터 위에는 자성 물질이 입혀져 있고, 양면에 데이터를 기록할 수 있습니다. 플래터는 1분에 3,600~7,200번 정도 고속 회전을 합니다.

❸ **스핀들** : 플래터 중심 회전축입니다. 스핀들을 돌리는 '스핀들 모터'는 플래터를 일정 속도로 회전합니다. 회전 속도가 불안정하면 데이터를 읽고 쓰는 데 오류가 발생합니다.

❹ **헤드** : 플래터에서 데이터를 읽고 쓰는 장치입니다. 헤드에는 헤드를 좌우 방향으로 움직이게 하는 서브 모터가 붙어 있습니다. 마치 오디오 턴테이블에서 레코드판 위를 움직이는 바늘과 같은 구조로, 플래터 표면 위를 정교하게 움직입니다. 하드디스크 헤드는 플래터와 직접 접촉하지 않고, 디스크가 회전하면서 생기는 공기 흐름을 이용해 미세한 간격을 유지한 채 떨어져서 움직입니다. 플래터가 회전할 때 헤드가 움직이면서 데이터 값을 기록하거나 기록된 데이터를 읽습니다. 플래터에는 자성 유무에 의한 차이로 0과 1로 데이터가 기록됩니다. 데이터 저장 용량을 맞추기 위해 한쪽 면만 사용할 경우 헤드 하나만 장착됩니다.

❺ **액세스 암** : 회전 운동을 직선 운동으로 바꾸는 스텝 모터가 작동하여 읽기/쓰기 헤드를 원하는 곳으로 이동합니다.

02
하드디스크 속도 향상하기

하드디스크 성능을 높이려면 디스크 회전 속도가 빨라야 합니다. 하드디스크 회전 속도를 나타내는 단위는 RPM(Revolution Per Minute)으로 디스크 분당 회전 수를 의미합니다.

가장 많이 사용하는 모터 속도는 7,200RPM 정도입니다. 더 이상 빨라지면 원심력에 의해 하드디스크 내부에 있는 플래터가 돌다가 튕겨져 나갈지도 모르기 때문입니다. 어떻게 해야 하드디스크가 빨라질까요?

하드디스크 기록 밀도 높이기

회전 속도를 높이는 것은 쉽지 않습니다. 빨리 회전하는 만큼 보다 정확한 제어는 물론 부품 내구성까지 고려해야 하며, 고속 회전으로 인해 내부 안정성이 떨어지기 때문입니다.

회전 속도를 높이려면 플래터가 작아야 합니다. 10,000RPM=3인치, 15,000RPM=2.5인치 플래터를 사용합니다. 원판이 작아 제조 비용이 높기 때문에 경제성이 떨어지므로 플래터 기록 밀도를 높였습니다. 플래터에 큰 용량을 담기 위해서는 보다 정밀한 헤드 제어 기술이 필요합니다.

기록 밀도를 높이는 방법 또한 헤드 정밀도가 나아지지 않으면 역효과가 발생할 수 있습니다. 고용량 하드디스크는 플래터 한 장당 500GB 기록 밀도를 기본으로 합니다. 씨게이트는 2020년 20TB 하드디스크를 공급할 예정이라고 했습니다. 20TB 하드디스크는 플래터당 기록 밀도가 1.25TB 이상이어야 합니다. SMR(Shingled Magnetic Recoding)이라는 기술을 통해 플래터당 용량 한계를 25%까지 개선할 수 있다고 합니다. SMR 원리는 드라이브 데이터 트랙을 겹칠 수 있도록 함으로써 용량을 증가시켜 플래터당 1.25TB를 저장할 수 있습니다.

하드디스크 안 플래터 늘리기

하드디스크 내부를 일반 공기가 아닌 헬륨으로 채우면 하드디스크 안에 들어가는 플래터 수를 늘릴 수 있습니다. 헬륨으로 채우면 공기보다 마찰과 저항이 적어 플래터를 좀 더 가까이 위치시켜 하드디스크 용량을 늘릴 수 있습니다.

버퍼 메모리 용량 늘리기

하드디스크 성능을 올리기 위해 캐시 역할을 하는 버퍼를 장착해 하드디스크에서 데이터를 읽어 오는 효율성을 높였습니다.

일반적으로 8MB 버퍼 메모리를 장착하지만 최근 고성능 하드디스크는 32~128MB를 장착하고 출시됩니다. 버퍼 메모리는 느린 하드디스크와 칩셋, CPU 사이 속도를 높이는 역할을 합니다.

하지만 버퍼를 무조건 늘릴 수는 없습니다. 버퍼 메모리를 보다 효율적으로 관리할 수 있는 제어 회로가 필요한데 제어 회로를 보면 하드디스크 제조사별 기술 차이를 알 수 있습니다. 예를 들어 기록된 데이터를 짧은 시간 안에 삭제하는 기술이나 예기치 않은 전원이 차단되었을 때 캐시에 있는 저장되지 않은 데이터를 저장하는 기술 등이 추가되는 것입니다.

탐색 속도가 빠른 하드디스크가 좋다고 할 수 있는데 이런 하드디스크는 값이 비쌀 수밖에 없습니다.

TIP 다른 하드디스크 제조업체 제품에서는 플래터 기록 밀도와 성능의 관계를 찾기 어렵지만 동일 업체 같은 모델 안에서는 플래터 기록 밀도가 높은 제품을 고르는 것이 좋습니다.

TIP 씨게이트는 플래터 밀도를 밝히는 대신 헤드와 디스크 수를 제원에 명시합니다. '디스크 수÷헤드'가 플래터 기록 밀도입니다.

▲ 128MB 캐시가 장착된 5TB 대용량 웨스턴디지털 하드디스크

PC 응급실

Bit, bit, Byte, byte 무엇이 다른가요?

반도체는 기본적으로 On/Off 스위치 기능이 있는 트랜지스터(Transistor)로 만들어지므로 '0, 1'밖에 몰라서 이진수(Binary Digit)의 약자인 Bit 단위가 탄생했습니다. 비트 단위를 기준으로 알파벳 한 문자를 표시하기 위해서는 총 여덟 개의 비트가 필요하기 때문에 8bit에 해당하는 바이트(Byte)라는 단위가 생겼습니다. 단위에서 비트는 소문자 'b'로 바이트는 대문자 'B'로 표기합니다. 비트를 시작으로 데이터 크기 단위를 살펴보면 다음과 같습니다.

- 1바이트 = 8비트
- 1킬로바이트(Kilobyte) = 1,024바이트
- 1메가바이트(Megabyte) = 1,024킬로바이트
- 1기가바이트(Gigabyte) = 1,024메가바이트
- 1테라바이트(Terabyte) = 1,024기가바이트
- 1페타바이트(Petabyte) = 1,024테라바이트

03

빠른 하드디스크 인터페이스 SATA3.1, 소형화를 위한 mSATA 알아보기

하드디스크가 다른 장치와 원활하게 소통하기 위해서는 인터페이스가 필요합니다. 어떤 하드디스크 인터페이스를 사용하는지에 따라 하드디스크 데이터 전송률이 결정되죠.

하드디스크 인터페이스는 전송 속도를 향상시키는 방향으로 발전했습니다. 마지막 병렬 방식 규격이라고 할 수 있는 울트라 ATA/133 모드에서는 하드디스크가 최대 1.33Gbit/s 속도를 낼 수 있었지만, 시리얼(Serial, 직렬) ATA의 경우 2003년에 등장한 첫 번째 규격부터 최대 1.5Gbit/s 속도를 낼 수 있었습니다.

이후 SATA 규격의 데이터 전송 속도가 점차 향상되어 2005년 최대 데이터 전송 속도가 3Gbit/s로 빨라진 SATA 리비전(Revision) 2.0 규격이 발표되고, 2008년에는 6Gbit/s의 최대 전송 속도를 내는 'SATA 리비전 3.0' 규격이 발표되었습니다. 이는 단지 하드디스크 버퍼 메모리와 메인보드 컨트롤러가 데이터를 주고받는 속도만 빨라졌을 뿐입니다. 실제로 하드디스크 내부 전송률이 최대 50MB/s에서 발전하지 못해 작동 속도에는 큰 영향을 주지 못합니다. 하지만 외부 데이터 전송률이 높아 여유 대역폭이 있으므로 보다 안정적으로 데이터를 전송할 수 있습니다.

TIP 1Gbit는 128MByte, 6Gbit는 768MByte입니다.

TIP 가장 빠른 인터페이스인 SATA3를 사용하는 하드디스크를 사용한다고 해서 전반적인 PC 속도가 몇 배로 빨라지는 것은 아닙니다. SATA3는 일반 하드디스크가 아닌 SSD(Solid State Drive, 반도체 기반의 저장 장치)에 적용했을 때 훨씬 효과적입니다.

SATA3(SATA3.0, SATA 6Gbit/s)

- 케이블은 최대 2m까지 연장해 사용할 수 있습니다.
- 전원 사용량이 낮습니다.
- 최대 6Gbit/s 데이터 전송 속도를 지원합니다.
- 점퍼 설정이 필요 없습니다.
- 전원이 켜진 상태에서도 하드디스크 교체가 가능한 핫 스와핑(Hot Swapping)을 지원합니다.

전원 커넥터

데이터 커넥터

▲ SATA3 인터페이스를 사용하는 하드디스크

▲ SATA3 인터페이스를 사용하는 하드디스크 케이블

SATA-IO(Serial ATA International Organization, SATA 국제협회)에서는 SATA3를 SATA 리비전 3.0, SATA 6Gbit/s라고 하지만, 편의상 'SATA3' 혹은 'SATA3.0'이라고 합니다.

SATA3.1 규격

하드디스크 속도를 빠르게 하기 위해 인터페이스는 진화하지만 성능 향상은 미비합니다.

SATA3(6Gbps)로 대역폭을 늘린 Serial ATA 인터페이스 3.1 규격은 노트북 등을 위한 mSATA 지원과 USM으로 불리는 새로운 규격, 그리고 전력 관리 기술과 트림(Trim) 명령어 지원 등 이전보다 향상된 기능과 스펙을 제공합니다.

SATA3.1 규격에 포함된 기술에는 USM(Universal Storage Module)으로 불리는 새로운 규격이 소개되는데 이 기술은 TV나 콘솔, 셋톱 박스 등 광범위한 가정용 디지털 기기에 사용되는 외장 HDD 도킹 규격으로 기존 USB 2.0보다 빠른 데이터 전송과 USB 3.0보다 높은 성능을 제공하고 별도로 브리지 칩셋 없이 네이티브 SATA 인터페이스와 전력을 공급할 수 있습니다.

▲ USM 인터페이스를 사용하는 외장 하드디스크입니다.

소형 저장 장치를 위한 인터페이스 – mSATA

mSATA는 모바일 장치들을 위한 규격으로 자동 인식 향상 기능이 제공됩니다. 그리고 Zero-Power Optical Disc Drive로 알려진 기술을 지원하는데 이 기술은 광학 드라이브 전력을 완전히 차단할 수 있게 합니다. 새롭게 추가된 전력 관리 기술(Required Link Power Management)은 SATA 스펙에 추가 전력 관리 기술을 강화합니다.

또한, SSD를 위한 Queued Trim Command를 지원해 SSD가 일반적으로 동작할 때 영향 없이 트림 명령어를 실행할 수 있게 되어 SSD 처리 성능을 개선합니다. 소형화된 저장 기기를 위한 인터페이스인 mSATA(Mini-SATA)도 개발되었습니다. mSATA 인터페이스는 표준 SATA 인터페이스 데이터 및 전원 포트 규격을 변경해 작은 장치에 적합하도록 만든 것입니다.

SATA 포트 규격과 달라 표준 SATA 데이터 및 전원 포트와 호환되지 않고, mSATA 인터페이스를 적용한 장치는 주로 소형화에 적합한 Mini PCI-Express 커넥터와 장치에 맞는 작은 크기로 만들어집니다.

▲ mSATA 인터페이스를 사용하는 SSD

▲ 메인보드 Mini PCI-Express 커넥터

SATA3.1 규격에서는 mSATA 슬롯이 표준 SATA 포트를 공유하고 mSATA가 설치되면 SATA 포트는 비활성화되는 향상된 자동 감지 기능을 제공합니다.

mSATA 인터페이스를 사용하는 1.8인치 HDD/SDD와 같은 소형 저장 장치는 데이터와 전원 단자 구조가 달라집니다. 이들 소형 장치는 일반적인 표준 커넥터가 아닌 소형화된 마이크로 SATA(Micro SATA Connector, uSATA) 커넥터를 사용합니다.

▲ 2.5인치 SATA SSD(표준 커넥터, 데이터+전원 포트 구성)

▲ 1.8인치 SATA SSD(마이크로 SATA 커넥터, 데이터+ 전원 포트 구성)

mSATA 인터페이스 규격을 지원하는 SSD는 Mini PCIe 커넥터를 통해 SATA 신호를 전달하고 Mini PCIe 커넥터와 물리적으로 동일합니다. 하지만 mSATA 인터페이스는 Mini PCIe, 일반 Mini PCIe 카드 커넥터와 전기적으로 호환성을 제공하지 않아 mSATA 지원 메인보드가 필요합니다.

▲ 메인보드 mSATA 포트

▲ mSATA 드라이브를 내장한 메인보드

04

느린 하드디스크를 보완하는 SSD

느린 하드디스크를 보완하는 SSD

PC 성능 향상의 발목을 잡는 주범은 어떤 부품일까요? 윈도우에서 시스템 부품별로 점수를 매기면 시스템 성능 점수를 깎는 부품은 여전히 느린 하드디스크입니다.

CPU와 그래픽 카드, 메모리 속도는 빨라지지만 기계적 장치인 하드디스크 속도는 제자리입니다. 발전하지 못한 느린 하드디스크는 PC 전체 성능을 떨어트리는 주범이죠.

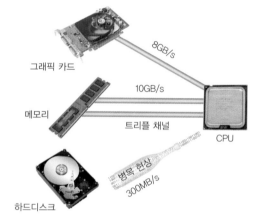

▲ 병목 현상 주범인 느린 하드디스크

느린 하드디스크 속도를 보완하기 위해 가격이 저렴한 하드디스크 두 개를 묶어 마치 하나의 하드디스크처럼 사용하는 RAID(Redundant Array Inexpensive Disks) 기술을 이용했습니다. 하드디스크 수가 늘어나는 만큼 설치 공간과 고출력 파워 서플라이 설치 등 추가 비용이 발생합니다. 이와 같은 하드디스크의 단점을 보완할 수 있는 저장 장치는 'SSD(Solid State Drive; 고체 소자 디스크)'입니다. SSD는 낸드(NAND) 플래시 메모리와 같은 반도체를 사용하여 하드디스크 형태로 만든 저장 장치입니다.

무작정 SSD를 선택하면 완벽하게 하드디스크를 대처하지 못하기 때문에 좋지 않습니다. 먼저 데스크톱 PC 환경에서 SSD 필요성을 알아야 합니다. SSD 장점을 알아보고 정확한 성능 차이부터 살펴보겠습니다.

SSD 장점

- 부팅 속도, 게임 로딩 속도가 빠릅니다.
- 전력 소비량이 낮아 노트북에 사용하면 배터리 성능 향상을 기대할 수 있습니다.
- 발열이 적습니다.
- 진동과 충격에 강해 안전하게 자료를 보관할 수 있습니다.
- 회전 소음이 없습니다.
- 고화질 사진이나 영상을 편집할 때 작업 시간을 단축할 수 있습니다.

하드디스크와 SSD 비교

	하드디스크	SSD
작동 방식	원형 디스크 기계적 작동	메모리 전자적 작동
저장 용량	수백 GB~수 TB급	수십~수백 GB급
소비 전략	평균 8W	평균 1W
제품 무게	평균 600g	평균 75g
발생 소음	평균 25dB	0dB
기본 성능	읽기 : 최대 80MB/s 쓰기 : 최대 60MB/s	읽기 : 최대 250MB/s 쓰기 : 최대 70MB/s

하드디스크보다 몇 배 이상 빠르게 데이터를 읽고 쓰기 때문에 PC 전체 성능이 향상됩니다.

예를 들어 고화질(HD; High Definition) 동영상의 경우 영화 한 편 용량이 수 GB가 넘습니다. 대용량 사진이나 동영상을 불러들여 편집하려면 CPU 성능이나 메모리 용량은 물론, 저장 장치 작동 속도도 매우 중요합니다. 특히 사진이나 영상 렌더링이나 인코딩 작업을 자주 하면 고성능 저장 장치는 작업 시간을 크게 줄이는 데 도움이 됩니다.

SSD 용량을 뛰어넘는 수백 GB 단위 영상 편집이 아니라면 SSD 하나만을 장착해 편집 작업용 드라이브로 사용하고 HDD는 결과물 저장용으로 사용합니다.

SSD 내부 살펴보기

① **낸드 플래시 메모리** : SSD 유형은 종류에 따라서 SLC, MLC, TLC로 나뉩니다. SLC에는 On, Off 스테이트 두 개가 있기 때문에 셀 하나에 데이터 비트 한 개를 저장할 수 있습니다. MLC에는 Off를 제외한 스테이트가 두 개로, 셀 하나에 데이터 비트 두 개를 저장할 수 있습니다. TLC 셀 하나에는 Off를 제외하고 스테이트가 세 개이기 때문에, 데이터 비트 세 개를 저장할 수 있습니다. SLC보다 MLC와 TLC가 더 많은 용량을 제공하지만, 성능이나 내구성은 떨어집니다. SLC는 내구성은 높은 만큼 비싼 가격 때문에 주로 기업용 플래시 스토리지에 사용됩니다.

TIP 처음 SSD 사업을 시작한 곳은 인텔이지만 컨트롤러 개발을 중단했습니다. 인텔은 속도보다는 안정성에 중점을 줍니다.

② **컨트롤러** : SSD 성능을 결정하는 가장 중요한 요인으로 SSD 메모리에 저장되는 데이터를 제어하는 역할을 합니다. SSD는 메모리 셀에 데이터를 덮어씌울 수 없어 셀에 데이터를 지우고 다시 저장합니다. 이때 한 곳만 지속적으로 지우고 쓰기를 반복하다 보면 해당 셀 수명이 떨어지면서 데이터 저장에 손실이 따릅니다. 이 문제를 해결하기 위해 웨어레벨링(Wear-leveling)이라는 기술이 적용되었습니다. SSD를 구성하는 셀에 골고루 데이터를 저장하여 쓰기 부하를 균일하게 배분하는 것이 웨어레벨링 기술입니다. 여유 공간을 남겨 두었다가 수명이 닿는 셀이 생기면 활용하기도 합니다.

SSD 안정성은 '컨트롤러'에 달려 있습니다. 컨트롤러는 삼성, 샌드포스, 마벨 이렇게 세 가지 정도로 요약됩니다. 각 제조사별 특징을 알아보면 다음과 같습니다.

- 삼성 : 속도는 빠르지 않지만 안정성은 좋은 편입니다. 누구나 쉽게 사용할 수 있게 대중성에 초점을 두고 개발합니다.
- 샌드포스 : 속도는 빠르지만 안정성은 별로입니다.
- 마벨 : 삼성보다 약간 빠르고 안정성은 삼성과 비슷합니다.

③ **인터페이스** : SSD를 램과 연결해 주는 역할을 합니다. SATA 연결, mSATA, PCI Expresss 등 인터페이스를 사용합니다.

PC 소형화가 빠르게 진행되는 요즘 매우 작다고 생각한 2.5인치 SSD도 소형화가 진행되고 있습니다. mSATA 인터페이스를 사용하는 SSD와 M.2 SSD는 매우 작아 노트북에 사용됩니다.

SATA SSD   mSATA SSD   M.2 SSD

▲ 다양한 크기의 SSD

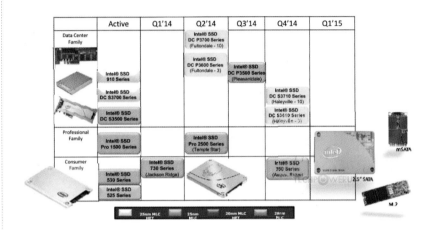

▲ SSD가 어떻게 발전해 왔는지 한눈에 알 수 있는 인텔이 발표한 SSD 로드맵

SSD를 위한 새로운 폼팩터 M.2

소형화된 SSD를 장착할 수 있는 mSATA 인터페이스가 있지만 mSATA 인터페이스를 사용하는 SSD의 경우는 낸드 플래시를 기판에 네다섯 개까지만 장착할 수 있어 용량을 증가시키기 힘들어 성능이 제한되고 두께가 두꺼워지는 문제가 있습니다. 그래서 mSATA의 한계를 넘어서는 새 규격이 필요했습니다. 그래서 선보인 것이 NGFF(Next Generation FormFactor)입니다. NGFF는 기판 양면에 낸드 플래시를 붙일 수 있어 용량 증가가 쉽고 인터페이스로는 PCi Express ×2나 PCI Express ×4에 직접 연결해 최대 32Gbps의 빠른 속도를 낼 수 있습니다. 이 NGFF는 M.2(엠닷투)라는 명칭으로 사용됩니다.

M.2 규격을 사용하는 SSD의 종류는 총 네 가지입니다. 42mm, 60mm, 80mm, 110mm 길이 M.2 폼팩터 SSD가 출시되어 있습니다.

▲ M.2 폼팩터 SSD

▲ 메인보드 PCIx 슬롯이나 별도의 M.2 슬롯에 장착됩니다.

TIP M.2는 SATA Express Card라고 불리기도 합니다.

TIP SSD보다 1000배 빠른 메모리 기술로 알려진 인텔 3D 크로스포인트(3D XPoint)도 제품화될 예정입니다. 3D 크로스포인트는 전통적인 메모리 반도체 소자인 트랜지스터와 캐패시터를 없앤 새로운 구조의 비휘발성 메모리 기술로, D램과 낸드 플래시에서 각각 속도와 용량이라는 장점만 취합되었습니다.

M.2는 소켓2, 소켓3 방식으로 구분됩니다. 소켓 2는 5핀, 소켓 3은 4핀으로, 전자는 PCI Express ×2, 후자는 PCI Express ×4를 지원합니다.

SATA SSD보다 네 배 빠른 2,260MB/s 연속 읽기 속도와 세 배 빠른 1,600MB/s 연속 쓰기 속도로 업계 최고 성능을 구현했습니다.

또한 임의 읽기 속도는 300,000IOPS(Input Output Per Second)로 기존의 SATA SSD(97,000 IOPS)보다 세 배 이상 빨라졌습니다.

소비 전력 측면에서도 최신 초절전 회로 규격을 적용해 대기 모드에서 2밀리와트(mW) 이하 소비 전력을 구현하는 등 '고성능, 초절전, 안정성, 보안성'을 갖춰 노트북을 위한 최적의 솔루션을 제공합니다.

SSD 장착 가능한 노트북인지 확인하기

데스크톱 PC에는 기존 하드디스크를 그대로 둔 상태에서 SSD를 '추가'하는 방식의 업그레이드가 많이 사용됩니다. 하지만 노트북은 기존의 하드디스크를 제거하고 그 자리에 SSD를 장착하는 '교체'하는 방식의 업그레이드가 사용됩니다. 일반적으로 SATA SSD를 장착할 수 있는 2.5인치 베이가 한 개뿐이기 때문입니다. 물론 예외도 있습니다.

기존의 HDD를 그대로 둔 상태에서 SSD만 추가하려면 일반 SATA SSD보다 작은 초소형 규격의 SSD를 장착하는 것입니다. 미니 SATA(mSATA)와 M.2 규격의 SSD를 장착하는 것입니다. 일반 SATA SSD에 비하면 mSATA 규격과 M.2 규격 SSD의 너비와 두께는 4분의 1 수준으로 작습니다. 이를 이용하면 간단히 HDD와 SSD를 한 대의 노트북에서 동시에 쓸 수 있습니다.

또한 광학 드라이브대신 SSD를 결합한 멀티부스트 베이를 달아 HDD+SSD 구축이 가능한 노트북도 있습니다.

▲ 멀티부스트 베이

TIP 리퍼는 리퍼비쉬(Refur bished)의 준말입니다. 반품이나 교환 제품을 분해해 문제없는 부품만으로 다시 만든 전자제품으로, 교환 A/S는 대부분 리퍼 제품을 이용해 이뤄집니다.

하드디스크에는 상태를 점검할 수 있는 S.M.A.R.T.(Self Monitoring Analysis & Reporting) 기능이 있습니다. 하드디스크 문제가 생기기 전에 백업할 수 있는 여유 시간을 마련하기 위한 대비책입니다.

윈도우에서 하드디스크 S.M.A.R.T. 정보를 확인해 상태와 사용 시간도 확인할 수 있는 CrystalDiskInfo 프로그램 이용법을 알아보겠습니다.

중고 하드디스크를 구입했거나 시스템을 새로 구입했을 때 하드디스크 사용 시간을 확인해 내 PC 하드디스크가 새 제품인지, 얼마나 오래된 제품인지, 고장나거나 불량 제품을 다시 새 제품처럼 만든 리퍼 제품인지 확인할 수 있습니다. 'CrystalDiskInfo'로 내 하드디스크는 안전한지 확인하세요.

따라하기 ①

웹브라우저를 실행하고 다음의 사이트에 접속하여 EXE 확장자로 된 'CrystalDiskInfo'를 다운로드한 후 압축을 해제합니다. 파일을 더블클릭하여 CrystalDiskInfo를 실행합니다.

http://crystalmark.info/download/index-e.html

②

CrystalDiskInfo가 실행되면 하드디스크 상태와 온도를 확인할 수 있습니다. 정상이면 파란색 '좋음'으로 표시됩니다. 사용 시간 항목에서 하드디스크 사용 시간을 확인할 수 있습니다.

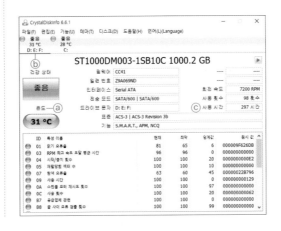

ⓐ 온도를 확인합니다.

ⓑ 현재 정보가 표시된 하드디스크에 나타납니다.

ⓒ 사용 시간을 확인합니다.

③ 하드디스크 소음과 전력 소비를 조절할 차례입니다. 하드디스크가 느려 불만이라면 조절해 볼 만한 기능입니다. 메뉴에서 '기능' → '고급 기능' → '자동 소음 관리(AAM)/고급 전원 관리(APM) 제어'를 실행합니다.

④ '자동 소음 관리(AAM)/고급 전원 관리(APM) 제어' 창이 표시되면 조절할 하드디스크를 선택합니다. AAM과 APM 중 하드디스크가 지원하는 항목이 활성화됩니다. 해당 항목에서 소음을 우선으로 할지 성능을 우선으로 할지, 전력 소비를 최소화 할지 성능을 우선으로 할지 슬라이더를 드래그하여 조절합니다. 하드디스크가 느리다면 '성능 우선' 방향으로 조정하고 〈사용〉 버튼을 클릭합니다.

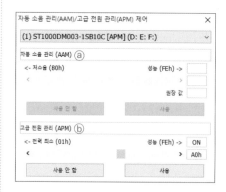

ⓐ **자동 소음 관리 (AAM)** : 하드디스크가 성능 위주로 작동할지, 조용하게 작동할지 조절할 수 있습니다. 하드디스크 소음을 줄이는 기능으로 최신 하드디스크라면 이 기능을 제공합니다. 액세스 타임을 결정할 수 있으며, 성능 위주라면 소음이 커질 수 있습니다.

ⓑ **고급 전원 관리 (APM)** : 인텔과 마이크로소프트가 컴퓨터 전력 소모를 줄이기 위해 만든 장치입니다. 컴퓨터와 주변기기가 사용하지 않은 상태로 오랜 시간이 지나면 자동으로 전력을 차단합니다.

남은 SSD 수명 확인하기

☑ SSD 상태와 남은 수명을 확인하세요.

SSD를 구매하거나 사용할 때는 HDD보다 비싸기 때문에 남은 수명을 상당히 신경씁니다. 'SSDLife' 프로그램을 이용해 남은 SSD 수명을 확인하여 현재 사용 중인 SSD 상태를 알 수 있습니다.

웹브라우저를 실행하고 다음 사이트에 접속하여 〈Downloads〉 버튼을 클릭한 후 'SSDLife'를 다운로드하여 설치합니다.

http://ssd-life.com

SSDLife를 더블클릭하여 실행하면 사용 중인 SSD와 펌웨어, 용량과 같은 간단한 정보와 함께 사용 기간, 전원이 켜진 횟수 등의 자세한 사항이 나타납니다. 건강도와 남은 시간을 확인하세요.

◀ SSDLife에서 볼 수 있는 SSD 정보

SSD와 하드디스크 수명 비교

SSD는 읽고 쓰기 반복 횟수를 수명으로 나타냅니다. 셀 유닛 하나에서 대략 10만 번 정도의 쓰기가 가능하지만 셀 하나에만 계속 쓰기 명령을 내리지는 않습니다. 여러 개 셀을 돌아가면서 기록하여 모든 셀 칩의 수명이 비슷해지도록 조절하고 SSD 컨트롤러에서 자동으로 진행합니다. SSD가 고장나면 컨트롤러 칩에서 발생한 문제일 확률이 높습니다.

06

내장 하드디스크와 다름없는
외장 하드디스크 정복하기

PC 부품 중 하드디스크는 기계적인 장치로 플래터를 회전시키는 모터가 내부에 있습니다. 모터가 안정적으로 작동하려면 하드디스크에 공급되는 전원이 안정적이어야 합니다. 내가 사용하는 외장 하드디스크 크기, 속도, 인터페이스를 알아보겠습니다.

외장 하드디스크 크기

하드디스크는 3.5인치(8.9cm)와 2.5인치(6.5cm) 크기가 있습니다. 2.5인치 하드디스크는 사용하는 전원이 적어 USB로 연결해 외장 하드디스크로 사용할 경우 케이블 하나로 전원 공급 및 자료 전송이 가능합니다. 3.5인치 크기 외장 하드디스크는 반드시 전원 어댑터를 별도로 사용해 전원을 공급해야 합니다.

▲ 3.5인치 하드디스크를 사용하는 외장 하드디스크   ▲ 2.5인치 하드디스크를 사용하는 외장 하드디스크

외장 하드디스크 속도

외장 하드디스크를 PC에 연결하려면 USB, eSATA, FireWire(IEEE 1394) 인터페이스를 사용합니다. eSATA(external SATA) 인터페이스는 하드디스크 SATA 인터페이스를 외부에 노출한 커넥터라고 할 수 있습니다.
외장 하드디스크가 사용하는 인터페이스와 이론 상 최대 속도를 알아보겠습니다.

인터페이스	비트(bit/s)	바이트(byte/s)	비고
USB Low Speed(USB 1.0)	1.536Mbit/s	192MB/s	1996년
USB Full Speed(USB 1.1)	12Mbit/s	1.5MB/s	
USB Hi-Speed(USB 2.0)	480Mbit/s	60MB/s	2000년
USB Super Speed(USB 3.0)	5Gbit/s	625MB/s	2010년
eSATA(SATA300)	2.4Gbit/s	300MB/s	2004년
Serial ATA(SATA-150)	1.5Gbit/s	187.5MB/s	SATA1
Serial ATA 2(SATA-300)	3Gbit/s	375MB/s	SATA2
Serial ATA 3(SATA-600)	6Gbit/s	750MB/s	SATA3
FireWire(IEEE 1394b) 800	786.432Mbit/s	98.304MB/s	
FireWire(IEEE 1394b) 1600	1.573Mbit/s	196.6MB/s	
Thunderbolt(썬더볼트)	10Gbit/s×2	1.25GB/s	2011년

USB 3.0의 경우 이론 상 속도는 USB 2.0보다 열 배 이상 빠릅니다. 하지만 실제 사용에 있어서는 2~4배 정도로, 체감 속도는 eSATA, USB 3.0과 비슷한 속도입니다.

외장 하드디스크가 연결되는 인터페이스는 하위 버전과 호환됩니다. 예를 들어 USB 3.0 커넥터에 USB 2.0을 지원하는 외장 하드디스크를 연결하면 올바르게 인식하지만 USB 2.0 속도로 작동합니다.

외장 하드디스크 전용 인터페이스 eSATA, eSATAp

외장 하드디스크 전용 인터페이스인 eSATA는 초당 최대 300MB를 전송해 최대 전송 속도를 받쳐 줍니다. eSATA는 단자 생김새가 다를 뿐 핀 구성이나 연결 방법은 일반 SATA 하드디스크와 같습니다. 속도 역시 같고, 전원을 따로 공급해야 하는 점이 다릅니다.

eSATA 포트 자체에 전원이 공급되지 않는 단점을 극복하기 위한 것이 바로 'eSATAp(power over eSATA)' 인터페이스입니다. 기존 eSATA 포트를 USB 포트 겸용으로 만들어 'eSATA/USB 콤보 포트'라고도 합니다. eSATA와 USB 인터페이스 모두 호환되므로 포트 수를 절약할 수 있어 주로 노트북에 장착됩니다. eSATAp 포트에 장착되는 하드디스크는 전원 공급이 별도로 필요 없습니다.

▲ SATA 커넥터, eSATA 커넥터　　　▲ 전원 커넥터가 포함된 외장　　　▲ eSATA 포트
　　　　　　　　　　　　　　　　　하드디스크 커넥터

❶ eSATA와 SATA 커넥터입니다. 생김새는 달라도 핀 구성은 같고 커넥터가 튼튼해서 쉽게 빠지거나 부서지지 않습니다. eSATA 포트는 전원 공급 기능이 없으므로 외장 하드디스크에 전원을 별도로 꽂아야 합니다.

❷ 3.5인치 이상 외장 하드디스크나 케이스에 장착된 하드디스크는 외부 전원이 별도로 필요합니다.

❸ eSATAp 포트는 USB와 eSATA가 합쳐진 형태로, 2.5인치 외장 하드디스크는 별도로 전원 공급 없이 사용할 수 있습니다.

eSATA 규격 외장 하드를 SATA 포트에 직접 꽂을 수 없으며, 그 반대 경우도 마찬가지입니다. 하지만 메인보드에 위치한 SATA 포트를 eSATA 포트로 변환하는 주변기기도 판매하고 있으므로, 이를 이용하면 eSATA 포트가 없는 컴퓨터에서도 eSATA용 외장 하드를 사용할 수 있습니다.

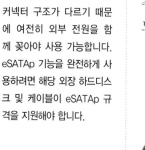

TIP eSATA 규격 외장 하드디스크를 eSATAp 포트에 연결할 경우에는 포트 및 커넥터 구조가 다르기 때문에 여전히 외부 전원을 함께 꽂아야 사용 가능합니다. eSATAp 기능을 완전하게 사용하려면 해당 외장 하드디스크 및 케이블이 eSATAp 규격을 지원해야 합니다.

◀ SATA 포트를 eSATA 포트로 변환하는 블래킷입니다. 컴퓨터 본체 뒤쪽에 설치합니다.

하지만 eSATA는 많은 PC가 사용하는 SATA3.0 인터페이스 대역폭 6Gbps 절반이기 때문에 eSATA 인터페이스 매력이 많이 반감되었고 이 eSATA를 지원하는 외장 하드디스크는 사라지고 있습니다.

USB 3.0을 지원하는 외장 하드디스크

eSATA 커넥터 대신 USB 커넥터를 탑재한 외장 하드디스크가 여전히 인기인 이유는 무엇일까요?

USB 3.0은 스토리지 애플리케이션용으로, 최적화되지 않은 일반적인 컴퓨터 주변기기 인터페이스입니다.

USB 3.0 인터페이스 실제 처리 속도는 SATA3.0이 아닌 SATA2.0과 비슷해 하드디스크 인터페이스인 SATA를 대체할 수 없습니다. USB 3.0 포트는 PC와 노트

TIP eSATA 규격 외장 하드디스크를 eSATAp 포트에 연결하는 경우에는 포트 및 커넥터 구조가 다르므로 여전히 외부 전원을 함께 꽂아야 사용할 수 있습니다. eSATAp 기능을 온전히 사용하려면 해당 외장 하드디스크 및 케이블이 eSATAp 규격을 지원해야 합니다.

북에 널리 제공되어 많은 노트북, PC에서 eSATA(external SATA) 포트를 대신하고 있습니다.

◀ USB 3.0과 썬더볼트 인터페이스를 지원하는 외장 하드디스크

PC 응급실

외장 하드디스크에서 끼익~, 클릭~ 소리가 들려요

외장 하드디스크에 전원을 연결했을 때 비정상적인 소음(끼익~, 클릭~)이 발생하고 인식되지 않으면 하드디스크 물리적 손상을 의심할 수 있습니다. 외장 하드디스크에 물리적인 손상이 발생하면 다음과 같은 증상을 보입니다.

- 규칙적인 딱~ 딱~ 소음
- 끼익~ 끼익~, 클릭~ 클릭~ 소음
- 하드디스크에 귀를 댔을 때 '지익' 소리가 남
- 하드디스크 스핀들 모터 회전 소리가 들리지 않을 때
- 하드디스크 스핀들 모터는 회전하지만 헤드가 움직이지 않는 것처럼 느껴질 때
- 하드디스크 스핀들 모터가 회전한 후 정지하고 아무 소리도 안날 때
- 하드디스크 실제 용량과 다른 용량이 표시될 때

물리적 손상 원인은 대부분 헤드 불량이나 펌웨어 불량입니다. 이러한 소음이 발생하면 하드디스크를 즉시 종료한 후 A/S를 받아야 합니다. 혹시나 하는 마음으로 하드디스크에 전원을 계속 연결하면 플래터가 손상(스크래치)되어 데이터 손상까지 피해가 커질 수 있습니다.

사용하지 않는 하드디스크를 휴대용 장치로 바꿀 수 있나요?

시중에 판매 중인 외장 하드 중에는 완제품 외에도 HDD를 내장하지 않은 '케이스'만 판매하는 제품도 있습니다. 완제품 외장 하드에 비해 비용이 적게 들고, 기존에 컴퓨터에서 사용하다가 업그레이드 등으로 교체되어 사용하지 않게 된 HDD를 재활용할 수 있다는 장점이 있습니다.

▲ 외장하드 케이스만 별도 구매하여 기존 HDD를 재활용하는 것이 가능합니다.

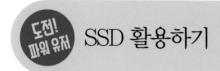
SSD 활용하기

요즘 PC 하드웨어 사양은 어느 정도 평준화되었습니다. 고사양 게임이나 전문적인 작업을 하는 것이 아니라면 성능 차이를 느낄 수 없습니다.

가장 큰 성능 향상을 느낄 수 있는 PC 업그레이드는 SSD 추가입니다. SSD 유무 차이는 20만 원짜리 초저가 컴퓨터에서부터 200만 원짜리 고사양 컴퓨터까지 모든 환경에서 직접 체감할 수 있습니다.

부팅 속도 단축, 프로그램 실행 속도 단축을 위한 SSD 활용을 알아보겠습니다.

1 | 꼭 필요한 것만 설치하기

SSD에 운영체제를 설치한 다음, 자주 사용하는 프로그램은 SSD에, 가끔 사용하는 프로그램은 SSD보다 느린 하드디스크에 설치하는 것이 좋습니다.

SSD에는 윈도우 시스템 파일, 설치 프로그램, 현재 하는 게임 등 대용량 프로그램을 하드디스크에는 빠른 속도가 필요 없는 MP3 라이브러리, 문서 폴더, 비디오 파일 등을 저장하면 됩니다.

프로그램을 설치할 때 사용자 지정 설치 방법을 선택하여 프로그램 설치 경로를 윈도우가 설치된 SSD가 아닌 하드디스크로 설정합니다.

◀ 프로그램 설치 경로를 다시 지정하세요.

이미 설치된 프로그램이라면 '심볼릭' 링크를 이용하면 됩니다. 심볼릭 링크는 원본 소스를 복사하지 않고, 다른 경로에서 실제 데이터가 있는 것처럼 만드는 방법입니다.

심볼릭 링크로 폴더 이동하기
❶ 파일 탐색기를 실행해 윈도우가 설치된 C:₩ 드라이브에 설치된 특정 폴더 전체를 다른 드라이브의 동일 이름으로 이동합니다. 여기서는 C:₩Smaple 폴더를 D:₩Sample 폴더로 이동했습니다.
❷ ⊞+Ⅹ를 누른 다음 '**명령 프롬프트(관리자 권한)**'을 실행합니다.

❸ 명령 프롬프트에서 mklink 명령을 이용해 아래와 같은 방법으로 이동합니다.

```
ⓐ mklink/d C:\Sample D:\Sample
ⓑ mklink .이동한 폴더명
   이동된 폴더명
```

또한 SSD는 용량이 차면 속도가 느려질 수 있습니다. 이는 빈 블록보다 쓰기 속도가 느리게 부분적으로 채워진 블록이 많아지기 때문입니다. 최적의 성능을 유지하기 위해서는 용량 한도를 75% 정도로 유지하는 것이 좋습니다. 물론 낸드 플래시 메모리 단점을 극복하기 위해 최신 SSD 컨트롤러는 사용자가 손댈 수 없는 여분 공간을 아예 만들어 놓는 오버프로비저닝(Over-provisioning) 기술을 적용합니다. 그리고 SSD에 용량이 차는 것을 막기 위해 정기적으로 SSD를 청소해 여유 공간을 확보하세요. 이 작업은 하드디스크와 동일하게 디스크 정리 등을 이용해 작업하면 됩니다. 361쪽을 참고하세요.

2 | TRIM 기능 활성화하기

SSD는 플래시 메모리를 이용한 저장 장치입니다. 플래시 메모리를 사용하는 이유로 하드디스크와 비교했을 때 세 가지 다른 특징이 있습니다.

- 접근(Access), 읽기(Read), 쓰기(Write) 속도는 빠르지만, 상대적으로 삭제(Erase) 속도는 많이 느립니다.
- 덮어쓰기(OverWrite)가 불가능합니다.
- 플래시 메모리 셀은 재기록 가능 횟수가 제한됩니다.

이러한 특징 때문에 사용하다 보면 SSD 속도가 느려집니다. 윈도우에서 하드디스크에 있는 파일을 삭제해도 실제로는 디스크에서 삭제되지 않습니다. 대신 디스크 파일이 있는 자리에 덮어쓰기(Overwrite)를 진행하면 이전 데이터는 사라집니다. 그러므로 파일을 삭제할 때는 파일 시스템에서 실제 파일 정보만 삭제하면 되고, 디스크 파일 정보까지 삭제할 필요는 없습니다. 해당 데이터 위에 곧바로 다른 데이터를 쓰는 것은 가능하지만, SSD는 하드디스크와 다르게 덮어쓰기가 불가능하며, 오직 빈 공간에만 데이터를 기록할 수 있습니다. 비어 있지 않은 영역에 데이터를 기록하기 위해선 먼저 지운 다음 쓰기 작업을 순차적으로 진행해야 합니다. 아쉽게도 SSD는 삭제 속도가 무지 느립니다.

그렇기 때문에 데이터가 들어 있지 않은 초기 SSD는 읽기/쓰기 속도가 빠르지만 사용할수록 지우기 → 쓰기 작업이 증가되기 때문에 SSD의 전체적인 쓰기 성능이 떨어집니다.

이런 문제점을 해결하는 명령어가 '트림(TRIM)'입니다. 트림 명령은 윈도우 7부터 제공하는데 윈도우에서 삭제된 불필요한 파일을 파악해 SSD에서도 실제로 해당 파일을 지우는 기능입니다.

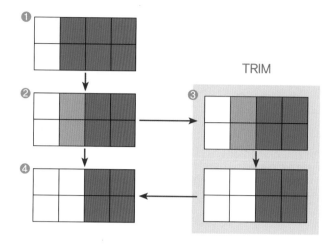

TRIM

❶ 데이터가 저장된 모습입니다.

❷ 데이터를 삭제하여 유효하지 않은 공간이 생겼습니다.

❸ 트림 기능을 통해 유효하지 않은 공간을 정리합니다.

❹ 유효하지 않은 공간이 데이터를 저장할 수 있는 빈 공간이 되었습니다.

윈도우에서 트림 기능이 작동 중인지 확인해 볼까요? 작동 중이 아니라면 트림 기능을 활성화하세요.

❶ ⊞+Ⅹ를 누른 다음 '명령 프롬프트 (관리자)'를 실행합니다.

❷ 관리자 권한을 가진 명령 프롬프트가 실행되면 다음 명령어를 입력하세요.

```
fsutil behavior query DisableDeleteNotify [Enter]
```

❸ 'DisableDeleteNotify = 0'이라고 표시되면 트림 기능이 활성화된 상태입니다. 'DisableDeleteNotify = 1'로 표시되면 트림 기능이 작동하지 않는 상태입니다.

만일 결과값이 'DisableDeleteNotify = 1'로 표시되면 아래 명령어를 입력해 트림 기능을 활성화하세요.

```
fsutil behavior set DisableDeleteNotify 0 [Enter]
```

3 | SSD 최적화하기

SSD 제조업체 사이트에서 SSD 관리 프로그램을 다운로드해 설치하세요. SSD와 함께 들어있는 CD를 이용해도 됩니다.

인텔 SSD의 경우 'Intel SSD Toolbox', 삼성은 '매지션(Magician)', OCZ는 '툴박스(Toolbox)' 유틸리티

를 제공합니다. 이를 이용해 펌웨어 업데이트를 진행하거나, SSD 상태를 확인하거나, 트림 명령을 실행해 SSD를 최적화할 수 있습니다. 삼성 SSD를 예로 들어 알아보겠습니다.

TIP 윈도우 XP, 윈도우 비스타에서 SSD를 사용한다면 트림 명령을 지원하지 않습니다. SSD 유틸리티에 있는 최적화 작업을 이용해 수동으로 트림 명령을 실행해야 합니다.

❶ 삼성 사이트에서 최신 버전 매지션 프로그램을 다운로드할 수 있습니다. 매지션 프로그램을 실행하면 설치된 SSD 정보, 상태, 예상 잔여 수명을 확인할 수 있습니다.

http://www.samsung.com/sec/support/model/MZ-V5P512BW

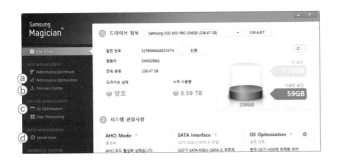

ⓐ Performance Optimization : 운영체제가 TRIM 기능을 제공하지 않는 경우 트림 기능을 실행합니다.
ⓑ Firmware Update : 〈업데이트 확인〉 버튼을 클릭해 새로운 버전의 펌웨어를 구해 업데이트를 진행합니다.
ⓒ OS Optimization : 사용하는 운영체제 환경에 맞는 SSD 최적화 옵션을 제공합니다.
ⓓ Secure Erase : SSD에 들은 모든 데이터를 영구적으로 삭제합니다. 부팅 드라이브인 경우 삭제가 불가능합니다.

❷ 'OS Optimization'을 클릭하세요. '성능 최적화', '용량 극대화', '신뢰성 향상' 중 필요한 항목을 클릭한 다음 〈설정〉 버튼을 클릭합니다. 예를 들어 용량 극대화 작업이 필요하다면 '용량 극대화'를 선택한 다음 〈설정〉 버튼을 클릭합니다.

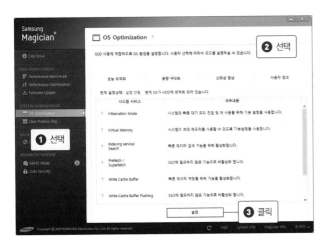

③ 시스템을 다시 시작할지 물으면 〈확인〉 버튼을 클릭하세요.

4 | 절전 모드에서 2초 만에 깨어나기 - RAPID

SSD에서 사용할 수 있는 RAPID(Real Time Acceleration Processing of I/O Data) 기술은 윈도우를 절전 모드로 종료할 때 메모리에 있는 내용을 하드디스크가 아닌 SSD 특정 영역에 저장해 놓았다가 절전 모드에서 깨어날 때 SSD에 있는 내용을 이용해 시스템을 빠르게 준비하는 기술입니다. 또한 절전 모드에서 대기 전력을 거의 사용하지 않기 때문에 노트북, 태블릿 PC 같은 모바일 장치에서 빠른 시작 기술을 사용하면 배터리 절감 효과도 얻을 수 있습니다.

데스크톱 PC 사용자라면 절전 모드를 사용할 때 빠르게 시스템이 켜지게 할 수 있습니다.

삼성 SDD의 경우 'RAPID Mode'를 활성화하면 됩니다.

다음과 같은 조건이 갖춰줘야 RAPID 기술을 사용할 수 있습니다.

- Z77/H77/Q77 이상 칩셋 이상이 장착된 메인보드
- 아이비 브리지 CPU 이상이 장착된 시스템
- UEFI 모드로 설치된 윈도우 10이 있는 SSD
- 시스템에 설치된 메모리 용량보다 큰 여유 공간이 있는 SSD

SSD에 UEFI 모드로 설치된 윈도우 10을 설치했다면 SSD는 GPT 디스크로 사용되고 파티션이 세 개 이상 있습니다. ⊞+Ⅹ를 누른 다음 '디스크 관리'를 실행하세요.

TIP UEFI 모드로 윈도우 10을 설치하는 방법은 567쪽을 참고하세요.

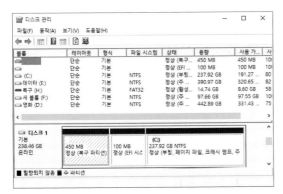

▲ 450MB 복구 파티션, 100MB EFI 시스템 파티션, 윈도우 10이 설치된 파티션입니다.

매지션 프로그램을 실행하고 'RAPID Mode'를 선택합니다.

오른쪽 창에서 RAPID를 사용할 수 있는 최소 요구 사항을 모두 만족했는지 확인합니다. 모두 만족했다면 〈사용〉 버튼을 클릭하여 시스템을 다시 시작하세요.

5 | SSD에 저장된 데이터 지우고 복구하기

느려진 SSD를 거의 신제품처럼 최고 성능으로 되돌리는 방법은 '시큐어 이레이즈(Secure Eerase)' 명령을 사용하는 것입니다.

시큐어 이레이즈 기능은 2001년부터 출시된 모든 ATA 기반 드라이브에 내장됐습니다. 드라이브의 모든 것을 지우고 모든 셀을 비워 드라이브를 공장 출고 상태로 되돌리는 기능입니다.

SSD와 하드디스크 제조업체 사이트를 방문하면 시큐어 이레이즈를 지원하는 무료 유틸리티를 쉽게 다운로드할 수 있습니다.

하드디스크의 경우 시큐어 이레이즈 작업을 하면 데이터 복구가 불가능합니다. 시큐어 이레이즈 과정은 SSD에서 단 몇 분밖에 걸리지 않습니다.

시큐어 이레이즈 작업을 어떻게 하는지 삼성 SSD를 예를 들어 보겠습니다.

① 시큐어 이레이즈 작업을 할 SSD에 들은 데이터를 안전하게 백업합니다.

② 매지션 프로그램을 실행하고 'Secure Erase'를 선택합니다.

③ 부팅용 USB 드라이브를 만들어 작업을 진행해야 합니다. USB 드라이브를 연결하고 〈찾기〉 버튼을 클릭하여 등록한 다음 〈실행〉 버튼을 클릭합니다.

④ 저작권을 확인하고 〈예〉 버튼을 클릭합니다.

⑤ 완성된 USB 미디어로 부팅합니다. 그러면 다음과 같은 화면이 나옵니다. Y를 누르세요.

TIP 글자가 깨져 보인다면 Esc를 눌러 도스 모드로 나간 다음 'SEGUI0.exe /s'를 입력하면 정상적인 화면이 나옵니다. 여기서 '0'은 알파벳 O가 아닌 숫자 0입니다.

⑥ 드라이브를 스캔하고 SSD를 찾습니다. 초기화할 SSD를 선택하고 Enter를 누르세요. 시큐어 이레이즈 작업이 진행됩니다.

TIP 초기화 작업이 정상적으로 진행되지 않는다면 SSD에 연결된 전원 케이블을 뺀 다음 5~6초 후 다시 끼우고 과정 ⑤부터 진행합니다.

PART
3

하드웨어 진단 · 문제 해결 · 최적화하기

내 손으로 하드웨어를 직접 고칠 수는 없을까요? 하드웨어 수리에 필요한 장비를 구입하고 PC 케이스를 열어 하드웨어를 고치는 작업은 전문가만이 할 수 있을까요?

이번 파트를 통해 이런 의문점을 해결할 수 있습니다.

하드웨어 수리에 꼭 전문 장비가 필요한 것이 아닙니다. 드라이버, 바이오스, 펌웨어 업데이트만으로도 하드웨어 문제 70%는 해결할 수 있습니다. 하드웨어 문제를 어떻게 해결하는지 알아보겠습니다.

Chapter 01

부품 고장 여부를
알아내는 진단하기

여분 PC가 있어 정상 작동하는 PC에 의심 부품을 꽂아 동일한 문제가 발생하는지 확인
하면 좋지만 그럴 수 없다면, 각 부품별로 최적화된 진단 방법을 알고 있다면 쉽게 고장
난 부품을 알아낼 수 있습니다. 우선 부품별로 이상이 있을 때 나타나는 대표적인 증상
들이 있습니다. 이 증상부터 알아야 합니다.

이후 하드웨어의 진단은 진단 프로그램을 이용한 점검 → 발열 문제 확인 → 조립 상태
확인 → 눈으로 부품 상태 확인 순서로 진행됩니다. 각 부품별 진단 방법을 알아보겠습
니다.

01
위험한 PC 환경 진단하기

> **TIP** 소프트웨어 문제는 일반적으로 특정 동작을 하거나, 특정한 일련의 동작을 할 때 발생합니다. 반면에 하드웨어 문제인 경우에는 불규칙하게 발생합니다.

잘 작동하던 하드웨어에 갑자기 문제가 생기는 경우는 드물지만 물리적인 충격이나 과전압 때문에 하드웨어가 갑자기 고장나는 경우가 있습니다. 잘 사용하던 하드웨어에 문제가 생긴다면 처음부터 문제를 일으킬 수 있는 부분을 안고 있는 부품이었을 수 있습니다. 그 밖에 하드웨어에 문제를 일으키는 근본적인 원인은 크게 전기, 열, 먼지, 물리적인 충격 등으로 구분할 수 있습니다. 거의 모든 고장이 이들 원인 중 하나에서 비롯되죠. 문제를 일으키는 원인을 정확히 알고 이를 예방한다면, 사전에 얼마든지 하드웨어 고장을 방지할 수 있습니다. PC가 문제가 생길 수 있는 환경에 노출되어 있는 것은 아닌지 점검하고 넘어가세요.

step 1 ▶ 안전한 멀티탭인지 확인하기

과전압을 비롯한 불규칙한 전원 공급으로부터 컴퓨터를 보호하려면 멀티탭을 이용해야 합니다. 멀티탭은 컴퓨터로 공급되는 전원 전압을 일정하게 유지하는 장치입니다. 컴퓨터를 연결한 멀티탭에 다른 가전 제품을 함께 연결해서 사용하면 안 됩니다. 가전제품을 켜고 끌 때마다 컴퓨터로 공급되는 전원이 불규칙해지기 때문입니다. 안전한 멀티탭을 사용하는지 확인해 보세요.

> **TIP** 일반적으로 볼 수 있는 멀티 콘센트는 과전압 차단 기능이 미약합니다. 만일 저가형 제품이라면 아예 과전압 차단 기능이 없을 수 있습니다. 과전압 차단 기능과 접지 기능, 전자파 제거 기능까지 갖춘 고급형 멀티탭을 선택합니다.

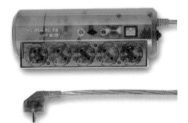

▲ 안전한 멀티탭

step 2 ▶ 컴퓨터 부품을 만질 때 정전기가 발생하는지 확인하기

컴퓨터 부품은 정전기에 민감합니다. 컴퓨터에서 사용하는 전압은 220V인데 비해 정전기는 30,000V 고전압을 가지고 있어 컴퓨터에 치명적인 피해를 줄 수 있습니다. 따라서 컴퓨터 내부를 만지기 전에는 물로 손을 씻거나 컴퓨터 본체 케이스를 먼저 만져 정전기를 없애야 합니다.

컴퓨터 케이스에 전류가 흐르지 않는지 확인하기

컴퓨터 본체에서 전류가 흐르는 것 같다는 생각이 들면 접지를 해야 합니다. 원래 전원 콘센트에는 접지용 단자가 따로 있어 콘센트에 컴퓨터 전원을 연결하면 자동으로 접지되지만 컴퓨터 본체에서 미세한 전류의 흐름이 느껴지는 경우가 있는데, 이런 경우에는 컴퓨터에 금속선을 벽에 박힌 못 등에 연결해서 접지해야 합니다.

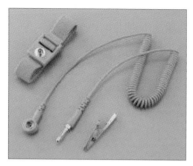

◀ 정전기를 막는 접지용 팔찌

컴퓨터 본체가 평평한 곳에 놓였는지 확인하기

컴퓨터 본체는 평평한 곳에 놓여 있어야 하며 다른 물건과 적어도 5~10cm 정도 떨어뜨려 놓아야 합니다. 본체가 기울어져 있거나 다른 물건과 닿아 있으면 소음이 크게 들립니다. 별다른 문제가 없는데도 컴퓨터에서 소음이 발생한다면 컴퓨터 본체를 평평한 곳으로 옮기거나 다른 물건과 간격을 두어 떨어뜨려 놓고 사용하세요. 또한 컴퓨터는 습기와 먼지가 적은 곳에 보관해야 하고, 컴퓨터 근처에서 담배를 피우는 것도 좋지 않습니다. 담배 연기에는 끈적거리는 성분이 있어 컴퓨터 부품에 들러붙기 때문입니다. 담배 연기 때문에 컴퓨터가 당장 고장이 나는 것은 아니지만, 장기적으로 볼 때 컴퓨터의 수명 단축과 고장 원인이 되기도 합니다.

습기가 많은 곳은 아닌지 확인하기

습기나 벼락 등으로 인해 랜카드나 부품에 고장이 날 수 있습니다. 벼락이 치고 비가 많이 내리는 날은 인터넷 사용 등을 자제하고 랜카드에서 네트워크 케이블을 뽑아 놓는 것이 좋습니다. 또한 컴퓨터 전원 코드를 플러그에서 빼 두고, 컴퓨터를 아예 사용하지 않는 것이 바람직합니다.

▸ PC 내부를 청소했는지 확인하기

먼지는 하드웨어의 치명적인 적입니다. 컴퓨터 내부를 살펴보면 각 기판 위에 금색 선이 보입니다. 이 선을 타고 전류가 흐르는데, 여기에 먼지가 앉아 있으면 전류가 흐르는 데 방해가 됩니다. 특히 각 부품은 자성을 띠기 때문에 먼지가 쉽게 쌓입니다. 정기적으로 압축 공기 스프레이나 공기 펌프 등을 사용하여 하드웨어 위에 쌓인 먼지를 제거하세요.

CPU 냉각팬에 먼지가 끼면 CPU에서 발생하는 열을 제대로 식혀 주지 못하기 때문에 시스템이 불안정해집니다. 이 경우 역시 공기 펌프 등을 이용해 냉각팬에 낀 먼지를 제거해야 합니다. 그리고 컴퓨터 모니터, 키보드, 마우스, 플로피 디스크 드라이브, CD-롬 드라이브, 본체 케이스 내부와 외부 등도 항상 먼지에 노출되어 있습니다. 무엇보다 컴퓨터를 먼지가 없는 깨끗한 공간에 두는 게 가장 좋으며, 공기 펌프와 소독용 알코올, 압축 공기 스프레이 등을 이용해 컴퓨터 내부와 외부를 정기적으로 청소하는 것도 하드웨어 수명을 연장하는 방법입니다.

TIP 먼지를 제거하기 위해 시스템을 청소하는 방법은 370쪽을 참고하세요.

◀ 먼지 제거제, 소독용 알코올, 공기 펌프

PC 응급실

메인보드 오류가 생겼어요

특정 메인보드의 경우 진단을 위한 LED를 갖춘 제품이 있습니다. LED 발광 램프가 있는 경우도 있고 숫자, 기호 등으로 표시할 수 있는 작은 전광판이 장착된 제품도 있습니다. 메인보드 설명서에서는 LED에 표시되는 기호가 어떤 오류를 의미하는 것인지 알려 줍니다. 일반적인 오류의 경우는 메인보드 LED로 쉽게 확인할 수 있습니다.

▲ 메인보드에 장착되어 메인보드 상태를 알려 주는 LED

CPU 불량 진단하기

CPU에 이상이 있다면 어떤 증상이 나타날까요? 대표적인 증상을 정리해 보겠습니다. CPU는 PC의 두뇌 역할을 하는 부품인 만큼 외관상으로 핀이 부러지거나 탄 흔적이 있어서 불량 여부를 쉽게 확인할 수 있는 경우를 제외하면 불량을 정확하게 진단하기 어렵습니다.

CPU가 이상이 있다면

- PC 화면이 아예 뜨지 않거나 시스템이 부팅 완료 전에 멈춰 버립니다.
- 시스템 사용 도중 다운이나 오동작으로 '잘못된 연산' 메시지가 자주 나타난다면 시스템 전체적으로 문제가 확장됩니다.
- 작업을 하지 않는 상태이고 냉각팬이 정상으로 작동해도 CPU 온도가 80도 이상 올라가 떨어지지 않습니다.
- 특정 프로그램에서 이상 증상이 발생합니다. 이는 CPU 자체 오류일 수 있는 확률이 높습니다.
- PC 전원이 꺼지지 않습니다. ATX 보드는 본체 전원 버튼을 3~4초 이상 길게 누르고 있으면 전원이 꺼지는데 CPU에 문제가 있을 경우에는 꺼지지 않습니다.

진단 프로그램을 이용해 CPU에 가혹한 연산을 실행해 보는 것이 윈도우에서 할 수 있는 CPU 이상 유무 진단의 가장 간단한 방법입니다. 어떤 순서로 CPU의 이상 유무를 진단하는지 정리하겠습니다. **step 1**에서 문제가 해결되지 않는다면, **step 2**, **step 3**로 넘어가면 됩니다.

step 1 ▶ **진단 프로그램으로 안정성 확인하기**

CPU에 부하를 주어 온도와 연산에 아무 문제가 없는지 확인하는 진단 프로그램을 여덟 시간 이상 작동시켜 CPU의 이상 유무를 판단합니다. 에버레스트 프로그램의 시스템 안정성 검사를 이용하세요.

step 2 ▶ **발열 문제 확인하기**

작업 도중 CPU의 온도가 80도를 넘어서는지 확인합니다. 발열 문제는 메인보드 제조업체에서 제공하는 메인보드 관리 유틸리티를 이용해 확인할 수 있습니다.

step 3

조립 상태 확인하기

발열 문제는 냉각팬의 이상에 의해 발생할 수 있습니다. PC 케이스를 열고 냉각팬이 정상으로 작동하는지 확인한 다음 냉각팬에 묻은 이물질을 제거합니다.

step 4

눈으로 확인하기

냉각팬과 방열판을 떼어 내고 CPU를 소켓에서 떼어 내어 손상된 흔적은 없는지 확인한 다음 CPU 코어가 정상인지, 탄 흔적은 없는지 살펴봅니다. 메인보드 CPU 소켓 부분도 이상이 없는지 확인합니다.

▲ CPU 앞면

▲ CPU 뒷면

▲ CPU 소켓

PC 응급실

파워 서플라이의 A/S 기간을 모르겠어요

시스템이 항상 불안합니다. 전원 공급이 제대로 이뤄지는지 확인하려고 하는데 파워 서플라이 제원을 쉽게 확인할 방법은 없을까요? 파워 서플라이가 안정적인 제품인지, A/S 기간은 언제까지인지를 확인하려면 파워 서플라이에 붙은 스티커를 통해 모델 번호를 알아내세요. 제조업체 사이트에서 모델 번호로 확인할 수 있습니다.

❶ 제품의 등록 번호입니다. 이 등록 번호를 제조업체 홈페이지에 입력해 정품 여부와 A/S 기간 등을 확인할 수 있습니다.
❷ 파워 서플라이 인증 규격입니다.

MCIC	한국 전자기기 인증	S	스웨덴 안전 검사 인증
CE	유럽 연합 통합 규격 인증	RU	미국 민간 안전 인증
FI	핀란드 전기기기 검사 인증	CB	유럽 연합 전기기기 인증
TUV	독일 국제 공인 인증	D	덴마크 전자기기 인증
CCC	중국 전자기기 인증	N	노르웨이 전기기기 인증
PC	미국 통신위원회 전기 안전 규격인증	V	호주 전자기기 인증

03
메인보드 이상 유무 진단하기

PC를 구성하는 부품 중 가장 큰 부품인 메인보드는 점검하기가 쉽지 않습니다. 덩치도 크고 분해하려면 연결된 다른 부품들을 모두 떼어내야 하기 때문입니다. 우선 메인보드에 문제가 있을 때 발생할 수 있는 증상부터 알아보겠습니다.

메인보드에 이상이 있다면

- 광학 드라이브와 하드디스크 LED에 불은 들어오는데, CPU 냉각팬이 작동하지 않고 하드디스크 모터가 돌아가는 소리가 들리지 않는 증상이 나타납니다.
- 그래픽 카드 고장은 아니면서, CPU 냉각팬과 메인보드 냉각팬도 돌아가고 하드디스크도 돌아가는데, 모니터에 신호가 안 가는 증상이 나타납니다.
- 전원이 켜지지는 않지만, 파워 서플라이 이상은 아닙니다.
- 부팅 도중 특정 화면에서 계속 재부팅되는 증상이 나타납니다.
- 한 번 다운된 이후로 알지도 못하는 사이에 다운되며 차츰 증상이 잦아집니다.
- 파란색 화면이 자주 뜨거나, 부팅했을 때 시스템 파일이 없다며 부팅이 안 됩니다.
- 하드디스크나 광학 드라이브가 인식이 안 됩니다.
- 특별한 이상 증상이 없지만 갑자기 부팅이 안 됩니다.

메인보드 불량이 의심될 때 하드웨어적인 진단도 필요하지만 우선 윈도우에 메인보드가 정상적으로 작동되도록 설치되어 있는지부터 확인합니다. 또한 메인보드와 하드웨어 호환성 문제를 해결한 바이오스 업데이트 파일이 있는지 확인합니다. 하드디스크, 램, CPU, 광학 드라이브 등에 문제가 있으면 메인보드 문제처럼 보이는 경우가 많습니다.

메인보드 이상 증상을 진단하는 방법은 다음과 같습니다. **step 1**에서 문제가 해결되지 않는다면, **step 2**, **step 3**로 넘어가면 됩니다.

step 1 　메인보드 제조업체 웹사이트에서 정보 구하기

메인보드는 모든 부품이 연결되는 장치인 만큼 여러 부품과의 호환성 문제가 많이 생깁니다. 시스템에서 발생하는 문제가 일반적일 수 있기 때문에 메인보드 제조업체 사이트 고객 지원 센터를 방문하여 동일한 문제를 해결할 수 있는 방법은 없는지 확인합니다. 바이오스 업데이트나 칩셋 패치 업데이트로 문제를 해결할 수 있습니다.

특정 부품과 하드웨어와의 비호환성 문제는 바이오스 업그레이드를 통해 해결할 수 있습니다. 그리고 메인보드 칩셋이 제 역할을 하도록 올바른 드라이버가 있어야 메인보드에 연결된 모든 부품들이 조화롭게 작동할 수 있습니다.

▲ 메인보드 제조업체 웹사이트

step 2 메인보드 진단하기

메인보드에는 메인보드 상태를 확인할 수 있는 센서 역할을 하는 칩이 장착되어 있습니다. 센서 내용을 읽어와 메인보드에 장착된 부품 온도, 냉각팬 회전 속도 등을 알 수 있습니다. 메인보드 상태가 올바른지 확인하려면 메인보드 제조업체에서 제공하는 모니터링 프로그램을 이용하면 됩니다.

step 3 눈으로 확인하기

PC 케이스를 열고 메인보드에 이상은 없는지 눈으로 확인합니다. 콘덴서에 이상은 없는지 검게 그을린 부분은 없는지 살펴봅니다. 콘덴서는 전기를 보관하는 부품인데 과전압을 이기지 못하면 뚜껑이 열리면서(폭발) 콘덴서 안에 있는 물질이 흘러나옵니다. 사용자가 모르는 중에 생길 수 있는데 콘덴서 주위에 이 물질이 묻어 있거나 위가 볼록하게 되어 있다면 콘덴서가 터진 것입니다. 콘덴서 불량은 부품 고장으로 이어져 A/S를 받아야 하는 항목입니다.

◀ 타버리거나 부풀어 올라 문제가 생긴 콘덴서

step 4 조립 상태 확인하기

메인보드에 모든 PC 부품이 연결되기 때문에 특정 부품 이상이 메인보드 이상처럼 보이기도 합니다. 이 경우 메인보드에 연결된 부품들을 하나씩 제거하면서 메인보드에 이상이 있는지 살펴야 합니다. PC를 분해하여 메인보드 기능을 확인하세요.

진　단

04
실시간으로 모니터 불량 화소 진단하기

TIP 모니터의 '무결점 보상 기간'을 확인하려면 제조업체 사이트에서 정보를 찾습니다.

모니터는 눈 건강과 연결되는 중요한 PC 부품입니다. 한번 구입하면 5년 이상 사용하므로 아낌없이 투자하는 것이 좋습니다.

모니터 성능은 가독성으로 결정됩니다. 글자를 읽기 편하고, 색상 표현이 맞으면 가독성이 좋은 모니터입니다. 간혹 모니터 화면에 나타나는 점을 '불량 화소'라고 합니다. 불량 화소는 눈으로 확인하기 어려우며, '모니터 무결점 검사' 사이트에서 쉽게 확인할 수 있습니다.

모니터는 '무결점 보상 기간'을 따로 명시하고 있습니다. 보상 기간에 불량 화소가 발견되면 무상 A/S가 가능합니다.

따라하기

① '모니터 무결점 테스트' 사이트에 접속합니다.

http://www.monitor.co.kr

② 친절하게 설명된 사용 방법에 따라 불량 화소, 명암비, 가독성, 색상, 응답 속도, 감마 점검 등을 할 수 있습니다. 설명을 확인하고 F11을 눌러 모니터를 검사합니다. 단색 화면이 나타나면 클릭하여 다음 검사 화면으로 넘어갑니다.

③ 점검이 끝나면 다시 F11을 눌러 검사를 종료합니다.

진 단 ▶ 05

그래픽 카드 고장과
모니터 고장 구분하기

그래픽 카드에 문제가 발생하게 되면 모니터로 보이는 화면에 문제가 생깁니다. 화면이 깨져 보이거나 아예 나오지 않을 수도 있고 부팅조차 되지 않을 수도 있습니다. 그래픽 카드 불량인 경우와 LCD 모니터 불량인 경우가 구분되어야 합니다.

LCD 불량인 경우 나타나는 증상

다음과 같은 증상은 패널이 불량이거나 인버터와 같은 LCD 모니터 구성 부품에 문제가 있을 때 나타납니다.

- 액정에 줄이 감
- 일정 사용 시간이 지나면 화면이 꺼졌다가 조금 있으면 다시 화면이 나옴
- 전원 LED는 깜빡이는데 화면은 나오지 않음
- 화면이 깨져 보임

모니터 화면에 아무것도 나타나지 않을 경우 진단하기

PC 전원을 켰을 때 삐~하는 비프음 소리도 들리고 시스템이 정상적으로 가동하는 것이 느껴지는데 모니터 화면에 아무것도 나타나지 않는다면 키보드의 ⒸⓃ을 눌러 보세요. 키보드 LED에 불이 들어오면 본체는 정상입니다. 모니터 고장인지 본체 고장인지 확인하는 가장 간단한 방법은 모니터에 있는 그래픽 카드와 연결되는 커넥터를 그래픽 카드에서 제거하는 것입니다. 모니터에 'No Signal, 케이블 연결을 확인하시오' 등의 메시지가 표시되면 모니터 이상이 아닌 그래픽 카드 이상입니다. 또한 모니터 전원 LED에 주황색 불은 들어오는데 아무 글자도 나오지 않는다면 모니터 이상이라고 볼 수 있습니다. 모니터의 메뉴 버튼을 눌러 보세요. 메뉴 창이 표시되지 않는다면 모니터 불량입니다. 모니터에서 본체와의 연결 케이블을 제거했을 때 모니터가 정상이라면 '입력 신호 없음' 또는 'No Signal' 등 메시지가 표시됩니다.

▲ No Signal 메시지

06
그래픽 카드 이상 유무 진단하기

그래픽 카드의 하드웨어적인 이상을 확인하려면 오버클럭을 풀어 준 다음 확인해야 합니다. 무리한 오버클럭은 다운 현상을 일으키고 부품에 치명적인 손상을 가져오기 때문입니다. 화면이 제대로 안 나온다고 무조건 그래픽 카드가 불량이라고 할 수는 없습니다.

그래픽 카드에 이상이 있다면

- 그래픽 카드에 이상이 있다면 모니터는 화면이 제대로 나오지 않습니다. 화면이 전체적으로 연하고 형광색을 띠거나 줄이 생기기도 합니다.
- 3D 게임, 동영상 재생 등을 할 때 자주 다운된다면 그래픽 카드보다는 그래픽 카드를 메인보드에서 제대로 뒷받침하지 못하기 때문일 수도 있습니다.
- 게임을 할 때 게임은 잘 되는데 동영상에서 멈춤 현상이 일어나면 대부분 그래픽 카드부터 의심하는데, 그래픽 카드가 아닌 메인보드 문제일 수 있습니다.
- 모니터가 이상이 없다면 그래픽 카드에 연결된 케이블을 뽑았을 때 'No Signal', 또는 'Power Save Mode' 같은 특정 메시지가 표시됩니다.

그래픽 카드 불량률은 높습니다. 그래픽 카드 제조업체마다 워낙 다양한 제품을 내놓기 때문에 신뢰받지 못하는 제조업체가 내놓은 보급형 제품 안정성은 보장하지 못합니다. 그래픽 카드에 문제를 일으킨 원인이 무엇인지 그래픽 카드 단계별 점검 방법을 알아보겠습니다.

step 1에서 문제가 해결되지 않는다면, **step 2**, **step 3**로 넘어가면 됩니다.

step 1 ▶ 그래픽 프로세서 제조업체 웹사이트 찾기

그래픽 카드는 그래픽 카드 자체 불량보다는 윈도우에 설치된 드라이버에 의한 영향을 더 많이 받습니다. 그래픽 카드 제조업체 사이트를 방문하여 업데이트된 정식 버전 드라이버가 있다면 다운로드해 설치합니다.

step 2 ▶ 그래픽 카드 진단하기

DirectX 진단 도구나 ATI에서 제공하는 'ATI Tool' 유틸리티를 이용해 3D 객체가 정상적으로 구현되는지 확인합니다.

step 3

TIP 비디오 램의 발열을 확인합니다. 비디오 램이 너무 뜨거우면 비디오 램에 방열판을 별도로 장착하는 것도 좋은 방법입니다.

냉각 시스템 점검하기

그래픽 프로세서에 장착된 냉각팬이 정상적으로 작동하는지 확인하고 그래픽 카드 비디오 램에 너무 많은 열이 나는 것은 아닌지 확인합니다.

3D 게임을 즐기는 사용자라면 적절한 방열 대책을 세우지 않았을 때 그래픽 카드 수명을 보장할 수 없습니다. 냉각 시스템이 제대로 작동하지 못하면 게임 도중 시스템이 다운되거나 게임 속도가 느려집니다.

▲ 냉각팬 작동 여부 확인

▲ 방열판 장착 확인

step 4

TIP 그래픽 카드를 수리할 때 유상 A/S인 경우는 수리비와 새로운 제품 구입 둘 중에 어떤 것이 유리한지 확인해야 합니다. 이전의 하이 퍼포먼스 그래픽 카드 제품군은 보급형의 저렴한 가격으로 빠르게 자리잡았습니다. 최신 3D 게임을 즐기는 사용자라면 성능 좋은 새 제품을 구입하는 것이 더 좋습니다.

조립 상태 확인하기

PC 케이스 뚜껑을 열고 그래픽 카드가 슬롯에 올바르게 꽂혀 있는지 확인합니다. 별도로 전원 공급이 필요한 그래픽 카드라면 전원 연결이 정상적인지 확인합니다.

◀ 슬롯에 꽂힌 그래픽 카드

step 5

▲ 그래픽 카드

눈으로 확인하기

그래픽 카드에는 전하를 저장하고 공급하는 콘덴서가 있습니다. 과전압이 발생하면 콘덴서가 이를 견디지 못하고 문제가 생깁니다. 문제를 일으킨 콘덴서는 없는지 슬롯에 이물질이 묻어있는 것은 아닌지 확인합니다.

진 단 ▶ 07

불량 메모리 진단하기

메모리는 정전기, 불안전한 전원 공급, 먼지, 담배 입자, 시스템 내부 온도 과열 등으로 문제가 발생할 수 있습니다. 메모리 불량이면 다음 증상이 나타납니다.

메모리가 불량이라면

- 이유 없이 치명적인 오류나 STOP 오류가 발생함
- 작업 도중 시스템이 갑자기 다운되는 일이 발생함
- 시스템 사용 도중 아무 이유 없이 재부팅됨

윈도우 7과 비스타에서는 메모리 불량을 점검하기 위하여 '메모리 진단 툴'을 내장했지만 메모리는 공장에서 출하될 때 테스트를 거치므로 고장보다는 시스템에 따라 이상 동작을 하거나 슬롯에서 오류가 생기는 일이 많습니다. 슬롯을 바꿔도 오류가 고쳐지지 않으면 메모리 자체에 문제가 생겼을 가능성이 큽니다. 메모리 불량 문제를 다음과 같은 단계별 진단 방법으로 검사해 보세요. **step 1**에서 문제가 해결되지 않는다면 **step 2**로 넘어가면 됩니다.

step 1 ▶ 프로그램으로 진단하기

메모리 테스트 프로그램을 이용해 이상은 없는지 확인합니다. 문제가 있다고 나온다면 **step 2**와 같은 방법으로 이상이 있는 메모리를 찾아냅니다.

step 2 ▶ 눈으로 확인하기

본체 뚜껑을 열고 메모리가 램 슬롯에 제대로 꽂혀 있는지 확인합니다. 램이 두 개라면 같은 색깔 소켓에 꽂혀 있어야 특정 램에서 문제가 있을 수 있습니다.

▲ 소켓 부분에 탄 흔적이나 손상된 부분 확인

▲ 메모리 칩

08

메모리 안정성 진단하기

윈도우 7이상에는 메모리 안정성을 검사하는 프로그램이 있습니다. 윈도우가 다운될 때, 메모리 오류로 인해 문제가 나타날 때는 간편하게 윈도우에서 제공하는 메모리 진단 도구를 이용해 문제가 있는지 확인합니다.

메모리 진단 도구를 이용해 메모리를 검사해 보겠습니다.

따라하기 ①

메모리 진단 도구를 임의로 실행하려면 🎫+ℝ을 눌러 표시되는 '실행' 창에 'mdsched'를 입력하고 〈확인〉 버튼을 클릭합니다. 또는 윈도우 설치 미디어로 부팅한 후 Shift+F10을 눌러 명령 프롬프트를 실행하고 'mdsched'를 입력한 다음 Enter를 누릅니다.

②

'Windows 메모리 진단' 대화상자가 표시되면 '지금 다시 시작하여 문제 확인 (권장)'을 클릭합니다.

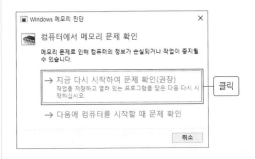

③

시스템이 다시 시작되면 메모리 이상 유무를 검사합니다. F11을 눌러 옵션을 설정합니다.

 windows 메모리 진단 도구 옵션 화면에서 방향키를 이용하여 검사 목록 항목의 '확장'을 선택하고 Tab 을 누릅니다. 캐시 항목에서 방향키를 눌러 '켜기'를 선택합니다. 검사 횟수 항목으로 이동하여 검사 횟수를 입력하고 F10 을 누릅니다.

 메모리 정밀 검사가 진행됩니다. 불량 검사를 통과하면 메모리에 이상이 없는 것입니다. 불량이 감지되면 다음 'PC 응급실'을 참고하여 문제를 해결합니다.

PC 응급실

메모리에 이상이 있다고 나와요

메모리 진단 도구로 검사를 진행했을 때 메모리에 이상이 있다고 하면 먼저 메모리의 물리적 손상인지 단순한 접촉 불량인지 확인합니다. 메인보드 램 슬롯에 먼지 등 이물질이 있거나 부식으로 접촉 불량 문제가 발생할 수도 있습니다.

메모리를 램 슬롯에서 제거한 후 램 슬롯과 접촉이 이뤄지는 부분을 청소하세요. 지우개를 이용해 접촉 부위를 청소하는 것도 좋은 방법입니다.

1 | 메모리 홈과 램 슬롯 홈을 맞춰 수직으로 꽂습니다.
2 | 슬롯에 램을 장착할 때 메모리가 빠지지 않도록 홈에 맞춰 램 슬롯 레버가 메모리를 단단히 고정하게 합니다.

▲ 지우개를 이용해 접촉 부위를 깨끗하게 문지르세요.

시스템 안정성 진단하기

내 시스템이 안전한지는 어떻게 알 수 있을까요? 시스템 안정성은 CPU와 하드디스크, 메모리 풀가동 작업을 일정 시간 진행해 시스템이 다운되지 않고 얼마나 잘 견디는지를 확인해 판단합니다.

진단 프로그램은 CPU 사용률을 100%로 만들어 각 항목을 검사하는 데 오랜 시간이 걸립니다. CPU에 부하가 걸리는 작업을 오랜 시간 반복해 아무 이상 없이 작동하는지 검사하므로 최소 여덟 시간 이상 검사합니다.

시스템 안정성은 다음의 네 가지 측면에서 확인하며, 권장하는 시스템 안정성 검사 프로그램은 'AIDA 64'입니다.

- 발열 상태가 양호한가?
- 시스템이 다운되지 않는가?
- 소음이 발생하지 않는가?
- 전압 공급이 일정한가?

따라하기 **①**

웹브라우저를 실행하고 다음의 사이트에 접속하여 압축(ZIP) 파일 형태로 제공되는 'AIDA64 Extreme'를 다운로드한 후 파일을 실행합니다.

http://www.aida64.com/downloads

②

평가판이라 제한이 있다는 경고 메시지 창이 표시되면 〈OK〉 버튼을 클릭합니다.

③

AIDA 64가 실행되면 메뉴에서 '도구' → '시스템 안정성 검사'를 실행합니다.

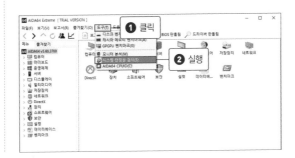

④ 안전성 검사와 관련된 창이 표시되면 항목을 모두 체크 표시하여 CPU와 메모리, 하드디스크, GPU를 활성화하고 〈Start〉 버튼을 클릭합니다.

'Temperatures' 탭에서는 발열 상황, 'Cooling Fans' 탭에서는 냉각팬의 작동 상황, 'Voltages' 탭에서는 전압 공급 상황을 확인할 수 있습니다.

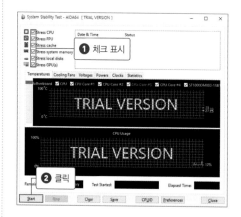

⑤ 여덟 시간 이상 검사를 진행하여 시스템이 다운되지 않고 견디면 정상입니다. 꺾은선 그래프를 통해 한눈에 변화를 살펴봅니다.

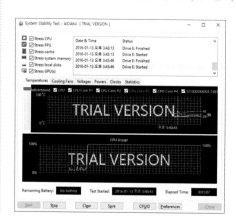

PC 응급실

메인보드에 있는 S/PDIF 포트는 어떻게 사용하죠?

S/PDIF(Sony/Philips Digital Interconnect Format)는 소니와 필립스가 공동 개발한 디지털 오디오 신호 전송을 위한 인터페이스입니다. 동축 케이블(Coaxial Cable)과 광케이블(Optical Cable)을 이용해 연결됩니다. 광케이블은 저렴하지만 심하게 꺾이거나 광섬유에 금이 가면 사용할 수 없습니다. DVD 플레이어에는 S/PDIF 포트가 있어 서로 연결해 사용할 수 있습니다. 블루레이 디스크는 대역폭이 더 높으므로 HDMI나 DP와 같은 새로운 인터페이스를 사용해 연결해야만 제대로 된 음향을 즐길 수 있습니다.

▲ 광 케이블　　　　▲ 동축 케이블 – 구리로 만들어져 고품질 디지털 오디오 전송에 사용됩니다.

Chapter 02

하드디스크 진단,
문제 해결 따라하기

소중한 데이터가 저장되고 윈도우가 설치되는 하드디스크를 진단하고 문제를 해결하는
방법을 알아보겠습니다. PC 부품 중 하드디스크만큼은 내 손으로 직접 관리할 수 있어
야 합니다. 하드디스크를 쉽게 진단하는 방법과 함께 하드디스크를 공장에서 출시된 초
기 상태로 만드는 로우 레벨 포맷 솔루션을 알아보겠습니다.

01
물리적 하드디스크 오류 진단하기

과전압이나 물리적인 충격이 있었거나, 하드디스크를 흔들거나 전원이 공급되었을 때 딸깍거리는 소리 또는 긁히는 소리가 나는 등 문제가 있으면 시모스 셋업에서 하드디스크를 인식하지 못합니다. 이런 경우는 물리적인 손상에 속하며, 전원이 공급이 되더라도 하드디스크가 작동하지 않습니다.

하드디스크의 물리적인 오류가 확실한지, 시모스 셋업에서 하드디스크를 인식하는지 확인해 보겠습니다. **step 1**에서 문제가 해결되지 않는다면 **step 2**, **step 3**로 넘어가세요.

step 1 ▶ **조립 상태를 확인합니다**

하드디스크 조립 상태가 올바른지 확인합니다. 전원과 데이터 케이블이 올바르게 연결되어 있는지 확인합니다. 하드디스크에 전원을 공급하는 전원 케이블 단자 접촉 불량 문제에 의해 전원이 제대로 공급되지 않아 하드디스크를 인식하지 못하거나 케이블이 불량일 수 있습니다. 새로운 케이블을 준비하고 다음 과정을 따라해 케이블을 교체하세요.

따라하기 ① ▶ 파워 커넥터 꺾인 부분을 확인합니다.

② SATA 하드디스크에 연결합니다.

③ 시리얼 케이블은 메인보드에 연결되는 부분과 하드디스크에 연결되는 부분이 같으므로 구분할 필요가 없습니다. 케이블 한쪽 뚜껑을 열고 하드디스크 케이블 커넥터에 꽂습니다. 이 또한 커넥터 끝 꺾인 부분을 맞춰 꽂습니다.

④ 다른 쪽은 메인보드 커넥터에 꽂습니다.

step 2

TIP 스핀들 모터가 회전하지 않으면 전원 공급이 안 된 경우 제어 회로 불량, 모터 자체 불량, 스틱션(헤드와 디스크가 서로 붙어 있는 현상) 등으로 볼 수 있습니다

하드디스크에서 소리가 나는지 확인합니다

전원을 켜고 하드디스크 스핀들 모터가 정상적으로 작동하는지 확인합니다. 전원이 공급되었을 때 하드디스크에서 딸깍거리거나 긁히는 소리가 나는 등의 경우 물리적인 손상으로, 하드디스크 데이터를 읽는 헤드 부품이 손상되었기 때문입니다.

step 3

눈으로 확인합니다

하드디스크 밑면에 있는 PCB는 대부분 전기적인 충격이나 물리적인 충격에 매우 민감한 IC칩으로 구성되어 있어 부주의하면 파손될 우려가 있습니다. 하드디스크를 뗀 후 부품에 이상한 부분은 없는지 확인합니다.

▲ SATA 방식 하드디스크

▲ 병렬 방식 하드디스크

PC 응급실

윈도우 스토어 앱을 구입할 수 없고 업데이트도 안돼요

윈도우 스토어는 정상 작동되지만 구입한 앱이 설치되지 않거나 업데이트되지 않으면 윈도우 스토어 캐시를 초기화해야 합니다.

1 | ⊞+R을 눌러 표시되는 '실행' 창에서 'WSReset.exe'를 입력한 후 〈확인〉 버튼을 클릭합니다.

2 | 윈도우 스토어 캐시가 제거되었다는 메시지가 나타나면 성공입니다.

> ⊕ **스토어**
>
> **스토어용 캐시가 지워졌습니다.** 이제 스토어에서 앱을 검색할 수 있습니다.

하드디스크를 수리할 수 있는지 확인하기

☑ 시모스 셋업에서 하드디스크를 인식하는지 확인하세요.

하드디스크 손상의 경우 부품 자체에 이상이 있는 물리적인 손상과 윈도우에서 사용하는 데 문제가 있는 논리적인 손상으로 나눌 수 있습니다. 물리적인 손상과 논리적인 손상은 어떻게 더 구분할 수 있을까요?
진단법은 매우 간단합니다. 시모스 셋업에서 하드디스크를 자동으로 검색하는 메뉴가 하드디스크를 정상적으로 찾으면 논리적인 손상이고, 찾지 못하면 물리적인 손상입니다.

1

 논리적인 손상과 물리적인 손상인 경우 해결법이 다릅니다. 이때 논리적인 손상은 직접 문제를 해결할 수 있습니다.

PC 전원을 켜고 삐~ 소리가 나면 바로 Del 또는 F2를 눌러 시모스 셋업을 실행합니다. 하드디스크가 연결되는 커넥터 정보가 나타나는 SATA # 항목을 확인합니다. 기존 바이오스는 'Main' 메뉴에서 확인할 수 있습니다. 커넥터에 장착된 하드디스크 모델명이 올바르게 표시되면 일단 하드디스크에 물리적인 손상은 없다고 볼 수 있습니다. UEFI 바이오스에서는 '시스템' 메뉴의 'ATA Port 정보'를 클릭합니다.

기존 바이오스	UEFI 바이오스
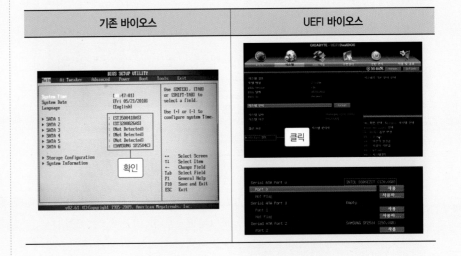	

2

F10을 눌러 바이오스 설정 값을 저장하고 시스템을 다시 시작합니다.
시모스 셋업에서 하드디스크가 정상적으로 잡히는 데 여전히 문제가 발생한다면 350쪽을 참고해 진단 프로그램으로 하드디스크를 점검하세요.

외장 하드디스크 오류 진단하고
불량 섹터 복구하기

TIP 검사 중 갑자기 USB
커넥터에서 외장 하드디스크
연결을 해제하거나 전원을 끄
면 손상될 수 있으므로 주의
합니다.

외장 하드디스크는 휴대가 가능한 만큼 충격에 약하므로 윈도우에서 하드디스
크 진단 프로그램을 이용하여 검사합니다.

씨게이트에서 제공하는 윈도우용 'SeaTools' 프로그램을 이용하여 정밀 검사
를 진행하면 USB로 연결된 외장 하드디스크 불량 섹터도 복구할 수 있습니다.

따라하기 ①

웹브라우저를 실행하고 씨게이트 다운로드 페이지를 방문합니다. 다운로드 항목
에서 'Windows용 SeaTools'를 클릭하고 파일을 다운로드한 다음 설치합니다.

TIP 씨게이트 진단 프로그
램은 시장 점유율이 가장 높
은 하드디스크 제조업체이므
로 제조업체별로 진단 프로그
램을 사용할 필요가 없어 편
리합니다.

http://www.seagate.com/support/downloads/seatools

②

'SeaTools for Windows' 파일을 더블클릭하여 실행한 후 '윈도우용 SeaTools'
대화상자가 표시되면 〈동의〉 버튼을 클릭합니다.

하드디스크가 표시되면 검사할 외장 하드디스크에 체크 표시합니다.

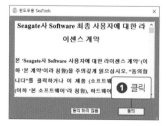

③ 검사 유형을 선택하기 위해 메뉴에서 '드라이브 선택' → '정밀 일반 드라이브 진단'을 실행합니다.

ⓐ **드라이브 정보** : 현재 하드디스크 정보를 나타냅니다.

ⓑ **짧은 일반 드라이브 진단** : 짧은 시간에 드라이브 자체 진단과 PIO/DMA 모드 전송 검사를 진행합니다.

ⓒ **정밀 일반 드라이브 진단** : 하드디스크 용량에 따라 수십 분에서 수 시간이 걸립니다. USB 메모리 드라이브의 경우 불량 섹터 점검까지 진행해 복구합니다.

④ 문제를 해결하고 모든 검사에 통과하면 다음과 같은 화면이 나타납니다.

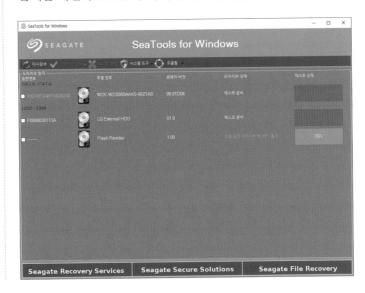

03

부팅 미디어로
하드디스크 불량 섹터 치료하기

데스크톱 PC나 노트북에 장착된 하드디스크를 진단하는 완벽한 방법은 부팅 미디어로 부팅해 진단하는 것입니다. 윈도우가 시작되지 않고 하드디스크에 어떤 작업도 하지 않은 상태에서 진단하기 때문에 정확하고 자세하게 진단할 수 있습니다.

하드디스크 제조업체에서는 부팅 미디어로 만들어 사용할 수 있는 진단 프로그램을 제공합니다. 여기서는 씨게이트 도스용 'SeaTools' 프로그램을 이용한 진단 작업을 하겠습니다. 확장자가 'ISO'인 이미지 파일을 부팅 가능한 CD로 레코딩하여 진단합니다.

따라하기

웹브라우저를 실행하고 다음 주소를 입력해 씨게이트에서 제공하는 다운로드 페이지를 방문합니다. 다운로드 항목에서 'Dos용 SeaTools'를 클릭하고 파일을 다운로드한 다음 설치합니다.

http://www.seagate.com/support/downloads/seatools

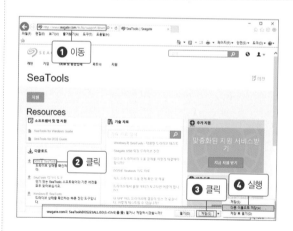

② 윈도우 데스크톱 모드에서 파일 탐색기를 실행합니다. 다운로드한 ISO 이미지 파일에서 마우스 오른쪽 버튼을 클릭하고 표시되는 메뉴에서 '디스크 이미지 굽기'를 실행합니다.

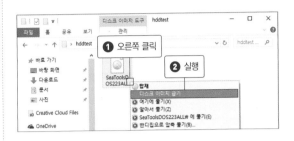

③ 레코딩이 끝난 미디어를 광학 드라이브에 넣고 부팅할 때 F12 또는 F8 을 눌러 부팅할 장치로 레코딩한 CD 광학 드라이브를 선택합니다.

④ 다음과 같은 화면이 나타나고 CD로 부팅할지 물으면 아무 키나 눌러 부팅을 시작합니다.

TIP CD/DVD, USB와 같은 부팅 미디어를 이용해 시스템을 시작하는 방법은 77쪽을 참고하세요.

⑤ 부팅이 완료되고 사용자 사용권 계약 화면이 나타나면 〈I Accept〉 버튼을 클릭합니다. Sea Tools for DOS가 실행되면 검사할 하드디스크를 선택하고 정밀 검사를 위해 메뉴에서 'Basic Tests' → 'Long Test'를 실행합니다.

ⓐ **Short Test** : 짧은 시간 안에 드라이브 자체 진단과 PIO/DMA 모드 전송을 검사합니다.

ⓑ **Long Test** : 하드디스크 용량에 따라 수 십 분에서 수 시간이 걸립니다. 불량 섹터 점검까지 진행하고 불량 섹터를 찾아서 복구합니다.

ⓒ **Acoustic Test** : 시스템에서 발생하는 소음이 드라이브에 의한 것인지, 아니면 다른 요인에 의한 것인지 파악할 수 있도록 드라이브 스핀들 모터 작동을 멈춥니다. 여전히 소음이 들리면 하드디스크에 의한 소음이 아닙니다. 하드디스크 스핀들 모터를 다시 작동할 때 하드디스크로부터의 소음을 확인할 수 있습니다.

 검사가 진행됩니다.

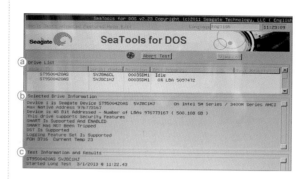

ⓐ **Drive List** : 선택한 드라이브 모델 번호와 일련 번호입니다.

ⓑ **Selected Drive Information** : 드라이브 상태 및 지원 기능을 표시합니다.

ⓒ **Test Information and Results** : POH(Power On Hours)가 표시되며 드라이브 온도를 섭씨로 표시합니다.

 'Advanced Features' 메뉴에서는 하드디스크 데이터 삭제를 삭제하고 구형 시스템에서 사용하기 위한 기능이 제공됩니다.

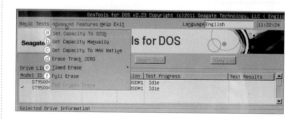

ⓐ **Set Capacity to 32Gb**(32GB로 용량 설정) : 펜티엄 3 이하 시스템은 드라이브 용량을 32GB로 제한합니다.

ⓑ **Set Capacity Manually**(수동 용량 설정) : 드라이브를 특정 개수의 LBA(논리 블록 주소)로 제한합니다. RAID에서 비표준 드라이브 크기를 바꿀 때 유용합니다.

ⓒ **Set Capacity to MAX Native**(최대 용량 설정) : 드라이브 크기를 최대로 조정하는 데 사용합니다.

ⓓ **Erase Track Zero**(트랙 0 지우기) : 드라이브에서 데이터 및 파티션을 지우기 위해 'Quick Zero Fill(빠른 0 채우기)'을 수행하며 1초면 완료됩니다.

ⓔ **Timed Erase**(지정된 시간 지우기-10초, 20초, 1분, 5분) : 'Quick Zero Fill'로 지우며 해당 영역이 지워지지 않을 때(부트 로더의 경우) 사용합니다.

ⓕ **Full Erase**(전체 지우기) : 전체 드라이브를 0으로 채웁니다. 불량 섹터를 복구하고 모든 데이터를 지울 때 사용할 수 있으며, 로 레벨 포맷이라고 할 수 있습니다.

check!
check!

로 레벨 포맷 필요성 알아보기

☑ 로 레벨 포맷할 하드디스크에 파티션 작업이 되어 있는지 확인하세요.
☑ 하드디스크에 기계적 오류가 있는지 확인하세요.

로 레벨 포맷을 하는 이유는 다음과 같은 두 가지입니다.

- 하드디스크에 생긴 논리적인 불량 섹터를 없앱니다.
- 하드디스크에 저장된 데이터를 깨끗하게 제거합니다.

불량 섹터를 복구하는 방법은 로 레벨 포맷을 진행하지 않아도 하드디스크 제조업체에서 제공하는 하드디스크 관련 도구로 실행할 수 있습니다.

하드디스크에 저장된 데이터를 복구하지 못하도록 깨끗하게 삭제하는 것을 '와이핑(Wiping)'이라고 합니다. 유 · 무료로 제공되는 다양한 와이핑 프로그램이 있지만, 소프트웨어적인 삭제는 시간이 오래 걸리는 단점이 있습니다.

로 레벨 포맷이나 와이핑 한 번으로는 디스크 전체 데이터가 완전히 삭제되지 않습니다. 하드디스크 전체를 0으로 덮어씌우고, 그 다음 1로 덮어씌운 후 무작 위로 데이터를 덮어씌우는 등 3~7단계를 거쳐 데이터를 삭제해야 복원할 수 없습니다.

반드시 로 레벨 포맷을 해야 하면 다음 몇 가지를 점검하고 넘어가세요.

☐ 하드디스크에 기계적 결함이 있는지 진단합니다. 문제가 발생했을 때 로 레벨 포맷을 진행하면 더 심각한 문제가 발생할 수 있으므로 하드디스크의 기계적 결함을 확인하려면 344쪽을 참고합니다.

☐ 로 레벨 포맷을 할 때 실수로 포맷 대상이 잘못 지정되지 않도록 여러 번 확인합니다.

☐ 파티션을 나눈 하드디스크를 로 레벨 포맷하면 같은 하드디스크에 있는 파티션이 모두 삭제됩니다. 포맷을 진행할 하드디스크에 D, E 드라이브가 있으면 D, E 드라이브 데이터도 모두 삭제됩니다.

☐ 외장 하드디스크를 로 레벨 포맷하는 경우 하드디스크 발열로 인해 영구적으로 손상될 수 있습니다. 외장 하드디스크를 통풍이 잘되는 곳에 두고 진행하거나 외장 하드디스크 케이스를 제거하고 하드디스크를 PC 내부에 연결하여 작업하는 것도 좋습니다.

☐ 하드디스크 온도가 많이 상승하지 않도록 대비해야 합니다.

TIP 하드디스크 데이터를 복원하지 못하게 하려면 Degausser(HDD 소자기)를 이용합니다. 매우 강력한 자성으로 인해 하드디스크를 아예 사용할 수 없도록 합니다.

04

로 레벨 포맷으로
하드디스크 불량 섹터 치료하기

TIP 맥스터와 삼성 하드디스크는 씨게이트에 통합되었습니다. 씨게이트 사이트에서 맥스터 하드디스크 진단 유틸리티도 같이 제공됩니다.

TIP 하드디스크 제조업체 웹사이트를 방문하면 하드디스크를 진단하고, 치료하거나 성능을 높일 수 있는 프로그램들이 마련되어 있습니다. 일반적으로 공통된 프로그램은 하드디스크를 진단하고 로 레벨 포맷할 수 있는 유틸리티와 하드디스크 UDMA 모드 변환 프로그램, 고용량 하드디스크를 인식하지 못하는 시스템에서 하드디스크를 자동으로 인식해 파티션 작업을 할 수 있도록 하는 유틸리티입니다. 하드디스크 제조업체 웹사이트에서 다운로드하세요.

하드디스크 진단 프로그램으로 하드디스크를 확인하는 경우 불량 섹터가 발견되면 로 레벨 포맷을 이용해 치료할 수 있습니다. 하드디스크가 물리적으로 손상된 것이 아니면 오류를 대부분 해결할 수 있습니다. 물론 하드디스크 안 데이터는 살릴 수 없습니다.

진단과 로 레벨 포맷 기능을 따로 제공하는 경우 로 레벨 포맷을 진행하는 방법을 알아보겠습니다. PC에 장착된 하드디스크 제조업체에 맞는 유틸리티를 이용해 알맞은 내 하드디스크에 로 레벨 포맷을 진행하세요.

제조업체	프로그램명	사이트
삼성	ESTOOL	http://www.samsung.com/sec/consumer/learningresources/hdd/utility.html
씨게이트, 맥스터, 삼성	SeaTools	http://www.seagate.com/support/downloads/seatools
웨스턴디지털	Data Lifeguard	http://support.wdc.com
히다찌	Windows Drive Fitness Test	http://www.hgst.com/support/downloads

▲ 하드디스크 진단 유틸리티

로 레벨 포맷을 시작하기 전에 필요한 데이터를 백업한 후 실행합니다. 여기서는 삼성 하드디스크 진단 유틸리티(ESTOOL)를 이용한 로 레벨 포맷 방법을 알아보겠습니다.

하드디스크 진단하기

제조업체에서 제공하는 프로그램을 다운로드합니다. 'estools.iso' 파일을 마우스 오른쪽 버튼을 클릭하고 표시되는 메뉴에서 '디스크 이미지 굽기'를 실행합니다. 레코더가 있으면 부팅 가능한 CD로 만들 수 있습니다.

```
Press any key to boot from CD.._
```

② 부팅이 완료되면 자동으로 하드디스크 진단 유틸리티가 실행됩니다. Y를 누릅니다.

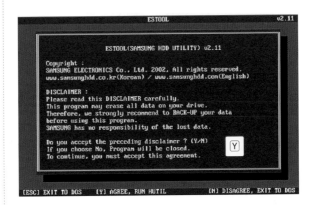

③ 메인보드에 장착된 하드디스크를 검색한 후 목록을 보여줍니다. 방향키를 눌러 작업할 하드디스크를 선택한 후 Enter를 누릅니다.

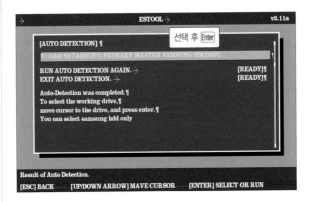

④ 메인 메뉴가 표시되면 'DRIVE DIAGNOSTIC'을 선택하고 Enter를 누릅니다. 'test loop count number' 입력 란에 과정 ③에서 선택한 하드디스크 번호를 입력하고 Enter를 누릅니다.

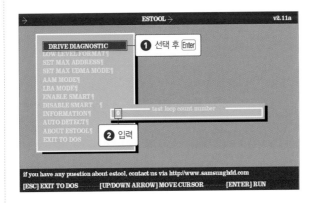

⑤ 하드디스크를 진단하기 시작합니다.

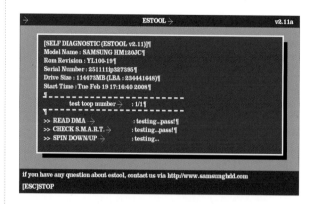

⑥ 여러 가지 진단 항목에서 이상이 발견되지 않으면 'Pass!'라는 메시지가 나타나고, 문제가 있으면 'Fail'이라는 메시지가 나타나며 해결 방법을 알려 줍니다. 진단 항목을 무사히 통과하면 Y를 눌러 최종적으로 표면 검사를 진행합니다.

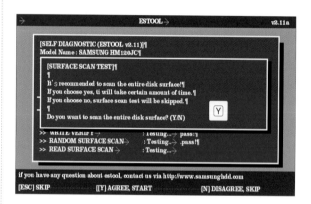

⑦ 하드디스크 전체에 대한 표면 검사를 실행합니다.

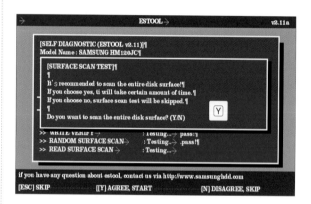

⑧ 이상이 발견되지 않으면 'Your HDD has no error !!!'라는 최종 결과를 출력합니다. 아무 키나 눌러 검사를 종료합니다.

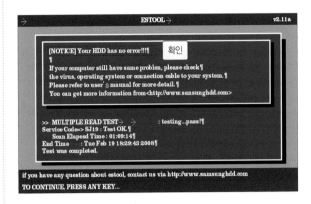

로 레벨 포맷하기

따라하기 ① 스캔 검사에서 불량 섹터가 발견되면 로 레벨 포맷을 진행합니다. 프로그램이 실행되면 방향키를 이용해 'LOW LEVEL FORMAT'을 선택하고 Enter를 누릅니다.

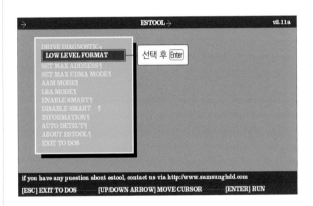

② TATGET SIZE 항목에서 하드디스크 용량이 정확한지 확인합니다. 용량이 정확하면 방향키를 눌러 'PROCESS'를 선택하고 Enter를 누릅니다.

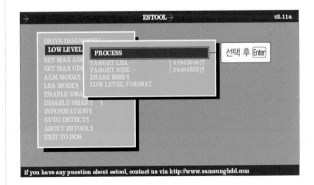

③ 'WARNING : READ carefully !!!'라는 경고 메시지 창이 표시됩니다. Y를 눌러
로 레벨 포맷을 시작합니다.

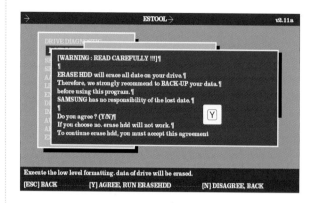

④ 로 레벨 포맷이 진행됩니다.

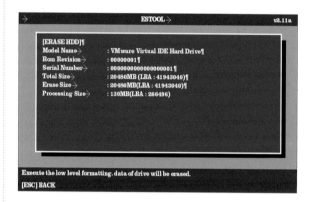

⑤ 로 레벨 포맷이 끝나면 'Process completed'라는 메시지가 나타납니다. Esc를
눌러 로 레벨 포맷을 종료합니다.

05

윈도우에서 로 레벨 포맷하기
– LLF Tool

① 웹브라우저를 실행하고 LLF Tool 사이트(http://hddguru.com/software/HDD-LLF-Low-Level-Format-Tool)에 접속해 설치할 필요 없는 'HDD Low Level Format Tool'을 다운로드합니다.

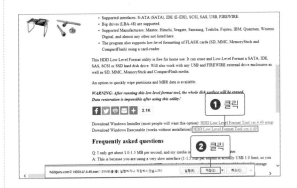

② 실행 파일을 더블클릭하여 사용에 동의하고 메시지 창이 표시되면 〈Continue for free〉 버튼을 클릭하여 시스템에 연결된 하드디스크 목록을 확인합니다.

③ 로우레벨 포맷을 할 하드디스크를 선택하고 〈Continue〉 버튼을 클릭합니다. 'Open Disk Management Console'을 클릭하면 디스크 관리가 실행됩니다. 작업할 하드디스크가 맞는지 확인할 수 있습니다.

④

TIP 'Device details' 탭
은 상세 정보 보기, 'LOW-
LEVEL FORMAT' 탭은 로 레
벨 포맷, 'S.M.A.R.T.' 탭은
S.M.A.R.T. 정보 보기를 지원
합니다.

각각의 탭을 선택하여 포맷을 진행할 하드디스크가 맞는지 확인합니다. 'LOW-
LEVEL FORMAT' 탭을 선택하고 〈FORMAT THIS DEVICE〉 버튼을 클릭합니다.

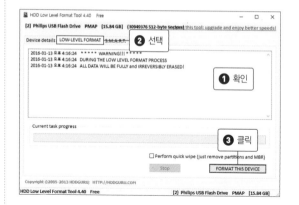

⑤ 포맷을 진행할 것인지 확인하는 경고 창이 표시됩니다. 〈예〉 버튼을 클릭하여
로 레벨 포맷을 진행합니다.

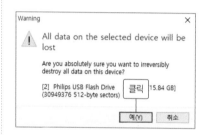

⑥ 그림과 같은 화면이 나타나면 정상적으로 포맷이 진행되는 것입니다. 만약
'format error occurred at offset~'이라는 메시지가 나타나면 포맷이 제대로 진
행되지 않는 것으로 파티션 삭제부터 다시 시도합니다.

⑦ 정상적으로 포맷을 마치면 로 레벨 포맷이 완료되었다는 메시지와 함께 파티션
생성이 가능하다는 메시지가 표시됩니다. 〈확인〉 버튼을 클릭하여 종료합니다.

하드디스크에 여유 공간 만들기
– 디스크 정리

윈도우를 사용하다보면 여러분 알게 모이게 쌓이는 정보들 때문에 윈도우 속도가 느려집니다. 윈도우에 쌓이는 이런 불필요한 정보를 삭제한 것만으로 느려진 윈도우 속도를 원상 복구할 수 있습니다.

정리해야 할 정보를 사용자가 조목조목 찾아 정리하기는 어렵습니다. 윈도우가 기본으로 제공하는 '디스크 정리'를 이용해 불필요한 파일을 삭제해 하드디스크의 여유 공간을 확보할 수 있습니다.

따라하기

① 작업 표시줄 검색창에 '디스크 정리'를 입력해 디스크 정리를 실행합니다.

② 디스크 정리를 실행할 드라이브를 선택하고 〈확인〉 버튼을 클릭합니다.

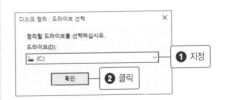

③ 불필요한 파일을 삭제했을 때 얻을 수 있는 디스크 공간을 계산해 보여줍니다. 삭제할 파일 항목을 클릭해 선택하고 〈시스템 파일 정리〉 버튼을 클릭하여 디스크를 정리합니다.

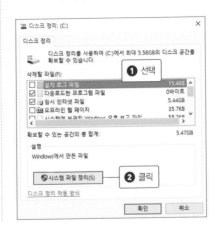

1 〈시작〉 버튼을 클릭하고 '설정'을 실행한 다음 '시스템'을 클릭합니다. 왼쪽에서 '저장소' 또는 '저장 공간'을 클릭합니다. 윈도우가 설치된 C 드라이 브를 자세히 보기 위해 오른쪽 목록에서 '내 PC'를 선택합니다.

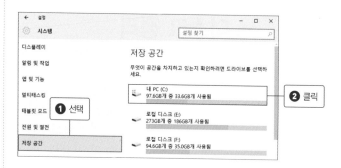

2 C 드라이브에서 어떤 항목이 얼마나 공간을 차지하는지 알아보기 쉽게 표시됩 니다. '임시 파일'을 클릭하세요.

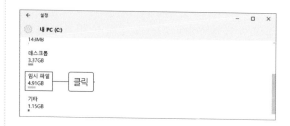

3 임시 파일에는 다양한 공간이 있는데, 불필요한 공간을 삭제해서 저장 공간을 확보할 수 있습니다.

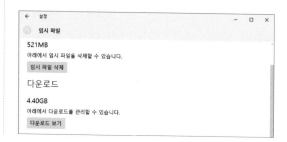

PC 응급실

하드디스크에 여유 공간이 없어요

하드디스크 용량을 효율적으로 관리하기 위해서는 쓰지 않는 파일이나 프로그램을 삭제하는 것이 좋습니다. 어떤 파일이나 프로그램을 지워야 하드디스크 용량을 확보할 수 있을까요? 윈도우 10 설정 '저장소'를 이용하면 컴퓨터 하드디스크를 비롯해 연결된 다양한 저장 장치 남은 용량도 한꺼번에 확인할 수 있고, 어떤 것들이 저장 장소 공간을 차지하고 있는지도 확인할 수 있습니다. 디스크 정리를 이용 하는 것과 같습니다.

낭비되는 하드디스크 공간 확인하기

☑ 내가 사용하는 노트북 복구 솔루션 진입 키를 확인하세요.

하드디스크 용량을 효율적으로 관리하기 위해서는 사용하지 않는 파일이나 프로그램을 삭제하는 것이 좋습니다. 어떤 파일이나 프로그램을 지워야 하드디스크 용량을 확보할 수 있을까요?
스페이스 스니퍼(Space Sniffer)는 하드디스크 용량을 차지하는 파일이나 폴더를 직관적으로 보여주며 해당 폴더나 파일을 삭제할 수 있습니다. 무료 소프트웨어이며, 설치가 필요 없는 실행 파일 형식의 프로그램입니다.

1 웹브라우저를 실행한 후 다음 주소를 입력하여 '스페이스 스니퍼'를 다운로드합니다.

http://www.uderzo.it/main_products/space_sniffer/download.html

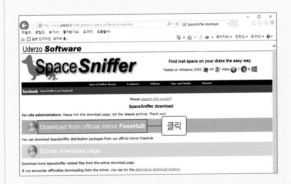

2 다운로드한 파일의 압축을 풀고 실행 파일을 더블클릭합니다. 스페이스 스니퍼가 실행되면 확인할 드라이브를 선택하고 〈Start〉 버튼을 클릭합니다.

3 폴더나 파일이 차지하는 용량만큼 블록으로 나타납니다. 어떤 폴더, 어떤 파일이 어느 정도의 용량을 차지하는지 확인할 수 있습니다. 블록 각각을 더블클릭하여 하위 폴더의 내용을 확인할 수 있습니다.

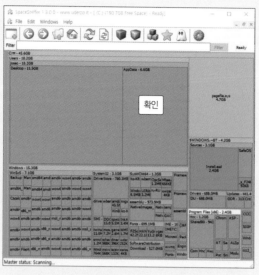

◀ 세부 사항을 확인하려면 원하는 항목의 블록을 더블클릭하세요.

4 하드디스크 용량을 많이 차지하는 폴더나 파일을 확인해 불필요한 경우 해당 블록에서 마우스 오른쪽 버튼을 클릭하고 표시되는 메뉴에서 '삭제'를 실행합니다. 확인 작업 없이 바로 삭제되므로 신중하게 작업합니다.

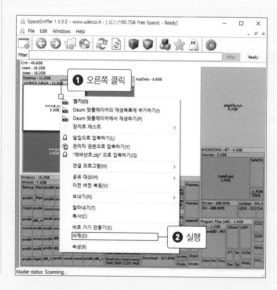

Chapter 03

조립 분해 따라하기

아무리 성능 좋은 최신 부품을 가지고 있어도 연결이 잘못된다면 무용지물(無用之物)이기 때문에 부품들을 점검하려면 조립, 분해 방법은 기본으로 알고 있어야 합니다. 다행히 요즘 PC 부품들은 조립하기 편하게 색깔별로 구분할 수 있고, 거꾸로 꽂을 염려 없이 모양 앞뒤좌우를 다르게 만들며, 쉽게 빠지는 것을 방지하기 위해 잠금 장치도 장착되어 있습니다.

누구나 쉽게 조립할 수 있지만 실수는 있는 법! PC 부품이 정확히 어떻게 연결되는지 모른다면 무엇이 잘못되었는지 찾아낼 수도 없겠죠? 조립 이상으로 문제가 발생할 수 있는 부분을 점검하는 방법과 부품을 올바르게 조립하고 연결하는 방법을 살펴보겠습니다.

PC를 조립하거나 분해할 때 주의사항

PC를 조립할 때는 새 부품으로 차근차근 끼우고 조여 주면 되지만 분해할 때는 조립할 때처럼 아귀에 딱 들어맞게 분해되지 않습니다. 오래된 부품일 경우 나사가 뭉그러져 나사를 돌릴 수 없는 경우도 있고 고정 장치나 걸림돌에 딱 걸린 제품의 경우 빼내는 데 많은 힘이 듭니다. 그리고 다른 부품에 가려 장착 부분을 찾기 어려울 수 있고 다른 부품이 방해가 되기 때문에 분해가 조립보다 어렵습니다. 분해할 때 가장 까다로운 부분은 케이블 분리와 고정 고리 분리, 나사 풀기입니다. 걸쇠 부분에 부품이 어떤 식으로 걸렸는지 알고 있어야 분해가 쉽습니다. 분해할 때 주의할 사항을 살펴보겠습니다.

본체와 연결된 모든 케이블을 제거한 다음 작업하기

컴퓨터는 전원에 민감하기 때문에 조립할 때 주의해서 작업해야 합니다. 분해할 때는 PC 본체 뒷부분에 연결된 모든 케이블을 제거하고 전원 코드를 뺀 다음 분해해야 합니다. 전원 코드가 전원 콘센트에 연결되어 있는 상태라면 PC 본체 전원을 껐다 해도 감전 위험이 큽니다. 따라서 반드시 전원 콘센트를 뺀 상태에서 작업해야 합니다. 케이블은 무작정 잡아당기면 안 됩니다. 조임 나사와 고정 노치가 있는지 확인한 다음 커넥터 위아래나 좌우를 손으로 잡고 잡아당깁니다.

▲ 케이블

나사를 잘 보관하기

분해할 때 나오는 나사와 부품을 보관할 안전할 장소를 준비합니다. 특히 나사의 경우 잘 보관해야 합니다. 나중에 다시 조립할 때 필요하기 때문입니다. 나사를 보관할 상자를 따로 준비하는 것이 좋습니다.

분해 순서 기억하기

분해 순서를 잘 기억해야 합니다. 나중에 다시 조립할 때를 대비하여 분해 순서를 잘 기억하고 분해된 순서로 부품을 차례대로 늘어놓습니다. 분해 순서를 기억하기 어려울 것 같으면 종이에 분해 과정을 메모하면서 하는 것이 좋습니다.

나사머리가 망가졌을 때 나사를 빼내려면

나사를 풀 때 가장 문제가 되는 부분은 나사가 헛돌 때와 나사머리가 뭉그러졌을 때입니다. 나사가 헛돌 때는 아무리 드라이버를 돌려도 나사가 빠져 나오지 않아 매우 난감합니다. 이럴 때는 한 손으로 나사를 돌리면서 다른 한 손으로 핀셋이나 십자 드라이버, 핀셋, 커터 날 등을 이용하여 나사를 바깥쪽으로 밀면 됩니다. 나사머리가 뭉그러진 경우에는 집게(펜치)를 이용하여 나사를 돌려 주는 것이 좋습니다. 각이 진 나사는 롱로우즈 집게나 자름 집게로 돌려 주면 되고, 머리가 둥글거나 튀어나온 머리가 거의 없는 나사는 선 자름 집게(니퍼)를 이용해 돌려 주면 됩니다. 이때 너무 힘을 주면 나사머리가 잘릴 수도 있으니 힘 조절을 적당하게 해야 합니다. 구석진 곳이라 집게로 돌리기 어렵거나 계속 헛돌 때는 나사머리를 잘라서 드라이브를 분리한 다음 집게를 이용해 남은 나사 몸통을 꺼내는 것이 좋습니다. 선 자름 집게를 이용하면 나사머리를 어렵지 않게 자를 수 있습니다.

▲ 일자, 십자 드라이버　　▲ 자름 집게　　▲ 핀셋　　▲ 롱로우즈 집게

02

케이스 덮개 제거하기

케이스 뒷면에 있는 나사를 풀고, 옆면을 누르면서 힘을 살짝 주어 잡아 빼면 뚜껑을 쉽게 열 수 있습니다. 이때 분해한 나사는 잃어버리지 않도록 한 곳에 모아 두어야 합니다. 케이스 잠금 나사는 케이스마다 다르므로 특히 주의해야 하며 또한 분해한 상태에서는 섀시 부분이 날카로워 손을 베일 수도 있으니 조심하세요.

따라하기 ①

케이스 대부분은 나사로 바깥 케이스를 고정한 형태입니다. 드라이버를 이용하여 나사를 풉니다. 손으로 돌려도 되는 나사라면 도구를 사용하지 않고 나사를 돌리면 됩니다. 케이스 중에 옆쪽 덮개만 벗길 수 있는 제품인 경우는 뒷면 나사를 제거하고 옆면 덮개를 뒤로 민 다음 들어 올리면 분리됩니다.

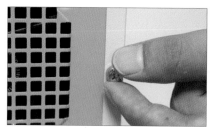

②

바깥 케이스를 앞으로 당기거나 위로 들어 올리면서 벗겨 냅니다. 이때 본체 내부에 있는 케이블이 케이스 돌출 부위에 걸릴 수도 있으므로 확 잡아당기지 말고 걸리는 느낌이 있는지 확인하면서 서서히 벗겨야 합니다.

TIP 분해된 나사를 떨어뜨려 잃어버리지 않도록 자성이 있는 드라이버를 이용하는 것이 좋습니다. 베이에 고정시켜 놓은 나사를 드라이버로 풀어 줄 때 나사가 다 풀리는 순간 주기판 사이 틈으로 떨어질 수 있으니 한쪽 손으로 나사 밑을 받치면서 푸는 것이 좋습니다.

03

냉각팬 정상 작동 진단하기

CPU 냉각팬은 중요한 부품입니다. 냉각팬이 정상적으로 작동해 CPU에서 발생하는 열을 식히지 않으면 가장 비싼 부품인 CPU는 순식간에 고장이 나버립니다. 열에 의해 타 버린다고 하는 것이 정확한 표현이겠네요. 그래서 PC에 문제가 있을 때 냉각팬이 정상적으로 작동하는지 점검하는 것이 중요합니다.

따라하기 ①

CPU 냉각팬용 연결 커넥터는 일반적으로 CPU 소킷 근처에 있습니다. 연결 상태가 올바른지 확인합니다.

TIP CPU에 있는 냉각팬 전원 커넥터를 메인보드에 있는 냉각팬 전원 커넥터에 꽂아 줍니다. 방향을 바꾸어 꽂으면 들어가지 않으므로 무리하게 힘을 주지 마세요. 잘못하면 연결 부위가 부러집니다.

연결 상태 확인

②

TIP 냉각팬은 고정하기는 쉽지만 분해하는 것은 상대적으로 어렵기 때문에 미리 방향을 잘 확인한 다음 고정해야 합니다.

메인보드 CPU 소킷에는 글자가 적혀 있는 약간 두꺼운 부분이 있고 이를 기준으로 위아래에 쿨러를 고정시키는 멈치가 있습니다. 쿨러가 걸리는 소킷 위, 아래를 확인하고 CPU와 냉각팬 사이가 떠 있지 않는지 확인합니다.

소킷 확인

부착 확인

해 결

04
메인보드 CPU와 냉각팬
제거하고 청소하기

CPU에 냉각팬이 잘못 장착되어 있다면 냉각팬을 뗄 줄 알아야 하며 또한 CPU 와 냉각팬을 제대로 청소하기 위해서 냉각팬을 제거할 줄 알아야 합니다. 메인 보드 부품을 분해하는 과정 중 가장 중요한 부품인 CPU와 냉각팬을 떼는 작업 이 가장 어렵습니다. 부품을 뗄 때도 조심해야 합니다. 업그레이드하려다 더 중 요한 것을 망가트릴 수도 있는 만큼 떼는 데도 규칙이 있습니다. CPU의 경우 냉 각팬부터 떼야 합니다. 어떻게 메인보드에서 CPU를 떼는지 살펴보세요. 냉각 팬을 떼면서 청소 작업도 같이 진행해 보겠습니다.

따라하기 ① ▶ 메인보드에서 CPU 냉각팬 전원 연결 단자가 연결된 곳을 찾아 빼냅니다.

연결 단자 분리

② LGA 775 방식 CPU 냉각팬을 떼려면 걸쇠 네 개를 드라이버를 사용해 화살표 방향으로 끝까지 돌려야 합니다. 핀 방식 CPU라면 클립 두 개를 당겨 연 다음 냉각팬 걸쇠를 제거합니다.

③ 냉각팬 윗부분을 손으로 잡고 수직으로 들어 올려 냉각팬을 메인보드에서 떼어 냅니다.

④ 먼지 제거 스프레이나 에어컨 청소용 스프레이 등으로 바람을 일으켜 먼지를 제거합니다.

⑤ 물휴지로 CPU와 쿨러 바닥에 묻은 서멀그리스를 닦아 냅니다.

TIP 서멀그리스는 점성이 있는 물질로 CPU와 방열판을 밀착시켜 열 전달을 원활하게 합니다.

CPU 소켓 ZIF 레버를 최대한 위로 올려 젖힙니다. 너무 무리하게 힘을 주지 않고 90도 정도만 올리면 됩니다.

 소켓 뚜껑을 연 다음 LGA 소켓에 놓여져 있는 CPU를 조심스럽게 들어 올립니다. 떼어낸 CPU는 정전기 방지용 스펀지나 비닐에 싸서 보관합니다.

PC 응급실

하드디스크를 분해해도 되나요?

하드디스크 분해는 의외로 간단합니다. 사용하지 않는 하드디스크가 있다면 분해해 보세요. 그러나 만약 현재 사용하는 하드디스크를 분해하는 경우 라벨이 망가진다면 무상 A/S 기간이어도 A/S를 받을 수 없습니다. 또한 분해했을 때 문제가 발생할 확률이 높습니다. 하드디스크 데이터 복구 작업은 데이터가 저장된 플래터를 기계로 옮겨 그곳에 저장된 데이터를 복구하는 원리로 이루어집니다.

1 | 드라이버를 이용해 하드디스크 외부 케이스에 보이는 나사를 빼냅니다. 하드디스크 상표 라벨 아래에 숨어있는 나사가 있습니다. 이 나사도 풀어 줍니다.
2 | 나사를 다 풀었으면 하드디스크 상판을 들어냅니다. 칼을 이용해 조심스럽게 상판을 엽니다.

05
그래픽 카드 잠금 장치 확인하기

잘 사용했던 시스템인데 어느 날 갑자기 화면이 깨져 보이거나 부팅할 때 화면에 점이나 선이 표시된다면 그래픽 카드 메모리나 칩셋 불량 여부를 점검해 봐야 합니다. 하지만 그래픽 카드 같은 부품이 원인 없이 갑자기 고장나는 일은 드뭅니다. 이런 문제는 대부분 가장 기본적인 작업에서 발생합니다. 즉, 그래픽 카드가 제대로 끼어 있지 않거나 헐거워져 그래픽 카드 전용 슬롯과의 접촉 불량에 의한 것이 문제의 원인입니다. 이런 문제 발생이 빈번해지자 최신 그래픽 카드는 모니터 커넥터를 꽂을 때 충격으로 인해 그래픽 슬롯에서 빠지는 것을 방지하기 위해 잠금 장치가 장착되어 있습니다. 그래픽 카드가 올바르게 장착되어 있는지 확인해 볼까요?

따라하기 ①

메인보드에서 그래픽 카드를 꽂을 PCI Express ×16(또는 AGP) 슬롯을 확인합니다. 그래픽 카드 전용 슬롯은 PCI 슬롯과 CPU를 장착한 소켓 사이에 있습니다. 그래픽 카드 전용 슬롯 잠금 가이드가 제대로 잠겨 있는지 확인합니다.

TIP 슬롯에 장착된 그래픽 카드를 빼내려면 잠금 장치를 푼 다음 수직으로 들어 올리면 됩니다.

❶ 잠금 가이드

❷ 나사로 고정

② 그래픽 카드의 양 옆을 잡고 수직으로 가볍게 누릅니다. 이때 슬롯에 맞게 들어갔는지 살펴보세요.

누름

③ 그래픽 카드 전원 단자는 중고급형 이상 그래픽 카드에서 볼 수 있습니다. PCI Express ×16 슬롯은 약 70W 전력을 공급할 수 있습니다. 그래픽 카드에 전원을 공급하는 전원 단자가 있는데 전원 케이블이 꽂혀 있지 않다면 문제가 발생합니다. 8핀짜리는 150W까지 전력을 공급합니다. 전원 공급이 올바르게 되고 있는지 확인합니다.

④ 그래픽 카드 냉각팬이 정상적으로 작동하는지, 전원을 켠 상태에서 냉각팬이 돌아가는지 확인합니다. 보급형 그래픽 카드는 쿨러 없이 방열판만 달려 있어도 됩니다. 방열판에 이물질이 붙어 있어도 문제가 발생하니 잘 확인하고 방열판이 떨어져 있는 것은 아닌지도 확인합니다.

06
병렬 하드디스크 점퍼, 케이블, 전원 연결하기

병렬 하드디스크는 장치들을 구분하기 위해 점퍼(Jumper)라는 장치가 내장되어 있습니다. 이 점퍼 설정이 잘못되면 IDE 하드디스크가 정상적으로 인식되지 않는 경우가 발생하며 케이블 연결이나 전원 연결이 잘못되어도 문제가 생기죠. 이런 문제가 발생하지 않게 하려면 점퍼, 케이블, 전원 연결 상태를 확인해야 합니다.

따라하기 ① 파워 서플라이에서 전원 케이블을 분리한 후 PC 케이스를 열고 IDE 하드디스크를 찾습니다.

IDE 하드디스크 찾기

② IDE 하드디스크를 분리합니다. 메인보드와 연결된 케이블 및 파워 서플라이와 연결된 케이블을 분리하고 IDE 하드디스크를 분리해야 합니다.

IDE 케이블 및 파워 케이블
분리 후 하드디스크 분리

③

IDE 하드디스크가 연결되어 있던 케이블이 메인보드 어느 IDE 커넥터와 연결되어 있었는지 확인합니다.

TIP 메인보드를 살펴보면 IDE0, IDE1, SATA0 등으로 커넥터 옆에 명칭이 표시되어 있습니다. 이를 확인합니다.

메인보드 IDE 커넥터 확인

④

같은 케이블에 다른 장치가 연결되어 있는지도 확인합니다.

다른 장치 연결 확인

⑤

하드디스크 외관을 살펴봅니다. 점퍼 설정 값에 대한 그림이 왼쪽에 있습니다. Master, Slave, Cable Select 점퍼 설정을 확인합니다.

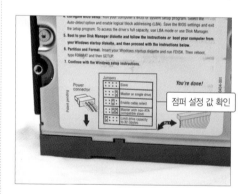

점퍼 설정 값 확인

⑥ 점퍼는 케이블 커넥터와 전원 커넥터 사이에 위치해 있습니다. 점퍼 설정이 어떻게 되어 있는지 과정 **⑤** 그림과 비교해서 확인합니다.

하드디스크 점퍼 설정 확인

⑦ 만약 다른 IDE 하드디스크나 IDE 방식 CD/DVD-롬 등이 같은 케이블에 연결되어 있다면 해당 장치 점퍼도 과정 **⑤**~**⑥**과 똑같은 방법으로 확인합니다.

다른 장치 점퍼 설정 확인

⑧ 윈도우를 설치했던 IDE 하드디스크라면 점퍼를 'Master'로 설정하고 IDE 하드디스크와 같은 케이블로 연결된 장치는 점퍼를 'Slave'로 설정합니다.

TIP 만약 점퍼를 꽂지 않은 상태라면 해당 장치는 자동적으로 'Slave'로 인식합니다.

'Master'로 점퍼 설정

⑨ IDE 하드디스크를 다시 PC 케이스 슬롯에 장착하고 IDE 케이블과 전원 케이블을 연결합니다.

❷ 하드디스크 장착

❶ IDE 케이블 및 전원 케이블 연결

직렬 하드디스크 연결하기

리얼 ATA 방식 하드디스크는 점퍼를 설정할 필요도 없고 케이블 또한 얇아 다루기가 쉽습니다. 직렬 방식 하드디스크는 'ㄱ'자 형태 커넥터로 되어 있으므로 커넥터 모양에 맞게 꽂으면 됩니다. 커넥터 끝부분이 꺾여져 있어 이를 맞춰서 꽂지 않으면 제대로 꽂히지 않습니다. 어떻게 시리얼 하드디스크를 연결하는지 알아보겠습니다.

따라하기 ① 파워 커넥터의 꺾인 부분을 확인한 다음 직렬 하드디스크 전원 케이블을 꽂아 줍니다.

90도 꺾인 커넥터

② 시리얼 케이블은 메인보드에 연결되는 부분과 하드디스크에 연결되는 부분이 동일하므로 구분할 필요가 없습니다. 케이블 한쪽 뚜껑을 벗긴 다음 하드디스크 케이블 커넥터에 꽂습니다. 이때도 커넥터 끝부분 꺾인 부분을 맞춰 꽂으면 됩니다.

08
SSD 연결하기

TIP 2000년대 초반에 출시된 구형 PC여도 메인보드에 SATA 포트가 있다면 최신 SATA 방식 SSD도 장착해 사용할 수 있습니다. 하지만 속도는 제 속도를 내지 못합니다.

SSD를 장착하면 윈도우 부팅 시간은 물론 프로그램 실행이나 게임 로딩 및 설치 시간 등을 크게 단축할 수 있습니다.

SSD를 PC나 노트북에 장착하려면 무엇이 필요할까요? SSD가 지원하는 인터페이스에 맞는 포트가 메인보드에 있으면 됩니다. SATA(Serial ATA) 포트, mSATA, M.2 폼팩터 SSD라면 이들을 장착할 포트가 메인보드에 있어야 합니다.

▲ SATA SSD
비어있는 SATA 포트에 직렬 하드디스크를 연결하듯이 SSD를 장착합니다.

▲ mSATA SSD
메인보드에 mSATA 포트가 있다면 이곳에 mSATA SSD를 장착합니다.

▲ M.2 SSD
메인보드 M.2 포트에 장착합니다.

2.5인치 크기 SATA SSD라면

▲ 2.5인치 SSD를 데스크톱 PC 3.5인치 베이에 고정하려면 3.5인치 확장용 브라켓이나 가이드가 필요합니다.

하드디스크는 보통 2.5인치와 3.5인치 크기로 구분됩니다. 2.5인치는 외장 하드디스크 케이스나 노트북 등에 탑재되고, 3.5인치는 주로 데스크톱 PC에 탑재됩니다. SSD의 경우 3.5인치 크기도 있지만, 데스크톱 PC에 맞춰 출시된 것일 뿐 2.5인치 제품이 주류입니다. SSD는 대부분은 데스크톱 PC에 장착할 수 있도록 가이드가 제공되기 때문에 노트북이든 데스크톱 PC든 2.5인치 제품을 사용하면 됩니다.

mSATA 포트만 있다면

메인보드에 M.2 포트는 없고 mSATA 포트만 있다면 다음 그림과 같은 M.2 → mSATA 변환 브라켓을 이용해 장착하면 됩니다.

표준 7핀 커넥터

m SATA 커넥터

▲ M.2 → mSATA 변환 브라켓

mSATA, M.2 포트가 없다면

메인보드에 mSATA, M.2 포트가 없다면 mSATA → PCIx, M.2 → PCIx 변환 브라켓을 이용해 메인보드 PCIx 슬롯에 장착하면 됩니다. 301쪽에서 봤듯이 mSATA, M.2 폼팩터는 PCIx 인터페이스를 사용해 빠르게 동작하기 때문입니다.

▲ PCIx 변환 브라켓에 장착된 SSD

PC에 SSD 장착하기

PC에 SSD를 장착하고 윈도우를 설치하는 방법은 하드디스크를 사용하는 것과 같습니다. SSD와 같이 제공되는 SATA 케이블을 이용해 메인보드와 연결하고 전원을 공급하겠습니다.

따라하기

① 노트북이 아닌 데스크톱 PC에 SSD를 설치하려면 3.5인치 변환 프레임에 장착합니다.

② 비어있는 베이에 SSD를 장착하고 메인보드의 비어있는 SATA 포트를 확인해 SATA 데이터 케이블을 연결합니다.

③ SATA 데이터 케이블 다른 쪽을 SSD에 연결하고 전원 케이블을 연결합니다. SATA 전원 케이블이 없으면 SSD와 함께 제공되는 젠더를 이용합니다.

 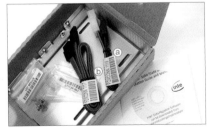

ⓐ 파워커넥터 연결 젠더
ⓑ SATA 데이터 케이블

4 SSD가 정상적으로 PC에 연결되면 USB 메모리처럼 자동 인식되고 어떤 작업을 할지 묻는 창이 표시됩니다. 외장 하드디스크나 SSD나 작업 방법은 같은 방법으로 파티션, 포맷 작업을 진행합니다.

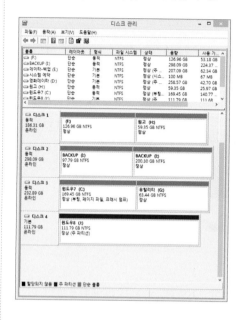

5 윈도우를 설치하기 위해 설치 드라이브로 SSD를 선택합니다.

09
파워 서플라이 커넥터를 제거해
파워 서플라이 떼어 내기

PC에 전원을 공급하는 파워 서플라이가 없다면 PC 부품은 동작하지 않습니다. 그리고 파워 서플라이에서 공급되는 전원이 안정되어야 PC 부품이 고장 없이 작동합니다. PC 부품이 고성능화되면서 그만큼 사용하는 전기량이 많아지자 파워 서플라이 역할도 덩달아 중요해졌습니다. 파워 서플라이 전원 케이블은 빨간색, 노란색, 검은색 선으로 되어 있으며, 한쪽 끝이 깎여 있어 거꾸로 연결 되는 것을 방지하고 있습니다.

따라하기 ①

368쪽을 참고해 PC 케이스를 엽니다. 메인보드에 연결된 전원 커넥터를 빼낼 때 강제로 잡아당기면 케이블이나 보드가 손상될 수 있습니다. 메인보드에서 전원 커넥터를 빼낼 때는 커넥터 앞부분에 있는 잠금 장치를 누른 후 보드에서 뽑아야 쉽게 뽑을 수 있습니다.

노치, 잠금 장치

② CPU 소켓 근처에 있는 4핀 전원 커넥터를 분리합니다. 잠금 장치를 누른 다음 에 뽑아내면 됩니다.

③ 하드디스크, 광학 드라이브에 연결된 모든 부품 케이블을 분리합니다.

④ 케이스 냉각팬과 연결된 전원 케이블을 분리합니다.

⑤ 파워 서플라이와 연결된 나사를 분리해 파워 서플라이를 PC 본체에서 떼어 냅니다.

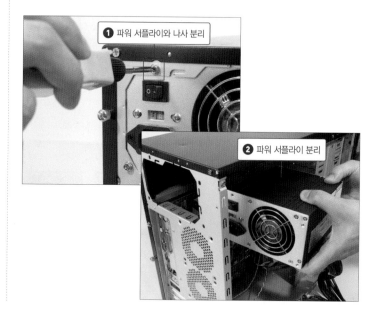

❶ 파워 서플라이와 나사 분리

❷ 파워 서플라이 분리

10
메모리 꽂고 빼내기

램을 꽂을 때는 왼쪽과 오른쪽 방향을 주의해서 꽂아야 하는데, 램을 살펴보면 램 아래쪽에 있는 홈을 기준으로 긴 부분과 짧은 부분이 있습니다. 삽입할 램 핀 부분을 슬롯 길고 짧은 부분과 일치하도록 방향을 설정한 다음 꽂으면 됩니다.

따라하기 ① 램을 삽입할 소켓의 레버를 양쪽으로 밀어 줍니다.

② 삽입할 램 핀 부분을 슬롯 길고 짧은 부분과 일치하도록 방향을 설정하세요. 설치할 램을 램 소켓에 맞춰 수직으로 세운 다음 직각으로 밀어넣습니다.

TIP 램이 완전히 삽입되면 벌려 놓았던 레버가 저절로 오므라들면서 램을 꽉 고정합니다.

③ 슬롯 좌우 끝에 있는 잠금 장치를 위에서 눌러 좌우로 완전히 벌리면 메모리가 튀어나오며, DDR 메모리는 잠금 장치 한쪽만 누르면 튀어나옵니다.

TIP 메모리를 메모리 슬롯에서 제거하기는 쉽습니다. 잠금 장치를 열어 주면 메모리가 슬롯에서 저절로 튀어나오도록 설계되었기 때문입니다.

11
극성을 조심해서 꽂아야 하는 커넥터 살펴보기

하드웨어 분해, 조립에 있어 사람들이 가장 어려워 하는 부분은 케이스 앞면에 달린 스위치와 LED 단자를 연결하는 일입니다.

따라하기

케이스에 있는 연결선 용도를 확인해 보세요. 메인보드 LED 커넥터에 있는 이름과 같은 곳에 꽂아 줍니다. 용도에 맞게 글자가 적혀 있으며, 색깔로 커넥터를 구분해 놓은 제품도 있습니다.

TIP 전원 스위치라면 'PWR SW', 'POWER SW'같은 약어가 적혀 있을 겁니다. 하드디스크 LED는 'HDD LED', 리셋 버튼은 'RESET', 'RST' 등으로 되어 있습니다.

②

케이스 앞 LED에 불이 들어오지 않거나 전원이 들어오지 않는 문제는 케이스 전면 LED와 연결되는 단자 극성이 맞지 않아 일어나는 현상입니다. 따로 극성이 표시되어 있지 않으면 1번 핀이 +극이고, 검은색과 흰색 같은 무채색 계열이나 통일된 색상으로 되어 있는 쪽이 -(접지)극입니다.

TIP LED 스위치는 잘못 연결되더라도 고장이 나지는 않습니다. 버튼이 동작하지 않거나 LED에 불이 들어오지 않을 뿐 PC에는 전혀 이상이 없으니 안심해도 됩니다.

12
PC 내부 선 정리하기

케이스는 열 흐름을 고려해 만들며, 외부의 찬 공기를 안으로 전달하고 내부 더운 공기를 밖으로 내보낼 수 있도록 설계되어 있습니다. PC 케이스가 이러한 역할을 제대로 하지 못한다면 내부가 과열되어 장치들이 큰 손상을 입을 수 있습니다. 열 흐름을 방해하는 가장 일반적인 원인은 PC 내부에 쌓인 먼지와 복잡하게 얽혀 있는 선 때문입니다.

따라하기 ①

> **TIP** 최근에는 하드디스크도 7,200RPM 이상 되는 빠른 속도로 동작하기 때문에 하드디스크에서 발생하는 열을 식히기 위한 강력한 냉각 시스템을 별도로 장착하는 경우도 있습니다.

PC 케이스를 연 후 케이스 밑에 지저분하게 흩어져 있는 LED 케이블을 적당히 접고 케이블 둘레를 케이블 타이로 고정합니다.

LED 케이블 고정

②

> **TIP** 케이블 타이는 인터넷 쇼핑몰이나 전자 상가 등에서 1,000~2,000원 정도 가격이면 충분한 양을 구입할 수 있습니다.

케이블이 완전히 고정될 때까지 케이블 타이 한쪽 끝을 끝까지 잡아당깁니다. 그리고 케이블 타이 남은 부분을 니퍼로 잘라 냅니다. 니퍼가 없다면 가위로 자르세요.

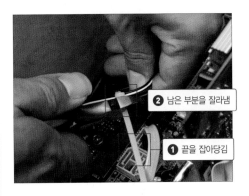

❷ 남은 부분을 잘라냄

❶ 끝을 잡아당김

③ 파워 서플라이 케이블은 모든 장치에 파워 케이블이 연결된 상태로 심하게 당겨지지 않는 한도 안에서 최대한 한 묶음으로 정리합니다. 정리한 후에는 케이블 타이로 묶음 부분을 고정합니다.

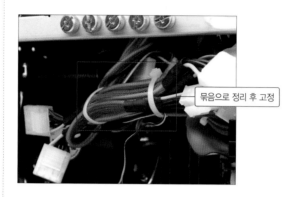

묶음으로 정리 후 고정

④ 넓고 두꺼운 IDE 케이블을 정리하려면 케이블 타이 두 개를 연결해야 합니다. IDE 케이블을 하드디스크나 CD-ROM 드라이브 커넥터에 연결한 상태에서 IDE 케이블 중간 부분을 접은 다음 두 개를 연결한 케이블 타이로 IDE 케이블을 묶어 고정합니다.

❶ 케이블 타이 두 개 연결

❷ 중간 부분을 접고 고정

⑤ SATA 케이블은 공간을 많이 차지하지 않으므로 그림처럼 접어서 정리합니다.

TIP 드라이버에 케이블을 둘둘 감은 후 풀면 용수철 모양을 쉽게 만들 수 있습니다.

용수철 모양으로 만든 후 고정

Chapter 04

디바이스 스테이지, 드라이버 업데이트로 주변기기 관리하기

윈도우 7 이상은 하드웨어 대부분을 자동으로 연결할 뿐만 아니라 설정 또한 쉽게 돕는 기능이 있습니다. '디바이스 스테이지'와 '장치 및 프린터'를 이용하여 장치 설정을 바꾸거나 문제를 해결할 수도 있습니다.

윈도우 업데이트 기능을 이용한 자동 드라이버 업데이트와 같이 사용자가 직접 드라이버 업데이트 작업을 하여 PC에 연결되는 장치를 관리할 수 있습니다. PC 주변기기 관리 방법을 알아보세요.

01
드라이버 알아보기

반드시 제조업체에서 제공하는 드라이버를 사용해야 하는 것은 아닙니다. 윈도우 호환 범용 드라이버만 설치해도 문제 없습니다. 제조업체에서 제공하는 드라이버는 각 부품 특성을 살릴 수 있으므로 설치하면 더 많은 장점이 있습니다. 사용자 편의에 따라 선택하여 사용하세요.

드라이버(Driver)는 운영체제가 요청하는 대로 특정 하드웨어를 제어하는 프로그램입니다. 윈도우에 설치된 프로그램이 하드웨어를 사용하려면 윈도우(운영체제)와 하드웨어 드라이버 허락을 받아야 합니다.

드라이버는 한정된 하드웨어만 제어할 수 있습니다. A사의 B 사운드 카드는 B 사운드 카드 드라이버만 사용할 수 있고, C사의 D 그래픽 카드는 정해진 D 그래픽 카드 드라이버만을 사용해야 작동합니다. 만약 정해지지 않은 드라이버를 설치하면 해당 장치를 사용할 수 없습니다.

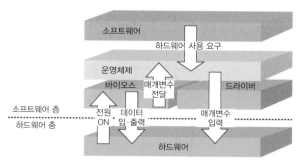

▲ 소프트웨어가 하드웨어를 제어하는 과정입니다. 하드웨어는 프로그램이 아닌 드라이버가 직접 제어합니다.

업데이트가 필요한 드라이버

윈도우 설치 미디어에는 이미 사용 중인 하드웨어 가운데 상당수 유명 장치를 사용할 수 있는 '장치 드라이버'가 포함됩니다. 웬만한 장치는 윈도우에 설치하면 바로 인식되고, 새로운 장치를 장착하면 윈도우가 알아서 자동으로 설치합니다. 윈도우 10은 PC에 연결된 장치들을 한 군데 모아 관리합니다.

▲ 장치를 관리할 수 있는 '설정' 창과 제어판

윈도우 설치 미디어에 드라이버가 없으면 반드시 드라이버를 설치해야 합니다. 윈도우가 출시된 시점에서 오랜 시간이 흘렀다면 윈도우 설치 미디어에 포함된 드라이버는 대부분 구형 드라이버 또는 운영체제가 요구하는 수준을 충족하기 위해 성능을 낮춘 드라이버일 확률이 높습니다.

설치된 드라이버는 '장치 관리자'에서 확인합니다.

▲ 윈도우에 설치된 각종 하드웨어

TIP 윈도우 8.1부터는 발빠르게 3D 프린터 드라이버를 지원합니다. 100만 원대 상용화된 3D 프린터가 곧 대중화된다고 하니 활용이 기대됩니다.

드라이버는 윈도우를 설치할 때 한 번만 설치하면 끝나는 것으로 생각하는 사용자가 많지만, 드라이버도 일종의 소프트웨어이므로 계속 업그레이드해서 성능이 더욱 좋아집니다. 기능이 향상된 안정적인 버전의 드라이버를 구해 윈도우에 다시 설치해야 하는데, 이것을 '드라이버 업데이트'라고 합니다.

드라이버 중요성을 인식한 만큼 윈도우 비스타부터는 인터넷에서 자동으로 최신 드라이버를 검색해 드라이버 업데이트를 진행합니다.

▲ 윈도우 업데이트를 통해 드라이버 업데이트를 진행합니다.

▲ 장치 관리자에서 드라이버 업데이트를 진행합니다.

디바이스 스테이지로
주변기기 관리하기

PC에서 다양한 디지털 기기를 쉽게 연결하여 사용할 수 있는 방법은 없을까요? 윈도우 7부터는 하드웨어, 주변기기 대부분을 PC에 연결하면 자동으로 연결할 뿐만 아니라 설정 또한 쉽습니다.

'디바이스 스테이지(Device Stage)'는 한 번 연결했던 장치를 기억하여 다음 번 연결이 쉽도록 하는 기능입니다. PC에 장치(휴대폰, 프린터, USB 메모리, 마우스 등)를 연결하면 드라이버를 별도로 설치하지 않아도 알아서 사용할 수 있도록 하고 해당 기기가 가진 기능에 접근할 수 있습니다. 또한 컴퓨터에 연결된 여러 장치를 한 곳에서 관리하여 창 여러 개를 표시할 필요가 없습니다.

따라하기

① 제어판에서 '하드웨어 및 소리' → '장치 및 프린터'를 클릭합니다.

② PC에 연결된 주변 장치들을 확인할 수 있습니다. 사용자가 사용하는 장치와 똑같은 모양의 아이콘이 나타납니다. 연결한 장치와 다른 아이콘이 표시되면 해당 장치가 디바이스 스테이지를 지원하지 않는 것으로 느낌표(⚠)가 표시되면 문제가 있는 것입니다.

TIP 아쉽게도 디바이스 스테이지를 지원하지 않는 장치가 있지만, PC에서 장치를 쉽게 사용할 수 있는 디바이스 스테이지는 다양한 디지털 기기를 쉽게 사용할 수 있도록 합니다.

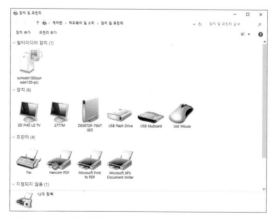

▲ 하드디스크, 모니터, 광학 드라이브, 키보드, 마우스 등 장치와 함께 프린터, 스캐너 등을 확인할 수 있습니다.

③

TIP 디바이스 스테이지는 하드웨어 제조업체에서 제공하는 것이므로 어떤 장치를 사용하는가에 따라 다른 메뉴가 표시됩니다.

사용하는 프린터 아이콘을 더블클릭하거나 마우스 오른쪽 버튼을 클릭하면 제품 이미지와 현재 상태, 자주 사용하는 메뉴가 표시됩니다. 이것은 주변기기를 관리하는 '디바이스 스테이지'로, 쉽게 말해 주변기기 홈페이지라고 할 수 있습니다.

▲ 장치를 클릭하면 현재 장치의 상태를 확인할 수 있습니다.

▲ 장치 아이콘에서 마우스 오른쪽 버튼을 클릭하면 장치와 관련된 메뉴가 표시됩니다.

④

TIP USB 장치에 이상이 발생하면 문제 해결을 실행하여 문제 원인을 진단할 수 있습니다.

USB 메모리나 외장 하드디스크의 경우 해당 장치에서 마우스 오른쪽 버튼을 클릭하고 표시되는 메뉴를 선택하여 실행할 수 있습니다.

메모리 파일을 확인하거나 '장치 제거'를 실행하여 장치를 안전하게 제거할 수 있습니다.

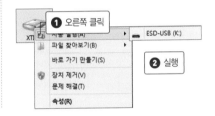

PC 응급실

데스크톱 인터넷 익스플로러를 위한 자바(JAVA)를 설치하고 싶어요

윈도우 10 데스크톱 모드 인터넷 익스플로러로 인터넷에 접속할 때 자바 런타임 프로그램을 요구하는 경우가 많습니다. 썬마이크로시스템즈 자바 런타임은 다음과 같은 방법으로 설치합니다.

1 | 자바 홈페이지(http://www.java.com/ko)에 접속합니다.
2 | 〈무료 Java 다운로드〉 버튼을 클릭합니다.
3 | 〈동의 및 무료 다운로드 시작〉 버튼을 클릭하여 설치를 진행합니다.

03

드라이버 업데이트 방법 변경하기

윈도우 10 장치 드라이버는 '윈도우 업데이트' 기능을 이용하여 자동 업데이트 하도록 설정됩니다. 자동 업데이트는 편리하지만 때로는 성급하게 이뤄진 자동 업데이트로 인해 문제가 생길 수 있으므로 윈도우 10 장치 드라이버 업데이트 방식을 수동/자동으로 변경하는 방법을 알아보겠습니다.

따라하기 ①

 윈도우 10 세부 버전에 따라 세부 선택 항목이 없을 수도 있습니다.

제어판을 실행한 후 검색창에 '장치'를 입력하고 '장치 설치 설정 변경'을 클릭합니다. '장치 설치 설정' 창이 표시되면 '아니요, 작업을 직접 선택합니다.'를 선택합니다. 'Windows 업데이트에서 드라이버 소프트웨어를 설치하지 않습니다.'를 선택합니다.

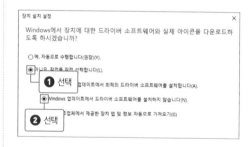

② '장치 제조업체에서 제공한 장치 앱 및 정보 자동으로 가져오기'의 체크 표시를 해제합니다. 수동으로 드라이버 업데이트가 진행되도록 변경했다면 〈변경 내용 저장〉 버튼을 클릭합니다.

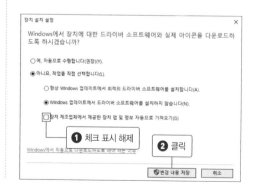

장치 관리자 진단하기

장치 관리자에서 시스템을 구성하는 모든 장치 정보를 확인할 수 있습니다. 윈도우에서는 장치 관리자를 사용하여 하드웨어 장치 드라이버를 업데이트하고, 하드웨어 설정을 변경할 수 있습니다. 또한, 문제가 있다면 해결할 수도 있습니다. 장치 관리자를 실행했을 때 평상시와는 다른 이상한 점이 보이지 않나요? 장치 관리자에 문제가 있는 경우 어떤 표시가 나타나는지 알아보겠습니다. 장치 관리자에서 다음과 같은 증상을 보이는 장치가 있으면 윈도우는 이상 증세를 보이다가 결국 다운됩니다.

- '물음표'나 '느낌표'가 있습니다.
- '기타 장치', '알 수 없는 장치'로 나타납니다.
- 장치 제조업체명이나 장치명이 정확하지 않고 '표준 어댑터'나 '알 수 없는 모니터'와 같이 나타납니다. 운영체제 출시일보다 이전에 출시된 제품이면 '표준 어댑터', '알 수 없는 모니터' 라고 나타나기도 하지만, 최신 제품에 이러한 장치명이 나타나면 드라이버가 정상적으로 설치되지 않은 것입니다.

문제가 있는 장치 진단

문제가 있는 장치를 바로잡으려면 우선 어떤 장치에 문제가 있는지 파악해야 합니다. 그리고 그 장치를 제대로 사용할 수 있도록 드라이버를 설치하거나 패치, 또는 업데이트해야 합니다.

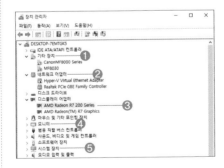

❶ 기타 장치 : 'PCI Multimedia Audio Device'로 표시된 장치가 있으면 사운드 카드 드라이버를 설치해야 합니다. 기타 장치로 표시된 장치에 '알 수 없는 장치'가 나타나면 확인할 수 없는 장치입니다. 일반적으로 메인보드 칩셋 패치가 되지 않은 경우에 나타납니다.

❷ 네트워크 어댑터 : 'PCI Communication Device'로 표시된 장치가 있으면 LAN 카드 드라이버를 설치해야 합니다.

❸ 표준 VGA 그래픽 어댑터 : 디스플레이 어댑터가 '표준 어댑터'로 등록되어 있으면 제조업체에서 제공하는 올바른 그래픽 카드 드라이버를 설치해야 합니다. 표준 어댑터는 해상도 조정이나 3D 게임을 할 때 정상적으로 작동되지 않습니다.

❹ 모니터 : 모니터에 '(알 수 없는 모니터)'가 나타나면 해당 장치 제조업체에서 제공하는 올바른 모니터 드라이버를 설치해야 합니다.

❺ 시스템 장치 : 장치 관리자 시스템 하위 장치에 문제가 있으면 '칩셋 패치' 작업을 합니다.

문제점 분석

설치된 장치에 느낌표나 물음표가 나타나면 일단 이 장치의 문제점이 무엇인지 확인해야 합니다. 윈도우는 장치에 이상이 있는 경우 어떤 문제가 있는지 오류 메시지와 분류된 오류 코드로 알려 줍니다.

물음표가 나타난 장치를 더블클릭하면 해당 장치 속성 창이 표시됩니다. '일반' 탭의 장치 상태 항목에 장치 상태를 알려주는 오류 메시지, 오류 코드가 표시됩니다. '이 장치를 시작할 수 없습니다.(코드10)'와 같은 메시지가 나타나면 오류 코드를 확인합니다. 오류 코드 의미를 파악하면 어떤 문제가 있는지, 해결책은 무엇인지 쉽게 알 수 있습니다.

TIP 〈문제 해결〉 버튼이 있을 경우 클릭하면 윈도우 도움말 및 지원 센터가 실행되고 단계별로 문제를 해결할 수 있는 정보를 보여줍니다. 이를 따라하여 문제를 해결할 수도 있습니다.

TIP 마이크로소프트 고객 지원 센터에서 '장치 관리자(코드 xx)'를 검색하여 문제 해결 정보를 찾을 수 있습니다. 531쪽을 참고하세요.

▲ 장치 상태를 확인할 수 있는 속성 창

check!
check!

필요한 드라이버 구하기

☑ 하드웨어 제조업체 사이트에서 설치할 최신 드라이버가 있는지 확인하세요.

특정 장치 드라이버는 제조업체 홈페이지에서 다운로드할 수 있습니다. 어떤 사이트에서 드라이버를 다운로드해야 할지 제조업체 사이트를 확인하세요.

노트북

노트북 제조업체, 모델명을 정확히 알아야 필요한 드라이버를 웹사이트에서 찾을 수 있습니다. 일반적으로 모니터 뒷면 스티커에서 정확한 모델명을 확인한 후 제조업체 사이트에서 필요한 드라이버를 다운로드합니다.

제조업체	드라이버 사이트
에이서	http://www.acer.co.kr/ac/ko/KR/content/home
아수스	http://www.asus.com/support
델	http://www.dell.com/support/home/us/en/19/Products/?app=drivers
게이트웨이	http://us.gateway.com/gw/en/US/content/drivers-downloads
HP	http://support.hp.com/us-en
레노버	http://support.lenovo.com/kr/ko/GlobalProductSelector?C=1&TabName=Downloads&linkTrack
MSI	http://www.msi.com/service/download
삼성	http://www.samsung.com/us/support/downloads/SGH-i907
소니	http://esupport.sony.com/US/p/select-system.pl?model_type_group_id=10
도시바	http://support.toshiba.com

네트워크 카드

메인보드에 장착된 네트워크 컨트롤러를 사용하면 메인보드 제조업체에서 드라이버를 다운로드할 수 있습니다. 네트워크 카드를 별도로 장착했으면 제조업체 사이트에서 드라이버를 다운로드할 수 있습니다.

제조업체	드라이버 사이트
리얼텍	http://www.realtek.com.tw/downloads
Trendnet Drivers	http://www.trendnet.com/support
넷기어	http://www.netgear.com/support
인텔	http://downloadcenter.intel.com

메인보드

데스크톱 사용자라면 메인보드 제조업체 사이트에서 최신 칩셋 패치 파일이 출시되었는지 확인합니다. 메인보드 모델명과 제조업체는 'CPU-Z 유틸리티'를 이용해 확인할 수 있습니다.

제조업체	드라이버 사이트
ASRock	http://www.asrock.com/support/download.asp
아수스	http://www.asus.com/support
ECS	http://www.ecs.com.tw/ECSWebSite/Downloads/Downloads_list.aspx?Menuid=189&LanID=0
기가바이트	http://www.gigabyte.com/support-downloads/download-center.aspx
인텔	http://downloadcenter.intel.com
MSI	http://www.msi.com/service/download
Zotac	https://www.zotac.com/kr/support

그래픽 카드

그래픽 카드 성능을 좌우하는 최신 드라이버를 설치해야 합니다. GPU 모니터, 오버클럭 유틸리티 등 그래픽 카드에 맞는 다양한 유틸리티도 제공합니다. 그래픽 카드 제조업체를 통해 다운로드합니다.

제조업체	드라이버 사이트
AMD	http://support.amd.com/en-us/download
엔비디아	http://www.nvidia.com/Download/index.aspx?lang=en-us
아수스	http://www.asus.com/support
EVGA	http://www.evga.com/support/download
기가바이트	http://www.gigabyte.com/support-downloads/download-center.aspx
HIS	http://www.hisdigital.com/un/download.shtml
MSI	http://www.msi.com/service/download

Sapphire	http://www.sapphiretech.com/download.asp?lang=eng
XFX	http://xfxforce.com/en–us/support/drivers––tools
Zotac	https://www.zotac.com/kr/support

사운드 카드

제조업체	드라이버 사이트
아수스	http://www.asus.com/support
크리에이티브	http://support.creative.com/Products/Products.aspx?catid=1

하드디스크

하드디스크 드라이브와 SSD는 메인보드 SATA 컨트롤러로 관리하기 때문에 하드디스크를 위한 드라이버를 수동으로 설치할 필요는 없습니다. 드라이브를 진단하거나 보완하기 위한 유틸리티가 필요한 경우 제조업체 사이트에서 다운로드할 수 있습니다. 광학 드라이브는 번들로 제공되는 유틸리티를 제조업체 사이트에서 다운로드합니다.

제조업체	드라이버 사이트
버팔로	http://www.buffalotech.com/support–and–downloads/downloads
HGST	http://www.lacie.com/as/en/support/multimedia
Lacie	http://www.lacie.com/support/drivers/
도시바	http://toshiba.semicon–storage.com/us/product/storage–products.html
삼성	http://www.samsung.com/us/support
씨게이트	http://www.seagate.com/kr/ko/support–home
WD	http://support.wdc.com/downloads.aspx?DL

SSD

제조업체	드라이버 사이트
Crucial	http://www.crucial.com/usa/en/support
Corsair	http://www.corsair.com/en/ssd
인텔	http://downloadcenter.intel.com
킹스톤	http://www.kingston.com/us/support
OCZ	http://ocz.com/us/support
삼성	http://www.samsung.com/us/support
샌디스크	http://kb.sandisk.com

광학 드라이브

제조업체	드라이버 사이트
아수스	http://www.asus.com/support
LG	http://www.lg.com/us/support
LiteOn	http://www.liteonodd.com/en/service-support/download.html
MSI	http://www.msi.com/service/download
삼성	http://www.samsung.com/us/support
소니	http://sony.storagesupport.com/models/21

05
수동으로 드라이버 업데이트 진행하기

윈도우 드라이버 자동 업데이트가 이뤄지지 않았으면 드라이버 전문 사이트나
제조업체 사이트에서 안정성을 보장받은 정식 버전 드라이버를 다운로드합니
다. 드라이버 업데이트 파일이 실행 파일(*.exe) 형식이라면 프로그램을 설치
하듯 실행합니다. 확장자가 'inf'로 된 수동 설치 드라이버라면 장치 관리자에서
'드라이버 소프트웨어 업데이트'를 실행합니다. 수동 드라이버 업데이트 방법
을 알아보겠습니다.

따라하기

① ⊞+X를 눌러 표시되는 메뉴에서 '장치 관리자'를 실행합니다.
느낌표가 있는 장치나 업데이트할 장치를 선택하고 마우스 오른쪽 버튼으로 클
릭한 다음 표시되는 메뉴에서 '드라이버 소프트웨어 업데이트'를 실행합니다.

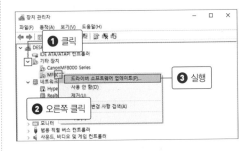

② 드라이버 소프트웨어 업데이트 대화상자가 표시되면 '컴퓨터에서 드라이버 소
프트웨어 찾아보기'를 클릭해 업데이트를 진행합니다. 컴퓨터에 저장해 놓은
드라이버가 없는 경우 '업데이트된 드라이버 소프트웨어 자동으로 검색'을 클
릭합니다. 인터넷에서 필요한 드라이버를 검색하여 자동으로 설치합니다.

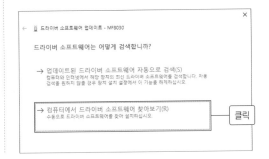

바이오스 업데이트하기

바이오스를 업데이트할 때는 중간에 시스템이 종료되지 않도록 해야 합니다. 바이오스 업데이트 중 시스템에 문제가 생기면 PC가 아예 부팅되지 않습니다. 바이오스 업데이트를 진행하면 시모스 셋업 설정이 모두 초기화되므로 다시 설정해야 합니다.

메인보드 바이오스를 업데이트하는 방법은 다음과 같은 두 가지입니다. 기가바이트 메인보드에서 제공하는 바이오스 업데이트 유틸리티를 이용해 바이오스 업데이트를 진행하겠습니다.

• 시모스 셋업 프로그램에서 제공하는 바이오스 업그레이드 프로그램을 이용합니다. 이 방법을 사용하려면 미리 업데이트된 바이오스를 다운로드해 USB 메모리에 복사한 후 작업합니다.

▲ 〈Q-Flash〉 버튼 클릭　　　　　　　　　　　▲ Q-Flash 실행 화면

• 메인보드 제조업체에서 제공하는 바이오스 업데이트 유틸리티를 이용해 인터넷에 연결해서 업그레이드를 진행합니다. 바이오스 업데이트 프로그램을 설치하면 자동으로 진행되어 편리합니다. 바이오스 업데이트 후 윈도우가 새로운 시스템으로 인식해 정품 인증을 새로 해야 하는 경우가 생길 수도 있습니다.

제조업체	사이트	유틸리티
기가바이트	http://www.gigabyte.kr	@바이오스
MSI	http://kr.msi.com	라이브 업데이트
ASRock	http://www.asrock.com	AFUWIN

▲ 메인보드 제조업체별 바이오스 업데이트 유틸리티

① 기가바이트 메인보드의 경우 바이오스 유틸리티를 설치하기 위해 앱 센터(App Center) 프로그램 먼저 실행합니다. 작업 표시줄 알림 영역에서 앱 센터 아이콘을 클릭한 다음 바이오스 프로그램을 실행합니다.

② 바이오스가 실행되면 현재 바이오스 정보를 확인할 수 있습니다. 다운로드 받은 최신 버전의 바이오스 파일이 있다면 'Update from file'을, 인터넷이 연결된 환경이라면 'Update from Server'를 선택해 실행합니다.

③ 'Update from Server'를 클릭한 후 서버 사이트를 하나 선택합니다.

업데이트할 바이오스 파일을 검색해 보여줍니다. 올바른 내용이면 선택하고 〈다음〉 버튼을 클릭합니다.

 계속 진행하여 〈다음〉 버튼을 클릭합니다. 바이오스 업데이트를 진행할지 물으면 〈OK〉 버튼을 클릭합니다.

 현재 바이오스 파일을 저장할지 물으면 〈Yes〉 버튼을 클릭합니다. 바이오스 업데이트 작업이 진행됩니다. 업데이트가 완료되면 시스템을 다시 시작합니다.

Chapter 05

PC 부품, 주변기기 수명 늘리기

"어제까지 멀쩡했던 컴퓨터가 갑자기 오늘 고장 났어요!"라면서 애타게 PC 수리를 요청하는 경우가 많습니다. 이 경우 고장난 PC를 복구하지 않으면 그동안 모은 소중한 데이터를 잃어버릴 수 있습니다.

하드웨어는 잘 관리하면 얼마든지 수명을 늘릴 수 있습니다. 이번 챕터에서는 하드웨어가 고장날 수밖에 없는 원인과 관리 방법을 알아보겠습니다.

01
문제를 일으키는 냉납 이해하기

PC는 전자 제품입니다. 모든 전자 제품이 그렇듯이 전기가 통하면 열이 발생하고 전원을 끄면 식으며, 사용 시간에 따라 하드웨어 수명은 단축됩니다. 우선 메인보드가 만들어지는 과정을 한번 살펴볼까요?

메인보드가 만들어지는 과정

❶ 메인보드는 PCB(Printed Circuit Board; 인쇄 회로 기판)에 각종 부품을 장착해 하나의 완성된 제품으로 만듭니다.
❷ PCB 구리판을 붙이고 전기가 통하는 선을 에칭 기법으로 인쇄한 후 필요 없는 구리 부분은 염산 용액으로 녹입니다.
❸ 드릴로 PCB에 구멍을 내고 부품을 끼운 후 납땜 과정을 거쳐 완성합니다.

하드웨어에 열이 발생하고 식는 것을 반복하면 '냉납'이 발생합니다. 냉납이란 납땜한 자리에 금이 가거나 떨어지는 것을 말합니다. 처음부터 냉납이 있는 부품도 있지만, 냉납이 발생하면 접촉 불량 현상이 일어나 해당 부품에 전류가 흐르지 못합니다. 결국 PC 문제 원인을 정확히 알 수 없는 경우가 반복해서 발생합니다. 냉납에 의해 부품에 이상이 생기는 것이죠. 냉납으로 인해 문제가 생기면 세척 용액에 하드웨어를 담궈 깨끗하게 청소해서 다시 사용할 수 있습니다.

▲ 정전기 제거 및 방지제　　▲ 먼지 제거제　　▲ 접점 부활 강력 세척제　　▲ 기름때 제거 세척제

하드웨어 수리를 위한 전문 장비

PC 부품의 신뢰성은 '납땜성(Solderbility)'으로 판단합니다. 납땜이 형성된 정도와 연결된 후 접합부 강도, 기계적·열적 내구성 등을 파악했을 때 납땜이 잘된 부품이 좋은 제품입니다.

> **TIP** PC 부품을 구입한지 한 달도 안됐거나 심지어 하루도 지나지 않았는데도 고장나는 경우가 있습니다. 이 경우 부품이 출시되었을 때부터 고장인 확률이 높으므로 당장 교체하는 것이 좋습니다. 대기업 가전 제품의 경우 구입 초기부터 불량률이 높으면 더 좋은 사양 제품으로 교환해 주기도 합니다. 이처럼 구입 초기 불량률이 높은 제품은 문제가 발생했을 때 바로 교환하는 것이 가장 바람직합니다.

PC 부품 불량 중 50%는 납땜 불량(냉납)에 의해 발생하지만, 냉납이 발생한 곳은 외관상으로 구분하기 힘듭니다. 겉으로는 붙어 있는 것처럼 보이지만 실제로는 접합이 안 된 경우가 많기 때문입니다. 냉납을 확인하기 위해서는 특별한 시험 장비가 필요할 뿐만 아니라 납땜을 수리할 수 있는 장비가 있어야 합니다.

▲ 인두기

▲ 전자 부품/IC 칩을 안전하게 떼어 낼 때 사용하는 디핑기

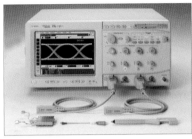

▲ 시간 변화에 따라 신호 크기가 어떻게 변화하는지 화면에 나타내는 오실로스코프

▲ USB 포트에 연결하면 PC를 부팅할 때 하드웨어를 초기화하고 POST 과정에서 발생하는 문제를 알려주는 PT088 POST 카드

냉납에 관한 문제는 납땜을 다시 해야 하고 냉납이 발생한 부분을 확인해야 하기 때문에 A/S 비용이 많이 들며 부품을 점검하는 데 걸리는 기간이 만만치 않기 때문에 새 제품을 구입할지 유상 A/S를 받을지 고민해야 합니다.

메인보드 불량이 많은 이유

메인보드는 납땜 자리가 많으므로 냉납이 가장 많이 발생하며, 다른 부품보다 문제가 발생했을 때 증상이 불확실합니다. 예를 들어 그래픽 카드가 고장나면 화면이 안 나타나고, 사운드 카드 불량이면 소리가 들리지 않습니다. 다른 부품은 테스터용 카드를 이용해 확인할 수 있지만 메인보드는 크고 점검해야 할 부분도 많기 때문에 결국 불명확한 문제는 메인보드 불량이라고 최종 결론을 내립니다.

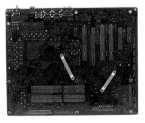

◀ 메인보드 뒷면을 살펴보면 복잡한 회로와 연결 부분을 확인할 수 있습니다.

02
발열을 조심해야 하는 CPU 관리하기

CPU는 공장에서 품질 검사를 완전히 마치고 나오기 때문에 고장이 드문 편이지만 무리한 오버클러킹 작업이나 냉각팬 고장으로 과열, 정전기나 전기적 충격에 의해 고장날 수 있습니다.

CPU를 위험하게 만드는 요인

- 무리한 오버클러킹
- 공기가 제대로 통하지 않아 PC 케이스 내부의 발열 증가
- CPU 냉각팬에 쌓인 먼지
- CPU 냉각팬이 잘못 설치된 경우
- CPU 냉각팬에 전원을 공급하는 전원 공급선 부식이나 손상
- CPU 발열량보다 냉각 효과가 떨어지는 쿨러를 사용하는 경우
- 전원 공급이 불안정한 경우
- PC 사용 시간이 지나치게 오래된 경우
- 취급 불량으로 CPU 다리 핀이 부러지거나 휜 경우

> **TIP** 오버클러킹과 같은 위험한 작업은 피하고 냉각팬이 제대로 작동하는지 점검한 후 냉각팬을 청소합니다. 냉각팬 선에 이상이 없는지, 냉각팬 전원 공급 커넥터가 올바르게 꽂혀 있고 제대로 작동하는지 살펴보세요.

> **TIP** CPU 냉각팬에 먼지가 쌓이면 소음이 커지고 냉각팬이 제 기능을 발휘하지 못할 뿐만 아니라 전원 공급선이 부식될 수 있습니다. 강한 바람으로 먼지를 제거하는 먼지 제거기(Dust Remover)를 이용하면 냉각팬 먼지를 쉽게 제거할 수 있습니다.

CPU를 오래 사용하려면 PC 내부에 과전압이 흐르지 않도록 접지형 멀티탭을 사용하고 PC 케이스에 전류가 흐르지 않도록 해야 합니다. CPU 냉각팬이 정상적으로 작동하는지 정기적으로 점검해야 하며, 냉각팬이 정상적으로 작동해도 CPU 코어 온도가 과열된 것은 아닌지 점검해야 합니다. CPU 코어 온도는 하드웨어 모니디 프로그램을 사용해 측정하거나 시모스 셋업에서 확인할 수 있습니다. 또한 동영상 인코딩 등 CPU에 부하가 걸리는 작업을 할 때 코어 온도가 안정적인지 점검해야 합니다.

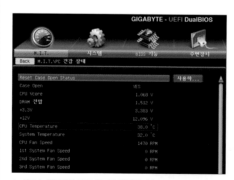

▲ 시모스 셋업에서 CPU 온도를 확인합니다.

03
먼지를 조심해야 하는 메인보드

각종 PC에 사용되는 카드를 만드는 기판 자체는 반영구적인 부품이므로 수명이 다하기보다는 관리 소홀로 인해 고장이 발생합니다. 냉납으로 인해 부품이 고장나도 기판이 저절로 손상되는 경우는 없습니다.

메인보드 위험 요인

메인보드는 대부분 먼지와 정전기, 과전압 때문에 위험해집니다. 메인보드와 각종 카드를 위험하게 만드는 다양한 요인들은 다음과 같습니다.

- 전원 공급이 불안정한 경우
- 접지되지 않은 멀티탭을 사용하는 경우
- 잦은 조립과 분해를 반복하는 경우
- 항상 PC를 켜 두는 경우
- PC 케이스 내부에 먼지가 쌓인 경우
- PC에서 발생하는 미세한 정전기
- 정전에 의한 비정상적인 전원 차단
- 메인보드 칩셋의 냉각팬 고장에 의한 발열
- 과도한 메인보드 발열
- 메인보드와 케이스 접촉
- CPU, 그래픽 프로세서 등 과도한 오버클러킹에 의한 간접적인 영향

메인보드는 다른 부품보다 고장률이 높습니다. 여러 가지 기능이 있는 만큼 문제를 일으키는 요인이 많기 때문입니다. 메인보드가 고장나면 CPU와 마찬가지로 화면이 나타나지 않거나 컴퓨터가 오작동하며 다른 부품들을 인식하지 못합니다.

일반적으로 시스템이 불안정하게 작동하면 하드웨어적인 원인으로 '메인보드 고장'을 가장 먼저 의심해야 합니다.

메인보드 관리

메인보드 수명을 늘리려면 적절한 냉각 시스템을 갖추어야 합니다. 냉각 시스템이 정상적으로 작동하고 조립 상태가 올바르면 우선 안심입니다. 메인보드가 케이스 바닥에 닿지는 않는지, 휘어지지는 않았는지 살펴봅니다.

메인보드를 케이스에 장착할 때는 케이스에 메인보드 밑부분이 닿지 않도록 스페이서를 장착합니다. 스페이서는 메인보드 나사 구멍과 같은 위치에 장착되어 메인보드를 나사로 고정하는 역할을 하고, 무거운 CPU 냉각 시스템에 의해 메인보드가 휘어지는 것을 막습니다. 이때 스페이서를 장착하는 부분은 표준 규격에 맞게 정해져 있습니다.

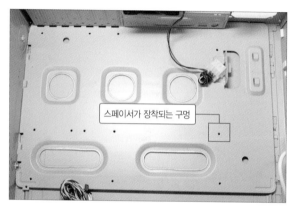

▲ 스페이서와 나사

메인보드에 따라 규격에 맞는 구멍이 일부 생략되었을 수도 있습니다. 케이스와 구멍 규격이 안 맞거나 케이스와 메인보드가 규격에 어긋나는 경우에는 메인보드에 있는 나사 구멍에 나사를 장착하는 것을 생략하기도 합니다.

스페이서가 플라스틱이 아닌 금속인 경우 불필요한 곳에 장착하면 메인보드 회로가 합선되어 정상적으로 작동하지 않습니다. 금속제 스페이서를 사용해 조립했는지 확인하고 메인보드가 케이스와 닿는 부분은 없는지 살펴봅니다.

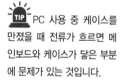

PC 사용 중 케이스를 만졌을 때 전류가 흐르면 메인보드와 케이스가 닿은 부분에 문제가 있는 것입니다.

▲ 케이스에 올바르게 장착된 메인보드

이 론

04
모니터 위험 요인 알아보기

모니터 수명은 다른 주변기기보다 매우 짧은 편입니다. 모니터 수명에 영향을 주는 원인은 다음과 같습니다.

- 항상 모니터를 켜 두는 습관
- 모니터 주변의 자성체(스피커)
- 무리하게 설정한 화면 주사율
- 불안정한 전원 공급
- 손으로 액정을 만지는 습관
- 모니터 위에 물건을 쌓아 두는 습관
- 모니터 전원을 자주 끄고 켜는 습관
- 모니터 내부 열기 배출 통풍구를 막는 먼지

모니터 수명에 가장 나쁜 영향을 미치는 것은 불필요하게 오래 켜 두는 습관입니다. CRT 모니터는 오래 켜 두면 발광 물질이 특정 부분을 태우기 때문에 수명이 단축됩니다. LCD 모니터는 빛을 내보내는 백라이트 수명이 단축되므로 모니터를 보지 않는 시간에는 꺼야 합니다.

▲ 모니터를 사용하지 않을 때는 반드시 꺼 둡니다.

모니터 제조업체에서 제공하는 드라이버를 꼭 설치해 사용합니다. 401쪽을 참고해 모니터 드라이버를 설치하세요. 모니터 드라이버 역할은 해상도, 주파수에 관한 정보를 그래픽 카드에 제공해 모니터 성능보다 높은 신호(주파수)가 모니터에 입력되지 않게 하는 역할을 합니다.

모니터 화면 주사율을 설정하려면 바탕 화면을 마우스 오른쪽 버튼으로 클릭하여 표시되는 메뉴에서 '디스플레이 설정'을 실행합니다.

'설정' 창이 열리면 '고급 디스플레이 설정' → '어댑터 속성 표시'를 클릭하여 모니터 및 그래픽 카드 속성 창이 표시합니다.

'모니터' 탭 모니터 설정 항목에서 화면 재생 빈도를 선택할 수 있습니다. '이 모니터가 표시할 수 없는 모드 숨기기'에 체크 표시되어 있으면 모니터에 무리를 줄 수 있는 주사율이 표시되지 않습니다.

TIP 모니터가 PnP Monitor로 되어 있다면 398쪽을 참고해 제조사에서 제공하는 모니터 드라이버를 설치하세요.

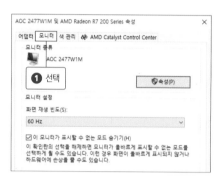
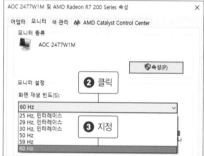

PC 응급실

⊞+X 를 눌러 표시되는 메뉴 중 불필요한 부분을 삭제할 수 있나요?

⊞+X 를 눌러 표시되는 메뉴에서 불필요한 항목을 삭제하는 방법을 알아보겠습니다.

1 | 파일 탐색기를 실행한 다음 사용자 폴더의 Appdata\Local\Microsoft\Windows\WinX 폴더로 이동합니다. 해당 폴더가 보이지 않는다면 폴더 옵션을 조절하세요. '보호된 운영 체제 파일 숨기기(권장)'를 해지하고 '숨김 파일, 폴더 및 드라이브 표시'를 선택합니다.

2 | 'Group1', 'Group2', 'Group3' 폴더 안에 메뉴를 실행할 바로가기 아이콘이 들어 있습니다.

3 | 삭제할 메뉴의 아이콘을 선택하고 Delete 를 눌러 삭제한 다음 시스템을 재시작하면 수정 사항이 적용됩니다.

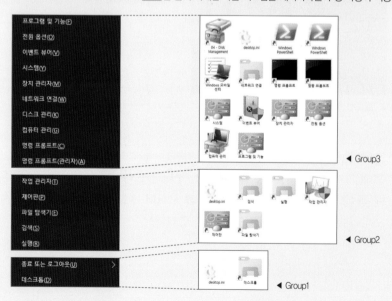

이 론

05
안전하게 모니터 청소하기

TIP LCD 모니터 청소액과 일반 CRT 모니터 청소액은 다르기 때문에 구분해서 사용합니다. 청소액을 별도로 구입해서 사용하기보다는 물로 청소하는 것이 좋으며 모니터를 닦을 때는 극세사 헝겊을 이용하는 것이 좋습니다.

최근 출시된 모니터는 대부분 표면에 무반사 코팅이 되어 있습니다. TCO 규격 모니터는 전자파 차단 코팅막 처리까지 되어 일반 유리 세정액을 뿌려 닦으면 코팅이 벗겨져서 모니터 표면에 자국이 생길 수 있습니다. 일반 유리 세정액은 독한 알코올 성분이 있기 때문이죠.

TFT-LCD 모니터는 충격이나 긁힘에 약하므로 CRT 모니터보다 더 세심하게 다뤄야 합니다. TFT-LCD를 청소할 때는 얇은 헝겊으로 달라 붙어 있는 먼지를 조심스럽게 닦아 낸 후 닦기 힘든 얼룩은 전용 청소 도구로 닦습니다.

따라하기 ①

TIP TFT-LCD 모니터를 닦을 수 있는 전용 청소 도구는 전자 상가나 인터넷 쇼핑몰 등에서 쉽게 구할 수 있습니다.

극세사 헝겊에 모니터 청소액 또는 물을 묻힌 후 모니터 액정 표면을 한쪽 방향으로 닦아서 먼지를 제거합니다.

②

TIP 모니터에 물이 들어갔거나 장마 등으로 인해 침수되면, 흐르는 물로 깨끗이 씻고 바람이 잘 통하는 그늘에서 건조한 후 A/S 센터에서 수리합니다. 직접 고치려 하거나 도구를 이용해 수리하는 것은 위험합니다.

먼지 제거가 끝나면 모니터 액정 표면에 남은 청소액을 극세사 헝겊으로 닦습니다. 이때 제대로 닦지 않으면 얼룩이 생겨 화면이 더 지저분해지므로 주의합니다.

06
안전하게 하드디스크 사용하기

하드디스크는 빠른 속도(분당 7,200~10,000번)로 회전하는 플래터 위를 헤드가 지나가며 데이터를 읽는 장치입니다. 헤드와 플래터 사이 간격은 15nm로 거의 붙어 있는 것과 다름 없기 때문에 회전 중에는 작은 충격에도 플래터가 손상될 수 있습니다.

하드디스크를 위험하게 만드는 작업 환경과 함께 대책을 알아보겠습니다.

하드디스크 위험 요인

하드디스크 하나에 여러 개의 파일이나 폴더를 읽고 쓰는 작업이 동시에 진행되는 멀티 리딩도 하드디스크를 위험하게 만듭니다. 하드디스크에 지속적으로 무리를 줘 사용할 수 있는 시간을 단축하기 때문입니다.

뜻하지 않은 충격으로 플래터가 손상되는 것을 막기 위해서는 하드디스크 장착 상태가 중요합니다. 하드디스크는 반드시 3.5인치 베이에 수평으로 장착되어야 하고, 고정 나사를 단단히 조여야 합니다.

다음은 하드디스크 주요 위험 요인입니다.

- 세우거나 뒤집는 등 비정상적인 하드디스크 설치
- 하드디스크 고정 나사를 제대로 조이지 않아 발생하는 미세 진동
- 하드디스크 작동 중 갑작스러운 전원 차단
- 불안정한 전원 공급
- 담배 연기
- 하드디스크 하나에서 동시에 서너 개의 동영상 파일을 구동하는 지나친 멀티 리딩 작업
- 하드디스크 하나에서 동시에 서너 개의 파일을 복사하거나 이동하는 지나친 멀티 리딩 작업
- 공유 프로그램을 사용하는 경우
- 하드디스크 하나를 시스템용과 데이터 저장용으로 동시에 사용하는 경우

하드디스크는 외부와 기압을 맞추기 위해 공기 유입이 개방된 상태에서 필터를 이용해 먼지를 걸러 내는데, 이 필터는 입자가 큰 먼지를 거를 수 있지만 미세한 담배 연기는 거르지 못합니다. 이렇게 빠져 나가지 못한 담배 연기가 플래터 위에 내려 앉으면 손상 원인이 됩니다. 하드디스크를 안전하게 사용하기 위해서는 오염되지 않은 작업 환경을 만드는 것이 좋습니다.

백업의 생활화

하드디스크는 고용량, 고속화 추세로 발전되고 있지만 고장률이 점점 늘고 있습니다. 하드디스크 고장은 크게 드라이브 인식 불량과 저장된 데이터의 손실로 나눌 수 있습니다. 하드디스크는 다른 부품과 달리 고장나면 데이터 손실로 이어지기 때문에 피해가 큽니다.

데이터에 손실을 입히는 고장인 경우, 초기에는 사용자가 그 문제를 인식하지 못할 정도로 작은 문제에서부터 출발합니다. 사용 중 '잘못된 연산, 알 수 없는 오류' 등 메시지가 나타나거나 간혹 시스템 다운이 발생하고, 특정 프로그램이 실행되지 않는 등 즉각적으로 인지하기 어려운 문제가 나타납니다.

따라서 데이터 손실을 예방하려면 개인 클라우드 컴퓨팅 서비스를 이용해 데이터 자동 동기화, 자동 백업(Backup)을 하는 것이 좋습니다.

하드디스크의 데이터를 안전하게 보관하는 클라우드 서비스 이용 방법은 627쪽에서 설명합니다.

▲ 마이크로소프트가 제공하는 클라우드 스토리지 서비스(OneDrive)를 이용해 중요한 데이터를 백업하세요.

▲ OneDrive

PC 응급실

PC 본체에서 찌릿찌릿 전류가 흘러요

PC 본체를 만졌을 때 찌릿찌릿 전류가 흐르는 경우가 있습니다. 미세한 전류 흐름은 PC 부품에도 안 좋은 영향을 미칩니다.
이러한 경우 접지형 멀티탭과 전원 플러그를 사용해 문제를 해결할 수 있습니다. 멀티탭은 전원 플러그를 연결하는 저렴한 부품이지만 PC를 안전하게 사용하기 위해서는 '접지' 기능이 있는 제품을 사용해야 합니다. 전원 플러그 양쪽으로 인출된 금속판이 접지 콘센트나 접지형 멀티탭의 접지 부분과 접촉하여 접지 기능을 수행합니다.

▲ 접지형 멀티탭   ▲ 접지형 전원 플러그

07
파워 서플라이 보호하기

메인보드뿐만 아니라 CPU나 그래픽 카드도 많은 전원이 필요하여 별도로 전원 커넥터가 있을 정도로 파워 서플라이 역할은 점점 더 커지고 있습니다.

특히 모터 회전력을 이용하는 하드디스크나 광학 드라이브는 전원이 안정적으로 공급되지 못하면 시스템이 오작동할 확률이 높습니다. 예를 들어 동영상 인코딩처럼 CPU와 하드디스크가 풀가동해야 하는 프로그램을 실행할 때 하드디스크에서 빨래판 긁는 소리가 나면서 윈도우가 멈추는 경우가 있는데, 이는 전원이 부족해서 발생하는 문제입니다.

이러한 현상이 반복되면 하드디스크에 불량 섹터가 생겨 고장의 원인이 됩니다. 파워 서플라이에 부담을 주는 요인들은 다음과 같습니다.

파워 서플라이 위험 요인

- 불안정한 가정용 전원이 공급되는 경우
- 접지되지 않은 멀티탭을 사용하는 경우
- 파워 서플라이 냉각팬에 먼지가 쌓인 경우
- 파워 서플라이 내부에 먼지가 쌓인 경우
- 항상 PC를 켜 두는 경우
- 지나치게 많은 전원을 요구하는 하드웨어를 무작위로 사용하는 경우

파워 서플라이를 오래 사용하려면 정기적으로 파워 서플라이 냉각팬에 쌓인 먼지를 청소하고 내부 먼지를 털어 내는 것이 좋습니다. PC를 사용하지 않을 때는 케이스 전원을 끄는 것으로 만족하는 것이 아니라 파워 서플라이의 전원이 연결된 멀티탭 전원까지 끄는 것이 좋습니다.

▲ 전원을 꺼서 파워 서플라이를 보호할 수 있는 멀티탭

▲ 먼지와 아이들의 장난으로부터 보호하기 위한 안전 멀티탭

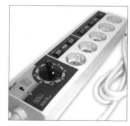
▲ 전기 절약을 위해 타이머가 장착된 멀티탭

08
파워 서플라이 청소하기

파워 서플라이에서 발생되는 소음은 PC 소음 문제가 되기도 합니다. 파워 서플라이는 PC 전원 공급을 책임지는 부품입니다. 소음이 심할 때는 파워 서플라이를 분해해서 청소하면 소음을 없애고 PC를 안정적으로 사용하는 데 도움이 됩니다.

따라하기 ① PC 케이스를 엽니다.

② 파워 서플라이와 연결된 모든 부품 케이블을 분리합니다.

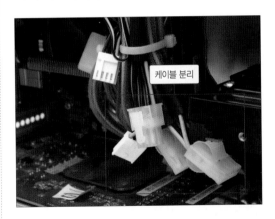

③ 파워 서플라이와 연결된 나사를 분리하여 PC 본체에서 떼어 냅니다. 파워 서플라이를 구성하는 나사를 분리해서 분해합니다.

파워 서플라이 분리

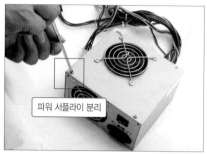
파워 서플라이 분리

④ 오래된 파워 서플라이를 열면 먼지가 많이 쌓인 것을 볼 수 있습니다. 인터넷이나 전자 상가 등에서 압축기를 구입하거나 집에서 사용하지 않는 미술용 붓, 진공 청소기 등을 이용해 먼지를 제거합니다.

먼지 제거

⑤ 파워 서플라이 쿨러 부분을 청소합니다. 쿨러 가운데 부분을 살펴보면 동그란 스티커로 가려진 부분이 있는데, 이 스티커를 반쯤 떼어 내면 윤활유를 넣을 수 있는 동그란 공간이 보입니다. 여기에 윤활유를 한두 방울 정도 넣습니다.

윤활유를 넣은 후에는 파워 서플라이를 조립하여 PC 본체에 연결합니다. 전원 케이블을 연결한 후 PC 전원을 켜서 소음을 확인합니다.

TIP PC 매장에서 파워 서플라이용 윤활유를 구입하여 사용합니다. 재봉틀이나 차량에 사용하는 윤활유를 사용해도 문제 없습니다.

❶ 스티커 제거
❷ 윤활유 한두 방울 투액

노트북 배터리 오래 사용하기

☑ 내가 사용하는 노트북 배터리 종류와 용량을 확인하세요.
☑ 노트북 배터리를 오래 사용하려면 자주 충전하는 것이 좋을까요? 배터리를 전부 소진하지 말고 계속 충전하는 것이 좋은지 확인하세요.
☑ 어댑터를 연결하여 노트북을 이용할 때 배터리를 빼고 사용해야 하는지 확인하세요.
☑ 충전 중 노트북을 사용하면 배터리 수명이 줄어드는지 확인하세요.

check! check!

노트북 배터리에는 세 가지 종류가 있습니다. 이전 노트북에는 니켈 카드뮴(Ni-Cd), 니켈 수소(Ni-Mh) 배터리가 장착되어 완전히 방전하지 않고 중간에 충전을 하면 배터리 용량이 줄었습니다.

최근 노트북 대부분은 단위 셀당 전압이 높고 용량이 크며, 중간에 충전해도 용량이 줄지 않는 리튬이온(Li-Ion) 배터리를 사용합니다.

▲ 노트북 배터리 뒷면에 붙은 스티커나 배터리에서 배터리 종류와 용량을 확인합니다.

물론 리튬이온 배터리 또한 시간이 지나면 용량이 점점 줄어들고 처음 상태로 복구되지 않습니다. 이러한 노화 현상은 사용 온도와 방전량 증가에 따라 달라집니다. 배터리 노화 현상을 최소화하려면 조금 사용한 후 다시 충전해 사용하는 것이 오래 사용할 수 있고, 오랜 시간 고온에 노출되지 않도록 해야 합니다.

배터리를 분리해서 사용하지 않기

배터리는 충전 횟수에도 많은 영향을 받습니다. 어댑터를 연결하고 노트북을 이용할 경우 배터리를 분리해 사용하는 것이 배터리 수명을 늘리는 방법일 수 있습니다. 하지만 배터리 내부 제어 회로 또한 배터리를 소모하므로 장시간 배터리를 분리하면 완전히 방전될 수 있습니다. 따라서 장시간 배터리를 분리하는 것은 좋지 않습니다. 또한 갑작스런 정전이나 AC 어댑터가 예기치 않게 분리된 경우 작업 중이던 데이터를 잃어버릴 수 있으므로 배터리를 분리하는 것은 권하지 않습니다.

배터리는 100% 충전 후 전원 어댑터에 연결하기

노트북 배터리가 완전히 충전되지 않은 상태에서 전원 어댑터를 연결하여 노트북을
사용하는 습관도 배터리 수명 연장에 도움이 되지 않습니다. 전원 어댑터를 연결하더
라도 배터리가 완전히 충전되지 않은 상태면 노트북은 전원 어댑터뿐만 아니라 배터
리에서도 전원 공급을 받기 때문입니다.

완전히 충전된 상태에서는 배터리에서 공급받는 전력이 크지 않으므로 잠시 사용을
중지하고 배터리가 완전히 충전된 이후에 사용하는 것이 노트북 배터리 수명을 연장
하는 지름길입니다.

노트북을 장기간 보관할 때는 배터리 분리하기

2주 이상 전원을 켜지 않거나 AC 전원을 연결하지 않는 경우 배터리를 분리합니다.
2주 이상 지속적으로 AC 전원을 연결해서 사용하는 경우에도 마찬가지로 배터리를
분리합니다.

과도한 방전과 충전은 리튬이온 배터리 수명에 치명적이므로 노트북에는 보호 회로
가 내장되었습니다. 10% 이하로 방전된 상태에서 장기간 보관할 경우 자연 방전과
내부 보호 회로가 소모하는 전류로 인해 과방전되어 더 이상 사용할 수 없기도 합니
다. 그러므로 장기간 보관할 때는 80% 정도 충전하여 보관하는 것이 좋습니다.

한정된 배터리 수명

배터리 수명은 어떻게 관리하느냐에 따라 다르지만 노트북 배터리도 소모품에 해당
하는 만큼 수명을 다한 배터리는 충전 용량이 줄어 빨리 충전되고 빨리 방전되므로
교체해야 합니다.

수명을 다한 배터리의 경우 배터리 케이스 속 배터리(셀)만 새 것으로 교체해 사용하
는 리필도 가능합니다. 저렴한 가격으로 배터리를 다시 사용할 수 있지만 교체할 때
흔적이 남을 수 있고 교체에 실패해 배터리 자체를 사용하지 못할 수도 있는 위험성
이 큽니다.

▲ 노트북 배터리를 구성하는 배터리 셀

09
메인보드 만능 CD로 시스템 관리하기

이   론

메인보드를 따로 구입하면 커다란 박스 안에 메인보드 외 하드디스크 연결 케이블, 베젤 등과 함께 CD가 제공되지만 요즘은 광학 드라이브가 장착되지 않은 시스템이 많습니다. 메인보드 제조업체 사이트를 방문하면 내가 사용하는 메인보드에 최적화된 시스템 관리 유틸리티를 다운로드할 수 있습니다.

▲ 메인보드 제조업체 사이트에서 시스템 관리 유틸리티를 다운로드하세요.

칩셋 기능을 활용할 수 있는 프로그램 외에도 일반적으로 '오버클러킹 프로그램', '절전 프로그램', '모니터링 프로그램', '바이오스 업데이트 유틸리티'와 함께 이들 프로그램 설치/사용 방법도 제공됩니다. 메인보드와 같이 제공되는 만능 CD 프로그램을 사용하는 것이 시스템 관리 시작입니다.

'기가바이트(GIGAVBYTE)' 메인보드를 기준으로 살펴볼까요? 메인보드 제조업체에서 제공하는 프로그램을 사용하여 메인보드 상태를 진단하고 시스템을 최적화된 상태로 유지할 수 있습니다.

▲ 기가바이트 메인보드 CD가 제공하는 프로그램 목록

❶ **Chipset Drivers** : 칩셋이 제공하는 기술을 사용할 수 있는 프로그램과 칩셋 패치 파일을 설치할 수 있습니다. 메인보드에 내장된 장치를 사용할 수 있는 드라이버도 함께 제공됩니다.

❷ **Applicatuon Software** : 인터넷을 통해 업데이트된 바이오스 파일을 다운로드하여 자동으로 업데이트하는 프로그램인 '@BIOS'와 전원을 켜면 나타나는 부팅 로고를 변경하는 프로그램인 'Face-Wizard' 등을 설치할 수 있습니다. 재부팅할 필요 없이 오버클러킹이 가능하도록 하는 프로그램인 'Easy Tune'을 제공합니다. 오버클러킹 성공률을 높이기 위해 부품에 공급되는 전원을 조절하며 노턴 인터넷 시큐리티와 같은 백신 프로그램도 제공합니다.

TIP 업데이트할 바이오스 프로그램은 여러 개일 수 있습니다. 업데이트된 바이오스 파일을 다 업데이트하는 것이 좋을까요? 올바른 바이오스 업데이트 방법은 402쪽에서 설명합니다.

❸ **Information** : 메인보드를 위한 드라이버 정보가 제공됩니다.

PC 응급실

내 PC에 장착된 메인보드를 확인하고 싶어요

내 PC에 장착된 메인보드 모델명을 확인하기 위해서는 우선 ⊞+X를 누르고 '명령 프롬프트'를 실행합니다. 명령 프롬프트에 다음의 명령어를 입력하고 Enter를 누르면 메인보드 모델명을 확인할 수 있습니다.

```
wmic baseboard get product  Enter
```

▲ 메인보드 모델명을 인터넷 포털 사이트에서 검색어로 입력하면 자세한 정보 얻을 수 있습니다.

10
외장 하드디스크를 오래 사용하려면

이론

사용 중인 외장 하드디스크가 충격을 흡수할 수 있는 제품이면 좋을 것입니다. 충격을 흡수할 수 있는 외장 하드디스크는 모서리가 둥글고 내부에 충격 흡수 기능이 있어야 합니다.

▲ 미끄럼 방지 기능이 있는 외장 하드디스크

▲ 충격 흡수 기능이 있는 외장 하드디스크

TIP '시스템에서 사용중입니다.'라는 메시지가 나타나며 연결이 해제되지 않는다면 실행 중인 프로그램을 확인합니다. 프로그램 제거가 안 된다면 시스템을 재시작한 후 시도해 보세요.

소중한 데이터가 저장된 외장 하드디스크를 오래 사용하는 비법은 다음과 같습니다.

- 외장 하드디스크에 전원이 충분히 공급되어야 하고, 강제로 종료되는 것을 막아야 합니다.
- 하드디스크가 들어 있는 장치이므로 충격을 주지 않아야 합니다.
- 외장 하드디스크를 PC에 연결한 상태에서 직접적으로 전원을 끄면 안 됩니다.
- USB 인터페이스로 연결된 외장 하드디스크 연결을 해제하려면 작업 표시줄 시스템 트레이에서 '하드웨어 안전하게 제거 및 미디어 꺼내기' 아이콘(🖫)을 마우스 오른쪽 버튼으로 클릭하고 표시되는 메뉴에서 '꺼내기'를 실행한 후 장치가 안전하게 제거되면 연결을 해제합니다.
- 시스템 폴더에 의한 액세스를 제한합니다. 외장 하드디스크에 있는 'System Volume Information' 폴더 용량을 확인합니다. 시스템 상태를 되돌릴 수 있는 '시스템 복원' 기능을 사용하면 시스템 이전 상태를 보관하는 'System Volume Information' 폴더가 드라이브에 자동으로 만들어집니다. 외장 하드디스크에 시스템 복원 기능을 사용할 필요가 없다면 불필요한 액세스를 막기 위해 끕니다.

외장 하드디스크의 시스템 보호 기능 끄기

따라하기

① ⊞+Ⅹ를 눌러 표시되는 메뉴에서 '시스템'을 실행하고 '시스템 보호'를 클릭합니다.

② '시스템 속성' 창이 표시되면 보호 설정 항목에서 외장 하드디스크를 선택한 후 〈구성〉 버튼을 클릭합니다. 복원 설정 항목의 '시스템 보호 사용 안 함'을 선택하고 〈확인〉 버튼을 클릭합니다.

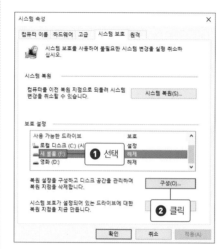
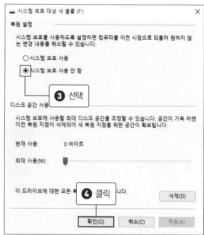

PC 응급실

사용자 계정 컨트롤(UAC) 설정 변경이 안 될 때

사용자 계정 컨트롤 설정을 변경했어도 원상태로 돌아가는 경우라면 로컬 보안 정책을 수정해 문제를 해결할 수 있습니다.

1 | ⊞+Ⓡ을 눌러 '실행' 창이 표시되면 'secpol.msc'를 입력해 로컬 보안 정책을 실행합니다.
2 | 로컬 보안 정책이 실행되면 로컬 정책의 보안 옵션을 선택합니다. '사용자 계정 컨트롤'과 관련된 항목을 모두 다 '사용 안 함'으로 설정합니다.

11

USB 메모리 분실에 대비하기
– BitLocker To Go

USB 메모리, 외장 하드디스크와 같은 휴대 기기에 인증서나 중요한 개인 정보가 담긴 파일을 저장하지만 분실 위험성이 상당히 큽니다.
USB 메모리를 분실해도 안심하기 위해서는 암호화해서 내용을 볼 수 없도록 해야 합니다. 암호화 프로그램으로 윈도우 7 이상에서 제공하는 '비트라커 투고(BitLocker To Go)'를 알아보겠습니다.

비트라커로 암호화하기

따라하기 ① USB 메모리를 시스템에 장착한 후 파일 탐색기를 실행합니다.

② '내 PC' 폴더 USB 메모리 아이콘에서 마우스 오른쪽 버튼을 클릭하고 표시되는 메뉴에서 'BitLocker 켜기'를 실행합니다.

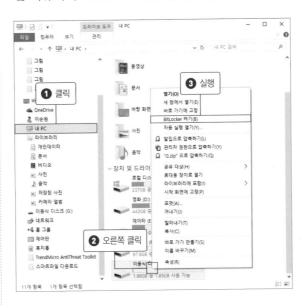

③

TIP 윈도우 8(KN) 버전에서는 비트라커 기능을 제공하지 않습니다. 비트라커 기능이 제공되지 않는 시스템은 'TrueCrypt(http://www.truecrypt.org)'와 같은 무료 프로그램을 이용해 암호화하세요. 윈도우 7의 경우 엔터프라이즈와 얼티밋 에디션 버전에서만 비트라커 기능을 사용할 수 있습니다.

드라이브를 초기화한 후 드라이브 잠금 해제 방법을 선택합니다. '암호를 사용하여 드라이브 잠금 해제'에 체크 표시한 후 사용할 암호를 두 번 입력하고 〈다음〉 버튼을 클릭합니다.

암호를 잊어버릴 경우에 대비해 '복구 키'를 만들어야 합니다. 'Microsoft 계정에 저장'을 클릭하고 복구 키가 저장되어 〈다음〉 버튼이 활성화되면 클릭합니다.

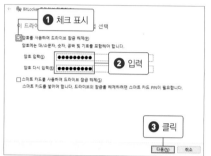
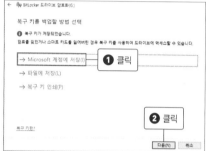

④

사용 중인 공간만 암호화할지, 오랜 시간이 걸리는 전체를 암호화할지 선택한 후 〈다음〉 버튼을 클릭합니다. 〈암호화 시작〉 버튼을 클릭합니다.

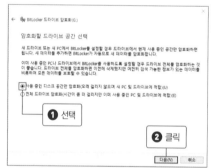

⑤

암호화가 진행됩니다. 암호화가 완료됐음을 알리는 대화상자가 표시되면 〈닫기〉 버튼을 클릭합니다.

암호화가 완료된 USB 메모리를 연결하면 자물쇠 모양이 나타납니다. 드라이브를 사용하기 위해서는 더블클릭하여 과정 ③에서 입력한 암호를 입력한 후 〈잠금 해제〉 버튼을 클릭합니다.

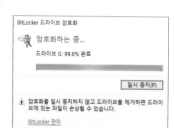

비트라커 해제하기

따라하기 ①

비트라커 기능을 끄려면 잠금 해제된 USB 메모리를 마우스 오른쪽 버튼으로 클릭한 다음 'BitLocker 관리'를 실행합니다.

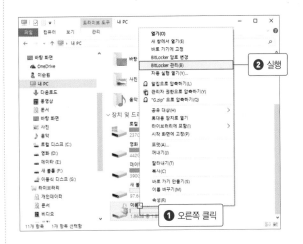

② 제어판의 BitLocker 드라이브 암호화 창이 열리면 'BitLocker 끄기'를 클릭합니다.

③ 비트라커 기능을 끌지 묻는 창이 열리면 〈BitLocker 끄기〉 버튼을 클릭합니다.

④ 비트라커가 해제됐음을 알리는 창이 열리면 〈닫기〉 버튼을 클릭합니다.

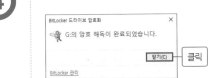

이론 12

열로부터 PC 보호하기

PC를 구성하는 부품 중 가장 많은 열이 발생하는 부품은 가장 많은 연산 작업을 하는 CPU이고, 그 다음은 그래픽 카드 그래픽 프로세서입니다.

이들 부품 위에는 커다란 냉각팬이 장착되어 있습니다. 냉각팬 안 방열판에는 서멀그리스(서멀컴파운드)라는 회색 물질이 발라져 있어 CPU 코어 열을 잘 전달합니다. 서멀그리스는 점성이 있는 물질로 CPU와 방열판을 밀착해 열 전달을 원활하게 합니다. CPU를 처음 구입했을 때 방열판 아래에 있는 끈적한 물질이 바로 서멀테이프입니다.

좋은 서멀그리스는 전기가 통하지 않고 오랫동안 기름 성분이 마르지 않아야 합니다. 서멀그리스 수명은 보통 2~3년(열에 따라 다름)입니다. PC를 오래 사용했고 CPU 발열이 의심스러우면 서멀그리스를 다시 발라야 합니다. 서멀그리스는 전자상가나 인터넷 쇼핑몰 등에서 쉽게 구입할 수 있습니다.

▲ 서멀테이프는 CPU와 방열판을 밀착시키고 열 전달을 돕습니다.

▲ 서멀그리스를 소량 사용합니다.

▲ 서멀그리스는 가능하면 얇게 펴 바르는 것이 좋습니다.

기존 CPU에 붙어 있는 오래된 서멀그리스는 알코올 등을 떨어트려 점성을 없앤 후 보풀 없는 헝겊을 이용해 닦아냅니다.

CPU에 밀착된 냉각팬을 올린 후 다시 장착하는 작업은 CPU와 냉각팬 사이의 밀착도를 떨어트리고 밀착되어야 할 공간에 더 많은 공기 방울을 추가할 위험이 있습니다. 오래된 PC 청소, 서멀그리스 교체 등과 같은 뚜렷한 목적이 있는 작업 외에는 건드리지 않는 것이 좋습니다.

check! check!

내 PC, 태블릿, 노트북이 윈도우 10과 어울리는지 확인하기

☑ 드라이브에 20GB 이상의 여유 공간이 있는지 확인하세요.

윈도우10은 윈도우 7이 요구하는 하드웨어 제원과 비슷할 만큼 가볍습니다. 윈도우 7이 설치된 내 PC, 내 태블릿 PC가 윈도우 10에 어울리는지 알아보세요.

윈도우 10 최소 하드웨어 요구 사항

	32비트	64비트
CPU	1GHz(PAE, NX, SSE2 지원)	
메인보드	UEFI 2.3.1 이상 지원	
메모리	1GB	2GB
그래픽 카드	다이렉트X9 지원 그래픽 장치	
저장 장치	16GB	20GB

태블릿 노트북에 윈도우 10을 설치하기 위한 하드웨어 요구 사항

그래픽 카드	다이렉트X 9 지원 그래픽장치
저장 공간	10GB의 남은 공간
표준 버튼	전원, 자동 회전 잠금, 윈도우 키, 소리 크게, 소리 작게
화면	최소 1366x768 해상도, 최소 5포인트 디지타이저를 지원하는 터치스크린
카메라	최소 720p
빛 센서	130k kux(동적 범위 5~60K)
가속도계	3축
USB 2.0	최소 하나의 컨트롤러와 노출 포트
연결	와이파이 및 블루투스 4.0_le
기타	스피커, 마이크로폰, 자기력계, 자이로스코프

추가로 터치 입력을 이용하려면 멀티터치를 지원하는 모니터도 필요하며, 메트로 UI와 윈도우 스토어에서 구입한 앱을 이용하려면 1024×768 이상의 해상도, 끌기를 이용하려면 1366×768 이상의 해상도가 지원되어야 합니다.
최저 시스템 사양은 이렇지만 윈도우 10이 제공하는 장점들을 제대로 활용하려면 윈도우 10의 모든 기능을 제대로 사용할 수 있는 권장 사양 이상 되어야 합니다.
권장 사양은 다음과 같습니다.

CPU : 1세대 인텔 코어 i5급 프로세서, 혹은 2세대 이후의 인텔 코어 i3급 이상의 프로세서
RAM : 4GB RAM 이상
HDD : 120GB 이상의 HDD, 혹은 SSD

TIP 윈도우 7이 설치된 PC에 윈도우 10을 업그레이드 설치하게 되면 훨씬 시스템이 가볍게 느껴진다는 의미가 바로 요구하는 하드웨어 제원이 비슷하지만 효율성은 운영체제가 업그레이드되면서 올라갔기 때문입니다. 또한 윈도우 7에서 그래픽을 중요시해서 사용했던 에어로(Aero) 기능이 사라졌습니다. 모든 창 애니메이션과 반투명한 유리 효과 등이 사라져 요구하는 시스템 사양이 낮아진 것도 시스템 요구 사양을 맞추는데 한몫했을 겁니다.

TIP 사용하는 시스템이 구형 시스템이라면 업그레이드도 어렵습니다. 이미 1세대 CPU와 4GB 메모리 정도로는 웹 서핑에도 버겁고 윈도우 10용 드라이버를 구해 설치하기도 어려울 것입니다.
고용량 하드디스크와 최신 SSD 지원 등에도 한계가 있으므로 이미 노후화된 PC를 굳이 부분적으로 보수하기보다는 아예 새로운 PC로 교체하는 것이 오히려 비용이 덜 들 정도입니다.

도전! 파워 유저

M.I.T. 조절로 PC 성능 올리기
– 오버클러킹 정복

오버클러킹(OverClocking)은 부품이 사용하는 작동 클럭을 임의로 높여 성능을 올리는 방법입니다. 무리한 오버클러킹은 부품 수명을 단축하고, 주변 장치 수명에도 안 좋은 영향을 주지만, 제대로 된 오버클러킹은 단점을 최소화하고 하드웨어 성능을 극대화할 수 있습니다.

오버클러킹의 장점을 무시할 수 없는 제조업체들은 배수 제한을 해제한 CPU를 공식적으로 판매하고, 메인보드 제조업체는 메인보드 오버클러킹 성능이 얼마나 뛰어난지, 오버클러킹이 쉬운지 등을 기준으로 가격을 결정합니다.

메인보드 시모스 셋업에서 'M.I.T.(Mainboard Intelligent Tweaker)'는 시스템 성능을 올리기 위한 오버클러킹 메뉴입니다. 배수 제한이 해제된 CPU 시스템을 사용하면 클럭 배수를 올려 더 높은 폭의 오버클러킹이 가능합니다. 오버클러킹에 대한 정확한 지식을 습득하고 안전한 오버클러킹에 도전하세요.

1 | CPU 오버클러킹하기

CPU 오버클러킹은 메인보드 칩셋(PCH)이 파워 서플라이를 통해 들어온 전압을 CPU에 전달할 때 기본 클럭보다 높여 전달합니다. K버전 CPU는 오버클러킹을 위해 배수 제한이 해제되어 CPU 작동 클럭을 높이기 위해 CPU 배수만 높이면 된다고 생각할 수 있습니다. 하지만 CPU는 다른 부품과 연결되어 작동하므로 안정적인 오버클러킹을 위해서는 다음과 같은 몇 가지 세부 조절이 필요합니다.

- CPU는 메모리로부터 데이터를 가져오고 CPU에 메모리 컨트롤러가 있기 때문에 메모리 작동 클럭도 같이 높여야 오작동하지 않습니다.
- 클럭이 높다는 것은 그만큼 전압을 많이 사용한다는 것으로, 충분한 전원이 공급되어야 합니다.
- CPU 코어 안에 그래픽 코어가 함께 제공되므로 그래픽 코어 작동 속도와 추가 사용 전압까지 고려해야 합니다.
- 작동 클럭이 높으면 발열이 심해지므로 현재 사용되는 냉각 시스템이 CPU와 메모리에서 발생하는 열을 식힐 수 있는지 확인해야 합니다.

CPU를 무리하게 오버클러킹하면 냉각 시스템을 교체해야 하고 파워 서플라이도 더 높은 출력을 제공하는 제품으로 바꿔야 합니다.

2 | 메모리 타이밍 조절하기

기본 메모리인 DRAM은 충전지와 비슷한 콘덴서로 이루어져 있으며, 전기를 일정량 저장할 수 있지만 그냥 두면 방전됩니다. 콘덴서가 전기를 저장할 수 있는 시간은 매우 짧기 때문에 메모리 속도는 숫자가 작을수록 빠른 나노세컨드(ns; nano second, 1/10억 초) 단위를 사용합니다.

데이터 위치를 알려 주는 RAS, CAS 신호

메모리에서 데이터를 읽으려면 먼저 어느 셀(Cell)인지를 알아야 합니다. 메모리 주소는 행렬 매트릭스 방식으로 매핑되어 있습니다. 특정 셀 내용을 읽으려면 먼저 행 위치를 알려 주는 신호인 RAS(Row Access Strobe)를 보낸 후 열 주소를 알려주는 CAS(Colume Access Strobe)를 보내 어떤 셀의 데이터를 읽어올지 알려 줍니다. 신호 전달 시간이 짧을수록 성능이 좋은 메모리입니다.

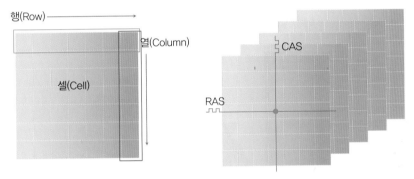

▲ 논리적인 메모리 구조　　　　　　　　▲ 행/열의 주소를 알려주는 신호로, 데이터가 기록된 주소를 알아냅니다.

메모리 타이밍은 CAS Latency(CL), RAS# To CAS# Delay(tRCD), RAS# Precharge(tRP), Cycle Time(tRAS) 값으로 조절합니다. 시모스 셋업의 메뉴에서 'M.I.T.' → 'Advanced 메모리 설정' → '채널 A/B 타이밍 설정'을 실행해 조절할 수 있습니다. 각 항목을 알아보겠습니다.

❶ CAS# Latency(CL) : CAS, RAS 신호를 모두 받아들인 메모리에 데이터를 쓰거나 읽을 준비하는 데 걸리는 시간입니다. CAS는 열 정보를 읽는 과정이며, RAS는 행 정보를 읽는 과정입니다. 행 정보를 읽고 열 정보를 읽은 후 바로 출력되는 이 부분이 메모리 타이밍에 가장 큰 영향을 줍니다. 'tCL'이라고 표시하며 메모리 요청에 가장 많이 차지하는 시간이 바로 CAS에 걸리는 시간이기 때문에 CAS 수치 값이 작을수록 메모리 성능이 좋습니다. 메모리가 감당할 수 없는 시간을 설정하면 행에 담긴 정보를 완전히 전달하지 못하므로 오류가 발생합니다.

❷ tRCD(RAS# To CAS# Delay) : RAS 신호를 보낸 후 CAS 신호를 보낼 때까지 대기 시간입니다. 즉, 먼저 RAS 신호로 열을 찾고 CAS 신호를 찾아야 하는데, 신호를 연달아 보내면 메모리 셀이 이를 받아들이지 못할 수 있으므로 적정 지연 시간이라고 생각할 수 있습니다. 지연 시간이 필요한 이유는 메모리 내용을 일정 시간마다 새로 고치는 작업(Refresh)이 필요하기 때문입니다. 물론 새로 고치는 작업이 적을수록 메모리 속도가 빠릅니다.

❸ tRP(RAS# Precharge) : RAS 신호를 보내기 위한 준비 시간입니다. RAS 신호는 전기 신호입니다. 전기 신호를 보내기 위해서는 에너지를 준비해야 하는데, 이러한 에너지는 메모리 안 작은 충전 회로인 '캐퍼시터(Capacitor)'에 보관되며 이 캐퍼시터가 충전되는 데 걸리는 시간입니다.

❹ tRAS(Cycle Time) : 행 주소 셀을 읽는 신호의 시간입니다.

오버클러킹에 특화된 XMP 메모리

XMP(eXtreame Memory Profile) 메모리는 오버클러킹 테스트를 통해 검증된 메모리로 일반 메모리보다 빠른 램 타이밍과 시모스 셋업을 통해 메모리 타이밍을 빠르게 조절할 수 있는 정보를 사용합니다. XMP 메모리를 사용하는 경우 Extreme Memory Profile(X.M.P) 항목에서 Profile을 선택할 수 있습니다. 초보자는 수동으로 램 타이밍을 조절하는 것이 편리합니다.

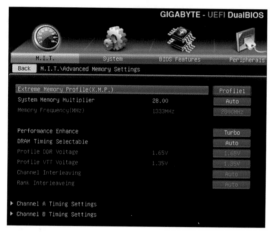

▲ 방열판까지 장착된 킹스톤의 HyperX T1 XMP 메모리

▲ 메뉴에서 'M.I.T.' → 'Advanced Memory Settings'를 실행하여 미리 설정된 메모리 정보를 불러올 수 있습니다.

3 | 오버클러킹 전 시스템 사전 점검하기

오버클러킹 전에 내 시스템에 장착된 부품이 사용하는 작동 클럭, 사용 전압 등을 확인하세요. 시모스 셋업 메뉴의 'M.I.T.' → 'M.I.T. 기본 상태'와 'M.I.T.' → 'PC 건강 상태'에서 정보와 CPU-Z, 하드웨어 모니터(HW Monitor)를 통해 얻은 정보를 연결해 확인하겠습니다.
CPU-Z와 하드웨어 모니터 유틸리티는 모두 CPUID(http://www.cpuid.com/software) 사이트에서 다운로드할 수 있습니다. 사용하는 윈도우 버전에 맞는 설치가 필요 없는 압축 파일로 다운로드하세요.

CPU 정보 확인

CPU-Z의 'CPU' 탭에서 작동 클럭을 확인하고 하드웨어 모니터에서 현재 온도와 사용 전압을 확인합니다.

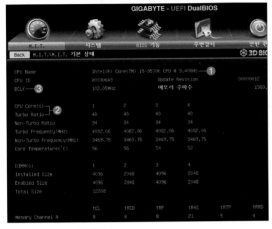

▲ 'M.I.T.' → 'M.I.T. 기본 상태' 메뉴

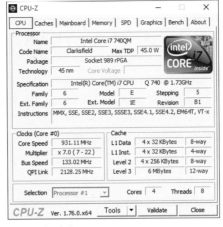

▲ CPU-Z 'CPU' 탭

하드웨어 모니터(http://www.cpuid.com/softwares/hwmonitor.html) 프로그램을 이용해 CPU 온도와 사용 전압, 냉각팬 작동 속도, 작동 현황 등을 한눈에 살펴볼 수 있습니다.

▲ 'M.I.T.' → 'PC 건강 상태' 메뉴

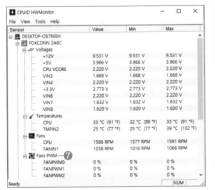

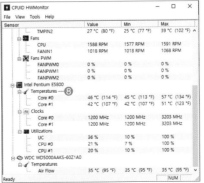

▲ 하드웨어 모니터로 'Value' 탭은 현재 값, 'MAX' 탭은 최대 값, 'MIN' 탭은 최소 값을 나타냅니다.

❶ CPU Name : CPU 작동 클럭입니다.

❷ CPU Core(S)/Turbo Ratio : 사용 중인 CPU 클럭 배수입니다. 터보 부스트 기능이 사용되어 클럭 배수가 변동됩니다.

❸ BCLK : CPU로 전달되는 FSB입니다. 네할렘 아키텍처가 적용된 코어 시리즈 CPU부터 BCLK(Base Clock)가 사용되며, 실시간 클럭 값이 표시됩니다. CPU 작동 클럭은 'BCLK×클럭 배수'로 결정되므로 CPU를 오버클러킹하려면 베이스 클럭을 올리거나 클럭 배수를 높여 진행합니다.

❹ Voltage : 전압 정보를 제공합니다. CPU VCORE 전압과 DDR 메모리가 사용하는 DRAM 전압을 확인해야 합니다.

❺ Temperatures : TWPIN0은 PCH 온도입니다. TWPIN1은 시스템 내부 온도이고, TWPIN2은 CPU 온도입니다.

❻ FANS : 냉각팬 속도를 표시합니다. FANIN0은 CPU 냉각팬 속도입니다.

❼ Fans PWM : PWN 기능에 의해 냉각팬 속도 가속 비율을 표시합니다. 0%는 가속이 붙지 않았음을 의미하며 그만큼 시스템 온도가 낮다는 뜻입니다. PWM 값이 100% 가까이 올라가면 시스템은 과부하 상태입니다.

❽ Temperatures : 현재 CPU 코어별 온도입니다. 코어 네 개가 비슷한 온도로 측정되는 것이 좋습니다. 특정 코어 온도가 비정상적으로 높으면 과도한 오버클러킹을 했을 때 해당 코어에 문제가 생길 위험이 높습니다.

메모리 정보 확인

'CPU-Z'의 'Memory' 탭과 'SPD' 탭에서 메모리 정보를 확인할 수 있습니다.

▲ 'M.I.T.' → 'M.I.T. 기본 상태' 메뉴

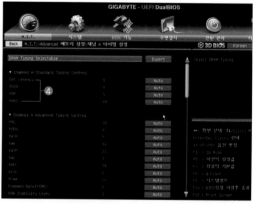

▲ 'M.I.T.' → 'Advanced 메모리 설정' → '채널 A 타이밍 설정' 메뉴

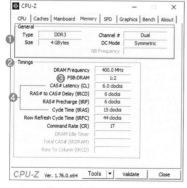

▲ CPU-Z의 'Memory' 탭

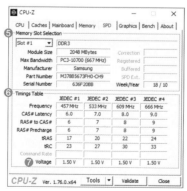

▲ CPU-Z의 'SPD' 탭에서는 ns 단위로 속도를 표시합니다. 숫자가 작을수록 빠릅니다.

❶ **General** : 메모리 유형과 채널 정보가 나타납니다.

❷ **Timings** : DRAM Frequency는 메모리 I/O 클럭입니다. 듀얼 채널로 작동하므로 현재 메모리는 1,333MHz입니다.

❸ **FSB:DRAM** : 현재 FSB(DRAM 내부에서 사용하는 속도) 배수와 메모리에서 사용하는 배수를 의미합니다.

❹ 현재 램 타이밍을 확인하세요. 단위는 clocks로 나타내는데 숫자가 작을수록 빠른 메모리입니다.

❺ **Memory Slot Selection** : 메모리 슬롯별로 선택해 슬롯에 장착된 메모리 모듈 크기(Module Size), 최대 대역폭(Max Bandwidth), 제조업체(Manufacturer), 부품 번호(Part Number), 일련 번호(Serial Number), 제조 주/년도(Week/Year)를 확인합니다.

❻ **Timings Table** : IEDEC(세계 반도체 표준 협회) 규격에 따른 해당 메모리 작동 속도별 램 타이밍입니다. 저가형 메모리는 해당 정보가 모두 표시되지 않는 경우가 있습니다.

❼ **Voltage** : 메모리가 사용하는 전압입니다. 오버클러킹하면 메모리가 사용하는 전압을 높여야 합니다.

4 | 메인보드 제조업체가 제공하는 오버클러킹 유틸리티 사용하기

메인보드 제조업체는 오버클러킹을 지원하는 시스템 유틸리티를 제공합니다. 사전에 미리 메인보드 업체에서 설정한 값으로 한도 안에서 오버클러킹을 진행할 수 있습니다.

여기서는 기가바이트 메인보드에서 제공하는 EasyTune6 유틸리티를 이용한 안전한 오버클러킹을 해 보겠습니다. 이지튠6 유틸리티를 사용하면 CPU-Z나 하드웨어 모니터 유틸리티를 이용하지 않아도 시스템 정보를 확인하고 냉각팬 상태, 온도를 점검할 수 있습니다.

❶ 이지튠6 유틸리티를 실행하면 작업 표시줄 트레이에 아이콘(⊙)이 등록됩니다. 시작 프로그램으로 사용하지 않으려면 '이지튠6' 아이콘에서 마우스 오른쪽 버튼을 클릭하고 표시되는 메뉴에서 'Always run on next reboot'를 실행하여 비활성화합니다. 'Show'를 실행하면 이지튠6가 실행됩니다.

❷ 이지튠6가 실행되고 오버클러킹을 진행할 수 있는 'Tuner' 탭이 선택됩니다. Boost Level 항목 Default에는 시스템에 장착된 CPU 기본 작동 클럭과 사용 중인 BCLK가 표시됩니다.

오버클러킹은 1, 2, 3단계 중에서 선택할 수 있습니다. '1' 아이콘(◉)을 클릭하여 안전한 1단계 오버클러킹을 진행합니다.

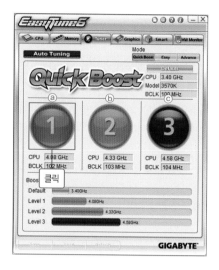

ⓐ **1단계 오버클러킹** : CPU 클럭 배수와 CPU 코어 사용 전압, BCLK를 조금 올려 오버클러킹을 진행하므로 별도로 냉각 시스템 없이 메모리 타이밍을 조절하지 않아도 쉽게 진행됩니다. 클럭 배수가 풀린 'K'가 붙은 CPU이므로 BCLK가 아닌 클럭 배수 조절 위주로 오버클러킹이 진행됩니다.

ⓑ **2단계 오버클러킹** : 정품 CPU 쿨러와 일반적인 파워 서플라이, 메모리를 사용하는 경우라도 대부분 이상 없이 진행됩니다. 메모리 타이밍도 BCLK에 비례해 조절됩니다.

ⓒ **3단계 오버클러킹** : 이지튠6가 제공하는 최고의 오버클러킹 단계이므로 터보 부스트 기능이 비활성화됩니다. 별도로 냉각 시스템과 용량이 넉넉한 파워 서플라이를 갖추지 않으면 실패할 수도 있습니다. 오버클러킹 실패로 시스템이 시동되지 않으면 150쪽을 참고해 시모스 셋업을 기본 값으로 되돌린 후 다시 설정 작업을 진행합니다.

❸ 시스템을 재시작할지 묻는 메시지 대화상자가 표시되면 〈Restart Now〉 버튼을 클릭해 시스템을 다시 시작합니다.

시스템이 다시 시작되면 이지튠6를 실행하고 'CPU' 탭을 선택합니다. 오버클러킹 전과 후에 변동된 사항을 확인할 수 있습니다. CPU가 사용하는 Voltage 정보가 변경되었습니다.

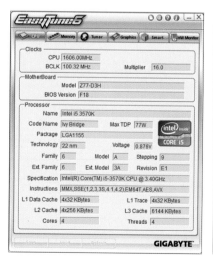

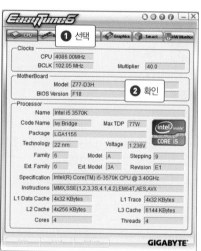

④ 'Memory' 탭 화면에서 메모리 작동 클럭과 사용 전압 변동 유무를 확인할 수 있습니다.

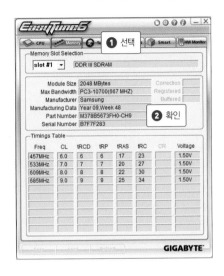

> **TIP** 이지튠6의 'Graphics' 탭에서는 슬라이더를 조정해 그래픽 카드 작동 클럭을 조절해서 오버클러킹을 진행할 수 있지만 권장하지 않습니다. 그래픽 카드 오버클러킹은 그래픽 카드 제조업체에서 제공하는 별도의 오버클러킹 유틸리티를 사용하는 것이 좋습니다.

⑤ 'Smart' 탭을 선택하고 메인보드에 연결된 냉각팬(SYS FAN)과 CPU 냉각팬(CPU FAN) 속도를 조절합니다. 'Default'로 지정되었으면 냉각팬 속도가 온도 감지에 의해 자동으로 조절됩니다. 〈Advanced〉 버튼을 클릭하여 CPU 최저, 최대 온도에 따른 냉각팬 속도를 조절할 수 있습니다.

그림에서 ⓐ에 표시된 CPU 온도가 20° 이상이면 냉각팬 속도를 35% 이상으로 서서히 올리고, ⓑ에 표시된 CPU 온도가 65° 이상이면 냉각팬 속도를 100%(최대 속도)로 작동한다는 의미입니다. 파란색 조절점(■)을 클릭해 온도에 따른 회전 속도를 조정하고 〈Set〉 버튼을 클릭합니다.

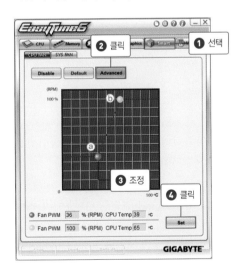

⑥ 'HW Monitor' 탭을 클릭해 오버클러킹을 한 다음 현재 시스템이 안정적인지 사용 전압과 냉각팬 회전 속도, 온도 등 CPU 건강 상태를 점검할 수 있습니다.

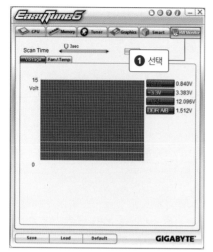

❼ 1단계 오버클러킹 작업을 한 다음 'Windows 체험 지수'로 평가해 보니 항목별 점수가 조금 올랐습니다.

▲ 오버클러킹 전

▲ 1단계 오버클러킹 후

5 | 그래픽 카드 오버클러킹하기

그래픽 카드 제조업체에서는 자동 오버클러킹 유틸리티를 제공합니다. 그래픽 카드 오버클러킹은 GPU 코어 속도와 그래픽 메모리 속도를 조절합니다. 간단한 전압 조절이 가능하고 냉각팬 속도 조절도 한번에 해결할 수 있습니다.

기가바이트 그래픽 카드의 경우 'Easy Boost', MSI 그래픽 카드의 경우 'Afterburner', ATI 그래픽 카드의 경우 '오버드라이브(OverDrive)' 유틸리티를 제공합니다.

오버드라이브는 자동 오버클러킹 기능을 제공합니다. GPU 코어 속도를 3~7MHz씩 높이는 방식으로 진행하여 최대 부하에서 그래픽 카드가 안정적으로 작동하는지 자동으로 확인합니다. 최적화해서 오버클러킹된 GPU 코어 속도를 결정하는 기능입니다.

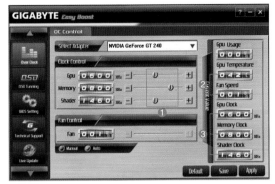

◀ 기가바이트의 Easy Boost

❶ 슬라이더를 조정해 작동 클럭을 조절합니다.
❷ 현재 GPU 온도와 냉각팬 속도입니다.
❸ 현재 GPU 작동 클럭, 메모리 클럭, 셰이더 클럭입니다.

▲ MSI Afterburner

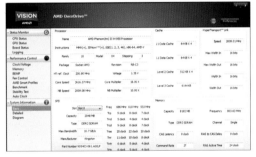

▲ AMD Overdrive

성능 좋은 하이엔드급 그래픽 카드를 사용하면 오버클러킹에 욕심을 낼 만합니다. 오버클러킹 성공률
도 높고 결과적으로 성능 향상도 좋기 때문입니다.
보급형이나 내장형 그래픽 카드를 사용하면 굳이 오버클러킹해서 사용해야 할지는 의문입니다. 오버
클러킹으로 갑자기 게임 화면이 부드러워지지는 않고, 보급형 그래픽 카드가 갖춘 냉각 시스템도 약하
기 때문입니다.

그래픽 카드 오버클러킹 성공 여부 확인하기

그래픽 카드 오버클러킹 성공 여부는 어떻게 알 수 있을까요? 그래픽 카드 오버클러킹을 점검하는 일반적
인 방법은 '퓨 마크(Fur Mark)' 유틸리티를 실행해 그래픽 카드에 과부하를 걸어 확인하는 것입니다.
최대 부하 상태로 그래픽 카드가 20분 이상을 견디면 오버클러킹된 속도로 그래픽 카드를 사용할 수
있습니다. 만일 그래픽 카드가 견디지 못하고 시스템 이상이 발생하면 그래픽 코어와 메모리 작동 클럭
을 낮춰야 합니다.

 OpenGL 2.0을 호환하는 그래픽 카드의 경우 확인할 수 있습니다.

① 웹브라우저를 실행하고 다음 주소로 이동하여 Greeks3D 사이트를 방문해서 'Fur Mark' 프로그램 최신 버전을 다운로드하여 설치합니다.

http://www.ozone3d.net/benchmarks/fur

② 'FurMark' 파일을 더블클릭하여 실행하고 그래픽 카드 상태를 모니터링하기 위해 〈GPU-Z〉 버튼을 클릭합니다.

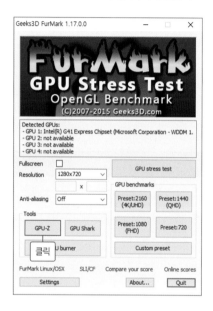

③ GPU-Z가 실행되면 'Sensors' 탭을 선택하여 그래픽 카드 상태를 확인합니다. GPU Temperature에서 GPU 온도가 '90℃'를 넘으면 Esc 를 눌러 테스트를 종료합니다.

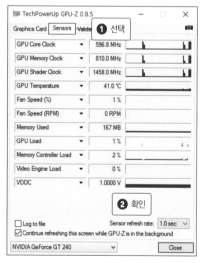

◀ 그래픽 코어 온도를 확인합니다.

④ 테스트를 시작하기 위해 Resolution 항목을 모니터 최대 해상도에 맞추고 〈Settings〉 버튼을 클릭합니다.

⑤ 그래픽 카드에 부하를 주기 위해 'Burn-in', 'Xtreme burn-in'에 체크 표시하고 〈OK〉 버튼을 클릭합니다.

⑥ FurMark에서 〈GPU stress test〉 버튼을 클릭합니다. 경고 메시지 대화상자가 표시되면 〈GO!〉 버튼을 클릭합니다.

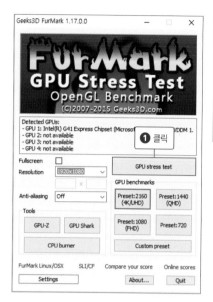

⑦ 테스트가 진행되면 Alt + Tab 을 눌러 'GPU –Z' 창을 표시하고 그래픽 카드 온도와 전압 변화를 확인합니다. 문제가 있으면 용 그림과 함께 도넛 형태에 얼룩 또는 줄이 나타납니다.

20분 이상 테스트를 진행하고 이상이 없으면 Esc 를 눌러 테스트를 종료합니다.

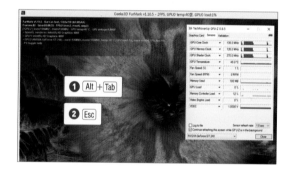

6 | M.I.T. 메뉴로 시스템 상태 확인하기

최신 메인보드는 오버클러킹 성능을 홍보 수단으로 사용합니다. 오버클러킹이 얼마나 쉬운지, 오버클러킹을 위한 세부 메뉴를 제공하는지를 알리며, 오버클러킹만으로 쉽게 시스템 성능을 올릴 수 있는 것처럼 홍보합니다. 과도한 오버클러킹은 메인보드 손상을 일으킬 수 있다는 경고 문구도 함께 표시합니다. 오버클러킹을 위해 시스템의 세부 성능을 조절할 수 있는 시모스 셋업 메뉴는 'M.I.T.(Mainboard Intellegent Tweaker)'입니다. 'M.I.T.' 메뉴를 직접 조절하지 않아도 설정 값의 내용을 알면 시스템 성능 확인에 도움이 됩니다. 'M.I.T.' 메뉴에서 확인할 수 있는 정보를 살펴보겠습니다.

시스템 정보 보기 – M.I.T. → M.I.T. 기본 상태

CPU 작동 클럭과 CPU로 전달되는 버스 클럭(BCLK), 작동 속도, 코어 온도, 메모리 타이밍 현재 시스템 상황을 한눈에 확인할 수 있습니다.

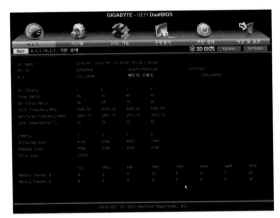

▲ 'M.I.T.' → 'M.I.T. 기본 상태' 메뉴

M.I.T. → Advanced 주파수 설정

CPU 클럭 배수, 베이스 클럭, 그래픽 코어 클럭, 메모리 작동 클럭 등을 조절해 CPU, 메모리, 그래픽 코어 핵심 성능을 결정할 수 있습니다.

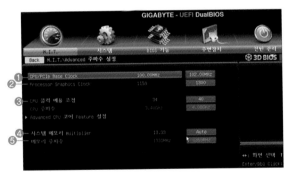

▲ 'M.I.T.' → 'Advanced 주파수 설정' 메뉴

❶ **CPU/PCIe Base Clock** : CPU가 사용하는 베이스 클럭을 조절합니다. 클럭 배수에 제한이 있는 CPU는 베이스 클럭을 조절해 오버클러킹을 진행했습니다. 기본 값은 '100.00MHz'이지만 현재 적용된 값은 102.00MHz입니다.

❷ **Processor Graphics Clock** : CPU에 내장된 그래픽 코어의 작동 클럭입니다. 베이스 클럭에 의해 CPU에 내장된 그래픽 코어 작동 속도도 달라집니다. 기본 베이스 클럭(100MHz), 오버된 베이스 클럭(102MHz)이 적용된 그래픽 코어 작동 클럭이 표시됩니다.

❸ **CPU 클럭 배율 조정** : CPU 클럭 배수를 설정합니다. CPU에 적용된 클럭 배수와 적용된 클럭 배수에 베이스 클럭을 곱한 값이 CPU 작동 속도입니다. 작동 속도는 CPU 주파수에 표시됩니다.

❹ **시스템 메모리 Multiplier** : 시스템 메모리 배수를 설정합니다.

❺ **메모리 주파수** : 메모리 작동 속도는 ❶의 베이스 클럭과 ❹의 시스템 메모리 배수를 곱한 값으로 결정됩니다.

M.I.T. → Advanced CPU 코어 Feature 설정

CPU 속도 조절뿐만 아니라 CPU가 지원하는 고급 기능을 설정할 수 있습니다.

▲ 'M.I.T.' → 'Advanced CPU 코어 Feature 설정' 메뉴

❶ **내부 CPU PLL Overvoltage** : CPU 클럭 생성기 전압이 높으면 시스템이 불안정해지므로 PLL이 사용하는 전압이 어느 정도를 넘지 못하도록 설정합니다. PLL 전압은 오버클러킹을 했을 때 건드리지 않으므로 기본 값은 'Auto'로 지정합니다.

❷ **CPU 코어의 전류 Limit(Amps) 설정** : CPU 코어에 흐르는 전류(A) 한계 값을 설정합니다. 일정 값을 넘으면 자동으로 클럭을 조절하여 회로를 보호합니다.

'전력(Watt)=전압(Voltage)×전류(Amphere)'로 CPU Vcore에 흐르는 전압 값과 최대 전력 사용 값에 의해 결정되기 때문에 'Auto'로 지정합니다.

❸ **CPU 멀티코어 기술** : 멀티 코어 CPU에 대한 코어별 활성화 여부를 결정합니다.

❹ **CPU Enhanced Halt(C1E)** : CPU 절전 기능인 C1E 사용 여부를 결정합니다. 시스템이 쉴 때 CPU 코어 주파수와 전압을 줄여 소비 전력을 줄입니다. 인텔 CPU 절전 기능은 'C1~C10' 단계로 숫자가 클수록 절전 기능이 높습니다.

❺ **CPU C3/C6 Status 지원** : C1E보다 향상된 절전 기능인 C3/C6 사용 여부를 결정합니다.

> 🔔 **TIP** 인텔 코어 린필드 i3/i5/i7에서 C3/C6 절전 기능을 사용하는 경우 C3/C6 상태에서 SSD 성능이 떨어지는 문제가 발생했다는 보고가 있습니다. 린필드 CPU를 사용하면 'Disabled'로 지정합니다.

❻ **CPU 온도 모니터** : CPU 코어 온도 감시 기능 사용 여부를 결정합니다. '사용'으로 지정하면 CPU가 과열되었을 때 CPU 코어 주파수와 전압을 감소시켜 온도를 낮춥니다.

❼ **CPU EIST 기능** : CPU 부하에 따라 CPU 전압과 코어 주파수를 조절하여 소비 전력과 발열을 줄이는 절전 기능 사용 여부를 결정합니다.

M.I.T. → Advanced 전압 설정 → CPU Core Voltage Control

메인보드에 장착된 CPU가 사용하는 전압 설정 이 제공됩니다. 오버클러킹 작업을 할 때 CPU 관련 전압 조절이 필요한 경우 이곳에서 설정합니다.

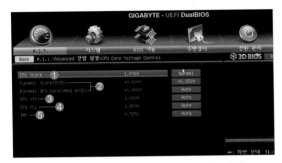

▲ 'M.I.T.' → 'Advanced 전압 설정' → 'CPU Core Voltage Control' 메뉴

❶ **CPU Vcore** : CPU 코어 사용 전압을 설정합니다. 현재 표시된 오버클러킹을 하지 않았을 때 CPU가 사용하는 전압을 기준으로 오버클러킹을 할 때 사용 전압을 올립니다. 'Auto'로 지정하면 CPU가 사용할 충분한 전압을 제공합니다.

❷ **Dynamic Vcore(DVID)/Dynamic GFX Core(VAXG DVID)** : CPU나 내장 그래픽 코어에 부하가 걸리면 동적으로 전압을 더하는 기능입니다. CPU Vcore를 'Normal'로 지정하면 추가할 전압 값을 설정할 수 있습니다.

❸ **CPU Vtt** : CPU에 내장된 PCIe 컨트롤러가 사용하는 전압입니다.

❹ **CPU PLL** : CPU 클럭 생성기가 사용하는 전압입니다.

❺ **IMC** : CPU에 내장된 메모리 컨트롤러 사용 전압입니다.

7 | M.I.T. 메뉴에서 램 타이밍 확인하고 조절하기

'M.I.T.' 메뉴 중 메모리와 관련된 항목을 알아보겠습니다. 시스템 성능을 높일 때 CPU 작동 클럭뿐 아니라 메모리 타이밍까지 같이 높여야 성능 향상이 이뤄집니다.

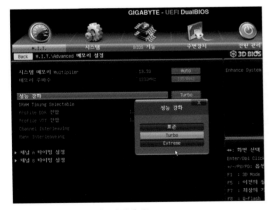

▲ 'M.I.T.' → 'Advanced 메모리 설정' 메뉴

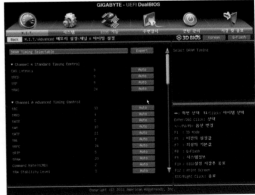

▲ 'M.I.T.' → '채널 A 타이밍 설정' 메뉴

PART
4

윈도우 최적화,
트러블 슈팅
무작정 따라하기

윈도우를 만든 마이크로소프트는 윈도우 최적화의 끝은 '윈도우의 어떤 설정도 건드리지 않는 것이다'라고 명시해 놓더군요. 하지만 윈도우를 사용하다보면 설정은 알게, 모르게 변하거나 속도가 점점 느려지기까지 합니다. 어떻게 해야 윈도우를 안전하게 사용할까요?
또한 PC 사용의 주목적이 되어버린 인터넷, 넓은 정보의 바다 인터넷을 안전하게 항해하는 방법을 알아보겠습니다. 안전한 인터넷 서핑법과 익스플로러로 인터넷을 항해할 때 발생할 수 있는 문제 해결책까지 자세히 알아보겠습니다.

시모스 셋업 조절,
빠른 시작으로
부팅 시간 단축하기

윈도우 10은 부팅 속도를 획기적으로 개선한 운영체제입니다. 확장 펌웨어인 UEFI 바이오스와 절전 모드를 사용해 부팅 시간을 단축했습니다. 이전처럼 F8 이나 Delete 를 눌러 임의로 윈도우 로딩을 중지할 시간 없이 빠르게 윈도우가 시작됩니다. 이번 챕터에서 빨라진 윈도우 부팅의 비밀을 알아보고, 빠른 부팅 속도를 유지하기 위한 비법을 알아보겠습니다.

윈도우 10 부팅 시간이 짧아진 이유 알아보기

윈도우 10/8에 최적화된 PC 전원을 켜면 이전 운영체제에서 볼 수 없었던 속도로 부팅됩니다. 부팅 속도가 너무 빨라서 Del 를 눌러 시모스 셋업을 실행하거나 F8 을 눌러 윈도우 부팅 메뉴를 불러올 시간조차 없습니다.

윈도우 8 이상에서 부팅 속도가 빨라진 비밀은 '최대 절전 모드'와 'UEFI 바이오스'입니다.

TIP 윈도우 8 이상에서 최대 절전 모드는 정확하게는 윈도우 7에서 사용했던 최대 절전 모드와는 다릅니다.

최대 절전 모드는 PC 종료 직전까지 처리했던 작업을 저장했다가 PC가 켜질 때 데이터를 불러들여 이전 상태와 같게 만드는 기능입니다. 이 기술을 부팅에 활용해 부팅 단계에서 필요한 작업을 다시 불러들이지 않아도 이미 처리했던 프로세서를 메모리에 불러들여 드라이버 처리 시간을 단축했습니다. 매번 시스템을 초기화했던 것에 비교하면 부팅 시간이 획기적으로 줄었습니다. 윈도우 8 이상에서 빠른 부팅 속도를 구현하기 위해서는 다음과 같은 몇 가지 하드웨어적인 조건이 충족되어야 합니다.

- 하드디스크보다 빠른 SSD에 윈도우가 설치되어야 합니다.
- 64비트 윈도우를 사용해야 합니다.
- UEFI 바이오스를 지원하는 메인보드를 사용해야 합니다.
- 윈도우를 설치할 때 UEFI 지원 모드로 설치합니다.

SSD가 없고, UEFI 펌웨어를 지원하는 최신 메인보드가 아니라고 해서 실망할 필요는 없습니다. 다음과 같은 방법으로 부팅 속도를 단축할 수 있기 때문입니다.

step 1 시모스 셋업에서 빠른 부팅 지원 옵션을 'Enabled'로 지정합니다. ▶ 457쪽 참고

step 2 시모스 셋업에서 불필요한 장치는 제어하지 않도록 지정합니다. ▶ 461쪽 참고

step 3 빠른 시작을 사용합니다. ▶ 469쪽 참고

step 4 불필요한 시작 프로그램을 사용하지 않도록 지정합니다. ▶ 471쪽 참고

PC 응급실

BIOS/UEFI/CMOS Setup Utility는 같은 건가요?

바이오스가 제공하는 설정 값을 변경하려면 BIOS Setup Utility, UEFI Setup Utility, CMOS Setup Utility 중 하나를 실행해야 합니다. 여기서는 구분 없이 '시모스 셋업(CMOS Setup)'으로 통일합니다.

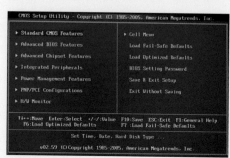

▲ CMOS Setup Utility

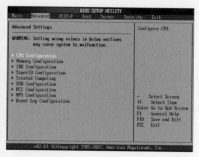

▲ BIOS Setup Utility

▲ UEFI Setup Utility

02
시스템을 제어하는
바이오스 한계 알아보기

바이오스는 기본 입출력 시스템입니다. 시스템 전원을 켜는 순간부터 윈도우가 설치된 장치를 찾고 윈도우를 시작하기 전까지 부팅 과정을 이끕니다.
바이오스가 부팅할 때 수행하는 작업을 확인하면 바이오스가 무엇인지, 바이오스가 왜 필요한지 알 수 있습니다.

step 1 CPU와 메모리를 초기화합니다.

step 2 CPU, 메모리, 그래픽 카드, 디스크 드라이브 등이 제대로 작동하는지 확인하는 일종의 진단 테스트 과정인 '포스트(POST; Power On Self Test)'를 수행합니다.

step 3 네트워크 어댑터, 그래픽 카드와 같은 장치에 '옵션 롬(Option ROM)'을 확인해 장치들을 초기화하고 부팅에 필요한 정보가 있으면 가져옵니다.

step 4 장치를 검색해 윈도우 시작에 필요한 '부트 로더(Boot Loader)'를 메모리로 읽습니다.

> **TIP** 시모스 셋업을 설정할 때 'OpROM' 또는 'Option ROM'이라는 명령어를 통해 시스템을 시작할 때 바이오스가 해당 장치 옵션 롬을 읽어들일지 여부를 결정할 수 있습니다.

'옵션 롬(Option ROM)'은 장치를 제어하기 위한 독자적인 펌웨어가 있는 장치의 메모리를 말합니다. 그래픽 카드, 네트워크 어댑터, SCSI, PCI 카드 등은 해당 장치를 제어할 수 있는 프로그램의 옵션 롬을 가집니다. 네트워크 어댑터를 통해 시스템 부팅이 가능한 이유는 바이오스가 시스템을 시작할 때 네트워크 어댑터 옵션 롬을 읽기 때문입니다.

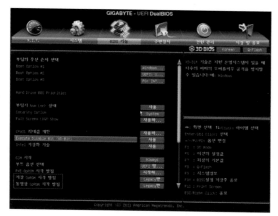

▲ 시모스 셋업을 지정해 옵션 롬 실행 여부를 결정합니다.

메인보드 바이오스 칩이 손상되면 PC는 부팅 조차되지 않습니다.
바이오스는 하드웨어를 직접 제어할 수 있는 기계어인 '어셈블리 언어'로 만들
어지며 장치 옵션 롬에 있는 프로그램 또한 기계어로 만들어집니다. 바이오스
와 옵션 롬 프로그램은 하드웨어와 소프트웨어를 잇는 신경망과 같기 때문에
하드웨어와 소프트웨어 중간 형태 프로그램이라는 의미로 '펌웨어(Firmware)'
라고 합니다.

바이오스는 IBM에서 PC가 처음 출시된 이후 30년 가까이 PC 대부분에서 기본
펌웨어로 사용되었습니다. 2.2TB 이상의 용량을 가진 하드디스크가 출시되면
서 64비트 하드웨어, 64비트 운영체제 시대가 열리고 16비트 체계로 시작한 바
이오스로는 최신 하드웨어를 제어할 수 없는 한계에 부딪혔습니다.

03

진화된 바이오스 규격 UEFI를 적용한 UEFI 바이오스 알아보기

2005년부터 인텔을 중심으로 PC 펌웨어를 개선하고자 시작된 노력이 'EFI(Firm Ware Interface) → UEFI(Unified Extensible FirmWare Interface) 바이오스'로 완성되었습니다.

UEFI는 단지 펌웨어를 만들기 위한 사양일 뿐입니다. UEFI 바이오스는 UEFI 사양에 맞게 만들어진 바이오스이며, UEFI 장치는 UEFI 사양에 맞게 설계된 장치입니다. 여기서는 UEFI 바이오스와 구분하기 위해 이전 바이오스를 '레거시 바이오스(이하 구형 바이오스)'라고 하겠습니다.

레거시 바이오스와 UEFI 바이오스 차이점

구형 바이오스와 UEFI 바이오스의 가장 큰 차이점은 제작 방법입니다. 구형 바이오스는 기계어로 만들지만, UEFI 바이오스는 C언어로 만들기 때문에 쉽게 기능을 추가할 수 있습니다.

구형 바이오스의 경우 장치에 있는 옵션 롬은 64KB로 크기가 제한되고 하드 디스크, SSD와 같은 장치가 사용하는데 제약이 있습니다. 구형 바이오스는 옵션 롬이 128KB의 주소 공간만 사용하도록 제한합니다. 여러 장치의 옵션 롬을 읽어 올 주소 공간을 모두 사용하면 바이오스는 하나 이상 장치에서 옵션 롬을 로드할 수 없다는 'Option ROM Space Exhausted'라는 메시지를 나타냅니다. UEFI 바이오스는 옵션 롬에 관한 제약이 없으므로 드라이버(Driver), 프로토콜을 통해 장치를 제어할 수 있어 기능 확장이 쉽습니다.

TIP '레거시(Legacy)'는 구형 인터페이스나 장치를 의미합니다. 예를 들어 PS/2 포트를 사용하는 키보드나 마우스, 플로피 디스크 드라이브, PCI 장치 등입니다.

TIP 프로토콜(Protocol)은 장치간에 데이터를 주고받기 위한 통신 규약과 같습니다. 예를 들어 인터넷에서 기본으로 사용하는 통신 규약은 TCP/IP 프로토콜입니다.

네트워크 운영체제 없이 네트워크 연결 가능

그래픽 인터페이스 바이오스 제공

3TB 이상 하드디스크 지원

UEFI용 플래시 메모리

UEFI(Unified Extensible FirmWare Interface) 바이오스는 다음과 같은 새로운 기능을 제공합니다.

- 메인보드, 주변기기를 제어하는 바이오스와 운영체제 사이에서 PC 부팅이나 운영체제, 운영체제 로더를 호출할 런타임 서비스 등을 제공합니다.
- UEFI 바이오스는 장치 제어 드라이버를 메모리에 미리 읽어들일 수 있습니다. 그러므로 부팅할 때 하드웨어를 초기화하고 준비하는 포스트(POST) 과정 후 윈도우에 제어권을 넘겨주는 속도가 획기적으로 개선되었고 윈도우 실행 시간이 단축되었습니다.
- 장치의 옵션 롬 크기 제한이 사라졌습니다. 한번에 1MB의 데이터를 읽을 수 있어 기존 64KB의 데이터를 읽을 수 있는 바이오스보다 빠릅니다.
- 64bit 주소 체계를 사용해 하드디스크를 2TB 이상 인식할 수 있습니다.
- 기존 MBR(Master Boot Record) 파티션 테이블 대신 GUID 파티션 테이블(GPT)을 사용합니다.
- 기존 바이오스 셋업은 키보드만으로 조작해야 했지만, UEFI 바이오스 셋업은 마우스로 설정할 수 있는 그래픽 유저 인터페이스로 구성되어 편리합니다.

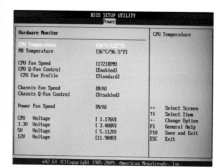

▲ 기존 바이오스

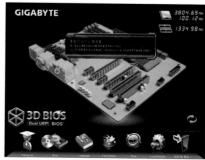

▲ GUI를 가진 UEFI 바이오스

확장성과 활용도를 높이는 UEFI

UEFI는 프리 도스, 리눅스와 같은 형태 UEFI 셸(Shell)을 제공하며, 자유롭게 사용할 수 있는 무료 운영체제라고 할 수 있습니다. 이를 기반으로 태블릿 PC나 스마트폰과 연동해 PC를 제어하는 프로그램을 만들 수 있습니다. 윈도우 설치 미디어 EFI 폴더에 있는 확장자가 'efi'인 'bootx64.efi' 파일은 UEFI Shell을 지원하는 파일입니다.

아수스 메인보드는 스마트폰 앱을 이용해 원격으로 메인보드를 인식하고 PC를 오버클럭할 수 있도록 했습니다. 대표적인 바이오스 제조업체 피닉스는 윈도우 8이상에 최적화된 새로운 바이오스 솔루션을 출시하면서 윈도우 8 이상의 환경을 위한 60개 이상 기능을 추가하기도 했습니다. 여기에는 시스템 성능이나 보안, 모바일 연결 등이 포함되어 있습니다. 스마트폰으로 냉장고나 에어컨과 같은 생활 가전제품을 끄거나 켜는 것처럼 스마트폰으로 UEFI를 통해 PC를 정밀하게 제어할 수 있는 시대가 왔습니다. 앞으로는 윈도우를 실행하지 않아도 인터넷이나 게임을 할 수 있는 시대가 오지 않을까요?

04
메인보드 바이오스 칩 정복하기

시스템 설정을 변경하고 싶은 경우 구형 바이오스나 UEFI 바이오스가 장착된 메인보드를 사용하고 있으면, 부팅할 때 [Del]이나 [F2]를 눌러 설정 변경 프로그램을 실행해야 합니다. 부팅 장치 변경, 메인보드에 내장된 장치 활성화, 부팅 시간 단축, CPU 기능 활성화 등 변경할 수 있는 항목은 다양합니다. 설정 프로그램 초기 화면 맨 위쪽을 확인하면 'CMOS Setup Utility', 'BIOS Setup Utility', 'UEFI Setup Utility'로 표시됩니다. 여러분 PC는 어떻게 표시되나요?

바이오스가 저장된 ROM

오래전 PC는 바이오스를 읽기만 가능한 롬(ROM)에 저장했습니다. 그리고 바이오스 설정 값이 저장되도록 스위치 역할을 하는 CMOS(Complementary Metal-Oxide Semiconductor)라는 집적회로가 적용된 SRAM에 저장했습니다. CMOS SRAM은 전력 소비가 매우 적어 최소한의 전력만으로도 내용이 보존되는 읽기/쓰기가 가능한 메모리입니다. 메인보드에 있는 작은 전지가 계속해서 전력을 공급하므로 전원을 차단해도 CMOS SRAM(이후 시모스)에 저장된 내용은 보관됩니다. 바이오스 설정 값을 변경하는 작업을 시모스 셋업이라고 합니다.

▲ 전원이 차단되어도 시모스 셋업 내용을 보관하기 위해 바이오스에 전원을 공급하는 배터리인 리튬 전지입니다.

▲ 롬 바이오스 칩입니다. 자외선을 쏘이면 내용이 삭제되므로 자외선 차단 스티커가 붙어 있습니다. PC 전원을 꺼도 저장된 내용이 사라지지 않습니다.

ROM이 진화된 Flash ROM

1990년대 후반부터 EEPROM(Electrically Erasable Programming ROM), 흔히 '플래시 롬(Flash ROM)'이라는 메모리에 바이오스를 저장하기 시작했습니다. 롬이지만 비휘발성 메모리로, 전원이 공급되지 않아도 저장된 정보를 유지할 수 있으며, 데이터를 삭제하거나 기록할 때 전기적 신호를 이용합니다.

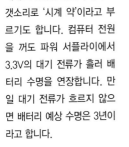

TIP 배터리는 메인보드 시계에도 전원을 공급하여 우스갯소리로 '시계 약'이라고 부르기도 합니다. 컴퓨터 전원을 꺼도 파워 서플라이에서 3.3V의 대기 전류가 흘러 배터리 수명을 연장합니다. 만일 대기 전류가 흐르지 않으면 배터리 예상 수명은 3년이라고 합니다.

TIP 비휘발성(Non-Volatile) 메모리는 전원이 공급되지 않아도 저장된 정보를 유지합니다. 플래시 메모리, 롬, EEPROM은 비휘발성 메모리에 해당합니다.

데이터에 부분적으로 소거와 기록을 할 수 있는 유연한 롬이라는 것이 가장 큰 특징이며, 데이터를 기록하는 프로그램을 이용해 쉽게 내용을 변경할 수 있습니다. 그래서 CIH라는 바이오스를 손상시키는 바이러스 등장으로 인해 수많은 컴퓨터가 사용할 수 없게 된 사태가 발생하기도 했습니다.

바이오스가 있는 플래시 롬이 손상될 경우 바꿔 끼울 수 있도록 메인보드 안에 소켓 안에 설치되어 있습니다. 심지어 듀얼 바이오스를 장착한 메인보드도 등장했습니다. EEPROM에도 CMOS 구조를 적용해 바이오스 설정 값이 저장되고, 저장 값이 저장되는 것은 전원을 적게 사용합니다.

◀ 플래시 롬 바이오스와 배터리

작아진 바이오스 칩

인텔은 메인보드 칩셋을 통해 주변 장치가 빠르게 바이오스에 접근할 수 있도록 메인보드 칩셋에 바이오스 지원 기능을 추가했습니다. 하드디스크 인터페이스가 병렬에서 직렬로 변화해 속도 향상을 꾀한 것처럼 병렬 대신 직렬 방식, SPI(Serial Peripheral Interface)를 이용해 바이오스 칩과 연결했습니다. 이렇게 연결되는 바이오스 칩을 SPI 직렬 플래시 EEPROM(SPI Serial Flash EEPROM)이라고 합니다.

이전 병렬 방식으로 연결된 EEPROM과 비교해 상대적으로 크기가 작습니다. SPI-플래시 메모리 바이오스 칩은 메인보드 칩셋 근처에 장착되고 여덟 개의 다리를 가진 8핀 구조입니다. 보급형 메인보드는 32MB, 고급형은 64MB SPI-플래시 메모리가 장착되어 있습니다.

EEPROM을 사용하면서부터 CMOS Setup Utility 대신 'BIOS Setup Utility'라고 표기했습니다. 그래픽 사용자 인터페이스를 사용하는 바이오스 설정 유틸리티는 'UEFI Setup Utility'로 나타납니다.

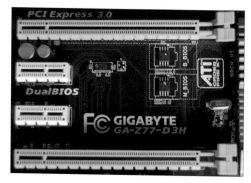

◀ 기가바이트 메인보드에 장착된 듀얼 바이오스 칩입니다. 메인보드 칩셋과 연결되어 칩셋 근처에서 바이오스 칩을 확인할 수 있습니다. 흔히 '미니 플래시 바이오스' 또는 'SPI-플래시 바이오스'라고 합니다.

05
UEFI 부트 모드 켜기/끄기

윈도우 8 이상에서 빠른 부팅인 UEFI 부팅을 사용하기 위해서는 시모스 셋업에서 'UEFI Boot'를 사용하도록 지정해야 합니다. UEFI 바이오스는 UEFI 부트 모드와 레거시 바이오스 부트 모드의 두 가지를 지원합니다. 상황에 따라 UEFI 부팅을 사용하지 않도록 지정해야 하는 경우도 있습니다.

시모스 셋업에서 UEFI 부트 모드를 켜거나 끄는 방법을 알아보겠습니다. 시모스 셋업 화면이 그래픽 유저 인터페이스를 적용한 제품(2012년 이후 구입)인 경우 별도로 UEFI Boot를 켜거나 끄는 항목이 없습니다. 그래픽 유저 인터페이스가 적용된 시스템은 혹시 가지고 있을지도 모를 레거시(구형) 장치를 인식할 수 있도록 설정하는 작업이 필요합니다.

따라하기

1 시스템을 부팅할 때 F2 나 Del 를 눌러 시모스 셋업을 실행합니다.

시스템을 시작할 때 F2 나 Del 를 누를 시간적 여유 없이 윈도우로 부팅되면 윈도우를 종료할 때 Shift 를 누른 채 시스템을 종료하거나 '고급 옵션'을 실행해야 합니다. ▶ 81쪽 참고

2 시모스 셋업이 실행되면 UEFI 모드를 지원하지만 그래픽 유저 인터페이스를 지원하지 않는 바이오스의 경우 'Advanced' → 'System Configuration' → 'Boot'를 실행합니다.

그래픽 유저 인터페이스를 지원하는 바이오스는 'BIOS 기능'으로 이동합니다.

3 Boot Mode를 'UEFI Boot'로 지정합니다. 또는 UEFI Boot가 있으면 값을 '사용(Enabled)'으로 지정합니다. 끄려면 '사용 안 함(Disabled)'으로 지정합니다.

UEFI 바이오스의 경우 부트 옵션에서 'UEFI'만으로 지정하거나 'UEFI 및 Legacy'로 지정합니다.

UEFI를 끄려면 'CSM Boot(또는 CSM 시작)'를 'Enabled(Always)'로 지정하거나 UEFI Boot 항목을 '사용 안 함(Disabled)'으로 지정합니다. 'CSM(Compatiblity Support Module)'은 구형 바이오스를 사용하는 장치와의 호환을 위한 모듈입니다.

UEFI 바이오스 – 텍스트	UEFI 바이오스 – 그래픽

④ F10 을 눌러 변경 내용을 저장하고 시모스 셋업을 종료합니다.

PC 응급실

윈도우에서 사용자 정보 수집을 제한하고 싶어요

마이크로소프트 계정으로 윈도우에서 로그인하면 바탕화면, 개인 설정, 원드라이브를 이용한 파일 동기화 서비스 등을 통해 개인 정보 수집을 기반으로 어떠한 기기를 사용하더라도 동일한 환경을 사용하게 됩니다. 윈도우 10은 사용 편리성을 위해 많은 개인 데이터를 수집합니다. 윈도우를 설치할 때 개인정보 수집에 대한 안내와 동의를 얻지만 사용자 입장에서 빠른 설치를 위해 〈다음〉 버튼을 클릭해 버려 모르는 경우가 있습니다.

다음처럼 설정을 변경한 경우 기기 사이 데이터 공유나 사용에 지장이 있을 수 있습니다. 옵션을 잘 확인해 설정하세요.

1 | 윈도우 〈시작〉 버튼을 클릭한 다음 '설정'을 실행합니다.
2 | '설정' 창이 열리면 '개인 정보'를 클릭합니다.
3 | '일반' 화면에서 개인 정보와 관련된 옵션 항목 토글을 모두 '켬' 또는 '켜짐'에서 '끔' 또는 '꺼짐'으로 변경합니다.

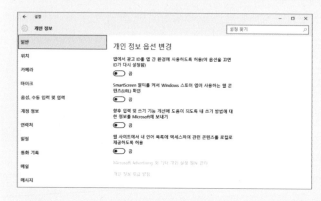

4 | 오른쪽에서 '위치'를 선택하고 왼쪽에서 위치를 '켬'으로 지정합니다.
5 | 카메라, 마이크, 계정 정보, 연락처, 일정 등 옵션은 해당 옵션에서 사용할 수 있는 앱을 선택해서 켜고 끌 수 있습니다. 계정 정보에서 옵션 또한 사용자가 사용하는 프로그램/앱이 옵션에 영향을 받을 수 있기 때문에 선택적으로 정할 수 있습니다.
6 | '피드백 및 진단' 화면에서 피드백 빈도를 설정할 수 있는데 Windows에서 내 피드백 요청을 '안 함'으로 지정하면 데이터를 보낼 수 없게 할 수 있습니다.

사용할 수 있는 구형 장치 확인하기

☑ 사용하는 부품 중에 레거시 장치가 있는지 확인하세요.
☑ 그래픽 유저 인터페이스를 사용하는 시모스 셋업이 가능한지 확인하세요.

구형(Legacy) 장치는 플러그 앤 플레이를 지원하지 않는 장치를 말합니다. 쉽게 말해 시스템에 연결되어도 특별한 설정 작업을 하지 않으면 인식할 수 없는 장치로, 대부분 장치 설정을 위해 점퍼(Jumper)가 있습니다.

PS/2 포트를 이용하는 키보드 또는 마우스, 점퍼 설정이 필요한 IDE 방식의 하드디스크, 광학 드라이브, USB 1.0 버전을 사용하는 USB 장치, PCI 슬롯에 장착되는 장치들이 레거시 장치입니다.

구형 바이오스는 장치 옵션 롬 크기에 제약이 있었지만, UEFI 바이오스는 장치 옵션 롬에 제약이 없습니다. 레거시 장치를 사용하는 경우 UEFI 바이오스가 마치 구형 바이오스인 것처럼 속여야 합니다.

레거시 장치를 사용하려면

UEFI 바이오스를 사용하면 레거시 장치를 지원하는 시모스 셋업 설정 값을 확인하고 활성화 여부를 결정해야 합니다. BIOS Features(바이오스 기능)에서 레거시 장치를 지원하도록 지정할 수 있고 'Peripherals(주변장치)' 메뉴에서 레거시 장치를 시스템을 시작할 때 읽어올지 결정합니다.

▲ 'BIOS Features' 메뉴

▲ 'Peripherals(주변장치)' 메뉴

▲ 'Peripherals(주변장치)' 메뉴

❶ CSM 시작 : CSM(Compatibility Support Module)은 구형 바이오스를 사용하는 장치 지원으로, 'Always'로 지정해야 구형 장치를 부팅할 때 지원할 수 있습니다.

❷ 부트 옵션 선택 : 부팅할 때 UEFI 장치만 사용할지, 레거시 장치도 사용할지 결정합니다. 'UEFI 및 Legacy'로 지정해 구형 장치를 부팅 장치로 사용할 수 있도록 지정합니다.

❸ PXE OpROM 시작 방침 : 네트워크 어댑터 옵션 롬을 이용한 부팅이 필요하면 '사용 (Enabled)'으로 지정합니다. 네트워크 어댑터를 이용한 PC 원격 제어를 사용하지 않는 개인 시스템은 '사용 안 함(Disabled)'으로 지정합니다.

❹ 저장 OpROM 시작 방침 : 인텔 칩셋 옵션 롬은 SATA 하드디스크를 관리해 레이드 구성을 합니다. SATA 하드디스크라고 하더라도 실린더/섹터/헤드 개념을 사용하는 레거시 장치에 해당합니다. 2TB가 넘는 하드디스크는 UEFI 장치라고 할 수 있습니다.

❺ 동영상 OpROM 시작 방침 : 그래픽 카드에 있는 옵션 롬입니다. CPU에 내장된 그래픽 코어 뿐만 아니라 외부 그래픽 카드를 같이 사용하면 'UEFI 및 Legacy'로 지정합니다. 물론 외장 그래픽 카드가 UEFI 지원 장치인 경우 'UEFI만'으로 지정해도 됩니다.

❻ Legacy USB Support : 시스템을 시작할 때 USB 포트에 연결된 키보드나 마우스를 사용하려면 '사용(Enabled)'으로 지정합니다.

❼ Port 60/64 Emulation : PS/2 포트에 연결된 키보드, 마우스를 사용하려면 '사용(Enabled)'으로 지정합니다.

PC 응급실

하드디스크 이상을 확인하고 싶은데 '디스크 검사'는 어떻게 하나요?

윈도우 10 또는 8은 관리 센터를 통해 디스크 검사가 포함된 유지 관리 작업을 자동으로 진행합니다.

1 | 수동으로 디스크 검사를 하기 위해서는 파일 탐색기에서 검사를 진행할 드라이브를 마우스 오른쪽 버튼으로 클릭하고 표시되는 메뉴에서 '속성'을 실행합니다.

2 | 드라이브 속성 창이 표시되면 '도구' 탭을 선택한 후 오류 검사 항목의 〈검사〉 버튼을 클릭합니다. 자동 유지 관리 기능에 의해 검사한 지 얼마되지 않았으면 검사할 필요가 없다는 메시지 대화상자가 표시됩니다.

'SeaTools' 프로그램을 이용하여 하드디스크를 정밀 검사해도 됩니다.

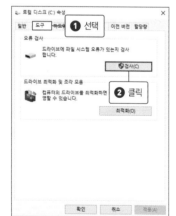

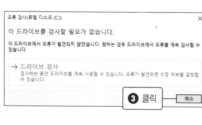

06

필요한 장치만 검색하도록
부팅 시간 단축하기

PC가 켜지고 F2 나 Del 를 눌러 시모스 셋업을 실행하기까지 단계인 포스트 작업 시간을 줄여 부팅 속도를 단축할 수 있습니다.

시스템에 장착된 하드웨어를 점검하는 포스트 단계에서 불필요한 기능, 장치 등은 쓰지 않고 인식조차 하지 않게 해서 처리 시간을 줄이는 것입니다.

'Auto'보다 정확한 값 설정하기

하드디스크, 광학 드라이브 등을 설정하는 항목은 'Auto'로 지정되어 부팅할 때 어떤 장치가 있는지 알아챕니다. 최근에는 IDE 채널과 SATA 채널을 합쳐 4~6 개는 기본이며, 이 모든 채널을 부팅할 때 검사하므로 부팅 시간이 길어져 하드 디스크가 장착되지 않은 채널은 검사하지 않도록 설정합니다.

구형 바이오스	UEFI 바이오스
'Main', 'Standard CMOS Setup' 메뉴에서 하드 디스크가 장착되지 않은 채널은 'None'으로 지정하고, 장착된 채널은 'Auto' 대신 연결된 장치 명을 사용합니다.	시스템 메뉴 'ATA Port Information'에서 하드디 스크나 광학 드라이브가 연결되지 않은 포트는 검사하지 않도록 '사용 안 함(Disabled)'으로 지 정합니다.

키보드 검사를 하지 않도록 설정하기

시모스 셋업 설정을 바꿔 부팅할 때 시스템을 구성하는 하드웨어 이상 유무를 점 검하는 POST 과정 가운데 일부를 생략해 부팅 시간을 단축합니다.

예를 들어 PC는 PS/2 키보드가 없으면 오류 메시지를 보냅니다. 입력 장치가 없으면 운영체제를 부팅해도 소용없기 때문입니다. 최근에는 USB 키보드를 많이 사용하므로 검사가 필요 없습니다. 부팅할 때 키보드 LED가 켜졌다가 꺼지는 것은 키보드가 제대로 장착되었는지 검사하는 과정입니다. 시모스 셋업을 지정하여 키보드 검사를 생략합니다.

구형 바이오스	UEFI 바이오스
Standard CMOS Setup의 Halt On을 'No Errors'로 지정합니다.	'BIOS 기능' 메뉴에서 부팅할 때 Num Lock 상태를 '사용 안 함(Disabled)'으로 지정합니다.

쓰지 않는 장치는 끄고 필요한 장치는 미리 읽기

메인보드에는 랜, 사운드, 레이드 컨트롤러, IEEE 1394, USB 컨트롤러, 시리얼 포트 등이 장착되어 있습니다. 사용하지 않는 장치는 메모리와 리소스를 낭비하지 않기 위해 이들을 사용하지 않도록 비활성화하면 윈도우는 가벼워집니다. 반대로 UEFI 바이오스의 경우 필요한 장치는 윈도우 부트 로더가 실행되기 전에 장치 드라이버를 읽도록 설정할 수 있습니다.

구형 바이오스	UEFI 바이오스
'Advanced' → 'Onboard Devices Configuration'이나 'Intergrated Peripherals'에서 사용하지 않는 장치는 '사용 안 함(Disabled)', 사용하는 장치는 '사용(Enabled)'으로 지정합니다.	'주변장치' 메뉴에서 사용하는 장치는 '사용(Enabled)', 사용하지 않는 장치는 '사용 안 함(Disabled)'으로 지정합니다. Pre-Boot는 '사용(Enabled)', '사용 안 함(Disabled)'으로 지정합니다.
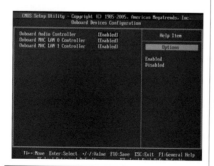	

부팅 장치 우선순위 결정하기

부팅에 사용할 수 있는 장치로 이전에는 하드디스크뿐이었지만, 최근에는 USB 메모리, SSD, 외장 하드디스크 등 다양합니다. 또한 네트워크 어댑터, PCI 장치 등의 옵션 롬을 이용해 시스템을 부팅할 수도 있습니다.

UEFI 바이오스는 'Windows Boot Manager'도 부팅 장치로 선택할 수 있습니다. 시스템에서 부팅에 사용할 수 있는 장치의 우선순위를 정하면 부팅에 필요한 장치를 바로 찾을 수 있어 부팅 시간이 단축됩니다.

구형 바이오스	UEFI 바이오스
'Boot' 메뉴에서 부팅 장치 우선순위를 지정합니다. Hard Disk Drivers 항목에서 검색할 저장 장치 우선순위를 지정합니다.	'BIOS 기능' 메뉴에서 부팅 장치의 우선순위를 지정하고 UEFI 지원 장치만 사용할지, Legacy 장치만 사용할지 결정합니다. Hard Drive BBS Priorities에서 검색할 저장 장치의 우선순위를 지정합니다. '저장 및 종료' 메뉴에서 부팅할 장치를 직접 선택해 시스템을 시작할 수 있습니다.

모니터가 연결된 그래픽 우선 검색하기 – UEFI 바이오스

아이비 브리지 CPU에 내장된 그래픽 코어는 세 대의 모니터를 지원하며 외장 그래픽 카드도 함께 사용할 수 있습니다. 내/외장 그래픽 카드를 함께 사용하면 주 디스플레이로 사용하는 모니터가 연결된 그래픽 장치부터 우선 검색하도록 설정합니다. '주변장치' 메뉴에서 그래픽 카드 우선순위를 결정합니다.

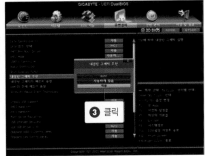

플로피 드라이브를 검색하지 않도록 설정하기 – 구형 바이오스

플로피 디스크 드라이브가 없으면 플로피 디스크 드라이브를 검사하지 않도록 지정해서 장착되지 않은 플로피 디스크 드라이브를 찾는 데 걸리는 시간을 줄여 부팅 시간을 단축할 수 있습니다. 'Main' 메뉴의 Standard CMOS Setup을 실행하고 Floppy 관련 옵션을 'None'으로 지정합니다.

메모리 검사 생략하기 – 구형 바이오스

부팅할 때 메모리 검사 등과 같은 점검 과정에서 첫 번째로 성공하면 재검사하지 않고 다음 과정으로 넘어가 부팅 시간을 단축할 수 있습니다. 'Advanced Features Setup'이나 'Boot' 메뉴의 Quick Power On Self Test(또는 Quick Boot)를 '사용(Enabled)'으로 지정합니다.

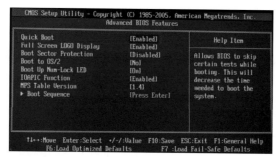

▲ Quick Boot를 'Enabled'로 지정합니다.

PC 응급실

노트북 모니터만 따로 전원을 끌 수 있나요?

노트북 LCD는 전력을 가장 많이 소비하는 부분입니다. 노트북 자체에 모니터를 끄는 버튼도 있지만, Fn이 없을 때 노트북에서 모니터 전원만 끄려면 어떻게 해야 할까요?
노트북 덮개를 닫을 때 모니터 전원만 꺼지도록 설정합니다. 노트북 덮개를 닫을 때 자동으로 화면이 꺼지며 절전 모드가 실행되는 것만 막으면 노트북 화면만 끌 수 있습니다.

1 | 제어판에서 '하드웨어 및 소리' → '전원 옵션' → '덮개를 닫으면 수행되는 작업 선택'을 클릭합니다.
2 | 전원 및 절전 버튼과 덮개 설정 항목에서 덮개를 닫을 때를 '아무 것도 안 함'으로 지정합니다. 노트북 덮개를 닫는 이유는 닫지 않으면 모니터를 껐을 때 마우스를 움직이면 다시 켜지기 때문입니다.
3 | 디스플레이 끄기 항목을 설정하고 〈변경 내용 저장〉 버튼을 클릭합니다.

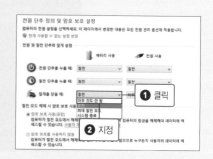

부팅 미디어 우선순위 정하기

부팅 순서는 어떻게 조절할까요? 부팅 장치를 이용해 부팅 속도를 빠르게 하려면 부팅 장치 순서를 잘 지정해야 합니다.

부팅 장치 중 가장 먼저 검색할 장치로 광학 드라이브가 지정되면 SSD에 설치된 윈도우를 찾아 부팅하기 전에 광학 드라이브부터 검색하므로 부팅 시간이 지연됩니다. 부팅에 필요한 장치를 바로 찾을 수 있도록 부팅 미디어 순서를 지정해 보겠습니다.

부팅 장치 우선순위 지정하기 – UEFI 바이오스

UEFI 바이오스의 경우 'BIOS 기능(BIOS Features)' 메뉴에서 부팅할 장치를 선택할 수 있습니다. 하드디스크가 여러 개 장착된 시스템은 Hard Drive BBS Priorities에서 하드디스크 우선순위를 지정합니다. 원하는 장치로 바로 부팅하려면 '저장 및 종료' 메뉴의 Boot Override를 이용합니다.

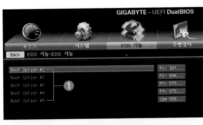 

❶ **장치** : 부팅에 사용될 장치를 결정합니다. 제일 먼저 검사할 장치를 'Boot Option #1'로 지정합니다. 윈도우 10 또는 8에서는 'Windows Boot Manager'를 1순위로 지정합니다.

❷ **Boot Option** : 제일 먼저 검사할 하드디스크를 'Boot Option #1'로 지정합니다.

❸ **Boot Override** : 부팅 장치로 사용할 수 있는 장치 목록입니다. 부팅할 장치를 선택하면 시스템을 다시 시작할지 묻습니다. 〈예〉 버튼을 클릭하여 선택한 장치로 부팅을 진행합니다.

어워드 바이오스 – 구형 바이오스

시스템이 시작할 때 Del 를 눌러 시모스 셋업을 실행합니다. 방향키를 이용해 'Boot' 메뉴로 이동해서 부팅에 사용될 우선순위를 결정할 수 있습니다.

선택된 항목에서 − 를 누르면 한 단계 아래로 이동하고, + 를 누르면 한 단계 위로 이동합니다. 예를 들어 '2. Removable Device'를 선택한 후 + 를 누르면 '1. Removable Device'가 선택되고 '1'이 '2'로 바뀝니다. 따라서 여러 종류 장치 가운데 부팅할 장치를 설정한 후 메뉴를 이동해 부팅에 사용될 장치의 우선순위를 결정합니다. 광학 드라이브로 부팅하려면 'Boot' 메뉴의 순서를 '1. ATAPI CD-ROM'이 가장 위로 올라오도록 합니다. 부팅에 필요한 내용을 찾지 못하면 '2'번으로 설정된 장치를 검색합니다. 그래도 못 찾으면 3번, 4번 순서대로 검색합니다.

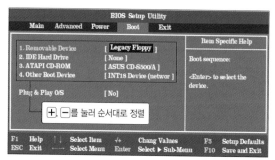

◀ 어워드 바이오스 'Boot' 메뉴

피닉스 – 어워드 바이오스 – 구형 바이오스

부팅 속도를 빠르게 하려면 바이오스가 검사할 첫 번째 부팅 장치를 운영체제가 설치된 장치로 설정합니다. 메뉴에서 'Boot' → 'Boot Settings'를 실행하여 설정 가능합니다.

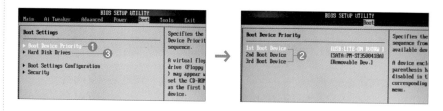

❶ **Boot Device Priority** : 부팅할 때 검색할 장치 순서를 결정하고 Enter 를 누릅니다.

❷ **Boot Devices** : 제일 먼저 1st Boot Device에 설정된 장치를 검사합니다. 1st Boot Device에 지정한 장치에서 부팅에 필요한 파일을 못 찾으면 2nd/3rd Boot Device 순서대로 찾아 검색합니다.

❸ **Hard Disk Drives** : 설치된 하드디스크가 두 개 이상이면 어떤 하드디스크를 부팅용으로 사용할지 우선순위를 결정합니다. 시리얼 ATA나 IDE 하드디스크는 모델명으로 표시됩니다. 레이드로 묶은 하드디스크는 'bootable add-in cards'라는 값을 가집니다. 시스템에 설치된 광학 드라이브, 기타 미디어 장치가 여러 개 있을 때 어떤 광학 드라이브 먼저 필요한 정보를 찾을지 지정합니다.

주변 장치 활성/비활성하기

메인보드 백 패널에는 USB 포트, 병렬 포트, 그래픽 포트, PS/2 포트, 랜포트, 사운드 포트 등이 있습니다. 시모스 셋업에서 사용 여부를 결정하며, 사용하지 않는 컨트롤러는 과감하게 비활성화하는 것이 좋습니다.

USB 포트 조절하기

메인보드에는 4~10개 이상 USB 포트가 존재합니다. 이 중 USB 3.0이나 USB 2.0 인터페이스를 사용하는 포트도 있습니다.
시스템을 시작할 때 USB 포트를 사용하는 키보드와 마우스를 이용하기 위해서는 레거시 USB 장치를 사용하도록 설정해야 합니다.

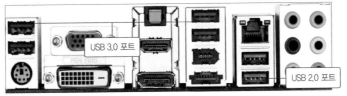

구형 바이오스 Integrated Peripherals	UEFI 바이오스 Peripherals(주변장치)
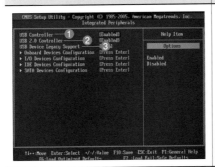	

❶ **USB Controller** : 메인보드에 내장된 USB 컨트롤러를 활성화할지 결정합니다. USB 장치를 사용하면 '사용(Enabled)', 사용하지 않으면 '사용 안 함(Disabled)'으로 지정해 IRQ를 확보합니다.

❷ **USB 2.0 Controller** : '사용(Enabled)'으로 지정하면 USB 2.0을 사용할 수 있지만, '사용 안 함(Disabled)'으로 지정하면 USB 2.0을 사용할 수 없습니다.

❸ **USB Device Legacy Support(Legacy USB Support)** : USB 포트에 연결된 키보드나 마우스를 사용하면 해당 항목을 '사용(Enabled)'으로 지정해야 부팅할 때 USB 포트에 연결된 키보드나 마우스를 검색해 윈도우가 시작되지 않아도 키보드/마우스를 사용할 수 있습니다.

❹ **XHCI Hand-Off** : USB 3.0 인터페이스를 사용하는 장치를 직접 제거해도 인식하지 못하는 운영체제를 사용하면 '사용(Enabled)'으로 지정합니다.

❺ **EHCI Hand-Off** : USB 2.0 인터페이스를 사용하는 장치가 제거되어도 인식하지 못하는 운영체제를 사용하면 '사용(Enabled)'으로 지정합니다.

TIP XHCI Hand-Off와 EHCI Hand-Off는 윈도우 10 또는 8이 설치되었다면 설정할 필요가 없습니다.

사운드와 랜 컨트롤러, 직렬 포트 활성화

메인보드에 내장된 메인보드 칩셋이 지원하는 하드디스크 컨트롤러, 사운드 컨트롤러, 네트워크 컨트롤러, 직렬 포트 등의 사용을 설정하는 방법을 알아보겠습니다.

구형 바이오스 Integrated Peripherals → Onboard Device Configuration	UEFI 바이오스 Peripherals(주변장치)

❶ **HDA Controller** : 메인보드에 내장된 사운드 칩셋을 사용하려면 '사용(Enabled)'으로 지정합니다. 별도로 장착된 사운드 카드를 사용하면 '사용 안 함(Disabled)'으로 지정해야 사운드 카드 기능을 제대로 사용할 수 있습니다.

❷ **Onboard LAN(Onboard LAN Controller #1, Onboard H/W LAN, Onboard NV LAN, Onboard Marvell LAN, Onboard PCIEx GbE LAN)** : 메인보드에 내장된 랜 컨트롤러를 사용하면 '사용(Enabled)'으로 지정합니다. 메인보드에 내장된 랜 컨트롤러를 사용하지 않으면 '사용 안 함(Disabled)'으로 지정해 시스템 자원을 확보합니다. NV LAN은 엔비디아 랜 컨트롤러를 의미하고, Marvell LAN은 마벨 랜 컨트롤러를 의미합니다. 최신 시스템에는 랜 컨트롤러가 두 개 이상 장착되어 있습니다.

❸ **Serial Port1 Address(Onboard Serial Port 1/2, 시리얼 포트 A)** : 직렬 마우스나 외장형 모뎀이 연결되는 메인보드에 내장된 직렬 포트가 사용할 메모리 주소와 IRQ 번호를 설정합니다. 직렬 포트를 이용하는 장치가 없으면 과감하게 '사용 안 함(Disabled)'으로 지정하여 시스템 자원을 확보하는 것이 좋습니다.

TIP 프린터가 직렬 포트가 아닌 USB를 지원하면 USB 포트에 연결하는 것이 속도도 빠르고 편리합니다. 병렬 포트를 사용하는 장치가 없으면 과감하게 '사용 안 함(Disabled)'으로 지정하여 시스템 자원을 확보하는 것이 좋습니다.

09
'빠른 시작 켜기'로
부팅 시간 단축하기

시스템이 더 빨리 시작할 수 있도록 전원 관련 옵션을 변경하겠습니다. 윈도우 8에서 도입된 '빠른 시작'을 사용하면 윈도우는 종료할 때 시스템 정보를 파일로 저장하고, 다음 부팅을 할 때 부트 매니저가 이것을 이용하여 시스템을 다시 시작하므로 부팅 시간이 단축됩니다. 최대 절전 모드를 활용한 기술로 시스템 정보를 저장한 후 시작할 때 저장한 파일을 불러와 사용합니다.

따라하기

제어판에서 '시스템 및 보안' → '전원 옵션'을 클릭하고 왼쪽에서 '전원 단추 작동 설정'을 클릭합니다.

②

종료 설정 항목의 '빠른 시작 켜기(권장)'를 체크 표시하고 〈변경 내용 저장〉 버튼이 활성화되면 클릭합니다.

TIP 체크 표시되지 않으면 윗부분에서 '현재 사용할 수 없는 설정 변경'을 클릭하세요.

TIP '빠른 시작'이 보이지 않으면 UEFI 바이오스 시스템인지 확인하세요. UEFI 바이오스를 사용하고 UEFI 부팅 옵션을 활성화했는데 '빠른 시작' 메뉴가 활성화되지 않으면 윈도우를 UEFI 모드로 재설치하세요.

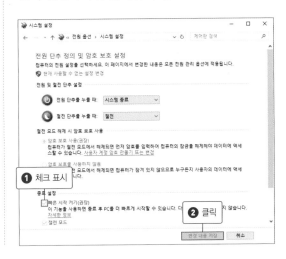

〈시작〉 버튼을 클릭하고 '전원'을 실행한 다음 표시되는 메뉴에서 '시스템 종료'를 실행합니다.

 TIP '다시 시작'이 아닌 '시스템 종료'를 실행해야 빠른 시작이 적용되었는지 확인할 수 있습니다.

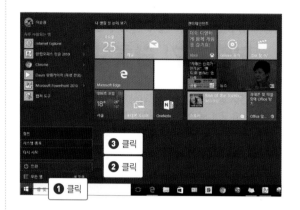

④ PC 전원 버튼을 클릭한 다음 시스템을 시작하면 '빠른 시작'이 적용됩니다.

PC 응급실

전원 옵션 조절로 하드디스크 지연을 해결하고 싶어요

시스템에 하드디스크가 두 개 이상 장착된 경우 윈도우가 설치되지 않은 하드디스크에 접근하면 하드디스크 전원이 켜지는 소리와 함께 데이터를 불러오는 데 지연이 발생합니다.

운영체제가 설치되지 않은 하드디스크에 자주 접근하면 이러한 오류로 인해 불편해지므로 '하드디스크 끄기' 기능을 사용하지 못하도록 설정합니다.

1 | 제어판을 실행하고 검색창에 '전원'을 입력한 후 '전원 관리 옵션 편집'을 클릭합니다.
2 | '전원 관리 옵션 설정 편집' 창 아래쪽에서 '고급 전원 관리 옵션 설정 변경'을 클릭합니다.
3 | '전원 옵션' 창에서 '하드 디스크' 항목을 펼치고 '다음 시간 이후에 하드디스크 끄기'의 설정(분)을 '0'으로 설정합니다. 〈확인〉 버튼을 클릭합니다.

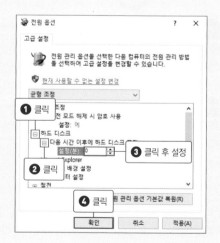

시작 프로그램 정리하기

부팅 과정에서 자동으로 실행되는 프로그램을 '시작 프로그램'이라고 합니다. 윈도우 작업 표시줄 시스템 트레이에 있는 아이콘이 바로 시작 프로그램입니다. 시작 프로그램이 많으면 메모리의 많은 부분이 낭비되고 다양한 시작 프로그램을 실행시켜야 하므로 윈도우 시작 속도가 느려지고 종료할 때도 프로그램을 모두 끝내고 종료하기 때문에 종료 속도까지 느려집니다.
작업 관리자를 통해 시작 프로그램을 줄이는 방법을 알아보겠습니다.

따라하기 ① 데스크톱 모드에서 ⊞+X를 누르고 표시되는 메뉴에서 '작업 관리자'를 실행합니다.

② 작업 관리자에서 '자세히'를 선택합니다.

③ '시작프로그램' 탭을 선택합니다. '게시자'를 클릭하여 이름순으로 시작 프로
그램을 정리합니다. 게시자에 '알 수 없음'이라고 명시된 프로그램이 있으면 사
용하지 않도록 설정하는 것이 좋습니다. 실행하지 않을 프로그램을 선택한 후
〈사용 안 함〉 버튼을 클릭합니다.

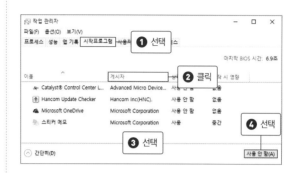

④ 제조업체가 'Microsoft Corporation'인 것은 가능하면 건드리지 않는 것이 좋습
니다. PC를 구성하는 부품 제조업체명의 시작 프로그램도 하드웨어 구동과 관
련 있을 확률이 높기 때문에 건드리지 않는 것이 좋습니다. 실행하지 않을 시작
프로그램 선택이 끝나면 작업 관리자를 종료합니다.

PC 응급실

검색 속도가 너무 느려요

윈도우 검색 속도를 빠르게 하려면 인덱싱 작업을 완벽하게 설정해야 합니다. '인덱스(Index)'가 책 내용을 찾기 쉽게 하는 것처럼 윈도
우에서 파일을 찾기 쉽게 합니다. 인덱스는 파일명, 수정한 날짜, 만든 사람, 등급 등 파일 정보를 저장합니다.
파일을 찾을 때 하드디스크를 검색하는 것이 아니라 이미 만들어진 인덱스를 검색하기 때문에 검색 속도를 단축할 수 있습니다. 검색
속도를 빠르게 하려면 하드디스크 전체가 아닌 개인 데이터가 저장된 폴더 위주로 인덱싱 작업을 하는 것이 좋습니다. 검색 속도를 조
금이라도 빠르게 하고 싶으면 속도가 빠른 하드디스크에 인덱스를 저장합니다.

1 | 제어판을 실행하고 검색창에 '색인 옵션'을 입력합니다.
2 | '색인 옵션'을 클릭하고 〈고급〉 버튼을 클릭합니다.
3 | '고급 옵션' 창의 '파일 형식' 탭을 선택하고 인덱싱할 파일 형식에 체크 표시합니
다. 자주 사용하는 개인 데이터 형식 위주로 체크 표시한 후 〈확인〉 버튼을 클릭합니다.
4 | 다시 '색인 옵션' 창에서 〈수정〉 버튼을 클릭합니다.
5 | '색인한 위치' 창이 표시되면 선택할 위치 변경에서 개인 데이터가 있는 드라이브
를 더블클릭한 후 검색할 폴더를 선택하고 〈확인〉 버튼을 클릭합니다.
열린 폴더 목록 중 흐리게 표시된 폴더와 활성화된 폴더가 있습니다. 흐린 폴더는 프로
그램용 폴더로 검색할 때 자주 사용하지 않는 폴더라는 뜻입니다. 이러한 폴더를 인덱
스로 만들 필요는 없습니다.

빠른 절전 모드 복귀를 위한
시모스 셋업 따라하기

TIP ACPI는 인텔과 마이크
로소프트, 도시바, HP 등에 의
해 만들어진 전원 관리 규격
으로 1996년 ACPI 1.0이라는
이름으로 처음 선보인 이후
꾸준히 개발되고 있습니다.

컴퓨터를 사용하지 않아도 켜 두면 전기를 낭비합니다. 바이오스가 제공하는
하드웨어 차원 절전 기능을 윈도우 10 또는 8이 제공하는 절전 기능과 함께 활
용하면 데스크톱 PC에서는 '전력 소비 절감=돈 절약', 노트북에서는 '사용 시간
연장'과 같은 효과를 얻을 수 있습니다.

메인보드 대부분은 ACPI(Advanced Configuration and Power Interface)라는
고급 전원 관리 규격을 지원합니다. 전원 관리를 할 수 있는 시모스 셋업 메뉴
를 확인하여 절전 모드에서 빠르게 깨어나도록 설정하는 옵션과 전기를 절약
할 수 있는 옵션을 확인하세요.

전원 관리 옵션 설정하기 – 구형 바이오스

아미 바이오스의 경우 'Power' 메뉴, 어워드 바이오스의 경우 'Power
Management Setup' 메뉴에 PC 전원 관리 옵션이 있습니다. 시모스 셋업을 통
해 하드웨어 차원 절전이 이뤄지도록 설정합니다.

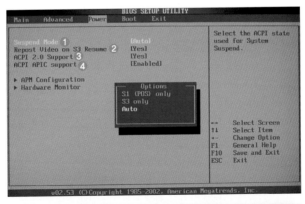

◀ 아미 바이오스

◀ 어워드 바이오스

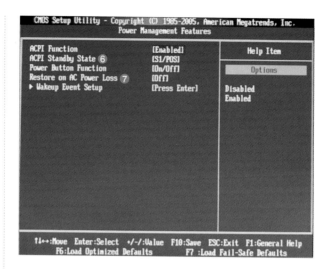

TIP APIC(Advanced Programmable Interrupt Controller)는 주변기기의 우선순위, 고급화된 IRQ를 관리하는 컨트롤러입니다.

TIP 절전 상태에서 'S'의 의미는 Sleeping State입니다.

❶ **Suspend Mode(ACPI Suspend Mode, ACPI Function, ACPI Suspend State)** : PC 전력 관리 기능인 ACPI 사용 여부를 결정합니다. 'Auto'로 지정하면 별도의 사용자 설정 없이도 ACPI 기능을 사용할 수 있습니다.

❷ **Repost Video on S3 Resume** : S3 절전 모드에서 복구될 때 VGA 바이오스를 새로 불러올지 결정합니다. 활성화하려면 'Yes'로 지정합니다.

❸ **ACPI 2.0 Support** : 향상된 전원 관리를 사용할지 결정합니다. CPU가 지원하는 '쿨 앤 콰이어트'와 같은 절전 기능을 사용하려면 '사용(Enabled)'으로 지정합니다.

❹ **ACPI APIC support** : APIC에서 ACPI를 지원할지 설정합니다. 비활성화하면 APIC 관리 아래 하드웨어는 ACPI 전력 관리 지원에서 제외됩니다. 당연히 'Enabled'로 지정해 사용하는 것이 좋습니다.

❺ **CPU EIST Function** : 인텔 전력 관리 기술인 EIST(Enhanced Intel SpeedStep Technology) 사용 여부를 결정합니다. CPU 배수를 조절해 시스템이 사용하는 전력량을 줄이는 방식입니다. '사용(Enabled)'으로 지정해 활성화합니다. CPU 관련 설정 메뉴를 통해 조절할 수 있습니다.

❻ **ACPI Standby State** : 전력 관리 모드를 결정합니다. 설정 값은 S1, S3 중에서 선택할 수 있습니다. 절전 모드에서 빨리 깨어나려면 'S1', 전기를 절약하려면 'S3'로 지정합니다.

• **S1** : POS(Power On Suspend) 모드로, PC 전원을 끄지 않은 상태에서 대기 상태를 유지합니다. 메인보드와 하드디스크에는 계속 전원이 공급됩니다. CPU와 메모리 정보가 유지되는 상태입니다. 전기 소모는 S3보다 많지만 시스템이 대기 상태에서 벗어나는 데 걸리는 시간이 짧습니다.

• **S3** : STR(Suspend To Ram) 모드로 S1과 같은 상태지만 CPU와 캐시 정보는 잃어버립니다. 하드디스크와 같은 저장 장치에 메모리와 CPU, 캐시 정보를 보관하고 다른 장치들의 전원을 모두 끕니다. 전기 절약 효과가 크지만 절전 모드에서 나오는 데 걸리는 시간이 오래 걸립니다.

❼ **Restore on AC Power Loss** : PC에 공급되는 AC 전원 품질을 점검하여 전원 품질 변동 폭이 높으면 설정 값에 따라 전원 제어 기능을 활성화할지 결정합니다. 'Off'은 전원을 차단하고, 'On'은 시스템을 재시작하며, 'Last State'로 지정하면 전원 손실 여부와 상관없이 현재 시스템 상태를 유지합니다.

전원 관리 옵션 설정하기 – UEFI 바이오스

UEFI 바이오스의 경우 전기를 최대로 절약할 수 있는 옵션이 제공됩니다.

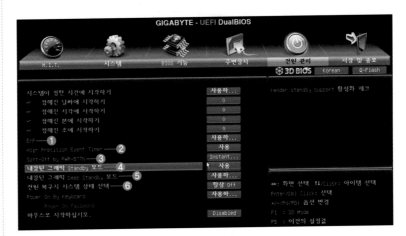

❶ **ErP** : '사용(Enabled)'으로 지정하면 시스템이 절전 모드일 때 최소한의 전력(1W)만 공급하여 전기를 절약할 수 있습니다. 전원이 연결된 상태(Soft-Off)지만 5V Standby와 배터리에만 전원이 공급되는 'S5' 상태입니다. 이 옵션을 활성화하면 키보드나 마우스, 네트워크 신호를 이용해 시스템을 활성화할 수 없습니다. 본체의 전원 버튼을 이용해 시스템을 활성화해야 합니다.

❷ **High Precision Enent Timer** : HPET(High Precision Event Timer : 고정밀 이벤트 타이머)는 인텔과 마이크로소프트가 멀티미디어 프로그램과 같이 작동 클럭에 민감한 프로그램의 요구를 반영하고자 개발한 것입니다. 밀리 초 단위의 정밀한 클럭을 그래픽 장치에 공급하기 위한 것으로 '멀티미디어 타이머'라고 불렸습니다. 윈도우 7(64비트) 이상 운영체제에서 지원하므로 이 옵션을 '사용(Enabled)'으로 지정하면 멀티미디어 프로그램 성능 향상, 정밀도를 높일 수 있습니다. 윈도우 7 이전 운영체제가 설치되었으면 전기 절약을 위해 '사용 안 함(Disabled)'으로 지정합니다.

❸ **Soft-Off by PWR-BTTN** : 본체 전원 버튼을 눌렀을 때 바로 전원이 꺼지게 할지(Instantly), 4초 이상 눌러야 전원이 꺼지게 할지(Delay 4 Sec)를 결정합니다. 실수로 전원 버튼을 눌러 시스템이 갑자기 꺼지는 것을 막기 위해서는 'Delay 4 Sec'으로 지정합니다.

❹ **내장된 그래픽 Standby 모드** : CPU 코어에 내장된 그래픽 컨트롤러가 절전 모드일 때 신호를 받아들일 수 있는 '대기 상태(Standby)'가 가능하게 할지 여부를 선택합니다. 내장 그래픽에 모니터가 연결되어 있으면 '사용(Enabled)'으로 지정합니다.

❺ **내장된 그래픽 Deep Standby 모드** : Deep Standby 모드는 깊은 대기 모드란 뜻으로, 절전 모드일 때 내장 그래픽 전원을 차단하는 것입니다. 아이비 브리지 CPU와 아이비 브리지 지원 7 시리즈 칩셋은 'Deep Stanby' 모드를 지원합니다. 해당 부품이 장착된 시스템에서 전기를 절약하려면 '사용(Enabled)'으로 지정합니다. 절전 모드에서 복구할 때 내장 그래픽에 연결된 모니터가 활성화되지 않으면 '사용 안 함(Disabled)'으로 지정합니다. 노트북이나 랩톱과 같은 휴대기기는 활성화해야 배터리 절약 효과를 얻을 수 있습니다.

❻ **전원 복구시 시스템 상태 선택** : '항상 사용(Always On)'으로 지정하면 AC 전류가 흐르므로 컴퓨터가 활성화됩니다. '사용하지 않음(Always Off)'으로 지정하면 AC 전류가 흐르기까지 시간이 걸립니다. '메모리(Memory)'로 지정하면 절전 모드 직전에 AC 상태로 돌아갑니다.

윈도우 10이 기본으로 제공하는
불필요한 앱 삭제하기

TIP 특정 앱에 따라서는 한 번이라도 실행한 적이 있어야 삭제가 가능한 경우도 있습니다.

데스크톱에서 윈도우 10을 사용하면 윈도우가 기본으로 설치하는 앱 중 불필요한 앱이 여러 개 있어 거슬립니다.

앱 삭제는 어떻게 할까요? 〈시작〉 버튼을 클릭하고 '설정'을 실행합니다. '시스템'을 클릭하고 왼쪽에서 '앱 및 기능'을 클릭합니다. 사용하지 않을 앱을 클릭하면 나오는 〈제거〉 버튼을 클릭하여 삭제하면 됩니다.

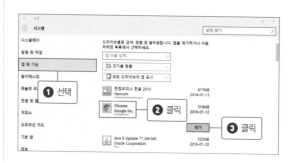

하지만 몇몇 기본 앱은 이 기능으로 삭제되지 않습니다. 이런 경우는 다음과 같은 방법으로 삭제를 진행합니다.

따라하기 ①

〈시작〉 버튼을 누르고 검색창에 'powershell'을 입력합니다.
'Windows PowerShell'을 마우스 오른쪽 버튼으로 클릭한 다음 '관리자 권한으로 실행'을 실행합니다.

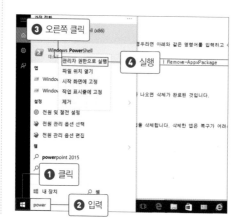

② 삭제할 앱이 '알람 및 시계'인 경우라면 다음과 같은 명령어를 입력하고 Enter 를 누릅니다.

```
Get-AppxPackage *windowsalarms* | Remove-AppxPackage Enter
```

③ '초기화됨'이라는 메시지가 나오고 프롬프트가 다시 나오면 삭제가 완료된 것입니다.

④ 다음 표를 참고해 기본 앱을 삭제합니다. 삭제한 앱은 복구가 어려우니 삭제할 때 신중을 기해 작업하세요.

앱 이름	명령어
알람 및 시계	Get-AppxPackage *windowsalarms* | Remove-AppxPackage
일정/메일	Get-AppxPackage *windowscommunicationsapps* | Remove-AppxPackage
카메라	Get-AppxPackage *windowscamera* | Remove-AppxPackage
Groove 음악	Get-AppxPackage *zunemusic* | Remove-AppxPackage
지도	Get-AppxPackage *windowsmaps* | Remove-AppxPackage
카드게임	Get-AppxPackage *solitairecollection* | Remove-AppxPackage
영화 및 TV	Get-AppxPackage *zunevideo* | Remove-AppxPackage
피플	Get-AppxPackage *people* | Remove-AppxPackage
휴대폰 도우미(윈도우즈용 폰)	Get-AppxPackage *windowsphone* | Remove-AppxPackage
윈도우즈 스토어	Get-AppxPackage *windowsstore* | Remove-AppxPackage
Xbox	Get-AppxPackage *xboxapp* | Remove-AppxPackage
금융	Get-AppxPackage *BingFinance* | Remove-AppxPackage
뉴스	Get-AppxPackage *BingNews* | Remove-AppxPackage
스포츠	Get-AppxPackage *BingSports* | Remove-AppxPackage
날씨	Get-AppxPackage *BingWeather* | Remove-AppxPackage
Skype 받기	Get-AppxPackage *SkypeApp* | Remove-AppxPackage
사진	Get-AppxPackage *Photos* | Remove-AppxPackage

3D 빌더	Get-AppxPackage *3DBuilder* | Remove-AppxPackage
Get Office	Get-AppxPackage *MicrosoftOfficeHub* | Remove-AppxPackage
OneNote	Get-AppxPackage *Onenote* | Remove-AppxPackage
시작	Get-AppxPackage *Getstarted* | Remove-AppxPackage

 삭제 작업이 끝나면 창을 닫거나 Exit 명령을 입력하면 됩니다.

PC 응급실

라이브 타일 기능을 끄려면 어떻게 해야 하나요?

'스포츠' 앱이나 '뉴스' 앱, '날씨' 앱 등은 앱 타일에 실시간 정보를 표시하는 '라이브 타일(Live Tile)'이라고 합니다. 라이브 타일은 앱을 실행하지 않고도 주요 정보를 시작 화면에서 확인할 수 있기 때문에 편리합니다. 하지만 서버로부터 계속 실시간 정보를 받아 와서 시작 화면에 표시하기 때문에 태블릿일 경우 배터리가 많이 소모됩니다.

데스크톱 PC라면 더군다나 필요 없는 기능입니다. '라이브 타일' 기능을 끄는 방법은 간단합니다. 시작 화면을 열고 타일 화면에 실시간 정보가 표시되는 앱에서 마우스 오른쪽 버튼을 클릭한 다음 '라이브 타일 끄기' 또는 '자세히' → '라이브 타일 끄기'를 실행합니다.

▲ 라이브 타일 끄기

Chapter 02

'보안 및 유지 관리'로 쓸수록 나타나는 윈도우 이상 현상 줄이기

윈도우에서 특정 오류 메시지 창이 열릴 때, 실행되는 프로그램 속도가 이상하게 느려질 때, 갑자기 잘되던 기능이 작동하지 않을 때가 있습니다. 이러한 이상 현상이 윈도우에 생기는 원인은 무엇일까요? 문제가 생기지 않게 하고, 빠르게 윈도우를 사용하려면 어떻게 해야 할까요? 윈도우 10이 제공하는 제어판 '보안 및 유지 관리'를 이용하면 윈도우에 문제가 생기지 않도록 윈도우를 관리할 수 있습니다. '보안 및 유지 관리'를 통해 내 PC 상태를 점검해 보겠습니다.

제어판 '보안 및 유지 관리'를 통해 PC 상태를 점검하고 개선할 수 있습니다. PC를 위한 특급 도우미 '보안 및 유지 관리'를 살펴보겠습니다.

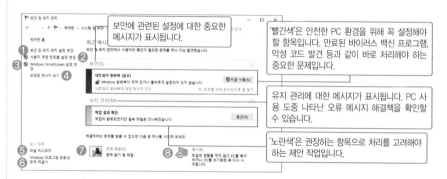

① **보안 및 유지 관리 설정 변경** : 관리 센터가 보여주는 메시지 항목을 변경할 수 있습니다.

② **사용자 계정 컨트롤 설정 변경** : 사용자 계정 컨트롤 수준을 변경하거나 작동하지 못하게 꺼 버릴 수 있습니다. ▶ 489쪽 참고

③ **Windows SmartScreen 설정 변경** : 윈도우 스마트스크린 필터는 악성 사이트나 프로그램으로부터 시스템을 보호하는 기술입니다. 윈도우 8부터는 보안을 강화하려면 스마트스크린 필터 기능을 인터넷 익스플로러뿐 아니라 운영체제 전체까지 확장했습니다.

④ **보관된 메시지 보기** : 오류가 발생했을 때 마이크로소프트에 보고한 문제에 대한 보관된 메시지를 볼 수 있습니다.

⑤ **파일 히스토리** : 파일이 손상된 경우 다시 복원할 수 있도록 파일 복사본을 저장해 놓는 기능입니다.

⑥ **Windows 프로그램 호환성 문제 해결사** : 윈도우 10에서 실행이 안 되는 이전 버전 운영체제용 프로그램이 실행되도록 설정을 조절합니다. ▶ 493쪽 참고

⑦ **문제 해결** : 기본으로 제공하는 문제 해결사를 통해 문제를 해결할 수 있습니다.

⑧ **복구** : 시스템 복원을 실행하거나 윈도우를 설치 상태로 돌려 주는 PC 복구를 진행합니다.

02
윈도우의 이중 삼중 보안 정책 확인하기

오래전 빌게이츠가 마이크로소프트 회장으로 있을 때 맬웨어(악성 코드)의 심각성을 이야기한 적이 있습니다. 빌게이츠는 바이러스에 감염된 적이 없었는데 스파이웨어인 '맬웨어'에 감염되어 시스템에 심각한 손상을 입었다고 합니다. 이때부터 마이크로소프트는 맬웨어에 대처하기 위한 방어책을 준비하며 스파이웨어와의 전쟁을 시작하여 이중 삼중 보안 정책을 실시했습니다.

UEFI 보안 부팅으로 윈도우 시스템 영역에 악성 코드가 침입하는 것을 원천봉쇄합니다.

윈도우 디펜더가 시작 프로그램이 실행되기 전에 시작되어 악성 코드 침입으로부터 시스템을 실시간 보호합니다.

사용자 계정 컨트롤로 사용자 모르게 시스템이 변경되는 것을 막습니다.

보안이 강화된 익스플로러 11을 제공합니다.

윈도우 업데이트를 통해 보안에 취약한 부분이 발견되는 즉시 패치 파일을 제공합니다.

윈도우 방화벽을 실행해 네트워크를 통한 해킹으로부터 시스템을 보호합니다.

스마트스크린 필터를 활성화하면 윈도우에 안정성이 확인되지 않은 인터넷을 통해 다운로드한 앱과 여러 파일이 자동으로 설치되는 것을 막습니다.

드라이브를 암호화하는 BitLocker 기능이 향상되어 윈도우가 설치된 하드디스크 외 USB 메모리, SSD 등도 암호화할 수 있습니다.

윈도우 10은 태블릿 PC, 스마트폰 등으로 적용 범위가 확대되고, 앱 스토어에서 앱을 설치하므로 운영할 때 발생할 수 있는 보안 취약점에 대비해야 합니다. 공식 앱 스토어인 윈도우 10 앱 스토어를 통해서 다운로드해야 안전합니다.

윈도우 10이 제공하는 보안 기능을 제대로 활용하고 있는지 살펴보고 보안 정책을 활성화해 보겠습니다.

따라하기 ① 제어판에서 '시스템 및 보안' → '보안 및 유지 관리'를 클릭합니다.

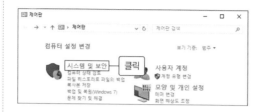

②

TIP 작업 표시줄 트레이에 있는 보안 센터 아이콘에서 해당 항목에 대한 메시지가 있음을 알리지 않으려면 해당 항목에서 '메시지 끄기'를 클릭합니다.

'보안' 항목에서 오른쪽 화살표를 눌러 목록을 펼치세요. 관리 센터를 통해 관리되고 있는 보안 항목을 확인할 수 있습니다. 사용자가 설정을 변경할 수 있는 항목은 '설정 변경'이 붙어 있습니다. 이를 클릭해 설정을 바꾸면 됩니다.

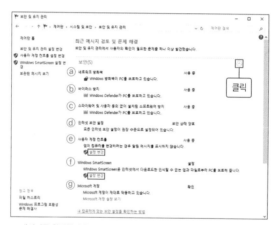

▲ 메시지를 확인합니다.

ⓐ **네트워크 방화벽** : 방화벽이 켜져 있는지 확인합니다. 켜져 있다면 '사용 중'으로 표시됩니다.
▶ 508쪽 참고

ⓑ **바이러스 방지** : 윈도우 디펜더를 이용한 실시간 보호 감시 기능이 활성화되어 있다면 '사용 중'으로 표시됩니다.

ⓒ **스파이웨어 및 사용자 동의 없이 설치된 소프트웨어 방지** : 윈도우 디펜더를 이용해 시스템을 문제를 바로 해결하려면 '시스템 정리'를 클릭합니다.

ⓓ **인터넷 보안 설정** : 인터넷 보안 설정 상태가 올바른지 확인합니다. '보안 상태 양호'라는 메시지가 보이는지 확인합니다.

ⓔ **사용자 계정 컨트롤** : 사용자 계정 컨트롤 사용 상태를 확인합니다. ▶ 489쪽 참고

ⓕ **Windows SmartScreen** : 인터넷을 통해 다운로드되는 앱과 파일이 임의로 설치되는 것을 막기 위한 설정입니다. ▶ 484쪽 참고

ⓖ **Microsoft 계정** : 온라인 계정인 전자 우편 주소를 ID로 이용하는 마이크로소프트 계정을 사용한다면 보안 설정이 올바른지 확인해야 합니다. 내가 사용하는 핸드폰 번호를 보안 인증 수단으로 등록하세요. ▶ 585쪽 참고

03

윈도우가 제공하는 이중 삼중 시스템 관리 도구 확인하기

윈도우는 프로그램 실행 기반 운영체제로, 이상이 있으면 프로그램 사용에 즉시 영향을 미칩니다. 기반이 되는 운영체제에 구멍이 뚫리는 것을 막기 위해 윈도우 8 이상에서는 시스템을 이전 상태로 되돌릴 수 있는 여러 가지 복구 대책을 마련했습니다. 시스템을 건강한 상태로 유지하기 위해 '관리 센터'에서 시스템을 유지하고 자동 최적화 작업을 진행합니다.

제어판에서 '관리 센터' 윈도우 유지 관리 기능을 살펴보겠습니다.

시스템을 사용하지 않을 때 소프트웨어 업데이트, 보안 검사, 시스템 진단 등 유지 관리 작업을 자동으로 진행합니다.	시스템 안정성에 언제 문제가 생겼는지 확인할 수 있습니다.	시스템에 설치된 하드디스크, 광학 드라이브, SSD, USB 메모리 상태를 점검합니다.	최적의 상태로 장치를 유지하기 위한 드라이버 설치 작업을 진행합니다.
시스템을 시작할 수조차 없는 경우 문제를 해결하는 복구 드라이브를 만들 수 있습니다.	시스템을 원하는 지점의 이전 상태로 되돌릴 수 있는 '시스템 복원' 기능을 제공합니다.	파일이 손상되면 이전 상태로 되돌릴 수 있습니다.	문제가 발생했을 때 '문제 해결사'를 통해 문제의 원인과 해결책을 자동으로 찾아 실마리를 제공합니다.
파일 시스템이 제대로 작동하고 오류가 없는지 확인합니다.	장치가 제대로 실행되도록 드라이버를 추가로 설치해야 하는지 확인합니다.		

TIP 자동 유지 관리 작업 중이면 관리 센터 아이콘에 시계 표시가 나타납니다.

관리 센터의 복구 장치만 제대로 사용할 줄 알아도 여러분이 사용하는 운영체제는 안전하게 실행됩니다.

▲ 관리 센터 '자동 유지 관리'를 통해 시스템을 최적의 상태로 유지시킵니다.

04
'스마트스크린 필터' 기능 때문에
프로그램을 설치할 수 없는 경우 해결하기

스마트스크린 필터는 사용자 모르게 악성 사이트를 방문하거나 악성 프로그램이 설치되는 것을 원천 봉쇄하기 위한 시스템 보호 기술입니다.

윈도우 10은 보안을 강화하려고 스마트스크린 필터(SmartScreen Filter)를 인터넷 익스플로러뿐만 아니라 운영체제 전체적으로 확장했습니다. 본래 취지는 악성 코드나 피싱 사이트로부터 이용자를 보호하려는 것이지만 필터링이 잘못되어 정상적인 사이트나 파일을 막는 경우도 있습니다. 그렇다고 스마트스크린 필터를 사용 안 할 수도 없죠? 스마트스크린 필터를 활성화하고 경고 메시지가 나올 때 대처 방법을 알아보겠습니다.

따라하기 ①

제어판에서 '시스템 및 보안' → '보안 및 유지 관리'를 클릭합니다. 왼쪽에서 'Windows SmartScreen 설정 변경'을 클릭합니다.

'Windows SmartScreen' 창이 표시되면 '인터넷의 인식할 수 없는 앱을 실행하기 전에 관리자 승인 얻기(권장)'를 선택하고 〈확인〉 버튼을 클릭하세요.

②

스마트스크린 필터가 활성화되면 윈도우에서 검증되지 않은 프로그램을 설치하려고 시도할 경우 'Windows의 PC 보호' 창이 열립니다. 꼭 설치해야 할 프로그램이라면 '추가 정보'를 클릭하세요. 만일 사용자가 프로그램 설치를 시도하지도 않았는데 이런 경고창이 나온다면 백신 프로그램으로 시스템을 검사해 문제가 있는지 확인해야 합니다.

 TIP 웹 서핑을 할 때 스마트스크린 필터 때문에 특정 사이트를 들어가지 못하는 경우 해결책은 606쪽 PC 응급실을 참고하세요.

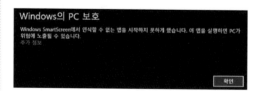

해 결

05
불필요한 관리 메시지 끄기

윈도우 7 이상의 보안 및 유지 관리는 윈도우에 이상을 일으킬 수 있는 문제점을 확인하면 경고 메시지를 표시합니다. 예를 들어 보안 프로그램인 스파이웨어, 백신 등이 제대로 작동하지 않으면 바로 작업 표시줄 알림 센터에 경고 메시지가 나타납니다.

경고 메시지가 필요 없으면 나타나지 않도록 설정할 수 있습니다. 나타나지 않은 경고 메시지는 보안 및 유지 관리에서 한번에 확인할 수 있습니다. 운영체제의 잦은 알림 메시지가 귀찮게 느껴질 수도 있지만, PC를 최적의 상태로 유지하는 지름길이라는 것을 잊지 마세요.

따라하기

① 제어판에서 '시스템 및 보안' → '보안 및 유지 관리'를 클릭하고 왼쪽에서 '보안 및 유지 관리 설정 변경'을 선택합니다.

② 메시지 알림을 해제할 옵션의 체크 표시를 해제합니다. 여기서는 '방화벽이 작동하고 있지 않습니다.'라는 경고 메시지를 나타나지 않게 하기 위해 '네트워크 방화벽'의 체크 표시를 해제했습니다. 선택이 끝나면 〈확인〉 버튼을 클릭합니다.

해 결 **06**

시스템이 쉴 때 자동 유지 관리하기

관리 센터 '유지 관리'는 시스템 점검을 알아서 진행하고 특정 작업이 필요한 경우 사용자에게 알려 주는 유용한 도구입니다.

제어판에서 '시스템 및 보안' → '관리 센터'를 클릭한 다음 '성능 정보 보기'를 선택한 후 '고급 도구'를 선택합니다. 관리 센터가 시스템 유지 관리를 위해 실행하는 도구로 시스템을 점검하고 최적화 작업도 자동으로 진행합니다. 고급 도구 화면에서는 어떤 기능을 수행하는지 알아볼까요?

- 손상된 바로가기를 검색해 제거합니다.
- 시스템 사용 시간을 체크합니다.
- 사용하지 않은 바탕 화면 아이콘을 정리합니다.
- 디스크 볼륨 오류를 점검하고 해결합니다.
- 디스크 단편화율을 확인해 디스크 조각 모음을 진행합니다.
- 너무 많은 시작 프로그램이 등록되지는 않았는지 점검합니다.
- 디스크 정리를 실행해 불필요한 파일을 삭제합니다.

윈도우 8 이상은 기본적으로 시스템이 쉬고 있을 때 매주 시스템 유지 관리가 진행되도록 설정했습니다. 사용자에게 맞도록 시스템 유지 관리 설정을 변경하고 문제점을 진단하여 최적화 작업을 진행해 보세요.

자동 유지 관리 실행하기

제어판 오른쪽 윗부분 검색창에 '유지'를 입력한 다음 '보안 및 유지 관리'의 '자동 유지 관리 설정 변경'을 클릭하세요.

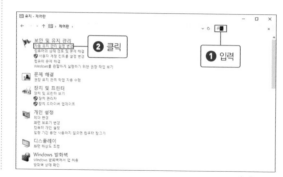

② 유지 관리 작업 실행 시간을 시스템을 사용하지 않는 시간으로 설정하고 '예약된 시간에 컴퓨터의 절전 모드를 해제하여 예정된 유지 관리를 시작하도록 허용'에 체크 표시합니다. 설정이 끝나면 〈확인〉 버튼을 클릭합니다.

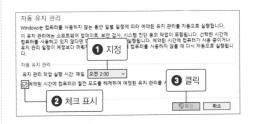

③ 다시 이전 화면으로 돌아오면 '보안 및 유지 관리'를 클릭합니다.
유지 관리 항목을 펼치고 '유지 관리 시작'을 클릭합니다. 작업을 진행하고 문제점이 발견되면 해결책을 알려 줍니다.

따라하기 ① | **권장 유지 작업 수행하기**

제어판 검색창에 다시 '유지'를 입력한 다음 '문제 해결' 항목에 있는 '권장 유지 관리 작업 자동 수행'을 클릭합니다.

② 시스템 유지 관리 창이 열리면 〈다음〉 버튼을 클릭합니다. 사용하지 않는 파일 및 바로 가기 정리 등 유지 관리 작업을 진행합니다. 문제가 없으면 '관리자로 권한으로 문제 해결 실행'을 클릭하여 문제를 검색합니다.

TIP '자세한 정보 보기'를 클릭하면 어떤 유지 관리 작업이 진행됐는지 확인할 수 있습니다.

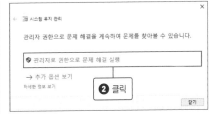

**check!
check!**

PC 상태 확인하기

☑ 관리 센터 유지 관리 항목에 나타나는 메시지를 통해 PC 현재 상태를 확인하세요.

윈도우 10은 시스템 컨디션을 최상으로 유지하기 위해 PC 구성 부품 건강 상태를 진단합니다. 하드웨어를 작동시키는 드라이버 상태를 진단하고 하드웨어 제조업체가 제공하는 장치에 최적화된 소프트웨어를 검사해 알려 줍니다.

관리 센터에서 PC를 구성하는 장치들의 건강 상태를 확인하세요. 각각의 항목에 '문제 없음'이라는 메시지가 나타나면 시스템이 최적의 상태입니다.

제어판에서 '시스템 및 보안' → '보안 및 유지 관리'를 클릭합니다. 유지 관리 항목을 펼쳐 내 PC 현재 상태를 확인합니다.

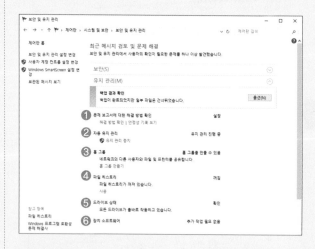

❶ **문제 보고서에 대한 해결 방법 확인** : 시스템에 문제가 발생하면 마이크로소프트 테크넷에 연결해 해결책을 검색해서 알려 줍니다.

❷ **자동 유지 관리** : '추가 작업 필요 없음'으로 나타나면 자동 유지 관리 작업에 문제가 없습니다.

❸ **홈 그룹** : 같은 네트워크를 사용하고, 같은 작업 그룹 안에 있는 PC끼리 데이터를 공유할 수 있는 홈 그룹에 속하면 '홈 그룹에 연결됨'으로 표시됩니다.

❹ **파일 히스토리** : 파일 복사본을 저장하는 '파일 히스토리' 기능을 사용하면 '켜짐'으로 표시됩니다.

❺ **드라이브 상태** : '모든 드라이브가 올바로 작동하고 있습니다.'라는 메시지가 나타나면 드라이브에 이상이 없는 것입니다.

❻ **장치 소프트웨어** : '장치 소프트웨어'에서 장치를 사용할 수 있는 프로그램이 추가로 있는지 확인할 수 있습니다. 설치할 프로그램이 있으면 〈다운로드〉 버튼을 클릭해 설치합니다.

07
사용자 계정 컨트롤 끄지 말고 조절하기

윈도우 10에서 시스템에 영향을 미치는 작업을 하면 필요한 작업인지 확인하는 경고 메시지 창이 표시됩니다. 이렇게 확인 작업을 거치는 것은 악성 프로그램이나 사용자에 의해 시스템이 임의로 변경되는 것을 막기 위해서입니다.

윈도우 비스타부터 도입된 '사용자 계정 관리(UAC; User Acount Control)' 기능은 윈도우 8부터 보안 기능을 더 강화시켰습니다. 윈도우 7에서는 사용자 계정 컨트롤 설정을 최하로 낮출 경우 모든 프로그램이 관리자 모드로 실행되었지만 윈도우 8부터는 사용자 계정 정책이 변경되어 설정을 최하 단계로 낮춰도 관리자 권한이 아닌 중간 권한으로 실행됩니다. 제어판에서 '시스템 및 보안' → '보안 및 유지 관리'를 클릭하고 '사용자 계정 컨트롤 설정 변경'을 선택합니다. 사용자 계정 컨트롤의 알림 단계는 다음과 같습니다.

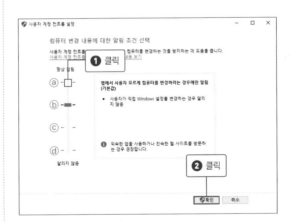

ⓐ **다음의 경우 항상 알림** : 프로그램을 설치하거나 시스템 설정을 변경하는 등 컴퓨터 환경에 영향을 줄 수 있는 작업을 할 때 바탕 화면이 흐려지고 '사용자 계정 컨트롤' 대화상자가 표시됩니다. 여러 명이 공유하는 컴퓨터이거나 새로운 프로그램을 즐겨 설치하면 설정합니다.

ⓑ **앱에서 사용자 모르게 컴퓨터를 변경하려는 경우에만 알림(기본값)** : 프로그램 설치 작업이 진행될 때만 바탕 화면이 흐려지고 '사용자 계정 컨트롤' 대화상자가 표시됩니다.

ⓒ **앱에서 사용자 모르게 컴퓨터를 변경하려는 경우에만 알림(바탕 화면을 흐리게 표시하지 않음)** : ⓑ와 같지만 '사용자 계정 컨트롤' 대화상자가 표시될 때 바탕 화면이 흐려지지 않습니다. 낮은 시스템 사양일 경우에 선택합니다.

ⓓ **다음의 경우 항상 알리지 않음(사용자 계정 컨트롤 끄기)** : 사용자 계정 컨트롤을 사용하지 않습니다. 이때 PC 사용, 보호, 관리, 수리에 자신 있는 사용자만 설정합니다.

ⓐ로 설정한 경우 프로그램을 설치할 때 다음과 같이 프로그램 설치를 허용할지 묻는 창이 표시됩니다. 관리자 계정이 아니면 관리자 계정 암호를 확인합니다. 작업을 허용하기 전에 '사용자 계정 컨트롤' 창에 나오는 아이콘을 확인하면 어떤 형태의 경고 메시지인지 알 수 있습니다. 〈예〉 버튼을 클릭하면 프로그램 설치가 진행됩니다.

TIP 사용자 계정 컨트롤을 끄자니 불안하고 믿을만한 작업이지만 매번 나오는 팝업 메시지가 귀찮다면 아랫부분 PC 응급실을 참고해 사용자 계정 컨트롤 창이 열리는 횟수를 줄이세요.

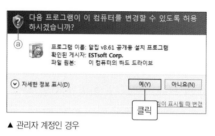

▲ 관리자 계정인 경우

▲ 일반 계정인 경우

ⓐ 🛡 **알 수 없는 프로그램이 컴퓨터에 액세스하려고 합니다.** : 프로그램이 맞는지 확인할 수 있도록 게시자가 발급한 유효한 디지털 서명이 없는 프로그램을 설치하려는 경우입니다. 계속 설치해도 문제될 것이 없습니다.

ⓑ 🛡 **계속하려면 윈도우에서 사용 권한이 필요합니다.** : 컴퓨터의 사용자에게 영향을 줄 수 있는 윈도우 기능이나 프로그램을 시작하려면 사용 권한이 필요하다는 뜻입니다.

PC 응급실

'사용자 계정 컨트롤' 창을 열지 않고 싶어요

윈도우 10 또는 8에서 사용하는 '사용자 계정 컨트롤' 대화상자가 열리는 횟수를 조절하고 싶다면 다음을 따라하세요.

⊞+R을 누른 다음 '실행' 창에 'secpol.msc'를 입력하고 Enter를 누르세요.

로컬 보안 정책이 실행되면 '로컬 정책' → '보안 옵션'으로 이동합니다. 다음 네 개의 설정을 '사용 안 함'으로 바꿔 줍니다.

ⓐ **관리 승인 모드에서 모든 관리자 실행** : '사용 안 함'으로 지정
ⓑ **보안 위치에 설치된 UIAccess 응용 프로그램만 권한 상승** : '사용 안 함'으로 지정
ⓒ **유효성 검사를 통과한 서명된 실행 파일만 권한 상승** : '사용 안 함'으로 지정
ⓓ **응용 프로그램 설치할 때 권한 상승 확인** : '사용 안 함'으로 지정

내 PC 안정성 확인하고 문제 해결하기

윈도우는 사용하다 보면 어느 순간부터 작업 속도가 느려집니다. 하지만 정말로 느려진 것인지, PC 안정성에 언제부터 문제가 생겼는지 확인할 방법은 없을까요? 현재 PC가 안정된 상태인지 궁금하지 않나요? '시스템 구성'을 이용해 프로그램, 서비스를 점검하기 전에 원인이 되는 프로그램 범위를 줄이면 진단이 쉬워집니다.

'안정성 및 성능 모니터'를 통해 내 PC에 언제부터 문제가 생겼는지 정확히 확인할 수 있습니다. 안정성에 이상이 생겼을 때 어떤 프로그램을 설치했는지도 확인할 수 있습니다.

안정성에 이상이 생긴 날짜 확인하기

따라하기 ①

제어판에서 '시스템 및 보안' → '보안 및 유지 관리'를 클릭합니다.

②

'유지 관리'를 클릭해 연 다음 문제 보고서에 대한 해결 방법 확인에서 '안정성 기록 보기'를 클릭합니다.

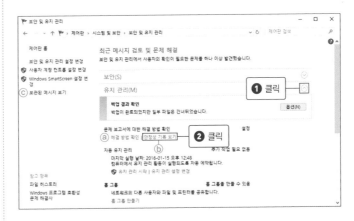

ⓐ **해결 방법 확인** : 현재 시스템에서 발생한 오류에 대한 해결 방법이 있는지 인터넷 마이크로소프트 테크넷, 커뮤니티 등을 확인합니다.

ⓑ **안정성 기록 보기** : 시스템에 발생한 문제가 기록되어 있습니다.

ⓒ **보관된 메시지 보기** : 문제 해결 방법을 찾았다면 이곳을 클릭해 보관된 해결책을 볼 수 있습니다.

③

TIP 그래프를 통해 언제부터 문제가 발생했는지 확인할 수 있습니다. 안정성이 낮아진 날짜에 대한 시스템 사용 내역을 확인하려면 날짜를 클릭하여 설치된 프로그램과 오류에 관한 내용을 확인합니다.

TIP '안정성 모니터' 창 아래쪽의 '모든 문제에 대한 해결 방법 확인'을 클릭하여 해결책이 있는지 찾을 수 있습니다.

날짜를 클릭하고 아래쪽의 세부 정보에서 문제가 발생한 부분을 확인합니다. 원본 항목은 프로그램, 요약 항목은 문제가 발생했을 때 상황, 날짜 항목은 오류가 발생했을 때 날짜, 상태 항목은 해결 방법 적용 상황을 확인할 수 있습니다. 작업 항목에서 '해결 방법 확인' 또는 '기술에 관한 정보'를 클릭합니다.

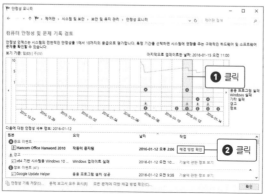

◀ 문제가 발생한 날짜를 정확하게 확인할 수 있습니다.

④

문제 해결 방법이 있는지 찾을 수 있습니다. 해결 방법이 없어도 어떤 프로그램에 문제가 있는지 확인한 것만으로도 성공입니다.

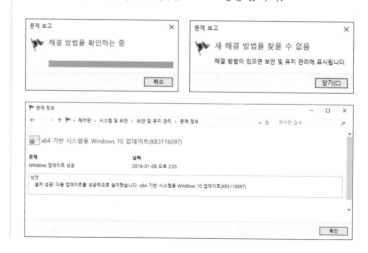

해　결

09
호환성 때문에 실행되지 않는 프로그램 해결하기

프로그램을 실행할 때 오류가 발생하나요? 이것은 해당 프로그램에서 최신 운영체제를 제대로 인식하지 못해 발생하는 문제일 수 있습니다. 관리 센터에서 제공하는 'Windows 프로그램 호환성 문제 해결사'를 이용하여 쉽게 해결할 수 있습니다.

따라하기 ①

제어판에서 '시스템 및 보안'을 클릭하고 왼쪽에서 '프로그램'을 클릭한 다음 '이전 버전의 Windows용으로 만든 프로그램 실행'을 클릭합니다.
'프로그램 호환성 문제 해결사' 창이 표시되면 〈다음〉 버튼을 클릭합니다.

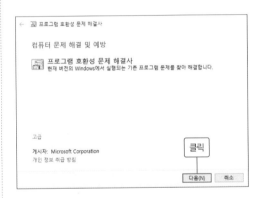

②

TIP 문제 있는 프로그램이 목록에 없으면 '목록에 없음'을 클릭하세요. '프로그램 파일 위치 입력' 창이 표시되면 〈찾아보기〉 버튼을 클릭하여 프로그램 실행 파일을 선택합니다.

윈도우에 설치된 프로그램이 표시되면 문제가 있는 프로그램을 선택하고 〈다음〉 버튼을 클릭합니다.

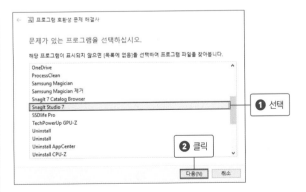

③ '계속 프로그램 문제 해결'을 클릭합니다. 문제를 해결하기 위해 '프로그램 문제 해결'을 클릭합니다.

TIP 프로그램에 따라 호환성 문제 해결 과정이 다를 수 있습니다.
프로그램을 실행할 때 '프로그램 호환성 관리자'가 먼저 실행되는 경우는 윈도우 10 버전이 개발되지 않았거나 인증을 거치지 않은 경우입니다. 프로그램을 실행해도 문제없으면 '이 메시지를 다시 표시 안 함'을 클릭합니다.

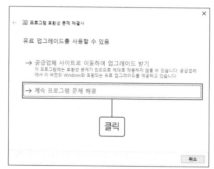

④ 프로그램을 실행할 때 어떤 문제가 발생하는지 해당하는 옵션을 체크 표시하고 〈다음〉 버튼을 클릭합니다. 프로그램이 지원하는 운영체제 버전을 선택하고 〈다음〉 버튼을 클릭합니다.

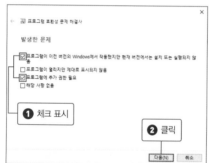
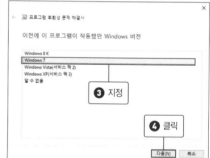

⑦ 프로그램을 정상적으로 실행하기 위해 어떤 설정이 적용되는지 표시됩니다. 〈프로그램 테스트〉 버튼을 클릭하여 문제가 해결되었는지 확인합니다. 프로그램이 정상적으로 실행되면 〈다음〉 버튼을 클릭합니다.
문제 해결이 완료되면 '예, 이 프로그램에 대한 현재 설정을 저장합니다.'를 클릭합니다.

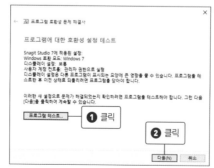
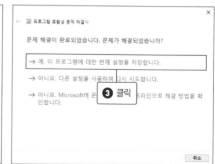

악성 프로그램 예방으로
안전한 윈도우 만들기

다양한 경로로 침투하여 사용자 몰래 감염되는 악성 코드를 예방하려면 어떻게 해야 할
까요? 악성 코드 종류별로 대처 방법은 매우 다양하며, 안전을 위해서라면 반드시 지켜
야 할 예방법이 있습니다.
이번 챕터에서는 악성 코드를 막는 다양한 예방법을 알아보겠습니다.

01
악성 코드 감염 경로 확인하기

악성 프로그램 전성시대라고 할 만큼 악성 프로그램은 종류와 형태도 다양해지고 더욱 복잡하고 강력하게 변모하고 있습니다.

따라서 제 아무리 우수한 백신 프로그램을 사용하더라도 악성 프로그램을 완벽하게 차단할 방법은 없습니다.

그나마 악성 프로그램으로부터의 피해를 최소화하려면 여러분 스스로 보안을 생활화하는 방법밖에 없습니다. 여러분이 악성 코드가 감염되는 경로를 안다면 예방책도 이에 맞게 세울 수 있습니다.

check! check!

악성 코드를 예방하는 PC 사용 수칙

☑ 악성 코드 예방 수칙 열 가지 항목 모두를 지키는지 확인하세요.

악성 코드를 예방하기 위한 PC 사용 수칙을 정리했습니다. 나열된 목록 중 한두 가지만 지킨다고 해서 악성 코드가 예방되는 것은 아닙니다. 열 가지 수칙을 모두 지켜야만 안전한 PC라고 할 수 있습니다.

TIP 114쪽에서 살펴봤듯이 악성 코드 감염 경로는 매우 다양합니다. 부지런히 예방 작업을 하면 악성 코드 위협으로부터 시스템을 지키는 것은 어렵지 않습니다.

☐ 백신 프로그램의 '실시간 검사' 기능으로 시스템을 보호합니다. 새로운 악성 코드 등장에 대비하여 백신 프로그램은 항상 최신 버전으로 자동 업데이트합니다.

☐ 안정성을 인증받은 웹사이트만 방문합니다. 인터넷을 하다가 자신도 모르게 악의적인 사이트를 방문하는 경우에 대비하여 악의적인 사이트나 앱으로부터 PC를 보호하는 'SmartScreen 필터'를 사용합니다.

☐ 보안에 허점이 생겨 이를 악용하는 것을 막으려면 윈도우 업데이트를 통한 보안 패치 작업(중요 업데이트)을 합니다.

☐ 익숙하지 않은 발신자의 전자 메일 또는 잘 모르는 전자 메일 첨부 파일을 열지 않습니다. 많은 악성 코드가 전자 메일에 첨부되어 첨부 파일을 확인하는 즉시 감염됩니다. 스팸 메일을 막는 '안티 스팸 솔루션'을 도입하고 예상되는 첨부 파일이 아니면 확인하지 않는 것이 좋습니다.

☐ 프로그램을 설치할 때는 '기본 설치'가 아닌 '사용자 정의 설치'를 선택하여 설치합니다. 필요한 기능 외에 추가로 설치되는 애드웨어를 설치하지 않기 위해서입니다. 사용자 모르게 설치되는 애드웨어를 통해 시스템이 해킹의 위험에 노출되는 경우가 많으므로 조심해야 합니다.

☐ 사용자 계정 컨트롤 수준을 '높게'로 지정하면 악성 코드가 임의로 시스템 환경을 변경하는 것을 막을 수 있습니다.

TIP 윈도우 디펜더의 실시간 감시 기능을 활성화하는 방법은 121쪽에서 설명합니다.

☐ 익스플로러 보안 기능으로 인터넷 사용 기록 흔적인 인터넷 캐시와 검색 기록을 지워서 개인 정보가 도용되는 것을 막습니다.

☐ 방화벽을 사용하여 악성 코드가 PC에 연결을 시도하려는 경우 의심스러운 활동 알림을 확인할 수 있습니다.

☐ 로그인 암호를 사용해 악성 코드가 시스템을 임의로 변경하는 것을 막습니다.

☐ 주민등록번호 대신 i-PIN을 사용해 개인 정보가 도용되는 것을 막습니다.

check! check!

내 PC는 해킹으로부터 안전한지 확인하기

☑ 인터넷에서 나와 관련된 정보 검색 수준을 확인하세요.
☑ 내 PC는 해킹으로부터 안전한지, 나는 개인 정보를 지킬 수 있는 보안 규칙을 잘 지키고 있는지 확인하세요.

자유롭게 PC를 사용하다가 혹시 해킹당하지 않을까 걱정한 적이 있을 것입니다. 대부분 기본적인 보안과 관련된 규칙을 지키지 않아 개인 정보가 노출되죠. 우선 내 개인 정보 노출 수준은 어느 정도인지 검색 사이트를 통해 확인해 볼까요? 웹브라우저를 실행한 후 '구글(http://www.google.co.kr)'에 접속하여 내 이름, 주소, ID, 전자 우편 주소, 전화 번호, 직장명 등을 검색합니다.

◀ 내 정보가 인터넷에 어느 정도 노출되었는지 확인해 보세요.

얼마나 많은 개인 정보가 인터넷에 떠도는지 확인하면 아마도 놀랄 것입니다. 개인 정보가 공개되는 것을 원치 않으면 사이트에 개인 정보 삭제를 요청할 수 있습니다.

내 정보를 해킹으로부터 예방할 수 있는 가장 기본적인 규칙을 정리했습니다. 확인해 보고 보안 수준이 낮다고 판단되면 당장 문제를 해결하세요.

☐ 여덟 자 이상 대·소문자, 특수 문자, 숫자 등이 섞인 암호를 사용하는지 점검합니다. 안전한 암호를 설정하는 방법은 500쪽을 참고합니다.

☐ 계정마다 다른 암호를 사용합니다. 중요한 계정은 특별한 암호를 사용합니다.

☐ 백신 프로그램을 항상 최신 상태로 유지합니다.

☐ 윈도우 중요 업데이트를 항상 최신 상태로 유지합니다.

☐ 스팸 메일이 와도 상관없는 스팸 메일용 계정을 별도로 만들어 사용합니다.

☐ 웹사이트에 가입할 때 전화번호, 주소 등이 필요하지 않은 사이트는 정보를 요구하는 경우 입력하지 않습니다. 회원 가입을 할 때 주민등록번호 수집은 금지사항으로, 본인 확인은 아이핀(i-PIN) 인증이나 휴대폰 인증을 사용합니다.

TIP 다양한 보안 도구 중에서 쉽게 진단할 수 있는 기본 규칙만 나열했으므로 반드시 확인해 보세요.

□ 웹사이트에 회원 가입할 때 사이트 소식 등을 받을 전자 우편 주소는 입력하지 않거나 스팸 메일용 계정을 사용합니다.

□ 주민등록증, 운전면허증 등 오프라인에서 개인 정보를 노출할 수 있는 중요한 자료들을 분실하지 않도록 관리합니다.

□ 정상적인 홈페이지 주소를 입력해 개인 정보, 금융 정보를 탈취하기 위한 사이트로 연결되는 '파밍(Pharming)' 악성 코드에 감염된 것은 아닌지 확인하기 위해 호스트 파일이 변조되었는지 확인합니다.

호스트(Hosts) 파일 확인하기

따라하기 ① 메모장을 실행합니다.

② 메모장이 실행되면 메뉴에서 '파일' → '열기'를 실행합니다. ₩Windows₩System32₩drivers₩etc 폴더로 이동하고 목록 버튼을 클릭한 다음 파일 형식을 '모든 파일'로 지정합니다. 'hosts' 파일을 클릭하고 〈열기〉 버튼을 클릭합니다.

TIP hosts 파일은 운영체제가 호스트 이름을 IP 주소에 매핑할 때 사용하는 컴퓨터 파일입니다. 일반적인 hosts 파일은 다음과 같습니다.

```
127.0.0.1   localhost loopback
::1         localhost
```

③ hosts 문서에 은행 사이트나 개인 정보를 요구하는 특정 IP 주소가 추가되어 있는지 확인합니다. 호스트 파일이 변경되었다면 백신 프로그램을 이용해 호스트 파일 변조 바이러스를 치료합니다.

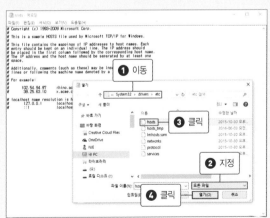

◀ 정상인 경우

◀ 악성 코드에 감염된 호스트 파일 내용

사용 중인 암호의 안전성 확인하기

☑ 내가 사용하는 암호가 여덟 자 이상인지 확인하세요.
☑ 내가 사용하는 암호에 대·소문자, 특수 문자, 숫자가 있는지 확인하세요.

check! check!

🔔 **TIP** 한국정보진흥원에서 발표한 자료에 의하면 펜티엄 4 3.0GHz CPU, 2GB 메모리를 가진 컴퓨터에서 영문 소문자로만 된 일곱 자리 암호를 찾는 데에는 45분이면 충분하다고 합니다. 영문 소문자와 숫자를 조합하더라도 여덟 시간 만에 풀 수 있다고 합니다.

PC를 악성 코드로부터 보호하기 위해 제일 먼저 해야 할 작업은 암호를 사용하는 것입니다. 여러 명이 PC 하나를 사용할 때도 마찬가지입니다. 사용하는 암호가 너무 쉬우면 노출되기 쉬우므로 어려운 암호를 사용해야만 할까요?

영문 대·소문자, 숫자, 특수 문자를 조합하여 암호를 여덟 자로 설정하면 슈퍼 컴퓨터에서는 약 83일 만에 암호를 찾을 수 있다고 합니다. 펜티엄 4에서는 223년 정도가 걸린다고 합니다.

여러분이 사용할 안전한 로그인 암호는 여덟 자 또는 열 자 이상이면 좋습니다. 또한 영문 대·소문자, 숫자, 특수 문자가 조합된 암호를 사용해야 합니다.

사용 중인 암호가 어느 정도로 안전한지 궁금한가요? 암호를 설정하기 전에 사용하기 적당한 암호인지 확인할 수 있습니다.

웹브라우저를 실행하고 다음의 주소를 입력해 웹사이트를 방문합니다.

http://howsecureismypassword.net

사용할 암호를 입력하면 해제하는 데 걸리는 시간이 어느 정도인지 알려 줍니다. 너무 쉬운 암호를 사용하면 어려운 암호로 변경합니다.

🔔 **TIP** 암호를 설정할 때 사용자 이름, 실제 이름 또는 회사 이름은 포함하지 않고 완전한 단어는 포함하지 않아야 합니다. 암호를 변경할 때는 이전에 사용하던 암호와 크게 다른 것으로 설정합니다.

피해야 할 암호

- 일곱 자리 이하 또는 두 가지 종류 이하 문자 구성으로 된 여덟 자리 이하 암호
- 특정 패턴을 갖는 패스워드로, 동일한 문자가 반복되거나 키보드에서 연속한 위치에 있는 문자 집합
- 숫자가 제일 앞이나 제일 뒤에 오는 암호
- 사용자 ID를 이용한 암호
- 한글, 영어 등을 포함한 사전적 단어로 구성된 암호
- 특정 인물 이름이나 널리 알려진 단어를 포함하는 암호

해 결

02

잊을 걱정 없는 나만의 암호 설정하기
– PIN

PC에서 사용하는 암호는 어렵게 설정하여 다른 사람이 쉽게 알지 못하도록 하는 것이 좋습니다. 이 중 가장 중요한 암호는 로그인 암호입니다. 윈도우 10 또는 8은 암호, 네 자리 숫자 PIN, 이미지로 세 가지 형태의 로그인 암호를 지원합니다. 보안이 강력한 암호는 8~10자 이상, 대ㆍ소문자와 특수 문자가 포함된 암호입니다. 어려운 암호를 사용하면 본인이 잊어버리는 경우가 생기기도 합니다. 집에서만 사용하는 PC처럼 안전한 장소의 PC는 어려운 암호를 사용하면서 해당 PC에서만 사용할 수 있는 네 자리 숫자의 PIN을 사용하는 것도 좋습니다. 마이크로소프트 계정을 사용해도 PIN을 지정하면 해당 PC에서 네 자리 숫자 암호로 로그인할 수 있습니다. 귀찮아서 암호를 사용하지 않는 것보다 좋고, 마이크로소프트 계정을 사용할 때 쉽게 로그인할 수 있습니다.

따라하기 ①

〈시작〉 버튼을 클릭한 다음 '설정'을 실행합니다. '계정'을 선택합니다. '로그인 옵션'을 선택하고 PIN 항목의 〈추가〉 버튼을 클릭합니다.

②

사용 중인 암호를 입력하고 〈확인〉 버튼을 클릭합니다. 사용할 네 자리 숫자로된 PIN을 입력하고 확인을 위해 다시 입력한 다음 〈확인〉 버튼을 클릭합니다.

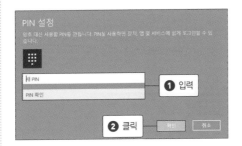

백신 프로그램이 안전한지 확인하기

☑ 안티바이러스 솔루션 성능 테스트 기관인 AV-Test 결과 보고서를 확인해 사용 중인 백신 프로그램이 믿을 만한 안티 바이러스 솔루션을 제공하는지 확인하세요.

TIP 백신 프로그램은 국내·외에서 만들어진 백신 프로그램을 함께 사용하는 것이 좋습니다. 국내에 유행하는 바이러스는 국내에서 만들어진 백신 프로그램이 더 믿을 만하고 대처도 빠르기 때문입니다.

악성 코드만큼 백신 프로그램도 많습니다. 시스템에 설치된 백신 프로그램이 많을수록 좋다고 생각하지만 결코 그렇지 않습니다. 백신 프로그램을 여러 개 사용하면 시스템에 부하를 주거나 충돌이 일어날 수 있기 때문입니다. 웹 서핑 중 설치되는 무료 백신 프로그램에는 성능이 떨어지는 것이 있고, 백신 프로그램을 가장한 악성 코드도 있습니다. 또한 검사는 가능하지만 치료가 안 되는 경우도 있습니다. 가짜 백신 프로그램은 치료를 가장하여 사용자에게 유료 결제를 요구하기도 합니다. 내가 선택한 백신 프로그램이 안전한 제품인지 확인해 보겠습니다.

웹브라우저에서 다음의 주소를 입력하여 안티바이러스 솔루션 성능 테스트 기관인 'AV-Test'에 접속합니다.

http://www.av-test.org/en/antivirus

'HOME USER WINDOWS'를 클릭하세요. 윈도우 운영체제별로 안티 백신 프로그램 테스트 결과가 나와 있습니다. 사용 중인 안티 백신 프로그램을 하나 선택합니다. 여기서는 'AhnLab V3 Internet Security 9.0'을 클릭했습니다.

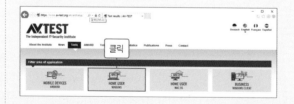

백신 프로그램이 갖춰야 할 검사와 치료 기능, 활용도 등이 평가되어 있습니다.

백신 프로그램을 올바르게 사용하기

☑ 인증된 백신 프로그램만 설치되어 있는지 확인하세요.
☑ 백신 프로그램이 최신 버전인지 확인하세요.
☑ 실시간 감시 기능은 하나의 백신 프로그램만 활성화되어 있는지 확인하세요.

악성 코드는 생성, 감염, 활동 단계를 거치므로 안티 바이러스 프로그램은 신종 악성 코드에 대한 피해가 보고되어야 이를 인지하고 박멸할 대책을 세웁니다. 악성 코드가 만들어지면 살아 있는 생명체처럼 '감염 → 잠복 → 활동'으로 이어지는 주기를 가집니다. 안티 바이러스 프로그램은 이를 막기 위해 최선을 다하지만 프로그램인 만큼 올바르게 사용해야만 제 기능을 발휘할 수 있습니다.

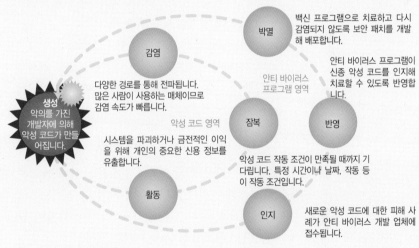

▲ 악성 코드와 백신 프로그램 활동

항상 최신 버전으로 업데이트해야 하는 백신 프로그램

신종 바이러스가 나타나면 이전의 백신 프로그램은 신종 바이러스에 대항할 힘이 없습니다. 예를 들어 2016년 7월에 백신 프로그램을 설치하면 이후 만들어지고 개발된 신종 바이러스는 진단할 수 없습니다. 그러므로 백신 프로그램으로 바이러스를 검사하기 전에 백신 프로그램을 업데이트해야 합니다.
최근 백신 프로그램은 실행할 때 업데이트된 버전이 있는지부터 검사합니다. 업데이트된 항목이 있으면 먼저 업데이트된 파일을 설치한 후 바이러스 검사를 진행합니다.

TIP 백신 프로그램 최신 버전이나 바이러스 정보는 백신 프로그램 제작업체 사이트에서 얻을 수 있습니다.

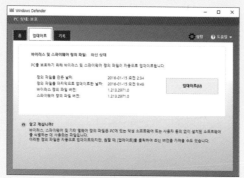

▲ 검사 전 엔진 업데이트부터 진행합니다.

온라인 백신 프로그램 병행 사용

PC에 백신 프로그램이 설치되었다고 안심해서는 안 됩니다. 악성 코드는 PC에 설치된 백신 프로그램을 무력화할 수도 있기 때문입니다. 윈도우 8 이상에서 윈도우 디펜더는 '루트킷(Rootkit)'이 설치되는 것을 원천봉쇄한다고 하지만 언제 보안에 구멍이 뚫릴지 모릅니다.

PC에 설치된 백신 프로그램에만 의존하지 말고 인터넷을 통해 온라인 바이러스 검사를 할 수 있는 백신 프로그램으로도 검사를 진행합니다. 온라인 백신 프로그램을 이용한 검사 방법은 124쪽을 참고합니다.

반드시 실시간 감시 기능 실행

사용하는 다른 백신 프로그램이 없을 경우 윈도우 8 이상에서 보안 프로그램으로 제공하는 윈도우 디펜더 실시간 감시 기능은 항상 활성화되어야 합니다. 윈도우 디펜더 실시간 감시 기능이 비활성화되면 관리 센터를 통해 PC 상태가 위험하다는 메시지가 나타납니다.

다른 백신 프로그램을 사용하는 경우에도 '실시간 감시 기능'을 반드시 사용합니다.

▲ 윈도우 디펜더 실시간 감시 기능을 반드시 활성화하세요.

시스템을 검사할 때는 자동 검사 진행

바이러스를 치료할 때 윈도우가 감염된 파일을 사용 중인 경우 치료할 수 없거나 완벽하게 치료되지 않습니다. 백신 프로그램으로 바이러스를 검사할 때는 실행 중인 응용 프로그램을 모두 종료한 후 시스템에서 아무런 작업을 하지 않을 때 자동으로 검사가 진행되도록 설정합니다.

바이러스에 감염될 수 있는 백신 프로그램

백신 프로그램도 바이러스에 감염될 수 있지만 백신 프로그램 대부분은 자체 변형 확인 기능이 있어 검사할 때 백신 프로그램이 올바르게 작동하는지 확인합니다. 백신 프로그램이 신종 바이러스에 감염된 경우에는 경고 메시지가 나타납니다.

완벽하게 복구되지 않을 수도 있는 백신 프로그램

작은 피해를 입히는 바이러스는 치료 후 100% 복구되기도 하지만, 치명적인 바이러스에 감염된 파일은 많이 손상되었으므로 치료가 끝나도 원래대로 복구되지 않으며, 더 이상 다른 파일에 전염되지 않도록 하는 것뿐입니다.
바이러스에 감염되어 완전하게 치료되지 않는 파일은 삭제하는 수밖에 없으며, 복구 후에도 실행되지 않는 프로그램은 삭제하고 다시 설치해야 합니다. 네트워크를 통해 바이러스에 감염되면 네트워크 연결을 해제한 후 치료해야 합니다.

애드웨어(그레이웨어, 스파이웨어) 설치 막기

애드웨어는 광고(Advertisement)를 뜻하는 'Ad'와 소프트웨어 'Ware'가 합쳐진 단어입니다. 애드웨어 중에는 꼭 필요한 무료 프로그램도 있지만 설치되면 사용자 컴퓨터에 광고성 팝업 창을 표시하거나, 시작 페이지를 특정 사이트로 고정하거나, 인터넷 검색을 할 때 특정 사이트를 방문하게 하는 그레이웨어나 스파이웨어도 있습니다. 유용한 프로그램과 함께 애드웨어가 설치되는 것을 막으려면 그레이웨어, 스파이웨어의 설치 경로부터 알아야 합니다.

- 유틸리티 프로그램을 다운로드해 설치하는 경우
- 특정 웹사이트에 접속해 자동으로 애드웨어가 설치되는 경우
- 블로그나 카페 등 글에 포함된 첨부 파일을 다운로드해 설치하는 경우
- P2P나 웹하드를 통해 설치하는 경우
- 스팸 메일을 읽을 때 포함된 스파이웨어 등이 설치되는 경우

인터넷을 통해 프로그램이나 액티브X를 설치할 때는 여러 번 확인한 후 설치합니다. 그레이웨어, 스파이웨어를 원천봉쇄하려면 다음 원칙을 지키세요.

- 방문한 사이트에서 함부로 액티브X를 설치하지 않습니다.
- 필요한 유틸리티가 있으면 블로그나 카페가 아닌 제작 업체 사이트에서 다운로드해 설치합니다.
- 다운로드한 유틸리티를 설치할 때 '자동 설치'가 아닌 '사용자 정의 설치'로 지정하여 진행합니다.
- 비용을 지불하지 않은 유틸리티를 설치할 경우 95% 정도가 애드웨어와 함께 설치됩니다. 이를 막으려면 프로그램을 설치할 때 애드웨어 설치 체크 표시를 해제하고 설치합니다.

◀ 기본 기능 외 추가 기능이 설치되는 것을 막습니다.

• 블로그나 카페 등에 첨부된 파일을 다운로드하지 마세요. 첨부 파일을 다운로드한 후 실행하면 실제 필요한 파일이 바로 다운로드되지 않고 다운로드 매니저나 다운로드 컨트롤과 같은 프로그램이 실행된 후 다운로드를 시작할지 묻는 경우가 있습니다. 이런 경우 필요한 프로그램뿐만 아니라 불필요한 프로그램도 같이 설치될 수 있습니다.

• 반드시 이용 약관을 확인하고 부가적으로 설치되는 프로그램 체크 표시를 해제해야 불필요한 프로그램이 설치되지 않습니다.
• 신뢰할 수 있는 블로그나 카페에서 다운로드합니다.
• 설치할 때 '시작 페이지' 변경을 묻는 항목이 있는지 확인하여 설정이 임의로 변경되지 않도록 합니다.

PC 응급실

일회용 메일 주소로 스팸에서 벗어나고 싶어요

스팸 메일을 막으려고 하거나 메일 주소가 알려지는 것이 꺼려진다면 일회용 메일 주소를 사용하는 것도 좋습니다.

1 | 웹브라우저를 실행하고 일회용 메일 주소를 만들 수 있는 웹사이트(http://www.yopmail.com/en)에 접속합니다.
2 | 사용할 계정을 입력하고 〈Check Inbox〉 버튼을 클릭하면 '계정@yopmail.com'으로 등록됩니다.

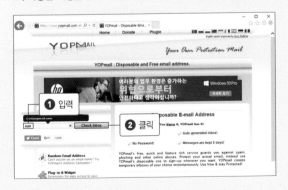

3 | 이미 사용 중인 메일 주소인 경우 다른 사람이 먼저 사용한 메일함을 볼 수 있습니다.

윈도우 방화벽 활용하기

인터넷을 통해 특정 프로그램이 데이터를 주고받을 때 다음과 같은 경고 메시지를 확인한 적 있나요?

'Windows 보안 경고' 대화상자가 표시되면 〈액세스 허용〉 버튼을 클릭하는 경우 방화벽이 작동하더라도 네트워크를 사용할 수 있습니다. 안전한 프로그램은 방화벽 통과를 허락합니다. 경고 메시지가 표시되면 사용자 시스템은 안전하게 방화벽이 작동하는 것입니다.

인터넷 뱅킹, 사이버 증권 거래 등을 이용하는 사용자가 증가하면서 업무용 기밀문서, 주민등록번호, 신용카드 번호, 주식 거래 암호, 네트워크 게임 계정 및 암호, 통장번호 등 중요 사항을 컴퓨터에서 다루게 되었기 때문에 더욱 보안의 중요성이 요구됩니다.

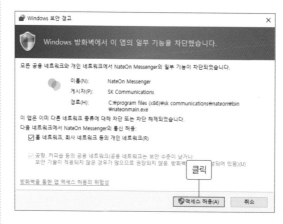

◀ 'Windows 보안 경고' 대화상자

컴퓨터에 누군가 백도어용 프로그램을 설치하여 중요한 자료를 유출하면 어떨까요? 중요 데이터 유출을 막으려면 외부에서 허락 없이 시스템에 접근하지 못하도록 보호하는 '방화벽(Fire Wall)'을 실행해야 합니다.

윈도우 비스타 이상의 경우 설치할 때 기본적으로 방화벽이 작동합니다. 윈도우에서 제공되는 방화벽은 방화벽이 세워진 상태에서 뒷문은 단속하고 사용자가 정한 프로그램은 외부와 자유롭게 소통할 수 있도록 문을 열 수 있습니다. 방화벽 설정이 올바른지 확인하고 방화벽 설정 방법을 알아보겠습니다.

따라하기 ①

제어판에서 '시스템 및 보안' → 'Windows 방화벽'을 클릭합니다.
방화벽 작동 사항을 변경하기 위해 '알림 설정 변경'을 클릭합니다.

②

TIP 방화벽 설정 후 문제가
생기면 '기본값 복원'을 선택
하여 설정을 되돌릴 수 있습
니다.
방화벽이 실행되어도 전자 메
일이나 액티브X 등을 통해 감
염되는 악성 코드나 피싱 공
격은 각별히 주의해야 합니다.

'Windows 방화벽 사용'이 선택되었는지 확인하고 'Windows 방화벽이 새 앱을
차단할 때 알림'에 체크 표시한 후 〈확인〉 버튼을 클릭합니다.

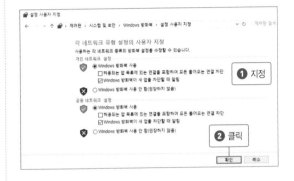

③

TIP 부팅 과정에서 시작되
는 외부 공격을 방어하기 위해
네트워크가 실행되기 전 방화
벽이 먼저 실행됩니다. PC를
종료할 때도 네트워크가 먼저
종료되고 방화벽이 사라지므
로 훨씬 더 안전합니다.

'Windows 방화벽' 창으로 돌아오면 'Windows 방화벽을 통해 앱 또는 기능 허
용'을 선택합니다.
방화벽으로 통신할 프로그램을 체크 표시합니다. 목록에 없는 프로그램은 〈다
른 앱 허용〉 버튼을 클릭하여 찾습니다.

④

방화벽 사용을 허용할 프로그램을 선택하고 〈추가〉 버튼을 클릭합니다. 해당
프로그램이 없으면 〈찾아보기〉 버튼을 클릭하여 프로그램 실행 경로를 지정
합니다. 프로그램이 추가되면 〈확인〉 버튼을 클릭합니다.

05
윈도우 업데이트하기

윈도우에서는 시스템 파일을 함부로 이동하거나 삭제하지 않도록 주의해야 하며, 윈도우 업데이트를 통해 시스템 파일을 안정된 최신 버전으로 업데이트하면 윈도우 성능을 더욱 향상시킬 수 있습니다.

그리고 윈도우의 취약점을 통해 침투하는 악성 코드를 막을 수 있는 보안 관련 업데이트도 이루어집니다. 마이크로소프트는 윈도우 10이 마지막 윈도우가 될 것이라고 공식적으로 발표했습니다. 이에 따라 앞으로는 계속 윈도우 업데이트를 통해 윈도우 10에 새로운 기능을 추가하거나 기존 기능을 수정할 것입니다. 때문에 윈도우 업데이트 기능은 항상 켜져 있는 것이 좋습니다.

보안을 강화하고, 오류를 수정할 수 있으며 꼭 필요한 기능을 추가할 수도 있는 윈도우 업데이트(Windows Update) 진행 방법을 알아보겠습니다.

따라하기

① 윈도우는 자동으로 업데이트되지만 직접 윈도우 업데이트를 확인할 수 있습니다. '설정' 창에서 '업데이트 및 복구'를 클릭하고 'Windows 업데이트' 화면에서 〈업데이트 확인〉 버튼을 클릭합니다.

② 업데이트해야 하는 사항이 있을 경우 해당 내용을 표시하고 자동으로 다운로드합니다. '고급 옵션'을 클릭하세요.

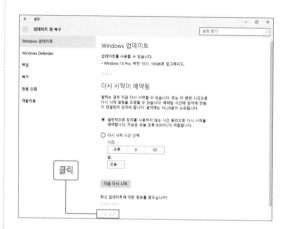

③ 업데이트 설치 방법 선택을 '자동(권장)'으로 지정합니다. 또한 'Windows 업데이트 시 다른 Microsoft 제품 업데이트 검색'에 체크 표시합니다. 그래야 윈도우 디펜더를 비롯해서 다양한 윈도우 앱 기능을 업데이트할 수 있습니다. '업데이트 기록 보기'를 클릭하세요.

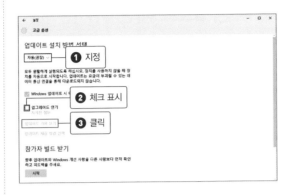

④ 자동으로 설치되는 윈도우 업데이트 파일은 나중에 확인할 수 있도록 따로 관리됩니다.

TIP '업데이트 제거'를 클릭하여 설치된 업데이트를 제거할 수 있습니다.

PC 응급실

무심코 닫은 익스플로러 탭을 다시 열고 싶어요

탭 브라우저인 익스플로러에서 여러 탭을 열어 두고 작업하다가 실수로 사용 중인 중요한 탭을 닫는 경우가 있습니다. 해당 탭을 다시 보려면 어떻게 해야 할까요?

1 | 익스플로러 탭 오른쪽 '새 탭' 아이콘을 클릭하여 탭을 추가합니다.
2 | 익스플로러를 사용하면서 자주 방문했던 사이트 목록이 나타납니다. 아래쪽에서 '닫은 탭 다시 열기'를 클릭하고 표시되는 메뉴에서 방문할 사이트를 실행합니다.
3 | 복구할 항목을 선택하면 해당 사이트가 새 탭으로 열립니다.

06
스팸 메일로 감염되는 악성 코드 예방하기

PC를 사용하는 데 있어 꼭 필요한 전자 메일은 가장 많이 사용되는 악성 코드 감염 경로입니다. 전자 메일을 통한 악성 코드를 예방하는 방법은 다음과 같습니다.

- 모르는 사람이 보낸 메일은 가급적 확인하지 않은 채 삭제합니다.
- 전자 메일에 첨부 파일이 있으면 자동으로 실행하지 않고 백신 프로그램으로 검사한 후 실행합니다.
- 전자 메일의 의심스러운 웹사이트 링크는 클릭하지 않습니다.
- 스팸 메일은 비정상적인 방법으로 사용자 이메일 주소 정보를 파악하여 불특정 다수에게 보내는 광고성 메일로, 사용자 동의 없이 배달되는 메일을 말합니다. 스팸 메일 유입을 최소화할 수 있도록 스팸 메일 차단책을 세웁니다.

스팸 메일을 수신하지 않기 위해서는 메일 서비스에서 제공하거나 프로그램에 내장된 스팸 차단 기능을 적극 활용합니다. 여기서는 다음 한메일 서비스가 제공하는 안티 스팸 메일 솔루션을 알아보겠습니다.

 따라하기 ①

웹브라우저를 실행하여 '다음 메일'에 로그인한 후 왼쪽 아랫부분의 '환경 설정'을 선택합니다.

http://mail2.daum.net

다음에서 제공하는 '스팸제로2.0'을 클릭합니다.

TIP '메일 수신차단'을 클릭하면 직접 받지 않을 메일이나 도메인 주소를 등록할 수 있습니다.

스팸제로 2.0 설정 항목에서 스팸제로 2.0을 '사용함'으로 선택합니다. 사용자 환경에 맞는 솔루션으로 '기본형' 또는 '파워형'을 선택하고 '세부설정하기'를 클릭합니다.

세부 설정 항목에 체크 표시합니다. 이때 사용자 환경에 맞지 않게 불필요한 옵션은 선택하지 않아도 됩니다. 스팸편지함 환경설정 항목에서는 스팸편지함에 보관할 메일 기간을 선택하고 스팸 메일 내용 중 이미지를 보일지, 안 보일지 선택합니다. 성인물 광고 등이 스팸 메일로 자주 오기 때문에 스팸메일 내용 중 이미지를 '보여주지 않기'를 선택합니다. 모든 설정을 마치면 〈저장하기〉 버튼을 클릭합니다.

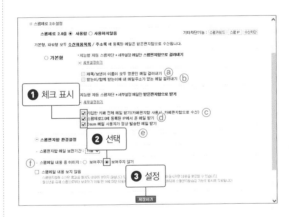

ⓐ **제목/보낸이 이름이 모두 영문인 메일 걸러내기** : 외국에서 발송되는 영문 메일을 차단합니다.

ⓑ **받는이/함께 받는이에 내 메일주소가 없는 메일 걸러내기** : 무작위로 대량 발송되는 스팸 메일을 차단합니다.

ⓒ **가입한 카페 전체 메일 받기(카페편지함 사용시, 카페편지함으로 수신)** : 사용자가 가입한 카페에서 보낸 메일만 받습니다.

ⓓ **스팸제로 2.0에 등록된 IP에서 온 메일 받기** : 정상으로 등록된 IP(도메인, 웹사이트)에서 발송한 메일만 받습니다.

ⓔ **Daum 메일 사용자가 정상 발송한 메일 받기** : Daum 메일을 사용하는 정상 사용자가 발송한 메일만 받습니다.

ⓕ **스팸메일 내용 중 이미지** : 스팸 메일 내용 중 이미지를 보여줄지 보여주지 않을지 선택합니다. 성인 광고 등이 스팸 메일로 전송되므로 이미지는 보이지 않도록 설정합니다.

와이파이 보안 기능 설정하기

무선 인터넷을 사용하기 위해서는 기본적으로 무선 공유기 또는 무선 AP(Access Point)가 필요합니다.

집에서 사용하는 무선 랜에 보안 설정이 안 되었거나 미흡한 경우 무선 공유기가 해킹이나 불법 다운로드 등에 악용되거나 악성 코드 등을 유포하는 경유지로 활용될 수 있습니다.

다음은 안전한 무선 공유기 사용 원칙입니다.

- 무선 공유기 보안 기능을 사용합니다.
- 무선 랜 연결에 필요한 암호를 설정합니다.
- 사용하지 않는 무선 공유기는 꺼 둡니다.

무선 랜을 안전하게 사용하려면 무선 공유기 보안 기능을 설정해야 합니다. 와이파이의 보안 기능 설정 방법을 알아보겠습니다.

따라하기 데스크톱 모드에서 ⊞+X를 눌러 표시되는 메뉴에서 '명령 프롬프트'를 실행합니다. 명령 프롬프트에서 'ipconfig'를 입력하고 〈확인〉 버튼을 클릭합니다. 표시되는 내용 중에서 기본 게이트웨이 무선 공유기 IP 주소를 확인하세요.

```
명령 프롬프트                                               –   □   ×
Microsoft Windows [Version 10.0.10240]
(c) 2015 Microsoft Corporation. All rights reserved.

C:\Users\joseo>ipconfig          ➊ 입력

Windows IP 구성

이더넷 어댑터 이더넷:

   연결별 DNS 접미사. . . . :
   링크-로컬 IPv6 주소 . . . : fe80::81e2:c406:4d26:557b%5
   IPv4 주소 . . . . . . . . : 192.168.219.113
   서브넷 마스크 . . . . . . : 255.255.255.0
   기본 게이트웨이 . . . . . : 192.168.219.1       ➋ 확인

터널 어댑터 isatap.{61F951A7-6060-4DAE-B9D6-140CEE7ED047}:

   미디어 상태 . . . . . . . : 미디어 연결 끊김
   연결별 DNS 접미사. . . . :

터널 어댑터 Teredo Tunneling Pseudo-Interface:

   연결별 DNS 접미사. . . . :
   IPv6 주소 . . . . . . . . : 2001:0:9d38:6abd:384f:2476:8f6a:b526
   링크-로컬 IPv6 주소 . . . : fe80::384f:2476:8f6a:b526%3
   기본 게이트웨이 . . . . . :

C:\Users\joseo>_
```

②

인터넷 익스플로러를 실행한 후 이전 과정에서 확인한 IP 주소를 검색창에 입력합니다. 일반적으로 초기 암호는 'admin'으로 설정되지만 사용하는 무선 공유기, 통신사에 따라 암호가 다릅니다. 무선 공유기 제조업체 홈페이지나 인터넷 서비스 업체 홈페이지에서 암호를 확인한 후 입력하고 〈로그인〉 버튼을 클릭합니다.

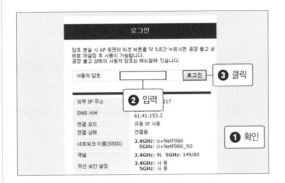

③

'무선 보안 설정'에서 보안 규칙 설정을 'WPA-PSK/WPA2-PSK', 암호화 방식은 각각 'AES'로 지정합니다. Key (암호)에서 무선 공유기 암호를 여덟 자 이상의 안전한 암호로 지정한 후 〈확인〉 버튼을 클릭합니다.

PC 응급실

디스크 조각 모음은 할 필요가 없나요?

윈도우 10은 관리 센터의 보안 및 유지 관리를 통해 디스크 상태를 점검하고 디스크 단편화 비율이 높다면 디스크 조각 모음을 진행합니다. 디스크 단편화 비율이 10% 이상인 경우에만 디스크 조각 모음을 진행합니다. 디스크 단편화 여부에 따로 신경 쓸 필요 없지만 하드디스크의 파일 읽기/쓰기가 느려졌다면 점검해 보세요.

디스크 검사를 수동으로 진행하려면 파일 탐색기에서 검사를 진행할 드라이브를 마우스 오른쪽 버튼으로 클릭한 다음 **속성**을 실행합니다.

드라이브 속성 창이 열리면 '도구' 탭을 선택하고 드라이브 최적화 및 조각 모음 항목에서 〈최적화〉 버튼을 클릭합니다. '드라이브 최적화'가 실행되면 검사할 드라이브를 선택하고 〈분석〉 버튼을 클릭하여 디스크 단편화 비율을 점검합니다.

▲ 디스크 최적화

안전한 무선 랜(와이파이) 사용하기

check!
check!

☑ 무선 랜 자동 연결 기능이 비활성화되었는지 확인하세요.
☑ 보안 기능이 있는 무선 랜에 연결해 사용했는지 확인하세요.
☑ 무선 랜에 연결하기 위해 암호를 입력해야 하는지 확인하세요.

스마트폰, 노트북에서는 언제 어디서든 편리하게 와이파이를 통해 인터넷을 사용할 수 있습니다. 장소에 상관없이 인터넷을 이용할 수 있는 것은 휴대용 스마트 기기의 큰 장점이지만 개인 정보는 인터넷에 연결되는 순간 더 이상 안전하지 않습니다.

안전한 무선 랜(와이파이)을 사용하기 위해 지켜야 할 규칙을 알아보겠습니다.

☐ 제공자가 불명확한 무선 랜은 이용하지 않습니다.

☐ 외부에서 무선 랜이 필요한 경우 본인이 잘 알거나, 무선 랜 이용 장소에서 제공자가 확인된 무선 랜만 이용합니다. 시작 표시줄 오른쪽에서 '네트워크' 아이콘(🖥)을 찾아 클릭하고 연결된 무선 네트워크 이름(SSID)을 확인하여 내가 알고 있는 무선 랜인지 확인합니다.

☐ 보안 설정이 없는 무선 랜을 이용하는 경우에는 금융 거래, 기업 업무, 로그인이 필요한 서비스, 개인 정보를 입력하는 서비스 등 민감한 서비스는 사용하지 않습니다. 보안 기능이 없는 무선 네트워크는 '느낌표' 표시가 나타납니다.

☐ 무선 랜 자동 접속 기능은 사용하지 않습니다.

▲ 무선 랜 이름(SSID)이 내가 아는 무선 랜인지 확인합니다.

Chapter 04

누구나 할 수 있는 윈도우 트러블 슈팅 따라하기

윈도우를 진단하고 문제를 해결하는 데 있어 전문가가 정리한 자료를 잘 활용하면 전문가 못지않은 실력을 갖출 수 있습니다. 문제 해결을 위한 자료는 어떻게 찾을 수 있을까요? 이번 챕터에서는 누구나 쉽게 진단하여 따라할 수 있는 문제의 원인 및 해결 방안과 윈도우에서 자주 발생하는 문제 해결책을 알아보겠습니다.

01
쉽게 따라하는 5단계 트러블 슈팅

윈도우에 문제가 발생하면 어떻게 해결해야 할까요? 다음 원칙을 지켜 문제를 파악하면 어떤 문제든지 스스로 해결할 수 있는 방법을 찾을 수 있습니다.
다음은 문제가 발생했을 때 해결 방법을 찾는 '트러블 슈팅의 5단계'입니다.

step 1 ▶ 증상 파악하기

TIP 트러블 슈팅(Trouble Shooting)은 문제의 증상을 파악해 잘 정리된 많은 양의 기술 문서에서 해결책을 찾는 것입니다.

윈도우에서 어떤 문제가 발생하는지 막연한 증상이 아닌 특정 증상을 확인해야 합니다. PC 문제 증상은 육하원칙처럼 구체적으로 설명할 수 있도록 제대로 관찰하면 해결 범위를 좁힐 수 있습니다. 증상에 대한 관찰이 잘못되면 문제 해결은 엉뚱한 방향으로 진행됩니다.
예를 들어 다음과 같은 내용처럼 PC 문제에 관한 증상이 파악되어야 합니다. 밑줄 친 부분은 직접 파악해야 하는 부분입니다.
"<u>특정 작업</u>만 실행하면 <u>몇 시간 간격</u>으로 시스템이 <u>이렇게 반응</u>합니다."

step 2 ▶ 문제 해결사 이용하기

윈도우 문제 해결사를 이용해 문제를 해결할 수 있습니다.

step 3 ▶ 정보를 얻을 수 있는 '검색어' 확인하기

정보를 얻기 위해 검색할 수 있는 '검색어'를 준비하기 위해서는 '팝업 오류 메시지, 이벤트 로그, 장애 유형별 로그'를 파악할 수 있어야 합니다.

step 4 · Fix It 센터에서 문제 해결하기

마이크로소프트 기술 문서에서 문제를 해결할 수 있는 자료를 검색합니다. 클릭 한 번에 자동으로 문제를 해결할 수 있는 패치 파일을 설치합니다.

step 5 · 마이크로소프트 기술 문서에서 유용한 정보 얻기

마이크로소프트 사이트에서 3단계의 검색어로 문제 해결에 대한 정보를 얻을 수 있습니다. 검색 엔진이나 검색 포털의 지식 서비스보다 검증된 자료를 제공합니다.

PC 응급실

내 컴퓨터 사양을 확인하고 이상 없는지 알고 싶어요

윈도우는 컴퓨터 기본 사양을 쉽게 확인하고 현재 디스플레이, 사운드, 입력 장치에 이상이 없는지 확인할 수 있는 도구를 제공합니다. 다이렉트X 진단 도구를 활용하여 내 컴퓨터 사양을 확인하고 시스템 상태를 진단해 보세요.

1 | ⊞+R 을 눌러 '실행' 창이 표시되면 'dxdiag'를 입력하고 〈확인〉 버튼을 클릭합니다.

2 | 'DirectX 진단 도구' 창이 표시되면 '시스템' 탭에서 간단한 시스템 사양을 확인합니다. 〈다음 페이지〉 버튼을 클릭하여 디스플레이, 사운드, 입력 장치에 이상이 없는지 확인합니다.

02
오류 분석을 위해 준비하기

오류를 분석하려면 작은 오류가 생겼을 때 시스템이 저절로 재부팅되는 것을 막아야 합니다. 심각한 오류일 수도 있지만 문제되지 않는 경우에도 시스템을 재부팅해서 귀찮아지는 경우가 있기 때문입니다. 또한 오류 메시지를 분석할 기회를 놓치므로 자동으로 문제를 해결할 방법을 찾도록 설정해야 합니다.

다음 과정을 따라 해서 프로그램에 오류가 발생하면 자동으로 문제 해결법을 찾고 시스템이 자동으로 재부팅되지 않도록 설정합니다.

따라하기

① 제어판 검색 창에 '문제 해결'을 입력해 실행하고 왼쪽에서 '설정 변경'을 클릭합니다.

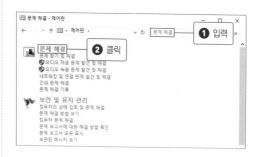

② 컴퓨터 유지 관리 항목에서 '사용(권장)'을 선택합니다. 기타 설정 항목에서 '시작할 때 문제 해결을 바로 시작하도록 허용'에 체크 표시한 후 〈확인〉 버튼을 클릭합니다.

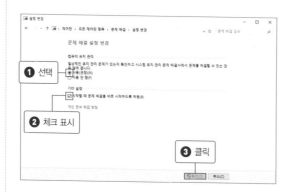

제어판 보기 기분을 아이콘 형식으로 변경하고 '시스템'을 클릭한 다음 왼쪽에서 '고급 시스템 설정'을 클릭합니다.

'시스템 속성' 창이 표시되면 '고급' 탭을 선택하고 시작 및 복구 항목에서 〈설정〉 버튼을 클릭합니다. 시스템 오류 항목에서 '자동으로 다시 시작'을 클릭해 체크 표시를 없애고 〈확인〉 버튼을 클릭합니다.

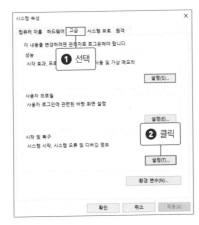

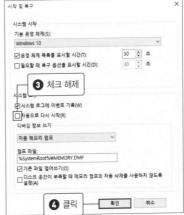

PC 응급실

윈도우 10에도 단축키가 있나요?

마우스로 여러 번 해야 해결될 작업을 단축키만 안다면 쉽게 해결할 수 있습니다. 윈도우 10에서 자주 사용하는 단축키를 알고 있다면 쉽게 작업할 수 있습니다.

단축키	기능	단축키	기능
⊞	시작 메뉴 열기	⊞+Q	시작 메뉴의 검색창 열기
⊞+A	알림 센터 열기	⊞+E	파일 탐색기 열기
⊞+X	윈도우 제어용 프로그램 목록을 담은 팝업 메뉴 열기	⊞+Tab	작업 보기, 모든 가상 데스크톱과 실행중인 앱 보기
⊞+I	'설정' 창 열기	⊞+Ctrl+D	새로운 가상 데스크톱 만들기
⊞+K	'연결' 창 열기	⊞+Ctrl+←	왼쪽 가상 데스크톱으로 이동하기
⊞+D	모든 앱 최소화하기(바탕 화면 보기)	⊞+Ctrl+→	오른쪽 가상 데스크톱으로 이동하기
⊞+H	'공유' 창 열기	⊞+Ctrl+F4	현재 가상 데스크톱 닫기
⊞+L	컴퓨터 잠그기	⊞+←	현재 창을 왼쪽으로 스냅하기
⊞+S	검색 상자 열기	⊞+→	현재 창을 오른쪽으로 스냅하기
⊞+Home	현재 창을 제외한 모든 앱 최소화하기	⊞+↑	현재 창을 위쪽으로 스냅하기
⊞+<	키보드를 누르는 동안 일시적으로 바탕화면 보기	⊞+↓	현재 창을 아래쪽으로 스냅하기

오류 메시지 해결책 확인하기

윈도우에서 문제가 발생하면 인터넷에 연결해 자동으로 해결책을 확인합니다.

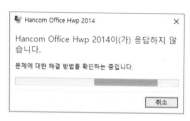

◀ 문제가 발생한 경우

'관리 센터'의 유지 관리 항목에는 다양한 문제 해결책을 보관하여 클릭 한 번만으로도 인터넷을 통한 문제 해결이 가능합니다. 이러한 기능은 마이크로소프트 사용자 피드백을 윈도우 개발팀에 바로 보냄으로부터 가능해졌습니다. 윈도우에 내장된 스무 가지가 넘는 자동 문제 해결 도구가 그 결과입니다. 자동 문제 해결 도구를 언제, 어떻게 사용하는지 알아보겠습니다.

따라하기

1 제어판 보기 기준을 범주 형식으로 변경하고 '시스템 및 보안'을 클릭한 다음 '보안 및 유지 관리' 항목에서 '일반적인 컴퓨터 문제 해결'을 클릭합니다.

2 문제 해결에 관한 항목이 나타나면 왼쪽에서 '모두 보기'를 선택합니다.

3 어떤 문제 해결 도구를 사용할지 결정하고 클릭하여 문제 해결사를 실행합니다.

이름	기능
Internet Explorer 보안	익스플로러 보안 정책이 올바르게 설정되었는지 확인합니다. 악성 코드 감염이 의심될 경우에 사용합니다.
Internet Explorer 성능	익스플로러가 사용하는 임시 파일을 제거하고 연결 상태를 최적화합니다. 익스플로러가 느려졌을 때 사용합니다.
Windows Media Player DVD	미디어 플레이어와 관련된 문제를 해결합니다.
Windows Media Player 라이브러리	
Windows Media Player 설정	
Windows 업데이트	윈도우 업데이트가 정상적으로 진행되지 않을 때 적용합니다.
검색 및 인덱싱	검색 결과가 제대로 나타나지 않을 때 적용합니다.
공유 폴더	다른 컴퓨터 공유 폴더에 접근하지 못할 때 적용합니다.
네트워크 어댑터	인터넷 연결이 안 될 때 네트워크 어댑터 이상 유무를 점검합니다.
들어오는 연결	윈도우 방화벽을 통해 사용자 컴퓨터와 통신하도록 허용합니다.
시스템 유지 관리	불필요한 파일 등 시스템을 느리게 만드는 요소들을 정리합니다.
오디오 녹음	오디오 입력이 안 될 때 사용합니다.
오디오 재생	오디오 재생이 안 될 때 사용합니다.
인터넷 연결	특정 웹사이트 접속이 안 될 때 적용합니다.
전원	전력 사용량을 줄이도록 전원 설정을 조절합니다.
프로그램 호환성 문제 해결사	이전 버전의 윈도우용 프로그램을 윈도우 10에서 사용할 수 있도록 조절합니다.
프린터	인쇄가 안 될 때 문제를 해결합니다.
하드웨어 및 장치	새로운 장치가 있을 때 사용하기 위한 해결 방법을 제공합니다.
홈 그룹	홈 그룹 연결이 안 되거나 홈 그룹에 속하는 컴퓨터와 데이터 공유가 안 될 때 적용합니다.

▲ 윈도우에 내장된 컴퓨터 문제 해결 도구

 문제 해결사가 실행되면 〈다음〉 버튼을 클릭하여 차례로 문제 해결을 진행합니다. 마지막 단계에서 문제를 해결하지 못하면 '추가 옵션 보기'를 클릭합니다.

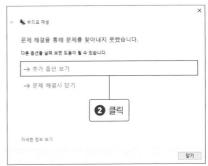

윈도우가 제공하는 문제 해결 항목이 나타납니다. 필요한 항목을 선택해 문제 해결에 도움이 될 만한 정보를 얻으세요. 여기서는 'Windows 커뮤니티'를 클릭했습니다.

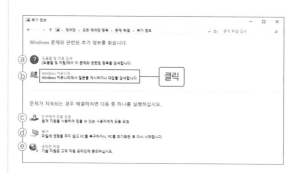

ⓐ **도움말 및 지원 검색** : 윈도우 도움말을 실행해 문제에 관한 '검색어'를 입력해서 해결법을 찾을 수 있습니다.

ⓑ **Windows 커뮤니티** : Windows 커뮤니티 사이트를 방문해 문의할 수 있습니다.

ⓒ **친구에게 도움 요청** : 원격 지원을 실행합니다.

ⓓ **복구** : 시스템 복원을 실행합니다.

ⓔ **온라인 지원** : 마이크로소프트 온라인 고객 지원 센터에 문의합니다.

영문이 아닌 한글로 된 문제 해결 방법을 확인하기 위해서는 왼쪽 아랫부분 '지구본' 아이콘(⊕)을 클릭하고 '한국어'로 지정해서 확인합니다.

TIP 마이크로소프트에 가장 많이 접수된 문제는 '윈도우에서 소리가 안 들리는 것'이라고 합니다. 사용자 대부분이 스피커 잭을 엉뚱한 곳에 꽂아 문제가 발생한다고 합니다. 이러한 문제를 자동으로 해결하는 기능이 바로 윈도우 10의 '문제 해결사'입니다.

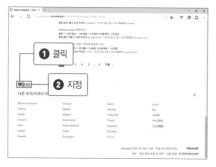

04
윈도우 블루 스크린 확인하기

'블루 스크린=치명적인 오류=STOP 오류'는 데스크톱에서 하드웨어 및 소프트웨어에 오류가 발생했을 때 나타나는 대표적인 현상으로, 파란색 화면에 흰색 글자로 나타나는 오류 메시지입니다. 블루 스크린은 구체적인 오류 내용이 표시되어 소프트웨어 및 하드웨어 개발자들의 디버깅(Debugging, 프로그램 오류 수정)에 도움이 됩니다. 16비트 운영체제였던 윈도우 95/98/Me에서는 블루 스크린이 자주 나타났지만, 32비트 데이터 처리 방식을 도입한 윈도우 XP부터는 블루 스크린 출현 빈도가 상대적으로 낮아졌습니다.

▲ 윈도우 95 Stop 코드   ▲ 윈도우 NT 계열 윈도우 XP 오류 메시지

> **TIP** 윈도우 10 이전 버전에서의 블루 스크린 발생 원인은 다양했지만, 자주 발생하는 오류는 몇 가지에 불과해 '0xXXXXXXXX'로 나타나는 STOP 오류 코드로 원인과 해결책을 확인할 수 있습니다. 528쪽 'PC 응급실'을 확인하세요.

윈도우 10에서도 특정 상황이 발생하면 시스템을 정지해 블루 스크린에 흰색 문자로 진단 정보를 표시합니다. 아스키(ASCII) 코드로 만들어진 이모티콘이 표시되고 'Your PC ran into a problem that it couldn't handle, and now it needs to restart.' 문구 다음에 오류 유형이 나타나며, '0xXXXXXXXX' 오류 코드는 사라졌습니다.

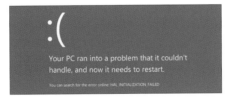

◀ 윈도우 10 오류 메시지

윈도우 10에서 블루 스크린이 나타나면 관리 센터 문제 해결 기능을 이용해 해결책을 찾을 수 있습니다.

- 윈도우에서 데이터 손실 없이 복원 기능을 사용하지 못하는 오류를 감지한 경우
- 윈도우에서 중요한 운영체제 데이터 손상을 감지한 경우
- 윈도우에서 복구할 수 없는 하드웨어 오류를 감지한 경우

블루 스크린 오류 메시지 해결하기

TIP 블루 스크린 오류 메시지를 해결하기 위해 윈도우 업데이트 및 하드웨어 드라이버 업데이트는 필수입니다.

윈도우 10에서 블루 스크린이 자주 나타나면 윈도우가 설치된 하드디스크나 메모리 손상을 의심해야 합니다. 블루 스크린 오류 메시지에 따른 문제 해결법을 알아보겠습니다.

오류 메시지	원인
UNMOUNTABLE BOOT VOLUME INACCESSIBLE BOOT DEVICE	윈도우 시동에 필요한 커널(NTOSKRNL)을 찾을 수 없는 경우 나타나는 오류 메시지입니다. 시모스 셋업에서 하드디스크 설정이 잘못되었거나 하드디스크 손상, 부팅 정보(BCD)의 손상 등이 원인입니다.
NTFS_FILE_SYSTEM	NTFS 파일 시스템 드라이버에 문제가 발생한 경우입니다. 하드디스크, 메모리 데이터 손상이 원인으로, 메모리가 부족할 때도 이러한 문제가 발생합니다.
SYSTEM THREAD EXEPTION NOT HANDLED KERNEL MODE EXCEPTION NOT HANDLED	커널(Kernel)에서 실행 중인 프로그램을 복구할 수 없고, 알 수 없는 상황이 발생했을 때 오류 메시지입니다. 메인보드 바이오스를 업데이트하고 최근에 설치한 프로그램을 제거한 후 설치된 모든 드라이버를 롤백합니다. 또한 메모리 진단 유틸리티를 실행합니다.
PAGE FAULT IN NON PAGED AREA	시스템에 없는 메모리에 접근할 때 나타나는 오류 메시지입니다. 장치 드라이버나 메모리 결함, 하드디스크의 손상된 데이터가 오류 원인입니다.
DRIVER IRQL NOT LESS THAN OR EQUAL TO	드라이버 자체에 결함이 있을 때 나타나는 오류 메시지입니다. 해당 오류 메시지와 함께 문제가 있는 장치가 같이 표시되는데 블루 스크린에 나타난 드라이버 파일을 포함한 드라이버를 제거/업데이트/롤백해 문제를 해결합니다.
THREAD STUCK IN DEVICE DRIVER	그래픽 카드 드라이버에 문제가 있는 경우 나타나는 메시지입니다. 그래픽 카드 드라이버를 최신 버전으로 업데이트하고 메인보드 바이오스를 업데이트해 문제를 해결합니다.

▲ 대표적인 블루 스크린 오류 메시지와 원인

블루 스크린이 나타나면 일반적으로 다음 단계를 따라하여 차례대로 시스템을 점검하고 문제를 해결합니다.

1단계 : 시모스 셋업을 실행하여 SATA 하드디스크가 사용하는 컨트롤러가 올바르게 설정되었는지 확인합니다. 일반적으로 'AHCI'로 지정되어야 합니다.

2단계 : 하드디스크 물리적인 연결 상태를 점검하고 손상이 없는지 확인합니다.

3단계 : 하드디스크에 손상된 데이터가 없는지 점검합니다. 윈도우 10으로 정상적인 시동이 안 되면 윈도우 10 설치 미디어로 부팅한 후 다음과 같은 설치 화면에서 Shift + F10 을 누릅니다. 명령 프롬프트가 실행되면 다음 명령어를 입력해 손상된 데이터를 복구합니다.

```
c: Enter                                              검사할 드라이브로 이동합니다.
chkdsk /f/r Enter                                        디스크 검사를 진행합니다.
```

▲ 'Y'를 입력해 디스크 검사를 진행합니다.

4단계 : 윈도우 10 설치 미디어로 부팅한 후 다음과 같은 설치 화면에서 Shift + F10 을 누르세요. 명령 프롬프트가 실행되면 다음 명령어를 입력해 메모리 손상 여부를 점검합니다.

```
mdsched Enter                                        메모리 테스트 프로그램을 실행합니다.
```

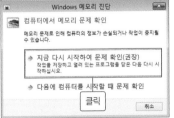

▲ '지금 다시 시작하여 문제 확인(권장)'을 클릭해 메모리 테스트를 진행합니다.

5단계 : 최근에 설치된 프로그램을 제거하고 드라이버 롤백을 진행거나 시스템 복원을 진행합니다.

6단계 : 오류 메시지를 검색어로 사용해 마이크로소프트 기술 문서에서 해결책을 찾으세요.

7단계 : 여전히 문제가 해결되지 않으면 윈도우를 재설치합니다.

PC 응급실

윈도우 7에서 0x로 시작하는 오류 메시지 해결 방법은 없나요?

윈도우 7은 자주 발생하는 오류가 정해져 있으므로 이러한 오류와 해결 방법을 알아보겠습니다.

Stop 코드	오류 메시지	원인
0x0000001A	MEMORY_MANAGEMENT	데이터를 저장하는 메모리가 부족할 때 나타나는 메시지입니다. 메모리 손상이나 메모리 조립 불량인지 확인합니다. 하드디스크에 여유 공간이 없을 때도 나타납니다.
0x00000044	MULTIPLE_IRP_COMPLETE_REQUESTS	특정 장치 드라이버나 하드웨어 자체가 손상된 경우입니다.
0x0000007A	KERNEL_DATA_INPAGE_ERROR	윈도우 하드디스크가 손상되거나 메인보드 디스크 입출력 장치가 손상된 경우입니다.
0x00000050	PAGE_FAULT_IN_NONPAGED_AREA	윈도우와 호환되지 않은 프로그램을 실행한 경우입니다. 메모리가 부족한 경우에도 발생합니다.
0x0000007B	INACCESSIBLE_BOOT_DEVICE	하드디스크에 부팅과 관련된 파일이 손상된 경우입니다.
0x000000EA	THREAD_STUCK_IN_DEVICE_DRIVER	그래픽 카드가 제대로 작동하지 않을 때 나타나는 오류 메시지입니다. 그래픽 카드 드라이버를 새로 설치하거나 드라이버 업데이트를 진행합니다. 그래픽 카드를 교체해야 할 때도 있습니다.
0x0000007F	DRIVER_IRQL_NOT_LESS_OR_EQUAL	특정 장치의 드라이버가 설치되지 않았거나 잘못된 드라이버를 설치한 경우에 주로 발생합니다. 메인보드에 호환되지 않는 메모리를 설치했을 때도 발생합니다.
0x000000D1	UNEXPECTED_KERNEL_MODE_TRAP	CPU에 문제가 있는 경우입니다. CPU 냉각팬이 제대로 작동하지 않거나 오버클러킹으로 CPU가 과열된 경우입니다.
0x00000024	NTFS_FILE_SYSTEM	하드디스크가 물리적, 혹은 논리적으로 손상을 입었을 때 나타나는 오류입니다. 하드디스크를 진단해 문제를 해결하고 윈도우를 재설치해야 합니다.
0x0000000A	IRQL_NOT_LESS_OR_EQUAL	전원 관리자 오류로 핫픽스(http://support.microsoft.com/hotfix/KBHotfix.aspx?kbnum=979444&kbln=en-us)를 설치해 바로잡을 수 있습니다.
0x00000101	CLOCK_WATCHFDOG_TIMEOUT	메인보드 전압 저하 문제로, CPU에 내장된 GPU가 사용하는 전압 부족으로 나타나는 문제입니다.
0x81000019	섀도 복사본을 만들지 못했습니다. 자세한 내용은 VSS 및 SPP 응용 프로그램 이벤트 로그를 확인하십시오.	시스템 예약 파티션 공간 부족 문제입니다.

▲ Stop 오류 분석하기

06
이벤트 뷰어로 오류 메시지 확인하기

PC 사용 중 윈도우에서 발생한 문제를 해결하기 위해서는 직접 지식 공유 서비스에 묻거나 마이크로소프트 지식 엔진에 물어봐야 합니다. 이때 '검색어'를 사용합니다.

해결책을 빠르게 찾기 위한 검색어는 어떻게 알아낼까요? 팝업 창에서 문제의 핵심은 대부분 겹따옴표("")로 묶여 있으므로 이 내용을 활용합니다.

우선 팝업 창 형태로 나타나는 오류 메시지를 분석해 문제 해결 자료를 찾을 수 있는 검색어를 알아봅니다.

따라하기 ① 윈도우 10의 데스크톱 모드에서 🪟+X를 눌러 표시되는 메뉴에서 '이벤트 뷰어'를 실행합니다.

② '이벤트 뷰어' 창이 표시되면 왼쪽 탐색 창에서 '사용자 지정 보기' → '관리 이벤트'를 클릭합니다. 오른쪽 영역에 나타나는 이벤트 수 항목에서는 '오류', '경고', '정보'의 세 가지 형태로 나눠 날짜순으로 정리된 정보를 보여줍니다. 문제에 따라 어떤 위험 부담이 있는지 확인하기 위해 '수준' 탭을 선택해 종류별로 정렬한 후 확인할 '오류' 이벤트를 더블클릭하세요.

> **TIP** 윈도우가 정상적으로 작동할 때에도 '이벤트 뷰어' 창을 확인하면 수많은 오류, 경고, 위험 메시지를 확인할 수 있습니다. 정상적으로 작동할 때가 아닌 윈도우에 문제가 생겼을 때 나타나는 오류, 경고, 위험 메시지를 확인합니다.

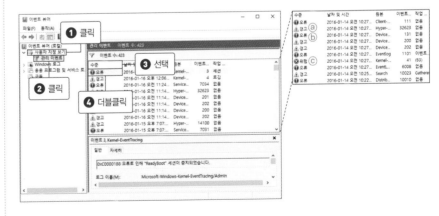

ⓐ **경고** : 중요하지 않지만 앞으로 발생할 수 있는 문제를 알려 줍니다.
ⓑ **오류** : 응용 프로그램에서 발생한 문제가 기록되어 있습니다.
ⓒ **위험** : 데이터 손실과 같은 심각한 오류가 발생한 사항을 기록합니다.

③

TIP
'이벤트 로그 도움말'
을 클릭해 인터넷에서 필요한
정보를 얻을 수 있습니다.

'일반' 탭에서 오류 내용을 확인할 수 있습니다. 오류 메시지에서 검색어로 사용할 부분은 '단어' 또는 '…다'로 끝나는 결과 문구입니다. 또 다른 검색어로 사용할 수 있는 것은 '원본'과 '이벤트 ID'로, 문제 해결법을 찾는 데 사용되는 검색어입니다.

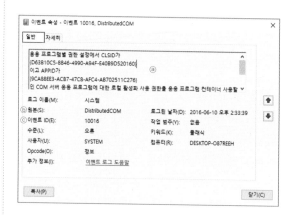

ⓐ 오류 메시지에서 검색어를 찾으세요.

ⓑ **원본** : 내용을 확인합니다. 해당 오류 정보(이벤트)가 저장된 로그 파일명이라고 생각할 수 있습니다.

ⓒ **이벤트 ID** : 해당 이벤트에 할당된 ID 번호를 확인합니다.

PC 응급실

윈도우 업데이트 후 문제가 생겼어요. 어떻게 해결하죠?

마이크로소프트 홈페이지에서 윈도우에서 발생하는 문제에 대한 조언을 얻을 수 있습니다. 특히 마이크로소프트 윈도우 업데이트 후 발생하는 문제는 마이크로소프트에서 해결하는 것이 가장 빠릅니다.

문제가 발생한 윈도우 업데이트를 삭제한 후 작업을 진행하세요. 익스플로러를 실행한 후 다음의 주소를 입력해 윈도우 솔루션 센터를 방문합니다. 설치된 윈도우 업데이트는 제어판의 '프로그램 제거'를 이용해 삭제할 수 있습니다.

http://windows.microsoft.com/ko-kr/windows-10/windows-update-faq

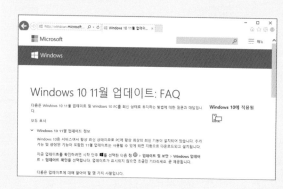

◀ 마이크로소프트 지원 페이지

 해 결

검색어로 해결책 찾기
– 마이크로소프트 고객 지원

문제 해결법을 확인할 수 있는 검색어를 찾았으면 이제 마이크로소프트 웹사이트에서 정보를 얻습니다. 윈도우에서 발생하는 문제이기 때문에 윈도우 제조업체인 마이크로소프트는 당연히 해결책을 가지고 있습니다.

따라하기 **①** 웹브라우저를 실행한 후 다음의 주소를 입력해 마이크로소프트 기술 지원 센터를 방문합니다.

http://support.microsoft.com/search/?adv=1

② 고객 지원 사이트가 전송되면 문제 해결 키워드를 입력합니다. 이때 띄어쓰기가 적용된 단어는 개별 단어로 인식하므로 검색어는 겹따옴표(" ")로 묶어 입력합니다. 이때 영문은 더욱 주의해야 합니다. 예를 들어 'Windows media player'라면 "Windows media player"를 입력해야 합니다. 검색어를 입력하면 관련 내용이 표시됩니다.

③ 기술 자료가 나열되면 여기서 유용한 자료를 찾습니다. 시간이 걸릴 수도 있지만 완벽한 해답을 찾는 지름길입니다.

오류 메시지로 해결책 찾기

정확한 오류 메시지를 알면 직접 입력해서 마이크로소프트 지식 창고에서 확인하여 해결 방법을 찾을 수 있습니다.

따라하기 ① 웹브라우저를 실행한 후 다음 주소를 입력해 마이크로소프트 기술 지원 센터를 방문합니다.

http://support.microsoft.com/gp/errormessage/ko

검색창에 오류 메시지를 입력합니다. 이때 오류 메시지는 겹따옴표("")로 묶어야 합니다.

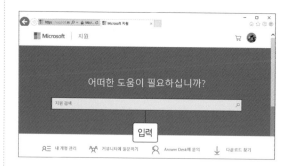

② 자동으로 나타난 오류 메시지 중에서 해결책을 찾아야 하는 비슷한 오류 메시지를 선택하면 검색 결과를 확인할 수 있습니다.

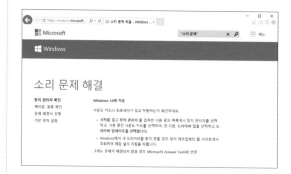

check!
check!

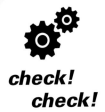

화질 좋은 동영상 만들기

- ☑ 동영상 해상도를 확인하세요.
- ☑ 동영상 파일 크기를 줄이기 위해 사용할 코덱을 확인하세요.
- ☑ 동영상 품질을 결정할 비트 레이트와 프레임을 확인하세요.

PC에서 재생되는 AVI, WMV, MOV 등 영화 파일은 MP4 파일로 변환하여 스마트폰에서 재생할 수 있으며, 이것을 '인코딩(Encoding)'이라고 합니다.
동영상 화질은 보통 원본 소스, 해상도(화면 크기), 압축할 때 사용한 코덱, 초당 전송되는 비트 레이트, 초당 프레임 수에 의해 결정됩니다. 고화질 동영상을 감상하기 위해 세부 사항을 알아보겠습니다.

• **해상도** : 해상도는 화면의 가로×세로 픽셀(화소) 수를 의미합니다. 화면 크기와 질이 반드시 비례하는 것은 아니지만, 고용량 동영상일수록 해상도가 뛰어납니다. 세로 720픽셀을 넘는 해상도를 HD(High Definition, 고화질)이라고 합니다.

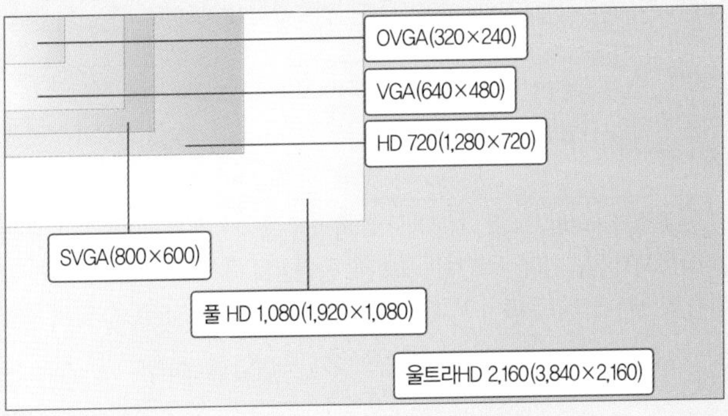

OVGA(320×240)
VGA(640×480)
HD 720(1,280×720)
SVGA(800×600)
풀 HD 1,080(1,920×1,080)
울트라HD 2,160(3,840×2,160)

• **압축 코덱** : 용량이 큰 비디오, 오디오 파일을 압축하는 데 사용하는 프로그램을 '코덱'이라고 합니다. 압축한 비디오 코덱에 따라 화질의 선명도가 달라집니다. 비디오 코덱 종류는 XviD, DivX, H.264, WMV 등이 있습니다.

TIP H.264는 Mpeg-4 part10이라고도 하며, 가장 효율적인 압축 코덱으로 가장 자주 사용되고, 용량 대비 화질이 뛰어납니다. WMV(Windows Media Video)는 마이크로소프트가 만든 코덱으로 화질 대비 용량이 좋지만 손실이 있습니다.

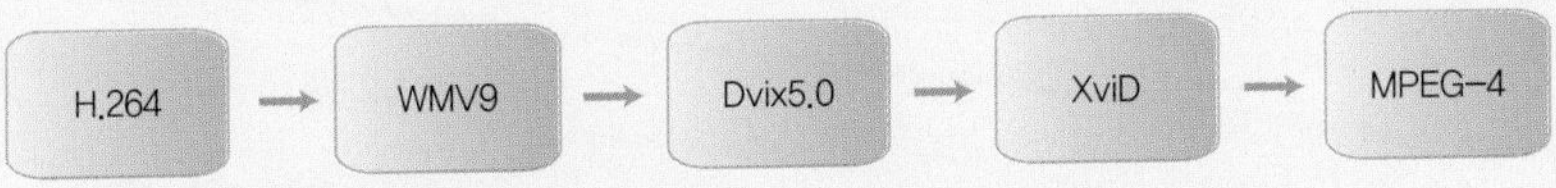

H.264
WMV9
Dvix5.0
XviD
MPEG-4

▲ 오른쪽으로 갈수록 사용량이 줄고 화질도 떨어집니다.

• **비트 레이트(Bit rate)** : 비디오와 오디오 품질에 영향을 주는 것으로 비디오나 오디오를 인코딩할 때 사용하는 데이터 초당 전송량입니다. 높을수록 질은 좋아지지만 파일 용량은 커집니다.
• **프레임** : 영상을 이루는 정지된 이미지를 뜻합니다. 영화는 초당 24프레임이 기본이고, 풀 HD급 화질은 초당 30프레임(30fps)입니다. 변환할 때 프레임을 60fps로 지정해도 영상이 부드러워지지 않습니다.

스마트폰에서 문제없이 동영상을 재생하고 싶어요

스마트폰에서 동영상이 재생되지 않으면 재생하려는 동영상 파일이 손상되었거나 재생하려는 동영상 파일 형식을 스마트폰 동영상 플레이어가 인식하지 못한 것입니다.

스마트폰이 재생할 수 있는 대표적인 동영상 파일 형식은 MP4입니다. PC에서 사용하는 AVI, WMV, RM, MKV 등 다양한 파일 형식은 스마트폰 기기에 따라 인식 여부가 다릅니다. 우선 다양한 동영상 파일 형식을 알아보겠습니다.

파일 포맷	특징
MP4	MP4 파일은 멀티미디어 데이터를 위한 표준 규격인 MPEG-4 기술 기반으로 만들어졌습니다. 음성뿐만 아니라 동영상이나 정지 화상, 문서 파일을 저장할 때도 사용하고, PC뿐만 아니라 PMP, 휴대용 게임기, 디지털카메라 등 다양한 기기에 사용할 수 있습니다.
AVI (DivX AVI)	'Audio Video Interleave'의 약자로 마이크로소프트에서 처음으로 만든 동영상 포맷입니다. 확장자는 AVI라도, 어떤 코덱으로 인코딩했는지에 따라 다양한 형식이 있습니다. 예전의 AVI는 거의 압축되지 않아서 짧은 동영상도 엄청난 크기였지만, 최신 AVI 동영상은 DivX로 인코딩하기 때문에 비교적 작은 크기에서도 고화질 영화 한 편이 들어갑니다. 이 중 DivX AVI는 가장 인기가 있습니다. 동영상 파일이 재생되지 않으면 압축한 코덱을 동영상 플레이어가 지원하지 않으므로 지원 코덱을 설치하여 재생합니다.
MPG MPEG MPE	'Moving Picture Experts Group'의 약자로, 엠펙이라고도 합니다. 가장 평범하고 호환성이 좋은 동영상 포맷으로 낮은 사양 컴퓨터에서도 잘 재생되지만, 압축률이 낮아서 잘 사용하지 않습니다.
WMV ASF ASX	WMV, ASF, ASX의 세 가지 동영상 파일은 마이크로소프트에서 개발한 것으로 실제로는 같은 파일입니다. 다만 ASX는 동영상 파일이 아닌 동영상 파일 재생 목록으로 고화질 영상이 아닌 실시간 전송 동영상 포맷에 적합합니다.
FLV	Flash Video(플래시 비디오)로, 기본적으로 동영상 공유 사이트인 유튜브에서 사용합니다. 화질이 나빠서 그 외에는 사용하지 않습니다. 유튜브는 고화질 동영상을 MP4로 서비스합니다. 스마트폰에서 유튜브 동영상이 재생되지 않으면 스마트폰에서 저화질 동영상인 FLV 포맷을 지원하지 않기 때문입니다.
MOV	맥(Mac)에서 사용하는 AVI와 비슷한 포맷입니다. 퀵타임 플레이어(QuickTime Player)를 설치해야 볼 수 있습니다.
DAT	비디오 CD에 있는 엠펙(MPG) 파일 확장자입니다.

동영상 파일에 문제가 있는 것은 아닌데, 재생되지 않으면 해당 동영상을 재생하는 앱을 설치합니다. 다양한 구글 플레이나 앱 스토어에서 '동영상 재생'을 검색어로 입력하여 수많은 동영상 재생 앱 중에서 평가가 좋은 앱을 설치합니다.

동영상 플레이어 앱을 설치하지 않기 위해서는 다음 팟인코더를 이용해 동영상 파일 형식을 MP4 파일로 변환합니다. 동영상 파일 변환 방법은 535쪽에서 설명합니다.

스마트폰에 설치할 수 있는 다양한 동영상 플레이어 ▶

동영상을 재생하려는데 지원하지 않는 파일이라고 나와요

PC에서는 재생되는데 스마트폰에서는 재생되지 않으면, 동영상 포맷을 스마트폰이 지원하는 MP4 파일로 변환합니다. 변환을 할 때 코덱, 비트 레이트, 프레임에 대한 기본 지식이 있으면 다음 팟인코더를 이용해 원본보다 좋은 화질의 스마트폰 재생용 동영상(MP4)으로 쉽게 변환할 수 있습니다. 534쪽을 참고해 동영상을 변환할 때 포맷과 특징에 대한 기본 지식 먼저 확인하세요.

1 | 웹브라우저를 실행하고 다음 주소를 입력해 '다음 팟인코더'를 다운로드해서 설치합니다. 설치할 때 'Daum 클리너' 설치 여부는 직접 결정합니다.

http://tvpot.daum.net/application/PotEncoder.do

2 | Daum 팟인코더를 실행하고 변환하려는 동영상 파일을 선택한 후 팟인코더 인코딩 목록으로 드래그하여 추가합니다.

3 | 화면 아래쪽에 있는 인코딩 옵션 항목 위의 '휴대 기기용' 탭을 선택합니다. 사용 중인 스마트폰의 종류를 선택하고 동영상의 화질을 선택한 후 〈인코딩 시작〉 버튼을 클릭합니다.

ⓐ **용량** : 예상 인코딩 결과 항목 용량에서 인코딩 후 동영상 파일 용량을 확인할 수 있습니다.

ⓑ **비디오/오디오** : 인코딩에 사용된 비디오와 오디오 코덱입니다.

ⓒ **미리보기** : 인코딩이 완료된 동영상 화질과 창 크기를 직접 확인할 수 있습니다.

ⓓ **저장 폴더** : 인코딩이 완료된 동영상 파일이 저장되는 폴더입니다.

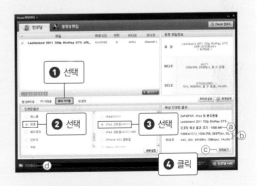

4 | 인코딩 작업을 시작합니다. 인코딩이 완료됐음을 알리는 알림 창이 표시되면 〈닫기〉 버튼을 클릭합니다.

PART
5

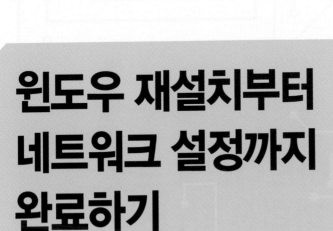

윈도우 재설치부터
네트워크 설정까지
완료하기

운영체제가 윈도우 3.1에서 윈도우 10(버전 8.1)으로 업그레이드되어도 사용 중 문제를 해결하기 위해 윈도우를 재설치해야 하는 경우가 있습니다.

윈도우를 재설치하기 위해서는 '데이터 백업 → 포맷 → 설치 → 마무리' 과정을 거칩니다. 윈도우 8부터 제공하는 윈도우 초기화를 통해 윈도우 재설치가 자동으로 이루어지기도 하지만 수동으로 재설치를 진행해야 하는 경우도 생깁니다.

Part 5에서는 하드디스크, 또는 SSD를 포맷하고 윈도우를 재설치하는 방법을 알아보겠습니다. 데이터 백업까지 해결되는 안전한 데이터 보관 방법부터 네트워크 설정법까지 알아보겠습니다.

Chapter 01

하드디스크 포맷,
파티션 작업하기

PC 부품 중 하드디스크만큼 사용하기 전에 준비해야 할 작업이 많은 부품은 없습니다. 하드디스크가 들은 외장 하드디스크, 반도체 저장 장치인 SSD도 사용하기 위한 사전 작업이 필요합니다. 하드디스크를 사용하기 위한 기본 작업인 포맷, 파티션 작업을 알아보겠습니다.

01
하드디스크를 사용하기 위한 준비하기

'포맷(Format)'은 PC를 초기화하는 것으로 보조기억장치인 하드디스크 내용을 지우는 것입니다. 하드디스크 포맷은 디스크에 데이터를 기록할 수 있도록 준비하는 작업입니다. 하드디스크에 파일을 저장하기까지 다음과 같은 3단계의 준비 과정을 거칩니다.

step 1

로 레벨 포맷(Low Level Format)

하드디스크 안 플래터(Flatter)에 데이터를 저장하기 위해 정해진 규칙에 따라 영역을 나누는 작업입니다. 플래터에서 회전축을 중심으로 데이터가 기록되는 동심원을 트랙(Track), 원통 모양 케이크를 자르듯 일정한 간격으로 잘라낸 조각 각각을 섹터(Sector)라고 합니다. 섹터 하나 크기는 512Byte이며, 데이터 최소 저장 단위입니다.

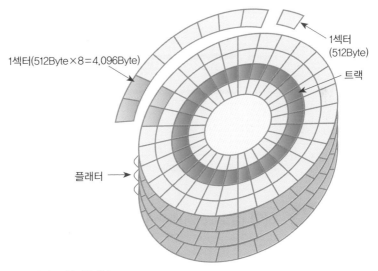

1섹터(512Byte×8=4,096Byte)

1섹터
(512Byte)

트랙

플래터

▲ 데이터 최소 저장 단위, 섹터

TIP 고급 포맷이 적용된 대용량 하드디스크를 제대로 사용하기 위해서는 GPT 파티션 구조, UEFI 바이오스가 적용된 시스템이어야 합니다.

시간이 지날수록 하드디스크에 저장되는 데이터 용량이 점점 커지므로 TB급 대용량 하드디스크가 필요합니다. 하드디스크 저장 효율을 높이기 위해 '1섹터(Sector)' 크기를 512Byte에서 8배인 4K(4,096Byte)로 늘립니다. 이때 섹터 크기를 4K로 포맷하는 것을 '어드밴스드 포맷 기술(Advanced Format Technology)'이라고 합니다.

2011년부터는 의무적으로 '고급 포맷(Advanced Format)'이라고 하는 '1섹터 (Sector)= 4,096Byte' 기술 포맷 방식을 사용해야 합니다. 고급 포맷 방식이라 고 하는 4K 섹터 전환을 사용하면 7~11% 포맷 효율 향상과 함께 하드디스크 오류 교정 기술이 향상됩니다.

step 2 하드디스크 파티션(볼륨) 분할

디스크(Disk)는 시스템에 장착된 물리적인 하드디스크를 의미합니다. 파티션 은 분할, 또는 칸막이며, 디스크 공간을 분할한 것을 파티션(Partition)이라고 합 니다.

디스크를 하나의 드라이브(파티션)로만 사용하더라도 파티션 작업은 필요합 니다. 파티션으로 나눠진 하드디스크 영역에 C, D 등과 같은 드라이브 이름이 부여됩니다.

드라이브 이름이 지정된 파티션을 윈도우에서는 볼륨(Volume)이라고 합니다. 볼륨은 드라이브에 할당되지 않은 공간(기존 파티션 또는 볼륨의 일부가 아닌 포맷되지 않은 공간)이 있으면 새로 만들 수 있습니다.

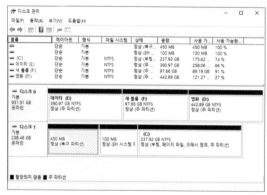

▲ 파티션이라는 용어 대신 '볼륨'에 익숙해져야 합니다.

step 3 하이 레벨 포맷(High Level Format)

TIP 파티션, 포맷 작업을 진행하면 기존에 저장된 모 든 데이터를 잃기 때문에 파 티션이나 포맷을 진행하기 전에 필요한 데이터가 있으 면 반드시 백업합니다. 데이 터를 백업하는 방법은 Part 5 Chpater 06에서 설명합니다.

흔히 '포맷'이라고 하며, 논리 드라이브를 위한 파일 시스템 구성 과정으로 논리 드라이브 각각에 하이 레벨 포맷 작업을 진행해야 합니다. 이 과정은 'Format' 명령어를 통해 이루어지며 포맷할 때 파일 시스템으로 NTFS 또는 FAT32를 사용할지 결정합니다.

윈도우가 설치된 파티션은 윈도우가 실행된 상태에서 포맷할 수 없습니다. 윈 도우가 설치된 파티션을 포맷하려면 윈도우 설치 미디어로 진행해야 합니다.

02
내 하드디스크가 쪼개진 형식 알아보기

TIP ⊞+X를 눌러 표시되는 메뉴에서 **디스크 관리**를 실행해 디스크 관리를 실행할 수 있습니다.

디스크 관리를 실행하면 내 하드디스크가 어떻게 분할되어 있는지 확인할 수 있습니다. ⊞+R을 눌러 표시되는 '실행' 창에서 'diskmgmt.msc'를 입력하고 Enter를 누릅니다. 디스크 관리에서 각 드라이브 내용을 확인하면 드라이브가 어떤 역할을 하는지 알 수 있습니다.

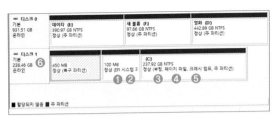

◀ 하드디스크가 어떻게 분할되었는지 알 수 있습니다.

TIP 시스템 예약 공간은 시스템 복구 도구와 디스크 암호화 기술인 BitLocker(비트라커)를 사용하기 위한 공간입니다. 또한 여러 운영체제가 설치된 경우 컴퓨터에 운영체제 목록을 표시하고 다른 파티션 관리 및 불러오기 작업을 하는 공간입니다.

❶ **EFI 시스템 파티션** : EFI(Extensible Firmware Interface)는 시스템 시작 관리, 시스템 리셋 등 조작을 실행하기 위한 런타임 함수라고 하는 기능을 제공합니다. 부트로더가 제공되는 기존의 MBR(Master Boot Record)을 대신해 128비트로 구성된 GUID(Globally Unique Identifier) 파티션 테이블(GPT)도 지원합니다. 2TB의 용량을 훌쩍 뛰어넘는 18EB(1EB=1,024TB)의 저장 장치 용량을 장착할 수 있고, 이 저장 용량을 128개의 파티션으로 구분 지을 수 있어 고용량의 새로운 저장 장치가 나올 때마다 바이오스 지원 한계에 부딪혔던 문제에서 벗어날 수 있습니다.

❷ 윈도우를 부팅할 수 있는 파일인 시스템 파티션으로 '(시스템)'으로 표시되어 있습니다. 윈도우 부팅에 사용되는 파일은 윈도우 설치 단계에서 반드시 첫 번째 디스크 활성 파티션에 설치됩니다. 시스템 예약 파티션이 있으면 이 파티션이 시스템, 활성 파티션이 됩니다.

❸ **부팅** : 윈도우가 설치되어 실제 부팅에 사용된 파티션은 '(부팅)'이라고 표시됩니다. 부팅 파티션 드라이브 문자는 삭제하거나 변경할 수 없습니다.

❹ **페이지 파일** : 가상 메모리로 사용되는 하드디스크는 '페이지 파일'로 표시됩니다.

❺ **크래시 덤프** : 윈도우가 치명적인 오류로 인해 멈췄을 때 컴퓨터 정보를 저장하는데, 이를 크래시 덤프(Crash Dump)라고 합니다. 크래시 덤프 파일은 '₩Windows₩memory.dmp' 파일이므로 부팅 파티션은 크래시 덤프 파티션이 됩니다.

TIP 디스크 암호화 기능을 사용하지 않으면 시스템 예약 공간을 만들지 않고 554쪽을 참고하여 윈도우를 설치합니다.

❻ **기본 디스크(Basic Disk, Basic Volume)** : 가장 기본적인 디스크 형식으로, 도스를 비롯한 모든 윈도우에서 액세스할 수 있는 디스크 형식입니다.

03

내 하드디스크가 사용하는
디스크 형식 알아보기

디스크 영역을 나눈 정보는 디스크 영역이 시작되는 첫 부분 파티션 테이블 (Partition Table)에 저장되어 있습니다. 이것은 디스크를 구분할 수 있는 디스크 서명과 파티션 종류, 주소 등 모든 디스크 정보가 있는 곳과 같습니다.

하드디스크 용량이 커지고 본격적인 64비트 운영체제, 64비트 하드웨어 시대가 시작되면서 하드디스크 정보를 담는 형식 또한 변하고 있습니다. 구형 바이오스가 지원하는 MBR에서 UEFI 바이오스가 지원하는 GPT로의 변화입니다.

구형 바이오스 기반 디스크 형식, MBR(Master Boot Record)

구형 바이오스는 MBR(Master Boot Record)을 사용했습니다. MS-DOS 시절부터 하드디스크 파일, 폴더 위치 정보를 담는 파티션 테이블은 MBR입니다. 하드디스크를 최대 주 파티션 네 개로 나눌 수 있고 주 파티션 하나만 부팅에 사용되는 '활성 파티션'으로 지정할 수 있습니다.

▲ 바이오스 기반 하드디스크에 윈도우 10을 설치한 경우 파티션 구조

최대 파티션이 네 개뿐이므로 MBR은 주 파티션 하나를 '확장 파티션'으로 지정합니다. 확장 파티션 안에 다시 논리 드라이브라는 파티션을 만들어 파티션 개수 한계를 극복했습니다.

▲ 파티션이 여섯 개 이상 포함된 바이오스 디스크 파티션 구조

하드디스크에 저장된 데이터 위치를 확인하기 위해 32비트 주소 영역을 사용했던 구형 바이오스는 2TB(232×512) 이상 하드디스크를 인식할 수 없는 한계에 부딪힙니다.

물론 64비트 운영체제(윈도우 비스타 이상)가 설치되면 윈도우에서 2TB 하드디스크를 인식하고 사용할 수 있지만, 바이오스에서 인식하지 못해 2TB 이상 하드디스크에 윈도우를 설치하거나 부팅 장치로 사용하는 것은 불가능합니다. 또한 2TB 영역을 하나의 파티션으로 사용하는 것도 불가능합니다.

UEFI 바이오스 기반의 디스크 형식, GPT(GUID Partition Table)

UEFI 바이오스가 지원하는 GPT 디스크는 파티션 테이블 크기를 확장하여 디스크 하나에 주 파티션을 128개 만들 수 있습니다. 주소 체계를 64비트로 확장해 이론적으로 최대 8ZB까지 지원할 수 있습니다.

64비트 운영체제는 GPT를 지원합니다. 64비트 윈도우가 설치되면 구형 바이오스에서 GPT 구조를 적용한 디스크(이하 GPT 디스크)를 사용할 수 있지만, 구형 바이오스가 인식하지 못해 GPT 디스크에 운영체제를 설치하고 부팅하는 것은 불가능합니다. 구형 바이오스 환경에서는 일반적인 데이터를 저장하는 용도로만 사용해야 합니다.

UEFI 바이오스를 지원하는 시스템에서는 GPT 파티션 구조가 적용된 드라이브에 윈도우를 설치할 수 있습니다. 윈도우 10을 UEFI 모드로 설치하기 위해서는 GPT 파티션 구조가 적용된 디스크에 설치해야 합니다.

GPT 파티션 구조를 사용하는 디스크에 윈도우 10을 설치할 경우 100MB 정도의 EFI 시스템 파티션이 만들어지고 부팅에 사용되는 정보가 이곳에 저장됩니다.

diskpart 명령어 중 'convert'를 이용해 683쪽을 참고하여 기본 디스크 ↔ 동적 디스크, MBR 디스크 ↔ GPT 디스크로 변환할 수 있습니다.

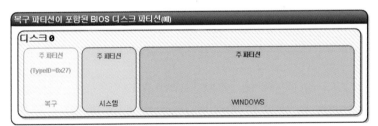

▲ MBR 디스크에 윈도우 10을 설치한 경우 파티션 구조

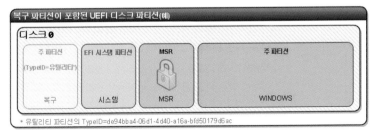

▲ GPT 디스크에 윈도우 10을 설치한 경우 파티션 구조

04
파일 시스템 확인하기
– FAT32, NTFS, exFAT

파일 시스템(File System)을 쉽게 설명하자면 저장 장치에 데이터를 기록하고 사용하기 위한 일종의 규칙입니다. 윈도우는 하드디스크에 클러스터(Cluster) 단위로 데이터를 기록합니다. 윈도우는 하드디스크 데이터 위치를 알기 위해 하드디스크에 파일 배치표로 파일이 저장되어 있는 클러스터 위치도를 제공합니다. 이것을 FAT(File Allocation Table)라고 합니다. FAT을 어떤 형식의 시스템으로 만드는가에 따라 파일 저장 방법이 결정됩니다.

하드디스크나 USB 메모리, SSD, 외장 하드디스크를 포맷할 때 하드디스크를 어떤 파일 시스템으로 사용할지 결정합니다. 윈도우 10이 지원하는 파일 시스템에는 NTFS, FAT32, exFAT이 있습니다.

▲ 포맷할 때 파일 시스템 결정

❶ **NTFS** : 1993년 윈도우 NT 출시와 함께 선보인, 보안성을 갖춘 파일 시스템입니다. 최대 볼륨의 한계는 2^{64}바이트, 16ED입니다. 실질적으로 볼륨 크기에 제한이 없다고 할 수 있습니다. NTFS는 윈도우에서만 사용 가능한 형식입니다. 윈도우를 제외한 운영체제에서는 단순한 읽기 모드로밖에 사용할 수 없습니다.

❷ **FAT32** : 1996년 윈도우 95 OSR2의 출시와 함께 선보였습니다. 기본 FAT16 볼륨 크기 한계가 2GB인 것을 보완하려고 만들어졌습니다. 최대 볼륨 크기는 2TB입니다. 클러스터 크기를 32KB로 하면 8TB까지 사용 가능합니다. 파일 크기는 최대 4GB까지 인식합니다.

❸ **exFAT** : 마이크로소프트가 플래시 스토리지를 위해 만든 파일 시스템으로 FAT32 호환성을 보완해서 나온 파일 형식입니다. 이론상 드라이브 크기의 한계는 64ZB이지만 권장되는 크기는 512TB입니다. 맵 OS X와 윈도우에서 사용 가능한 USB 포맷 방식입니다. 다만 안정성에 문제가 있어 USB 메모리를 연결했다가 분리할 경우 그냥 뽑으면 안 됩니다.

파일 시스템 선택

윈도우 10은 NT 파일 시스템(NTFS)에만 설치할 수 있습니다. 운영체제를 설치할 드라이브는 NTFS 파일 시스템을 사용해야 하지만, 데이터 저장용은 다른 파일 시스템을 사용할 수 있습니다.

탐스 하드웨어 사이트(http://www.tomshardware.com)의 파일 시스템에 따른 SSD의 성능 벤치마킹 결과를 살펴보면 exFAT 파일 시스템을 적용한 SSD가 NTFS보다 더 좋은 성능을 낸다고 합니다. 어떤 파일 시스템을 사용하는가에 따른 성능 차이는 적지만, 파일 복사 작업에는 성능 차이가 눈에 띕니다.

TIP 탐스 하드웨어 사이트에서 벤치마킹 결과를 확인할 수 있습니다.

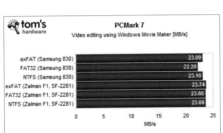

▲ SSD를 NTFS와 exFAT 파일 시스템으로 포맷한 후 PCMark 7 벤치마킹 유틸리티를 이용해 윈도우 무비 메이커로 비디오 편집을 할 때 속도 측정 결과

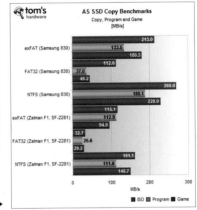

파일을 복사할 때 속도 측정 결과 ▶

파일 시스템을 선택할 때 윈도우를 설치할 드라이브는 'NTFS'로 선택합니다. 'FAT32'는 저용량 USB 메모리에만 사용하는 것이 좋습니다. UEFI 모드 설치 디스크를 만들기 위해 다른 파일 시스템은 UEFI에서 지원하지 않으므로 FAT32 파일 시스템을 사용합니다. exFAT은 디스크 인식이 빠르므로 외장 하드디스크나 대용량 외장 메모리에 사용하는 것이 좋습니다. 시스템 내부에 설치되는 하드디스크나 SSD에는 NTFS를 사용하는 것이 호환성 면에서 좋습니다. 맥 OS X와 윈도우10 모두에서 사용 가능한 파일 형식으로 USB 메모리, 외장 하드디스크를 포맷하려고 한다면 exFAT 형식을 사용하는 것이 좋습니다. 다만 안정성에는 문제가 있기 때문에 장치를 분리할 경우에는 그냥 뽑지 말고 반드시 장치 제거 작업을 한 다음에 뽑아야 합니다.

check! check!

파티션 구조와 파일 시스템 확인하기

☑ MBR 디스크, GPT 디스크, 기본 디스크, 동적 디스크인지 확인하세요.
☑ NTFS 파일 시스템을 사용하는지 확인하세요.

최신 시스템에 3TB급 하드디스크를 사용한다면 내가 사용하는 하드디스크가 MBR 디스크인지, GPT 디스크인지 간단하게 확인해 보세요.

1 🪟+🅧를 눌러 표시되는 메뉴에서 '명령 프롬프트'를 실행합니다. 명령 프롬프트가 실행되면 'diskpart'를 입력하고 Enter를 누릅니다.

2 'list disk'를 입력하고 Enter를 누릅니다. Dyn 항목에 '*' 표시가 있으면 동적 디스크, Gpt 항목에 '*' 표시가 있으면 GPT 디스크입니다.

3 파일 시스템을 확인할 볼륨을 선택합니다. 'select volume=드라이브 숫자'를 입력하고 Enter를 누릅니다. 'filesystems'를 입력한 후 Enter를 누릅니다. 사용 중인 파일 시스템을 확인할 수 있습니다.

하이 레벨 포맷 클러스터 크기 정하기

☑ 포맷할 때 불필요한 공간이 없도록 사용할 클러스터 크기를 확인하세요.

오래전 16비트 CPU 시절 바이오스가 인식할 수 있는 하드디스크 최대 용량은 '16Bit×512Byte=32MB'였습니다. 32MB가 넘는 하드디스크를 사용하기 위해서는 32비트 체계를 도입해야 했는데 그 당시에는 일렀습니다. 그래서 도입한 해결 방안은 바로 섹터 여러 개를 하나로 묶은 '클러스터(Cluster)'를 운영체제에서 데이터 최소 저장 단위로 사용하는 것입니다.

섹터 여덟 개를 하나로 묶으면 4,096Byte 클러스터, 섹터 열여섯 개를 하나로 묶으면 8,192Byte 클러스터가 됩니다.

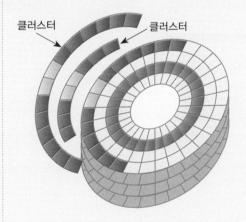

클러스터　　　　클러스터

▲ 일정 수의 섹터가 모여 데이터 최소 저장 단위인 클러스터가 됩니다.

클러스터로 인해 생기는 불필요한 공간

실제 하드디스크 최소 저장 단위인 섹터와 윈도우 최소 저장 단위인 클러스터 크기 차이로 인해 불필요한 공간이 생겼습니다.

예를 들어 1,024Byte 파일 하나를 저장할 때 섹터를 사용하면 512Byte 두 개의 섹터로 불필요한 공간 없이 저장되지만 4,096Byte 클러스터를 사용하는 경우 나머지 3,072Byte는 사용하지 못하는 불필요한 공간이 됩니다. 만약 8,192Byte 클러스터를 사용하면 7,168Byte 용량이 불필요해집니다.

하지만 클러스터를 사용하면 해당 파일을 기록하고 찾는 데 적은 수의 주소로 관리할 수 있어 파일을 찾고 읽는 데 작업 효율이 높아집니다.

TIP 윈도우에서 디스크 관리 프로그램을 이용해 포맷하는 방법은 549쪽, 윈도우 10 설치 DVD로 부팅해 윈도우가 설치된 드라이브를 포맷하는 방법은 553쪽에서 설명합니다.

포맷할 때 사용할 클러스터 크기 지정

디스크를 포맷할 때 데이터 최소 저장 단위인 클러스터 크기(512Byte~64KB)를 정할 수 있습니다.

클러스터 크기는 어떤 기준으로 정할까요? 문서나 그림, 음악, 동영상 등 일반 데이터는 용량이 16KB 이상입니다. 이러한 데이터는 보통 수백 MB까지 되므로 클러스터를 크게 설정해 포맷하는 것이 좋습니다.

운영체제를 설치하는 드라이브는 줄이는 것이 좋습니다. 윈도우 구성 파일은 크기가 작은 파일이 많고 파일 개수는 몇만 개가 넘기 때문입니다.

결론적으로 크기가 작은 파일을 저장하기 위해서는 클러스터 크기를 작게, 크기가 큰 파일을 저장하기 위해서는 클러스터 크기를 크게 지정하는 것이 좋습니다. 특별히 클러스터 크기를 지정할 용도가 없으면 기본 값으로 사용하는 것도 좋습니다.

▲ 하이 레벨 포맷을 할 때 하드디스크 사용에 맞는 클러스터 크기를 지정해 작업합니다.

PC 응급실

하드디스크에 여유 공간이 없어요

윈도우를 사용하다 보면 사용자 모르게 쌓이는 데이터 때문에 속도가 느려집니다. 윈도우에 쌓이는 불필요한 정보를 삭제하는 것만으로도 느려진 윈도우 속도를 되돌릴 수 있습니다. 정리해야 할 정보를 사용자가 직접 찾아서 정리하기는 어려우므로 윈도우에서 제공하는 '디스크 정리'로 불필요한 파일을 삭제하여 하드디스크 여유 공간을 확보할 수 있습니다.

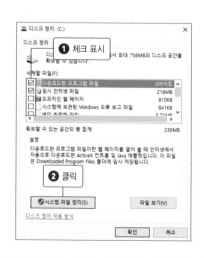

1 | 제어판에서 '시스템 및 보안' → '관리 도구'를 클릭하고 '디스크 정리'를 더블클릭합니다.

2 | 디스크 정리를 실행할 드라이브를 선택하고 〈확인〉 버튼을 클릭합니다.

3 | 불필요한 파일을 삭제할 때 얻을 수 있는 디스크 공간을 계산해 보여줍니다. 삭제할 파일 항목에서 삭제하려는 파일에 체크 표시하고 〈시스템 파일 정리〉 버튼을 클릭합니다.

외장 하드디스크 초기화하기
– 디스크 관리

외장 하드디스크를 사용하기 위한 초기화 작업을 알아보겠습니다. 외장 하드디스크는 하드디스크에 케이스를 씌운 장치입니다. 하드디스크와 마찬가지로 '디스크 관리'를 이용해 파티션 작업 후 포맷을 진행합니다.

따라하기 ①
외장 하드디스크 케이블을 케이스 앞면이 아닌 메인보드에 직접 연결된 USB 포트에 연결하고 보조 전원을 연결합니다. 54쪽을 참고해 전원이 부족한지 확인합니다.

②
⊞+X를 눌러 표시되는 메뉴에서 '디스크 관리'를 실행합니다.

③
디스크 관리가 실행되고 새로 장착된 외장 하드디스크에 '알 수 없음, 초기화 안 됨'이라는 메시지가 나타납니다. 해당 디스크를 마우스 오른쪽 버튼으로 클릭하고 표시되는 메뉴에서 '디스크 초기화'를 실행합니다.

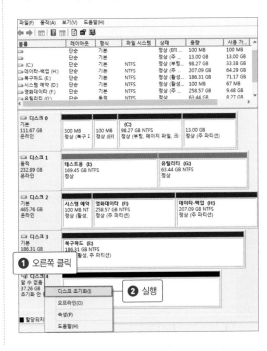

④ '디스크 초기화' 창이 표시되면 사용할 파티션 형식으로 'MBR', 'GPT' 중에서 하나를 선택하고 〈확인〉 버튼을 클릭합니다.

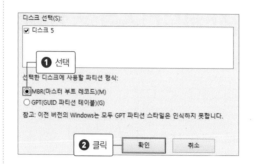

⑤ 파티션을 만들기 위해 외장 하드디스크에서 해당 영역에 '할당되지 않음'이라고 표시된 부분이 있습니다. 이 영역에서 마우스 오른쪽 버튼을 클릭하고 표시되는 메뉴에서 '새 단순 볼륨'을 실행합니다.

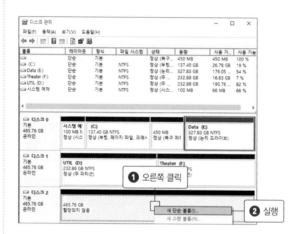

⑥ '단순 볼륨 만들기 마법사' 창이 표시되면 〈다음〉 버튼을 클릭합니다. 파티션 크기를 지정하기 위해 최대/최소 디스크 공간 크기를 확인합니다. 단순 볼륨 크기 항목에 적당한 파티션 크기를 입력하고 〈다음〉 버튼을 클릭합니다. 이때 설정 값은 MB로 인식됩니다.

⑦

TIP 확장 파티션의 드라이
브 문자는 나중에 변경해도
됩니다. 변경하는 방법은 195
쪽에서 설명합니다.

'단순 볼륨 만들기 마법사' 창이 표시되면 〈다음〉 버튼을 클릭합니다. 파티션
크기를 지정하기 위해 최대/최소 디스크 공간 크기를 확인합니다. 단순 볼륨 크
기 항목에 적당한 파티션 크기를 입력하고 〈다음〉 버튼을 클릭합니다. 이때 설
정 값은 MB로 인식됩니다.

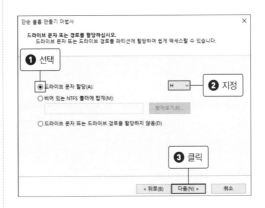

'이 볼륨을 다음 설정으로 포맷'을 선택하고 파일 시스템을 지정합니다. 할당
단위 크기에서 섹터당 사용할 클러스터 크기를 선택합니다. 드라이브에 저장
될 데이터 크기에 맞게 조절합니다. 이때 동영상 파일이 저장될 드라이브면
'4096'으로 설정하고 〈다음〉 버튼을 클릭합니다. 볼륨 레이블에 볼륨명을 입력
하고 빠른 포맷을 실행할지 설정합니다. 최신 하드디스크인 경우 '빠른 포맷 실
행'에 체크 표시하고 오래된 하드디스크인 경우 '빠른 포맷 실행'의 체크 표시
를 해제한 후 〈다음〉 버튼을 클릭합니다.

⑧

TIP '빠른 포맷'은 파일은 지
우지 않은 채 파일 저장 정보
를 가지는 'FAT(File Allocation
Table)'만 삭제하며 포맷 시간
이 짧습니다. '일반 포맷'은 포맷
시간이 길지만 데이터 저장 영
역 이상 유무까지 확인합니다.

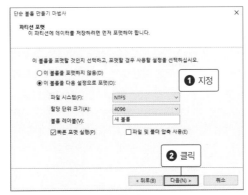

▲ 빠른 포맷의 실행 여부를 확인합니다.

⑨

단순 볼륨 만들기 마법사 완료 화면이 나타나면 선택한 설정을 다시 한 번 확인
하고 〈마침〉 버튼을 클릭합니다.

check!
check!

포맷 방식 선택하기

☑ '빠른 포맷' 또는 '일반 포맷' 중에서 어떤 포맷 방식이 필요한지 확인하세요.

하드디스크를 초기화할 때는 '일반 포맷'과 '빠른 포맷' 중 한 가지를 선택합니다. 포맷을 위해서는 디스크 관리나 파일 탐색기에서 포맷할 드라이브를 마우스 오른쪽버튼을 클릭한 다음 '포맷'을 실행합니다.

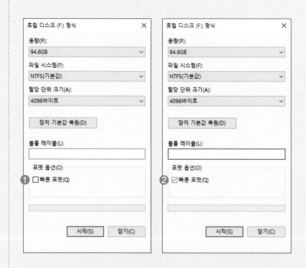

❶ **일반 포맷** : 해당 파티션 안 파일 시스템 주소가 전부 지워지므로 윈도우에서는 파일이 전부 삭제된 것으로 인식합니다. 일반 포맷 중에는 물리적인 하드디스크 오류 검사도 함께 진행하므로 500GB 용량 하드디스크를 일반 포맷하는 데는 약 30~40분 정도 시간이 소요됩니다.

❷ **빠른 포맷** : 파일은 지우지 않고 파일이 어디에 저장되었는지에 관한 정보를 가지는 'FAT'만 삭제합니다. 포맷 시간이 짧고 하드디스크 내부 섹터에 데이터 정보가 남아 있기 때문에 시중에서 판매되는 데이터 복구 프로그램을 사용하면 포맷 후에도 파일을 되살릴 수 있습니다. 물론 새로운 데이터를 입력하면 기존 데이터를 덮어씌우므로 이 경우에는 파일 복구가 불가능합니다.

최신 하드디스크인 경우 일반적으로 '빠른 포맷'만 실행해도 큰 문제는 없지만, 디스크 성능 저하가 느껴지거나 사용 횟수가 많으면 1년에 한 번 정도 일반 포맷을 하는 것이 좋습니다.

하드디스크에 있는 모든 섹터의 내용을 완전히 지우고 공장 출고 상태로 만들기 위해서는 '로 레벨 포맷'을 진행합니다. 로 레벨 포맷은 500GB 하드디스크 하나를 완전히 포맷하는 데 10시간 이상이 걸릴 정도로 오래 걸리며, 일반 포맷을 해도 디스크 상태가 호전되지 않는 경우에 할 수 있는 최후의 수단입니다. 로 레벨 포맷에 관한 자세한 내용은 354쪽을 참고하세요.

06
윈도우 설치 미디어로
파티션 나누고 포맷하기

윈도우 비스타 이상에서는 설치 미디어로 부팅해 파티션 작업 및 포맷, 윈도우 설치까지 모두 해결할 수 있습니다. 파티션을 나누고 포맷해도 시스템을 다시 시작할 필요가 없으므로 편리합니다.

따라하기

설치 미디어로 부팅하고 파티션 작업이 실행되는 과정은 571쪽 과정 ①~과정 ⑥까지 같으므로 이 과정을 따라하세요. 설치 위치를 지정하는 과정에서 다음과 같은 창이 표시되면 '드라이브 옵션(고급)'을 클릭합니다.

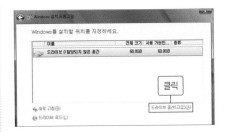

② 파티션을 만들기 위해서는 '새로 만들기'를 클릭합니다. 크기 항목에 파티션 크기를 입력하고 〈적용〉 버튼을 클릭합니다.

 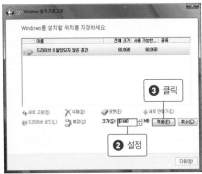

③ 파티션이 만들어지면 파티션 작업과 관련된 링크가 활성화됩니다. '포맷'을 클릭해 파티션을 포맷합니다. 잘못 만들어지면 '삭제'를 클릭해 파티션을 삭제합니다. '확장'을 클릭하면 확장 파티션을 만들 수 있습니다.

해결 07
윈도우를 설치할 때 시스템 예약 파티션 만들지 않기

윈도우 8은 설치할 때 350MB의 시스템 예약 파티션을, 윈도우 10/7은 설치할 때 100MB의 시스템 예약 파티션을 만듭니다. SATA0 포트를 사용하는 바이오스에서 제일 처음 인식하는 하드디스크 첫 번째 영역에 만들어지는 것으로, 시스템 보호와 BitLocker 운영체제가 설치된 드라이브를 암호화하는 기능을 사용하기 위한 것입니다.

디스크 암호 기능을 사용하지 않으면 시스템 예약 파티션은 필요 없으므로 윈도우를 설치할 때 시스템 예약 파티션을 만들지 않는 것이 좋습니다.

시스템 예약 파티션을 삭제하는 과정은 다음과 같습니다.

> **TIP** 188쪽에서 만든 시스템 복구 미디어를 만든다면 윈도우 설치 후 시스템 예약 파티션을 삭제할 수 있습니다.

❶ 파티션이 없는 디스크를 준비합니다. 파티션을 새로 만들면 시스템 예약 파티션이 자동으로 만들어집니다.

❷ 만들어진 시스템 예약 파티션을 삭제하고 새로운 파티션을 만듭니다.

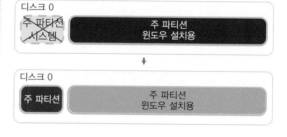

❸ 나머지 영역에 만들어진 파티션을 삭제합니다.

❹ 디스크 첫 번째 영역에 만들어진 파티션을 선택하고 확장합니다.

따라하기

①

TIP 그림과 같이 드라이브
가 '할당되지 않은 공간'으로
있어야 합니다. 파티션이 있
으면 '삭제'를 클릭하여 파티
션을 삭제합니다.

571쪽의 과정 ①~⑥을 참고해 윈도우 10/8 설치 미디어, 또는 윈도우 7 설치
미디어로 부팅하고 설치 작업을 진행합니다. 윈도우 설치 중 설치 위치 지정 화
면이 나타나면 윈도우를 설치할 드라이브를 선택하고 '드라이브 옵션(고급)'을
클릭합니다.

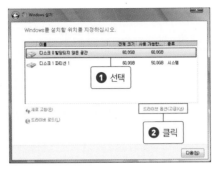

▲ 윈도우 7

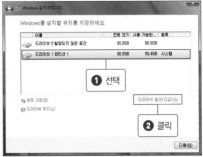

▲ 윈도우 8

②

TIP 윈도우 7과 8의 차이점
은 시스템에 설치된 하드디스
크를 윈도우 8은 '드라이브',
윈도우 7은 '디스크'라는 명칭
을 사용하는 것입니다.

설치할 디스크를 선택한 후 '새로 만들기'를 클릭합니다. 파티션 최대 크기를
확인한 후 〈적용〉 버튼을 클릭합니다.

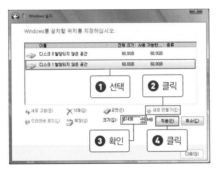

▲ 윈도우 7

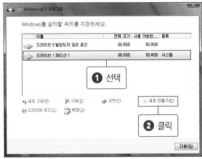

▲ 윈도우 8

③

시스템 파일을 보관할 추가 파티션을 만드는 내용을 확인하는 메시지 대화상
자가 표시되면 〈확인〉 버튼을 클릭합니다.

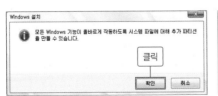

▲ 윈도우 7

▲ 윈도우 8

④ 다음과 같이 '시스템 예약' 파티션이 자동으로 만들어집니다. 만들어진 시스템 예약 파티션을 선택하고 '삭제'를 클릭합니다.

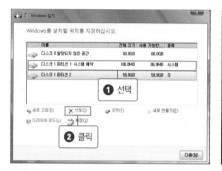
▲ 윈도우 7

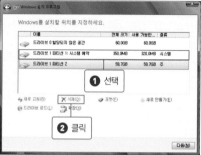
▲ 윈도우 8

⑤ 데이터가 손상될지 모른다는 경고 메시지 대화상자가 표시되면 〈확인〉 버튼을 클릭합니다.

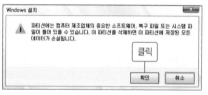
▲ 윈도우 7

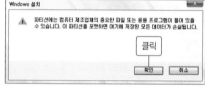
▲ 윈도우 8

⑥ 시스템 영역이 '할당되지 않은 공간'이 만들어집니다. '새로 만들기'를 클릭한 후 윈도우 10/7에서는 크기에 '100'을 입력하고, 윈도우 8에서는 크기에 '350'을 입력한 후 〈적용〉 버튼을 클릭합니다.

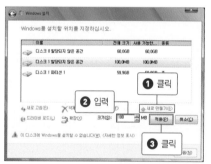
▲ 윈도우 7

▲ 윈도우 8

⑦ 하드디스크에 만들어진 두 번째 파티션인 '파티션 2'를 선택하고 '삭제'를 클릭하여 삭제합니다.

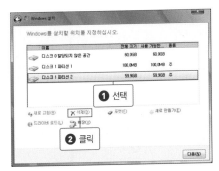

▲ 윈도우 7

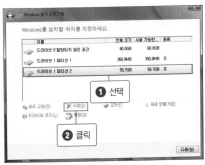

▲ 윈도우 8

⑧ 마찬가지로 데이터가 손상될지도 모른다는 경고 메시지 대화상자가 표시되면 〈확인〉 버튼을 클릭합니다.

▲ 윈도우 7

▲ 윈도우 8

⑨ 하드디스크 첫 번째 영역에 만들어진 '파티션 1'을 선택하고 '확장'을 클릭합니다.

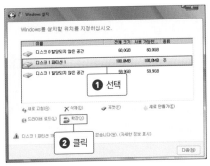

▲ 윈도우 7

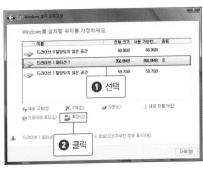

▲ 윈도우 8

⑩ 하나의 파티션으로 사용할 나머지 하드디스크 용량을 입력하고 〈적용〉 버튼을 클릭합니다. 최대 크기로 지정되어 있으면 〈적용〉 버튼을 클릭합니다.

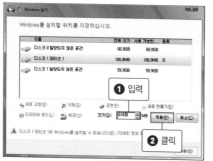
▲ 윈도우 7

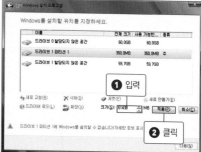
▲ 윈도우 8

⑪ '계속 진행하여 파티션을 확장하면 나중에 변경할 수 없습니다.'라는 메시지 대화상자가 표시되면 〈확인〉 버튼을 클릭합니다.

▲ 윈도우 7   ▲ 윈도우 8

⑫ 하드디스크에 '시스템 예약' 파티션 없이 '파티션 1'이 만들어집니다. 시스템 예약 파티션이 만들어지지 않은 디스크를 선택하고 〈다음〉 버튼을 클릭하여 윈도우 설치를 진행합니다.

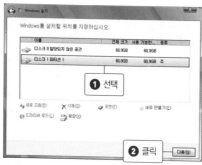
▲ 윈도우 7

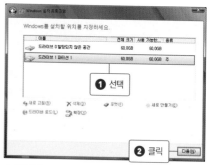
▲ 윈도우 8

Chapter 02

윈도우 재설치하기

윈도우에서 계속 오류 메시지가 나타나고 컴퓨터가 자주 다운되면서 시스템이 불안정한가요? 지금까지 설명한 방법으로 도저히 해결할 수 없다면 윈도우를 다시 설치하는 것이 가장 확실한 해결책입니다. 이번 챕터에서는 어떤 방법으로 윈도우를 재설치할 것인지 살펴보고 윈도우를 재설치해 보겠습니다. 그리고 최적화된 환경에서 윈도우 사용을 위해 윈도우를 설치한 다음 해야 할 여러 가지 작업을 알아보겠습니다.

01

윈도우 재설치 전에 데이터 백업하기

하드디스크를 포맷하지 않은 채 윈도우를 재설치하려면 윈도우 10이 제공하는 PC 복구/초기화를 이용합니다. 하드디스크를 포맷해 수동으로 재설치하기 위해서는 윈도우 10 설치 미디어와 함께 윈도우 설치 드라이브 데이터를 반드시 백업해야 합니다.

개인 데이터가 보관되는 문서, 다운로드 등 폴더 위치를 윈도우가 설치되지 않은 드라이브로 변경했다면 별도로 백업 작업을 하지 않아도 됩니다.

◀ 개인 데이터가 저장되는 폴더 위치를 변경해 주세요.

윈도우 설치 드라이브를 포맷하고 재설치하는 과정이므로 포맷을 진행하면 드라이브 데이터는 되살릴 수 없습니다. 데이터 백업은 여러 번 강조해도 지나치지 않습니다. 안전을 위해 다시 한 번 안전하게 백업되었는지 살펴보세요.

☐   음악, 사진, 비디오 같은 개인 데이터 파일들

☐   다운로드 폴더에 있는 파일들

☐   인터넷 뱅킹 인증서 같은 각종 개인 정보가 담긴 파일들

데이터 백업이 끝났다면 윈도우 10 설치 미디어와 제품 키를 준비합니다. 그리고 컴퓨터 본체 뒷면에 연결되어 있는 커넥터들을 점검합니다.

시스템에 장치들이 올바르게 연결되어 있지 않으면 윈도우가 제대로 설치되지 않습니다. 윈도우를 설치할 때 프린터, 스캐너 등과 같은 외부 장치의 전원을 켜 놓아야 윈도우가 설치 과정에서 외부 장치를 인식할 수 있습니다.

02
윈도우 제품 키 준비하기

▲ 노트북 밑면 운영체제 종류와 제품 키

윈도우를 재설치하려면 윈도우 제품 키를 알아야 합니다. 물론 제품 키 없이 윈도우 설치는 진행되지만 정품 인증을 위해서라도 제품 키는 알아야 합니다.

윈도우 10 업그레이드 버전을 설치하면 제품 키는 다시 만들어집니다. 제품 키는 Product Key, Product CD Key로 불리며 레지스트리에 저장되어 있습니다.

노트북 사용자라면 노트북 밑면에서 설치된 운영체제 종류, 버전과 제품 키를 확인할 수 있습니다.

따라하기 ①

웹브라우저를 실행한 다음, 다음 주소를 방문해 무료로 사용할 수 있는 키파인더(KeyFnder) 프로그램을 다운로드합니다.

http://www.magicaljellybean.com/keyfinder

② 키파인더를 설치할 때 '사용자 지정 설치(고급)'를 선택해 추가 기능이 설치되지 않도록 하고 〈Next〉 버튼을 클릭하여 설치 작업을 진행합니다.

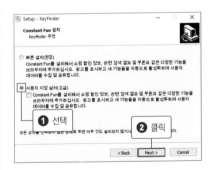

③ 설치된 윈도우 버전과 제품 키를 확인할 수 있습니다.

03
개인 저장 폴더 위치 바꾸기

윈도우를 재설치하려면 매번 윈도우가 설치된 드라이브에 있는 데이터를 백업하는 작업이 필요합니다. 이런 번거로운 작업을 피하려면 다운로드 폴더나 문서 같은 폴더가 저장되는 경로를 윈도우가 설치되지 않은 드라이브로 바꾸면 됩니다.

따라하기 ① 파일 탐색기를 실행한 다음 왼쪽 창에서 경로를 바꿀 폴더를 마우스 오른쪽 버튼으로 클릭한 다음 '속성'을 실행합니다. 여기서는 '다운로드'를 선택했습니다.

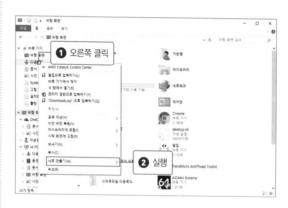

② '위치' 탭을 선택한 다음 〈이동〉 버튼을 클릭하고 저장 경로를 윈도우가 설치되지 않은 드라이브로 변경합니다.

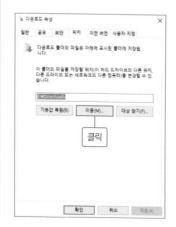

06

UEFI 설치용 USB 메모리로
윈도우 10 UEFI 모드로 설치하기

하드디스크 대신 속도가 빠른 SSD에 윈도우를 설치하면 금상첨화지만, SSD 대신 UEFI 모드로 윈도우를 설치하면 UEFI 바이오스에서 부팅 장치로 'Windows Boot Manager'를 사용할 수 있습니다. 윈도우가 설치된 하드디스크나 SSD는 GPT 디스크 구조로 100MB 용량 EFI 시스템 파티션이 만들어집니다.

윈도우를 UEFI 모드로 설치하기 위해서는 다음과 같은 조건이 모두 충족되어야 합니다.

- UEFI 바이오스 지원 최신 메인보드
- 64비트 버전 윈도우
- UEFI 모드 설치용 윈도우 USB 메모리
- 초기화된 파티션이 없는 SATA0 포트에 연결된 하드디스크나 SSD

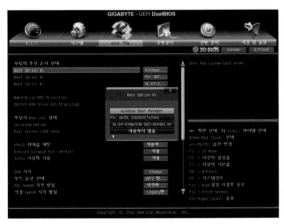

▲ Windows Boot Manager로 빠르게 부팅할 수 있습니다.

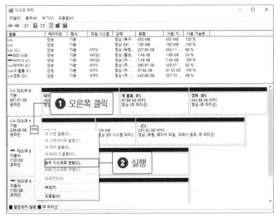

▲ UEFI 모드로 윈도우 10을 설치하면 복구 파티션과 EFI 시스템 파티션이 자동으로 만들어집니다. 'MBR 디스크로 변환' 메뉴가 나타나면 현재 이 디스크는 'GPT 디스크'입니다.

UEFI 모드로 윈도우를 설치할 수 있는 USB 메모리 수동 준비 과정을 알아보겠습니다. 윈도우 설치 미디어의 루트 폴더를 확인하면 UEFI 바이오스가 윈도우를 설치하는 데 사용할 수 있는 'bootmgr.efi' 파일이 있습니다. UEFI는 FAT32 파일 시스템만 지원하므로 윈도우 설치 미디어는 FAT 32 파일 시스템을 사용해야 합니다.

따라하기 ①

USB 메모리를 컴퓨터에 연결하고 ⊞+X를 눌러 표시되는 메뉴에서 '명령 프롬 프트(관리자)'를 실행합니다. 'diskpart'를 입력하고 Enter를 누릅니다. 다음과 같 은 명령어를 순서대로 입력해 작업할 대상으로 USB 메모리를 선택합니다.

```
list disk Enter                                    시스템에 설치된 디스크 목록을 확인합니다.
select disk=4 Enter                                작업할 드라이브를 '크기'로 선택합니다.
```

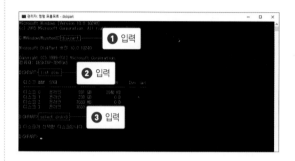

②

다음 명령어를 입력해 USB 메모리를 초기화하고, FAT32 파일 시스템으로 포맷 한 후 부팅용 파티션으로 만듭니다.

```
clean Enter                                                        USB 메모리를 초기화합니다.
create partition primary Enter                                         파티션을 생성합니다.
format fs=fat32 quick label=win10 Enter
                    FAT32 파일 시스템으로 빠른 포맷을 진행합니다. fat32 파일 시스템으로 포맷하는 이유는 UEFI 부팅용 장치로
                    사용하려면 FAT32 파일 시스템을 사용해야 하기 때문입니다. 여기서는 'win10'이라는 볼륨명을 사용합니다.
active Enter                                                       부팅 파티션으로 지정합니다.
assign letter=j Enter
                    USB 메모리가 사용할 드라이브명을 지정합니다. 파일 탐색기를 실행한 후 시스템이 사용하지 않는
                    드라이브 문자를 지정합니다. 여기서는 'J:'로 지정했습니다.
exit Enter                                                         'diskpart'를 종료합니다.
```

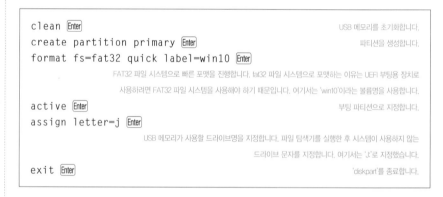

③ 파일 탐색기를 실행한 후 윈도우 설치 미디어의 'boot, efi, sources' 폴더와 'bootmgr.efi' 파일을 선택하고 USB 메모리에 드래그하여 복사합니다.

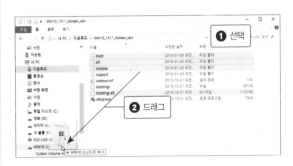

④ USB 메모리로 부팅하기 위해 77쪽을 참고해 시스템을 시작할 때 부팅 장치를 선택할 수 있도록 시스템을 재시작합니다. 부팅 장치를 선택할 때 설치 파일 이 저장된 USB 메모리를 최상위 부팅으로 지정하여 USB 메모리 장치명 앞에 'UEFI' 표시가 나타나야 합니다.

⑤ 윈도우 설치 과정이 진행됩니다. 자세한 윈도우 설치 과정은 571쪽을 참고합 니다. 윈도우 10/8을 UEFI 모드로 설치하려면 설치할 드라이브 선택 과정에서 MBR 파티션 테이블이 있는 디스크에 윈도우를 설치할 수 없다는 대화상자가 표시됩니다. 〈확인〉 버튼을 클릭합니다. 윈도우를 설치할 드라이브를 선택한 후 '삭제'를 클릭합니다.

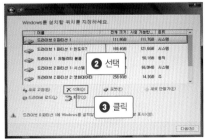

⑥ 파티션을 삭제할지 묻는 메시지 창이 표시되면 〈확인〉 버튼을 클릭합니다.

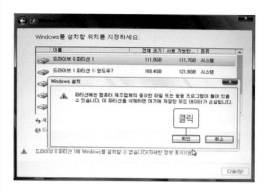

⑦ 파티션이 삭제된 드라이브를 선택하고 〈다음〉 버튼을 클릭합니다.

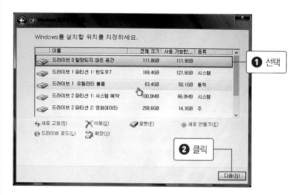

⑧ 윈도우 설치에 필요한 파일이 복사된 후 다음과 같은 재부팅 관련 메시지 창이 표시되면 PC와 USB 메모리 연결을 해제하고 〈확인〉 버튼을 클릭합니다.

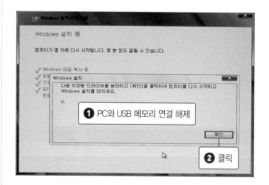

⑨ 이후 윈도우 설치 과정은 571쪽 과정 ⑩~⑯을 참고하여 마무리합니다.

하드디스크 포맷하고 윈도우 설치하기

윈도우 7부터는 설치 시간이 많이 줄었고 과정도 간단합니다. 윈도우 클린 설치를 위해서는 반드시 윈도우를 설치한 드라이브에 파티션이 없어야 합니다. 재설치하기 위해서는 윈도우가 설치된 파티션을 포맷한 후 설치를 진행합니다. 윈도우 설치 CD나 USB로 부팅해 윈도우를 설치하는 과정을 알아보겠습니다.

범용 랜카드 드라이버 준비하기

윈도우 설치 후 인터넷이 안 될 경우를 대비해 '3DP Net'이라는 랜카드 통합 드라이버를 준비해야 합니다. 웹브라우저를 실행한 후 다음 주소를 방문합니다. 사용할 언어로는 'Korean'을 지정하고 '최신 버전 다운(권장)'을 클릭해 다운로드합니다. 윈도우가 설치되지 않은 드라이브에 다운로드한 파일을 보관하세요.

http://vga.pe.kr/3dp/net_down_kor.php

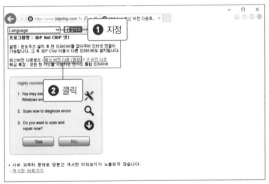

◀ 3DP Net 다운로드

윈도우 설치하기

따라하기 ①

윈도우 설치 DVD나 USB 메모리로 부팅합니다. 화면에 윈도우 10 로고가 표시되고 윈도우를 설치하는데 필요한 파일들을 읽어 옵니다.

TIP 윈도우 설치 미디어로 부팅하는 방법은 77쪽을 참고하세요.

② 윈도우 10이 사용할 언어를 '한국어(대한민국)', 시간 및 통화 형식을 '한국어 (대한민국)', 키보드 또는 입력 방법을 'Microsoft 한글 입력기', 키보드 종류를 'PC/AT 101키 호환 키보드(종류3)'로 지정하고 〈다음〉 버튼을 클릭합니다.

③ 본격적인 설치를 하려면 〈지금 설치〉 버튼을 클릭합니다. 설치 프로그램을 시 작한다는 메시지가 표시됩니다.

 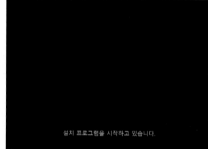

④ 잠시 기다리면 윈도우 정품 인증을 위한 제품 키 입력창이 열립니다. 제품 키를 입력하고 〈다음〉 버튼을 클릭합니다.

⑤ 저작권에 동의해야 합니다. '동의함'을 클릭해 선택하고 〈다음〉 버튼을 클릭합니다.

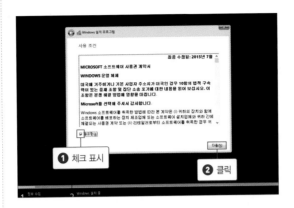

⑥ 설치 유형을 선택합니다. 이전 버전의 윈도우가 설치되어 있다면 윈도우 10으로 업그레이드할 것인지 새로 설치를 할 것인지 묻습니다. 설치 미디어로 부팅한 경우라면 업그레이드 옵션은 꺼져 있고 '사용자 지정(고급)'만 선택할 수 있습니다. 재설치를 진행하고 있으므로 '사용자 지정: Windows만 설치(고급)'을 클릭해 선택합니다.

⑦ 윈도우가 설치되어 있는 드라이브를 선택하고 '포맷'을 클릭해 포맷합니다.

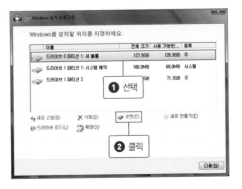

⑧ 포맷하면 모든 데이터가 삭제된다는 메시지가 표시됩니다. 〈확인〉 버튼을 클릭하여 포맷 작업을 진행합니다.

⑨ 포맷이 완료되면 윈도우를 설치할 포맷까지 진행한 파티션을 선택하고 〈다음〉 버튼을 클릭합니다.

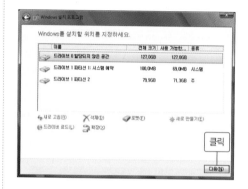

⑩ 윈도우의 본격적인 설치가 시작됩니다. 이 단계가 시작되면 다른 할 일이 있다면 잠시 자리를 비워도 됩니다. 20여분 정도의 시간동안 모니터 화면을 지켜보는 것 외에 특별히 할 일은 없습니다.

TIP 과정 ⑪–⑭에서 진행하는 윈도우 설정 변경 작업은 윈도우 설치가 끝난 후 제어판을 통해 조절할 수 있습니다. 나중에 설정을 변경하려면 〈기본 설정 사용〉 버튼을 클릭하고 과정 ⑮으로 넘어가세요.

⑪ 윈도우 업데이트를 자동으로 할 것인지, PC에 오류가 발생했을 때 마이크로소프트 서버로 오류 보고를 보낼지 등을 묻습니다. 기본 설정 그대로 둔 채 〈다음〉 버튼을 클릭하세요. 설정은 윈도우 설치가 끝난 후 변경해도 됩니다.

TIP 로컬 계정과 마이크로소프트 계정의 차이점은 105쪽에서 설명했습니다.

⑫ 윈도우 로그인을 할 때 사용할 계정을 입력합니다. 관리자 계정으로 사용할 것이므로 정확하게 꼭 입력합니다. 전자 우편 주소가 ID인 마이크로소프트 계정이 있다면 입력하고 〈다음〉 버튼을 클릭합니다.

만일 해당 PC에서만 사용할 수 있는 로컬 계정을 만들려면 '이 단계 건너뛰기'를 클릭합니다.

⑬ 암호 설정 후 간편한 로그인을 위해 PIN을 설정할지 묻습니다. 〈PIN 설정〉 버튼을 클릭하고 암호로 사용할 숫자 네 개를 입력하세요.

 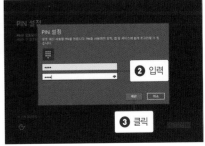

(14) 클라우드 스토리지 서비스인 원드라이브에 대한 소개가 나옵니다. 〈다음〉 버튼을 클릭합니다.

TIP 마이크로소프트 계정을 만드는 방법은 이 책에서 별도로 설명하지 않습니다.

(15) 윈도우 10을 시작할 준비를 끝나면 윈도우 잠금 화면이 표시됩니다.

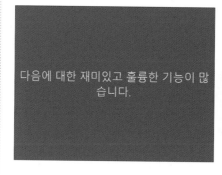

(16) 윈도우에 로그인하세요. 반가운 윈도우 바탕 화면이 나타나면 성공입니다. 네트워크 기능을 활성화하려면 〈예〉 버튼을 클릭합니다.

윈도우 재설치 마무리하기

윈도우 재설치가 끝나면 윈도우 작업 환경을 자신에게 맞게 꾸미는 마무리 작업이 필요합니다. 윈도우를 재설치한 다음 진행할 마무리 작업을 단계별로 차근차근 알아보겠습니다.
윈도우를 재설치하고 최적화된 작업 환경을 만들기까지 과정을 일사천리로 진행해 보세요.

01
드라이버 설치 순서 알아보기

윈도우 설치가 끝나면 하드웨어를 사용하기 위한 각종 윈도우용 드라이버부터 설치해야 합니다.

윈도우 설치가 완료된 다음 '장치 관리자' 창을 열어보세요. 설치가 끝났는데도 윈도우에 설치된 장치 관리자에 느낌표나 물음표로 표시된 장치가 있다면, 이 것은 윈도우가 출시된 이후 나온 장치들을 지원하는 드라이버가 윈도우 설치 미디어에 들어있지 않기 때문입니다. 느낌표나 물음표가 붙은 장치는 제 역할을 하지 못하므로 이들 장치의 드라이버를 직접 설치해야 합니다.

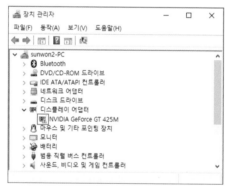

▲ 장치 관리자에서 설치가 안 된 장치를 확인합니다.

윈도우를 설치하고 느낌표나 물음표가 붙은 장치를 올바르게 설치하려면 다음과 같은 단계를 거쳐 하드웨어에 맞는 드라이버를 올바르게 설치해야 합니다. 이 순서를 정상적으로 진행하지 않으면 드라이버를 설치했어도 문제가 생길 수 있습니다.

step 1 ▶ 인터넷을 사용할 수 있는 환경 만들기

준비된 드라이버가 없다면 인터넷을 통해 필요한 드라이버를 다운로드 받아야 합니다. 준비된 드라이버가 있다면 **step 2**부터 진행하면 됩니다.

571쪽을 참고해 통합 랜카드 드라이버를 설치하세요. 네트워크 어댑터가 작동하고 인터넷을 사용할 수 있습니다.

해 결 02

3DP CHIP으로 드라이버 설치하기

원도우 재설치 후 사용에 필수인 드라이버를 잡아주는 유틸리티인 '3DP Chip'을 사용해 보세요. 편리하게 필요한 드라이버를 자동으로 찾아 설치할 수 있게 도와주는 유틸리티입니다. 미리 준비해 놓은 드라이버 파일이 없다면 유용하게 사용할 수 있습니다.

Part 3 Chapter 04에서 드라이버 설치를 설명했습니다. 하드웨어 제조업체 사이트에서 드라이버를 찾아 설치하는 것이 어렵다면 '3DP Chip'을 이용하세요.

따라하기 ①

웹브라우저를 실행하고 다음 사이트를 방문해 최신 버전의 '3DP Chip'을 다운로드합니다.

http://www.3dpchip.com/3dp/chip_down_kor.php

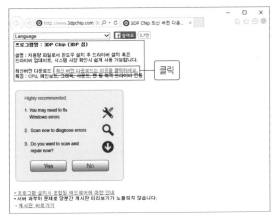

◀ 3DP Chip 다운로드

②

설치할 때 사용할 언어를 '한국어'로 지정하고 〈OK〉 버튼을 클릭합니다.

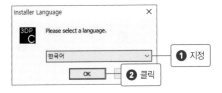

③ 설치가 끝나면 '3DP Chip'을 실행하세요. 칩셋 패치 파일을 다운로드하려면 '메인보드'를 클릭합니다.

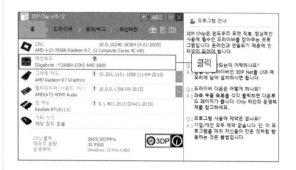

④ 익스플로러가 실행되고 드라이버를 다운로드할 사이트 링크를 보여줍니다. 다운로드 링크를 클릭하세요. 다운로드할 파일이 있는지 확인해 보여줍니다. 설치가 필요한 드라이버는 빨간색으로 표시됩니다. '드라이버 다운로드'를 클릭해 다운로드를 진행하세요.

PC 응급실

개인 위치 정보를 제공하고 싶지 않아요

윈도우 10 또는 8 운영체제는 윈도우 폰, 태블릿 PC 같은 휴대성이 뛰어난 장치에서 사용할 수 있는 운영체제이므로 개인 위치 정보를 제공합니다. '지도' 앱과 같은 경우에는 유용하게 사용할 수 있지만 마치 감시를 받는 느낌이죠. 데스크톱 PC인 경우 위치 정보 제공 기능이 필요 없으므로 다음 과정을 따라하여 해제합니다.

1 | ⊞+Ⅰ를 눌러 '설정' 창이 표시되면 '개인 정보'를 클릭합니다.
2 | 왼쪽에서 '위치'를 선택하고 위치 슬라이더를 클릭하여 '꺼짐' 또는 '끔'으로 설정합니다.

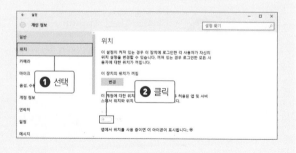

프린터 드라이버 설치하기

윈도우는 플러그 앤 플레이 기능이 있어 프린터 같은 하드웨어를 쉽게 추가할 수 있습니다. USB 포트로 연결되는 프린터는 USB 포트에 프린터 USB 케이블을 연결하고 잠시 기다리면 자동으로 인식합니다. 하지만 프린터를 연결했을 때 해당 장치를 사용할 수 없다고 나오는 경우가 있습니다. 이는 프린터를 사용하기 위한 드라이버를 찾을 수 없는 경우로, 이런 경우는 사용자가 수동으로 드라이버를 설치해야 합니다. 드라이버를 설치하려면 내가 사용하는 프린터 모델명과 제조업체를 알아야 합니다. 프린터 윗면이나 옆면을 살펴 프린터 모델명과 제조업체를 확인하세요.

▲ USB 포트로 연결되는 프린터

TIP 내가 사용하는 운영체제가 32비트 운영체제인지 64비트 운영체제인지 헷갈린다면 제어판에서 '시스템 및 보안' → '시스템'을 선택하세요. 시스템 종류에서 32비트 운영체제인지 64비트 운영체제인지 확인할 수 있습니다.

프린터 드라이버는 제조업체에서 모델명으로 검색해 쉽게 다운로드할 수 있습니다. 예를 들어 캐논 프린터라면 캐논 프린터 드라이버 다운로드 센터(http://www.canon-bs.co.kr/cs/download.aspx)에서 모델명으로 검색해 사용하는 운영체제 버전에 맞는 드라이버를 다운로드하고 설치합니다.

▲ 시스템에서 확인할 수 있는 운영체제

다운로드한 드라이버 파일은 응용 프로그램과 같은 EXE 확장자를 가진 파일인 경우가 대부분입니다. 이 경우 응용 프로그램 설치하듯이 설치를 진행하면 됩니다.

드라이버 파일이 압축 파일인 경우라면 파일 압축을 풀고 확장자가 INF 파일에서 마우스 오른쪽 버튼을 클릭한 다음 '설치'를 실행합니다.

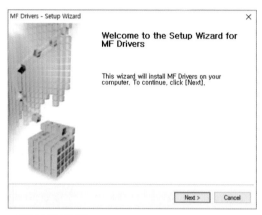

▲ 프린터 드라이버 설치

기본 프린터로 설정하기

프린터가 제대로 추가되었는지 확인하려면 제어판의 '장치 및 프린터 보기'를 선택합니다. 방금 설치한 프린터가 표시되어 있는지 확인하세요.

주로 사용하는 프린터로 설정하려면 기본 프린터로 등록해야 합니다. 방금 설치된 프린터 이름을 마우스 오른쪽 버튼으로 클릭하고 바로 가기 메뉴에서 '기본 프린터로 설정'을 실행하세요.

> TIP 프린터가 정상 동작하는지 확인하려면 설치된 프린터를 마우스 오른쪽 버튼으로 클릭하고 바로 가기 메뉴에서 **프린터 속성**을 실행한 다음 〈테스트 페이지 인쇄〉 버튼을 클릭합니다. 정상적으로 인쇄되면 프린터를 제대로 설치한 것입니다.

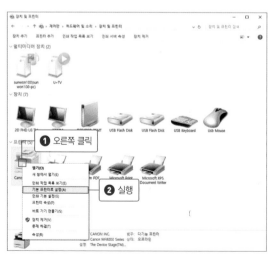

▲ 기본 프린터 설정

04

신뢰할 수 있는 PC로 등록하기

윈도우 재설치 중 마이크로소프트 계정으로 로그인하고 보안 정보를 입력하는 과정이 지나면 보안 정보에 등록된 휴대폰 번호로 메시지가 전송됩니다.
현재 윈도우를 설치하는 PC가 신뢰할 수 있는지 등록할 수 있는 보안 코드로, 다음 과정을 따라하여 윈도우가 재설치된 PC를 등록합니다.

따라하기 ①

인터넷에 연결되면 익스플로러를 실행한 다음 다음 주소로 방문합니다.

http://account.live.com/confirm

마이크로소프트 계정으로 사용하는 전자 우편 주소를 확인하고 비밀번호를 입력한 다음 〈로그인〉 버튼을 클릭하여 로그인합니다.

②

TIP 핸드폰 번호가 등록되어 있지 않다면 '보안 정보 추가'를 클릭해 핸드폰 번호를 등록하면 됩니다.

알림이 전송되는 항목이 핸드폰인지, 전자 우편 주소인지 확인하세요. 만일 핸드폰으로 알림이 전송되지 않는다면 '알림 옵션 변경'을 클릭합니다. 핸드폰으로도 알림이 전송되도록 핸드폰 번호 앞 체크 상자에 체크 표시하고 〈저장〉 버튼을 클릭합니다.

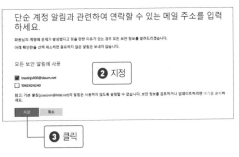

05
정품 인증 받기

윈도우 10을 재설치하고 자동으로 정품 인증이 되지 않거나 시스템 하드웨어가 변경되어 업그레이드해서 정품 인증이 진행되지 않은 경우 전화를 통한 정품 인증 작업을 진행해야 합니다.

윈도우 10 설치하고 정품 인증이 자동으로 진행되지 않을 때 정품 인증을 받는 방법을 알아보겠습니다.

따라하기

① ⊞+R을 누릅니다. '실행' 창이 표시되면 'slui 3'을 입력하고 〈확인〉 버튼을 클릭합니다.

② 제품 키 입력창이 열립니다. 제품 키를 입력합니다.

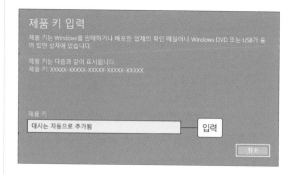

③ 메인보드를 교체하여 정품 인증을 받지 못했다면 ⊞+X를 누른 다음 '제어판'을 실행합니다.

'시스템 및 보안' → '시스템'을 클릭합니다. Windows 정품 인증 항목에 정품 인증을 받지 못했다는 메시지가 보이면 'Windows 정품 인증에서 세부 정보 보기'를 클릭하세요.

06
윈도우 사용에 필요한
소프트웨어 자동 설치하기

윈도우 재설치 작업이 끝나면 윈도우를 활용할 수 있는 각종 유틸리티 프로그램을 설치할 차례입니다. 압축 유틸리티, 동영상 재생 프로그램 같은 유틸리티부터 오피스, 포토샵 같은 큰 용량 프로그램도 설치해야 합니다.

하지만 이외에도 자바, Microsoft .NET 프레임 워크, Silverlight, 어도비 플래시 플레이어 같은 프로그램이 작동하는데 필요한 런타임(RunTime) 라이브러리도 설치를 해야 합니다. 특정한 상황에서 컴퓨터의 원활한 동작에 필요한 프로그램이라고 생각하면 됩니다.

따라하기 웹브라우저를 실행한 다음 다음 주소를 입력합니다.

http://ninite.com

② 다운로드할 런타임과 필요한 프로그램을 클릭해 선택하고 〈Get Your Ninite〉 버튼을 클릭합니다.

③ 〈저장〉 버튼을 클릭해 설치가 가능한 프로그램 하나를 다운로드합니다.

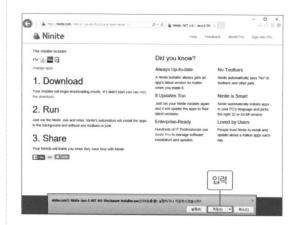

④ 다운로드된 프로그램을 실행하세요. 프로그램이 실행되고 순차적으로 선택한 프로그램을 다운로드해 설치를 진행합니다.

⑤ 설치가 완료됐음을 알리는 창이 표시되면 〈Close〉 버튼을 클릭합니다.

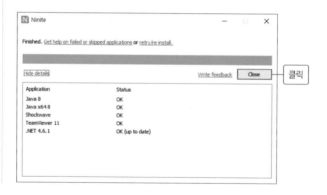

Chapter 04

데이터 공유, 네트워크 설정
무작정 따라하기

요즘 같은 디지털, 인터넷 시대에 데스크톱 PC 하나로 만족하는 사용자는 없을 것입니다. 노트북이나 태블릿 PC는 물론이고 손 안의 PC 스마트폰은 누구나 가지고 있죠.
사용하는 장치가 많아지니 곤란한 점은 동일한 데이터 공유 문제입니다. 데스크톱 PC와 노트북, 스마트폰끼리 데이터를 공유하려고 USB 메모리를 사용하거나 케이블을 찾아 갈팡질팡하지 않으세요?
이번 챕터에서는 여러 장치끼리 데이터 공유를 USB 메모리, 케이블 없이 인터넷만으로 해결하는 방법을 제공합니다.

이 론

01
네트워크 들어가기

컴퓨터 네트워크를 간단히 정의하면 '케이블 같은 신호를 전송해 주는 매체에 의해 연결된 컴퓨터들 집합'을 말합니다. 가까운 거리에 있는 컴퓨터들을 서로 연결해 놓았기 때문에 LAN(Local Area Network, 근거리 통신망)이라고 합니다. 네트워크를 이용하면 ① 파일을 공유할 수 있고, ② 프린터 같은 주변 장치를 함께 사용할 수 있고, ③ 동일한 프로그램을 여러 명이 동시에 사용할 수 있고, ④ 인터넷을 함께 사용할 수 있습니다.

일반적으로 가정에서 사용하는 간단한 네트워크 흐름을 살펴보겠습니다. 가정에서 네트워크를 구성할 때는 집 안 여러 컴퓨터를 연결해서 함께 사용한다는 조건과 모든 컴퓨터에서 인터넷을 사용할 수 있어야 한다는 조건을 모두 만족해야 합니다.

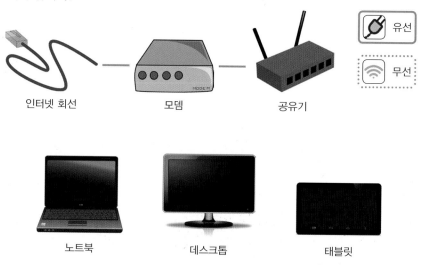

인터넷 회선   모뎀   공유기   유선   무선

노트북   데스크톱   태블릿

가정으로 연결된 인터넷 서비스는 '모뎀'이라는 장비를 통해 사용자 컴퓨터로 연결됩니다. 연결된 인터넷 서비스를 컴퓨터 두 대 이상이 사용하려면 '인터넷 공유기'가 필요합니다.

그럼 네트워크 구성에 필요한 장비들이 무엇인지 알아보겠습니다.

네트워크를 사용하기 위한 준비물

네트워크를 사용하려면 랜카드, 케이블, 공유기 등 몇 가지 하드웨어 장비만 준비하면 됩니다.

❶ **랜카드** : 랜카드는 네트워크 어댑터라고 하는데 주로 메인보드에 포함되어 있습니다. PC 뒷면의 백 패널을 보면 랜 케이블을 꽂는 곳이 있습니다. 메인보드에 내장되지 않은 경우 별도의 랜카드를 PC에 장착해야 합니다.

▲ 랜카드   ▲ 백 패널

❷ **무선 네트워크 어댑터** : 흔히 와이파이(Wi-Fi)라 불리는 무선 네트워크를 사용할 수 있는 장치로 무선 네트워크 어댑터를 설치하는 가장 쉬운 방법은 USB 무선 네트워크 어댑터를 사용하는 것입니다. 최근에는 노트북, 태블릿, 스마트폰에 대부분 무선 랜카드가 갖추어져 있습니다.

◀ 무선 랜카드

💡 **TIP** 랜 케이블은 RJ45잭을 이용해 커넥터를 만듭니다.

▲ RJ45 잭

▲ 8회선으로 된 UTP 케이블

❸ **랜케이블** : 랜케이블은 랜카드와 랜카드, 랜카드와 공유기, 공유기와 공유기를 연결하는 데 사용하는 케이블을 말합니다.

❹ **유 · 무선 공유기** : 컴퓨터 두 대 이상을 랜케이블로 연결해서 랜을 구축할 때 필요한 장치입니다. 네트워크 데이터 중간 정류장 또는 중계소와 같은 역할을 합니다. 유선 또는 무선으로 컴퓨터를 연결해 주는 장치로 유무선 공유기(이하 공유기)는 AP(Access Point)라 부르기도 하는데 공유기가 랜 연결(Access)을 위한 거점(Point) 역할도 같이 하기 때문입니다.

◀ 공유기

❺ **인터넷 모뎀** : 인터넷 서비스 업체에서 인터넷 가입자에게 인터넷 연결 서비스를 제공하기 위해 지원하는 모뎀입니다. 인터넷 모뎀에는 ADSL 모뎀, VDSL 모뎀, 케이블 모뎀, FTTH 광 모뎀이 있습니다.

ⓐ **ADSL 모뎀** : ADSL(Asymmetric Digital Subscriber Line)은 업로드/다운로드 속도가 다른 비대칭 서비스로 전화선을 이용한 서비스입니다. ADSL 집선 장치는 전화국에 있으며, 최근에는 느린 속도로 인해 거의 사용하지 않습니다.

ⓑ **VDSL 모뎀** : VDSL(Very high-data rate Digital Subscriber Line)은 ADSL과 전송 방식은 같지만 속도 면에서 개선되었습니다. 아파트 단지의 전화선이 집중되는 MDF(Main Distribution Frame)실에 집선 장치가 놓여 아파트에서만 서비스됩니다. 현재 FTTH나 광랜으로 대체되는 추세입니다.

ⓒ **케이블 모뎀** : 케이블 TV 업체에서 제공하는 초고속 인터넷 연결 서비스입니다. 케이블 TV 회선으로 고속 인터넷을 사용할 수 있는 모뎀입니다.

ⓓ **FTTH 광 모뎀** : FTTH(Fiber To The Home)는 광회선을 가정까지 제공하는 개념의 초고속 통신 서비스입니다. 집선 장치가 모이는 MDF 실이 없는 일반 주택과 사무실에 광케이블로 연결해 초고속 인터넷 서비스를 제공합니다. FTTH 서비스를 지원하기 위해서는 별도의 광 모뎀을 사용합니다.

인터넷 모뎀이 필요 없는 광랜

대부분의 빌딩이나 아파트와 같은 복합 건물은 MDF 실에 광케이블이 구축되어 각 방까지 통신이 연결되어 있습니다. 인터넷 서비스를 신청하고 인터넷 공유기의 WAN 단자에 케이블을 연결하면 바로 인터넷을 공유할 수 있습니다. 광랜 서비스의 경우 별도의 인터넷 모뎀이 필요 없습니다.

▲ 아파트 통신 단자함입니다. 2000년대 이후 아파트는 MDF 실과 연결된 통신 단자함이 구축되어 있고 각 방으로의 네트워크 배선도 있습니다.

02
유·무선 공유기 이해하기

공유기는 하나의 인터넷 라인, 즉 하나의 IP 주소로 컴퓨터 여러 대를 인터넷에 연결합니다. 전기 멀티탭을 떠올리면 이해가 쉽습니다.

공유기에 각 컴퓨터를 연결하면, 각각의 컴퓨터에 고유한 IP 주소(가상 IP 주소 혹은 사설 IP주소)가 자동 할당됨으로써 각 컴퓨터가 동시에 인터넷에 접속할 수 있습니다.

공유기는 공인 IP 주소를 가상 IP 주소(인터넷 → 공유기 → 컴퓨터)로, 또는 그 반대로(컴퓨터 → 공유기 → 인터넷) 변환하는 역할을 하는데, 이를 네트워크 용어로 'NAT(Network Address Translation, 네트워크 주소 변환)'라고 합니다. 네트워크 IP 주소를 상황에 따라 공인, 가상 형태로 변환한다는 의미입니다.

▲ 무선 공유기 뒷면

❶ **전원 포트** : 전원을 연결합니다.
❷ **컴퓨터 연결 포트** : 유선 랜카드가 설치된 컴퓨터와 공유기를 연결합니다.
❸ **WAN 포트** : 인터넷 통신 모뎀과 공유기를 연결합니다.
❹ **초기화** : 공유기의 모든 설정을 초기화하고자 할 때 이곳을 몇 초 동안 눌러 주면 됩니다.

그래서 공유기를 사용하는 환경에서 각 컴퓨터의 IP 주소를 확인해 보면, 대부분 192.168.xxx.xxx와 같은 가상 IP 주소 형식이 적용됩니다. 이 가상 IP 주소는 공유기가 설치된 그 환경에서만 통용되는 주소입니다. 예를 들어 A 공유기에 연결한 컴퓨터의 IP 주소가 192.168.0.10이라면, B 공유기의 컴퓨터에도 동일한 주소가 있을 수 있습니다.

▲ 명령 프롬프트에서 'ipconfig' 명령어를 입력해 공유기가 사용하는 주소를 확인할 수 있습니다.

공유기는 또한 NAT 기능 이외에 네트워크 라인을 분배하는 분배기(허브 또는 스위치) 역할도 담당합니다. 그리고 유무선 공유기의 경우 무선 랜(와이파이)까지 사용할 수 있어 노트북이나 스마트폰을 활용할 때 편리합니다. 요즘은 유무선 공유기가 대부분이며, 무선 랜은 유선 랜과 비교해 케이블이 필요 없다는 것과 전송 속도가 상대적으로 느리다는 차이가 있습니다.

무선 데이터 전송 규약 - IEEE 802.11 a/b/g/n/ac

케이블 연결에 기반한 근거리 컴퓨터 네트워크 방식인 랜은 1970년대부터 개발되어 1990년대에 이르러서는 완전히 대중화되었습니다. 하지만 노트북과 같은 휴대용 컴퓨터 시스템 보급이 늘어나면서 네트워크 연결에 케이블이 반드시 필요한 랜만으로는 활용성에 한계를 느끼게 되었습니다. 랜을 무선화하고자 하는 시도가 90년대 초반부터 본격화되기 시작했습니다.

무선 랜 개발 초기에는 각 기기 제조사마다 각기 다른 무선 랜 규격을 사용하곤 했습니다. 때문에 기기마다 호환성이 없어서 서로 통신이 제대로 되지 않는 경우가 많았습니다. 이러한 어려움을 극복하려고 미국에 본부를 둔 전기전자기술자협회(IEEE; Institute of Electrical and Electronics Engineers)에서 무선 랜 표준을 제정, 1997년에 표준 무선 랜의 첫 번째 규격인 'IEEE 802.11'을 발표했습니다.

이 IEEE 802.11 기술 규격 브랜드명이 바로 'Wireless Fidelity'이며 줄여서 'Wi-Fi(와이파이)'라고 읽습니다. 2011년 현재, 무선 랜 기기 대부분이 와이파이 규격을 준수하고 있으므로 '와이파이 = 무선 랜'으로 인식되는 경우가 많습니다. 와이파이 규격을 준수하는 기기는 종류가 다르더라도 서로 통신이 가능하며, 와이파이 얼라이언스(Wi-Fi Alliance, 와이파이 연합)에서 부여하는 와이파이 인증(Wi-Fi Certified) 로고를 달고 있는 경우가 많아 쉽게 확인이 가능합니다. 초기에는 PC를 중심으로 와이파이가 쓰였으나 최근에는 휴대폰, 게임기, 프린터와 같은 폭넓은 범위의 IT기기에 와이파이가 적용됩니다. 심지어 냉장고나 세탁기와 같은 생활가전 제품 중에도 와이파이 기능을 탑재하는 경우가 늘어나고 있습니다.

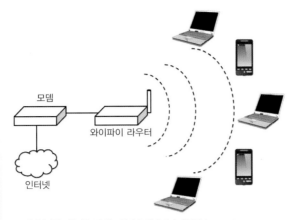
▲ 와이파이를 사용하는 장치는 하나가 아닌 여러 개입니다.

TIP 1999년에 이미 54Mbps 를 지원하는 IEEE 802.11a 규격 이 나온 적이 있지만 다른 무선 통신 신호와 무선 주파수 대역 이 겹치는 일이 있고 수신 거리 에 따라 속도 저하가 심해 많이 쓰이지 않았습니다.

와이파이는 처음 발표된 이후 지속적으로 새로운 버전이 개발되어 점차 데이터 전송 속도가 향상되었습니다. 1997년에 발표된 IEEE 802.11 규격은 최대 2Mbps 속도밖에 내지 못했지만 2002년에 처음 발표되고 2009년에 확정된 규격이 바로 IEEE 802.11n 규격으로, 속도와 호환성이 뛰어나 대중적으로 사용됩니다. 이 규격은 기본적으로 최대 150Mbps 데이터 전송 속도를 지원하며, 안테나 여러 개를 사용하여 출력을 높이는 MIMO(Multiple-Input and Multiple-Output) 기술이 적용된 AP나 단말기를 사용하면 이론상 최대 600Mbps 데이터 전송 속도를 지원합니다.

뒤를 이어 2011년에 처음 발표되고 2014년에 확정된 802.11ac 규격은 기본적으로 최대 433Mbps 속도를 내며, 8×8 안테나 기반 MIMO 기술을 적용하면 이론적으로 최대 6.93Gbps의 속도를 낼 수 있습니다. 기가급 속도를 지원하는 5세대 와이파이라 하여 '기가 와이파이', 혹은 '5G 와이파이'라고 부르기도 합니다.

▲ 기가 와이파이를 지원하는 무선 공유기

IEEE 802.11 규격

	IEEE 802.11b	IEEE 802.11a	IEEE 802.11g	IEEE 802.11n	IEEE 802.11ac
개발년도	1999	1999	2003	2009	2014
호환	IEEE 802.11b	IEEE 802.11b	IEEE 802.11b/g	IEEE 802.11 a/b/g	IEEE 802.11 a/b/g/n
주파수 대역	2.4GHz	5GHz	2.4GHz	2.4/5GHz	5GHz
채널당 대역폭	20MHz			20/40MHz	
데이터 최대 전송률	11Mbps	54Mbps		300Mbps	433Mbps

상위 규격 와이파이 기기는 하위 규격 와이파이 기술을 포함하는 경우가 많은 데, 이런 기기들은 대부분 'IEEE 802.11 b/g/n/ac'과 같은 형식으로 사양을 표기합니다. 만약 IEEE 802.11 b/g/n 규격 무선 공유기와 IEEE 802.11 b/g/n/ac 규격 노트북이나 스마트폰을 접속해 사용할 경우, 무선 인터넷 자체는 가능하지만 통신 속도는 IEEE 802.11n 규격 수준으로 떨어지게 됩니다.

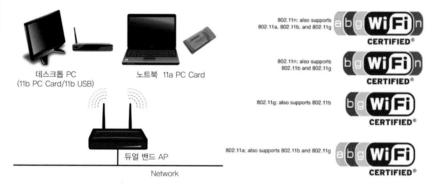

데스크톱 PC
(11b PC Card/11b USB)

노트북 11a PC Card

듀얼 밴드 AP

Network

▲ 무선 공유기가 최신 와이파이 규격을 사용해도 와이파이에 접속하는 기계가 이전 규격을 지원한다면 인터넷 자체는 가능해도 통신 속도는 떨어집니다.

PC 응급실

무선 공유기 암호를 잊어버렸어요

집에서 사용하는 공유기의 와이파이 비번을 잊어버려 사용할 수 없는 경우에는 공유기를 초기화한 다음 재설정 작업을 해야 합니다.

공유기 대부분은 초기화(리셋) 버튼을 가지고 있습니다.

공유기 뒷면 초기화 버튼을 뾰족한 도구로 몇 초 동안 누르고 있으면 초기화됩니다. 물론 공유기에 전원이 들어온 상태에서 작업해야 합니다. 공유기를 초기화한 다음 재설정 작업은 175쪽을 참고하세요.

▲ 공유기를 초기화하는 모습

나에게 어울리는 데이터 공유 방법 선택하기

check! check!

☑ 내가 가지고 있는 장치끼리의 데이터 공유를 위해 클라우드 서비스를 사용할지, 홈 공유를 사용할지, 네트워크 공유를 사용할지 확인하세요.

☑ 세 가지 방법 모두 사용해도 될지 확인하세요.

우리 집에는 데스크톱 PC 두 대, 노트북 세 대, 안드로이드 폰 네 대, 아이폰 한 대, 아이패드 한 대, 그리고 똑똑한 스마트 기능을 가진 냉장고가 있습니다.

그리고 최근에 지어진 아파트이기 때문에 각 방에서 유선 인터넷을 사용할 수 있습니다. 물론 각 방은 동일한 인터넷 회선이 나눠진 것입니다.

메인으로 사용하는 컴퓨터에는 AP가 장착되어 있습니다. 이 AP를 통해 'Sunwon'이라는 이름의 와이파이가 됩니다. 노트북과 스마트폰, 태블릿 PC는 'Sunwon' 와이파이를 사용합니다.

이들 장치들이 데이터를 공유할 수 있는 방법은 네 가지입니다.

- 외장 하드디스크, USB 메모리 같은 이동형 저장 장치를 이용해 데이터를 복사해 공유합니다.
- 인터넷에 자료를 저장해 놓고 권한만 있다면 내 장치로 가져와 사용할 수 있는 클라우드 서비스를 사용해 데이터를 공유합니다.
- DLNA(Digital Living Network Alliance)를 이용한 윈도우 7부터 제공되는 '홈 공유'를 이용해 자료를 공유합니다.
- 동일한 작업 그룹으로 장치들을 등록해 네트워크를 통해 필요한 데이터를 가져옵니다.

▲ 설정 없이 사용하는 방법은 매번 데이터를 옮겨야 해서 귀찮습니다. 분실이나 도난 위험도 있습니다.

▲ 마이크로소프트 계정을 사용한다면 자료 공유가 쉽습니다.

▲ '홈 공유' 폴더에만 놓으면 자료 공유가 자유롭지만 비밀번호를 기억해야 합니다.

03

네트워크 설정하기 ①
– 작업 그룹 변경

네트워크를 통해 서로 공유를 원하는 컴퓨터들은 작업 그룹(WorkGroup) 이름이 동일해야 합니다. 작업 그룹 이름이 다르면 네트워크를 통한 인터넷은 되지만 파일 및 프린터 공유는 안 됩니다.

네트워크에 어떤 컴퓨터들이 들어 있는지 확인하려면 〈시작〉 버튼을 클릭하고 '파일 탐색기'를 실행합니다. 파일 탐색기가 실행되면 왼쪽에서 '네트워크'를 클릭합니다.

네트워크에 내 컴퓨터가 들어가 있는지 확인하세요. 내 컴퓨터가 들어가 있지 않다면 가장 먼저 점검할 부분은 동일한 작업 그룹명을 사용하는가입니다.

작업 그룹명 확인하고 변경하기

따라하기 ①

제어판에서 '시스템 및 보안' → '시스템'을 클릭합니다.

컴퓨터 이름, 도메인 및 작업 그룹 설정 항목에서 컴퓨터 이름, 컴퓨터 설명, 작업 그룹 이름을 확인할 수 있습니다.

컴퓨터 이름, 도메인 및 작업 그룹 설정 항목에서 '설정 변경'을 클릭합니다.

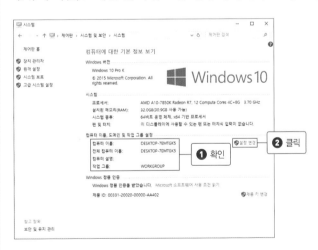

② '시스템 속성' 창이 표시되면 〈변경〉 버튼을 클릭합니다.

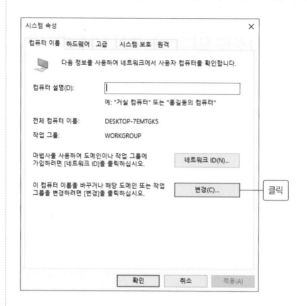

③ '컴퓨터 이름/도메인 변경' 창이 표시되면 '작업 그룹'을 선택하고 변경합니다.

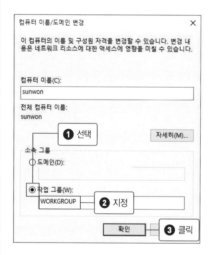

④ 작업 그룹 시작을 알리는 변경 창이 열리면 〈확인〉 버튼을 클릭하고 시스템을 재시작합니다.

04
네트워크 설정하기 ②
– TCP/IP 설정

서로 다른 컴퓨터나 프린터 등 자원을 연결하려면 전송 규약인 프로토콜이 필요합니다. 프로토콜은 여러 종류가 있지만 현재 인터넷에서는 거의 대부분 TCP/IP(Transmission Control Protocol/Internet Protocol)를 사용합니다. 프로토콜(Protocol)은 '서로 대화가 가능하도록 주고받는 방법을 정의한 약속 모음'으로 TCP는 전화, 디지털 전송, 인터넷 등에서 상대방 컴퓨터와 내 컴퓨터 사이 프로토콜을 의미하고, IP는 TCP와 함께 작동되는 프로토콜로, 인터넷 통신 규약을 의미합니다.

TCP/IP 프로토콜은 다음 네 가지 구성 요소가 필요하며 반드시 해당 네트워크 환경에 맞도록 설정해야 합니다.

- **IP Address** : 자원을 식별하기 위한 고유 주소
- **Subnet Mask(서브넷 마스크)** : 네트워크 단위를 식별하기 위한 주소
- **Gateway(게이트웨이)** : 인터넷(외부 네트워크)으로 나가기 위한 장비 주소
- **DNS(Domain Name Server)** : 도메인 네임을 IP Address로 풀이해 주는 서버 주소

TIP 일반적으로 회사나 공공기관에서는 직접 TCP/IP 구성 요소를 설정하도록 해 놓기 때문에 네트워크가 안 될 경우를 대비해 TCP/IP 설정 값을 기록해 두어야 합니다.

네트워크 초창기에는 사용자가 TCP/IP의 네 가지 요소를 직접 설정해야 했지만 이제는 자동으로 설정할 수 있도록 서비스를 제공합니다. 이 서비스는 DHCP(Dynamic Host Configuration Protocol)이 담당합니다.

인터넷 프로토콜인 TCP/IP는 버전 4(TCP/IPv4)와 버전 6(TCP/IPv6)이 있습니다. 일반적으로 현재까지 쓰이는 IP v4는 32비트 2진수 네 자리로 구성되며, 약 43억 개를 사용할 수 있습니다. 인터넷이 처음 나왔던 1980년대 초반에는 43억 개 IP면 전 세계 모든 컴퓨터에 IP를 할당할 수 있을 것이라고 판단했습니다. 하지만 20년 만에 컴퓨터뿐만 아니라 휴대폰, TV, CCTV, 냉장고 거의 모든 전자제품에 IP를 할당해 사용하다보니 IP가 부족해지기 시작했고 새로운 IP 체계를 만든 것이 IP v6입니다. IP v6는 128비트 16진수 여덟 자리로 구성되어 무한대로 IP를 사용할 수 있습니다. 보안 기능을 넣어 강화된 프로토콜로 IP v6는 현재 v4와 혼용되어 쓰이고 있으며 점차 v6를 지원하는 네트워크 장비로 교체되고 있습니다.

TCP/IP 설정하기

① 제어판에서 '네트워크 및 인터넷' → '네트워크 상태 및 작업 보기'를 선택합니다. 왼쪽에서 '어댑터 설정 변경'을 클릭하세요.

② '이더넷' 아이콘을 마우스 오른쪽 버튼으로 클릭하고 '속성'을 실행합니다. 이 연결에 다음 항목 사용 항목에서 '인터넷 프로토콜 버전 4(TCP/IPv4)'를 선택하고 〈속성〉 버튼을 클릭합니다.

기본적으로 '자동으로 IP 주소 받기', '자동으로 DNS 서버 주소 받기'가 선택되어 있습니다. 만일 DNS 서버가 응답하지 않는다는 오류 메시지가 나온다면 다음 표를 참고해 새로운 DNS 서버 주소를 입력합니다. 수동으로 설정하면 '끝낼 때 설정 유효성 검사'에 체크 표시하여 입력한 주소가 올바른지 검사합니다.

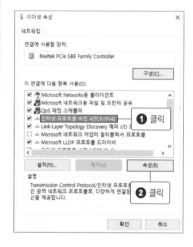 

TCP/IP 설정 값을 확인합니다.

통신사별 DNS 서버 주소

통신사	SK 브로드 밴드	KT	LG 파워콤
기본 DNS	219.250.36.130	168.126.63.1	164.124.101.2
보조 DNS	210.220.163.82	168.126.63.2	203.248.252.2

네트워크 진단하기

check!
check!

☑️ 네트워크가 안 될 때 확인하세요.

네트워크 연결이 안 될 때 확인할 사항을 순서대로 알아보겠습니다.

랜선 연결 상태를 확인하기

가장 먼저 해야 할 일은 랜선(랜케이블)이 빠진 곳이 없는지 살펴봐야 합니다. 간혹 PC 본체를 움직이거나 어떤 충격에 의해 랜선이 빠지는 경우가 있으며, 공유기와 연결된 랜선이 빠져 인터넷 연결이 안 되는 경우가 있습니다. 가장 기본적이면서도 쉬운 랜선 상태부터 확인합니다.

공유기 리셋하기

평상시 잘 사용했는데 안 된다면 공유기 뒷면 LED를 확인합니다. 공유기 전원은 들어와 있는지 링크에 불은 켜져 있는지, LAN 포트에 초록색 LED가 점등되는지 확인합니다.
이상이 없어 보여도 공유기 전원을 껐다 켜는 것만으로 문제가 해결될 수 있습니다.

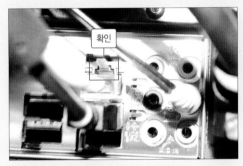

▲ 연결 상태를 확인하세요.

▲ 초록색 LED를 확인합니다.

네트워크 카드 상태 확인하기

〈시작〉 버튼을 클릭한 다음 검색창에 '장치 관리자'를 입력해 실행합니다. 장치 관리자가 실행되면 '네트워크 어댑터'를 확인합니다. 문제가 있다면 느낌표나 물음표 아이콘이 표시되어 있습니다.

4

**TCP/IP 설정 값
확인하기**

제어판의 '네트워크 상태 및 작업 보기'를 선택하고 '어댑터 설정 변경'을 클릭합니다. 네트워크 연결에 사용되는 연결 항목에서 마우스 오른쪽 버튼을 누른 다음 '속성'을 실행합니다. '인터넷 프로토콜 버전 4(TCP/IPv4)'를 클릭하고 〈속성〉 버튼을 클릭합니다.

IP 주소, 서브넷 마스크, 기본 게이트웨이, DNS 서버 주소 설정 값이 현재 네트워크 환경에 맞게 설정되어 있는지 확인합니다.

5

**네트워크 어댑터
상태 확인하기**

〈시작〉 버튼을 마우스 오른쪽 버튼으로 클릭하고 '네트워크 연결'을 실행하면 네트워크 어댑터를 확인할 수 있습니다. 어댑터 상태가 '사용 안 함'으로 설정되어 있는 것은 아닌지 확인합니다.

'사용함'으로 설정되어 있어도 네트워크가 안 되는 경우에는 해당 어댑터에서 마우스 오른쪽 버튼을 누른 다음 '사용 안 함'을 실행합니다.

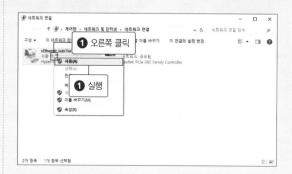

다시 '사용'을 실행하면 연결을 시도하고 정상적으로 작동하는 경우가 있습니다. 노트북의 경우 무선 네트워크 어댑터의 On/Off 장치가 꺼져 있는 것은 아닌지 확인하세요.

네트워크에 내 PC, 노트북이 보이지 않는 문제 해결하기

동일한 공간에서 같은 네트워크 회선을 사용하고 같은 작업 그룹에 등록되어 있는데 네트워크로 연결된 내 PC나 노트북이 안 보이는 경우가 있습니다.

윈도우 탐색기를 실행한 다음 왼쪽 폴더 창의 '네트워크'에 상대방 PC 아이콘이 보이는지 확인해 보세요.

네트워크 등에 이상이 없는데 잡히지 않는다면 다음과 같은 방법으로 상대방 PC와 연결할 수 있습니다.

따라하기

1 연결할 상대방 PC에서 [⊞]+[R]을 누른 다음 '실행' 창이 표시되면 'cmd'를 입력하고 [Enter]를 누릅니다.

2 명령 프롬프트가 실행되면 'ipconfig'를 입력하고 [Enter]를 누릅니다.

3 'IP 주소'나 'IPv4 주소' 다음에 나오는 상대방 PC의 IP 주소를 확인합니다.

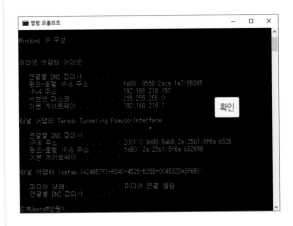

4 상대방 PC와 연결하려는 내 PC로 돌아옵니다. [⊞]+[R]을 눌러 '실행' 창을 표시합니다.

'실행' 창이 열리면 과정 ③에서 확인한 IP 주소를 가지고 '₩₩상대방 PC IP주소' 형태로 입력하고 Enter 를 누릅니다.

 상대방 PC에 접근할 수 있는 사용자 ID와 비밀번호를 입력하면 상대방 PC의 IP 주소로 네트워크에 상대방 PC가 등록됩니다.

TIP 네트워크로 연결된 PC 에서 동일한 마이크로소프트 계정을 사용한다면 네트워크 를 연결할 때 사용자 ID와 비밀번호를 입력할 필요가 없습니다.

PC 응급실

웹서핑할 때 스마트스크린 필터를 끄고 싶어요

스마트스크린 필터는 인터넷 익스플로러가 제공하는 보안 기능입니다. 마이크로소프트가 안전하지 않다고 판단하는 웹사이트, 파일 접속, 다운로드를 자동으로 막는 역할을 합니다. 본래 취지는 악성 코드나 피싱 사이트로부터 이용자를 보호하려는 것이겠지만 가끔은 필터링이 잘못되어 정상적인 사이트나 파일을 막는 경우도 있습니다.

어떤 때는 전자 우편을 차단하기도 합니다. 이런 차단을 막는 것이 필요하다면 다음과 같은 방법으로 스마트스크린 필터를 해제하면 됩니다.

1 | 인터넷 익스플로러에서 Alt 를 눌러 메뉴를 표시한 다음 '도구' → 'SmartScreen 필터' → 'SmartScreen 필터 켜기'를 실행합니다.

2 | Microsoft SmartScreen 필터 창이 표시되면 'SmartScreen 필터 해제'를 선택하고 〈확인〉 버튼을 클릭합니다.

3 | 또 다른 방법은 '도구' 아이콘()을 클릭한 다음 '인터넷 옵션'을 실행합니다. '인터넷 옵션' 창이 열리면 '고급' 탭을 선택한 다음 '보안' 항목의 'SmartScreen 필터 사용'을 클릭해 선택을 해지하면 됩니다. 선택한 다음 〈확인〉 버튼을 클릭합니다.

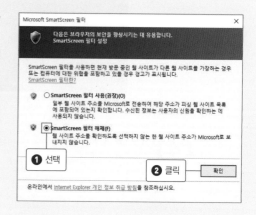

06

네트워크 프린터 공유하기
– 네트워크 프린터

PC 여러 대에서 노트북, 태블릿에서 프린터 한 대를 공유해 사용하려면 프린터를 네트워크 프린터로 만들어야 합니다.

프린터 뒷면에 랜선을 꽂을 수 있는 포트가 있다면 네트워크 프린터입니다. 최신 프린터라면 와이파이, 무선 네트워크를 지원하기도 합니다.

네트워크 프린터로 사용할 수 있는 프린터는 랜선을 꽂을 수 있는 포트가 제공됩니다.

▲ 네트워크 프린터

▲ 프린터 랜선 포트

프린터를 네트워크를 통해 공유할 수 있는 방법은 보통 두 가지입니다.

❶ USB 케이블로 PC와 연결해 프린터를 설정하는 방식입니다. 이 경우에는 프린터가 연결된 컴퓨터가 항상 전원이 켜져 있어야 합니다. 동일 네트워크에 있는 PC라면 해당 프린터를 공유해 사용할 수 있습니다.

❷ 인터넷 랜선을 이용해 공유기에 연결하는 방식입니다. 이 경우 메인 컴퓨터가 없어도 프린터를 바로 사용할 수 있습니다.

홈 네트워크 환경인 일반 가정에서는 대부분 동일 네트워크에서 USB 케이블로 PC 한 대에 연결된 네트워크 프린터를 공유하는 방법을 사용합니다.

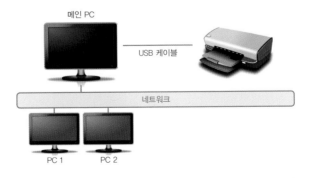

메인 PC

USB 케이블

네트워크

PC 1   PC 2

07
네트워크 프린터로 등록해
프린터 공유하기

네트워크 프린터라고 하면 '유/무선 랜 포트'가 삽입된 프린터를 떠올릴 것입니다. 예를 들어 프린터가 사용하는 IP 주소의 프린터를 떠올리면 됩니다. 랜 포트가 내장되지 않아도 USB 포트로 연결된 프린터를 네트워크 프린터로 연결해여러 장치에서 공유할 수 있습니다.

다음은 USB 포트로 시스템에 연결되는 프린터를 네트워크 프린터를 등록하는 과정입니다.

따라하기 **①**

제어판을 열고 '하드웨어 및 소리' 항목의 '장치 및 프린터 보기'를 선택합니다. 프린터 항목에서 네트워크 프린터로 사용할 프린터 아이콘을 마우스 오른쪽 버튼으로 클릭한 다음 '기본 프린터로 설정'을 실행합니다. 기본 프린터에는 초록색 체크 표시가 붙어 있습니다.

②

기본 프린터 아이콘을 마우스 오른쪽 버튼으로 클릭한 다음 '프린터 속성'을 실행합니다.

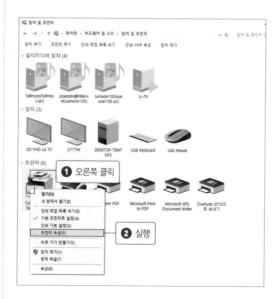

③ 프린터 속성 창이 표시되면 '공유' 탭을 선택한 다음 〈공유 옵션 변경〉 버튼을 클릭합니다. '이 프린터 공유'에 체크 표시하고 공유 이름은 공유 프린터 이름을 지정하거나 그대로 두어도 됩니다. 설정이 끝나면 〈확인〉 버튼을 클릭합니다.

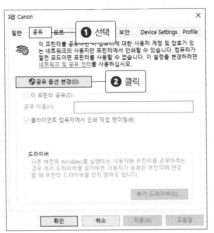
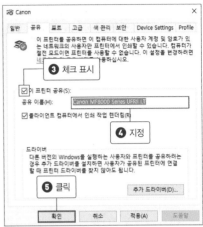

상대방 PC에서 네트워크 프린터 등록하기

따라하기

① 네트워크 프린터를 등록할 상대방 PC에서 제어판을 연 다음 '하드웨어 및 소리' 항목에서 '장치 및 프린터 보기'를 클릭합니다.

② 윗부분에서 '프린터 추가'를 클릭합니다.

③ 장치를 찾을 수 없다는 메시지가 표시되면 '원하는 프린터가 목록에 없습니다.' 를 클릭합니다. '이름으로 공유 프린터 선택'을 선택하고 〈찾아보기〉 버튼을 클릭하여 앞에서 만든 프린터를 선택한 다음 〈다음〉 버튼을 클릭합니다.

TIP 검색하는 과정에서 프린터 이름이 나오지 않는다면 프린터 공유 컴퓨터의 IP 주소를 직접 주소 표시줄에 입력합니다. '￦￦상대방 PC 이름￦프린터 이름' 형태로 입력하고 Enter를 누릅니다. '상대방 PC 이름'은 프린터가 직접 연결된 PC의 컴퓨터 이름입니다. 프린터 이름은 이전 과정 ③에서 설정한 이름입니다.

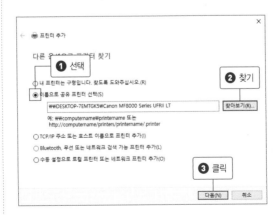

프린터를 신뢰할지 묻는 사용자 계정 창이 열리면 〈드라이버 설치〉 버튼을 클릭합니다. 프린터 드라이버를 설치합니다. 프린터를 사용할 수 있도록 추가된다는 창이 표시되면 〈다음〉 버튼을 클릭합니다.

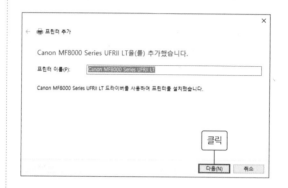

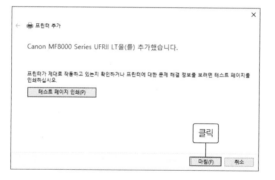 프린터 추가가 완료됐음을 알리는 창이 열리면 〈마침〉 버튼을 클릭합니다.

TIP 홈 공유 설정에서 '프린터'가 공유되도록 설정해야 프린터 공유가 정상적으로 진행됩니다. 615쪽을 참고하세요.

PC 응급실

바탕 화면에 '네트워크' 아이콘을 만들고 싶어요

네트워크를 자주 열어 보는 사용자라면 바탕화면에 네트워크 아이콘을 만들어 놓는다면 편리할 것입니다. 다음 과정을 따라해 바탕화면에 네트워크 아이콘을 만드세요.

1 | 윈도우 바탕 화면의 빈 공간에서 마우스 오른쪽 버튼을 클릭하고 '개인 설정'을 실행합니다. 왼쪽에서 '테마'를 클릭하고 오른쪽에서 '바탕 화면 아이콘 설정'을 클릭합니다.

2 | '바탕 화면 아이콘 설정' 창이 표시되면 '네트워크'에 체크 표시하고 〈확인〉 버튼을 클릭합니다. 앞으로 바탕 화면의 '네트워크' 아이콘을 클릭하면 네트워크로 연결된 컴퓨터를 즉시 확인할 수 있습니다.

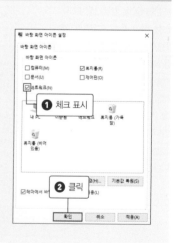

노트북 무선 네트워크와
스마트폰 공유하기 – 애드-혹

윈도우 비스타부터는 공유기가 없어도 무선 네트워크를 공유할 수 있는 'AD-HOC(애드-혹)' 기능이 있었습니다. 윈도우 7은 애드-혹 구현이 쉬웠지만 윈도우 8부터 네트워크 사용 환경이 간소화되어 애드-혹을 사용하려면 과정이 복잡합니다.

노트북에서 무선 공유가 되는 원리는 노트북은 대부분 무선 랜과 유선 랜이 같이 구축되어 있기 때문입니다. ① 노트북 유선 랜에 인터넷을 연결한 다음 ② 노트북에 무선 네트워크를 공유하고 중계해 주는 AP(Access Point)를 가상으로 만들고 ③ 노트북에 연결된 유선 랜을 공유해 주는 것입니다.

노트북에는 유선 랜과 무선 랜이 같이 구축되어 있습니다. 노트북에서 애드-혹 기능을 이용하면 유선 랜만 되는 환경에서 스마트 폰과 같은 와이파이를 사용하는 기기에서 무선 인터넷을 사용할 수 있습니다.

따라하기

① ⊞+X를 누른 다음 '명령 프롬프트(관리자)'를 실행합니다.

② 명령 프롬프트가 실행되면 노트북의 네트워크 드라이버가 애드-혹을 지원하는지 확인해야 합니다. 다음 명령을 입력하여 호스트된 네트워크 지원이 '예'로 표시되면 애드-혹 기능을 사용할 수 있습니다.

TIP 호스트된 네트워크 지원에 '아니오'로 표시되면 네트워크 드라이버를 업데이트하세요.

```
netsh wlan show drivers Enter
```

공유할 가상의 무선 네트워크의 이름(ssid)과 접속 암호를 설정해 줘야 합니다.
아래 명령어를 입력합니다.

```
netsh wlan set hostednetwork mode=allow ssid=sunwon key=12345678
Enter
```
ⓐ   ⓑ

ⓐ ssid 이름은 임의로 입력하면 됩니다.

ⓑ 사용할 암호를 여덟 자 이상 입력합니다.

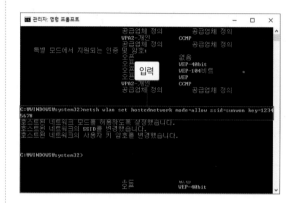

④ 만들어진 가상의 AP를 활성화해야 합니다. 다음 명령어를 입력하세요. '호스트
된 네트워크를 시작했습니다.'라는 메시지가 표시되면 성공입니다.

```
netsh wlan start hostednetwork Enter
```

⑤ 노트북과 연결된 유선 랜 설정을 공유가 가능하도록 만들어야 합니다. ⊞+R
을 누른 다음 '실행' 창이 표시되면 'ncpa.cpl'을 입력하고 Enter 를 누릅니다.

⑥ '네트워크 연결' 창이 표시되면 새로 만들어진 가상 AP가 활성화되었는지 확인하세요. 과정 ③에서 입력한 ssid 연결이 확인될 것입니다.

이제 노트북에 연결된 유선 네트워크를 공유하려면 '이더넷'을 마우스 오른쪽 버튼으로 클릭한 다음 '속성'을 실행합니다.

⑦ '공유' 탭을 선택하고 '다른 네트워크 사용자가 이 컴퓨터의 인터넷 연결을 통해 연결할 수 있도록 허용'에 체크 표시한 다음 홈 네트워킹 연결에서 만든 가상 네트워크를 선택합니다. 〈확인〉 버튼을 클릭합니다.

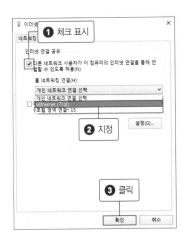

⑧ 노트북의 유선 네트워크인 '이더넷'에 '공유됨'이라는 메시지가 나오면 성공입니다.

⑨ 스마트폰에서 새로 만들어진 와이파이가 보입니다. 설정한 비밀번호를 입력해 연결합니다.

가전제품은 TV, PC, 카메라, 스마트폰, 태블릿 PC 등 매우 다양합니다. 클라우드 서비스를 이용하지 않고 이러한 장치끼리 콘텐츠를 공유하려면 어떻게 해야 할까요?

DLNA(Digital Living Network Alliance)는 유/무선 네트워크를 통해 제조업체와 제품 종류에 관계없이 다양한 미디어 콘텐츠(음악/사진/동영상)를 공유하고 재생할 수 있는 기술입니다. DLNA 인증을 받은 제품끼리는 유/무선 네트워크로 미디어 콘텐츠를 공유하고 재생할 수 있습니다.

윈도우 7 이후부터는 DLNA 기술이 적용되어 다양한 가전제품이 하나로 연결되는 홈 네트워크 구축이 가능합니다. 홈 그룹을 통해 공유되는 폴더는 다운로드, 바탕 화면 폴더와 라이브러리에 등록된 문서, 비디오, 사진, 음악 폴더입니다.

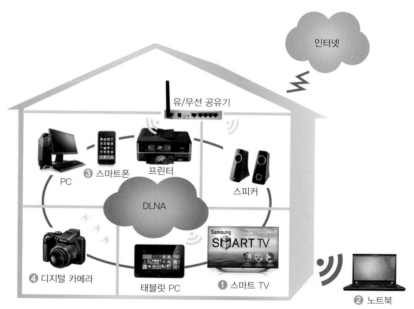

▲ 유/무선 네트워크를 통해 근거리 장치 데이터를 쉽게 공유할 수 있습니다.

❶ PC에 저장된 동영상을 스마트 TV로 감상합니다.

❷ PC에 저장된 문서를 노트북으로 가져와 작업합니다.

❸ 스마트폰으로 촬영한 동영상을 스마트 TV로 감상합니다.

❹ 디지털 카메라 사진을 스마트 TV에서 감상하고 바로 프린터로 출력합니다.

10

'홈 그룹'으로 초간단 네트워크 구성하기

윈도우 7 이상에서 DLNA를 이용한 '홈 그룹'을 사용하면 동일한 유·무선 네트워크를 사용하는 같은 작업 그룹의 장치끼리 데이터를 주고받을 수 있습니다. 유선 네트워크를 사용하는 데스크톱 PC와 무선 네트워크를 사용하는 노트북과의 사진, 동영상 등의 미디어 콘텐츠를 공유할 수 있는 홈 그룹을 구축하겠습니다.

새로운 홈 그룹 만들기

> **따라하기 ①**
>
> **TIP** 네트워크에 있는 어느 컴퓨터에서나 홈 그룹을 시작할 수 있습니다. 일단 홈 그룹이 만들어지면 다른 컴퓨터에서는 만들어진 홈 그룹에 연결해야 합니다.

제어판을 열고 '네트워크 및 인터넷' 항목에서 '홈 그룹 및 공유 옵션 선택'을 클릭합니다. 아직 그룹이 만들어져 있지 않아서 '현재 네트워크에 홈 그룹이 없습니다.'라는 메시지가 표시되면 〈홈 그룹 만들기〉 버튼을 클릭합니다.

홈 그룹 만들기가 실행됨을 알리는 창이 표시되면 〈다음〉 버튼을 클릭합니다.

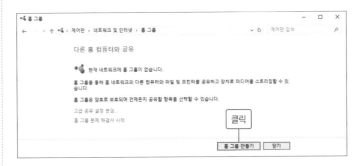

> **②**
>
> **TIP** 홈 그룹에서는 기본적으로 '문서'를 제외한 라이브러리 항목과 프린터 같은 장치를 공유하는데, 각 장치별로 '공유됨'과 '공유 안 됨'을 원하는 상태로 수정할 수 있습니다.

공유 여부를 지정하고 〈다음〉 버튼을 클릭합니다.

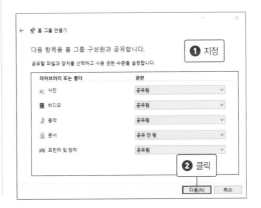

③ 홈 그룹에 연결하는 과정이 끝나면 화면에 홈 그룹에서 사용할 암호가 표시됩니다. 암호를 기록해 놓던지 '암호 및 지침 인쇄'를 클릭해 프린터로 출력해 놓으세요. 암호를 확인하고 〈마침〉 버튼을 클릭합니다.

④ 홈 그룹 설정이 끝나면서 공유 중인 라이브러리와 장치가 표시됩니다.

기존 홈 그룹에 컴퓨터 연결하기

따라하기

① 홈 그룹이 만들어져 있으니 제어판의 '네트워크 및 인터넷' 항목에서 '홈 그룹 및 공유 옵션 선택'을 클릭합니다. 〈지금 연결〉 버튼을 클릭합니다.

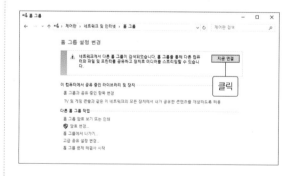

② 홈 그룹 암호를 입력하는 창이 나타납니다. 이전 과정 ③에서 기록한 암호를 입력하고 〈다음〉 버튼을 클릭합니다. 홈 그룹에 연결되었다는 메시지 창이 표시되면 〈마침〉 버튼을 클릭합니다.

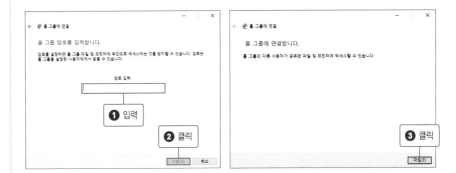

③ 파일 탐색기를 실행하고 홈 그룹을 선택하세요. 홈 그룹에 속한 PC의 사용자 계정이 보입니다. 홈 그룹 아래 등록된 사용자 계정을 더블클릭하거나 마우스 오른쪽 버튼으로 클릭한 다음 '확장'을 실행합니다. 동일한 계정을 사용하는 홈 그룹에 등록된 PC가 나타납니다. 각 PC를 클릭해 해당 폴더에 접근할 수 있습니다.

PC 응급실

네트워크 상태를 확인하고 싶어요

제어판에서 '네트워크 및 인터넷' → '네트워크 및 공유 센터'를 클릭하면, 활성화된 네트워크를 확인할 수 있습니다.

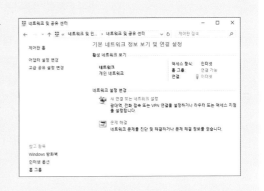

네트워크 및 공유 센터 ▶

홈 네트워크 데이터 공유 확인하기

☑ 우리 집 '홈 네트워크'는 어떻게 구성되었는지 확인하세요.
☑ 네트워크를 통해 데스크톱 PC, 와이파이에 연결된 디지털 장치와 데이터 공유가 가능한지 확인하세요.

check! check!

> **TIP** 인터넷 속도를 나타내는 단위는 'BPS(Bit Per Second)'로 1초당 수신하는 비트를 의미합니다. 인터넷 속도가 100MB라면 '100MB=100Mbps=약 12MB'로 초당 약 12MB의 데이터를 다운로드할 수 있습니다.

요즘은 광케이블을 통해 인터넷 서비스가 연결되면 유무선 인터넷 공유기로 PC뿐 아니라 와이파이 구축, TV, 전화까지 사용할 수 있는 시대입니다. 우리 집 인터넷은 (A), (B) 중에서 어떻게 설치되어 있는지 확인해 보세요.

(A)

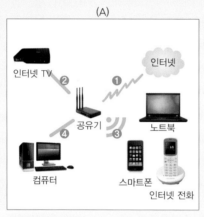

(B)

▲ 동일한 유무선 공유기에 데스크톱 PC와 노트북, 스마트폰이 연결되어 있습니다.

▲ 노트북, 스마트폰은 거실에 있는 유무선 공유기 와이파이에 연결됩니다. 방에 있는 컴퓨터는 허브에 연결되어 있습니다.

❶ 아파트 광랜 케이블을 유무선 인터넷 공유기의 WAN 단자에 연결합니다.

❷ 공유기 LAN 단자와 IP TV 셋톱박스를 연결합니다.

❸ 공유기 안테나를 통해 와이파이가 가동됩니다.

❹ 공유기의 남는 LAN 단자에 데스크톱 PC를 연결합니다.

❺ 스위칭 허브로 연결되어 각 방에서 인터넷을 사용할 수 있습니다.

(A)는 사용 중인 모든 디지털 장비가 같은 네트워크에 있지만, (B)는 모든 디지털 장비가 같은 네트워크에 없습니다. (A)는 네트워크를 통한 데이터 공유/이동이 가능하지만, (B)는 네트워크를 통한 데이터 공유/이동이 불가능합니다.

같은 네트워크에 없는 유선으로 인터넷에 연결된 데스크톱 PC와 와이파이를 사용하는 디지털 장비끼리 같은 네트워크를 사용하려면 어떻게 해야 할까요? 여유가 된다면 유무선 공유기를 하나 더 구입하여 설치합니다.

11
데이터 공유를 위한 공유 폴더 만들기

여러 장치에서 데이터를 공유하려면 공유할 데이터가 있는 '공유 폴더'를 만들어야 합니다. 홈 공유를 통한 데이터 공유는 로그인한 사용자 이름 아래 만들어진 '다운로드, 바탕 화면, 문서, 비디오, 사진'과 같은 미디어 콘텐츠를 기본으로 합니다. 다른 폴더를 공유하기 위해서는 '공유 폴더'를 만들어야합니다. 공유 폴더가 있는 PC 사용자는 윈도우에 로그인할 때 로그인 암호를 사용해야 안전합니다. 물론 집에서 무선 공유기에 암호를 적용해 사용하면 로그인 암호를 사용하지 않아도 안심되지만, 보안에 취약한 환경에서 로그인 암호 사용은 필수입니다.

홈 그룹이 아닌 네트워크 컴퓨터에서 공유하기

파일 탐색기를 실행한 다음 공유할 폴더에서 마우스 오른쪽 버튼을 클릭한 다음 '속성'을 실행합니다. 속성 창이 열리면 '공유' 탭에서 〈공유〉 버튼을 클릭합니다.

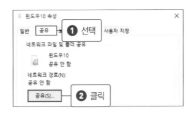

② 목록을 표시하여 공유할 사람을 만들어야 합니다. 'Everyone'을 선택하고 〈추가〉 버튼을 클릭합니다.

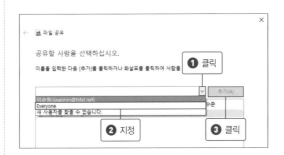

③ 사용 권한 수준으로 '읽기/쓰기'를 선택한 다음 〈공유〉 버튼을 클릭합니다.

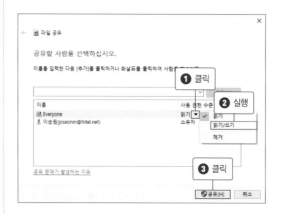

④ 폴더가 공유되면 〈완료〉 버튼을 클릭합니다. 폴더 속성 창으로 돌아오면 '공유됨'으로 표시됩니다. 〈닫기〉 버튼을 클릭합니다.

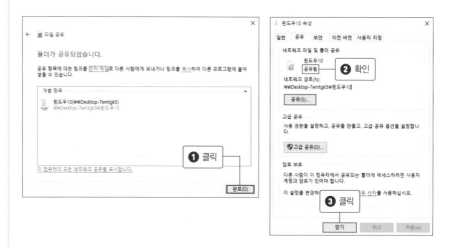

공유 확인하기

파일 탐색기를 실행한 다음 탐색 창에서 '네트워크'를 선택합니다. 파일 목록 창에 네트워크로 연결된 컴퓨터 목록이 나타나면 파일을 공유한 컴퓨터를 더블클릭하고 공유를 확인합니다.

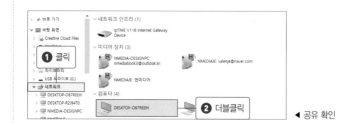

◀ 공유 확인

12

동일한 사용자 계정으로
데이터 공유하기

양쪽 PC에 동일한 계정을 만듭니다. 마이크로소프트 계정이 아닌 로컬 계정이
어도 됩니다. 사용자가 동일하기 때문에 '₩사용자 이름'으로 된 폴더와 폴더
아래 등록된 하위 폴더를 상대방 PC에서 자유롭게 사용할 수 있습니다.
예를 들어 사용자 이름이 'sunwon'이라면 '₩사용자₩sunwon'폴더에 들어 있
는 모든 폴더에 읽기.쓰기 권한을 가집니다.

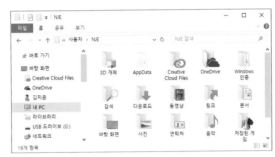

▲ ₩사용자₩사용자 이름으로 등록된 폴더에 저장된 내용을 공유할 수 있습니다.

제어판 '네트워크 및 인터넷' 항목에서 '네트워크 상태 및 작업 보기'를 선택합
니다. 왼쪽에서 '고급 공유 설정 변경'을 클릭하세요.

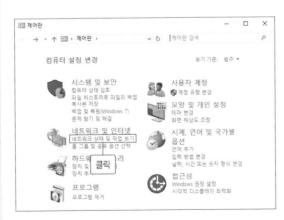

② 공유가 가능한 '개인' 네크워크 설정을 변경해야 합니다. 개인 항목 화살표를
클릭하여 펼친 다음 '네트워크 검색 켜기', '파일 및 프린터 공유 켜기'를 클릭
해 선택하고 홈 그룹 연결 항목에서 '사용자의 계정 및 암호를 사용하여 다른
컴퓨터에 연결'을 클릭해 선택합니다. 〈변경 내용 저장〉 버튼을 클릭합니다.

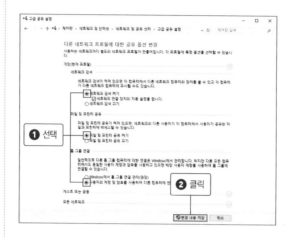

③ 변경 내용 적용을 위해 로그아웃 해야 된다는 창이 열리면 〈지금 로그아웃〉 버
튼을 클릭하여 시스템을 시작합니다.

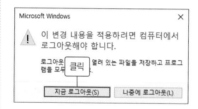

④ 연결하려는 PC에서 윈도우 탐색기를 실행한 다음 왼쪽 폴더 '네트워크'에서
연결할 PC를 더블클릭하세요.

⑤ 사용자 이름과 비밀번호를 입력하면 상대방 PC에 연결됩니다.

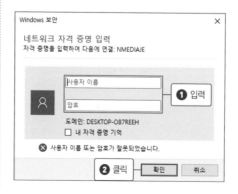

13
클라우드 컴퓨팅으로 인터넷에서
필요한 자료 가져오기

클라우드 컴퓨팅(Cloud Computing)은 하늘에 떠 있는 구름에서 정보를 가져오는 것처럼 시간과 장소에 관계없이 인터넷에 연결하여 필요한 정보를 가져올 수 있습니다. 클라우드 컴퓨팅을 통해 실시간 동기화되면 동일한 데이터를 여러 장치에서 사용하는 데 불편함이 없습니다.

하드디스크나 USB 메모리에 저장한 문서, 사진, 동영상 등의 자료를 인터넷에 저장하기 때문에 인터넷만 연결되면 시간과 장소에 구애받지 않고 필요한 문서를 작업 중인 기기로 다운로드할 수 있습니다. 다시 말해 사용할 데이터를 인터넷 클라우드 서버에 저장하고 내 컴퓨터로 가져오는 것이라고 생각할 수 있습니다. 클라우드 컴퓨팅의 범위를 확대해 스마트폰, 태블릿 PC, 노트북, 외장 하드디스크, USB 메모리, 데스크톱 PC를 모두 포함해 보세요.

클라우드 컴퓨팅을 간단하게 정리하면 다음과 같습니다.

- 내 장치에서 사용하는 자료들을 인터넷에 안전하게 보관하는 백업 기능입니다.
- 내가 사용하는 데스크톱 PC, 노트북, 스마트폰, 외부 저장 기기 등과 실시간 '동기화'하는 기능입니다.

▲ 클라우드 컴퓨팅의 가장 큰 목적은 안전한 데이터 백업과 주변 장치들과의 실시간 데이터 동기화입니다.

14
마이크로소프트 클라우드 서비스
– 원드라이브(OneDrive)

TIP 원드라이브를 굳이 구분하자면 클라우드 스토리지 서비스라고 할 수 있습니다. 데이터 백업, 데이터 보관 기능이 더 강하지만 굳이 구분할 필요를 느끼지 못해 클라우드 서비스, 클라우드 스토리지 서비스와 동일한 개념으로 생각하면 될 듯합니다.

마이크로소프트는 '원드라이브(OneDrive)'라는 클라우드 서비스를 윈도우 사용자에게 제공합니다. 2006년 구글이 클라우드 서비스를 시작한 것에 비교해 많이 늦었지만 윈도우 7이 나오고 2011년부터 윈도우 라이브 메신저 사용자를 통해 클라우드 서비스를 시작했습니다. 원드라이브를 통해 윈도우에서 작업 중인 문서, 사진, 동영상 등을 인터넷에 안전하게 보관하고 다른 PC에서 접근 권한만 있다면 언제든지 가져다 사용할 수 있게 했습니다. 원드라이브는 마이크로소프트 계정을 사용하는 모든 사용자에게 15GB 무료 저장 공간을 제공합니다.

사용하는 장치의 제한이 없습니다

원드라이브 클라우드 서비스는 윈도우 10이 설치된 장치뿐 아니라 아이폰, 안드로이드 폰, 맥 등 기기 구분 없이 데이터 공유, 동기화가 이뤄집니다.

자동 동기화 기능이 제공됩니다

TIP 원드라이브를 사용하려면 마이크로스트 계정, 윈도우 Live ID 사용은 필수입니다.

원드라이브가 '지정한 폴더'에 만들어진 파일들은 클라우드 스토리지에 자동으로 업로드됩니다. 결국 'PC=클라우드 스토리지'가 되는 것입니다. 이런 동기화 기능이 기기 제한 없이, 횟수 제한 없이 이뤄집니다. 예를 들어 원드라이브가 설치된 PC에서 문서를 작성하면 마이크로소프트 원드라이브 서버에 저장됩니다. 윈도우 라이브 필수 패키지가 설치되고 동일한 마이크로소프트 계정을 사용하는 노트북이나 스마트폰이 있다면 새로운 자료가 있는지를 서버에 수시로 접속합니다. 변경되거나 새로운 문서가 있다면 노트북이나 스마트폰으로 가져옵니다.

▲ 윈도우 탐색기에 등록된 원드라이브 앱입니다. 원드라이브 앱에 들은 데이터 동기화가 자동으로 이뤄집니다. 웹브라우저에서 'http://onedrive.live.com'에 접속한 후 마이크로소프트 계정으로 로그인해서 이용 가능합니다.

데이터 활용도가 뛰어납니다

원드라이브에 저장된 동영상 파일의 경우 마우스 클릭만으로 재생해 볼 수 있는 실시간 스트리밍 기능을 제공합니다. 음악 파일도 실시간 재생 기능이 추가되었습니다.

또한 엑셀, 파워포인트 같은 마이크로소프트 오피스 프로그램에서 작업한 데이터 파일이라면 해당 장치에 오피스 프로그램이 설치되어 있지 않아도 웹 오피스 프로그램을 이용해 인터넷에서 작업할 수 있습니다.

업로드할 때 올릴 수 있는 파일 크기는 최대 50MB이하로 제한됩니다.

▲ 원드라이브에 보관된 문서는 인터넷만 된다면 오피스 프로그램이 설치되어 있지 않아도 웹 오피스 프로그램을 이용해 편집까지 할 수 있게 만들었습니다.

동기화 폴더를 타인과 공유할 수 있습니다

상대방 전자 우편 주소를 알고 있다면 내 동기화 폴더에 담긴 데이터를 공유할 수 있습니다.

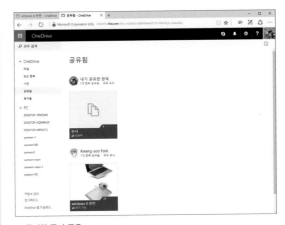

▲ 동기화 폴더 공유

클라우드 서비스 선택하기

☑ 나에게 맞는 클라우드 서비스가 갖춰야 할 조건을 확인하세요.

데이터 백업이 주목적이든, 데이터 동기화가 주목적이든 용량이 크고 다양한 기능을 갖춘 클라우드 서비스를 사용하려면 불가피하게 비용을 지불해야 합니다. 나에게 맞는 클라우드 서비스를 선택하기 위해 갖춰야 할 조건을 확인하세요.

☐ 동기화할 수 있는 PC는 몇 대까지 가능한지 확인하세요.

☐ 실시간 스트리밍 서비스가 가능한지 확인하세요.

☐ 사진 섬네일 보기 기능을 제공하는지 확인하세요.

☐ 데이터 업로드 속도, 다운로드 속도를 확인하세요.

☐ 데이터 공유가 가능한지 확인하세요. 가능하다면 어떤 보안 기능을 제공하는지, 보안 기능은 안전한지 확인하세요.

☐ 인터넷에서 문서 파일 작업이 가능한지 확인하세요.

☐ 내 PC에 안전한 접근이 언제 어디서든 가능한지 확인하세요.

☐ 무료로 제공하는 용량은 어느 정도인지 확인하세요.

☐ 아이폰, 안드로이드폰, 맥 등 다양한 장치를 지원하는지 확인하세요

백업용으로 사용하기 좋은 클라우드 서비스 – NAVER 클라우드

네이버에서 제공하는 NAVER 클라우드 서비스는 '30GB'라는 넉넉한 용량을 무료로 제공합니다. 윈도우에서 데이터를 동기화할 때 시스템이 느려지지만 '자동 백업'을 이용하면 불편한 점이 없습니다.

◀ 이용자 한 명당 최대 30GB를 무료로 제공하는 NAVER 클라우드 서비스(http://cloud.naver.com)

클라우드 스토리지 서비스,
원드라이브 이용하기

PC와 노트북 등 여러 장치 사이 데이터 이동을 USB 메모리로 실행하나요? USB 메모리는 작고 용량이 넉넉하며 비싸지 않아 많이 사용하지만, 하지만 필요할 때 가지고 있지 않거나 분실할 위험이 있습니다.

이런 문제를 해결하려면 마이크로소프트에서 무료로 제공하는 클라우드 스토리지 서비스인 원드라이브를 사용하면 됩니다.

시작 메뉴나 'OneDrive' 앱을 이용해 원드라이브를 시작하면 온라인에 있는 원드라이브 파일과 사용자 컴퓨터 원드라이브 파일을 똑같이 맞추는 과정, 즉 동기화(Synchronization)를 시작합니다.

원드라이브 시작하기

〈시작〉 버튼을 클릭하고 '모든 앱' → 'OneDrive'를 실행하여 원드라이브를 실행합니다. 〈시작하기〉 버튼을 클릭하세요. 로그인 화면이 나타나면 마이크로소프트 계정과 암호를 입력하고 〈로그인〉 버튼을 클릭합니다.

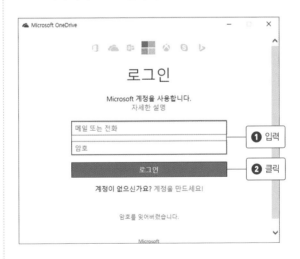

② 사용자 컴퓨터에서 원드라이브의 저장 폴더는 'C:\Users\사용자명\OneDrive' 입니다. 기본 경로를 그대로 사용하려면 〈다음〉 버튼을 클릭합니다.

③ 동기화하면 원드라이브에 있는 파일이 사용자 컴퓨터로 복사되므로 'OneDrive' 폴더에 최대 15GB의 여유 공간이 필요합니다. 공간에 여유가 있으면 '내 OneDrive의 모든 파일 및 폴더 동기화'에 체크 표시하고 〈다음〉 버튼을 클릭해 원드라이브에 있는 모든 파일을 사용자 컴퓨터로 가져옵니다.

TIP 일부 폴더만 동기화하려면 '이 폴더만 동기화'를 선택하고 동기화할 폴더를 선택합니다.

④ 원드라이브 초기 설정이 끝났으면 〈완료〉 버튼을 클릭합니다.

원드라이브 접속하기

따라하기 ①

파일 탐색기를 열면 왼쪽 폴더 목록창에서 하위 폴더로 OneDrive 폴더가 등록되어 있습니다. 이미 원드라이브에 업로드된 파일이 있다면 자동 동기화 작업을 진행 중이라는 표시(⟳)가 붙어 있습니다. 앞으로 윈도우 탐색기에서 OneDrive폴더에 파일을 넣으면 원드라이브 서버를 거쳐 전용 클라이언트가 설치된 모든 PC, 스마트폰과 자동으로 파일이 동기화됩니다. 동기화가 완료되면 표시가 변경(✔)됩니다.

TIP 'http://onedrive.live.com'에 접속하고 마이크로소프트 계정으로 로그인하면 원드라이브에 접속할 수 있습니다.

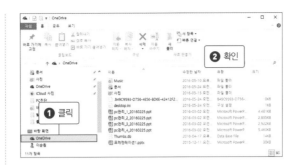

②

📢 TIP 마이크로소프트 계정
으로 로그인한 상태가 아니라
면 온라인으로 보기 메뉴가
나오지 않습니다. 로컬 계정
인 경우 원드라이브(https://
onedrive.live.com/about/
ko-kr)에 접속해 가입하세요.

원드라이브 사이트에서 확인하려면 파일 탐색기의 OneDrive 폴더에 등록된 파일을 마우스 오른쪽 버튼으로 클릭하고 '온라인에서 보기'를 실행합니다.

③

📢 TIP 원드라이브 사이트언
어가 한글이 아닌 영어나 다
른 언어로 나온다면 웹브라우
저 아랫부분으로 이동한 다음
사용하는 언어를 '한국어'로
지정합니다.

자동으로 원드라이브 사이트로 이동하면서 앞에서 만든 새로운 폴더와 폴더 안 내용을 볼 수 있습니다. 화면 오른쪽 위에 있는 '자세히 보기' 아이콘을 클릭합니다.

ⓐ **휴지통** : 원드라이브에 저장된 파일 중 삭제된 파일이 저장됩니다.

ⓑ **PC** : 동일한 마이크로소프트 계정을 이용해 원드라이브 클라우드 서비스를 사용할 수 있게 등록된 PC 목록입니다.

ⓒ **저장소 관리** : 무료로 사용할 수 있는 저장소 공간은 7GB입니다. 추가 저장소를 구입하려면 '추가 저장소 얻기'를 클릭합니다.

사이트 전송이 완료되면 윗부분 메뉴에서 업로드(⬆)를 클릭하고 파일이나, 폴더를 클릭합니다. 여기서는 '파일'을 클릭합니다.

 업로드할 파일 선택 창이 표시되면 Ctrl, Shift를 이용해 업로드할 파일을 선택하고 〈열기〉 버튼을 클릭합니다. 업로드 작업이 진행됩니다.

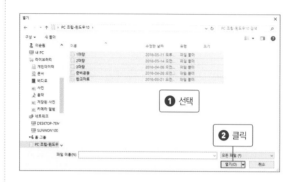

웹 오피스 이용하기

1 '새로 만들기'를 클릭한 다음 새로 만들 문서 형식을 선택합니다. 여기서는 'PowerPoint 프레젠테이션'을 선택했습니다.

2 웹 오피스 프로그램이 실행되고 작성이 완료되면 메뉴 막대 위에 있는 'OneDrive'를 클릭하면 됩니다.

TIP 편집 중인 오피스 프로그램에서 곧바로 원드라이브로 저장하려면 '파일' 탭의 '다른 이름으로 저장'을 선택하고 'OneDrive'를 선택합니다. 원드라이브에 처음 저장한다면 오피스 프로그램과 원드라이브가 연결되지 않았을 것이므로 'Sign In'을 클릭합니다.

원드라이브로 자료 가져오기

인터넷만 된다면 원드라이브를 통해 내 PC에 접근할 수 있습니다. 원드라이브에 접근 권한을 가진 PC를 등록하는 방법은 간단합니다. 등록할 PC에서 마이크로소프트 계정으로 로그인하면 됩니다. 정말 간단하죠?

마이크로소프트 계정만 알고 있으면 원드라이브에 있는 정보에 쉽게 접근이 되기 때문에 마이크로소프트 계정의 보안을 강화해야 합니다.

첫 번째 방법은 마이크로소프트 계정의 사용 권한을 얻을 보안 코드를 전송할 핸드폰 번호를 등록하는 것입니다.

두 번째 방법은 비밀번호를 잊은 경우를 대비해 비밀번호를 갱신할 수 있는 전자 우편 주소를 등록하는 것입니다. 이 부분은 585쪽을 참고하세요.

원드라이브에 등록된 PC에서 데이터를 가져오려면 어떻게 해야 하는지 알아보겠습니다.

원드라이브 설정 변경하기

① 'OneDrive' 앱을 실행한 다음 작업 표시줄 맨 오른쪽에 있는 알림 영역에 등록된 원드라이브 아이콘을 마우스 오른쪽 버튼으로 클릭하고 '설정'을 실행합니다.

② 설정 창이 표시되면 '설정' 탭에서 'OneDrive를 사용하여 이 PC에 있는 내 파일을 가져올 수 있도록 허용'에 체크 표시하고 〈확인〉 버튼을 클릭합니다.

상대방 PC에서 내 PC로 들어가기

따라하기 ①

상대방 PC에서 인터넷 익스플로러를 실행한 다음 원드라이브 사이트로 접속합니다.

http://www.onedrive.com

②

원드라이브에 로그인하면 왼쪽 폴더 창에 동일한 마이크로소프트 라이브 계정을 사용하는 윈도우 라이브 필수 패키지가 설치된 PC가 나옵니다. 접근하려는 PC를 클릭하세요.

③

보안 코드를 묻는 창이 열립니다. 109쪽에서 등록한 핸드폰으로 보안 코드를 전송합니다. 보안 코드로 인증 작업을 거칩니다.

④

PC에 있는 내용이 전송됩니다. 가져올 파일을 찾아가세요.

17

원드라이브로 상대방과 자료 공유하기

인터넷만 된다면 원드라이브 서비스를 통해 상대방과 자료를 공유할 수 있습니다. 원드라이브 서비스를 통해 자료를 공유하는 방법을 알아보겠습니다. 공유는 폴더 단위로 이루어지거나 파일 한 개 단위로 이루어집니다. 폴더를 공유하면 폴더 안에 들은 개별 파일에도 공유 설정이 그대로 적용됩니다.
자료를 공유할 상대방의 전자 우편 주소만 알면 가능합니다.

따라하기 ①

다음 주소를 입력해 원드라이브 사이트로 연결하거나 '원드라이브' 앱을 실행합니다.

http://www.onedrive.com

②

공유할 폴더를 마우스 오른쪽 버튼으로 클릭한 다음 '공유'를 실행합니다.

③

〈이 폴더 공유〉 버튼을 클릭합니다.

④ 공유할 방법으로 '전자 메일'을 선택하거나 '링크 가져오기' 중 선택합니다. '링크 가져오기'를 선택하면 〈복사〉 버튼을 클릭하여 공유 링크를 가져옵니다.

⑤ '받는 사람'에 공유할 상대방 전자 우편 주소를 입력하고 전달한 메시지를 입력한 다음 〈공유〉 버튼을 클릭합니다. '받는 사람이 편집할 수 있습니다'가 선택되면 공유된 폴더에 들은 파일을 상대방이 편집할 수 있습니다. 보안을 위해 마이크로소프트 계정 필요 여부를 선택하고 〈공유〉 버튼을 클릭합니다.

원드라이브로 스마트폰과 동기화하기

스마트폰으로 원드라이브에 있는 자료를 공유하려면 스마트폰에 'OneDrive' 앱을 설치하면 됩니다.

원드라이브 앱 설치 후 원드라이브를 사용할 수 있는 마이크로소프트 계정으로 로그인하세요. 원드라이브 동기화를 진행해 PC와 스마트폰 사이 데이터 공유를 진행할 수 있습니다.

▲ 원드라이브 앱 받기　　　▲ 앱 시작 화면　　　▲ 파일 관리

윈도우 7 사용을 위한 멀티 부팅 설치하기

윈도우 7 이상은 서로 다른 운영체제를 시스템 하나에 설치해 사용할 수 있는 멀티 부팅(Multi-Booting)을 지원합니다. 윈도우 10/8/7을 함께 사용하기 위한 방법은 다음과 같은 세 가지로, 여기서는 서로 다른 하드디스크에 각각 다른 윈도우를 설치하여 멀티 부팅하는 방법을 알아보겠습니다.

- 하이퍼-V 유틸리티를 이용해 윈도우 10/8에 윈도우 7이 설치된 가상 시스템을 만듭니다.
- 가상 하드디스크를 만들어 윈도우 7을 설치한 후 윈도우 7이 필요할 때마다 가상 하드디스크로 부팅합니다.
- 하드디스크가 두 개 이상인 경우 서로 다른 하드디스크에 각각 다른 윈도우를 설치해 멀티 부팅합니다.

1 | 멀티 부팅 설치 과정

'멀티 부팅(Multi-Booting)'이란 여러 운영체제를 설치하여 부팅하는 것을 말합니다. UEFI 모드로 윈도우 10/8을 설치해 사용하면 윈도우 7은 하이퍼-V 관리자를 이용해 가상 시스템을 만들어 사용하는 것이 좋습니다. 하드디스크가 두 개 이상 장착되어 있고, UEFI 모드를 사용하지 않으면 서로 다른 하드디스크에 운영체제를 사용해 멀티 부팅하는 것을 권장합니다.

▲ 윈도우 10/8/7을 나중에 설치할 경우 시스템 영역 생성 없이 설치합니다.

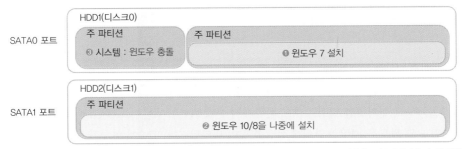

▲ 시스템 영역 생성을 고려하지 않은 채 다른 버전의 윈도우를 설치하면 충돌할 수 있습니다. 나중에 설치하는 경우 운영체제 시스템 영역 없이 설치합니다.

💡 **TIP** 하드디스크가 하나인 경우 서로 다른 파티션에 윈도우를 설치해 멀티 부팅할 수 있지만 재설치가 불편하고 운영체제가 손상되었을 때 복구 작업도 불편하므로 권장하지 않습니다. 하드디스크가 하나밖에 없으면 하이퍼-V나 가상 하드디스크를 이용하는 것이 좋습니다.

1단계 : 첫 번째 운영체제를 설치합니다.

먼저 윈도우 10/8/7 중에서 주로 사용하는 운영체제를 시스템 영역을 만들지 않고 설치합니다. 윈도우 10/8/7 두 가지 운영체제에서 SATA0 포트에 연결된 '디스크0(윈도우 10/8은 드라이브0)'으로 인식되는 하드디스크에 시스템 영역을 사용하므로 충돌이 발생할 수 있기 때문입니다.

첫 번째 운영체제 설치 작업에서 주의할 점은 시스템 예약 파티션 없이 설치하는 것입니다.

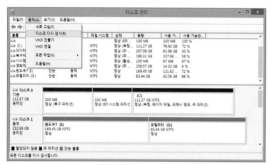

◀ 시스템 예약 파티션 없이 운영체제 설치

2단계 : 두 번째 운영체제는 설치 미디어로 부팅하여 다른 하드디스크에 설치합니다.

두 번째 운영체제 설치 작업에서는 실수 없이 설치 디스크를 선택해야 합니다. 첫 번째 운영체제 설치에서는 시스템 예약 파티션을 만들지 않았으므로 두 번째 운영체제는 설치할 때 시스템 예약 파티션 생성 없이 설치됩니다.

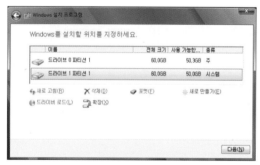

▲ 두 번째 운영체제를 설치할 때 설치될 디스크를 올바르게 선택

3단계 : 부트매니저로 사용할 운영체제를 결정합니다.

윈도우 10/8/7 설치를 마치면 시스템을 시작할 때 어떤 운영체제로 부팅할지 선택하는 화면이 나타납니다. 윈도우 7을 나중에 설치하면 텍스트 모드 운영체제 선택 화면이 나타나고, 윈도우 10/8을 나중에 설치하면 그래픽 모드 윈도우 10/8 운영체제 선택 화면이 나타납니다. 나중에 설치된 운영체제가 부팅할 기본 운영체제로 선택되어 있습니다.

▲ 윈도우 7을 나중에 설치한 경우의 멀티 부팅 메뉴 – 텍스트 모드

▲ 윈도우 10/8을 나중에 설치한 경우의 멀티 부팅 메뉴 – 그래픽 모드

윈도우 7의 멀티 부팅 메뉴는 부팅할 운영체제를 선택한 후 윈도우로 부팅합니다. 윈도우 10/8 멀티 부팅 메뉴는 빠른 부팅을 위해 먼저 윈도우 10/8 부트 매니저가 실행되고, 윈도우 10/8 실행에 필요한 파일을 읽어들인 후 멀티 부팅 메뉴를 나타냅니다.

윈도우 7로 부팅하는 경우 시스템이 다시 시작되므로 부팅 시간이 현저히 느려지는 단점이 있습니다. 윈도우 10/8을 주로 부팅에 사용하면 괜찮지만, 윈도우 7로 자주 부팅해야 하는 경우 윈도우 7 부트 매니저를 사용해 텍스트 모드 멀티 부팅 메뉴를 이용하는 것이 좋습니다. 윈도우 10/8의 그래픽 멀티 부팅 환경을 사용하려면 기본 부팅 운영체제로 '윈도우 10/8'이 선택되어야 합니다.

❶ 제어판에서 '시스템 및 보안' → '시스템'을 클릭하고 '고급 시스템 설정'을 선택합니다.

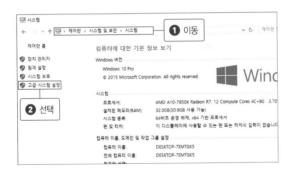

❷ '시스템 속성' 창이 표시되면 시작 및 복구 항목의 〈설정〉 버튼을 클릭합니다.

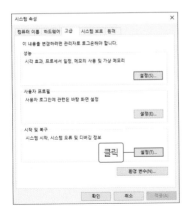

❸ '시작 및 복구' 창이 표시되면 시스템 시작 항목 기본 운영 체제에서 부팅할 기본 운영체제를 지정하고 〈확인〉 버튼을 클릭합니다.

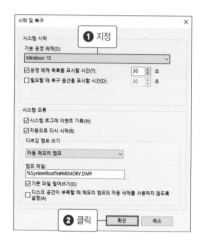

TIP 윈도우 10/8에서 명령 프롬프트를 관리자 권한으로 실행한 후 'bcdedit / default {GUID}'를 입력하면 윈도우 10/8을 기본 부팅 항목으로 지정합니다.

2 | 텍스트 모드 부팅 메뉴 사용하기

텍스트 모드 부팅 메뉴를 이용하기 위해서는 윈도우 10/8부터 추가된 부팅 메뉴 정책(Boot Menu Policy)을 'Legacy'로 지정합니다. 부팅할 기본 운영체제는 윈도우 10/8로 선택되어도 상관없으며 명령 프롬프트를 이용한 작업은 윈도우10/ 8에서 진행해야 합니다.

❶ 윈도우 10/8에서 ⊞+X를 눌러 표시되는 메뉴에서 '명령 프롬프트(관리자)'를 실행합니다.
❷ 다음 명령어를 입력하고 Enter를 누릅니다.

```
bcdedit /set {default} bootmenu policy legacy Enter
```
'legacy'는 텍스트 환경을 사용한다는 의미입니다.
bootmenupolicy는 붙여 씁니다.

❸ 작업을 마치고 시스템을 재시작하면 텍스트 모드의 멀티 부팅 메뉴가 나타납니다.

3 | 그래픽 모드 멀티 부팅 메뉴 실행하기

윈도우 10/8 그래픽 모드 멀티 부팅 메뉴를 사용하려면 다음 세 가지 조건을 만족해야 합니다.

- 기본 부팅 운영체제가 윈도우 10/8로 선택되어야 합니다.
- 부트 메뉴 정책이 'Standard'로 지정되어야 합니다.
- 부트 매니저로 윈도우 10/8을 사용해야 합니다.

위의 세 번째 조건에서 윈도우 7을 먼저 설치하고 윈도우 10/8을 나중에 설치하면 이미 부트 매니저로 윈도우 10/8을 사용하지만, 윈도우 7을 나중에 설치한 경우에는 윈도우 10/8용 부트 매니저를 설치해야 합니다.

❶ 윈도우 10/8에서 ⊞+Ⅹ를 눌러 표시되는 메뉴에서 '명령 프롬프트(관리자)'를 실행합니다.
❷ 다음 명령어를 입력하고 Enter를 누릅니다.

```
bcdedit /set {default} bootmenu policy standard Enter
```

'Standard'는 그래픽 환경을 사용한다는 의미입니다.
bootmenupolicy는 붙여 씁니다.

❸ 윈도우 10/8 부트 매니저를 구성하기 위해 윈도우 10/8을 나중에 설치한 경우에는 명령 프롬프트에서 다음의 명령어를 입력하고 Enter를 누릅니다. 'bcdboot' 명령어를 이용하여 부팅 구성을 다시 하는 작업으로, 부팅 파일을 만들었다는 메시지가 나타나면 성공입니다.

bcdboot c:\windows /l ko-kr Enter

윈도우 10/8이 설치된 경로입니다.

❹ 작업을 마치고 시스템을 재시작하면 그래픽 모드 멀티 부팅 메뉴가 나타납니다.

4 | 윈도우 10/8에서 윈도우 7 실행하기

시스템을 시작 할 때 나타나는 멀티 부팅 메뉴를 이용해 윈도우 7을 실행할 수도 있지만, 윈도우 10/8을 종료하기 전에 윈도우 7로 부팅되도록 설정할 수도 있습니다.
윈도우 10/8의 경우 부팅 속도를 빠르게 하기 위해 최대 절전 모드를 이용합니다. 시스템을 시작할 때 그래픽 모드 멀티 부팅 메뉴가 나타나기 전에 이미 윈도우 10/8이 실행 준비하는 것으로 생각할 수 있습니다. 윈도우 10/8에서 바이오스 설정 값을 수정하거나 문제 해결 앱을 실행하기 위해 여러 단계를 거친 것처럼 윈도우 7도 다음과 같은 방법으로 윈도우 10/8에서 실행할 수 있습니다.

❶ 윈도우 10이라면 ⊞+I를 누르고 '설정' 창이 표시되면 '업데이트 및 복구'를 클릭하고, 윈도우 80이라면 ⊞+I를 눌러 표시되는 메뉴에서 'PC 설정 변경'을 선택합니다.

② 윈도우 10이라면 '복구'를 선택하고, 윈도우 8이라면 '일반'을 선택한 다음 고급 시작 옵션 항목의 〈다시 시작〉 버튼을 클릭합니다.

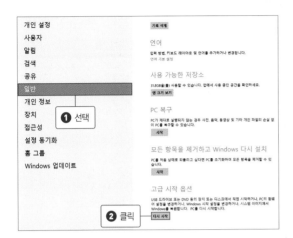

③ 옵션 선택 화면이 나타나면 '다른 운영 체제 사용'을 선택합니다.

④ 그래픽 모드의 멀티 부팅 메뉴가 나타나면 'Windows 7'을 선택하여 실행합니다.

5 | 멀티 부팅 메뉴 복구하기

다른 파티션에 새로운 윈도우를 설치하거나 시스템 예약 파티션에 문제가 발생해 멀티 부팅 정보가 삭제되어 멀티 부팅 메뉴가 정상적으로 작동하지 않으면 'Bootrec' 명령어를 이용해 복구할 수 있습니다.

❶ 윈도우 10/8 설치 미디어로 부팅합니다.
❷ 윈도우 10/8 설치 시작을 알리는 창이 표시되면 Shift+F10을 누르고 '명령 프롬프트'를 실행합니다.

❸ 다음 명령어를 입력해 멀티 부팅 정보를 새로 만듭니다.

```
bootrec /rebuildbcd  Enter
```

가상 머신에 윈도우 7 설치하기

윈도우 10/8은 가상 컴퓨터를 만들 수 있는 하이퍼-V(Hyper-Virtualization) 프로그램을 제공합니다. Hyper-V를 사용하려면 다음과 같은 조건이 충족되어야 합니다. 윈도우 10/8에서 하이퍼-V를 이용해 가상 컴퓨터를 만들어 윈도우 7을 설치해 사용하는 방법을 알아보겠습니다.

- 윈도우 10/8 64비트가 설치되어야 합니다.
- 바이오스가 인텔의 가상화 기술(Virtual Technology)과 메모리 보호 실행(No Execute Memory Protection)을 지원해야 합니다.
- 시스템에 4GB 이상 메모리가 장착되어야 합니다.

1 | CPU 관련 기능 시모스 설정하기

하이퍼-V를 이용한 가상 시스템을 만들기 위해서는 시모스 셋업에서 CPU와 관련된 항목 중 가상화 기술을 사용할 수 있는 두 가지 항목을 찾아 활성화해야 합니다.

- '가상화 기술'은 컴퓨터에 설치된 운영체제 안에 또 다른 운영체제를 설치할 수 있는 기술입니다.
- '메모리 보호 실행'은 CPU의 버퍼 오버플로우 방지 기능으로 CPU를 보호 모드에서 작동합니다.

❶ 457쪽을 참고해 시모스 셋업에서 BIOS Features(BIOS 기능)의 Execute Disable Bit(XD-Bit)와 Intel 가상화 기술을 각각 '사용(Enabled)'으로 지정합니다.

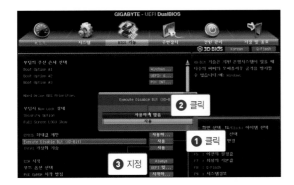

❷ F10을 누른 후 〈예〉 버튼을 클릭하여 시모스 셋업의 설정 값을 저장하고 시스템을 재시작합니다.

2 | 하이퍼-V 활성화하기

윈도우 10/8에서 제공하는 가상화 프로그램인 하이퍼-V를 설치하겠습니다.

❶ 제어판에서 '프로그램' → 'Windows 기능 켜기/끄기'를 클릭합니다.

❷ 'Windows 기능' 창이 표시되면 Hyper-V와 관련된 항목을 체크 표시하고 〈확인〉 버튼을 클릭합니다.

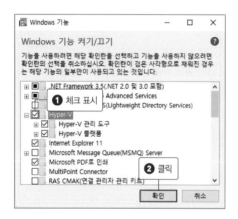

❸ 필요한 파일 설치가 끝나면 〈닫기〉 버튼을 클릭합니다. 변경된 내용을 적용하기 위해서는 PC를 다시 시작해야 하므로 〈다시 시작〉 버튼을 클릭합니다.

3 | 인터넷용 가상 네트워크 어댑터 만들기

하이퍼-V로 만든 가상 시스템에서 인터넷을 사용할 수 있도록 가상 네트워크 어댑터를 만들겠습니다. 시스템을 만들기 전에 먼저 네트워크 어댑터를 설정하는 것은 윈도우 설치 작업을 할 때 편리함을 위해서입니다. 가상 시스템을 만들 때 네트워크 어댑터를 만들지 않으면 네트워크 어댑터가 없는 가상 시스템이 만들어져 가상 시스템에서 사용할 가상 네트워크 시스템부터 만드는 것이 편리합니다.

❶ 윈도우 10/8의 시작 화면에서 'Hyper-V 관리자'를 실행합니다. Hyper-V 관리자에 등록된 내 컴퓨터 이름을 클릭합니다. 메뉴에서 '작동' → '가상 스위치 관리자'를 실행하거나 오른쪽 작업 항목에서 '가상 스위치 관리자'를 선택합니다.

❷ 왼쪽 가상 스위치 항목에서 '새 가상 네트워크 스위치'를 클릭합니다. 가상 스위치 유형으로 '내부'를 선택하고 〈가상 스위치 만들기〉 버튼을 클릭합니다.

❸ 이름을 입력하고 연결 형식 항목에서 '내부 네트워크'를 선택한 후 〈확인〉 버튼을 클릭하여 변경된 내용을 저장합니다.

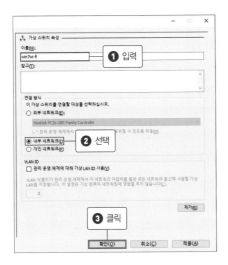

❹ ■+R을 눌러 '실행' 창이 표시되면 'ncpa.cpl'을 입력하고 Enter를 누릅니다.

❺ 시스템의 사용 중인 네트워크 어댑터에서 마우스 오른쪽 버튼을 클릭하고 표시되는 메뉴에서 '속성'을 실행합니다.

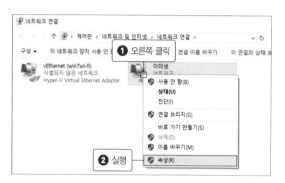

❻ '이더넷 속성' 창이 표시되면 '공유' 탭을 선택한 후 '다른 네트워크 사용자가 이 컴퓨터의 인터넷 연결을 통해 연결할
수 있도록 허용'을 체크 표시하고 〈확인〉 버튼을 클릭합니다.

무선 네트워크 어댑터가 장착된 노트북은 '다른 네트워크 사용자가 이 컴퓨터의 인터넷 연결을 통해 연결할 수 있도록
허용'을 체크 표시합니다. 홈 네트워킹 연결에서 가상 네트워크 어댑터를 선택하고 〈확인〉 버튼을 클릭합니다.

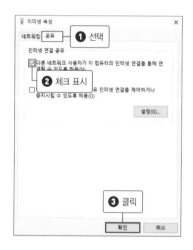

4 | 하이퍼-V로 윈도우 7 가상 시스템 만들기

하이퍼-V를 실행하고 윈도우 7이 실행될 가상 시스템을 만들어 보겠습니다. 윈도우 7을 설치할 수 있
는 DVD 이미지 파일(*.iso)을 준비한 후 다음 과정을 따라합니다.

❶ 윈도우 10/8의 시작 화면에서 Hyper-V 관리자를 실행합니다.

Hyper-V 관리자에 등록된 내 컴퓨터 이름을 선택한 후 작업 항목에서 '새로 만들기'를 선택하여 표시되는 메뉴에서 '가
상 컴퓨터'를 실행합니다.

② '새 가상 컴퓨터 마법사' 창이 표시되면 〈다음〉 버튼을 클릭합니다.

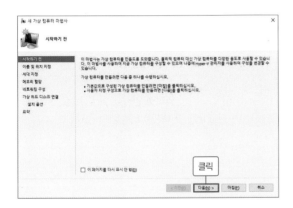

③ 가상 컴퓨터 이름에 '윈도우 7'을 입력하고 폴더를 지정하기 위해 '가상 컴퓨터를 다른 위치에 지정'에 체크 표시합니다. 〈찾아보기〉 버튼을 클릭하여 저장할 폴더를 지정하고 〈다음〉 버튼을 클릭합니다. 그리고 가상 컴퓨터 세대로 '2세대'를 선택하고 〈다음〉 버튼을 클릭합니다.

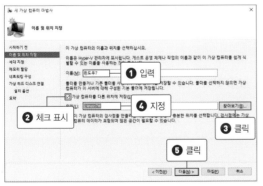

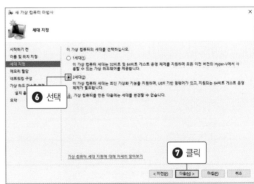

④ 윈도우 7이 사용할 메모리로 최소 '512' 이상을 입력하면 사용할 수 있는 최대 메모리 용량을 알려 줍니다. 가상 컴퓨터에서 메모리가 부족하지 않게 장착된 메모리가 넉넉하면 전체 용량 1/3 안의 숫자를 입력하고 〈다음〉 버튼을 클릭합니다.

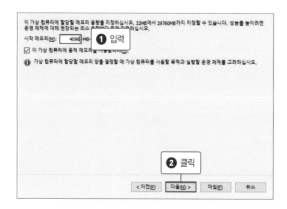

⑤ 연결 항목에서 미리 만들어둔 가상 네트워크 어댑터를 선택한 후 〈다음〉 버튼을 클릭합니다.

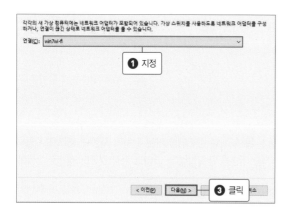

⑥ '가상 하드디스크 만들기'를 선택한 후 이름, 위치, 크기를 지정하고 〈마침〉 버튼을 클릭합니다.

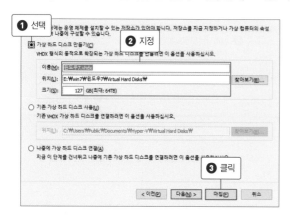

❼ '부팅 가능 이미지 파일에서 운영체제 설치'를 선택하고 〈찾아보기〉 버튼을 클릭한 다음 윈도우 설치 이미지 파일 (*.iso)을 선택하고 〈다음〉 버튼을 클릭합니다.

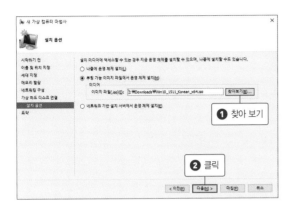

❽ '새 가상 컴퓨터 마법사 완료'가 표시되면 〈마침〉 버튼을 클릭합니다.

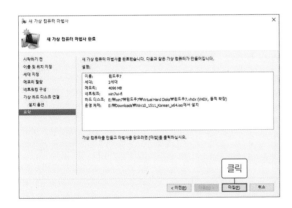

❾ 윈도우 7 설치 이미지 파일을 선택하고 〈열기〉 버튼을 클릭합니다.
'전원' 아이콘(◉)을 클릭하여 가상 컴퓨터를 실행합니다. DVD 드라이브의 윈도우 7 설치 이미지 파일로 부팅합니다.

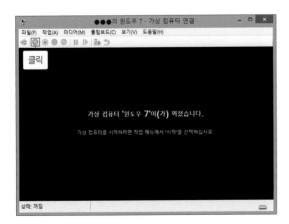

⑩ 가상 컴퓨터에서 Windows 7 설치 화면이 나타나면 설치할 언어 등을 지정하고 〈다음〉 버튼을 클릭합니다.

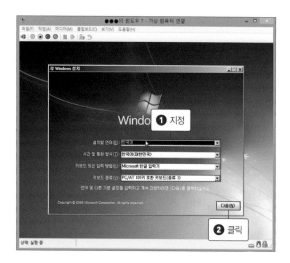

TIP 가상 시스템과 실제 장치에 설치하는 과정은 같으므로
윈도우 7 설치 과정은 654쪽을 참고합니다.

⑪ 윈도우 7이 설치된 가상 시스템이 시작됩니다.

5 | 가상 시스템 설정 변경하기

가상 시스템이지만 실제 시스템처럼 가상 부품을 추가할 수 있습니다. 가상 시스템에 하드디스크를 하나 더 추가해 보겠습니다.

❶ 하이퍼–V 관리자를 실행한 후 가상 하드디스크를 추가할 가상 시스템 아래쪽의 '설정'을 클릭합니다. 해당 가상 시스템이 실행 중이면 종료하고 작업해야 합니다.

❷ 왼쪽 하드웨어 항목에서 'IDE 컨트롤러' 또는 'SCSI 컨트롤러'를 선택합니다. 오른쪽 작업 영역에서 '하드 드라이브'를 선택하고 〈추가〉 버튼을 클릭합니다.

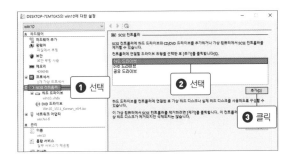

❸ 왼쪽 하드웨어 항목에서 '가상 하드 디스크'를 선택하고 〈새로 만들기〉 버튼을 클릭합니다.

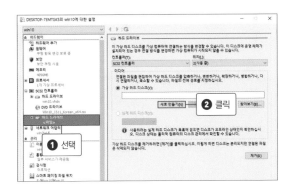

④ '새 가상 하드 디스크 마법사' 창이 표시되면 〈다음〉 버튼을 클릭합니다.

⑤ 디스크 형식으로 'VHD'를 선택하고 〈다음〉 버튼을 클릭합니다.

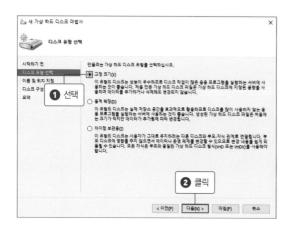

⑥ 이름과 가상 하드디스크가 저장될 위치를 지정하고 〈다음〉 버튼을 클릭합니다.

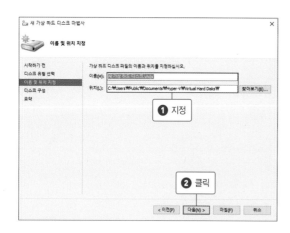

❼ 디스크 구성 화면에서 '비어 있는 새 가상 하드 디스크 만들기'를 선택하고 〈다음〉 버튼을 클릭합니다.

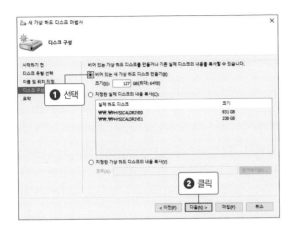

❽ 새로 만들어질 가상 하드디스크에 대한 정보 요약을 확인한 후 〈마침〉 버튼을 클릭합니다.
다시 하이퍼-V 설정 관련 창에서 〈확인〉 버튼을 클릭합니다. 설정이 변경된 가상 시스템을 다시 연결하면 새로 만들어
진 하드디스크를 자동으로 인식합니다.

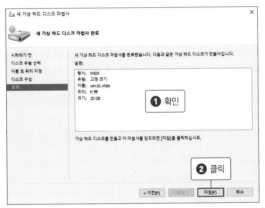 

가상 하드디스크에 윈도우 7 설치하기

윈도우 7이 설치된 가상 하드디스크에 파일 하나를 활성화하는 것만으로도 윈도우 10/8이 설치된 시스템에서 윈도우 7을 사용할 수 있습니다. 시스템에 설치된 하드디스크나 파티션이 하나라도 윈도우 VHD를 이용하면 윈도우 10/8/7 모두 사용할 수 있습니다. 또한, 디스크 관리를 이용해 만든 가상 하드디스크에 숨기고 싶은 파일 등을 넣을 수도 있습니다. 이때 64비트 윈도우 7 얼티밋, 엔터프라이즈 버전과 64비트 윈도우 10/8 프로, 엔터프라이즈 버전만 가상 하드디스크를 이용한 부팅을 지원합니다. 윈도우 10/8에서 가상 하드디스크를 만드는 방법과 윈도우 7 설치 미디어로 가상 하드디스크를 만들어 윈도우 7을 설치해 실행하는 방법을 알아보겠습니다.

1 | 가상 하드디스크 만들고 윈도우 7 설치하기

가상 하드디스크를 만들어 윈도우 7을 설치하는 방법을 알아봅니다. 윈도우 7이 설치된 가상 하드디스크는 20GB면 충분합니다. 윈도우 7 설치 미디어를 준비하고, 윈도우 10/8을 가상 하드디스크에 설치하기 위해서는 30GB 정도가 필요합니다.

❶ 77쪽을 참고해 윈도우 7 설치 미디어로 부팅을 설정하고 윈도우 7을 설치하는 데 필요한 파일들을 읽습니다.
❷ 윈도우 7에 설치할 언어를 '한국어'로 지정하고 키보드 종류는 'PC/AT 101키 호환 키보드(종류3)'로 지정한 후 〈다음〉 버튼을 클릭합니다.

❸ 윈도우 7을 설치할 가상 드라이브를 만들기 위해 Shift+F10을 누릅니다.

❹ 명령 프롬프트가 실행되면 다음의 명령어를 입력해 C 드라이브에 20GB 정도의 가상 하드디스크를 만듭니다. 이때 가상 하드디스크의 파일명은 'win7.vhd'입니다.

```
diskpart Enter                                                    가상 하드디스크 파일명입니다.
create vdisk file=c:\win7.vhd maximum=20480 type=expandable Enter  가상 하드디스크 크기로,
                                                                  한 줄로 입력합니다.
attach vdisk Enter                                                가상 하드디스크를 활성화합니다.
exit Enter
```

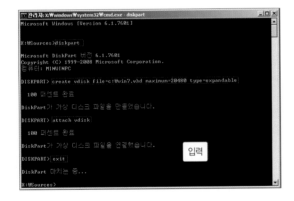

❺ 명령 프롬프트 창의 '종료' 아이콘을 클릭하여 닫습니다. 본격적인 설치를 시작하기 위해 〈지금 설치〉 버튼을 클릭합니다.

⑥ 저작권에 동의하기 위해 '동의함'에 체크 표시한 후 〈다음〉 버튼을 클릭합니다.

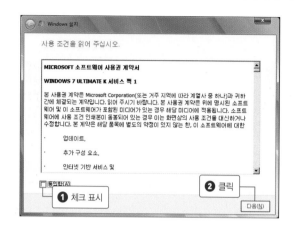

⑦ 설치 유형 선택 화면에서 '사용자 지정(고급)'을 클릭합니다.

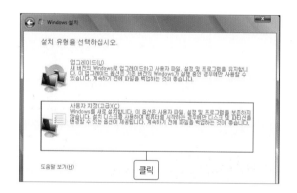

⑧ 윈도우 7의 설치 위치를 지정하기 위해 이전 과정에서 만든 가상 하드디스크를 선택하고 〈다음〉 버튼을 클릭합니다. 가상 하드디스크가 나타나지 않으면 '새로 고침'을 클릭합니다. 이 디스크에 운영체제를 설치할 수 없다는 메시지가 나타나면 무시합니다.

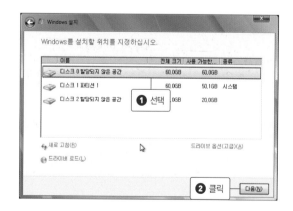

⑨ 윈도우 7의 본격적인 설치가 30여 분 정도 진행되면 잠시 자리를 비워도 좋습니다.

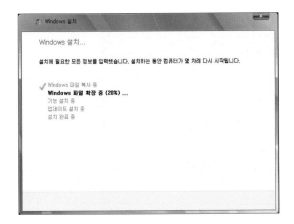

⑩ 재부팅을 몇 번 반복하고 설치를 거의 마치면 시스템의 비디오 성능을 확인합니다.

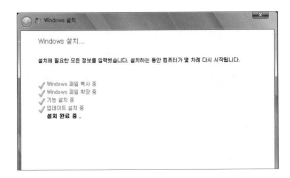

⑪ 윈도우 바탕 화면을 나타내려면 먼저 사용자 계정을 설정합니다. 계정 이름과 컴퓨터 이름을 관리자 계정으로 사용할 것이므로 정확하게 입력한 후 〈다음〉 버튼을 클릭합니다.

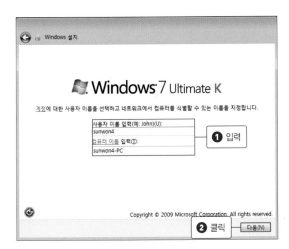

⑫ 윈도우 7 로그인을 할 때 사용할 암호와 암호 확인, 암호 확인할 힌트를 입력합니다. 암호를 사용하지 않으려면 암호를 입력하지 않은 채 〈다음〉 버튼을 클릭합니다.

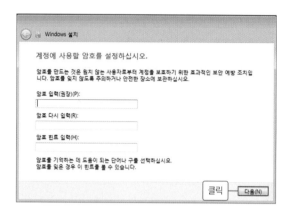

⑬ 제품 키를 입력하고 〈다음〉 버튼을 클릭합니다. 윈도우 7 설치 후 제품 키를 입력하기 위해서는 〈다음〉 버튼을 클릭한 후 표시되는 대화상자에서 〈아니오〉 버튼을 클릭합니다.

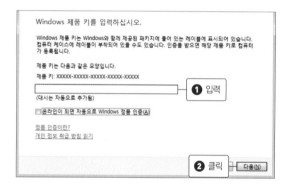

⑭ 윈도우 업데이트를 자동으로 할 것인지, PC에 오류가 발생했을 때 마이크로소프트 서버로 오류 보고를 보낼 것인지 등을 확인합니다. 보안이 걱정되면 '중요 업데이트만 설치'를 클릭하고, 인터넷이 안 되면 나중에 설치해도 되므로 '나중에 다시 확인'을 클릭합니다.

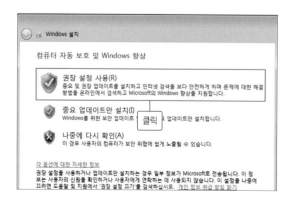

⑮ 날짜와 시각을 지정한 후 〈다음〉 버튼을 클릭합니다.

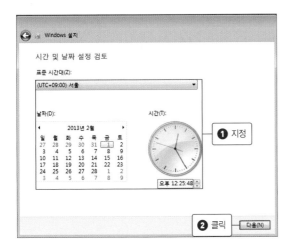

⑯ 인터넷에 연결되면 네트워크 설정 창이 표시됩니다. PC 여러 대를 공유기로 연결한 경우 '홈', 회사 네트워크에 속한 PC인 경우 '회사', 가정에서 PC 하나만 사용하는 경우 '공공장소'를 클릭합니다.

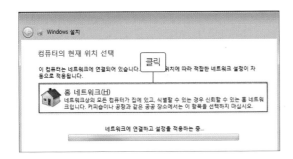

⑰ 윈도우 7을 설치할 때 다른 컴퓨터와의 공유 여부를 설정합니다. 집에서 사용하는 PC가 두 대 이상이면 홈 그룹 암호를 입력합니다. 사용하는 PC가 한 대면 〈건너뛰기〉 버튼을 클릭합니다.

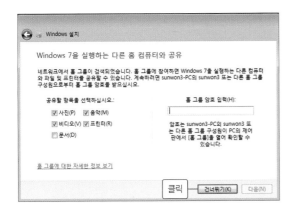

⑱ 윈도우 7 설치가 완전히 끝났음을 알리는 창이 표시된 후 윈도우 7 시동을 준비합니다.

⑲ 윈도우 7 로고가 잠깐 나타나고 로그인 화면이 나타납니다. 암호를 설정한 경우에는 ⑰번 과정에서 설정한 암호를 입력하고 Enter를 누르면 윈도우 7이 실행됩니다.

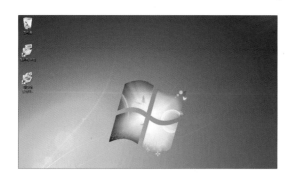

2 | 최대 절전 모드를 지원하지 않는 가상 하드디스크에서의 윈도우 7

가상 하드디스크에 설치된 윈도우 7은 '최대 절전 모드'를 지원하지 않는는 점에서 하드디스크에 설치해 사용하는 윈도우 7과 다릅니다. 윈도우 운영에 필요한 핵심 파일만 설치하고 덩치가 큰 응용 프로그램이나 개인 데이터는 가상 하드디스크가 아닌 다른 드라이브에 설치합니다. 그러므로 윈도우 7 운영체제가 설치되는 하드디스크 용량은 20GB가 적당합니다.

윈도우 7 – 최대 절전 모드 지원 안 함

응용 프로그램
개인 데이터

20GB

가상 하드디스크   실제 하드디스크

3 | 가상 하드디스크에 최적화된 윈도우 7 백업하기

윈도우 7이 설치된 가상 하드디스크 내용이 변경되기 전에 백업하겠습니다. 나중에 문제가 생기면 백업된 가상 하드디스크 파일로 되돌려 윈도우 7을 사용합니다.

윈도우 7 백업을 무작정 따라하기 전에 윈도우 7이 설치된 가상 하드디스크 파일의 경로를 확인합니다. 복사한 파일을 저장하려는 드라이브명을 확인하고 작업을 진행합니다.

❶ 윈도우 7 설치 미디어로 부팅하도록 설정합니다. 윈도우 7 설치 미디어로 부팅되고 윈도우 7을 설치하는 데 필요한 파일들을 읽어옵니다.
윈도우 7 설치 언어를 '한국어'로 지정하고 키보드 종류는 'PC/AT 101키 호환 키보드(종류 3)'로 지정한 후 〈다음〉 버튼을 클릭합니다.

❷ 명령 프롬프트가 표시되면 윈도우 7을 설치할 가상 드라이브를 백업하기 위해 Shift + F10 을 누릅니다.

❸ 명령 프롬프트가 실행되면 다음의 명령어를 입력해 가상 하드디스크 파일을 찾아 복사합니다.

`d:` `Enter`	D 드라이브로 이동합니다.
`dir/w` `Enter`	D 드라이브 내용을 확인하여 가상 하드디스크 파일이 존재하는지 확인합니다.
`copy d:\win7.vhd d:\win7backup.vhd` `Enter`	윈도우 7이 설치된 가상 하드디스크 파일과 경로명으로, 한 줄로 입력합니다.

ⓐ 복사할 파일명과 경로명입니다. 여기서는 같은 드라이브에 다른 이름으로 저장했지만, 다른 드라이브에 여유 공간이 있으면 거기에 지정하는 것이 좋습니다.
예를 들어 E 드라이브에 'win7-sub'이라는 이름으로 백업하려면 'copy d:\win7.vhd e:\win7-sub.vhd'를 입력합니다.
ⓑ 파일 복사에 성공했다는 메시지입니다.

4 | 백업 VHD 파일로 윈도우 7 복구하기

가상 하드디스크에 설치된 윈도우 7이 문제를 일으키면 백업된 VHD 파일을 이용해 복구합니다.
바로 정상적인 윈도우 7로 되돌릴 수 있습니다. 윈도우 7이 설치된 가상 하드디스크 파일의 경로명을 확인하고, 복사한 파일을 저장할 드라이브명을 확인한 후 작업합니다.

❶ 77쪽을 참고해 윈도우 7 설치 미디어로 부팅되도록 설정합니다. 윈도우 7 설치 미디어로 부팅되고 윈도우 7을 설치하는 데 필요한 파일들을 읽어옵니다.

❷ 윈도우 7 설치 언어를 '한국어'로 지정하고 키보드 종류를 'PC/AT 101키 호환 키보드(종류 3)'로 지정한 후 〈다음〉 버튼을 클릭합니다.

❸ 명령 프롬프트가 실행되면 윈도우 7을 설치할 가상 드라이브를 복구하기 위해 `Shift`+`F10`을 누릅니다.

④ 명령 프롬프트가 실행되면 다음의 명령어를 입력해 오염된 VHD 파일을 삭제하고 백업 파일을 가져와 가상 하드디스크로 사용합니다.

```
d: Enter                                          가상 하드디스크 드라이브로 이동합니다.
                                                  C 드라이브에 있으면 'C:'를 입력합니다.
dir/w Enter                                       드라이브의 파일을 확인합니다. 삭제할 가상 하드디스크 파일이 있는지 확인합니다.
del win7.vhd Enter                                사용 중이던 가상 하드디스크 파일을 삭제합니다.
copy d:\win7backup.vhd d:\win7.vhd Enter          백업한 VHD 파일의 경로와 파일명입니다.
```

ⓐ 사용 중이던 VHD 파일이 있던 경로명, 파일명입니다.
ⓑ 파일 복사에 성공했다는 메시지입니다.

⑤ 시스템을 재시작하면 윈도우 상태가 처음 설치된 상태로 돌아옵니다.

'Windows To Go' 기능을 이용해 USB 메모리, 외장 하드디스크, SSD와 같은 휴대용 저장 장치에 윈도우 10/8을 설치해 어떤 PC에서든 해당 저장 장치를 연결하면 나만의 윈도우 10/8이 실행되는 PC 환경을 만들 수 있습니다. Windows To Go(이하 WTG)를 이용해 만든 윈도우 10/8은 하드디스크에 설치한 윈도우와 똑같이 사용할 수 있습니다. 갑자기 시스템이 부팅되지 않을 때에도 WTG를 이용해 만든 장치로 부팅해 데이터 백업 등을 진행할 수도 있습니다.

WTG 장점

• 모든 PC에서 저장 장치로 부팅되면 기능에 제약 없는 윈도우 10/8을 사용할 수 있습니다.
• 어떤 컴퓨터를 사용하더라도 나만의 작업 환경을 가진 윈도우 10/8을 사용할 수 있습니다.
• 컴퓨터가 윈도우로 부팅되지 않을 때 응급 부팅용으로 사용할 수 있습니다.

WTG 단점

• 저장 장치로 USB 메모리(USB 2.0/1.0 인터페이스)를 사용하면 읽기/쓰기 속도가 매우 느립니다.
• 사용 중 저장 장치와 PC 연결이 해제되면 데이터가 손상될 수 있습니다.
• 기본적으로 시스템 복원 기능과 최대 절전 모드 기능을 사용할 수 없습니다.

1 | Windows To Go 장치 준비

윈도우 10/8 엔터프라이즈 버전에는 'Windows To Go' 제작 앱이 있지만, 개인용 윈도우 10/8 프로 버전에는 제공되지 않습니다. 그러므로 WTG 장치로 부팅할 수 있는 'Windows To Go 시작 옵션'을 제공합니다. 여기서는 윈도우 10/8 프로 기준으로 WTG 장치를 만드는 방법을 알아봅니다.
윈도우 10/8 프로 업그레이드 버전 사용자는 WTG 장치를 만드는 데 필요한 'install.wim' 파일이 제공되지 않습니다. 업그레이드 버전을 사용하려면 직접 윈도우 10/8의 'install.wim' 파일을 구해야 합니다. 필요한 준비물은 다음과 같습니다.

• USB 3.0 인터페이스를 지원하는 16GB 이상의 USB 메모리, SSD, 외장 하드디스크와 같은 저장 장치, USB 3.0 인터페이스가 아닌 USB 메모리를 사용할 수 있지만 속도가 느려 사용하기 불편합니다.
• 윈도우 10/8 설치 미디어 ₩sources₩install.wim 파일
• ImageX(Windows Imaging Utility) : 마이크로소프트에서 제공하는 드라이브 이미징 프로그램입니다. 윈도우 10/8 설치 파일 이미지인 'install.wim' 파일은 ImageX를 이용해 만들어진 것입니다.

TIP USB 메모리에 윈도우 10/8을 설치하려면 16GB 이상의 USB 3.0 인터페이스를 사용하는 MLC나 SLC 방식을 사용합니다.

2 | ImageX, install.Wim 파일 준비하기

'ImageX' 파일을 구하는 방법을 알아보겠습니다. 윈도우 10/8용 평가 및 배포 키트를 다운로드해 설치하면 ImageX 파일을 구할 수 있습니다. ImageX 프로그램을 구하기 위해 다운로드하고 설치하는 데는 많은 노력이 필요합니다.

❶ 마이크로소프트 윈도우 10/8용 Windows ADK(평가 및 배포 키트) 페이지에서 〈다운로드〉 버튼을 클릭하여 'ADK'를 다운로드합니다.

https://developer.microsoft.com/ko-kr/windows/hardware/windows-assessment-deployment-kit

❷ 다운로드가 완료되면 실행 파일을 더블클릭하여 설치를 진행합니다. 위치 지정 화면에서 '별도의 컴퓨터에 설치하기 위해 평가 및 배포 키트 다운로드'를 선택한 후 〈찾아보기〉 버튼을 클릭하여 설치 경로를 지정합니다. 설치 작업을 수행할 기능 선택 화면에서 '배포 도구'에 체크 표시한 후 〈설치〉 버튼을 클릭합니다.

설치를 마치면 ₩Program Files(x86)₩Windows Kits₩8.0₩Assessment and Deployment Kit₩Deployment Tools₩x86₩DISM 폴더에서 'ImageX' 유틸리티를 확인할 수 있습니다.

❸ 특정 폴더를 만들어 ImageX 유틸리티를 복제합니다. 여기서는 'C:\image' 폴더를 만들어 복제했습니다.

빠른 작업 속도와 안정성을 위해 윈도우 10/8 설치 미디어를 연결한 후 \sources\install.wim 파일을 ImageX 유틸리티를 저장한 폴더로 복사합니다.

3 | USB 메모리 준비하기

휴대용 윈도우가 설치될 USB 메모리를 포맷하고 부팅용 장치로 만들겠습니다.

❶ USB 메모리를 시스템에 연결한 후 파일 탐색기를 실행하여 USB 메모리가 사용하는 드라이브명을 확인합니다.

❷ ⊞+X를 눌러 표시되는 메뉴에서 '명령 프롬프트(관리자)'를 실행합니다.

명령 프롬프트(관리자)가 실행되면 다음의 명령어를 입력하여 'diskpart'를 실행하고 작업할 장치로 USB 메모리를 선택합니다. 작업할 USB 메모리가 맞는지 디스크 용량으로 확인합니다.

❸ 선택된 USB 메모리를 부팅용 장치로 만듭니다. '초기화 → 파티션 나누기 → 포맷 → 부팅 파티션 지정 → 드라이브 이름 지정' 단계로 작업을 진행합니다. 다음 명령어를 입력하고, 잘못 입력해 명령 실행이 안 되면 다시 해당 명령어 입력부터 진행합니다. 이때 USB 메모리 내용이 삭제되므로 주의합니다.

```
clean Enter                                              USB 메모리를 초기화합니다.
create partition primary Enter
                                                                파티션을 만듭니다.

format fs=ntfs quick label=win8 Enter
          NTFS 파일 시스템으로 빠른 포맷을 진행하며, 'win8'이라는 볼륨명을 사용합니다. NTFS 파일 시스템으로 포맷해야 윈도우 이미지 설치가 진행됩니다.
active Enter                                                부팅 파티션으로 지정합니다.
assign letter=j Enter                                         USB 메모리가
                                            사용할 드라이브명을 지정합니다. 파일 탐색기를
                                실행한 후 시스템이 사용하지 않는 드라이브 문자를 지정합니다. 여기서는 'J'로 지정했습니다.
```

```
exit Enter                                                   diskpart를 종료합니다.
```

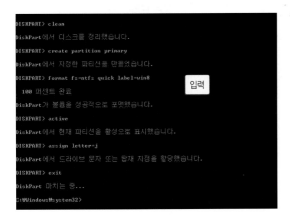

❹ USB 메모리를 사용할 준비가 되면 비어 있는 USB 메모리 파일 탐색기가 표시됩니다.

4 | USB에 윈도우 10/8 저장하기

ImageX 유틸리티를 이용해 USB 메모리에 윈도우를 설치하겠습니다. USB 3.0 인터페이스를 사용하는 빠른 속도의 USB 메모리도 작업 시간이 한 시간 이상 소요되므로 인내심을 갖고 작업합니다.

① ⊞+X를 눌러 표시되는 메뉴에서 '명령 프롬프트(관리자)'를 실행합니다.
명령 프롬프트(관리자)가 실행되면 다음의 명령어를 입력해 ImageX 유틸리티로 'install.wim' 파일을 USB 메모리에 이동합니다. 명령어를 입력할 때 띄어쓰기를 해야 합니다. 명령어 실행 후 시간이 좀 걸립니다. 이미지 해제 작업은 '/apply' 명령어를 이용해 진행합니다.

```
cd c:\image Enter                                    ImageX 유틸리티와 이미지 파일이 저장된 경로로 찾아갑니다.
ImageX /apply c:\image\install.wim 1 j:\ Enter       'install.wim' 파일 경로명입니다.
                                    ⓐ ⓑ
```

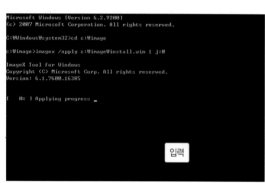

ⓐ wim 파일 안에는 여러 개의 이미지 파일이 있을 수 있으므로 반드시 이미지 인덱스 번호를 통해 어떤 이미지를 해제할지 지정해야 합니다. 윈도우 설치 이미지는 하나밖에 없으므로 '1'을 입력합니다.
ⓑ USB 메모리가 사용하는 드라이브명입니다.

② 'Succeecssfully……'라는 메시지와 함께 작업이 완료되면 USB 메모리에 다음과 같은 파일이 만들어집니다.

③ 현재 상태로는 부팅할 수 없으므로 USB 메모리에 'bcdboot' 명령어를 이용해서 부팅 파일을 저장해야 합니다. 명령 프롬프트에서 다음의 명령어를 입력합니다. '부팅 파일을 만들었습니다.'라는 메시지가 나타나면 성공입니다.

```
bcdboot j:\windows /l ko-kr /s j: /f ALL
         ⓐ            ⓑ      ⓒ   ⓓⓔ    ⓕ
```

ⓐ 드라이브명:₩windows : 부팅 파일을 만들 USB 메모리에 있는 원본 윈도우 경로입니다. USB 메모리 드라이브에 있는 윈도우 경로명을 입력합니다.

ⓑ /l : '/l'는 BCD 저장소를 초기화할 때 사용하는 로컬 매개 변수를 지정하는 옵션입니다.

ⓒ ko-kr : 한국어를 사용한다는 의미입니다. 기본 값은 영어로 지정되어 있어 'ko-kr(한국어)'로 지정합니다.

ⓓ /s : '/s'는 부팅 환경 파일이 복사되는 시스템 파티션을 지정합니다.

ⓔ 드라이브명: : USB 메모리 드라이브명입니다.

ⓕ /f All : '/f'는 시스템 파티션의 펌웨어 유형을 지정하여 UEFI, 바이오스에서 인식할 수 있도록 'ALL'로 지정합니다.

❹ 작업이 끝난 USB 메모리를 파일 탐색기에서 확인하면 숨겨진 'Boot' 시스템 폴더가 만들어졌습니다.

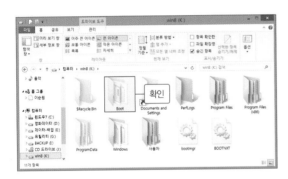

❺ 부팅 시 부팅 순서를 USB 메모리로 선택해 부팅합니다.

⑥ 처음 부팅할 때는 시간이 오래 걸리며 다음과 같이 '장치를 준비하는 중' 메시지가 나타납니다.

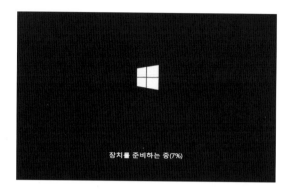

⑦ 다음과 같이 제품 키를 입력하는 화면이 나타나면 제품 키를 입력한 후 〈다음〉 버튼을 클릭합니다.

⑧ 'Windows의 사용 조건에 동의함'에 체크 표시하고 〈동의〉 버튼을 클릭합니다.

⑨ 윈도우 10/8 설치를 진행합니다. 마이크로소프트 계정을 사용하면 계정 동기화로 기존 윈도우 10/8에서 설정한 내용이 적용됩니다.

5 | Windows To GO로 시작하기

WTG 장치로 부팅하는 방법은 시모스 셋업을 이용하는 방법과 제어판에서 'Windows To Go 시작 옵션 변경'을 이용하는 두 가지 방법이 있습니다. 제어판을 이용하는 방법은 WTG 장치가 연결되면 항상 Windows To Go 작업 영역으로 자동 부팅됩니다. 기존 하드디스크로 부팅하려면 시모스 셋업을 변경해야 합니다.

① 제어판에서 '하드웨어 및 소리'를 실행한 후 장치 및 프린터 항목의 'Windows To Go 시작 옵션 변경'을 선택합니다.

② WTG 장치로 부팅할지 묻는 'Windows To Go 시작 옵션' 대화상자가 표시되면 '예'를 선택한 후 〈변경 내용 저장〉 버튼을 클릭합니다.

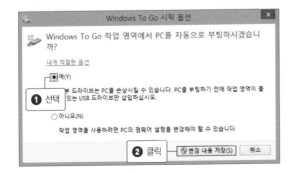

명령 프롬프트 알아보기

윈도우에는 사용자가 직접 명령어를 입력해 작업할 수 있는 '명령 프롬프트' 기능이 있습니다.
클릭만으로 작업을 진행하는 GUI 방식 프로그램과 비교할 때 정확한 명령어를 알아야 작업할 수 있으므로 어려워 보이지만 명령어 몇 가지만 알아두면 유용하게 사용할 수 있습니다.
우선 명령어를 사용할 수 있는 프로그램인 '명령 프롬프트'를 실행하는 다양한 방법을 알아보겠습니다.

1 | 명령 프롬프트 실행하기

윈도우는 복구 도구인 '명령 프롬프트'를 실행할 수 있는 다양한 방법을 제공합니다. 명령 프롬프트만 실행할 수 있으면 시스템 복구 영역을 되살리거나 하드디스크를 포맷하고 파티션을 작업하며 파일 속성을 변경하는 등 다양한 작업이 가능합니다. 명령 프롬프트를 실행하는 방법을 알아보겠습니다.

- ⊞+X를 눌러 표시되는 메뉴에서 명령 프롬프트를 실행할 수 있습니다.
- ⊞+R을 눌러 표시되는 '실행' 창에서 'cmd'를 입력하고 〈확인〉 버튼을 클릭합니다.

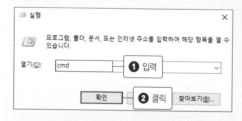

- 윈도우 설치 미디어로 부팅하는 경우에는 다음 화면에서 Shift+F10을 눌러 명령 프롬프트를 실행합니다. 윈도우 시동에 문제가 있을 때 명령 프롬프트에서 'Bootrec.exe'를 실행하여 해결할 수 있습니다.

- 명령 프롬프트에서 'diskpart', 'format' 명령을 이용해 윈도우가 설치된 디스크를 초기화하거나 포맷, 파티션 작업을 할 수 있습니다. 가상 하드디스크를 만들어 윈도우 설치도 진행할 수 있습니다.
- 윈도우 10/8의 시작 설정 화면에서 '안전 모드(명령 프롬프트 사용) 사용'을 선택해 안전 모드에서 명령 프롬프트를 사용할 수 있습니다.

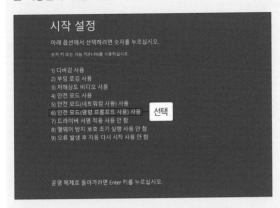

- 윈도우 10/8의 '고급 옵션' 앱에서 '명령 프롬프트'를 선택해 명령 프롬프트를 실행합니다.

2 | 명령어 사용 방법 알아보기

윈도우에서 ⊞+X를 눌러 표시되는 메뉴에서 명령 프롬프트를 실행한 후 'help'를 입력하면 명령 프롬프트에서 사용할 수 있는 명령어가 나열됩니다.

◀ 명령 프롬프트에서 실행 가능한 명령어들

예를 들어 'ATTRIB'라는 파일 속성을 변경하는 명령어 사용에 대한 정보가 필요하면 명령어 다음에 '/?'를 입력하고 [Enter]를 누르거나 'Help attrib'를 입력한 후 [Enter]를 누릅니다.

❶ '[ ]' 표시는 각각의 옵션을 구분하기 위해 사용된 것이므로 명령어를 입력할 때는 '[ ]'를 제외한 채 입력합니다. 이때 띄어쓰기는 적용됩니다.

❷ ':'는 'or, 또는'이라는 의미로, 둘 중 하나를 사용해야 한다는 것입니다.

명령 프롬프트에서 실행되는 명령어 중 하드디스크 파티션, 포맷 작업 등을 진행할 수 있는 DiskPart, Format 명령어 사용법을 알아보겠습니다.

3 | 기본 명령어 익히기

프로그램 실행이나 드라이브 이동, 폴더 생성, 드라이브 내용 보기와 같이 파일 형태로 존재하지 않는 명령어지만 꼭 알아야 할 기본 명령어를 알아보겠습니다.

[드라이브명]:
작업할 드라이브로 이동할 때 사용합니다.

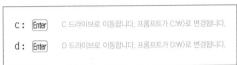

c : [Enter]   C 드라이브로 이동합니다. 프롬프트가 C:\)로 변경됩니다.

d : [Enter]   D 드라이브로 이동합니다. 프롬프트가 D:\)로 변경됩니다.

dir [드라이브명]:\[폴더 경로][파일명] /옵션
폴더 안의 내용을 확인할 때 사용합니다.

```
dir c:\windows /w/p [Enter]
```
C:\windows 폴더의 내용을 가로로 한 화면씩 보여줍니다. 두 개 이상 옵션을 같이 사용할 수 있습니다.

옵션	기능
/p	한 화면씩 보여줍니다. 다음 화면으로 넘어가려면 아무 키나 누릅니다.
/w	가로 목록으로 내용을 보여줍니다.
/a	지정한 속성을 갖는 파일만 보여줍니다.
/o	내용 표시 순서를 지정합니다.
/s	지정한 폴더 안 파일과 하위 폴더 목록을 모두 보여줍니다.
/b	제목이나 요약의 정보를 생략하고 기본 포맷대로 보여줍니다.
/l	소문자를 사용합니다.
/v	파일 크기, 속성, 생성 날짜 등 파일에 대한 모든 정보를 자세하게 보여줍니다.

▲ dir 명령에 사용하는 옵션

cd [드라이브명]:\[폴더명]
폴더 사이를 이동할 때 사용합니다.

```
cd c:\xxxx  Enter                                               C 드라이브에 있는 xxxx 폴더로 이동합니다.
cd..  Enter                                                     한 단계 바로 위 폴더로 이동합니다.
cd...  Enter                                                    두 단계 바로 위 폴더로 이동합니다.
cd\  Enter                                                      어느 폴더에 있더라도 루트 폴더로 바로 이동합니다.
```

md [폴더명]

폴더를 만듭니다.

D 드라이브에 'windows\command'라는 폴더를 만들려면 다음과 같은 명령어를 입력합니다.

```
d:  Enter                                                       D 드라이브로 이동합니다.
md windows  Enter                                               windows 폴더를 만듭니다.
cd windows  Enter                                               windows 폴더로 이동합니다.
md command  Enter                                               command 폴더를 만듭니다.
```

del [삭제할 파일명]

폴더 안의 파일을 삭제합니다.

```
del xxxx.com  Enter                                             xxxx.com 파일을 삭제합니다.
del c:\wind\wink.exe  Enter                                     C:\wind 폴더에 있는 wink.exe 파일을 삭제합니다.
                                                                경로명과 삭제할 파일명을 정확하게 입력해야 합니다.
del *.*  Enter                                                  폴더 안의 모든 파일을 삭제합니다.
del.  Enter                                                     폴더 안의 모든 파일을 삭제합니다.
```

rd [삭제할 폴더명]

폴더를 삭제합니다. 폴더 안의 파일과 하위 폴더를 모두 삭제하고 폴더를 제거합니다.
폴더 구조가 다음과 같은 경우 'program' 폴더를 삭제하려면 다음의 명령어를 입력합니다.

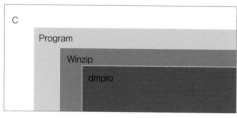

▲ 폴더 구조

```
cd c:\program\winzip\dmpro  Enter
                                                h0위 폴더로 이동합니다.
del *.*  Enter                                  폴더 안 모든 파일을 삭제합니다.
cd..  Enter                                     상위 폴더로 이동합니다.
rd dmpro  Enter                                 비어 있는 폴더를 삭제합니다.
del *.*  Enter
cd..  Enter
rd winzip  Enter
del *..*  Enter
cd..  Enter
rd program  Enter
```

copy [복사할 파일이 있는 경로명] [복사할 파일]   [파일이 복사될 경로명]

파일을 특정 폴더로 복제할 때 사용합니다. 파일을 복사해 동일한 내용의 다른 이름을 가진 파일을 만들 때도 사용합니다.

```
copy xxxx.exe c:\windows Enter
                                                    xxxx.exe 파일을 C:₩windows 폴더에 복제합니다.

copy c:\program\xxx.exe c:\windows program Enter
                                    C:₩program 폴더의 xxx.exe 파일을 C:₩windows program 폴더로 복사합니다.

copy *.* c:\windows Enter
                                            현재 폴더의 모든 파일을 C:₩windows 폴더로 복사합니다.

copy sunwon.hwp sunwon2.hwp Enter
                                                        'sunwon.hwp' 파일을 그대로 복사해
                                                    'sunwon2.hwp'란 이름의 파일을 추가합니다.
```

CLS(CLear Screen)

명령 프롬프트에서 작업 중인 화면의 내용을 지우고 첫 화면부터 시작할 때 사용합니다.

4 | Format 명령어 익히기

'Format' 명령은 디스크를 포맷할 때 사용합니다. NTFS, FAT32 파일 시스템을 선택하여 포맷할 수 있습니다. 윈도우의 명령 프롬프트에서 포맷, 파티션 작업을 진행하는 경우 윈도우가 설치된 드라이브는 포맷할 수 없습니다.

 윈도우가 설치된 드라이브를 포맷하려면 윈도우 비스타 이상의 경우 설치 미디어로 부팅해 포맷 명령을 실행합니다.

포맷 명령은 다음과 같은 형식을 사용합니다.

format 드라이브명: /FS: 파일 시스템 /V: 레이블

예를 들어 C 드라이브를 NTFS 파일 시스템을 이용해 '윈도우 10'이라는 이름으로 포맷하려면 다음과 같은 명령어를 입력합니다.

```
format c: /fs:ntfs /v:윈도우 10 Enter
```

이외에도 다양한 옵션을 사용할 수 있습니다. 포맷 명령어와 관련된 옵션을 살펴보면 다음과 같습니다.

옵션	기능
/Q	빠른 포맷을 수행합니다.
/C	NTFS 파일 시스템을 사용할 경우 기본적으로 압축됩니다.
/A:크기	클러스터 크기를 설정합니다. FAT32와 NTFS의 경우 512, 1024, 2048, 4096, 8192, 16K, 32K, 64K를 지원합니다.

▲ format 명령에서 사용하는 옵션

예를 들어 C 드라이브를 NT 파일 시스템을 이용해 '윈도우 10'이라는 이름으로 빠른 포맷을 실행하고
클러스터 크기를 16K로 지정하려면 다음과 같은 명령을 사용합니다.

```
format c: /fs: ntfs /v: 윈도우10 /q /v: 16K Enter
```

윈도우 비스타 이상은 파일 시스템으로 UDF도 지원합니다. DVD에서 파일 시스템의 기본은
UDF(Universal Disk Format)입니다. 광디스크 표준화를 목적으로 하는 단체 OSTA(Optical Storage
Technology Association)에 의해 만들어진 논리 포맷 규격입니다. 명령 프롬프트에서 DVD 디스크를
바로 포맷할 수 있습니다.
예를 들어 'K'라는 이름의 광학 드라이브에 DVD+RW 미디어를 넣은 후 포맷하려면 다음 명령어를 입
력합니다.

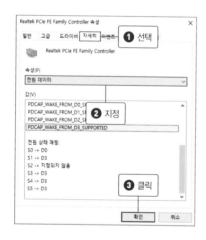

```
format k: /fs:udf Enter
```

5 | Diskpart 명령어 익히기

'Diskpart' 명령어는 파티션 생성, 삭제 등 하드디스크 파티션을 관리하는 프로그램입니다.
하드디스크 구조를 바꿔 잘못 선택된 하드디스크에서 작업하면 데이터를 잃어버릴 수 있으므로 신중
해야 합니다.

Diskpart 기본 명령어

명령 프롬프트에서 Diskpart 명령어를 입력하면 프롬프트가 'DISKPART>'로 변경됩니다. Diskpart를 실행 했을 때 알아야 할 기본 명령어를 알아보겠습니다.

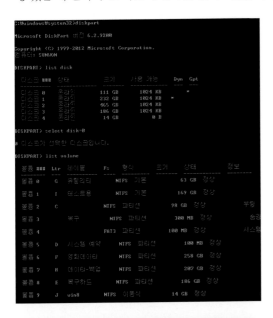

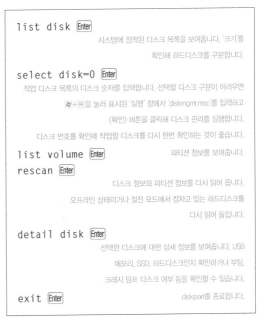

list disk [Enter]

시스템에 장착된 디스크 목록을 보여줍니다. '크기'를 확인해 하드디스크를 구분합니다.

select disk=0 [Enter]

작업 디스크 목록의 디스크 숫자를 입력합니다. 선택할 디스크 구분이 어려우면 [⊞]+[R]을 눌러 표시된 '실행' 창에서 'diskmgmt.msc'를 입력하고 〈확인〉 버튼을 클릭해 디스크 관리를 실행합니다. 디스크 번호를 확인해 작업할 디스크를 다시 한번 확인하는 것이 좋습니다.

list volume [Enter]

파티션 정보를 보여줍니다.

rescan [Enter]

디스크 정보와 파티션 정보를 다시 읽어 옵니다. 오프라인 상태이거나 절전 모드에서 잠자고 있는 하드디스크를 다시 읽어 들입니다.

detail disk [Enter]

선택한 디스크에 대한 상세 정보를 보여줍니다. USB 메모리, SSD, 하드디스크인지 확인하거나 부팅, 크래시 덤프 디스크 여부 등을 확인할 수 있습니다.

exit [Enter]

diskpart를 종료합니다.

Diskpart 명령어로 부팅 미디어 만들기

Diskpart 명령어를 이용해 부팅 가능한 미디어로 만들기 위해서는 작업할 드라이브를 선택하고 파티션을 선택했을 때 작업할 장치를 정확하게 선택했는지 확인해야 합니다.

● 하나의 파티션을 만들고 포맷하는 경우

Diskpart 명령어를 이용해 선택한 장치에 하나의 파티션만 만들고 부팅용 드라이브로 지정하겠습니다.

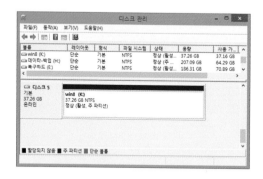

```
clean Enter                              선택한 장치를 초기화하여 디스크 정보 등을 삭제합니다.
create partition primary Enter                                파티션을 만듭니다.
format fs=ntfs quick label=win8 Enter         NTFS 파일 시스템으로 빠른 포맷을 진행합니다.
                                              'win8'이라는 볼륨명을 사용합니다.
```

```
active Enter                                           부팅 파티션으로 지정합니다.
assign letter=k Enter
      장치가 사용할 드라이브명을 지정합니다. 다른 파티션이 사용하는 문자라면 사용할 수 없다는 메시지가 나타나므로 다른 파티션이 사용하지 않는 문자로 지정합니다.
                  여기서는 'K:'로 지정했습니다. 문자를 직접 지정하지 않고 자동으로 만드려면 'assign'만 입력합니다.
```

```
DISKPART> select disk=5
  디스크가 선택한 디스크입니다.
DISKPART> clean
DiskPart에서 디스크를 정리했습니다.
DISKPART> create partition primary
DiskPart에서 지정한 파티션을 만들었습니다.
DISKPART> format fs=ntfs quick label=win8
  100 퍼센트 완료
DiskPart가 볼륨을 성공적으로 포맷했습니다.
DISKPART> active
DiskPart에서 현재 파티션을 활성으로 표시했습니다.
DISKPART> assign letter=k
DiskPart에서 드라이브 문자 또는 탑재 지점을 할당했습니다.
DISKPART>
```

작업 중 명령어에 대한 정보가 필요하면 명령어 앞에 'Help'를 입력합니다. 예를 들어 Diskpart에서 사용하는 Create 명령어에 대한 정보가 필요하면 'Help Create Partition'을 입력해 설명을 확인합니다. 'Help Create Partition Partition'을 입력하면 자세한 도움말을 볼 수 있습니다.

● 두 개의 파티션을 만드는 경우

Diskpart 명령어를 이용해 파티션을 기본 파티션과 확장 파티션으로 구분하는 방법을 알아보겠습니다. 이때 확장 파티션에는 반드시 논리 드라이브를 만들어야 합니다.

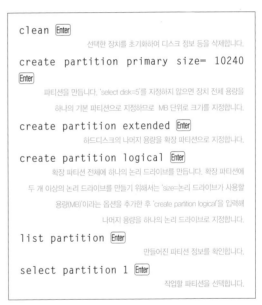

clean Enter
선택한 장치를 초기화하여 디스크 정보 등을 삭제합니다.

create partition primary size= 10240 Enter
파티션을 만듭니다. 'select disk=5'를 지정하지 않으면 장치 전체 용량을 하나의 기본 파티션으로 지정하므로 MB 단위로 크기를 지정합니다.

create partition extended Enter
하드디스크의 나머지 용량을 확장 파티션으로 지정합니다.

create partition logical Enter
확장 파티션 전체에 하나의 논리 드라이브를 만듭니다. 확장 파티션에 두 개 이상의 논리 드라이브를 만들기 위해서는 'size=논리 드라이브가 사용할 용량(MB)'이라는 옵션을 추가한 후 'create partition logical'을 입력해 나머지 용량을 하나의 논리 드라이브로 지정합니다.

list partition Enter
만들어진 파티션 정보를 확인합니다.

select partition 1 Enter
작업할 파티션을 선택합니다.

● 파티션 삭제하기

Diskpart 명령어를 이용해 만들어진 파티션도 쉽게 삭제할 수 있습니다. 윈도우 실행에 필요한 파티션은 삭제되지 않으므로 윈도우 설치 미디어로 부팅해 작업해야 합니다.

```
select disk=2 Enter
list partition Enter
                          장치를 선택하고 장치에 있는 파티션 정보를 확인합니다.
select partition=2 Enter
                          작업할 파티션을 선택합니다.
delete partition Enter
                          파티션을 삭제합니다.
```

● 가상 하드디스크 만들기

diskpart 명령어를 이용해 확장자가 VHD, VHDX 파일인 가상 하드디스크를 만들어 활성화 또는 비활성화할 수도 있습니다.

```
       ⓐ                              ⓑ
create  vdisk  file=c:\win8.vhd
maximum=10240 type=expandable Enter
     ⓒ                   ⓓ
```

ⓐ create vdisk는 가상 하드디스크를 만듭니다.

ⓑ 만들 가상 하드디스크 저장 경로와 파일명입니다.

ⓒ 가상 하드디스크에 표시되는 최대 공간 크기(MB)입니다.

ⓓ 가상 하드디스크 사용 공간이 저장되는 데이터에 맞게 크기가 조절됩니다. 지정한 최대 공간 이상 확장되지 않습니다. 'Expandable'의 반대 옵션은 'Fixed'로 기본 값입니다. Expandable을 사용하지 않으면 '가상 하드디스크 최대 공간 크기 = 가상디스크 크기'로 설정됩니다.

TIP 디스크 관리를 이용해 가상 하드디스크를 만들 수 있습니다. 가상 하드디스크를 만들고 연결하는 방법은 197쪽에서 설명합니다.

만들어진 가상 하드디스크를 연결하고 해제하는 명령어를 알아보겠습니다. 가상 하드디스크인 만큼 파티션, 포맷 작업을 하고 드라이브명을 지정해야 사용할 수 있습니다.

```
select vdisk file=c:\win8.vhd Enter
                          사용할 가상 하드디스크를 선택합니다.
attach vdisk Enter
           선택된 가상 하드디스크를 연결합니다. 가상 하드디스크를 읽기 전용으로
           연결하려면 'attach vdisk readonly' 명령을 사용합니다. 연결된 가상
           하드디스크는 파티션, 포맷 작업을 해야 사용할 수 있습니다.
detach vdisk Enter
                          지정한 가상 하드디스크를 분리합니다.
```

● 디스크 형식 변환하기

윈도우에서 사용할 수 있는 디스크 형식은 MBR 디스크와 GPT 디스크가 있고, 이들은 다시 윈도우에서 기본 디스크와 동적 디스크로 구분됩니다.

필요한 경우 Convert 명령을 이용해 디스크 형식을 MBR 디스크 ↔ GPT 디스크, 기본 디스크 ↔ 동적 디스크로 변환할 수 있습니다.

디스크 형식을 변환할 때 주의할 점은 기본 디스크 → 동적 디스크로의 변환은 디스크의 데이터나 파티션 정보가 그대로 유지되지만, 동적 디스크 → 기본 디스크로의 변환이나 MBR 디스크 ↔ GPT 디스크 변환은 기존 디스크 안 데이터, 파티션 정보가 사라지고 새로 만들어집니다. 반드시 필요한 데이터를 백업하고 작업합니다.

list disk [Enter]
select disk=1 [Enter]
　　　　　시스템에 장착된 디스크 정보를 확인하고
　　　　　　　　　　　　작업할 디스크를 선택합니다.

convert dynamic [Enter]
　　　　　선택한 디스크를 동적 디스크로 변환합니다.

◀ 기본 디스크를 동적 디스크로 변환하는 경우

list disk [Enter]
select disk=1 [Enter]
　　　　　시스템에 장착된 디스크 정보를 확인하고
　　　　　　　　　　　　작업할 디스크를 선택합니다.

clean [Enter]
　　　　　변환하기 전에 디스크의 정보를 삭제하고 진행합니다.

convert GPT [Enter]
　　　　　선택한 디스크를 GPT 디스크로 변환합니다.
　　　　　　　　　　　　MBR 디스크는 'convert MBR',
　　　　　　　기본 디스크는 'convert Basic'을 입력합니다.

▲ 동적 디스크를 기본 디스크로 변환하는 경우, GPT 디스크 ↔ MBR 디스크로 변환하는 경우

6 | Defrag 명령어 알아보기

명령 프롬프트에서 'Defrag' 명령을 이용해 디스크 조각 모음을 진행할 수 있습니다. 디스크 조각 모음 전에 단편화율을 확인하고 조각 모음이 필요하면 조각 모음을 진행합니다.

```
C:\windows\system32>defrag e: /a
Microsoft Drive Optimizer
Copyright (c) 2012 Microsoft Corp.

분석(복구하드 (E:)) 호출 중...

작업을 완료했습니다.
Post Defragmentation Report:

        볼륨 정보:
                볼륨 크기                      = 186.30 GB
                사용 가능한 공간                = 70.89 GB
                조각난 총 공간                  = 0%
                사용 가능한 최대 공간 크기       = 70.68 GB

        참고: 64MB보다 큰 파일 조각은 조각 통계에 포함되지 않습니다.

        이 볼륨에서 조각 모음을 실행할 필요가 없습니다.

C:\windows\system32>defrag e: /k /m
Microsoft Drive Optimizer
Copyright (c) 2012 Microsoft Corp.

조각 모음(복구하드 (E:)) 호출 중...

C:\windows\system32>defrag /c
Microsoft Drive Optimizer
Copyright (c) 2012 Microsoft Corp.

조각 모음(시스템 예약 (D:)) 호출 중...

최적화 실행 이전의 보고서:
```

```
defrag e: /a Enter
                E 드라이브를 분석하여 조각 모음이 필요한지 확인합니다.
                드라이브명과 옵션은 반드시 한 칸 띄어서 입력합니다.
defrag e: /k /m Enter
                'k'는 선택된 드라이브로 조각 모음을 진행합니다.
                '/m'은 백그라운드로 작업합니다.
defrag /c Enter
                시스템에 설치된 모든 드라이브
                디스크 조각 모음을 진행합니다.
```

7 | Chkdsk 명령어로 디스크 검사하기

명령 프롬프트에서 'Chkdsk' 명령을 이용해 디스크가 이상하거나 손상된 파일이 발견되면 하드디스크 오류 검사를 진행할 수 있습니다.

```
chkdsk e: /r Enter
                                        '/r'은 '/f'가 실행하는 디스크 검사보다 강화된 검사
                                        옵션으로 손상된 섹터를 찾아 읽을 수 있는 정보로
                                        복구합니다. 복구된 파일은 'chk' 확장자를 가집니다.
                                        중요한 데이터 파일은 복구가 안 될 수 있으므로 '/f'로
                        디스크 검사를 진행하고 중요한 데이터를 백업한 후 '/r'을 이용해 선택된 드라이브의 조각 모음을 진행합니다.
chkdsk e: /r /i /c Enter
                        디스크 검사를 할 때 '/i, /c'를 같이 사용하면 색인 항목 확인, 폴더 구조에서 사이클 항목 확인 등을 생략하고 작업해
                        디스크 검사 시간을 단축할 수 있습니다.
```

스마트폰으로 PC WOL 설정 및 원격 제어하기

집에 있는 PC에 중요한 자료를 두고 나와 당황했던 적이 있나요? 원격 제어 준비가 되어 있으면 집으로 다시 돌아갈 필요는 없습니다.

꺼져 있는 PC에 신호를 보내 PC가 켜지도록 하려면 ① 랜카드의 WOL 기능을 활성화하고, ② 유무선 인터넷 공유기 WOL 기능을 활성화한 후 ③ 원격 제어 프로그램인 '팀 뷰어'를 사용하기 위해 PC와 스마트폰 두 곳에 설치하는 작업이 필요합니다. 인터넷을 이용한 원격 제어 방법을 알아보겠습니다.

1 | 내 PC에서 WOL 사용하기

꺼져 있는 PC를 켜기 위해서는 원격 PC 부팅 기능인 'WOL(Wake On Lan)'을 이용합니다. 인터넷이 사용자 PC에 장착된 랜카드에 신호를 보내 PC를 켜는 기술이라는 의미로 WOL이란 이름이 붙여졌습니다. 어떤 방법이든지 컴퓨터에 전원을 켜서 윈도우로 부팅되면 여러 가지 원격 제어 프로그램을 이용해 컴퓨터를 조작할 수 있으므로 PC에 WOL 기능은 필수입니다. 최근 대부분의 메인보드와 랜카드는 WOL을 지원하고 윈도우 10/8/7은 WOL을 기본으로 지원합니다. 사용하는 컴퓨터가 펜티엄4 초기 모델이거나 이전 제품이면 WOL을 지원하지 않습니다. 먼저 내 PC가 WOL을 지원하는지 확인해 볼까요?

1단계 : IP 확인하기

PC에 외부 IP가 직접 전달되지 않는 환경이라면 WOL 기능을 사용할 수 없습니다. 내 PC에서 WOL을 사용할 수 있는지 다음 과정을 따라해 확인합니다.

❶ ⊞+Ⅹ를 눌러 표시되는 메뉴에서 '명령 프롬프트'를 실행합니다. 명령 프롬프트에서 'ipconfig'를 입력하고 Enter를 누릅니다. IPv4의 주소를 확인하면 내부 IP 주소인 192.168로 시작됩니다. 대부분 인터넷 유무선 공유기에 PC가 연결된 결과로, 게이트웨이 주소를 확인합니다.

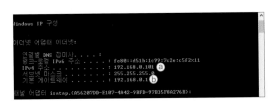

ⓐ PC가 사용하는 내부 IP 주소입니다.
ⓑ 게이트웨이 주소를 확인합니다.

❷ 웹브라우저를 실행한 후 이전 과정에서 확인한 IP 주소를 입력하고 Enter를 누릅니다. 다음과 같이 사용하는 유무선 공유기 관리 페이지가 전송됩니다. 초기 화면에 나타나는 '인터넷 주소' 또는 'WAN 주소'를 확인합니다. 주소가 192.168로

시작되는 사설 IP 주소라면 WOL 기능을 사용할 수 없지만, '192'로 시작되는 주소가 아니면 WOL 기능을 확인할 수 있습니다.

▲ WOL 기능 사용 불가능

▲ WOL 기능 사용 가능

IP TV나 인터넷 전화를 사용하면 공유기와 집으로 들어오는 인터넷 회선 사이에 별도의 라우터가 있어 외부 IP가 내 PC와 연결된 공유기에 전달되지 않을 수 있습니다.

WOL을 사용하려면 PC와 연결된 유무선 인터넷 공유기(IP 공유기)에 인터넷 회선이 직접 연결되어야 합니다. WOL이 꼭 필요하면 A/S를 요청하세요. 공유기가 멀티캐스트 포워드를 지원하면 WOL 사용이 가능합니다. 최근에 출시된 공유기는 멀티캐스트 포워드를 기본적으로 지원합니다.

◀ PC와 연결된 공유기에 인터넷이 직접 연결되어야 WOL 사용이 가능합니다.

2단계 : 네트워크 어댑터 확인하기

랜 케이블이 연결되는 네트워크 어댑터가 WOL을 지원하는지 확인하겠습니다.

❶ 🏁+X를 표시되는 메뉴에서 '장치 관리자'를 실행합니다.

❷ '네트워크 어댑터'를 선택하고 사용할 네트워크 컨트롤러를 더블클릭합니다.

❸ 컨트롤러 속성 창이 표시되면 '자세히' 탭을 선택한 후 속성을 '전원 데이터'로 지정합니다.

값 항목의 PDCAP_WAKE_FROM_D3_SUPPORTED와 S3, S4, S5에서 'D3'를 지원하는지 확인합니다. 다음과 같이 전원 데이터로 표시되면 시스템이 종료된 상태에서 WOL을 지원하는 랜카드입니다.

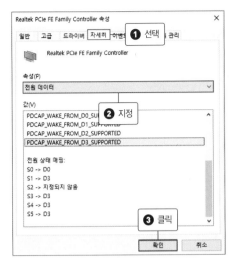

❶ ACPI(Advanced Configuration and Power Interface)는 전원 관리를 위한 약속입니다. ACPI에서는 PC 시스템 전원 상태(Global State)를 7단계로 구분합니다.

- G0(S0) : 작동 상태
- G1 : 수면(대기) 상태로 S1~S4 단계로 다시 나누어집니다.
    - S1 : CPU와 RAM에 전원은 공급되지만 CPU가 작동하지 않는 상태
    - S2 : CPU에 전원이 차단된 상태
    - S3 : 윈도우에서 대기 모드, 절전 상태
    - S4 : 윈도우에서 최대 절전 모드 상태
- G2 (S5) : PC의 '전원' 버튼을 누르거나 윈도우에서 '시스템 종료'를 선택하여 종료한 상태
- G3 : 컴퓨터 전원 케이블을 뽑은 상태

❷ ACPI에서는 장치 디바이스의 상태(Device State)를 3단계로 구분합니다.

- D0 : 완전히 켬, 작동 중
- D1 및 D2 : 중간 전력 상태(기계에 따라 다름)
- D3 : 장치가 꺼져 있으며, 컴퓨터 버스에 응답하지 않지만 WOL 지원

3단계 : 윈도우 10/8의 '빠른 시작' 사용하지 않기

윈도우 8의 빠른 부팅을 위한 '최대 절전 파일'을 이용해 '빠른 시작' 기능을 사용하면 WOL이 작동하지 않습니다. WOL을 사용하려면 다음과 같은 방법으로 '빠른 시작 켜기'를 사용하지 않도록 설정합니다.

❶ 제어판에서 '시스템 및 보안' → '전원 옵션'을 클릭하고 '전원 단추 작동 설정'을 클릭합니다.

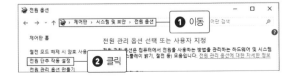

② 종료 설정 항목에서 '빠른 시작 켜기(권장)'의 체크 표시를 해제하고 〈변경 내용 저장〉 버튼을 클릭합니다.

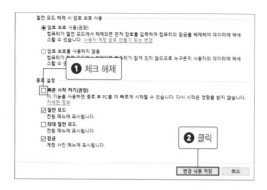

TIP '빠른 시작 켜기(권장)'의 체크 표시를 해제할 수 없으면 '현재 사용할 수 없는 설정 변경'을 선택합니다.

2 | WOL 사용 설정하기

직접 WOL을 사용할 수 있을까요? WOL을 사용할 수 있으면 시모스 셋업 → 랜카드 설정 → 공유기 설정 등을 통해 WOL을 사용합니다.

① 시모스 셋업에서 'Wake On LAN(WOL)'과 관련된 항목의 값을 활성화합니다. 컴퓨터를 종료한 상태에서도 랜카드에 대기 전류가 흐릅니다.

② 윈도우에 설치된 랜카드 드라이버가 WOL 기능을 사용할 수 있도록 스마트폰이나 PC와 같은 원격 제어가 가능한 프로그램이 설치된 장치에서 '매직 패킷(Magic Packet)'으로 하는 특정 값을 가진 패킷에 반응하도록 설정합니다.

③ 매직 패킷은 랜카드의 고유 주소인 '맥 주소(MAC Address)'를 통해 전달됩니다. 맥 주소는 랜카드가 가지는 세계에서 유일한 식별 주소입니다. 마지막 작업은 랜카드의 맥 주소를 알아내어 PC가 연결된 인터넷 공유기에서 WOL 기능을 사용하도록 랜카드의 맥 주소를 등록합니다.

시모스 셋업 설정하기

① 시스템 전원을 켠 후 삐~ 소리가 들리면 바로 F2 나 Del 를 눌러 시모스 셋업을 실행합니다.

TIP 시스템을 시작할 때 F2 나 Del 를 누를 시간적 여유 없이 바로 윈도우로 부팅되면 79쪽을 참고하여 윈도우를 종료할 때 Shift 를 누른 채 시스템을 종료하거나 고급 옵션을 실행해야 합니다.

② WOL 관련 메뉴는 주로 'Power' 메뉴에 있습니다. 시모스 셋업이 실행되면 'Power' 메뉴를 실행합니다. Wake On Lan from S5나 Power On By PCI/PCIE Device, Wake Up Lan과 같은 항목을 'Enabled'로 지정하거나 'Power On'으로 지정합니다.

기가바이트 UEFI 바이오스 메인보드는 'Power (전원 관리)' 메뉴의 ErP 항목을 'Disabled(사용하지 않음)'으로 지정하면 자동으로 WOL이 활성화됩니다. 최신 메인보드는 WOL 기능 활성화가 기본으로 지정되어 있습니다.

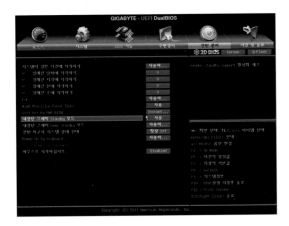

③ F10을 눌러 시모스 셋업 설정을 저장하고 시스템을 재시작합니다.

④ 랜카드를 설정하기 위해 윈도우가 시작되면 ⊞+X를 눌러 표시되는 메뉴에서 '장치 관리자'를 실행합니다.

⑤ 네트워크 어댑터의 시스템에 설치된 랜카드에서 마우스 오른쪽 버튼을 클릭하고 표시되는 메뉴에서 '속성'을 실행하거나 더블클릭합니다.

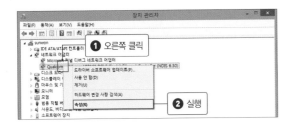

⑥ 랜카드 속성 창의 '고급' 탭을 선택한 후 'WOL'과 관련된 내용을 찾아 값 항목을 '사용함'으로 지정합니다. 여기서는 'WOL 매직 패킷, WOL 패턴 일치'를 각각 '사용함'으로 지정했습니다. 'WOL 및 종료 링크 속도, 웨이크 온 랜 종료'가 있으면 '사용함'으로 지정합니다.

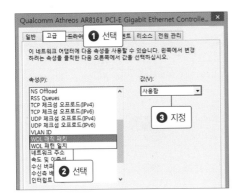

❼ '중지 모드 해제(Shutdown Wake Up)'도 '사용함'으로 지정합니다.

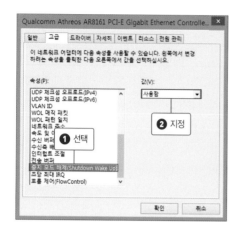

❽ '전원 관리' 탭을 선택한 후 각 항목의 체크 표시를 해제합니다.

해당 메뉴를 활성화하면 일정 시간이 지난 후 랜카드에 공급되는 전원이 차단되어 WOL을 사용할 수 없습니다. 설정을 마치면 〈확인〉 버튼을 클릭합니다.

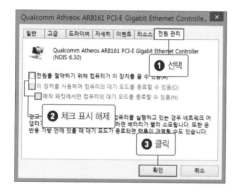

❾ 맥 주소를 알아내기 위해 [윈도우]+[X]를 눌러 표시되는 메뉴에서 명령 프롬프트를 실행합니다. '명령 프롬프트'가 실행되면 'ipconfig /all'을 입력하고 [Enter]를 누릅니다.

❿ 과정 ❺에서 속성을 수정한 랜카드에 해당하는 정보를 찾아 '물리적 주소'를 확인합니다. 16진수로 두 자리씩 총 여섯 쌍 숫자를 확인합니다.

3 | 인터넷 공유기 설정하기 ❶
   - WOL 기능이 없을 때

무선 공유기 중에는 WOL 기능을 지원하는 제품이 있습니다. 공유기에서 신호를 받으면 해당 PC로 매직 패킷을 쏴서 바로 PC를 시작할 수 있습니다. 이처럼 간편하게 설정할 수 있는 무선 공유기(IP Time 무선 공유기 등)도 있지만 대부분 IP 공유기는 전용 메뉴가 없습니다. '포트 포워딩'이나 '가상 서버'와 같은 설정 메뉴를 통해 외부에서 전송된 매직 패킷을 해당 PC에 전달해야 합니다.

WOL 기능이 제공되지 않는 무선 공유기가 어떻게 연결된 여러 개 PC 중 특정 PC에만 필요한 데이터를 전달하는지 알아보겠습니다.

특정 PC를 위한 전용 데이터 통로 만들기
– 포트 포워딩(Port Forwarding)

무선 공유기(IP 공유기)는 공유기에 할당된 인터넷을 사용할 수 있는 IP 주소 하나를 공유기에 연결된 PC 여러 대가 사용할 수 있도록 IP를 가상으로 나누는 역할을 합니다.

▶ 공유기는 다수의 장치가 인터넷을 사용할 수 있도록 IP를 가상으로 분배합니다.

공유기에 연결된 '192.168.0.3'에 해당하는 PC만 WOL 신호를 보내기 위해서는 무선 공유기로 들어온 신호를 정해진 특정 PC로 보내는 '포트 포워딩(Port Forwarding)' 기능을 이용해야 합니다. 공유기는 여러 대의 PC가 연결해 사용할 수 있어 특정 PC에만 신호를 보내려면 부여된 IP 주소로 보내야 합니다. 해당 PC에만 부여된 특정 포트가 있어 포트를 통해 신호를 전송합니다. 192.168.0.3 IP 주소에 해당하는 PC는 앞으로 데이터를 전송할 때 '192.168.0.3 : 포트 번호' 형식의 주소를 사용합니다.

WOL 기능이 없는 무선 공유기에 연결된 PC를 시작하기 위해서는 공유기 IP 주소와 연결된 PC의 IP 주소, 포트 포워딩 기능 활성화 작업을 해야 합니다. 추가로 열린 포트로 데이터를 전송할 수 있도록 윈도우가 사용하는 방화벽에서 해당 포트를 열어야 합니다.

❶ 내 PC IP 주소를 확인하기 위해 ⊞+Ⓧ를 눌러 표시되는 메뉴에서 '명령 프롬프트'를 실행합니다. 명령 프롬프트가 실행되면 'ipconfig'를 입력하고 Enter를 누릅니다.

❷ '기본 게이트웨이'에 보이는 IP 주소가 무선 공유기의 관리 창에 접속할 수 있는 주소입니다. 사용하는 PC의 IP 주소는 IPv4에 있으므로 확인 후 메모합니다.

◀ 연결할 PC 주소, 게이트웨이 주소

❸ 무선 공유기에 부여된 IP 주소를 확인하기 위해 웹브라우저를 실행하고 주소 입력 창에 과정 ❷에서 확인한 주소를 입력한 후 Enter를 누릅니다.

❹ 무선 공유기 관리 초기화 화면이 나타납니다. 이때 사용하는 무선 공유기에 따라 초기 화면이 다를 수 있습니다. '인터넷 주소'는 무선 공유기가 사용하는 IP 주소로 확인한 후 메모합니다. 사용자 설명서를 확인하여 '사용자 암호'를 입력합니다. 대부분 'admin'이라는 초기 암호를 사용합니다.

◀ 무선 공유기로 연결되는 외부 IP 확인

❺ 포트 포워딩을 설정하기 위해 '보안 설정' 메뉴를 선택한 후 '포트 포워딩'을 선택합니다. 이때 가상 서버를 사용하는 제품도 있습니다. 포트 포워딩 기능을 이용하면 웹 서버(포트 80), FTP 서버(포트 21), 다른 응용 프로그램 서비스 등 외부(인터넷)로 부터의 호출을 라우터를 통해 내부 네트워크로 보내줄 수 있도록 허용합니다. '포트 포워딩 기능 켜기'에 체크 표시합니다.

⑥ 포트 포워딩을 사용할 장치를 등록합니다. 'IP 주소'에 '192.168.0.'으로 시작하는 IP 주소를 입력합니다. 외부 포트는 임의로 설정합니다. 일부 서비스가 영구적으로 사용하고 있는 포트 번호가 아닌 포트 숫자를 입력하고 〈신규 정보 추가〉 버튼을 클릭합니다. 할당된 포트 번호로는 요청 시작과 종료 동안에만 일시적으로 사용됩니다.

🔔 **TIP** 명령 프롬프트에서 'netstat –na'를 입력하고 Enter를 눌러 사용 중인 포트를 확인할 수 있습니다.

⑦ 포트 포워딩으로 WOL 신호를 받을 PC가 등록됩니다. 〈설정변경〉 버튼을 클릭하여 변경된 내용을 적용합니다.

⑧ 방화벽을 설정하기 위해 제어판에서 '시스템 및 보안' → 'Windows 방화벽'을 실행하고 '고급 설정'을 선택합니다.

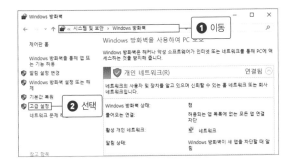

⑨ '인바운드 규칙'을 클릭하고 '새 규칙'을 클릭합니다.

⑩ '새 인바운드 규칙 마법사' 창이 표시되면 '포트'를 선택하고 〈다음〉 버튼을 클릭합니다.

⑪ 'TCP'를 선택하고 '특정 로컬 포트'를 선택합니다. 과정 ⑥에서 설정한 포트 번호를 입력하고 〈다음〉 버튼을 클릭합니다.

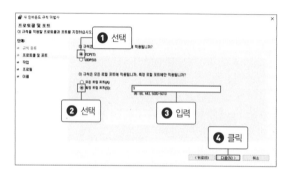

⑫ '연결 허용'을 선택하고 〈다음〉 버튼을 클릭합니다.

⑬ 공공장소의 공용 네트워크에 연결했을 때 특정 포트가 열려 있으면 불안합니다. 포트를 사용할 수 있는 시기로 '도메인'과 '개인'을 체크 표시하고 〈다음〉 버튼을 클릭합니다.

⑭ 이름과 설명(옵션)을 입력하고 〈마침〉 버튼을 클릭합니다. 나중에 규칙을 제거하거나 수정할 때 구분할 수 있습니다.

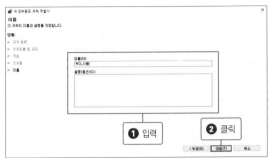

4 | 인터넷 공유기 설정하기 ❷
- WOL 기능이 있을 때

공유기 부가 기능으로 WOL을 지원하는 제품도 있습니다. 최근에 출시된 대부분의 제품은 WOL을 지원합니다. 설정도 간편하고 외부에서 내 PC로 매직 패킷을 보낼 때 별도의 프로그램을 이용할 필요도 없습니다.

❶ 웹브라우저를 실행한 후 주소 입력창에 692쪽 과정 ❷에서 확인한 게이트웨이 주소를 입력하고 Enter 를 누릅니다. 무선 공유기 관리 초기화 화면이 나타나면 '관리자 암호'를 입력합니다. 대부분 'admin'이라는 초기 비밀번호를 사용합니다. 초기 화면에서 외부 IP 주소를 확인합니다.

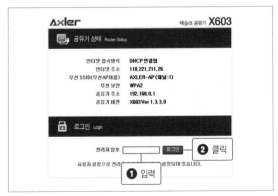

◀ 외부 IP 주소 확인

❷ 엑슬러 공유기에서는 '부가기능' 탭을 선택한 후 'WOL 설정'을 선택하고 〈MAC조회〉 버튼을 클릭합니다.

❸ 공유기에 연결된 랜카드의 맥 주소가 표시되면 WOL을 사용할 PC를 클릭해 선택합니다.

❹ 설명에 구분을 위한 간단한 이름을 입력하고 〈신규 정보 추가〉 버튼을 클릭하면 WOL 등록 정보 항목에 표시됩니다.

❺ 'Network 설정' 탭을 선택한 후 '인터넷설정'을 선택합니다. 부가설정 항목에서 관리자 페이지 원격 허용의 포트 번호를 확인합니다. 외부 IP로 무선 공유기 관리자 페이지에 접속해 무선 공유기를 원격 제어할 때 사용할 포트 번호입니다.

◀ 포트 번호

5 | 컴퓨터 시작하기 ❶ - RemoteBoot WOL

종료된 컴퓨터를 시작하기 위해 매직 패킷을 컴퓨터로 보낼 앱을 스마트폰에 설치합니다. 여기서는 아이폰을 예로 들겠습니다. 안드로이드폰도 아이폰과 마찬가지로 'RemoteBoot' 앱을 설치합니다.

❶ 공인된 앱 스토어에서 'RemoteBoot WOL'을 검색하고 다운로드해 설치합니다.
❷ 'RemoteBoot' 앱이 실행되면 전원을 켤 PC를 등록하기 위해 '+' 아이콘을 터치합니다. [no name]의 '⊙' 아이콘을 터치합니다.

❸ WOL에 필요한 정보를 입력하고 위쪽의 〈Remote Boot〉 버튼을 터치합니다.

ⓐ Name : 원하는 이름을 입력합니다.

ⓑ MAC : 전원을 켤 PC 랜카드 MAC 주소를 입력합니다.

ⓒ Broadcast : 연결된 불특정 다수의 장치에 데이터를 보내는 브로드캐스팅 기능을 비활성화합니다.

ⓓ IP : 무선 공유기에 연결된 PC는 무선 공유기 외부 IP 주소를 입력합니다.

ⓔ Port : 포트 포워딩에서 WOL을 위해 공유기 설정 작업의 포트 번호를 입력합니다. WOL을 지원하는 무선 공유기라면 원격 제어에 사용될 693쪽 과정 ⑥에서 확인한 포트 번호를 입력합니다.

④ 아이폰이나 안드로이드폰 와이파이 연결을 해제하고 3G나 4G LTE로 연결합니다.

⑤ 'RemoteBoot' 앱을 실행한 후 〈BOOT〉 버튼을 터치하여 PC가 켜지면 성공입니다.

6 | 컴퓨터 시작하기 ❷ - 원격 제어하기

WOL 기능을 지원하는 ipTime과 같은 무선 공유기를 사용하면 'RemoteBoot' 앱을 설치할 필요 없이 스마트폰의 웹브라우저에서 무선 공유기의 'IP주소 : 원격 관리 포트 번호'를 입력해 연결한 후 PC를 시작합니다.

❶ 아이폰이나 안드로이드폰 와이파이 연결을 해제하고 3G나 4G LTE로 연결합니다.

❷ 인터넷 앱이나 'Safari' 앱을 실행한 후 주소 입력 창에 '외부 IP 주소:포트번호'를 입력합니다. '외부 IP 주소'는 692쪽 과정 ④에서 확인한 주소이고, '포트 번호'는 693쪽 과정 ⑥에서 확인한 숫자입니다.

③ 인터넷 공유기 관리자 페이지가 전송되면 관리자암호를 입력해 로그인합니다.

④ '부가 기능 → WOL 설정'을 차례로 선택합니다. 전원을 켤 PC의 MAC 주소를 터치하여 체크 표시한 후 〈WakeUp〉
버튼을 터치합니다. 처리가 완료되었다는 메시지 창이 표시되면 〈승인〉 버튼을 터치합니다.

7 | 외부 IP가 변동될 때 – DDNS 설정하기

외부에서 집에 있는 PC로 접속할 때 IP 주소를 입력해야 합니다. 국내 인터넷 환경은 유동 IP 환경이 많으므로 공유기를 리셋하거나 전원을 껐다 켜면 IP가 달라집니다. 외부 IP 주소가 변동되면 WOL 기능을 사용할 수 없습니다. 이때 해결 방법 중 하나는 DDNS(Dynamic Domain Name Service)로, 유동 IP의 숫자를 쉽게 외울 수 있는 문자 주소로 변경합니다.

외부 인터넷과 직접 연결되는 유무선 공유기에서 DDNS를 지원하면 IP가 변동되어도 자동으로 연결합니다. 유무선 공유기에서의 DDNS 설정 방법을 알아보겠습니다.

❶ 693쪽 과정 ❶ ∼ ❹를 참고해 공유기 관리자 페이지에서 'DDNS 설정'을 선택합니다.

❷ 'DDNS 기능 켜기'를 체크 표시한 후 〈설정변경〉 버튼을 클릭합니다.

❸ 도메인 명에 사용할 문자 주소를 입력합니다. 공유기에 따라 정해진 문자가 있으므로 기능에 맞는 도메인 명을 설정합니다. 오른쪽 도메인에서는 외우기 쉬운 도메인을 선택하고 〈중복확인〉 버튼을 클릭합니다.

❹ 사용 가능한 도메인 명이면 적용 여부를 묻는 메시지 창이 표시됩니다. 〈확인〉 버튼을 클릭합니다. 이후로는 외부에서 해당 PC에 연결할 때 숫자로 된 IP 주소가 아닌 과정 ❸에서 설정한 도메인 명을 이용합니다.

TIP 사용하는 인터넷 공유기가 DDNS를 지원하지 않으면 무료 DDNS 서비스를 지원하는 'Dyn(http://dyn.com)' 사이트에 가입해 사용할 도메인을 설정합니다.

8 | 컴퓨터 원격 제어하기 - TeamViewer

컴퓨터 전원이 연결된 멀티탭의 스위치가 꺼져 있으면 WOL이 작동하지 않습니다. 윈도우가 비정상적인 방법으로 종료되면 WOL이 작동하지 않을 수도 있습니다. PC를 켜는 작업까지 성공하면 맥북과 윈도우 PC에서 모두 사용할 수 있는 무료 원격 조정 'TeamViewer' 앱을 설치하고 스마트폰에도 원격 제어 앱을 설치합니다.

① 컴퓨터에서 TeamViewer 홈페이지인 'http://www.teamviewer.com'에 접속해 〈TeamViewer〉 버튼을 클릭합니다. 'TeamViewer' 프로그램 다운로드를 마치면 설치를 진행합니다.

② '개인용/비상업용'을 선택한 후 〈동의-종료〉 버튼을 클릭합니다. 자동으로 설치됩니다.

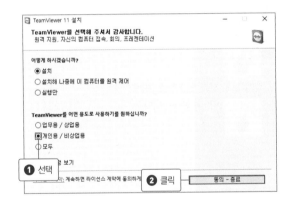

> TIP 일반적으로 회원 가입 없이 사용할 수 있지만 '업무용/상업용'으로 설치할 때는 유료로 라이선스를 구매하여 사용해야 합니다.

③ 사용 방법이 표시되면 〈종료〉 버튼을 클릭하고 원격 제어 화면이 나타나면 ID와 비밀번호를 잘 기억해 둡니다.

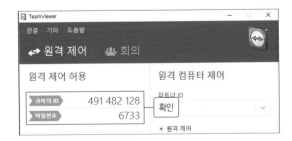

④ 아이폰에서 설정하기 위해 앱스토어에서 'Team viewer for Remote Control'를 검색하여 설치한 후 실행합니다.

⑤ 〈다음〉 버튼을 터치하여 프로그램에 대한 간단한 소개, 설명을 확인합니다. 과정 ❸에서 발급받은 ID를 입력하고 〈원격 제어〉 버튼을 터치합니다.

⑥ 과정 ❸에서 발급받은 비밀번호를 입력하고 〈OK〉 버튼을 터치합니다. 사용 방법을 읽은 후 〈계속〉 버튼을 터치합니다.

⑦ 내 컴퓨터와 원격 조정이 이루어집니다. PC 작업 표시줄에 TeamViewer와 연결된 상태가 나타납니다.

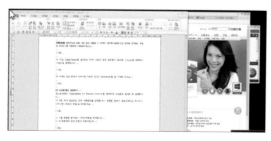 

⑧ 아이폰에서 아래에 있는 '키보드' 아이콘(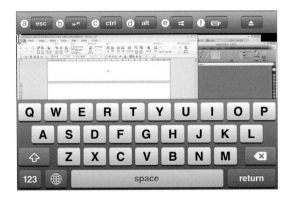)을 터치하면 키보드로 문자를 입력할 수 있습니다.

ⓐ [Esc]

ⓑ 문단 들여쓰기

ⓒ [Ctrl]

ⓓ [Alt]

ⓔ 기능 키([1]~[0], [L], [R], [T], [B])

ⓕ 키보드 취소

⑨ '확대/축소' 아이콘(🔍)을 터치하면 화면을 확대하거나 축소할 수 있습니다. '원격조정' 아이콘(🔧)을 터치하면 PC를 재시작하거나 다른 사람이 사용하지 못하게 잠금 수 있는 메뉴가 표시됩니다. 화면에서 '종료' 아이콘(❌)을 터치합니다. 〈종료〉 버튼을 터치하여 종료합니다.

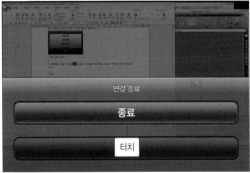

⑩ 후원 세션 창이 표시되면 〈OK〉 버튼을 터치합니다. PC에서는 〈OK〉 버튼을 클릭합니다.